헤겔의 미학과 예술론

G.W.Hegel

지은이

서정혁 徐正赩, Seo Jeong-hyok

현재 숙명여자대학교 기초교양학부 교수로 철학, 글쓰기, 토론 등의 과목에서 학생들을 가르치고 연구하고 있다. 저서로 『공정하다는 착각의 이유, 원래는 능력의 폭정─샌델의 〈공정하다는 착각〉 해설서』, 『헤겔의 역사 철학과 세계 문학』, 『듀이와 헤겔의 정신철학』, 『철학의 벼리』, 『논증』 등이 있고, 역서로 헤겔의 『법철학(베를린, 1821)』, 『미학 강의(베를린, 1820/21)』, 『예나 체계기획』 III, 『세계사의 철학』, 『교수 취임 연설문』, 피히테의 『학자의 사명에 관한 몇 차례의 강의』, 『학자의 본질에 관한 열 차례의 강의』, K. 뒤징의 『헤겔과 철학사』 등이 있다. 그 외 독일 관념론 및 교양 교육에 관한 다수의 연구 논문들이 있다.

헤겔의 미학과 예술론

초판인쇄 2023년 2월 10일 **초판발행** 2023년 2월 20일

지은이 서정혁

펴낸이 박성모 **펴낸곳** 소명출판 **출판등록** 제1998-000017호

주소 서울시 서초구 사임당로14길 15 서광빌딩 2층

전화 02-585-7840 **팩스** 02-585-7848 **전자우편** somyungbooks@daum.net **홈페이지** www.somyong.co.kr

값 40,000원 ⓒ 서정혁, 2023

ISBN 979-11-5905-720-5 03160

헤겔의
미학과 예술론

G.W.F. Hegel's Aesthetics and Art Theory

서정혁 지음

일러두기

1. 헤겔의 저술 및 기타 주요 저술들은 책 뒤 「참고문헌」에 명시된 '약어'를 사용하여 쪽수를 병기한다. 특히, 헤겔 전집의 경우 약어, 전집의 권수, 쪽수 순으로 표기한다.
2. 번역본이 있는 경우 독자의 편의를 위해 번역의 정확성 여부와 상관없이 가능한 한 번역본도 병기한다. 기존 번역에서 부정확한 부분은 재번역하여 인용한다.
3. 본문 중 [ ]는 저자가 필요에 따라 이해를 돕기 위해 보충한 내용이다.
4. 외래어 표기는 현행 한글어문규정의 외래어 표기법을 따랐다.

책머리에

"무엇이 예술작품인지를 말하기가 어렵다. 그 속에는 범속한 전체 내용, 매일 매일의 삶이 들어 있다. 매일의 일상이 예술의 방식으로 표현되면 예술작품인가?" 이 말은 어느 현대 예술가나 비평가의 인터뷰 내용이 아니다. 200년 전 헤겔이 미학을 강의하면서 강조했던 말이다. 이 짧은 언급만으로도 헤겔 미학이 현대 예술에 미친 영향을 짐작할 수 있다. 예술과 일상의 구분을, 예술과 비예술의 경계를 철학적으로 문제시한 헤겔의 미학적 관점은 '예술의 종언'이나 '예술의 과거성' 주장을 통해 이미 잘 알려져 있다. 근래에 헤겔의 미학 강의들에 대한 문헌학적 연구를 토대로 국내에서도 헤겔 미학의 번역서들이 하나둘 출간되고 개별 연구들이 과거에 비해 상당히 많이 발표되어 왔다. 그런데, 아쉽게도 아직 헤겔 미학에 대한 본격 국내 연구서는 없는 실정이다. 이 책은 지난 십여 년간 헤겔 미학을 연구하고 번역도 하면서 발표한 연구결과들을 체계적으로 정리하고 엮을 필요가 있다는 구상으로부터 나온 결과물이다. 한국연구재단의 지원을 받아 2018년에 『헤겔의 역사 철학과 세계 문학』을 발표한 적이 있으나, 그 주제는 헤겔 미학에만 한정된 것이 아니었다. 그에 비해 이 책 『헤겔의 미학과 예술론』은 헤겔 미학에만 한정된 주제들로 구성되고, 헤겔 미학에 등장하는 다양한 주제들을 포괄한다. 예술의 종언이나 과거성 문제만이 아니라 예술 형식론과 천재론, 그리고 각 예술 장르들에서 주목할 만한 주제들을 선별해 헤겔이 자신의 미학에서 말하고자 했던 바를 대변하듯이 되새겨보려는 것이 이 책의 목적이다. 헤겔 자신의 입장을 제대로 대변하기 위해 헤겔 미학의 이곳저곳을 살피며 나름대로 열심히 톺아보았지만, 막상 한 권의 책으로 이렇게 발표를 하자니 아직도 이 연구에 빈틈들이 많다는 것을 새삼 느낀다. 헤겔은 자신의 미학을 한 권의 저서로 직접 발표한 적이 없고, 그의 미학은 하이델베르크와 베를린 시기 동안 몇 차례에 걸친 강의를 통해 점차 형성되었다. 그런데 정작 미학 강의를 위해 헤겔 본인이 직접 작성한 원고는 남아 있지 않고, 헤겔의 미학 강의를 수강한 학생들이 필기해 놓았거나 다른 사람들이 필사하여 정리한 원고들만 전해진다. 현재 우리에게 가장 많이 알려져 있는 판본은 헤겔 사후에 그의 제자인 호토H. G. Hotho가 베를린 강의에 사용된 헤겔의 수고들과 수강자들의 필기 노트들을 모아 1835년초판과 1842년개정판에 세 권으로 편집 간행한 것이다. 지금까지 국내에서 많이 읽힌 번역본두행숙 역/이창환 역도 이 판본에 기초한 주어캄프 출판사Suhrkamp Verlag 헤겔 전집의 제13, 14, 15권을 저본으로 삼은 것이다. 근래에 독일에서도 문헌학적 연구를 토대로 각 시기별 미학 강의들이 별도로 출간되고 있고, 그에 상응하여 한글 번역본도 순차적으로 국내에 출간되고 있는 중이다. 헤겔은 하이델베르크대학에서 1818년 여름 학기부터 시작하여, 그후 베를린대학에서 1820~21년 겨울 학기, 1823년 여름 학기, 1826년 여름 학기, 1828~29년 겨울 학기까지 다섯 번에 걸쳐 미학을 강의했다. 현재까지 독일에서 출간된 시기별 미학 강의들과 국내 번역본을 함께 소개하면 다음과 같다.

'20·21년 미학 강의'

G. W. F. Hegel, *Vorlesungen über die Ästhetik, Berlin 1820/21*, hrsg. von H. Schneider, Frankfurt am Main : Peter Lang, 1995.

_____, *Vorlesungen über die Philosophie der Kunst, Nachschriften zu den Kollegien der Jahre 1820/21*, in : *Gesammelte Werke*, Bd. 28.1, hrsg. von N. Hebinger, Hamburg : Felix Meiner, 2015.

_____, 서정혁 역, 『미학강의(베를린, 1820/21년)』, 서울 : 지만지, 2013.

'23년 미학 강의'

G. W. F. Hegel, *Vorlesungen über die Philosophie der Kunst, Berlin 1823 Nach-geschrieben von Heinrich Gustav Hotho, in : Vorlesungen Ausgewählte Nachschriften and Manuskripte*, Bd. 2, hrsg. von A. Gethmann-Siefert, Hamburg: Felix Meiner Verlag, 1998.

_____, *Vorlesungen über die Philosophie der Kunst, Nachschriften zu den Kollegien der Jahre 1823, in : Gesammelte Werke*, Bd. 28.1, hrsg. von N. Hebinger, Hamburg : Felix Meiner, 2015.

_____, 권정임·한동원 역,『헤겔 예술철학』, 서울 : 미술문화, 2008.

'26년 미학 강의'

G. W. F. Hegel, *Philosophie der Kunst oder Ästhetik, Nach Hegel. Im Sommer 1826*, hrsg. von A. Gethmann-Siefert · B. Collenberg-Plotnikov, München : Wilhelm Fink Verlag, 2004.

_____, *Philosophie der Kunst. Vorlesung von 1826*, hrsg. von A. Gethmann-Siefert, Kwon Jeong-Im · K. Berr, Frankfurt am Main : Suhrkamp Verlag, 2004.

'28·29년 미학 강의'

G. W. F. Hegel, *Vorlesungen zur Ästhetik. Vorlesungsmitschrift Adolf Heimann 1828/29*, hrsg. von A. P. Olivier · A. Gethmann-Siefert, Paderborn : Wilhelm Fink Verlag, 2017.

'**호토판 미학**'(헤겔 사후 그의 제자 호토Heinrich Gustav Hotho가 여러 미학 강의들을 편집하여 간행한 것)

G. W. F. Hegel, *Vorlesungen über die Ästhetik* I · II · III, in : *Theorie Werk-ausgabe in zwanzig Bänden*, Bd. 13 · 14 · 15, Redaktion von E. Molden-hauer · K. M. Michel, Frankfurt am Main: Suhrkamp Verlag, 1970.

_____, 두행숙 역, 『헤겔의 미학강의』 1 · 2 · 3, 은행나무, 2010.

_____, 이창환 역, 『미학 강의』 1 · 2 · 3, 세창출판사, 2021 · 2022.

이 책에도 '호토판 미학'뿐만 아니라 시기별 미학 강의들의 내용이 반영되어 있다. 헤겔의 미학 강의는 특히 베를린 시기에 가장 인기 있는 강의들 중 하나였고, 이 시기에 헤겔은 법철학, 세계사의 철학, 종교 철학 등에 대해서도 함께 번갈아 지속적으로 강의를 했다. 이 강의들은 그 주제는 다르지만 내용 면에서는 밀접한 연관이 있다. 그래서 헤겔 미학을 좀 더 심층적으로 이해하기 위해서는 미학뿐만 아니라 동일한 시기의 다른 강의들에 대한 연구도 병행되어야 한다. 앞으로 번역 작업뿐만 아니라 다른 강의들에 대한 연구가 더욱더 활발하게 진척되면 헤겔 미학에 대한 연구도 좀 더 심화되고 확장되리라 기대한다. 갑작스런 제안에도 출간을 흔쾌히 수용해주신 소명출판 박성모 대표님을 비롯해 관계자분들께 감사를 드린다. 철학 관련 출판사들을 제쳐두고 소명출판에 출간 의뢰를 먼저 드린 이유는, 이 책이 철학 전공자나 헤겔 연구자들보다 문학 관련 연구자들과 독자들에게 조금이라도 더 많이 읽혔으면, 그래서 철학과 문학[예술] 사이에 상호 소통과 이해의 길이 지금보다 좀 더 폭넓게 열렸으면 하는 소박한 바람 때문이다. 이 바람이 계기가 되어 소중하고 특별한 인연이 철학과 문학 사이에 계속 이어지기를 기대한다. 헤겔이 이미 초기부터 주장한 바처럼, 사태의 진실을 드러내기 위해 이성을 통한 철학하기는 심미적 감성을 동반해야 하며 심미적 활동은 냉철한 사유와 동행해야 한다. 이 보잘것없는 결과물이 철학과 문학[예술]이 더불어 만드는 공간을 확장하는 데 미약하나마 보탬이 되기를 바랄 뿐이다.

새날을 맞이하면서
서정혁

차례

제1부

헤겔의 예술 일반론

헤겔의 예술 일반론은 '예술 형식론', '예술 종언론', '예술 천재론', '예술 체계론'으로 구분해 논의될 수 있다. 여기서는 예술 일반론에 대한 통상적인 기존 논의를 반복하기보다, 지금까지 간과되었지만 중요한 내용들을 재조명하는 데 중점을 둔다.

'제1장. 예술 종언론－체계와 역사, 그리고 예술'에서는 헤겔의 '예술의 종언 선언'이 알고 보면 '예술의 죽음'이 아니라 새로운 시대와 정신에 맞게 예술을 새롭게 재정립하려는 시도로 이해되어야 한다는 점을 밝힌다. 헤겔은 자신의 철학 체계에서 한편으로 예술을 종교 및 철학과 함께 '절대 정신'에 배치하면서, 다른 한편으로 예술은 '이미 지나가 버린 것[과거]'일 뿐이라고 주장한다. 이와 관련해 흔히 제기되는 '예술의 종언' 문제는 두 가지 관점에서 논의될 수 있다. 그 중 하나는 '체계적 관점'이고, 다른 하나는 '역사적 관점'이다. 이 두 가지 관점에서 헤겔에게 제기 가능한 물음들은 다음과 같다. 첫째 물음은 헤겔 자신의 논의를 충실히 따른다면 역사적 관점에서 예술은 '과거'로서만 유의미하지 '현재'로서는 의미가 없지 않은가라는 것이다. 둘째 물음은 체계적 관점에서 직관을 진리 표현의 방식으로 삼는 예술은 개념 파악을 본질로 하는 철학보다 체계상 하위에 위치할 수밖에 없지 않은가라는 것이다. 헤겔 자신은 이 물음들 각각에 대해 예술의 '과거성'만이 아니라 '현재성'을 또한 강조하였으며, 직관을 단순한 '감각적 직관'만이 아니라 '정신 충만한 참된 직관'으로 주장함으로써 이미 적절하게 대응하고 있다. 헤겔이 자신의 미학에서 이 물음들에 대해 구체적으로 어떻게 적절하게 대응했는지를 이해함으로써, 헤겔의 철학 체계 내에서 예술이 지니는 현재적 의미가 새롭게 부각될 수 있다.

'제2장. 예술 형식론－예술의 생명성과 삶의 예술성'에서는 헤겔이 미학에서 제시한 '세 가지 예술형식들'의 의미를 살펴보고, '생동적 예술' 또는 '예술의 생명성[생동성]'이 헤겔 미학에서 어떻게 해석될 수 있는지를 검토한다. 헤겔은 미학에서 자연에 대한 예술의 우위를 주장하면서도, 동물 유기체에게 적용되는 원리가 미학의 '보조 전제'로 수용될 수 있으며, 예술형식들 중 내용과 형식이 온전히 합치하는 '고전적 예술형식'이 영혼과 육체의 통일에 기초한 '유기적 생명성'에 비견될 수 있다고 주장한다. 우선, 동물 유기체에서 '영혼과 육체의 일치'라는 점과 예술에서 '개념과 실재의 일치'라는 점을 상호 비교하면, 개념과 실재가 온전히 들어맞는 고전적 예술형식에서 조각과 같은 예술작품을 통해 조화로운 아름다움이 실현된다고 할 수 있다. 그런데, 헤겔이 주장하는 '예술의 과거성'은 일차적으로 더이상 개념과 실재가 온전하게 일치하지 않고 '이념상'이 분열되고 해체되는 낭만적 예술형식의 도래로부터 비롯한다. 헤겔에 의하면 낭만적 예술형식에서는 기독교의 영향으로 유한한 인간이 '죽음'이라는 부정적 계기를 자신 속에 내면화하면서 '신과 인간의 진정한 화해'가 이루어지고 '의인관[신인동형설]Anthropomorphismus'이 완성된다. 이 점에서 예술은 이미 지나가 버린 과거일 뿐이라는 선언을 함축하는 '예술의 과거성'은 일차적으로 고전적 예술형식의 과거성, 고전적 예술의 종언을 뜻하므로, 고전적 예술형식의 해체 후에도 여전히 예술의 '생명성[생동성]'을 논하는 것은 유의미하다. 절대적 주관성과 내면성을 우선시하는 낭만적 예술형식을 거치면서 예술에서는 모든 평범한 객관을 소재로 수용하는 것이 가능해진다. 이 가능성으로 인해 예술은 더이상 아름다움의 이념을 감각적으로 표현하는 데 그 목적을 두지 않고, 오히려 평범한 일상을 그 가변성과 유한한 일시성 속에서 포착하는 데 의미를 둔다. 그리고 '인류 전체와 그들의 전체 발전'이 예술의 무한한 소재가 된다. 결국 이러한 상황 변화는 예술이 예술 스스로를 해체하고 비예술과 예술의 경계를 부정하는 것으로 해석될 수 있고, 헤겔의 표현대로 하자면 '무엇이 예술작품인지를 말하기가 어려운 시대', 즉 '현대의 도래'를 예고하는 것이기도 하다.

'제3장. 예술 천재론─천재, 영감, 그리고 독창성'에서는 헤겔이 미학에서 예술의 기본 조건이 되는 천재와 영감 그리고 독창성에 관해 어떤 논의를 전개했는지를 살펴본다. 헤겔 미학에서 천재에 관한 논의는 영감과 독창성과 관련해 다음과 같은 특징을 지닌다. 우선, 헤겔은 참된 예술작품을 산출하기 위해 필요한 것으로 천재뿐만 아니라 내·외적 세계에 대한 학습을 통해 획득되는 지적인 면도 강조한다. 이 점에서 예술을 철학보다 더 고차적인 것으로 간주하거나, 규칙이나 학습, 사상의 도야보다 해체와 부정의 주체로서 '천재'를 절대적으로 강조한 천재 시대 및 낭만주의의 여타 사상가들과 헤겔은 구분된다. 또한, 헤겔은 영감이나 독창성과 관련해 예술가의 자의적 주관성이 아니라 '주관성과 객관성의 일치'를 강조하며 참된 예술가는 객관적 사태, 사태의 실체성을 제대로 표현해야 한다고 주장한다. 이로 인해 그의 천재론은 '신들림[신에 사로잡힘]enthusiasmos'을 뜻하는 고전적 영감론과 유사한 것이 아닌가라는 반문도 가능하다. 그러나, 헤겔의 입장은 자기의식적 주체의 능동적 학습을 더불어 중시한다는 점에서 고전적 영감론과 다르다. 이 점은 헤겔이 취미보다 감식력鑑識力을 중시하면서 지적인 측면을 강조한 점에서 분명히 드러난다. 헤겔은 역사적 맥락이나 기술적 측면, 여러 외적 상황들에 관여하는 감식력의 필요성을 강조하는데, 이는 현대 예술에서 예술가의 창작이 지적인 측면에 기초한 감상과 무관치 않다는 점에서 중요한 의미를 지닌다.

'제4장. 예술 체계론– 절대 정신으로서 예술'에서는 헤겔의『철학백과』에서 종교 및 철학과 함께 '절대 정신'에 자리하는 '예술'의 체계 내적 위치와 그 의미를 살펴 본다. 헤겔의『철학백과』는 세 번1817, 1827, 1830 발간되는데, '초판과 재판 사이의 시간적 간격'이 '재판과 삼판 사이의 그것'보다 크기 때문에, 지금까지 연구자들은 후자보다 전자에 더 주목하여 비교 분석을 진행해 왔다. 이 점은『철학백과』에서 '절대 정신'의 첫 번째 계기인 '예술'의 경우도 마찬가지다. 그러나,『철학백과』의 '예술' 부분의 내용을 면밀히 검토해 보면, 27년 재판과

30년 삼판 사이의 변화에서 예술에 대한 헤겔의 주장과 관련해 매우 중요한 결정적 차이를 발견할 수 있다. 우선, 상징, 고전, 낭만이라는 세 가지 예술형식들은 30년 삼판에서야 비로소 명시적으로 서술된다. 이점은 헤겔이 자신의 '미학 강의'의 관점을 『철학백과』의 30년 삼판에서 '절대 정신'인 예술을 서술하는데 그 전과 달리 분명하게 반영하면서 그의 체계에서 예술의 위상을 좀 더 확장하고 구체화한다는 사실을 보여준다. 또한, 27년 재판에서와 달리 30년 삼판에서 예술은 더이상 고전적 예술 중심으로 서술되지 않는다. 헤겔은 27년 재판에서와 달리 30년 삼판에서 낭만적 예술과의 비교를 의식하면서 고전적 예술의 의미와 한계를 좀 더 분명히 서술한다. 이러한 서술을 통해 헤겔은 자신의 철학 체계에서 예술이 차지하는 위상을 지속적으로 고민하고 수정했다는 사실이 드러난다.

제1장

예술 종언론

체계와 역사, 그리고 예술

1. 철학 체계에서 예술의 위상

예술은 무엇인가? 우리 시대에 참된 예술은 존재하는가? 아니, '참된' 또는 '진실한'이라는 말이 예술에게 어울리는가? 흔히 '진정한 예술'이라고 하지만, 무엇이 진정한 예술인지를 알고 이 표현을 사용하는가? 그런데, 엄밀히 말해 이러한 물음들은 이미 예술에 대한 '반성적 사유'를 요구한다. '반성Reflexion'은 어떤 것을 반성하는 자에 마주 선 대상Gegenstand으로 삼아, 이 대상에 대해 물음을 던지고 그 물음으로부터 되돌아 오는 어떤 답을 바라는 과정이다. 헤겔도 자신의 미학을 '사유에 의해 예술을 학문적으로 고찰하는 과정'이라고 생각하며, 그래서 그것을 '예술 철학'이라고도 부른다.

이 강의는 미학Ästhetik에 전념한다. 미학의 대상은 아름다움의 넓은 영역[왕국]Reich이며, 좀 더 구체적으로 예술, 특히 아름다운 예술이 미학의 영역이다. (…중략…) 그러나 우리의 학문을 위한 본래적 표현은 '예술 철학Philosophie der Kunst', 더 정확히 말해 '아름다운 예술의 철학'이다.[1]

예술 활동을 직접 하지 않고 '예술에 관해 생각한다'는 점에서 예술에 대한 철학적 고찰, 즉 '예술 철학'으로서 '미학'은 예술보다 '뒤늦게' 날갯짓을 할 수밖에 없다. 그런데, 철학의 이 뒤늦은 날갯짓은 결코 예술보다 철학이 더 열등하다는 것을 뜻하지 않는다. 예술은 철학보다 앞서면서 이미 없었던 무엇을 창작하는 반면, 철학은 예술을 뒤따라가면서 예술이 남긴 흔적을 확인하고 평가한다. 예술이 철학보다 앞선다는 것은 철학에게 예술이 언제나 시간적으로 앞서면서 '과거'로 남는다는 것을 의미한다. 시간적으로는 과거가 현재를 초래한 원인이지만, 알고 보면 더 유리한 쪽은 현재다. 왜냐하면 현재는 과거를 역사적으로 규정하고 평가하고 한계짓는 잣대가 되기 때문이다. 과거로서 예술은 현재의 평가를 통해서만 그 의미와 위상을 부여받는다. '현재에 대한 과거의 선행'은 '과거에 대한 현재의 규정'을 통해 전복될 수 있다. 헤겔에 따르면 특히 체계의 관점에서 본래 예술은 철학에 미달하는 표현방식으로 말미암아 철학에 종속될 수밖에 없다. 왜냐하면 예술의 표현방식인 '직관Anschauung'은 철학의 '개념파악Begreifen'에 비해 그 본질상 열등하기 때문이다. 이 점에서 철학적 사유에 의해 '미학', '예술 철학'이 가능하지만, 그로 인해 '위대한 예술 자체'는 끝나버렸다는 다음과 같은 하이데거Martin Heidegger, 1889~1976의 평가는 매우 정확한 지적이다.

> 미학이 최고로 발전 가능한 높이와 넓이와 엄밀성을 얻는 역사적 순간에 위대한 예술은 끝난다. 미학의 완성은 이 위대한 예술의 종언을 그 자체로 인식하고 언명하는 데 그 위대성이 있다. 서양에서 최후의 위대한 미학은 헤겔 미학이다.[2]

---

1 G. W. F. Hegel, *Vorlesungen über die Ästhetik* I, in : TW13, p.13(두행숙 역, 『헤겔의 미학강의』 1, 서울 : 은행나무, 2010, 25~27쪽)(이하 Ästhetik, 두행숙과 같이 표기한다).
2 M. Heidegger, 김정현 역, 『니체철학 강의』 I, 서울 : 이성과현실, 1991, 116쪽.

'위대한 예술'과 '위대한 미학'은 공존할 수 없으며, '위대한 예술'의 종언을 통해서만 미학은 발전할 수 있다. 그렇다고 '위대한 예술이 끝났다'는 선언이 '창작되고 감상되는 개별 예술작품들'이 더이상 산출되지 않는다는 것을 의미하지는 않는다. 이 선언은 "예술이 절대자를 향한 힘을, 그 절대적 힘을 상실했다는 증거"로 간주되어야 한다.[3] 예술이 절대적 힘을 지니지 못한다는 것은 예술이 예술 아닌 것의 도움을 필요로 한다는 말이다. 예술의 도움 요청에 사유로 답하는 것이 바로 철학이다. 철학의 도움이 없다면 예술은 더이상 자신의 생명력을 유지하기 힘든 시대의 도래, 이 도정에 헤겔과 하이데거가 함께 서 있다. 예술의 본원적 위대함을 지향하는 하이데거가 헤겔 미학에 내린 위와 같은 평가를 헤겔 자신은 거부하지 않을 것이고, 오히려 헤겔은 하이데거의 선언을 환영할지도 모른다.

하이데거 못지않게 헤겔은 예술이 자신의 시대에 유리한 위치에 있지 않다는 것을 이미 분명히 자각하고 있었다. 인간이 더이상 예술작품을 신처럼 숭배하지도 않고 사상思想과 반성이 예술을 능가하는 시대, 보편 법칙이 예술다운 생동성을 지배하는 시대, 반성문화가 지배하는 시대는 예술이 과거처럼 존립하지 못하는 '궁핍한 시대'라는 것을 헤겔은 누구보다 분명히 인식하고 있었다.

한편으로 우리가 예술에게 이렇게 높은 위상을 부여하더라도, 다른 한편으로 예술은 내용이나 형식 면에서 정신에게 정신 자신의 참된 관심사를 의식하게 해주는 최고의 절대적 방식은 아니라는 사실을 상기할 필요가 있다. (…중략…) 특히 오늘날 우리 세계의 정신은, 더 상세히 말하자면 우리 종교와 우리 이성 교양[문화]의 정신은 예술이 최고 방식을 이룬 단계를 뛰어넘어 절대자를 의식하는 상태로 나타난다. 즉 예술 생산과 예술작품들 그 고유의 방식은 더이상 우리의 최고 욕구를 충족시키지 못한다.

---

3 위의 책 117쪽

우리는 예술작품들을 신으로 숭배하고 찬양할 수 있었던 상태를 넘어서 버렸다. (…중략…) 사상과 반성은 아름다운 예술을 능가해 버렸다.[4]

그렇다면 우리는 지나가 버린 예술의 화려한 과거를 회상하면서 생기 없는 잿빛만을 덧칠할 수밖에 없는가? 그래서 역사적 관점에서 예술은 지나가 버린 과거로만 유의미하지 '현재'로서는 의미가 전혀 없으며, 체계적 관점에서 예술은 정신의 최고 방식일 수가 없는가? 그러나, 알고 보면 헤겔 미학은 예술의 '현재성[동시대성]Gegenwärtigkeit'이 불가능하지도 않고 무의미하지도 않다는 사실을 입증해 주는 미학사의 결정적 증거물과 같다. 이에 대한 고찰은 크게 '체계적 맥락'과 '역사적 맥락'에서 진행될 수 있다.

우선, 헤겔의 철학 체계에서 예술의 위치를 검토하려는 시도는 헤겔 미학에만 한정될 수 없다. 예술이 헤겔 철학에서 차지하는 위상을 가늠해 보려면, 우리는 초기 헤겔에까지 거슬러 올라가 예술에 관한 그의 논의를 살펴보아야 한다. 왜냐하면 헤겔은 철학과 예술의 관계를 이미 초기부터 지속적으로 고민했고, 그것이 성숙한 체계의 형태는 아니었지만 후기 미학으로 발전하는 데 중요한 단초를 제공했기 때문이다.

초기 헤겔의 철학적 문제의식은 분열된 삶을 극복하고 개인과 공동체, 주관과 객관, 개념과 실재 사이에 조화가 가능한 삶을 재산출하는 데 있었다. 이 조화롭고 통합된 삶에 대한 희구希求는 헤겔이 횔덜린, 셸링과 함께 문제의식을 공유하던 시기에 쓴 것으로 추정되는 「독일관념론의 가장 오래된 체계계획」1796·1797이라는 짧은 글에서 잘 드러난다.[5] 이 단편에서 헤겔은 기계와 다를 바 없는

---

4 Ästhetik1, pp.23~24(두행숙1, 43쪽).
5 그런데, 이 단편이 누구의 글인지에 관해 아직도 논란은 끝나지 않은 상태이다. 이 때문에 새롭게 발간된 『헤겔 전집』(Gesammelte Werke, in Verbindung mit der Deutschen Forschungsgemeinschaft, hrsg. von der Reinische-Westfälischen Akademie der Wissenschaften, Hamburg : Felix

국가를 초월해 모든 분열된 것들을 통합하는 '아름다움의 이념'과 '심미적 감성'
을 강조한다.

> 끝으로 나는 모든 것들을 통합하는 이념, 즉 고차적 의미의 플라톤적 아름다움의 이
> 념을 다루고 싶다. 나는 모든 이념들을 포괄하고 있는 이성의 최고 활동이 심미적 활동
> 이라고 확신한다. 진리와 선은 오직 아름다움 속에서만 밀접한 관계를 맺을 수 있다.
> 철학자는 시인 못지 않게 심미적 능력을 지니고 있어야 한다. 심미적 감각이 없는 인간
> 들이 바로 우리 주변에서 겉치레만 차리는 편협한 철학자들이다. 정신 철학은 심미적
> 철학이다. 심미적 감각이 없다면 우리는 어떤 것에서도 정신이 풍요로울 수 없으며,
> 역사에 대해서조차 풍부한 정신으로 추론할 수가 없다.[6]

이 단편에서 '이성의 최고 활동'은 '심미적 활동'이며 진리를 추구하는 철학
자도 시인처럼 '심미적 감수성'을 지녀야 한다는 점이 강조된다. 심지어 '정신
철학' 자체가 '심미적 철학'이라고 규정되고, 개념을 통해 진리를 추구하는 철
학적 사유는 심미적 감성에 기초한 '시문학Poesie'의 도움을 받지 않으면 안 된
다는 주장이 선명하다. 그리고 '새로운 신화neue Mythologie'인 '새로운 종교'를
통해 '감성과 이성의 조화', '계몽된 것과 계몽되지 않은 것의 화해'를 모색하면
서, '영원한 통일성[하나임]'이 지배하여 어떤 것도 더이상 억압받지 않고 '보편

Meiner Verlag, 1968ff)의 제2권(*Frühe Schriften* II, hrsg. von W. Jaeschke, 2014)에서도
이 단편을 다른 글들과 달리 '불확실한'이라는 조건을 달아 가장 마지막에 싣고 있다. 그런데,
대부분의 연구자들은 저자가 누구인가라는 문제와 무관하게 이 시기에 세 사람이 이 글의 문제의
식에 전적으로 공감하고 있었다는 데 이의를 제기하지는 않는다. 「독일관념론의 가장 오래된
체계계획」의 번역 및 해설은 다음을 참조할 것. 서정혁 역해, 「독일관념론의 가장 오래된 체계계
획」(1796·1797), 『헤겔연구』 제15호, 한국헤겔학회, 2004, 265~285쪽. 이 단편을 포함하
여 베른과 프랑크푸르트 시기의 헤겔의 단편 모음집으로는 다음을 참조할 것. 정대성 역, 『청년
헤겔의 신학론집 – 베른/프랑크푸르트 시기』, 서울 : 그린비, 2018.

6 G. W. F. Hegel, *Frühe Schriften* II, hrsg. von W. Jaeschke, 2014, p.616(정대성 역, 『청년
헤겔의 신학론집』, 서울 : 그린비, 2018, 431·432쪽)(이하 GW2, 신학론집으로표기한다).

적 자유와 평등'이 우세하게 되기를 이 단편은 바라고 있다.[7] 감성과 이성, 주관과 객관, 개념과 실재 사이의 대립을 극복하려는 헤겔의 문제의식을 이 글은 심미성을 중심으로 잘 보여준다.

무엇보다 이 단편의 두드러진 특징은 진리와 선이 아니라 아름다움이, 개념적 서술인 '산문Prosa'이 아니라 '시문학Poesie'이 대립자들을 통합할 수 있는 최고 이념으로 등장한다는 점이다.[8] 이로 인해 이 단편 이후 헤겔 사상의 전개 양상을 두고 다양한 해석이 가능하다. 그중 우세한 기존 해석 중 하나는 이 단편에 나타난 입장을 일종의 '미적 절대주의'로 보고, 예나 시기부터 시작하여 후기에 이르기까지 철학 체계가 점점 더 구체화되면서 초기 헤겔의 이 '미적 절대주의'가 약화된다고 보는 입장이다.[9] 물론, 헤겔이 체계를 본격적으로 구상한 예나 시기 이후에도, 여전히 예술은 철학 및 종교와 함께 절대자의 영역에 배치된다. 예를 들어, 예나 시기에 쓴 「피히테와 셸링 철학 체계의 차이」라는 논문에서 헤겔은 '철학적 사변'과 더불어 '예술'은 '신에의 봉헌Gottesdienst'이며 '절대적 삶의 생동하는 직관'이자 '절대적 삶과의 합일'이라고 주장한다.[10] '예나 체계 기획'에서도 예술은 종교 및 철학과 함께 '절대적으로 자유로운 정신'에 속하고,[11] 『정신현상학』에서는 예술이 종교의 한 형태인 '예술 종교'라는

---

7 GW2, pp.616~617(신학론집, 432~433쪽).

8 헤겔 철학에서 '시문학[포에지](Poesie)'와 '산문[프로자](Prosa)'의 다양한 의미에 대해서는 다음을 참조할 것. 권정임, 「헤겔의 '산문(Prosa)' 개념과 그 의미 연구」, 『헤겔연구』 제28호, 한국헤겔학회, 2010, 165~205쪽; 서정혁, 「헤겔의 미학에서 '포에지(Poesie)'의 체계적 의미」, 『철학연구』 제98집, 철학연구회, 2012, 125~150쪽. 프로자는 '산문'을 뜻하기도 하지만, '유한성'이나 '일상성'과 관련된 '무미건조함'을 뜻하기도 하고, 더 나아가 철학과 같은 사변적 학문으로서 '본래적 산문'을 의미하기도 한다. 이에 상응해 포에지도 좁은 의미로는 '시문학'이라는 예술 장르를 뜻하지만, 더 나아가 '보편적이며 총체적인 예술'이나 '예술 자체'를 의미하기도 한다.

9 이에 대해서는 권대중, 「헤겔의 미학」, 미학대계간행회 편, 『미학의 역사─미학대계 제1권』, 서울 : 서울대 출판부, 2007, 420쪽 참조.

10 G. W. F. Hegel, *Jenaer Kritische Schriften*, hrsg. von H. Buchner & O. Pöggeler, 1968, pp.75~76(임석진 역, 『피히테와 셸링 철학체계의 차이』, 서울 : 지식산업사, 1989, 140~141쪽) (이하 GW4, 차이로 표기한다).

제목 하에 서술된다.[12] 이처럼 예술을 넓은 의미에서 종교의 관점에서 논의하는 관점은 적어도 『철학백과』의 초판1817에까지 명시적으로 이어지며,[13] 후기 '철학백과 체계'에서 예술은 종교 및 철학과 함께 '절대 정신'이라는 체계의 최고 위치에 자리한다.

그런데, 초기와 달리 예나 시기 이후 헤겔은 심미적 감성보다 이성적 사유와 개념파악을 더 고차적 방식으로 간주하면서, '절대자의 영역'에 속하는 세 가지 층위들, 즉 예술, 종교, 철학 중 철학이 저 단편에서와 달리 최고 자리를 차지한다. 그리고 이 점은 이후 '철학백과 체계'에 이르기까지 변하지 않는다. 개념과 실재가 절대적으로 동일한 상태의 최종 진리가 '절대 이념'이며, 이 이념은 정신이 추구하는 최종 목표다. 선과 진리의 이념뿐만 아니라 아름다움의 이념도 정신이 추구하는 목표이므로, 예술은 종교 및 철학과 함께 정신의 절대 진리를 다루는 '절대 정신'이다. 『대논리학』의 '절대 이념' 부분의 다음과 같은 언급도 이러한 관점에서 파악될 수 있다.

예술과 종교는 자신을 파악하고 자신에게 적합한 현존을 부여할 수 있는 절대 이념의 상이한 방식들이다. 철학은 예술 및 종교와 함께 동일한 내용과 목적을 지닌다.[14]

---

11 G. W. F. Hegel, *Jenaer Systementwürfe* III, hrsg. von R.-P. Horstmann, 1976, p.277 이하(서정혁 역, 『예나 체계기획 III』, 서울 : 아카넷, 2012, 391쪽)(이하 GW8, 체계기획3으로 표기한다).

12 G. W. F. Hegel, *Phänomenologie des Geistes*, hrsg. von W. Bonsiepen & R. Heede, 1980, p.376 이하(임석진 역, 『정신현상학』 2, 파주 : 한길사, 2005, 259쪽 이하)(이하 GW9, 정신현상학으로 표기한다). 주지하다시피, 『정신현상학』의 '종교' 장은 '자연 종교', '예술 종교', '계시 종교'로 이루어져 있다. 내용 면에서 이 세 단계의 종교를 미학에서 서술되는 세 가지 예술형식, 즉 '상징적 예술형식', '고전적 예술 형식', '낭만적 예술 형식'에 각각 대응하는 것이라고 이해할 수도 있으나, 이 대응이 필연적이라고는 할 수 없다. 『정신현상학』의 '예술 종교'를 특히 시문학과 관련해 검토한 연구로는 다음을 참조할 것. 정대훈, 「정신을 현시하는 근대적 방식으로서의 시예술 : 『정신현상학』의 '예술종교' 절에 대한 하나의 고찰」, 『철학연구』 제127집, 철학연구회, 2019, 97~125쪽.

13 G. W. F. Hegel, *Enzyklopädie der philosophischen Wissenschaften im Grundrisse(1817)*, hrsg. von W. Bonsiepen & K. Grotsch, 2000, p.240 이하(이하 GW13으로 표기한다). 1827년 『철학백과』에서는 '절대 정신'이 '예술', '계시 종교', '철학'으로 표기되어 있다.

이처럼 후기 체계에서 예술은 "신다운 것, 인간의 가장 심오한 관심, 정신의 가장 포괄적인 진리들을 의식하고 표현하는 방식"으로서만 '참된 예술'이 될 수 있다.[15] '절대 정신'이 '신'으로 표현된다면, 예술작품은 '신의 표현Ausdruck'이며 예술가는 '신의 대가Meister'라고 할 수 있다.[16] 예술, 종교, 철학이라는 '절대 정신'의 세 가지 형태는 '절대 진리'를 인식하는 지평에서는 동일하지만, 인식을 실행하는 구체적 방식에서 다르다.

절대 정신의 세 영역들은 이렇게 내용이 동일하기 때문에, 각 영역이 그들의 객체인 절대자를 의식에 가져오는 형식들을 통해서만 구분된다. (…중략…) 이러한 파악의 첫째 형식[예술]은 직접적이며 그렇기 때문에 감성적 앎이다. 이 앎은 감성적이며 객체적인 것 자체의 형식과 형태를 갖춘 앎으로서, 이 앎에서 절대자는 직관되고 감각된다. 그다음 둘째 형식[종교]은 표상하는 의식이며, 마지막으로 셋째 형식[철학]은 절대 정신의 자유로운 사유다.[17]

예술은 '절대 진리'를 표현하는 '방식 면'에서 종교 및 철학과 다르다. "최상의 것을 감성적으로 표현하며 자연의 현상방식인 감관과 감각에 근접하게 만드는 것이 예술의 고유한 방식"이다.[18] 간추리자면, 예술은 '직관Anschauung'으로, 종교는 '표상Vorstellung'으로, 그리고 철학은 '개념Begriff' 또는 '사유Denken'로

14 G. W. F. Hegel, *Wissenschaft der Logik–Die subjektive Logik(1816)*, hrsg. von F. Hogemann & W. Jaeschke, 1981, p.236(임석진 역, 『대논리학』 III, 서울 : 지학사, 1983, 410쪽)(이하 GW12, 논리학으로 표기한다).

15 Ästhetik1, pp.20~21(두행숙1, 38쪽).

16 G. W. F. Hegel, *Enzyklopädie der philosophischen Wissenschaften im Grundrisse(1830)*, hrsg. von W. Bonsiepen, H.-Ch. Lucas, 1992, p.545(§560)(박병기 · 박구용 역, 『정신 철학』, 울산 : 울산대 출판부, 2000, 467~468쪽)(이하 GW20, 정신철학과 같이 표기한다).

17 Ästhetik1, p.139(두행숙1, 195쪽).

18 Ästhetik1, p.21(두행숙1, 39쪽).

절대자를 인식하고 표현한다. 예술, 종교, 철학은 절대 정신이 형식 면에서 구분되어 '절대 정신 자신의 개념 속에'[19] 들어있고, 체계 관점에서 볼 때 철학은 '예술과 종교의 통일'이다.[20] 철학은 체계 내에서 예술이나 종교보다 상위에 위치하지만, 동시에 철학의 절대 진리는 철학보다 앞서는 두 가지 형식들이 없다면 존립할 수 없다. 헤겔에 의하면 예술은 '직관 방식'을 통해 절대 진리를 표현하므로, 절대 진리의 '외적 표현'에 관련된다. 그에 비해 체계 내에서 종교는 '표상'이라는 정신의 자기 내면, 주체의 내면에 관련된다. 종교에서 "절대자는 예술의 대상성대상 관련성으로부터 벗어나 주관의 내면성 속으로 자리를 옮겨, 이제는 표상을 위해 주관적 방식으로 주어진다".[21] 그래서 종교에서는 '마음과 심정, 그리고 내적인 주관성'이 주요 계기가 될 수밖에 없으며, 이 점에서 종교는 절대적 대상에 관계하는 '내적 기도祈禱'라고 할 수 있다. 헤겔은 종교의 이 내면을 '내적인 현재innere Gegenwart'라고도 부른다.[22] 이 같은 예술과 종교의 체계적 성격을 고려하면, 체계 상 최고 위치에 있는 철학이 '예술과 종교의 통일'이라는 말은 '외면과 내면의 통일'이 철학이라는 뜻이다. 외면과 내면의 통일로서 철학은 예술의 외적 한계성과 종교의 내적 한계성을 상호 지양한 통합이다. 이 점에 관해 미학에서도 헤겔은 다음과 같이 말한다.

> 그러한 방식으로 철학에서 예술과 종교 두 면들은 통합된다. 즉 여기서 예술의 객관성은 외적 감각성을 상실하고 객관의 최고 형식, 즉 사상의 형식으로 바뀌며, 종교의 주관성은 사유의 주관성으로 순화된다. 왜냐하면 사유는 한편으로 가장 내적이며 자

---

19 Ästhetik1, p.139(두행숙1, 195쪽).
20 GW20, p.554(§572)(정신철학, 481쪽).
21 Ästhetik1, p.142(두행숙1, 198쪽).
22 Ästhetik1, p.143(두행숙1, 199쪽). 여기서 종교는 정확히 말해 '계시 종교'로서의 '기독교'를 가리킨다.

기 고유의 주관성이자 참된 사상, 이념이며, 동시에 다른 한편으로 사유는 가장 사태답고 객관다운 보편성으로서, 사유 자신 속에서 비로소 자기 자신의 형식으로 스스로를 파악할 수 있기 때문이다.[23]

예술과 종교를 통합한 철학에 의해 예술의 의미도 새롭게 드러날 수 있다. 다시 말해, 최고 인식 단계인 철학적 관점은 예술의 의미를 새롭게 제공할 수 있고, 이 예술의 새로운 의미는 예술의 고유한 표현 방식인 '직관'에 대한 철학적 이해를 기반으로 한다. 『철학백과』에서 헤겔은 '직관'을 두 가지로 구분한다. 그중 하나는 '직관 그 자체' 또는 '단순한 직관'이다.[24] 이 직관에서는 '대상성대상 관련성, Gegenständlichkeit'이 우세하며, 이 직관과 관계하는 지성은 "외부 소재에 가라앉아 그 소재와 일치하며, 직관된 객체의 내용밖에 지니지 못한다".[25] 이 직관은 "외적이며 우연적인 것의 공존Beiwesen에 여전히 둘러싸여 있어 제대로 발양되지 못한 실체"의 파악에만 주력하고 '대상 실체의 내재적 전개'에 이르지는 못한다.[26] 인식의 면에서 이 직관은 '인식의 시작 단계일 뿐'이므로, 이 직관을 예술의 표현양식과 동일시할 수는 없다. 비록 예술이 철학보다 낮은 단계에 있지만, 여전히 예술은 인식의 면에서 최고 단계인 '절대 정신'에 속하기 때문에, 예술에 고유한 직관은 단순히 자연적 감각이나 직접적 욕망도 아니며, 사물의 물질 면에만 관련될 수 없다.

'절대 정신'인 예술은 그 본질상 일차적으로 내용과 형식, 실재와 개념이 적실하게 합치하는 상태를 표현할 수 있어야 한다. 이 상태를 헤겔은 '대상의 옹골

---

23 Ästhetik1, pp.143~144(두행숙1, 199~200쪽).
24 G. W. F. Hegel, *Enzyklopädie der philosophischen Wissenschaften im Grundrisse(1830)* III, p.255(§449 Zusatz, 이하 TW10으로 표기한다)(정신철학, 316쪽).
25 TW10, p.256(§450 Zusatz)(정신철학, 318쪽).
26 TW10, p.255(§449 Zusatz)(정신철학, 316쪽).

찬 실체gediegene Substanz'라고 하며, 단순한 직관이 아니라 '대상에 대한 옹골찬 직관gediegene Anschauung'만이 이 실체를 표현할 수 있다고 주장한다. 이 직관을 헤겔은 '몰정신적인geistlos 단순한 직관'에 대비해 '정신 충만한 참된 직관geistvolle, wahrhafte Anschauung', '이성의 확신에 의해 충만된 의식'이라고 부른다. '단순한 직관'은 대상이 지니고 있는 '상이하고 분리된 개별 측면들'에만 관여하지만, '참된 직관'은 대상이 지닌 '총제성, 규정들의 총괄적 충만'에 관여한다.[27] 여기서 헤겔은 재능이 출중한 역사가Geschichtsschreiber는 과거의 개별사건들에 얽매이지 않고 과거 사건 전체를 '생동하는 직관lebendige Anschauung'으로 주시한다는 점을 비교 사례로 제시한다. 직관이 생동적이려면, 직관이 단순한 감각 직관의 상태를 뛰어넘어 사유와 매개되어야 하며 정신으로 충만해야 한다. 그렇게 해야만 직관은 대상에 내재하는 옹골찬 실체다운 내용을 제대로 표현할 수 있다. 이러한 참된 직관이 절대 정신인 예술이 필요로 하는 직관이다. 이러한 맥락에서 헤겔은 다음과 같이 말한다.

예술가 일반이 그러하듯, 흔히 사람들은 시인은 단적으로 직관하면서 창작을 한다고 생각한다. [그러나] 이것은 전혀 그렇지 않다. 오히려 진정한 시인ein echter Dichter은 그의 작품을 완성하기 전이나 완성하는 과정에서 여러모로 숙고하고nachsinnen 추사유해야 한다nachdenken. 오직 이러한 방법으로만 시인은 사태를 감싸고 있는 모든 외면으로부터 그 사태의 심장과 영혼을 밖으로 끌어내고, 시인 자신의 직관이 유기적으로 펼쳐지기를 바랄 수 있다.[28]

특히, 어느 예술보다 시인의 시창작은 영감을 통해 이루어지며 영감은 직관

---

27 TW10, p.254(§449 Zusatz)(정신철학, 315쪽).
28 TW10, pp.255~256(§449 Zusatz)(정신철학, 317쪽).

적이다. 그런데, 시인의 창작에 필요한 직관은 단순한 감각적 직관이 아니다. 이미 심미적 직관에는 사태의 중심을 관통하는 사유의 요소가 매개된 상태로 내재한다. 예를 들어, 괴테와 같은 시인은 『젊은 베르테르의 슬픔』과 같은 작품을 창작하면서 자신의 감정에 굴복한 것이 아니라 오히려 자기 스스로를 진정시켰으며, 감정을 지배하면서 '감정의 제한을 뛰어넘어 고양된 이성적 사유' 속에서 창작활동을 했던 것이라고 헤겔은 해석한다.[29] 이 점에서 예술의 직관은 사유와 매개된 참된 직관, 생동적인 직관이다. 예술적 직관이 참된 직관이 되기 위해서는 사유의 도움을 필요로 하므로, 시창작과 같은 예술은 사유와 매개되어 절대지평에 도달한 인식을 재차 직관을 통해 객관적으로 표현하는 '절대 정신'이라고 할 수 있다. 헤겔이 미학에서 예술이 '정신화된 감성적인 것'이자 '감성화된 정신다운 것'을 소재로 삼으며, 감성적인 것 자체와 순수 사상 사이에 위치한다고 주장한 것도 이 점을 반영한다.[30] 이러한 면에서 보면, 헤겔의 철학 체계에서 예술은 철학 이전에 철학보다 저급한 단계로서만이 아니라, 오히려 철학을 통해 새롭게 의미 부여된, 새롭게 부활한 예술로 규정될 수 있다.[31] 사태나 대상을 총체적이고 생동적으로 이해하고 표현하지 못한다면, 예술은 '절대 정신'의 기능을 상실하고, 체계 관점에서 예술은 자신의 '현재성'을 증명할 수 없다. 예술적 직관은 철학적 사유를 필요로 하며, '사유된 과거'는 감상이나 표현 면에서 다시 예술적으로 참되게 직관되지 못한다면 '현재'로 되살아날 수 없다. 절대 정신에 체계적으로 위계 질서를 부여함으로써 헤겔은 예술이 예술로서 존립하

29 TW10, p.251(§448 Zusatz)(정신철학, 311~312쪽).
30 G. W. F. Hegel, *Vorlesungen über die Philosophie der Kunst, Berlin 1823 Nachgeschrieben von Heinrich Gustav Hotho*, in : VNM2, hrsg. von A. Gethmann-Siefert, Hamburg : Felix Meiner Verlag, 1998, pp.20~21(권정임 · 한동원 역, 『헤겔 예술철학』, 서울 : 미술문화, 2008, 97쪽)(이하 Hotho, 권정임으로 표기한다).
31 이상과 같은 '직관'에 관한 논의는 다음의 연구로부터 많은 도움을 받았음을 밝혀둔다. 권대중, 「헤겔의 정신론에서 '감각적 인식'으로서의 직관」, 『미학』 제36집, 한국미학회, 2003, 85~120쪽.

기 위해서라도 철학의 도움을 반드시 필요로 한다는 점을 선명하게 보여준 것이다.

이상의 논의에 의하면, 헤겔 철학에서 예술은 '이중적 위상'을 부여받는다고 할 수 있다. 한편으로 예술은 종교 및 철학과 함께 진리와 인식의 최고 단계에 자리한다. '절대 정신'이라는 최고 단계는 더이상 주관과 객관, 내용과 형식, 개념과 실재가 분리되지 않는 지평이다. 따라서 '절대 정신'에 예술이 자리한다는 것은 '예술의 존엄성'을 재확인하는 일이다. 동시에 다른 한편으로 비록 예술이 종교 및 철학과 함께 절대 정신의 한 자리를 차지하지만, 종교 및 철학에 비해 예술은 하위에 자리한다. 왜냐하면 예술은 직관이라는 자신의 형식으로 인해 스스로 한계를 지니므로 예술 자신보다 더 고차적 형태로 이행할 수밖에 없고, 예술 다음에 오면서 예술을 능가하는 철학적 사유를 필요로 함으로써 그에 종속될 수밖에 없기 때문이다.[32] 이 점에서 예술은 자기 내면에서 스스로를 온전히 충족하려는 정신의 욕구를 충분히 만족시키지 못한다.[33] 헤겔의 철학 체계에서 이러한 예술의 '이중적 위상'으로 인해, '절대 정신'의 영역에 예술이 포함된다는 것은 '예술의 존엄성'을 재확인하는 일이기도 하지만, 동시에 예술의 상대적 열등함은 '예술의 종언'을 예고하는 일이기도 하다. 왜냐하면 예술의 본성이 결국 철학에서 정점에 도달하는 진리 체계의 본성 안으로 수렴됨으로써 철학 탐구의 과제로 전환될 때, 예술은 자신의 고유성을 지킬 수 있는 최소한의 여력마저도 상실해 버리는 것처럼 보이기 때문이다.[34] 헤겔이 예술이 진리를 표현하는 '최고 절대적 방식'은 더이상 아니라고 단언하는 이유도 이처럼 예술이 체계 내에서 차지하는 위상 때문이다.

---

32 Ästhetik1, p.142 이하(두행숙1, 198쪽 이하) 참조.
33 Ästhetik1, p.142(두행숙1, 198쪽).
34 김상환, 『예술가를 위한 형이상학―해체론 시대의 철학과 문화』, 서울 : 민음사, 2000, 160쪽 이하 참조.

2. 역사 관점에서 예술의 종언

예술은 절대 정신이기는 하지만 철학에 비해 상대적으로 열등할 수밖에 없다는 '예술의 위상'을 고려하면, '예술의 종언' 문제를 대면할 수밖에 없다.[35] '예술의 종언'이라는 주제만큼 헤겔의 철학 체계에서 예술의 위상을 단적으로 보여주는 문제는 없기 때문이다. 예술이 진리를 표현하는 최고 방식이 아닌 또 다른 이유로, 헤겔은 자신의 당대에 예술이 처한 문화적 상황을 제시한다. 헤겔에 의하면 '반성문화Reflexionsbildung'라는 당대의 문화상태는 예술을 예술 자체로서 더이상 숭배하지 않고 오히려 예술에 대해 반성하고 의식하며, '좀 더 사려깊은 방식'을 통해 확실한 기준을 세워 예술에 관해 판단하고 확증하려고 한다.[36] 반성, 의식, 사려깊음, 판단 등은 예술 자체가 요구하는 것이 아니라 예술에 관해 사유하고 개념 파악하려는 관점이 필요로 하는 것이다. 헤겔은 '근대[또는 현대]'라고 불릴 수 있는 그 당대의 관점에서 예술에 관해 다음과 같이 언급한다.

이 모든 관계들로 인해 예술은 최고 규정 면에서 우리에게 이미 지나가 버린 것[과거]ein Vergangenes이며 이미 지나가 버린 것[과거]으로 남는다. 그렇기 때문에 예술은 우리에게 진정한 진리echte Wahrheit와 생동성[생명성]Lebendigkeit을 상실해 버렸다. 그리고 예술은 예술이 지니고 있던 이전의 필연성을 현실에서 주장하고 좀 더 높은 자리를 차지하지 못하고 오히려 우리 표상 속으로 옮겨졌다. 예술작품을 통해 이

---

35 '예술의 종언' 또는 ㅎ '예술의 과거성' 문제와 관련해 대표 연구로는 다음을 참조할 수 있다. 김문환·권대중 편역, 『예술과 죽음과 부활─헤겔의 '예술의 종언' 명제와 관련하여』, 서울 : 지식산업사, 2004, 145쪽 이하 참조. 그 외 다음 논문들도 참조할 수 있다. 권대중, 「헤겔의 "예술의 종언" 명제가 지니는 다양한 논의 지평들」, 『미학』 제33집, 한국미학회, 2002, 75~143쪽; 권대중, 「헤겔의 '예술의 종언' 명제의 수정가능성 모색」, 『미학』 제39집, 한국미학회, 2004, 1~47쪽; 박정기, 「헤겔의 미학에 있어서 철학과 예술 : '예술의 과거성'의 명제를 중심으로」, 『범한철학』 제28집, 범한철학회, 2003, 257~280쪽.

36 Ästhetik1, p.24 이하(두행숙1, 43쪽 이하) 참조.

제 우리 속에 유발되는 것, 이것은 직접적으로 향유되기도 하지만 동시에 우리 판단에 종속된다. 왜냐하면 우리는 예술작품의 내용이나 표현수단, 그리고 이 양자의 적합성, 부적합성을 우리의 사유하는 고찰에 종속시키기 때문이다. 그렇기 때문에 예술이 그 자체로 예술로서 이미 충분한 만족을 준 이전 시대보다 우리 시대에는 예술의 학문 Wissenschaft der Kunst을 더욱더 필요로 한다. 예술은 우리를 사유하는 고찰로 인도하고, 예술을 다시 소환하려는 목적이 아니라 무엇이 예술인가를 학문적으로 인식하려는 목적으로 우리를 이끈다.[37]

여기서 헤겔은 '예술 자체'와 '예술의 학문'을 분명히 구분한다. '예술의 학문'의 다른 이름이 '미학' 또는 '예술 철학'이다. 예술이 그 자체의 생명성[생동성]을 상실하고 이미 지나가 버린 과거가 되고 말았다는 것은, 이미 그 과거보다 뒤늦게 도래한 '사유하는 고찰'에 예술이 종속될 수밖에 없다는 것을 뜻한다. 헤겔에게 현재인 '우리 시대'가 예술 자체보다 예술의 학문을 요구하는 이유는, '우리 시대'에 그만큼 사유의 힘이 강화되었기 때문이다. 헤겔은 이미 역사 조건이 이렇게 변했는데도 불구하고, 과거가 되어 버린 예술을 예술 자체로서 다시 현재에 소환하려는 시도는 시대착오적일 수밖에 없다고 진단한다.

그런데, 헤겔이 예술에 관해 이렇게 진단한다고 해서, 그로부터 모든 예술 활동의 전면적 중단이나 무의미함이 결과되는 것은 아니며, 헤겔 자신도 그렇게 생각하지 않았다. 그러면, 어느 시대 못지 않게 풍성한 예술의 시대에 살았다고 할 수 있는 헤겔이 '예술의 종언'을 주장했다는 것은 어떤 의미를 지니는가? 이 '예술의 종언' 문제에 대한 기존 연구자들의 입장은 대략 세 가지 정도로 압축할 수 있다. 첫째, 헤겔의 언급 자체가 예술에 대해 부적절하다고 해석하는 비판적 입장이 있다. 이 입장의 대표자로 크로체Benedetto Croce, 1866~1952를 들 수

---

37 Ästhetik1, pp. 25~26(부행숙1, 46~47쪽).

있다. 크로체는 '예술을 학문적으로 다루는 것'과 '예술 활동'을 구분해야 한다고 하면서, 헤겔 미학은 예술 자체에 적대적이며 예술에 대한 '추도사'라고 주장한다. 그래서, 예술이 이미 죽었다고 선언한 헤겔 미학에 대한 적절한 비판은 그러한 형이상학적 게임에 참여하기를 애초부터 거절함으로써 효과적으로 달성될 수 있다고 본다. 크로체는 이 점에 관해 다음과 같이 언급한다.

위에서 마지막으로 언급한 개념은 예술이 그의 자매들과 더불어 절대 정신의 영역에 속한다고 간주하는 것으로서, 이로부터 예술의 불멸성이 추론되기도 하였다. 반면 종교라는 것이 결국 소멸하여 철학에 흡수된다고 보는 입장에서는 예술의 필멸성, 예술의 죽음을─실재적인 예술의 소멸, 또는 최소한 그러한 절박함을─주장하기도 했다. 그러나 이 문제는 우리에게 아무 의미가 없다. 예술의 기능이 정신의 필수 단계라는 것을 알고 난 지금, 예술이 제거될 수 있는지를 묻는 것은 감정이나 지성이 제거될 수 있는지를 묻는 것과 마찬가지기 때문이다. 그러나 위에서 언급한 것과 같은, 스스로 작위적인 세계 안에 뿌리내리고 있는 형이상학의 세세한 구절들까지 비판해야 할 필요성은 없다. (…중략…) 비판이란 그 게임에 참여하기를 거절함으로써만, 즉 형이상학이 여전히 위에서 지적한 의미대로라면 바로 그러한 형이상학의 가능성을 거부할 때에만 존재할 수 있다.[38]

크로체가 언급한 '게임'의 역사적 근원은 알고 보면 플라톤에게까지 거슬러 올라간다. 사실상 플라톤 이래 예술[시문학]과 철학의 갈등 관점에서 '예술의 종언' 문제를 본다면, 헤겔의 입장은 전형적으로 철학의 편에 서서 예술을 추방하려는 기획으로 해석될 수 있다.[39] 헤겔은 예술을 종교 및 철학과 함께 '절대 정

---

38 B. Croce, 이해완 역, 『크로체의 미학─표현학과 일반 언어학으로서의 미학』, 서울 : 예전사, 1994, 77·129쪽.

신'으로 간주함으로써 겉으로는 예술의 존엄성을 플라톤적 비판으로부터 옹호하는 것같이 보이지만, 결국 철학에 대한 예술의 플라톤적 종속 관계를 심화시키며, 플라톤적 예술 이해를 극복한다기보다 오히려 그것을 철저화하고 그 극단까지 몰고 가는 것으로 해석될 수 있다.[40]

이에 비해 헤겔의 언급은 전면적으로나 부분적으로 타당하며, 특히 현대 예술의 전개과정과 관련해 적절하다는 지적도 있다. 이러한 입장의 대표자로 가다머Hans-Georg Gadamer, 1900~2002가 있다. 그에 의하면 헤겔이 선언한 '예술의 과거성'은 '충격적인 냉정함'을 지니며, 예술 현실과 관련해 어떤 본질 면에 적중한다.[41]

> 예술의 과거성이라는 대담한 주장은 사람들이 일반적으로 이해하듯이 [미학 내적
> 인 지평에서] 당대 예술을 비판하고자 한 것이 결코 아니다. (…중략…) 헤겔은 예술에
> 서 과거가 현재하고 있음Gegenwart을 본다. 이는 예술이 우리 모두의 의식 내부에서
> 실제로 획득한 커다란 새로운 영예이다. (…중략…) 역사적 의식의 시대에 우리는 두
> 측면에 주목해야 한다. 한편으로 모든 예술이 동시대적일 수 있게 하는 과거의 현재성
> 에 주목해야 하며, 다른 한편으로 우리 자신 시대의 예술, 즉 우리에게만 유일한 현재
> 의 우리 자신의 예술에 주목해야 한다.[42]

가다머는 헤겔의 과거성 선언을 통해 예술이 과거로서 이미 끝나 버리지 않고 오히려 모든 과거가 현재하는 예술의 탄생을 예고했다고 본다. 모든 과거가

---

39 플라톤의 '예술가 추방론'에 대한 헤겔의 해석에 대해서는 제3부 1장을 참조하기 바람.
40 김상환, 앞의 책, 162쪽 참조.
41 H.-G. Gadamer, 김문환·권대중 편역, 「예술의 종언?-헤겔의 '예술의 과거성' 이론으로부터 오늘날의 반예술에 이르기까지」, 『예술과 죽음과 부활-헤겔의 '예술의 종언' 명제와 관련하여』, 서울 : 지식산업사, 2004, 125쪽.
42 H. G. Gadamer, 앞의 글, 126~130쪽.

현재하는 예술에 주목해야 한다는 점에서, 헤겔의 선언은 예술을 죽이지 않고 예술에게 영예를 안겨다 준 것이다. 이 점에서 "언뜻 예술의 종언인 것처럼 보이는 모든 것도 사실은 바로 새로운 예술의 시작이다".[43] 헤겔에게 우호적인 이러한 해석은 대체로 두 흐름으로 구분되어 전개되어 왔다. 그 중 하나는 '체계이론적 미학'의 입장인데, 이 입장은 예술이 종교성과 진리 요구를 상실함으로써, 다시 말해 헤겔식으로 예술이 '과거'로 규정됨으로써 오히려 예술이 다른 분야로부터 분리 독립되는 결정적 계기를 맞이한다는 것이다.

예술의 종언을 언급하며 헤겔이 말한 '이 모든 관계에서 예술은 나름대로 최고 규정에 따르면 우리에게 이미 지나가 버린 것[과거]이며 앞으로도 그러하다'라는 문장은 아마 다음과 같은 뜻일 것이다. 즉 예술은 세계관계에 대한 사회의 직접적 관련성을 상실했으며, 따라서 이제 예술 자신의 분리 독립을 자각해야 한다는 것이다. 예술은 여전히 모든 것에 대한 보편 역량을 요구할 수 있지만, [이제] 오로지 예술로서만 특유한 고유 기준들을 준수하는 작동방식에만 근거해야 한다.[44]

이 관점에 의하면 '예술의 종언'은 종교, 학문, 예술이 제각기 근대화 과정에서 분화되고 차별화되는 과정에 대한 반응이다. 18세기에 도래한 근대 세계는 사회적 의사소통 형식들을 차별화하고 제도화한다.[45] 체계이론적 관점에서 볼 때, 근대 예술은 종교의 굴레로부터 뿐만 아니라, 마치 학문처럼 인식을 해야 한다는 부당한 학문적 요구로부터도 벗어난다. 이제 예술은 미적으로 소통될 수 있는 작품들을 만들어내는 데서 이미 스스로 충족되며, 근대 예술은 스스로를

---

43 H.-G. Gadamer, 앞의 글, 144쪽.

44 N. Luhmann, 박여성·이철 역, 『예술체계이론』, 파주 : 한길사, 2014, 315~316쪽.

45 G. Plumpe, 홍승용 역, 『현대의 미적 커뮤니케이션』 I, 부산 : 경성대 출판부, 2007, '미적 의사소통의 역사화 : 헤겔' 부분을 참조할 것.

예술로서 자각한다. 이 관점에서 헤겔 미학이 가져다준 긍정적 결과는 그가 선언한 예술의 종언을 통해 비로소 예술의 자율성이 확보된다는 점이다.

예술의 종언에 대한 또 다른 해석은, 헤겔의 예술의 과거성 명제가 예술의 자율성을 확보해 주면서도 동시에 내용 면에서 예술 이외의 것들과의 연관을 배제하지 않는다는 것이다. 이 입장에서 가장 중요하게 다루는 개념은 '후마누스 Humanus'라는 개념이다.[46] 헤겔은 미학에서 이 후마누스에 관해 다음과 같이 언급한다.

예술이 예술 자신을 뛰어넘으면서Hinausgehen über sich selber 예술은 동시에 인간이 인간 자신에게로 복귀하기, 인간 고유의 가슴으로 내려오기Hinabsteigen in seine eigene Brust가 된다. 이를 통해 예술은 특정한 범위의 내용과 파악에 확고히 한정된 일체를 자신으로부터 떨쳐 내버리고, 후마누스Humanus를 자신의 새로운 성자聖子로 삼는다. [이 새로운 성자인 후마누스는] 인간의 심정Gemüt 그 자체의 깊이와 높이이자, 인간의 기쁨과 슬픔, 그의 노력, 행위와 운명 속에 깃든 보편인간다움das Allgemeinmeschliche 이다. 따라서 예술가는 그의 내용을 바로 예술가 자신에서 취한다. 그리고 예술가는 현실적으로[참으로]wirklich 자기 자신을 규정하고, 자신의 감정들과 상황들의 무한성을 고찰하고 고안해내고 표현하는 인간 정신Menschengeist이며, 이 인간 정신에게는 인간의 가슴 속에서 생동적으로 될 수 있는[살아 있을 수 있는] 어떤 것도 더이상 낯설지 않다.[47]

후마누스와 관련된 헤겔의 이 언급에 의하면, 예술은 더이상 초월적인 종교

---

[46] 헤겔이 괴테의 미완성 단편 서사시인 「비밀(Geheimnisse)」(1784~85)에서 차용한 이 개념은 헤겔 미학에서 단 두 번 등장하지만, 헤겔 미학을 해석하는 데 매우 중요한 개념으로 평가된다.
[47] Ästhetik2, pp.237~238(두행숙2, 545쪽).

적 내용에 속박되지 않고 세속화됨에도 불구하고, 예술은 단순히 무가치하고 사소한 것으로 전락하지 않고 인간의 본질을 표현할 수 있다. 이 관점에서 보면, 헤겔에게 예술은 과거만이 아니라 현재로서도 그 의미를 상실하지 않는다는 점을 확인할 수 있다. 무한히 다양하고 분열된 듯 보이는 인간의 삶 속에서, 예술은 여전히 보편적 의미를 인간 자신 속에서 발견하고 표현해낼 수 있다는 희망을 헤겔은 버리지 않고 있다.

3. 예술의 현재성

헤겔은 미학에서 개별 예술의 분류 근거로 예술작품이 객관화되는 감각Sinn 과 이 감각에 상응하는 질료성Materialität을 제시한다.[48] 헤겔에 의하면 예술의 대상은 자립적 객관성 속에서 직관되어야 하며, 욕망이나 의지와 관련되지 않은 상태에서 오직 '이론적[관조적]이며 지적인 방식'으로만 직관되어야 한다.[49] 이렇게 대상을 직관할 수 있는 대표 감각으로 헤겔은 '시각Gesicht'과 '청각 Gehör', 그리고 '감성적 표상sinnliche Vorstellung'을 든다.[50] 전체 예술은 이 세 가지 파악방식에 의해 '조형 예술bildende Kunst'과 '소리 예술tönende Kunst'인 '음악Musik', 그리고 '시문학Poesie'으로 구분된다.[51] 그리고 조형 예술에는 건축, 조각, 회화가 포함된다.[52] 그런데, 헤겔은 이와 같은 병렬적 분류가 매우 추상적 관점에서 이루어진다는 점을 지적하면서, 개별 예술들을 감각 질료를 기준으로

---

48 Ästhetik2, p.254(두행숙3, 42쪽).
49 Ästhetik2, p.255(두행숙3, 43쪽).
50 Ästhetik2, p.255 이하(두행숙3, 43쪽 이하).
51 Ästhetik2, p.256(두행숙3, 45쪽).
52 Hotho, pp.206~207(권정임, 298~299쪽).

분류하는 데에는 한계가 있으며 그보다 더 '상위 원칙'이 필요하다고 주장한다. 이 '상위 원칙'이 헤겔이 미학에서 제시하는 '세 가지 예술형식'이다.

> 우리는 더 상위의 이 원칙으로 상징적인 것, 고전적인 것, 낭만적인 것의 예술형식들을 고찰했다. 이 예술형식들은 아름다움 자체라는 이념의 보편 계기들이다. 아름다움의 이념이 구체적 형태로 나타나는 개별 예술들과 맺는 관계는, 개별 예술들이 예술형식들[상징적, 고전적, 낭만적 예술형식]의 실재 현존을 구성하는 성질을 띤다.[53]

여기서 헤겔은 세 가지 예술형식들의 실재 현존을 구성하는 측면에서 개별 예술 장르가 분류되어야 한다는 점을 밝히고 있다. 헤겔은 각각의 예술형식에 그것을 대표하는 개별 예술장르들을 대응시킨다. 즉 상징적 예술형식에는 건축이, 고전적 예술형식에는 조각이, 그리고 낭만적 예술형식에는 회화, 음악, 시문학이 대응한다.[54] '진리의 측면에서 절대자인 총체성'에 따라 좀 더 체계적으로 개별 예술들을 분류할 때 고려해야 할 첫 번째 요소는 '외적 자연'으로서 '주위를 둘러싸고 있는 세계'인 '객관적인 것 자체'이며, 또 다른 요소는 '주관적인 내면'인 '인간의 심정'이다.[55] 이 두 가지 요소를 기초로 '예술의 총체적 내용'이 전개되어 드러나는 차이들이 '상징적, 고전적 그리고 낭만적 예술형식'에 상응한다.[56] 이 분류 근거에 따라 헤겔은 '개별 예술들의 체계'를 '건축', '조각', '회화', '음악', '시문학'으로 분류한다.[57] 결과적으로 보자면, 위에서 언급한 개별 예술들의 체계와 이 분류가 일치하지만, 그러나 차이가 있다. 왜냐하면 이전 분

---

53 Ästhetik1, p.124(두행숙1, 178쪽).
54 그렇다고 어떤 예술장르가 하나의 예술형식에만 한정되는 것은 아니다. Ästhetik1, pp.389~392(두행숙2, 29~32쪽).
55 Ästhetik2, p.257(두행숙3, 46쪽).
56 Ästhetik2, p.258(두행숙3, 46쪽).
57 Ästhetik2, p.259 이하(두행숙3, 47쪽 이하).

류에서는 건축, 조각, 회화가 '조형 예술'에 함께 속하지만, 후자의 분류에 의하면 건축은 상징적 예술형식을 대표하는 장르이고, 조각은 고전적 예술형식을 대표하는 장르이며, 회화와 음악, 시문학은 낭만적 예술형식을 대표하는 장르이기 때문이다.[58] 여기서 주목할 점은, 시각, 청각, 표상이라는 요소에 따라 행해지는 전자의 분류방식이 개별 예술들을 단지 대등적이고 병렬적으로 구분하는 데 기초하는 반면, 세 가지 예술형식들에 따라 분류하는 방식은 그렇지 않다는 것이다.[59] 전자의 분류와 달리 상징적, 고전적, 낭만적 예술형식이라는 분류는 '이념과 이념의 형태 사이의 관계들'에 의해 규정된다.

상징적 예술형식의 본질적 특징은 내용과 형식이 서로 부적합하다는 점이다. 여기서 절대자는 아직 내용에 적합한 개별 형태로 표현되지 못하고 이질적인 자연대상으로 대체될 뿐이다. 상징적 예술형식에서는 표현되어야 할 내용과 표현된 형태가 여전히 어울리지 않고 낯선 상태에 있으므로, 이 단계의 지배 범주는 아름다움이 아니라 '숭고'다. 예를 들어, 이집트의 피라미드처럼 동방의 건축에서 절대자를 적절하게 형상화할 수 없는 무능함은 신들을 위한 숭고한 장소를 제공할 뿐 신들을 구체적으로 형태화하지는 못한다.

이에 비해 고전적 예술형식은 표현되어야 할 내용과 표현된 형식이 온전히 일치함으로써 '아름다움의 이상'을 실현한다. 고대 그리스의 신상神像에서 절대자가 개별 인간 신체로 구체화된 것처럼, 고전적 예술형식은 신다운 것을 인간

---

58 '20~21년 미학 강의'에서는 시문학이 건축, 조각, 회화 이외의 네 번째 종류로 언급되며, 음악은 독립 장르로 설정되지 않는다. G. W. F. Hegel, *Vorlesungen über die Ästhetik, Berlin 1820/21*, hrsg. von H. Schneider, Frankfurt am Main : Peter Lang, 1995, p.42(서정혁 역, 『미학강의(베를린, 1820/21년)』, 서울 : 지만지, 2013, 45쪽)(이하 Ascheberg, 서정혁으로 표기한다).

59 헤겔은 '호토판 미학'에서 다음과 같이 말한다. "진실한 것은 본질 규정들의 통일을 자신 속에서 파악한다[포괄한다]는 의미에서 단적으로 구체적이다. 그러나 현상하는 것으로서 이 [본질] 규정들은 단지 공간의 병존상태로만 전개되지 않고, 시간 순서에서 하나의 역사(eine Geschichte)로도 전개된다." Ästhetik3, p.226(두행숙3, 577쪽). 이 점에서 회화와 시문학은 함께 낭만적 예술형식에 속하지만, 전자보다 후자가 시간에 기초한 역사를 표현하기에 적합하다.

다운 것으로 형상화한다. 헤겔이 고대 그리스를 중심으로 한 고전적 예술형식에서 아름다움이나 예술의 이상이 진정으로 실현되었음에 주목했다는 사실은 이미 잘 알려져 있다. 그리스인들에게 예술은 종교를 위한 부가물이 아니라 그 자체가 이미 종교였다. 헤겔이 그 당대의 관점에서 예술은 이미 지나간 버린 과거라고 선언했을 때, 일차적으로 헤겔은 고대 그리스 예술로 대표되는 고전적 예술형식이 해체된 상황을 염두에 두었다.

마지막으로 등장하는 낭만적 예술형식은 고전적 예술형식이 성취한 아름다움과 예술의 완성이 해체되고 초월되는 과정을 보여준다.[60] 이 해체는 '내용과 형식의 불일치'에 머문 상징적 예술형식으로의 퇴행이 아니라, 기존 예술을 뛰어넘어 새로운 전망을 보여주는 해체이자 초월이다.

상징에서는 이념의 결핍 상태가 형태화의 결핍을 수반하는 데 비해, 낭만적인 것에서는 이념은 정신과 심정으로서 자신 안에서 완성된 상태로 나타나며, 이와 같은 좀 더 고차적 완성에 기초해 이념은 자신의 진정한 실재성과 현상을 오직 자기 자신 속에서만 찾고 완성할 수 있으므로 외면에 상응하는 통합 상태로부터 벗어난다.[61]

상징적 예술형식은 정신의 이념이 아직 제대로 형성되지 않은 결핍 상태에 있는 반면, 낭만적 예술형식은 정신의 이념이 내면에서 일종의 과잉 상태에 있다. 낭만적 예술형식의 두드러진 특징은 정신의 내면성이며, 어떤 외적 형식에

---

[60] 여기서 '낭만적 예술형식의 시기'는 헤겔 동시대의 독일 낭만주의에만 해당하지 않는다. 고대에 아리스토파네스와 로마의 풍자시(Satire)와 더불어 시작된 고전적 예술의 종말과 헤겔 당대까지 모두 낭만적 예술형식에 포함될 수 있다. 헤겔은 낭만적 예술을 '근대다운[현대적] 예술'로 표현하기도 한다. H. Schneider, 서정혁 역, 「미학적이며 예술적인 모더니즘과 포스트모더니즘 이론인 헤겔의 낭만적 예술 형식─헤겔 이후의 예술의 미래」, 『헤겔연구』 제10호, 2002, 25쪽 이하 참조.

[61] Ästhetik1, p.114(두행숙1, 166쪽).

도 구속되지 않고 자신을 자유롭게 표현할 수 있는 주관적 내면성이 '낭만성'이고 '낭만적인 것'이다.

그런데, 헤겔에 의하면 이러한 낭만적 예술형식의 특징은 결국 외적인 표현에 있어서 '어떤 것도 좋다'라는 식의 무제한적 개방을 초래할 수 있다. 왜냐하면 정신의 내면만이 과잉에 이를 정도로 절대적으로 중요해지면서 이 내면에 적합한 외적 표현은 사실상 불가능하고, 그래서 정신의 절대적 내면성 앞에서는 어떤 것들도 그들의 차이성을 돋보이게 할 수 없기 때문이다. 어떤 것도 더이상 특별히 두드러지지 않는다는 것은 어떤 것과 다른 것을 우열에 따라 등급을 매길 수 있는 하나의 심미적 잣대가 더이상 존재하지 않는다는 것이다. 따라서, 이제 아름다움조차 자신의 고귀한 자리를 강등당하면서 예술의 절대적 기준이 못 되며, 불행이나 고통과 같은 추한 것, 결코 아름답지 않은 것들도 예술의 표현 소재로 수용된다. 낭만적 예술형식은 삼차원의 자연성을 최초로 지양하는 '회화'로부터 시작하여, 시간성 안의 '순수 내면의 울림'인 음들의 질서로서 나타나는 '음악'을 거쳐, 정신다운 것을 언어를 통해 표상하고 표현하는 '시문학'에 이른다.

이처럼 '상징 – 고전 – 낭만'이라는 헤겔의 예술 형식론은 '추구하기Erstreben', '도달하기Erreichen', '뛰어넘기Überschreiten'로 진행되며 순환적이지 않고 직선적이다. 도식적으로 보자면, '상징 – 고전 – 낭만'의 전개는 '분리, 통일, 해체'의 과정이며 '원초적 통일 – 분열 – 재통합'이라는 헤겔 철학의 일반 도식에 들어맞지 않는 듯하다. 그래서 사실상 '호토판 미학'에는 조화롭지 않은 양면이 공존한다는 해석도 있다. 그중 하나는 그리스 고전 예술이 예술의 정점이라는 것이며, 다른 하나는 변증법적 논리 구조에 따르면 낭만적 예술형식이 완성의 단계이며 앞선 두 예술형식들보다 더 높은 가치를 지닌다는 것이다. 최근에는 이 두 입장이 서로 모순되지 않고 병립할 수 있다는 해석도 있다. 이 해석에 의하면,

세 가지 예술형식들은 가치 서열적으로 체계화되기보다는, 구조적으로 동일한 역사적 기능을 각 시대마다 수행한다는 점에서 동등한 가치를 지닌다.[62] 그런데, 어떤 해석 방향을 취하든 상관없이, 분명한 점은 헤겔이 자신의 시대가 예술에게 상황이 유리하거나 호의적인 시대가 아니라는 점을 분명히 표명했다는 사실이다.

> 오늘날 우리 삶의 반성문화Reflexionsbilung로 인해, 우리는 의지뿐만 아니라 판단과 관련해서도 보편 관점을 확정하고 특수자를 규칙화하려는 욕구를 지니며, 보편 형식들, 법칙들, 의무들, 법률들, 준칙들이 규정근거로서 타당하고 주요 통치자로 존재한다. 그러나 예술 관심이나 예술 산출에게 일반적으로 요구되는 것은 오히려 생동성[생명성]Lebendigkeit이다. 생동성에서 보편자는 법칙과 준칙으로 존재하지 않고, 상상 Phantasie 속에서 보편적이며 이성다운 것이 구체적이며 감성적인 현상과 통일 상태로 유지되듯이, 보편자는 마음과 감각과 함께 동일하게 작용한다. 그렇기 때문에 우리 시대는 그 일반적 상황에서 예술에게 형편이 좋은günstig 시대가 아니다.[63]

헤겔의 눈에 비친 '현재'는 보편자가 우세한 '내면성의 시대'이다.[64] 이 같은 특징은 앞서 언급했듯이 낭만적 예술형식에 관한 서술을 통해 좀 더 분명해진다. 낭만적 예술형식 속에 깃든 자유로운 정신은 굳이 자신에게 상응하는 외부 형태를 찾지 않으며, 내적 의미를 그에 적절한 외부 형태로 표현해야 한다는 강

---

62 권정임, 「'상징적 예술 형식'의 해석을 통해서 본 헤겔 미학의 현재적 의미」, 김진섭·하선규 편, 『미학』, 서울: 책세상, 2007, 188~222쪽 참조. 이 논문에서 특히 상징적 예술형식은 가장 저급한 예술형식이 아니라, 오히려 여러 세계관과 민족들의 삶의 형태를 매개한다는 측면에서 근대적 주관성을 보완할 수 있는 계기로 해석되고 있다. 그리고, 이러한 매개의 입장에서 헤겔이 괴테의 작품들 중 『서동시집(West-östlicher Divan)』을 높게 평가하고 있음을 이 논문은 밝히고 있다.
63 Ästhetik1, pp.24~25(두행숙1, 45~46쪽 이하) 참조.
64 Ästhetik1, p.142(두행숙1, 190쪽).

박으로부터도 벗어난다.[65] 내면을 표현하는 절대적 소재도 없고, 설령 있다고
해도 그 소재를 반드시 적절하게 표현할 필요성도 느끼지 못한다. 헤겔은 '낭만
적 예술형식의 종언'이라는 곳에서 다음과 같이 언급한다.

> 어떤 특수한 내용에 얽매이는 일과 이러한 소재에만 맞는 표현방식은 오늘날 예술
> 가에게는 지나가 버린 것[과거]이 되어 버렸다. 이를 통해 예술은 예술가가 그 내용이
> 어떤 종류의 것이든지 상관없이 모든 내용에 자신의 주관적 숙련성에 비례해 동등하
> 게 관계할 수 있도록 해주는 자유로운 도구가 되었다. (…중략…) 만일 예술가가 대체
> 로 아름답게 그리고 예술적으로 다룰 능력이 있고, 단지 형식적 법칙과 모순되지만 않
> 는다면, 예술가에게는 어떤 소재라도 상관없다. 오늘날 즉자대자적으로[절대적으로]
> 이 상대성을 뛰어넘는 소재는 없다. 그리고 설사 그 소재가 그것[상대성]을 초월해 있
> 다고 할지라도, 적어도 그 소재가 예술에 의해 표현되어야만 한다는 절대적 요구는 현
> 존하지 않는다.[66]

예술에 대한 이러한 헤겔의 견해를 확장하여 현재 우리의 상황과 연관시켜
본다면, 우리는 오늘날 예술이 처한 상황에 비추어 헤겔의 진단에 어렵지 않게
공감할 수 있다. 우리 주변의 현대 미술 화랑을 둘러 보면, 우리는 헤겔이 진단
했던 경향들이 하나의 논리적 결론에 이르렀음을, 즉 예술이 대상, 개념, 이론과
일종의 해프닝으로 변했음을 본다. 이제 무엇이 예술답다는 것은 곧 '주장하는
것', 즉 어떤 대상이나 사건이 의미를 지닌다고 주장하는 것이다. 그 의미는 작
품의 진정한 핵심인, 그 배후의 '이론'에 정통해 있는 사람들에게만 드러난다.[67]

---

65 Ästhetik1, p.392(두행숙2, 32쪽).
66 Ästhetik2, p.235(두행숙2, 542쪽).
67 S. Bungay, 김문환·권대중 편역, 「'예술의 종언' 명제에 대한 다양한 해석들」, 『예술과 죽음과
　부활-헤겔의 '예술의 종언' 명제와 관련하여』, 서울 : 지식산업사, 2004, 170쪽 참조.

어떤 한 예술의 새로움이 그다음 등장하는 예술로 말미암아 약화되는 현상이 점점 더 빠른 속도로 진행되어, 결국 어제까지만 해도 새롭고 '현대적'이었던 것이 오늘은 이미 구닥다리가 되는 사태를 우리는 현실에서 이미 경험하고 있다. 이 맥락에서 다음과 같은 단토A. C. Danto의 주장은 충분히 설득력이 있다.

> 예술의 종언은 예술가들의 해방이다. 그들은 이제 어떤 것이 가능한지 않은지를 확증하기 위해 실험에 매달릴 필요가 없다. 우리는 그들에게 모든 것이 가능하다고 미리 말해줄 수 있다. 예술의 종언에 대한 나의 생각은 오히려 역사의 종언에 대한 헤겔의 생각과 비슷하다. 그의 견해에 따르면, 역사는 자유에서 종말을 고한다. 그리고 이것이 오늘날 예술가들의 상황이다.[68]

이 점에서 헤겔의 '예술의 종언' 명제는 역사적 관점에서 볼 때, 무엇이 예술이고 예술이 아닌지를 판단하기조차 어려운 시대, 예술과 비예술의 경계가 모호한 시대가 도래할 것임을 이미 예견하는 위치에 있다.[69] 그리고 이 예견은 종래에 추구되어 온 예술의 진지한 목적이 더이상 유지될 수 없다는 것을 보여준다. 예술이 표현해야 할 내용이 모두 소진되고 나면, 예술에서 절대적 관심은 사라져 버리고, 예술에는 더이상 어떤 '신선한 활동frische Tätigkeit'도 없게 된다.[70]

그렇다면, 이러한 관점에서 예술은 이제 다만 지나가 버린 과거로만 남는가? 헤겔에게, 그리고 헤겔 이후의 우리에게 예술은 어떤 진지한 목적이나 관심도 보이지 않는가? 헤겔은 『법철학』에서처럼, 미학에서도 모든 인간은 정치적, 종

---

68 A. C. Danto, 이성훈·김광우 역, 『예술의 종말 이후』, 서울 : 미술문화, 2006, 17쪽.
69 이 점에서 현대 '레디 메이드'나 '팝 아트' 등의 경향이 시작될 수 있는 이론적 계기가 이미 헤겔 미학에 내재한다고 볼 수도 있다. 이에 관해서는, 칸트의 '취미의 이율배반'을 헤겔적으로 변용하여 현대 예술과의 관련성을 논한 다음 연구를 참조할 수 있다. 서정혁, 「취미의 이율배반의 헤겔적 변용」, 『철학』 제130집, 한국철학회, 2017, 75~98쪽.
70 Ästhetik2, p.234(두행숙2, 511쪽).

교적, 예술적, 학문적으로 '자신이 속한 시대의 아들'일 수밖에 없음을 강조하면서, '예술의 사명'도 '한 민족의 정신에게 예술적으로 적합한 표현'을 마련해 주는 데 있다고 주장한다.[71] 그런데, 자신의 민족성이나 시대와의 연관 속에서 예술을 진지하게 생각하고 표현하려던 시대와는 '정반대 관점'이 우세한 시대에서도 그 소재를 다루는 방식은 '정신의 현재성'을 드러낼 수 있어야 한다.[72] 과거의 어떤 소재라도 '인간 가슴 속에 생생하게 살아있을 수 있는 것'으로 다루어진다면, 그것은 현재를 살아가는 예술가에서 더이상 낯선 것이 아니다. 예술가는 이제 특정한 단계에 절대적으로 안주하는 것만을 표현하지 않고, 인간이 고향처럼 친숙하게 느낄 수 있는 것이면 무엇이든 표현해야 할 필요성을 느끼게 된다.[73]

여기서 헤겔은 '예술의 과거성'에 '예술의 현재성'을 대비시킨다. 어느 시대이건 그 시대에 예술은 항상 그 나름의 현재적 의미를 지니지만, 그 이후의 시대에게는 지나가 버린 과거로 남는다. 그래서 지금 우리에게 지나가 버린 과거의 예술도, 그 참된 의미는 자신의 현재성에서 찾아져야 한다. 이 점에서 헤겔은 호메로스나 소포클레스, 단테나 셰익스피어 같은 사람은 더이상 출현할 수 없다고 말한다.[74] 이 말은 더이상 그들에 필적하는 위대한 예술가와 예술이 등장할 수 없음을 안타까워하는 단순한 넋두리만이 아니다. 그것은 "그렇게 위대하게 노래된 것, 그렇게 자유롭게 표현된 것은 그렇게 과거에 언표되었을 뿐임"을 선언하는 말이기도 하다. 오히려 과거의 예술가와 예술이 아무리 위대하다고 하더라도, 그것은 이미 지나간 것일 뿐이다. 현재에는 과거의 예술이나 예술가가 아니라 현재의 예술과 예술가가 요구된다. 이 점에서 헤겔은 "오직 현재만이 신선하며, 그 외 여타의 것은 빛바랜 상태이고 더욱더 빛바랜 상태가 되고

---

71 Ästhetik2, p.232(두행숙2, 539쪽).
72 Ästhetik2, p.233 이하(두행숙2, 539쪽 이하) 참조.
73 Ästhetik2, p.238(두행숙2, 545쪽).
74 Ästhetik2, p.238(두행숙2, 546쪽).

있다"[75]고 주장한다. 어느 시대든 그 시대는 당대에 '현재적'이다. 예술의 현재성에 대한 헤겔의 언급을 고려하면, 어떤 예술의 소재이든, 그것이 현재에서 의미를 지니는 것이 중요하다. 과거에 위대했던 예술도 현재에서 의미를 지니지 않으면 그 생명력을 상실할 수밖에 없다.

모든 소재들은 어느 시대 어느 민족의 것이든 바로 이 생동적인[살아있는] 현재성을 띨 때에만 예술적 진리를 내포한다. 그 현재성 속에서 그 소재들은 인간의 가슴과 그 가슴 속에 반영된 것을 채워주고, 우리로 하여금 진리를 느끼고 표상할 수 있게 한다. 다면적인 의미와 무한하게 이런저런 형태로 나타나는 사멸하지 않는 인간다운 면un-vergänglich Menschlichen의 현상과 작용이, 온갖 인간적인 상황들과 감정들이 들어 있는 이 통 안에서 지금 우리 시대 예술의 절대적 알맹이를 구성할 수 있는 바로 그것이다.[76]

이러한 관점을 취하면 예술은 더이상 이미 지나가 버린 과거가 아니라 항상 현재 속에 살아있는 것이어야 한다. 이 점은 과거로서의 역사를 바라보는 헤겔의 입장에서도 분명하게 드러난다. 헤겔은 『역사철학강의』에서 다음과 같이 말한다.

우리에게 문제가 되는 것은 정신의 이념일 뿐이고, 우리는 세계사에서 모든 것을 오직 정신의 현상으로 고찰하기 때문에, 우리가 과거Vergangenheit를 꿰뚫어 파악할 때에도, 그 과거가 아무리 위대하다고 할지라도 우리는 오직 현재다운 것만을 문제삼아야 한다. 왜냐하면 철학은 진리에 관여하는 것으로서 영원히 현재다운 것ewig Gegenwärtigem을 문제삼을 수밖에 없기 때문이다.[77]

---

75 Ästhetik2, p.238(두행숙2, 546쪽). 원문 : "Nur die Gegenwart ist frisch, das andere fahl und fahler."
76 Ästhetik2, p.239(두행숙2, 546쪽).
77 G. W. F. Hegel, *Vorlesungen über die Philosophie der Geschichte*, 1970, p.105(권기철 역, 『역사철학강

유한하지 않은, 불멸하는 '정신'은 모든 이전 단계들을 자신 속에서 포괄하고 파악하기 때문에, "정신은 지나가 버린 것도 아니며, 아직 존재하지 않은 것도 아니고, 본질적으로 지금 있다".[78] 여기서 '지금Jetzt'은 직접적 현재만이 아니라, 지나가 버린 과거의 모든 계기들을 현재의 심연 속에 품고 있는 '현재다운 정신의 삶'이다.[79] 이 같은 '지금'을 표현하고 실현하는 절대 정신의 최초 형식이 예술이다. 그러므로, 예술은 항상 현재로서 유의미할 수밖에 없다. 헤겔에 의하면 예술의 본질은 '생동적이며 신선한 현재성' 그 자체에 있다. 이 점에서 '예술의 과거성'은 예술 자신에 의해 주장되고 정당화된 것이 아니다.

이상에서 논의한 것처럼, 헤겔은 역사적 관점에서나 체계적 관점에서 예술이 단지 지나가버려 이제는 돌이킬 수 없는 과거라고 그리워하거나 한탄만 하고 있지는 않다. 역사적 관점에서나 체계적 관점에서 헤겔은 오히려 더 강력한 '예술의 부활'을 바라고 있다. 그리고 예술의 부활은 철학이 시대의 분열을 치유할 수 있어야 한다는 헤겔의 문제의식과 맥락을 함께 한다. 만일 철학이 예술의 도움을 받지 못한다면, 시대의 분열을 극복할 수 있는 헤겔의 대안 제시는 다만 주관적 사유의 울타리 속에만 갇힌 채 적절하게 표현될 수 없을 것이다. 왜냐하면 분열을 극복한 절대 진리의 구체적 모습은 예술적 직관을 통해 가장 먼저 전위적으로avant-garde 표현되고 실현되어야 하기 때문이다.[80]

의』, 서울 : 동서문화사, 2008, 85~86쪽)(이하 TW12, 역사철학으로 표기한다).

78 TW12, p.105(역사철학, 86쪽).

79 TW12, p.105(역사철학, 86쪽). 『종교철학강의』에서도 헤겔은 정신으로서 신을 논하면서, '직접적이며 제한된 현재'와 '영원한 현재'를 구분하고 있다. G. W. F. Hegel, *Vorlesungen über die Philosophie der Religion* II, 1969, pp.215~216(이하 TW17로 표기한다).

80 이 책의 이하 내용은 다루는 대상들은 각기 다르지만, 헤겔이 자신의 미학에서 예술이 유의미한 현재성을 지닐 수 있다는 점을 구체적으로 논증하는데 집중하고 있다고 해도 과언이 아니다. 이 예술의 현재성이 구체적으로 어떤 의미를 지니는지는 이후 각론에서 드러날 것이다.

제2장

예술 형식론

예술의 생명성과 삶의 예술성

1. 헤겔 미학에서 예술과 자연

'호토판 미학'과 시기별 헤겔의 '미학 강의들'의 상이함에도 불구하고, 헤겔의 미학에 빠지지 않고 등장하는 공통점이 있다. 그것은 헤겔이 '예술형식'을 '상징적 예술형식', '고전적 예술형식', '낭만적 예술형식'으로 구분하고 있다는 점이다. 이 예술형식의 기본 의미와 특징, 그리고 그것이 예술의 종언이나 과거성 문제와 관련해 지니는 기본 의미에 관해서는 바로 앞 제1장에서 다루었다.[1] 여기서는 예술의 '생명성[생동성]Lebendigkeit'이라는 개념을 중심으로 예술형식의 의미와 그들 간의 관계를 좀 더 심층적인 측면에서 검토해 보고자 한다.

일반적으로 '삶'이나 '생명'은 자연에 적용되는 개념이다. 헤겔의 철학 체계에서도 이 개념들은 일차적으로 자연철학의 맥락에서 사용되며, '동물 유기체'가 이 개념이 적용되는 대표적 경우로 소개된다.[2] 또한, 삶이나 생명은 개별 부분들이 기계적으로[역학적으로] 결합하여 전체와 관계 맺는 방식이 아니라, 개별

---

1   세 가지 예술형식의 기본 내용과 차이에 대해서는 앞의 제1부 제1장 3절을 참조하기 바람.
2   GW20, pp.344(§337)·352(§350) 이하(자연철학2, 15~16·207쪽 이하) 참조.

지절들이 유기적 결합에 의해 전체를 구성하고 동시에 이 전체에 의해 개별 지절들이 자신의 존립을 얻는 방식과 상태를 표현하는 포괄적 개념이다. 헤겔이 『대논리학』의 '이념' 부분에서 '직접적 이념'으로 '삶Leben'을 제시한 것도 이러한 포괄적 맥락에서 이해될 수 있다. 그런데, 이 논리적 이념으로서 삶에 관한 헤겔의 서술을 면밀히 살펴보면, 그것이 기본적으로 자연철학의 유기적 생명체에 대한 서술에 의존한다는 것을 알 수 있다.[3]

헤겔의 미학에서 주제화되는 '예술Kunst'은 자연도 아니며 자연 생명체도 아니다. 예술은 무엇을 만드는 인간의 능력 또는 그 결과물인 예술작품이며 예술 그 자체는 자연물이 아니다. 헤겔은 미학에서 이 점을 기본적으로 견지하고 있다. 식물이나 동물과 같은 자연산물은 그 자체로 생명체이지만 예술작품은 사물로서는 전혀 살아있는 생명체가 아니다. 자연적으로 살아있다는 관점에서 보면 살아있는 것이 죽은 것보다 더 가치가 있으므로, '자연물이 예술품보다 더 고귀하지 않나?'라는 질문도 가능하다.[4] 그러나, 헤겔은 미학에서 일차적으로 자연물과 예술작품의 차이를 다음과 같이 분명히 밝힌다.

예술작품은 사물 존재Dingsein의 이 측면에 따라 존재하지 않고, 예술작품은 정신의 세례를 받고 유지하면서 오직 정신으로만 존재한다.[5]

정신의 산물로서 예술작품은 자연물이 아니며 자연적으로 살아있지도 않고, '자연적으로 살아있으려는 목적'을 전혀 지니지도 않는다.[6] 헤겔은 자신의 미학

---

3 물론 초기 헤겔과 관련해 '삶'은 이보다 훨씬 더 형이상학적이며 존재론적인 차원에서 '사랑'이나 '존재'와 함께 통합의 원리로 고려될 수 있다. 초기 헤겔에서 '삶'의 의미에 관해서는 다음을 참조할 것. 서정혁, 「헤겔의 철학체계에서 '삶' 개념」, 연세대 박사논문, 2004, 26쪽 이하 참조.
4 Hotho, p.11(권정임, 87쪽).
5 Hotho, p.11(권정임, 87~88쪽).
6 Hotho, p.18(권정임, 94쪽).

이 다루는 본래 대상은 자연이 아니라 '예술'이며, 아름다움에서 예술이 자연보다 더 우월하기 때문에, 자연미는 미학의 본래 대상이 될 수 없다는 점을 여러 시기의 미학 강의들과 '호토판 미학'에서 다음과 같이 분명히 반복해서 밝힌다.

이 강의는 미학에 전념하며, 이 강의의 영역은 아름다움, 특히 예술이다. (…중략…) [에스테틱이라는] 이 표현은 그리 적절하지는 않다. 왜냐하면 이 강의에서는 예술의 아름다움에 관해서만 언급하려고 하지, 자연이 유발한 감각들을 고찰하려는 것은 아니기 때문이다.[7]

우리의 고찰 대상은 아름다움의 영역, 좀 더 자세히 말하자면 예술의 영역이다.[8]

이 강의는 예술미에 전념하지 자연미에 전념하지는 않는다. (…중략…) 자연미의 배제는 자의적인 것으로 보일 수 있다. (…중략…) 그러나 예술미가 자연미보다 더 우월하다. 왜냐하면 예술미는 정신으로부터 산출되기 때문이다.[9]

이 강의는 미학, 즉 아름다움, 그 중에서도 예술미의 철학, 학문에 전념한다. 우리는 자연미를 배제한다. (…중략…) 우리가 예술미만을 대상으로 삼는 것은 자의적 규정이 아니다.[10]

---

7 Ascheberg, p.21(서정혁, 3쪽).
8 Hotho, p.1(권정임, 77쪽).
9 G. W. F. Hegel, *Philosophie der Kunst. Vorlesung von 1826*, hrsg. von A. Gethmann-Siefert, Kwon Jeong-Im & K. Berr, Frankfurt am Main : Suhrkamp Verlag, 2004, p.51(이하 Pfordten으로 표기한다).
10 G. W. F. Hegel, *Philosophie der Kunst oder Ästhetik, Nach Hegel. Im Sommer 1826*, hrsg. von A. Gethmann-Siefert · B. Collenberg-Plotnikov, München : Wilhelm Fink Verlag, 2004, p.1(이하 Kehler으로 표기한다).

우리는 [예술 철학이나 아름다운 예술 철학과 같은] 이러한 표현을 사용함으로써 곧바로 자연미는 제외한다. (…중략…) 우리는 우선 예술미가 자연미보다 더 우월하다고 주장할 수 있다. 왜냐하면 예술미는 정신으로부터 탄생한, 정신에서 다시 태어난 아름다움이기 때문이다. 정신과 정신의 산물이 자연과 자연 현상들보다 더 우월하듯이 예술미도 자연미보다 더 우월하다.[11]

이처럼 여러 미학 강의들에서 공통적으로 드러나듯이 헤겔은 원칙적으로 예술이 '자연의 모방'이라는 주장에 대해서도 비판적이다. 자연의 모방은 예술작품의 본질 규정이 될 수 없으며, 대상의 객관적 가치를 반성하지 않은 채 모방만 하는 것은 '기술적 능숙함'만을 보여주는 것에 지나지 않는다.[12] 요컨대, 헤겔에 의하면 예술은 자연이 될 수도 없고 될 필요도 없으며 되어서도 안 된다.

그런데, 이 같은 헤겔 자신의 언급에도 불구하고, 헤겔 미학에서 '생명성[생동성]Lebendigkeit'과 관련해 자연과 예술을 견주어 보는 것은 가능할 뿐만 아니라 결코 무의미하지 않다.[13] 왜냐하면 일차적으로 헤겔 미학의 구성 면에서 볼 때, 헤겔은 적지 않은 부분을 자연미에 할애하고 있을 뿐만 아니라,[14] 직접적으로

---

11 Ästhetik1, pp.13~14(두행숙1, 27~28쪽).
12 Hotho, pp.25~26(권정임, 101~102쪽). 그럼에도 불구하고 개별 예술 체계들을 자연철학과 관련해 검토하는 것은 무의미하지 않다. 이에 대해서는 다음을 참조할 것. N. Février, "Die Naturphilosophie und 》das System der einzelnen Künste《", in : *Hegels Ästhetik. Die Kunst der Politik—Die Politik der Kunst* 1. Teil, hrsg. von A. Arndt, K. Bal·H. Ottmann, Berlin : Akademie Verlag, 2000, pp.234~239.
13 헤겔은 『대논리학』에서 '삶'을 이념 중 하나로 설정하면서, 삶을 세 가지 측면으로 구분한다. 즉 '순수 이념으로서의 논리적 삶'과 '자연철학에서 고찰되는 자연의 삶', 그리고 '정신과 관련이 있는 삶'이 그것이다. GW12, p.180(논리학3, 309~310쪽). 이 중 '정신과 관련이 있는 삶'을 논하는 자리에서 헤겔은 '정신과 생동적인 육체성의 통일'은 '정신 자신으로부터 이념상(Ideal)'으로 산출된다고 하면서, 논리적 삶에 대비하여 '이념상'과 더불어 '아름다움'을 언급하고 있다. GW12, pp.180~181(논리학3, 311쪽).
14 헤겔이 미학에서 자연미를 다루고 있는 대표적인 부분은 다음과 같다. Ascheberg, pp.65~109 (서정혁, 83~165쪽); Hotho, pp.47~82(권정임, 127~163쪽); Ästhetik1, pp.157~202 (두행숙1, 216~268쪽).

헤겔 자신이 동물과 같은 자연의 유기체를 예술에 견주고도 싶어 하기 때문이다. 특히, '20~21년 미학 강의'에는 다음과 같은 언급이 있다.

살아있는 육체만이 개념의 참된 표현이라고 할 수 있다. …… 살아있는 동물의 육체의 경우에 개별 부분들은 전체에 의해 관통되어durchdringen 있다. 이 부분들은 비유기적 자연에서처럼 집합물이 아니며 전체 삶은 각 지절에서 표현되므로, 만일 각 지절이 전체와 분리되면, 전체 삶은 중단되고 만다. 그래서 [동물의 육체에서] 개별 부분들은 오직 전체와의 연관 속에서만 어떤 것이다. 그러나 우리는 이 명제를 자연철학으로부터 [미학에] 보조 전제[보조 정리]로만nur lemmatisch 수용할 수 있다. 개념과 실재가 이같이 온전히 적절하게 된 상태가 고전적 예술이다.[15]

여기서 헤겔은 고전적 예술을 논하면서 동물 유기체에 관한 내용을 '미학 강의'에서 '보조 전제[보조 정리]'로만 수용 가능하다는 점을 밝히고 있다. 그리고 마치 동물 유기체의 논의를 수용한다면, '개념과 실재가 온전히 적절하게 된 상태'가 예술에서는 '고전적 예술'에 견주어질 수 있음을 주장하고 있다. 이 같은 논의는 앞서 자연과 예술의 비교에서 드러나는 헤겔의 입장에서 볼 때 이해되지 않는 의문점들을 남긴다. 우선 헤겔 미학에서 어떻게 생명성[생동성]Lebendigkeit과 관련해 자연과 예술이 유의미하게 상호 비교될 수 있는가? 이 물음은 동물 유기체에 관한 논의가 헤겔 미학에서 '보조 전제'로 수용 가능하다는 의미를 밝히는 문제와 연관된다. 더구나 고전적 예술이 '개념과 실재가 온전히 적절하게 된 상태'라면, 예술의 생명성[생동성]은 오직 고전적 예술에서만 가능한가라는 물음도 제기될 수 있다. 알고 보면 이 같은 물음들은 사실상 헤겔 미학의 핵심 내용과 관련된다. 즉, 이 물음들에 표현된 '예술의 생명성'은 앞서 제1부 1장에서 논

---

15 Ascheberg, pp 41~42(서정혁, 39~40쪽).

의한 '예술의 과거성' 문제와 밀접한 관련이 있다. 왜냐하면 '예술의 과거성'은 일차적으로 개념과 실재가 온전하게 일치한 고전적 예술형식에게로 향하는 헤겔의 비판적 시선에서 비롯된 주장이고, 개념과 실재의 '온전한 일치'는 '생명성'이라는 개념으로 대체될 수 있기 때문이다.

미학에서 생명성에 관한 논의 중 가장 주목할 만한 부분은 동물 유기체에 관한 헤겔의 언급이다. 왜냐하면 헤겔에 의하면 아름다움은 본래 '이념이며, 더구나 특정 형식을 갖춘 이념, 즉 이념상Ideal'으로서 '개념과 실재의 통일'이고,[16] 자연에서 이 이념에 가장 어울리는 형태는 동물과 같은 유기적 생명체이기 때문이다.

자연의 생명Lebendigkeit이 아름다운가 여부는, 아름다움의 이념이 특정한 자연 형태를 갖출 때 얼마나 이념에 적합한 '현실 속 생명체'로 현존하는가에 의존한다.[17] 헤겔에 의하면 생명이 없는 비유기적 자연 속에는 개념의 계기들이 분산되어 있고 하나의 조직System을 이루기는 하지만 단일 개체Individuum를 형성하지는 못하기 때문에 '주체성'이라는 일자가 결여되어 있다. 이에 비해 구분되는 전체의 각 부분들이 지절Glieder의 역할을 하면서, 이 지절들이 상호 배타적이면서 독자적으로 존재하지 않고, 이념으로 통일되는 가운데 참된 상태로 존재하는 것이 '살아있는 유기적 자연'의 특징이다. 헤겔에 의하면 이렇게 생명이 있는 유기적 자연만이 이념이 현실로 드러난 것으로서 '영혼과 육체의 통일'이라는 관점에서 이해될 수 있다.[18] 그리고 생명은 오직 '생명체'로만, '개별 주

---

16 Ästhetik1, p.145(두행숙1, 201~202쪽). 이념상(Ideal)에 대한 자세한 논의는 다음을 참조할 것. A. Gethmann-Siefert, *Einführung in Hegels Ästhetik*, München : Wilhelm Fink Verlag, 2005, pp.46~104. 여기서 게트만-지페르트는 초기부터 후기 미학에 이르기까지 이념상이 헤겔의 문제의식에 따라 어떻게 그 의미가 전개되는지를 상세하게 추적하고 있다.

17 Ästhetik1, p.167(두행숙1, 227쪽). 물론 이 경우에도 살아있는 자연 대상을 아름답다고 판단하는 기준은 그것을 아름답다고 판단하는 우리의 의식 속에 있다고 헤겔은 분명히 강조한다.

18 Ästhetik1, pp.160~161(두행숙1, 220쪽). 헤겔은 생명은 모든 지체들과 규정들의 차이를 드러내면서도 이 차이가 확고해지려고 하면 그것을 지양하고 보편적 이념성을 관철시켜 활력을 불어 넣는다고 하면서, 이것이 바로 '생명의 관념론(Idealismus der Lebendigkeit)'이라고 한다. Ästhetik1, p.163(두행숙1, 223쪽).

체'로만 실존하며, '개별적인 살아있는 주체성'으로서만 비로소 현실적일 수 있다.[19] 이 관점에서 보면, 식물은 동물이 지닌 '영혼'과 '자기감정'과 '이념적 통일성' 등이 결여되어 있고, 한 개체의 '가상'만을 지니고 있을 뿐이다. 왜냐하면 나무의 각 부분이 비록 하나의 개체로 관찰될 수 있다고 해도, 나무 전체의 주체성이라는 개념은 나무의 개별 부분들에서 제대로 표현되지 않고, 나무의 잎 하나하나, 가지 하나하나는 그 자체로 하나의 전체로 타당할 수 있기 때문이다.[20] 그래서 헤겔은 동물의 "살아있는 육체[몸뚱이]만이 개념의 참된 표현"이라고 주장하면서,[21] '동물적 삶[생명]'을 '자연미의 절정Gipfel'이라고 표현한다.[22]

그러면, 이처럼 동물 유기체에서 파악될 수 있는 생명성은 예술, 특히 고전적 예술과 견주어 어떻게 이해될 수 있을까? 어떻게 이러한 생명성에 대한 이해가 헤겔 미학에서 '보조 전제'로서 수용 가능할까? 이 문제에 답하기 위해 우리는 우선 헤겔이 미학에서 다루고 있는 내용과 형식, 개념과 실재 사이의 관계에 주목할 필요가 있다. 헤겔은 고전적 예술형식에 '완성된, 온전한vollkommen, vollendet'이라는 수식어를 붙이는데,[23] 여기서 '완성되었다', '온전하다'는 것은, 개념과 실재, 내용과 형식 사이의 관계를 기준으로 삼은 표현이다. 헤겔이 예술적 아름다움

19 Ästhetik1, p.165(두행숙1, 225쪽).
20 Ascheberg, p.41(서정혁, 39쪽). 이 같은 견해는 나무와 같은 식물보다 동물 유기체를 더 고차적인 형태로 보는 헤겔의 자연관에 기초하며, 이러한 자연관은 미학 강의에서도 유지된다. 헤겔에 의하면 동물에 비해 식물에게는 "영적인 생명성(beseelte Lebendigkeit)", "영적인 주관성", "감각의 이념적 통일성", "자기감정", "영혼충만함"이 결여되어 있다. Ästhetik1, pp.182~183 · 193 (두행숙1, 245~246 · 258쪽). 이러한 자연관은 칸트의 자연관과는 대비된다. 익히 알려져 있다시피, 칸트는 『판단력 비판』에서 자연의 합목적성을 설명하면서 대표적인 사례로 '나무의 예'를 든다. I. Kant, *Kritik der Urteilskraft*(1790), *Kant's Gesammelte Schriften*, Bd. V, hrsg. von der Königlich Preußischen Akademie der Wissenschaften, Berlin : Druck und Verlag von Georg Reimer, 1913, §64 참조(이하 KU로 표기한다).
21 Ascheberg, p.41(서정혁, 39쪽).
22 Ästhetik1, p.177(두행숙1, 239쪽). 물론 자연미는 자연 자체가 파악하는 것이 아니다. 실제 자연미는 아름다움을 파악하는 의식인 우리에 대해서만 존재하지 자연 자체로서는 판정될 수 없다. Ästhetik1, p.167(두행숙1, 227쪽).
23 Ascheberg, p.41(서정혁, 38쪽); Hotho, p.118(권정임, 200쪽).

을 바라보는 관점은 그의 일반적인 인식론적 문제의식에 기초한다. 헤겔은 "아름다움은 내용과 이 내용의 현존 방식의 통일이자 실재가 개념에 적합하게 존재Angemessen-Sein하거나 실재를 개념에 적합하게 만들기Angemessen-Machen"라고 정의한다. 그리고 예술은 "개념이 실재 속으로 형상화되어 들어가는 면에서 개념의 관계에만 기초할 수 있다".[24] 이처럼 헤겔은 예술과 관련해 '생명성'을 논할 때에도 '개념과 실재의 관계'를 중심에 놓고 논의를 진행한다. 즉, 동물에서와 마찬가지로 예술작품에 '살아있다'라는 규정을 부가할 수 있는 근거는, 그 예술작품이 실제 자연적 생명을 지니고 살아있느냐 여부가 아니라, 그것이 개념의 온전한 실현인가 여부에, 즉 내용이 온전하게 형태화되어 있는가 여부에 의거한다. 이와 관련해 헤겔은 다음과 같이 말한다.

> 그 본성상 자연 생명체 일반이라고 할 수 있는 이념이나 아름다움 일반에 관해 보면, 아름다움은 생명체와 합치한다. 이념은 개념과 실재의 통일이며, 이 양자의 구체적 합치다.[25]

이처럼 헤겔은 미학에서 기본적으로 개념과 실재 사이의 관계를 통해, 또는 내용이 형식에 얼마나 적합한가라는 측면에서 예술형식들도 파악하고 구분한다.[26] 앞서 언급했듯이, 헤겔은 예술형식을 세 가지로 구분한다. 즉 상징적 예술형식, 고전적 예술형식, 그리고 낭만적 예술형식이 그것이다. 헤겔에 의하면 이 중 개념과 실재, 내용과 형식이 '온전히 딱 들어 맞는vollkommen adäquat' 단계는 고전적 예술형식이다.[27] 고전적 예술에서는 "개념이 실재 속으로 완전히 형성

---

24 Hotho, p.34(권정임, 110쪽).
25 Hotho, p.47(권정임, 127쪽).
26 Hotho, p.32(권정임, 108~109쪽).
27 Hotho, p.36(권정임, 112~113쪽).

되어 들어가고 실재도 개념 속으로 완전히 형성되어 들어가 감각적 이념상을 만든다".[28] 그리고 내용과 형식이 이렇게 딱 들어맞는 예술의 '이념상'의 대표 격은 바로 고대 그리스의 신들을 인간의 모습으로 표현한 '신상'이다. 헤겔은 고대 그리스의 신상을 '혼이 충만되어 정신다운 내용이나 신이 예술형식에 내 재하고, 소재와 내용이 재료와 형식과 절대적으로 동일한 것으로 현존하는 상 태'로 파악한다.[29] 헤겔은 다음과 같이 말한다.

> 조각은 신다운 형태 자체를 제시한다. [조각에서] 신은 차분하고 기쁨이 충만하며 굳은
> 고요의 상태로 자신의 외면에 거한다. 형식과 내용은 절대적으로 동일하며, [형식과 내용
> 둘 중] 어느 측면도 과도하지 않고, 내용은 형식을 형식은 내용을 서로 규정한다.[30]

고대 그리스의 신상은 신들의 모습을 참된 형태를 띠고 감각적으로 드러나게 함으로써, '고전적 예술의 고유한 중심das eigentümliche Zentrum'을 이룬다.[31] 고대 그리스의 조각은 특히 '정신에 의해 온전히 충만한 인간 육체의 생명성'[32]으로 신 들을 표현한다. 헤겔에 의하면 인간 육체도 동물 유기체이지만 인간 육체는 '개념 에 합당한 유기체ein begriffsmäßiger Organismus'[33]이며, 여타의 동물보다 인간의 생명성이 더 고차적이고,[34] 인간은 가장 생동적인 유기조직을 지닌다.[35] 즉, 인간

---

28 Ascheberg, p.41(서정혁, 38쪽).

29 Hotho, p.38(권정임, 115쪽).

30 Hotho, pp.38~39(권정임, 115쪽).

31 Ästhetik2, p.49(두행숙2, 297쪽).

32 Ästhetik2, p.31(두행숙2, 274쪽).

33 Hotho, p.60(권정임, 140쪽).

34 Hotho, p.76(권정임, 157쪽). 헤겔은 자연 철학에서도 "인간은 생명성의 가장 완전한 유기체 로서 가장 높은 발전단계다"라고 하면서, "완전한 예술미는 개체화되어야 하는데, 오직 정신에 서만 보편자는 이념상이나 이념으로서 자신의 보편적 현존재를 갖는다"라고 주장한다. G. W. F. Hegel, *Enzyklopädie der philosophischen Wissenschaften im Grundrisse (1830)* II, pp.504~505(§368 Zusatz)(박병기 역 『헤겔 자연철학』 2, 파주 : 나남, 2008, 342~343쪽)(이하 TW9, 자연철

의 육체는 정신이 머무는 '거처Wohnsitz'이자 '유일하게 가능한 정신의 자연 현존 Naturdasein'으로서 단순한 동물의 육체와 구별된다.[36] 고대 그리스의 조각은 외부 신체를 '완벽하게 다듬어져서 정신적으로 생동적이며 아름다운 형태'로 드러내는 특징을 보여준다.[37] 이처럼 신들을 그 혼[정신]에 적합한 형태, 즉 인간의 개별적 육체로 형태화한 것이 바로 고대 그리스의 신상이다. 그래서 신들을 인간 모습으로 형태화한 신상은, 자연 속에 살아 움직이는 동물 유기체에 비교될 수 있다. 앞서 언급했듯이, 자연에서 개념의 참된 표현은 최고 단계인 동물 유기체이며, 여기서 개념은 실재와 온전히 일치한다. 이에 견주어 고전적 예술에서는 신들을 개체적 인간의 모습으로 형태화한 조각에서 그 개념과 실재는 하나의 감각적 개체로 온전히 형성된다. 이처럼 조각으로 대표되는 고전적 예술형식은 내용과 형식, 개념과 실재가 온전하게 합치하는 단계이므로, 아름다움도 고전적 예술형식에서 가장 온전하게 실현된다. 헤겔은 고전적 예술의 아름다움에 관해 다음과 같이 말한다.

> 고전적 예술에는 아름다움의 개념이 실현되어 있다. 어떤 것도 더 아름답게 될 수 없다.[38]

---

35 Hotho, p.78(권정임, 159쪽).

36 Ästhetik2, p.21(두행숙2, 262쪽). 이는 동물계에 대해 전형적인 인간 중심적 견해를 피력한 것으로 판단될 수도 있다. Ch. Kockerbeck, "Das Naturschöne und die Biowissenschaften am Ausgang des 19. Jahrhunderts", in : *Ästhetik und Naturerfahrung*, hrsg. von J. Zimmermann, Stuttgart : frommann-holzboog, 1996, p.323 참조.

37 Ästhetik2, p.22(두행숙2, 263쪽).

38 Hotho, p.179(권정임, 265쪽). 그러나, 헤겔은 이 말에 바로 이어서 다음과 같이 언급한다. "하지만 아름다움의 왕국 자체는 그 자체로는 여전히 불완전하다. 왜냐하면 자유로운 개념이 단지 감각적으로만 그 속에 현전하며 어떤 정신적인 실재성도 자기 자신 안에 가지고 있지 않기 때문이다." 이러한 언급은 그다음 이어지는 낭만적 예술형식을 염두에 둔 것이다.

[고전적 예술에서] 정신다운 것은 자신의 외적 현상을 완전히 관통하고, 자연적인 것을 아름다운 통합 상태에서 이념상으로 만들어내고, 자연적인 것을 그의 실체적 개체성의 형태를 통해 정신에 맞는 실재로 만듦으로써, 예술의 완성은 그 절정에 도달했다. 이를 통해 고전적 예술은 개념에 적합한 이념상의 표현이 되었으며, 아름다움의 왕국을 완성했다. 그보다 더 아름다운 것은 있지도 않고 생겨날 수도 없다.[39]

이처럼 고전적 예술형식은 '예술의 생명성[생동성]'이 가장 잘 실현된 형식이다. 왜냐하면, 앞서 언급했듯이 고전적 예술형식에서 생명성[생동성]의 조건이 온전하게 충족되기 때문이다. 이 때문에 헤겔은 '보조 전제로만' 자연 유기체에 관한 논의를 예술에 관한 논의에도 끌어들일 수 있다고 주장하면서, 개념과 실재가 온전히 적절하게 된 상태로 고전적 예술을 언급하는 것이다. 아름다움을 개념과 실재, 내용과 형식 사이의 관계를 기준으로 그 정도를 판단하는 헤겔의 입장에서는, 고전적 예술에 대한 이 규정은 어쩌면 당연하다고 볼 수 있다.[40]

그러면 고전적 예술형식을 정점으로, 이 고전적 예술형식이 해체되고 난 이후에는 '생명성'이라는 표현을 사용할 수 없는가? 개념과 실재의 일치, 개념의 감성적 실현 또는 형식을 통한 내용의 형태화라는 관점에서 보면, 고전적 예술형식이 이를 최고로 실현한 상태이므로, 이 예술형식에서만 예술의 '생명성'이 가능하다고 주장할 수도 있다. 고전적 예술형식의 해체는 곧 개념과 실재 사이의 불일치, 와해와 해체를 의미하므로, 고전적 예술형식 다음에는 예술의 '생명성'이 표현될 수 없지 않은가? 이러한 의문이 전혀 근거가 없는 것이 아니라는

---

39 Ästhetik2, pp.127~128(두행숙2, 407~408쪽).
40 이처럼 유기체와 예술작품 모두 이념의 영역에 속한다는 점에서, 이 둘은 공동적인 형식 규정을 지닌다. M. Tsetsos, "Zum Lebensbegriff in der Ästhetik Hegels", in : *Das Leben denken, 2. Teil, Hegel–Jahrbuch 2007*, hrsg. von A. Arndt, P. Cruysberghs · A. Przylebski, Berlin : Akademie Verlag, 2007, p.18 이하 참조.

점은, 고전적 예술에서 아름다움의 이념이 온전하게 실현된다는 언급 바로 다음에, 곧바로 헤겔 자신이 '예술의 과거성'을 논하고 있기 때문이다. 앞 제1장에서 이미 언급했듯이,[41] 헤겔은 자신의 당대는 '삶의 반성문화Reflexionsbildung'로 인해 예술에게 결코 유리한 시대가 아니라는 진단을 내린다.[42] 이미 지나가 버린 과거로서 고전적 예술은 더이상 '참된 진리와 생명성'을 지니지 못한다.[43] 여기서 헤겔은 고전적 예술형식의 '해체'를 일차적으로 예술의 생명성[생동성]의 '상실'과 동일시하는데, 이 같은 주장은 '호토판 미학'뿐만 아니라 다른 시기의 미학 강의들에서도 동일하게 제기된다. 시기별로 상이한 미학 강의들에서 관련 있는 몇 부분을 직접 인용해 보자면 다음과 같다.

예술은 그 진지함의 측면에서 보자면 우리에게 이미 존재했던 것Gewesenes이다. 우리에게는 신적인 것을 대상화할 또 다른 형식이 필요하다. 우리는 사상이 필요하다.[44]

예술의 최고 규정은 대체로 우리에 대해 이미 지나가 버린 것ein Vergangenes이며, 예술은 최고 방식으로 실존했던 것처럼 더 이상 현실성과 직접성을 지니지 않는다. 사람들은 예술의 아름다운 시대의 상실을 한탄할 수 있다. (…중략…) 우리에게 이러한 생명성이 결핍되어 있는 한, 우리가 말할 수 있는 것은, 예술이 본질적인 관심을 지니는 입장은 더 이상 우리 자신의 입장이 아니라는 것이다.[45]

예술의 최고 규정은 대체로 우리에게 이미 지나가 버린 것이며, 우리의 표상 속으로

---

41 특히 앞의 제1부 1장 3절을 참조할 것.
42 Ästhetik1, pp.24~25(두행숙1, 45~46쪽).
43 Ästhetik1, p.25(두행숙1, 46쪽).
44 Hotho, pp.311~312(권정임, 407쪽).
45 Pfordten, p.54.

떠넘겨진다. 예술의 고유한 표상은 예술이 최고로 번성한 시기에 지녔던 직접성을 우리에 대해 더이상 지니지 않는다. (…중략…) 예술의 관심을 위해 우리는 생명성[생동성]을 필요로 한다. (…중략…) 그러나 이러한 종류의 생명성[생동성]은 더이상 우세한 것이 아니며, 우리 심정의 만족은 이러한 생명성[생동성]을 통해 우리가 표상하는 그러한 대상들에 의해 더이상 충족될 수 없으므로, 사람들은 예술이 본질적 관심을 지녔던 문화의 입장은 더이상 우리 자신의 입장이 아니라고 말할 수 있다.[46]

여기서 '예술의 과거성'은 '예술의 생명성[생동성] 상실'과 일차적으로 동일한 의미를 지닌다는 사실이 드러난다. 예술이 현재 우리에게 이미 지나가 버린 것이라면, 그것은 더이상 우리에게 어떤 생명력도 지니지 못한다. 그렇다면, 이러한 논의를 통해 헤겔은 고전적 예술형식의 해체 이후에는 예술의 생명성이 사라져버려 생동적 예술이 가능하지 않다는 것을 단언하고 있는 것인가?

2. 주관의 내면성과 낭만적 예술형식의 생명성

앞서 살펴본 것처럼, 헤겔은 고대 그리스 민족이 예술을 최고의 생명성[생동성]의 상태로 만들어냈다는 점에서 경의를 표하지만,[47] 그러나 그것이 그 자신에게는 '과거'이며 '통과점'일 뿐이라는 점도 분명히 자각하고 있다.

고대 그리스인의 세계관은 아름다움이 그의 참된 삶을 시작하고 밝고 명랑한 영역을 열어 보이는 중심이다. 이 중심은 자유로운 생명성[생동성]의 중심이다. (…중략…)

---

46 Kehler, p.8.
47 Ästhetik2, p.25(두행숙2, 26/쪽).

그러나 삶 일반이 그러하듯이 이 중심은 동시에 단지 [중간에 거치는] 하나의 통과점

일 뿐이기도 하다.[48]

　헤겔에 의하면 고전적 예술형식은 '온전한 예술'이기는 하지만 그 전체 범위

는 여전히 제한되어 있다.[49] 왜냐하면 고전적 예술형식은 신과 같은 '무한한 개

념'을 인간의 개별 육체와 같은 '감각적이며 유한한 형식'으로 표현하기 때문이

다. 그렇기 때문에 고전적 예술형식은 '신다운 본성과 인간다운 본성의 통일'을

제대로 표현하지 못한다.[50] 사실상 고전적 예술형식은 이 예술형식이 표현한 신

들 안에 자신의 몰락의 씨앗을 품고 있는 것이나 마찬가지다. 고전적 이념상의 원칙

으로 제시된 '정신적 개체성'이 우연성의 지배를 받는 '개별 신들Götterindividuen'로

표현됨으로써, 고대 그리스의 신들은 자체 내에 결함을 지닐 수밖에 없다.[51] 헤

겔이 보기에 고대 그리스 신들의 위력은 '특수한 개체성'으로서 각자 제한된 지

배범위를 지니며 서로 간에 다투기도 하고 돕기도 하면서 '개별 관계들'을 맺으

므로, 이러한 신들의 모습에는 신의 '무한성'에 어울리지 않는 '우연성'과 '유한

성'이 내재한다. 이처럼 신들 자신 속에 내재한 '유한성'과 '우연성'으로 인해,

신이 신으로서 지녀야 하는 '고귀함과 존엄함의 측면'과, 신들이 조각과 같은

48　Ästhetik2, p.26(두행숙2, 267~268쪽).
49　헤겔은 '고전적(klassisch)'이라는 용어가 두 가지 의미로 사용될 수 있다고 말한다. 그 중 하나
　　는 어느 시대든 '모든 완성된 예술작품'에는 '대작(大作)'이라는 의미에서 '고전적'이라는 명칭
　　을 사용할 수 있다. 또 하나는 "내적인 자유로운 개성과 외적인 현존재가 완전히 서로 관철되어
　　있는 상태"로서, 헤겔이 상징적 예술 및 낭만적 예술과 비교해 역사적 의미에서 특히 고대 그리스
　　의 예술을 지칭할 때 '고전적'이라는 표현을 사용한다. 그런데, 여기서 우리가 유의할 점은, 헤겔
　　자신은 어떤 예술의 형식이든 '예술의 완성(Kunstvollendung)'이라는 용어가 사용될 수 있다
　　고 언급하고 있다는 것이다. 이 말에 따르면, 단지 고대 그리스의 고전적 예술형식만이 완성된
　　예술의 단계가 아니다. 상징적 예술과, 특히 낭만적 예술에도 '완성'이라는 수식을 사용할 수
　　있다. Ästhetik2, pp.30~31(두행숙2, 272~273쪽).
50　Ascheberg, p.42(서정혁, 40쪽).
51　Ästhetik2, p.107(두행숙2, 379쪽).

현존의 모습으로 드러날 때 비치는 '아름다움의 측면' 사이에 모순이 발생한다. 개체적 인간의 모습을 한 신들의 조각상은 아름답고 살아있는 듯 보이지만, 동시에 신들은 신들로 존재하기 위해 그들 각자의 지복하고 고요한 상태에 홀로 머물러 있어 '생명이 없는 어떤 것etwas Lebloses'의 모습을 유지할 수밖에 없다. 고대 그리스 신들 속에 깃든 이 같은 '슬픔'과 '애도Trauer'는 신들보다 '더 고귀하며 보편적이고 필연적인 것', 즉 '운명Schicksal'이 신들과 인간들을 지배한다는 사실에서 결정적으로 드러난다. 그런데, 이 운명은 신들의 개체성이나 상대적 규정성과는 대립하면서 신들과 인간들을 제압하기는 하지만, 여전히 운명 자체도 '이해될 수도 파악될 수도 없는 상태'에만 머물며, 아직 '대자적인[자립적인] 목적'이나 '주관적이며 인격적인 신의 뜻, 결정Ratschluß'이 되지는 못한다.[52]

이처럼 헤겔에 의하면 조각처럼 이념상으로 표현된 신들은 인간 형태를 하고는 있으나, 여전히 직접적이며 육체적인 형태를 띠고만 있을 뿐, '즉자대자적인[절대적인, 참된] 인간다움Menschlichkeit an und für sich'의 상태를 갖추지는 못한다. '즉자대자적인[절대적인] 인간다움'은 "주관적 의식의 내면 세계에서 자신이 신과 구분된다는 것을 알면서도 동시에 이 구분을 지양함으로써 신과 하나가 되는, 그 자체로 무한하고 절대적인 주관성"에서 모색될 수 있다.[53] 의식이 '즉자대자적인[절대적] 필연성'과 '자기 고유의 자기규정'을 지니지 못하는 신들에 안주하지 않고, 의식 자신 속으로 방향을 전환하여 '그 자체로 무한하며 스스로를 아는 신'을 대상으로 삼을 때 '절대적 주관성'은 표현될 수 있다.[54] 헤겔에 의하면 이 내면적 주관성이 예술에서 절대화되는 시기가 바로 '낭만적 예술형식'의 시대다.

앞서 보았듯이, 헤겔은 고전적 예술형식으로부터 낭만적 예술형식으로의 이

---

52 Ästhetik2, pp.108~109(두행숙2, 379~381쪽).
53 Ästhetik2, p.110(두행숙2, 382쪽).
54 Ästhetik2, p.111(두행숙2, 388쪽).

행을 '이념상'이 분열되고 해체되는 과정으로 본다.[55] 개념과 실재 사이에 더이상 완전한 통일이 구현되지 못할 뿐만 아니라 구현될 수도 없는 상태, 그러한 통일을 초월한 상태를 낭만적 예술형식은 전제한다. 고전적 예술형식과 달리 낭만적 예술형식은 '절대적 내면성의 원리'[56]가 우세하고 '주관의 무한성'[57]을 특징으로 한다. 낭만적 예술형식에서는 객관에 대한 주관의 우위로 인해 생명성을 가능케 하는 두 요소, 즉 개념과 실재 사이에 '불균형'이 발생한다. 낭만적 예술에서는 개념의 측면, 즉 주관과 내면의 측면이 우세해짐으로써, 실재의 측면, 즉 객관과 소재의 측면은 상대적으로 경시된다. 더이상 고대 그리스의 신상에서처럼 소재와 주관성의 절대적 통일이 예술에서 실현되기를 기대할 수도 없고 기대해서도 안 된다.[58] 표현되어야 할 내면과 표현 수단인 소재는 서로 무관하며, 내면성이 외면성에 대해 전혀 상관없는 것처럼 보이면서, 외면은 내면에 적합할 필요가 없고 세속적 외면은 내면으로부터 풀려나 자유롭게 된다.[59] 이처럼 고전적 예술형식 다음의 시대는 조화를 추구하는 시대가 아니라, 분열과 해체의 시대이고 통일이 깨진 시대다. 그렇다면, 고전적 예술 다음 낭만적 예술에서는 '생명성'을 찾을 수도 추구할 수도 없는가? 만일 생명성이 없다면, 예술의 의미를 어디서 모색해야 하는가? 아니면, 생명성이 또 다른 의미로 해석될 수 있는가? 이렇게 가능한 물음의 선택지들 중 헤겔 자신의 의도에 적중하고 있는 물음은 무엇인지, 헤겔 자신의 논의를 통해 좀 더 구체적으로 살펴볼 필요가 있다. 앞서 언급했듯이, 헤겔은 낭만적 예술형식에서 '주관의 내면성'을 강조한다. 그런데 헤겔은 미학에서 정신에게도 다음과 같이 또 다른 맥락에서 '생명

55 Hotho, p.176(권정임, 262쪽).
56 Hotho, p.180(권정임, 266쪽).
57 Hotho, p.191(권정임, 279쪽).
58 Hotho, p.198(권정임, 286쪽).
59 Hotho, p.199(권정임, 287쪽).

성'이라는 의미를 부여한다.

> 정신은 추상물이 아니라, 살아있고 활동적이며 작용을 하고 실재성을 지니며 스스
> 로에게 실재성을 부여하는 자다.[60]

여기서 알 수 있듯, 낭만적 예술형식에서 헤겔은 더이상 개념이 실재에 합치
하느냐 여부를 두고 예술의 생명성[생동성]을 논하지 않는다. 더이상 내면을 감
성적 외면으로 적절하게 표현하느냐 여부가 예술의 생명성을 좌우하는 기준이
되지 않고, 오히려 정신의 자기 내면화 그 자체에 '생명성'과 '활동성', '실재성'
이 부여된다. 그래서 헤겔은 '예술의 새로운 과제'는 "내면이 주관 자신 안에서
신의 정신적 의식을 직관하게 하는 내면의 자신 내로의 환수"라고 주장한다. 이
렇게 되면 이제 '자기 내면의 생명성을 지닌 현실적 개별 주관'이 예술에서 무
한한 가치를 지닐 수밖에 없다.[61]

이러한 전환은 예술에서 고전적 아름다움의 이념상이 상대화되는 것과 맥락
을 함께 한다. 즉, 고전적 예술형식에서는 개념이 온전히 감성적으로 실현된 상
태, 개념과 실재가 온전히 들어맞은 상태를 아름다움의 기준으로 삼았지만, 이
기준이 붕괴된 후 새롭게 탄생한 낭만적 예술형식에서는 더이상 고전적 아름다
움이 최종 기준이 되지 못한다. 낭만적 예술에서 '정신의 고양'에 관해 헤겔은
다음과 같이 말한다.

> 정신은 자신에게로 고양됨으로써, 현존의 외면과 감각적인 것에서 찾아야 했던 자
> 신의 객관성을 정신 자신 속에서 획득하고, 자기 자신과의 이 통일 상태에서 스스로를

---

60 Ascheberg, pp.42~43(서정혁, 41쪽).
61 Ästhetik2, p.131(두행숙2, 411~412쪽).

지각하고 알게 되는데, 이러한 고양[상승]Erhebung이 바로 낭만적 예술의 근본 원칙을 이룬다. 이제 이 마지막 예술단계인 낭만적 예술에서 고전적 이념상의 아름다움과 그의 고유한 형태와 그것에 가장 적합한 내용으로 드러난 아름다움은 더이상 최종적인 것[최근의 것]Letztes이 아니라는 점이 필연적 규정으로 드러난다.[62]

이 점에서 헤겔은 낭만적 예술형식에서 "형태는 감각 형태가 아니고 개념의 바탕은 심정, 가슴이며, 이것은 바로 정신다운 바탕이다"라고 주장한다.[63] 고전적 예술형식이 감각 형상으로 아름답게 표현한 것보다 '더 고귀한 것'이 있고, 고전적 예술형식이 성취한 개념과 실재의 통일보다 '더 심오한 화해'가 정신에게 고유한 자기 내면의 기반에서 모색될 수 있다.[64] 그러면, 더이상 개념과 실재의 통일이 아닌 이 '더 고귀하고 더 심오한 화해'는 구체적으로 무엇을 의미하는가?

지금까지 논의에 따르면, 낭만적 예술형식에서는 더이상 고전적인 조화로운 생명성은 가능하지 않다. 오히려 조화가 산산이 부서지고 깨진 상태가 낭만적 예술형식을 지탱하는 동력이다. 그래서 이 단계에서는 고전적 예술형식에서 추구했던 '조화로운 아름다운 생명성'과는 다른 생명성[생동성], 즉 '정신 자신의 내면의 생명성'이 부각될 수밖에 없다. 그리고, 이 같은 '정신의 내면적 생명성'은 자연적이고 직접적인 삶의 부정인 '죽음'을 거쳐 이 죽음마저도 재차 부정함으로써 가능한 생명성이다. 이 점에서 낭만적 예술형식에서 삶이나 생명성에 관한 논의는 삶의 부정인 '죽음'을 한 계기로 끌어안음으로써 한층 더 심화된다.

---

62 Ästhetik2, p.128(두행숙2, 408~409쪽). 과거를 기준으로 볼 때 '최종적인 것(Letztes)'은 현재의 기준으로 볼 때 '최근의 것'이기도 하다. 이 인용문에서도 'Letztes'는 이 두 가지 의미로 동시에 해석될 수 있다.

63 Ascheberg, p.43(서정혁, 41쪽).

64 Ästhetik2, p.128(두행숙2, 408쪽).

헤겔은 인간이 자신의 유한한 주관성을 희생하는 데서 비롯되는 고통과 괴로움, 죽음 등을 고전적 예술은 배제하거나 자연적 면에서만 표현하였고, 그래서 고대 그리스인들은 죽음을 본질적 의미에서 이해하지 못했다고 주장한다. "고대 그리스인들에게는 오직 자연적이고 외적이고 세속적인 현존과 어울리는 삶만이 긍정적이었으므로, 죽음은 단순한 부정이자 직접적 현실의 해체일 뿐이었다."[65] 이 관점에서 예를 들어 순교의 고통 속에서 죽어가는 '그리스도의 모습'은 고대 그리스의 아름다움의 형태로는 결코 표현될 수 없다. 왜냐하면 고통받는 그리스도의 모습에서는 고대 그리스에서는 나타나지 않던 신성함, 내면의 심층, 고통의 무한성, 인내와 신적 고요가 더 고귀한 것으로 드러나기 때문이다.[66] 더 나아가 고전적 예술과 달리 낭만적 예술에서 죽음과 같은 고통은 '본래적 필연성'을 비로소 획득한다.[67] 헤겔에 의하면 낭만적 예술에서 죽음의 의미는 다음과 같다.

> 낭만적 예술에서 죽음은 자연적 영혼과 유한한 주관성의 사멸이다. 즉 [낭만적 예술에서 죽음은] 자기 자체 내에서 부정태에 부정적으로 관계하며 무상한 것을 지양함으로써 유한성과 분열의 상태로부터 정신을 해방하는 사멸이고, 주관을 절대자와 정신적으로 화해하도록 매개한다.[68]

여기서 죽음은 자연적 삶의 끝인 자연적 죽음이 아니다. 낭만적 예술에서 죽음은 모든 자연적이며 무상한 것의 부정이자 '자신의 직접적 현실을 죽이기'이며,[69] '부정태의 부정Negation des Negativen'이다. 그래서 낭만적 세계관이나 낭

---

65 Ästhetik2, p.135(두행숙2, 416쪽).
66 Ästhetik2, p.153(두행숙2, 435쪽).
67 Ästhetik2, p.134(두행숙2, 415쪽).
68 Ästhetik2, p.135(두행숙2, 416쪽).

만적 정신은 부정인 죽음을 통해 그냥 무無로 사라져 버리지 않고, "자신으로 되돌아오고 자신의 본래적 진리와 생명성으로부터 차단된 자신의 부정적 현존재를 극복하여" 화해와 긍정적 존재에 대한 만족과 지복을 지닌다.[70] 헤겔은 정신이 이렇게 죽음을 거쳐 자신 속으로 복귀하고 이행하는 과정을 '진정으로 살아가기'로 본다.[71]

> 낭만적 이념상은 또 다른 정신다운 것과의 연관을 표현한다. 여기서 이 정신다운 것은 [주관의] 내밀함Innigkeit과 결합되어 있어서 이 타자[또 다른 정신다운 것] 속에서 영혼은 오직 자기 자신과의 내밀함에서만 살아있다.[72]

따라서 '참된 생명성'을 찾기 위해 유한한 인간의 자기 부정은 필수적으로 요구되는데, 이 인간의 자기 부정은 인간이 죽음을 자기 속으로 내면화하는 과정이다.[73] 그리고 이렇게 인간이 죽음을 내면화하는 과정은 다름 아니라 예술에서 '신의 인간화das Menschwerden Gottes' 과정,[74] 즉 '의인관擬人觀[신인동형설]Anthropomorphismus'으로 표현된다. 헤겔은 '고전적 생명성'과는 다른 '낭만적 생명성'에 의해서만 '신과 인간의 진정한 화해'로서 '의인관'이 완성된다고 본다.[75] 물론 고전적 예술형식에서도 '의인관'이 없었던 것은 아니다.[76] 하지만, 고전적 예술형식

---

69 Ästhetik2, p.134(두행숙2, 414쪽).

70 Ästhetik2, p.135(두행숙2, 416쪽).

71 Ästhetik2, p.136(두행숙2, 417쪽).

72 Ästhetik2, p.146(두행숙2, 428쪽).

73 헤겔이 이렇게 죽음의 의미를 해석하는 것은 미학에서만이 아니다. 예를 들어, 헤겔은 이미 『정신현상학』(1807)에서도 "죽음이야말로 가장 두려운 것이며, 죽음의 상태를 고수하려고 하는 것은 가장 큰 힘을 필요로 하는 것"이라고 하면서, "죽음을 견디어 내고 죽음 속에서 스스로를 보존하는 삶이 정신의 삶이다. 정신은 고통스러운 절대적인 분열상태 속에 스스로 처함으로써만 정신 자신의 진리를 획득한다"라고 말한다. GW9, pp.27~28(정신현상학1, 71쪽).

74 Ästhetik2, p.24(두행숙2, 265쪽).

75 Ästhetik2, p.129(두행숙2, 409쪽).

은 '진정한 이념상의 순수 토대'를 넘어서지 못하며, "주관이 자신 안에서 인륜적이며 절대적인 것에 대립해 자신 속에서 추상적 인격성으로 굳어진 상태, 죄와 악, 주관적 내면성의 자기 내로의 귀의, 분열, 불안정 및 분리의 전 영역을" 알지 못하며, 이로부터 산출되는 '아름답지 않고, 추하며 역겨운 것'도 알지 못한다.[77] 이 점에서 오히려 고전적 예술미는 자체 내에 결함을 지닌다. 이에 비해 기독교에 기초한 낭만적 예술형식에서 인간으로 표현된 신은 단순히 예술에 의해 인간적 모습으로 형태화된 개체가 아니다. 낭만적 예술형식에서 신은 '하나의 현실적인 개별 개체ein wirkliches einzelnes Individuum'이며, '온전하게 신'이자 '온전하게 한 명의 현실적 인간ein wirklicher Mensch'으로서 "현존재의 모든 조건 속에 발을 들여놓는다". 따라서 신은 '이념상적인 인간 존재'가 아니라 "직접적이며 자연적인 실존이 처한 시간적이며 순전한 외면성에까지 와닿는 현실적 진행과정"으로 드러난다. 이 점에서 헤겔은 기독교가 고대 그리스 종교보다 '의인관'을 더욱더 진척시킨 것으로 본다.[78]

헤겔에 의하면 신처럼 실체적이고 참된 것은 인간다움[인류]을 초월한 피안에 있지 않으며, '현실적 주관성으로서 인간다움'이 원칙으로 간주되면 '의인관'이 진정으로 완성된다.[79] 다시 말해, 낭만적 예술형식에 이르러 예술은 더이상 조각과 같은 이념상을 통해 그의 생명성을 표현하지 않고, 오히려 '실제로 살아 있는 한 인간' 속에서 이 인간의 내면을 통해 예술 자신의 원칙을 마련한다. 이처럼 정신으로서의 신을 인간이 유한성을 떨쳐 버리고 자기 내면 속에서 정신으로서 대면할 때, 고대보다 '더 고귀하고 심오한 화해'가 실현될 수 있다.

---

76 Ästhetik2, p.23(두행숙2, 264쪽).
77 Ästhetik2, pp.24~25(두행숙2, 266쪽).
78 Ästhetik2, p.23(두행숙2, 265쪽).
79 Ästhetik2, p.129(두행숙2, 409쪽).

3. 예술의 생명성과 삶의 예술성

앞의 논의를 통해 우리는 낭만적 세계에서 인간이 '자신 내면으로의 심화'를 통해 자신 외부의 세계와 단절되거나 무관하게 존재하는 것은 아닌가 라는 의문을 제기할 수 있다. 헤겔은 '낭만적인 것das Romantische'이 성취한 '해체 Auflösung'의 긍정적 본질을 놓치지 않는다. '심정의 주관적 내면성'이 본질적 위치를 차지하는 낭만적 예술형식에서는, 이 내면성이 외적 현실과 세계의 특정한 내용에 파고들어 생명력을 지니는가hineinleben 여부가 우연성을 띨 수밖에 없다. 내면의 입장에서는 자신이 절대적으로 타당하므로, 내면 자신을 표현할 '객관적이며 절대적으로 타당한 형태'를 자신 외부에서 찾을 필요가 없기 때문이다. 그런데, 낭만적인 것이 지니는 이 같은 주관적 특징 때문에, 도리어 "낭만적 예술의 표현에는 삶의 모든 영역과 현상들, 가장 위대한 것과 하찮은 것, 가장 고귀한 것과 저급한 것, 인륜과 비인륜, 악한 것 등 모든 것"이 예술의 소재가 될 수 있는 자리가 마련된다.[80] 또한, 헤겔에 의하면 이러한 상황 전개에는 동시에 이미 낭만적 예술도 해체되는 계기가 내재한다. 즉, 낭만적 예술형식의 특징은 '절대적 내면성'에 기초하지만, 바로 이 특징 때문에 낭만적 예술형식은 모든 '범속한[보통의, 산문적인] 객관prosaische Objektivität'을 예술에 수용하는 일종의 전도 현상이 초래된다. 이에 관해 헤겔은 다음과 같이 말한다.

> [이 객관은] 평범하고 일상적인 삶das gewöhnliche tägliche Leben의 내용으로서, 이 같은 삶은 인륜다운 것과 신다운 것을 포함하고 있는 자신의 실체 속에서 파악되지 않고, 자신의 가변성Veränderlichkeit과 유한한 일시성Vergänglichkeit 속에서만 파악된다.[81]

---

80 Ästhetik2, p.221(두행숙2, 524쪽).
81 Ästhetik2, p.222(두행숙2, 525쪽). 이처럼 모든 것이 예술이 될 수 있다면, 실제로는 아무것

이 점에서 낭만적 예술에서 정신이 유한성을 지양하고 신과 하나가 된다는 것은, 존재하는 현실 세계와 정신이 단절되거나 정신이 현실 세계를 초월해 버린다는 것을 뜻하지 않는다. 헤겔에 의하면 '외적 현실의 부정'을 통한 '인간의 자기 내면화', 또는 '신의 인간화' 과정은 인간이 자신의 현실을 포기하는 과정이 아니라, 도리어 인간이 구체적인 현실을 더욱더 다양하게 이해하고 표현하고 실현하는 과정이다. 오히려 이 같은 사정은 일상적으로 실재하는 평범한 삶의 현존성을 그 유한한 다양성과 특수성의 상태로 수용하여 형태화하기를 예술이 더이상 거부하지 않는다는 결과를 낳는다.

여기[낭만적 예술]에서는 시간성에 대한 외적 직관과 무상성의 흔적을 없애고, 실존의 빛나는 아름다움을 위축된 현상 대신에 정립한 저[고전적 예술의] 이념상적 아름다움은 사라져 버렸다. 낭만적 예술은 무한한 고요와 영혼이 육체 속에 가라앉은 상태에서 현존재의 자유로운 생명성을 지니고 있다. 낭만적 예술은 이 삶 자체를 이 삶의 가장 고유한 개념의 상태로는 더이상 목표로 삼지 않는다. 오히려 낭만적 예술은 이 아름다움의 정점에 등을 돌린다.[82]

낭만적 예술은 고전적 예술이 이념상으로 형태화한 아름다운 삶을 더이상 추구하지 않으며 추구할 필요도 없다. 헤겔은 낭만적인 것 안에는 두 세계가 있다고 주장한다. 그중 하나는 '그 자체로 완성된 정신의 영역'으로서, 이 영역은 "스스로 자신 속에서 화해하며 생성, 파멸, 재생을 거치는 직선적 반복을 정신

도 특별히 예술이라고 주장될 수 없으며, 더이상 어떤 것도 위대한 예술이라고 불릴 수 없다. W. Desmond, "Art and the Absolute Revisited : The Neglect of Hegel's Aesthetics", in : *Hegel and Aesthetics*, ed. by W. Maker, New York : State Univ. of N. Y. Press, 2000, pp.4~5 참조.
82 Ästhetik2, p.139(두행숙2, 420~421쪽).

의 참된 원환으로, 자신 내 복귀로, 정신의 진정한 불멸의 삶Phönixleben으로 바꾸는 심정Gemüt이다". 또 다른 하나는 '외적인 것 자체의 영역'으로서, 이 영역은 "정신과의 확고한 통일 상태로부터 벗어나 완전히 경험적 현실이 된 것으로서, 영혼은 이 경험적 현실의 형태에 개의치 않는다".[83] 이처럼 낭만적인 것 안에 내재하는 두 세계의 특징으로 인해 더이상 정신은 자신의 내면을 그에 적합한 외적인 현상으로 형태화하는 데 관심을 두지 않는다. 왜냐하면 외적인 직접성은 영혼 자체 속에 있는 지복함에 어울리는 존엄성을 지니지 못하기 때문이다.[84] 그런데, 이처럼 낭만적 예술은 외면을 자유롭게 해방한다는 바로 그 이유때문에, 역설적이게도 하찮은 일상용품이나 순간적으로 지나가 버리는 일시적장면 등을 포함한 모든 것들이 예술의 소재가 될 수 있는 길이 열린다. 이 점에서 헤겔은 다음과 같이 말한다.

> 인간 속에서 자기 자신을 의식하며 그 자체로 절대적으로 보편적인 절대자가 낭만적 예술의 내적 알맹이를 이룬다. 그래서 인류 전체ganze Menschheit와 그들 전체의 발전은 낭만적 예술의 무한한 소재가 된다.[85]

이처럼 인류 전체와 그들의 전개 양상 모두가 예술의 소재가 된다면, 역사나철학 등과 다른 예술의 특징은 무엇인가라는 의문이 제기될 수 있다. 인류 전체가 행하고 걸어온 길이나, 아니면 개인의 의식이 참된 정신이 되는 정신의 과정으로서 '역사Geschichte'가 예술의 대상이 될 수 있다면,[86] 예술은 스스로 예술자체가 해체될 수 있는 위기를 초래하는 것일 수도 있다. 낭만적 예술마저 해체

---

83 Ästhetik2, p.140(두행숙2, 421쪽).
84 Ästhetik2, p.140(두행숙2, 421쪽).
85 Ästhetik2, p.138(두행숙2, 419쪽).
86 Ästhetik2, p.149(두행숙2, 431쪽).

되는 지점에 이르렀다는 것은, 예술 자체가 자기 지양하는 단계에 이르렀다는 것을 의미한다. 이 점을 헤겔은 다음과 같이 표현한다.

> 이를 통해 우리는 낭만적인 것 일반의 종착점으로서 외면과 내면의 우연성을 지니며, 이 측면들이 붕괴되는 상태를 겪는다. 이렇게 붕괴됨으로써 예술 자체는 스스로를 지양하고die Kunst selbst sich aufhebt, 참된 것을 파악하기 위해 예술이 제공할 수 있는 것보다 더 고차적 형식을 획득하려는 필연성을 예술은 의식에게 드러낸다.[87]

이미 낭만적 예술의 시작과 더불어 발생하는 '정신의 내면으로의 심화'는, 내용을 외적인 감각으로 표현해야 한다는 예술 본래의 목적에서 벗어나는 단초를 드러낸다. "진리를 의식하는 일이 중요하게 될 때, 현상의 아름다움이나 표현은 부차적이며 중요치 않게 된다. 왜냐하면 진리는 예술로부터 독립해 의식에 대해 현전하기 때문이다."[88] 더이상 내면이 그에 적합한 외면을 찾을 필요도 없으며 표현될 필요도 없다. 이 점에서 내용과 형식, 개념과 실재의 일치에 의한 아름다움의 구현이라는 예술의 본질, 목적은 해체되기에 이른다. 이러한 해체의 심화로서 낭만적인 것 자체의 해체과정은 더 나아가 '예술 자신의 자기 부정의 과정'으로 해석될 수도 있으며, 이러한 해석에 의거할 때 기존의 예술과 비예술의 경계도 더이상 유지될 수 없다. 낭만적 예술은 더이상 예술이 다루고자 하는 내용을 예술로서 산출하지 않으며, "진리의 알맹이를 예술적 형식을 통해서만 직관에 산출하는 현시적[계시적] 가르침이 아니다". 오히려 낭만적 예술이 다루고자 하는 "내용은 이미 예술영역 밖에 그 자체로 표상과 감각에 현존한다".[89]

---

87 Ästhetik2, p.142(두행숙2, 423쪽).
88 Ästhetik2, p.149(두행숙2, 431쪽).
89 Ästhetik2, p.138(두행숙2, 420쪽).

이 점에서 '예술의 순수성'은 불필요한 것이 되어 버렸다고 생각될 수도 있다.[90]

그러면, 이러한 예술의 경계 허물기는 말 그대로 예술의 '종언'과 '죽음'을 뜻하는가? 앞서도 언급했듯이, 헤겔은 낭만적 예술의 개념과 해체로부터 주어진 분명한 결과는 '실존하는 인류existierende Menschheit만이 오직 예술의 지반'이라는 사실이라고 주장하면서,[91] 낭만적 예술형식의 종결을 다음과 같이 마무리한다.

> 보편적인 노력은 [인간이] 자기 고유의 내재적인 것을 획득하려는 것이었다. 이러한 전유Aneignung의 지점에 추동력은 도달했으며, 자기 고유의 내재적인 것을 산출해 내기에 이르렀다. 이렇게 이 지점은 도달되었지만, [이와 더불어] 아름다움을 희생해야만 했다. 이것이 바로 낭만적 예술의 종결로서, 다른 한편으로 이것은 [또 다른] 시작Anfang이기도 하다.[92]

여기서 헤겔은 낭만적 예술형식의 종결 다음에 새로운 '시작'이 도래한다는 점을 분명히 밝히고 있다. 그러면 이 새로운 '시작'의 의미는 무엇일까? 헤겔은 낭만적 예술의 종결 다음에 도래할 또 다른 새로운 예술형식을 예상하는 것인가? 이에 대한 헤겔의 구체적인 언급을 미학에서 찾을 수는 없다. 그러나 한 가지 분명한 점은, 헤겔은 예술의 이 새로운 시작이 실제로 살아있는 인간과 그에 얽힌 여러 이야기들[서사]과 모습들에서 비롯될 수 있다고 보았다는 것이다.

> 예술가는 자신의 소재에서 백지 상태에 있다. 관심을 끄는 것은 후마누스Humanus, 보편적 인류[인간다움], 충만하고 진실한 상태에 있는 인간의 심정이다.[93]

---

90 Ästhetik2, p.149(두행숙2, 431쪽).
91 Hotho, p.182(권정임, 269쪽).
92 Hotho, p.200(권정임, 288쪽).
93 Hotho, p.204 이하(권정임, 292쪽 이하).

사람들은 세계사 전체가 서사시의 대상이 되는 것을 생각할 수도 있는데, 여기서 주인공은 인간 정신, 즉 후마누스가 될 것이다. 사람들은 인간 정신이 스스로를 세계사로 완성하는 주인공이라고 생각할 수 있다. 그러나 이 소재는 예술에게는 너무 지고할 것이다. 왜냐하면 보편 이념이 배경으로 놓여 있을 것이기 때문이다. 그러나 보편 이념은 개체적이지 않지만, 예술은 개체적 형태를 부여해야만 한다.[94]

헤겔에 의하면 고전적 예술에서와 달리 낭만적 예술형식의 중심에 자리한 기독교 예술에서는 '본연의 상태Zu-Haus-Sein'가 인간이 살아가는 '직접적 현재성'을 희생시키는 '피안'이지만, 낭만적 예술의 '마지막ein Letztes'에 도달하면 피안이 아닌 '직접적 현재성'이 '긍정적인 것'이 된다. 그리고, 낭만적 예술의 '마지막'은 현재 우리의 관점에서 볼 때 '최근'이기도 하다. "직접적 현재성이 긍정적인 것이 된다는 사실, 이것은 겨우 최근[마지막]의 일이다. 바로 이것das Dieses이 긍정적인 것이 되는 이 지점을 확정할 수 있는 것은 최근[마지막]이다."[95] 여기서 헤겔은 낭만적 예술마저 해체되는 마지막 단계에 이르러 예술이 맞게 되는 상황을 다음과 같이 묘사한다.

예술의 영역에 고향처럼 익숙해진 상태das Einheimischsein가 예술이라는 구조물의 쐐기돌이다. 시예술, 건축, 그리고 특히 회화는 [예술 자신에 대해 익숙해지는] 이러한 방향을 취해 왔다. 회화는 특히 현재성Gegenwärtigkeit을 표현하고 있다.[96]

헤겔은 이와 같은 회화의 대표적인 사례로 후기 네덜란드 화파를 든다.[97] 헤

---

94 Hotho, pp.288~289(권정임, 383~384쪽).
95 Hotho, p.200(권정임, 288쪽).
96 Hotho, p.200(권정임, 288쪽).
97 헤겔의 회화론에 내한 곰 너 구체적 논의에 대해서는 이 책의 제2부 3장을 참조할 것.

겔에 의하면 네덜란드 장르화에는 '일상적 현실에 만족할 줄 아는 원칙'이 들어 있다.[98] 꽃이나 사슴들과 같은 일상적인 대상들이 그림으로 표현될 때, 거기에는 더이상 대상을 알려는 목적도, 어떤 신다운 것을 명료하게 하려는 목적도 없으며, 다만 예술가가 관심을 두는 것은 '스스로를 자신 속으로 심화시키는 가상 das sich in sich vertiefende Scheinen'일 뿐이다. 여기서는 때로는 정물Stillleben이, 때로는 바느질 하는 여인의 순간적인 모습과 같은 어떤 생동성[생명성]이 표현되는데, 헤겔은 이 표현을 '일시성[지나가 버리는 순간으로서 과거성]Vergänglichkeit 에 대한 예술의 승리'라고 부르며, 이러한 예술을 '가상의 예술'이라고 부른다.[99] 예술을 역사적으로 규정해 온 '개념과 실재의 통일성'에 대한 요구, 즉 '예술가는 실체적인 것을 그에 맞는 적절한 소재를 통해 표현해야 한다'는 요구가 이 '가상의 예술'에서는 사라진다. '가상의 예술'에서는 소재와 상관없이 예술가의 '자유로운 주관적 숙련성'이 곧 예술이 된다. 헤겔은 이러한 상황을 '우리 시대의 예술 일반이 처한 상태'로 보고 있다.[100]

물론 헤겔이 '우리 시대'라고 부른 그 당대는 지금 우리의 시대가 아니며, 헤겔이 지금 우리가 경험하고 있는 예술에 관련된 상황 전체를 예견했으리라는 기대는 애초부터 헤겔 자신에게는 너무 과한 것일 수 있다. 그러나, "예술은 소재에 전혀 상관없으며, 어떤 대상이 다루어질지라도 가상의 예술이다"[101]라는 그의 언급은 우리 자신의 시대와 그리 먼 얘기는 아니다. 그리고 낭만적 예술의 해체 단계를 '예술의 최종적 해체과정'으로 보는 시각도 우리에게 그리 낯선 것이 아니다.

모든 것은 현재의 과거로서 일시적이다. 헤겔에 의하면 모든 것이 현재를 스

---

98 Hotho, p.200(권정임, 288쪽).
99 Hotho, p.201(권정임, 289쪽).
100 Hotho, p.202 이하(권정임, 291쪽 이하).
101 Hotho, p.204 이하(권정임, 292쪽 이하).

쳐지나 과거가 됨으로써 발생한 '일시[찰나刹那]-성Vergänglich-keit'을 예술은 극복할 수 있어야 한다. 그런데, 일시성에 대한 예술의 승리는, 예술이 불변하고 영원한 것을 추구하거나 만들어냄으로써 성취될 수 없다. 예술이 가변성과 일시성을 거부함으로써가 아니라, 오히려 예술 자체가 가변성과 일시성에 자신을 개방하고 내맡기며 가변성과 일시성을 전유함으로써 예술은 가변성과 일시성에 대해 승리를 거둘 수 있다. 이처럼 가변성과 일시성을 자기화하는 일은 곧 예술이 '일상화'되는 일이며, 예술의 일상화는 바꾸어 말해 '삶의 예술화'이기도 하다. '삶의 예술화'에서는 예술 자신의 완성이 곧 인간의 완성, 삶 자체의 완성이다.[102]

따라서, 가변성과 일시성에 대한 예술의 승리는 전통적인 예술 자신의 패배와 추락, 예술의 부단한 자기 부정을 통해서만 성취될 수 있고, 이 승리의 결과가 바로 일상적 삶의 예술화다.[103] 그렇다면 헤겔 자신이 질문했듯이, 다음과 같은 질문은 지금도 여전히 가능하리라.

이제 여기서 무엇이 예술작품인지를 말하기가 어려워진다. 사람들이 대가다운 솜씨로 그러한 대상들을 다룬다고 하더라도 그 작품들을 예술작품이라고 부를 수 있는가 하는 어려움이 발생한다. 일상적 삶이 예술의 방식에 따라 매일 파악된다면, 예술작품

---

[102] 이 점에서 헤겔은 미학에서 철저히 '후마누스(Humanus)', 즉 인간다움을 중심 내용으로 삼아서 예술을 논했다고 할 수 있다. 이에 대해서는 다음을 참조할 것. A. Gethmann-Siefert, "Schöne Kunst und Prosa des Lebens. Hegels Rehabilitierung des ästhetischen Genusses", in : *Kunst und Geschichte im Zeitalter Hegels*, hrsg. von Ch. Jamme, Hamburg : Felix Meiner Verlag, 1996, p.119 이하 참조. 게트만-지페르트는 이 글에서 예술을 통한 '형식적 도야(formelle Bildung)'를 강조하면서, 이질적인 문화에 대한 감수성 등을 도야하는 근대 예술의 역할을 헤겔이 강조했다고 주장한다.

[103] 이 점에서 헤겔이 초기에 「독일관념론의 가장 오래된 체계계획」(1796·1797)에서 횔덜린, 셸링과 함께 지녔던 문제의식을 결코 포기하지 않았다는 것은 확실하다. 물론 그러한 문제의식이 어떻게 구체적인 철학적 논의나 체계로 발전되어 나갔는지에 대해서는 좀 더 심층적인 추가 연구글 필요도 하나.

들인가? (…중략…) 보통의 삶[일상]의 대상들이 예술의 대상이 될 때 예술의 범위는 무한대로 확장된다.[104]

여기서 무엇이 예술작품인지를 말하기가 어려워진다. 한편으로 그 속에는 범속한 전체 내용, 매일 매일의 삶이 들어 있다. 그렇다면 만일 매일 매일의 삶이 예술의 방식으로 표현된다면, 예술작품들인가?[105]

마치 현대 예술가가 던지는 듯한 이 같은 물음에 대답하는 과정은 우리에게 여전히 현재진행형일 수밖에 없다. 이 점에서 예술에 대한 헤겔의 통찰은 회색빛으로 흐릿한 시대를 뒤쫓아가며 거기에 덧칠만 하는 것이 아니라, 오히려 시대를 앞서 예견하는 미네르바의 부엉이가 지닌 밝은 시선이기도 하다.

---

104 Kehler, pp.151~152.
105 Pfordten, p.171. 헤겔에게 이 같은 물음은 비단 후기 미학에만 해당되는 것은 아니다. 이미 헤겔은 예나 시기에 다음과 같이 말하고 있다. "예술은 이렇게 자기 자신과 모순 상태에 빠지게 된다. 예술이 알레고리(Allegorie)에까지 뻗쳐나갈 수밖에 없을 정도로 독자적인 성격을 지니게 되면, 예술은 개성이 되어 버리고 사라지게 되며, [예술의] 의미가 개성으로 전락해 버린다. 그렇게 되면 예술의 의미는 표현되지 않는다." GW8, p.279(체계기획3, 394쪽).

제3장

예술 천재론

천재, 영감, 그리고 독창성

1. 천재와 규칙[1]

천재 개념은 고대로부터 전승된 것이지만, 특히 18세기 독일에서 예술적 주관주의가 거의 광적인 독창성 추구로 전개되면서 '예술적 천재' 개념으로 심화된다.[2] 18세기 독일에 한정해 본다면, '천재Genie'에 관한 논의는 질풍노도기로부터 초기 낭만주의에 이르는 과정에서 활발하게 진행되었다. 흔히 '천재 시기'라고 불리는 질풍노도기에 '천재'는 '창조적이고 독창적인 정신을 지닌 인간'에 대한 표현이었으며, 동시에 '사회적 규범을 뛰어넘으려는 위대한 예술가의 표상'이기도 했다.[3] 계몽주의로부터 비롯된 주체의 자율성이 극단화된 형태이든 아니면 계몽주의적 합리성에 대한 반발의 형태이든,[4] 이 시기 독일에서 '천재'

---

1   이 장의 일부는 『헤겔의 역사 철학과 세계 문학』(한국문화사, 2018)의 제4장 2절의 일부 내용과 겹친다. 이 책에서 다시 그 내용을 보완해 소개하는 이유는, 이 책의 주제인 '헤겔의 예술론'을 이해하는 데 빠져서는 안 되는 글이라고 판단했기 때문이다.

2   A. Hauser, 염무웅·반성완 역, 『문학과 예술의 사회사 3 – 로꼬꼬, 고전주의, 낭만주의』, 파주 : 창작과비평사, 1999, 155~157쪽.

3   최문규, 『자율적 문학의 단말마? – 문화학적 경향과 문학의 새로운 지평 탐색』, 서울 : 글누림, 2006, 70~73쪽.

4   김수용, 『예술의 자율성과 부정의 미학』, 서울 : 연세대 출판부, 1998, 12쪽. 김수용은 질풍노도

는 예술 분야, 특히 그 중에서도 문학의 경향성을 단적으로 보여주는 개념일 뿐만 아니라, 더 나아가 '천재 선언'은 문학에 한정되지 않고 이미 주어져 있는 기존의 것들을 총체적으로 부정하고 그것의 한계를 뛰어넘으려는 일종의 '철학적이며 존재론적 시도'이기도 했다.

헤겔이 본격적으로 철학적 활동을 한 기간에도 '천재' 문제는 주로 낭만주의적 관점에서 다루어졌다. 계몽주의와 낭만주의 사이에서 취한 헤겔의 철학적 입장을 어떻게 보느냐에 따라 '천재'에 관한 헤겔의 논의도 다양한 관점에서 해석가능하다. 그런데, 국내외를 막론하고 헤겔의 미학에서 '천재'를 독립 주제로 다룬 연구는 많지 않다.[5] '천재'에 관한 연구들 중 가장 방대하면서도 알찬 성과라고 할 수 있는 슈미트J. Schmidt의 연구서도 칸트, 피히테, 셸링 등을 독립된 장으로 비중 있게 다루고 있는 데 비해 헤겔에 관해서는 그렇게 하지 않고 있다.[6] 뷔르거P. Bürger도 헤겔이 천재 개념에 의해 예술 행위의 '신비화'가 가져올 위험을 인식하고 셸링이나 졸거와 달리 천재 개념과 거리를 두었다고 주장한다.[7]

헤겔이 '천재'를 미학의 중심 개념으로 다루지 않은 것으로 보려는 이러한 연구 경향은 어디서 비롯된 것일까? 아마도 그것은 헤겔 자신이 강조한 철학적 사유의 '체계성'과 '합리성'에 대한 연구자들의 피상적 선입견에 있다고 짐작

기, 고전주의, 낭만주의의 생성 원인과 존재 조건을 계몽주의에 의해 야기된 엄청난 정신적 물질적 변화로 보고 있다.

5 헤겔의 천재론을 주제로 한 국내 연구는 매우 드물다. 독일관념론자들 중 유일하게 칸트의 경우 다음과 같이 '천재'에 관한 두 편의 논문이 발표된 바 있으나, 여기에도 헤겔과의 관계에 관한 언급은 없다. 한동원, 「칸트의 천재론」, 『인문과학연구』 제6권, 강원대인문과학연구소, 1998, 213~232쪽; 금빛내림, 「칸트의 천재론」, 『미학예술학연구』 제19집, 한국미학예술학회, 2004, 227~266쪽. 독문학에서도 특히 천재 시기에 관한 다수의 논문들이 발표되었으나 헤겔에 관한 언급은 거의 찾아 볼 수 없다.

6 J. Schmidt, *Die Geschichte des Genie-Gedankens in der deutschen Literatur, Philosophie und Politik 1750 – 1945*, Bd. 1, Darmstadt : Wissenschaftliche Buchgesellschaft, 1985. 이 책에서 독일관념론에 해당하는 부분은 354~403쪽이다.

7 P. Bürger, 이기식 역, 『관념론 미학 비판』, 서울 : 아카넷, 2005, 121쪽.

된다. '예술적 직관과 심미적 감성'보다 '철학적 사유와 개념 파악'을 철학 체계에서 우위에 둔 헤겔의 입장을 고려하면,[8] 이러한 연구 경향은 자연스럽게 보일 수도 있다. 실제로도 헤겔은 미학에서 예술가에 대해 논하면서 '상상력', '영감'과 더불어 '천재'에 관해 비교적 짧게 언급하고 있고, 거기에 할당된 분량은 전체 미학에서 보자면 결코 긴 분량은 아니다.[9] 그러나, 이러한 이유로 인해 피상적 관점에서 헤겔이 '천재'라는 주제를 유의미하게 다루지 않았다든지, 설사 부분적인 논의가 있다고 하더라도 '천재'에 대해 헤겔은 부정적인 관점을 견지했을 뿐이라고 근거 없이 단정해서는 안 된다. 왜냐하면 헤겔의 미학을 면밀히 검토해 보면, 예상보다 헤겔이 '천재'라는 주제를 영감이나 독창성이라는 주제와 함께 미학적으로 중요하게 다뤘다는 사실을 확인할 수 있기 때문이다. 그리고 천재와 영감 그리고 독창성에 대한 헤겔의 미학적 논의는 당대의 낭만주의 등과의 비교 연구에서 매우 유의미한 논쟁거리를 제공한다.

선행 연구가 부족한 상황에서 '헤겔의 천재론'을 주제로 다루려면 최소한 다음과 같은 과제를 해결해야 한다. 우선 헤겔 미학에서도 천재에 관한 논의가 중요하다는 점을 밝혀야 한다. 그렇다고 천재에 관한 언급이 헤겔 미학에 있다는 점을 단순 확인하는 데만 머물러서는 안 되며, '예술적 영감'이나 '독창성'과 같은 유관한 주제들과 더불어 헤겔이 미학에서 천재를 어떤 관점에서 비중 있게

---

8 '예술과 철학의 관계'에 대해서는 앞의 제1부 제1장을 참조하기 바람.
9 구체적으로 보자면, '호토판 미학'의 경우 제1부 제3장의 'C. 예술가'의 하위 항목으로 '상상력, 천재, 영감'이 설정되어 있다. 상상력과 영감까지 포함하더라도 이는 원서로 10쪽이 채 안 되는 분량이다. Ästhetik1, pp.363~373(두행숙1, 493~504쪽). '호토판 미학'을 제외한 다른 미학 강의들에서는 '천재'에 관한 논의가 독립 항목으로 설정되어 있지 않고 강의 전반에 분산되어 있다. 특히, 상상력(Phantasie)에 관한 논의도 천재와 관련해 매우 중요하나, 이는 정신철학에서 '구상력(Einbildungskraft)'과 함께 별도의 비중있는 논의가 필요하다. '상상력', '구상력'에 관해 그 전반적 내용을 잘 정리한 자료로는 다음이 있다. 권대중, 「예술에 상응하는 또 하나의 정신론적 형식으로서의 "상상력": 헤겔의 정신론에 대한 분석과 비판」, 『미학』 제46집, 한국미학회, 2006, 1~24쪽; J. A. Bates, *Hegel's Theory of Imagination*, Albany : State Uni. of New York Press, 2004.

다루고 있는지를 구체적으로 드러낼 필요가 있다. 더 나아가 이러한 논의를 기초로 헤겔의 천재론을 통해 그의 미학을 새롭게 해석할 부분은 없는지 살펴 보아야 한다. 특히, 모더니즘 이후 예술에서 천재를 어떻게 자리매김할 것인가라는 문제는 '예술의 고유성과 자율성'에 관한 문제와 연관되므로, 천재론을 통해 헤겔 미학이 지닌 특징을 재조명하려는 시도는 헤겔 미학이 지니는 현재적 의미를 재검토해보는 기회를 제공할 것이다.

현재까지 남아 있는 헤겔의 미학 강의들 중 가장 이른 시기의 강의인 '20~21년 미학 강의'에서 헤겔은 '천재'를 다음과 같이 규정하고 있다.

> 예술 작품의 산출자는 우리가 천재라고 부르는 자로서, 이 천재는 예술적으로 포괄하는 자das künstlerisch Umfassende다. 이 천재에는 한편으로 사상의 심오함Tiefe des Gedankens, 내용 속에 깃든 본질의 직관이 속한다. 그러나 이 직관은 보편자나 사상의 형식[사유의 형식]을 띠어서는 안 되며, 오히려 자연의 방식, 자연스럽게 창조하는 것의 형식[저절로 그렇게 된 듯한 형식]을 띠어야 한다. 따라서 천재는 이렇듯 자유로운 활동이 없는 창조적 사상의 학문 도야와는 다르다.[10]

이 내용을 놓고 보면, 예술을 창작, 작품, 감상이라는 세 과정으로 구분할 때 헤겔이 주장하는 '천재'는 일차적으로 '창작'에 관련되는데, 이 점은 기존의 '천재'의 의미에서 크게 벗어나지 않는다. 그런데, 헤겔에 의하면 예술 작품의 산출자인 천재의 일차적 특징은 '예술적으로 포괄하는 것'이다. '포괄'은 '여러 가지를 에워싸 품을 수 있음'을 뜻하며, '다양한 지식들을 아우르는 해박한 상태'를 의미하기도 한다. 위 인용문에서 헤겔이 예술은 학문과 달리 '사상의 형식'이 아니라 저절로 그렇게 된 듯한 '자연스러운 창조의 형식'이 필요하다는 단서

---

10 Ascheberg, p.103(서정혁, 153쪽).

를 달면서도, 예술의 천재에게 '사상의 심오함'이 있어야 한다고 언급하는 것은 이 '포괄적인 지적인 측면'을 고려하기 때문이다. 후에 편집된 '호토판 미학'에서도 '천재'는 '예술작품의 참된 산출을 위한 보편적 능력'이자 '이 능력을 도야 Ausbildung하고 실행Betätigung하는 에너지'로 간주된다.[11] 여기서도 '천재'는 참된 예술작품의 창작에 관련되는 능력일 뿐만 아니라, 그 능력을 도야하고 실행하는 측면까지 포괄한다. 따라서 천재에 관한 헤겔의 논의에서 우선 주목해야 할 문제는, 흔히 타고난 재능으로 간주되는 '천재'가 철학적 개념파악에 기초한 사상과 어떤 관련이 있는가, 그리고 규칙에 따른 교육[도야]이나 학습과 같은 후천적 요소와 어떤 연관을 맺는가 하는 점이다.

헤겔은 재능Talent과 천재를 비교하면서 예술작품을 산출하기 위해 필요한 '천재'나 '재능'이 타고난 '자연적 계기'를 포함한다는 점을 부정하지 않는다.[12] 그런데, '완성된 예술 창작'을 위해 재능과 천재가 반드시 함께 필요하지만, 그렇다고 재능과 천재가 동일한 것은 아니다.[13] 헤겔에 의하면 천재와 달리 재능은 예술이 개체화되고 그 산출물이 실제 현상으로 나타나는 경우 이 실현의 과정에서 요구되는 '특정한 능력'이다.[14] 예를 들어 바이올린을 능숙하게 연주하거나 노래를 잘 부르는 재능 등이 여기에 해당한다.[15] 이와 같은 단순한 재능은 예술의 개별적인 어떤 한 측면에서만 숙달된 것을 능숙하게 해낸다.[16] 그런데, 헤겔은 예술이 특정한 부분에서가 아니라 "그 자체로 완성되기 위해서는 오직 천재Genius만이 줄 수 있는 보편적인 예술 수행력Kunstbefähigung과 혼 불어넣기 Beseelung가 필요하다"[17]고 주장한다. 여기서 '게니우스Genius'는 단순히 한 예

---

11 Ästhetik1, p.366(두행숙1, 497쪽).
12 Hotho, p.9(권정임, 85쪽).
13 Ästhetik1, p.366(두행숙1, 497쪽).
14 Ästhetik1, pp.366~367(두행숙1, 497쪽).
15 Ästhetik1, p.367(두행숙1, 497쪽).
16 Ästhetik1, p.367(두행숙1, 497쪽).

술가의 특정한 재능만이 아니며, 오히려 예술가가 그런 재능을 발휘할 수 있도록 해주는 '정신Geist'의 의미에 가깝다. 그리고 이 정신에 관련된 '예술'은 개별적이고 특정한 기술로서의 예술이 아니라 '예술 전체'이자 '예술 자체'라는 점을 헤겔은 분명히 밝히고 있다. 이 점에서 헤겔의 천재론에 관한 논의에는 '헤겔의 정신론'에 관한 선행적 이해가 필요하다.

헤겔의 철학에서 '정신론'에 관해서는 매우 폭넓고 다양한 논의가 가능하다. 그 중에서도 예술 자체를 체계적으로 문제 삼은『철학백과』의 '절대 정신' 부분만 살펴본다면, 헤겔의 천재론은 '예술 자체의 체계적 의미와 위상'에 관한 논의와 연관된다.『철학백과』제3판의 '절대 정신'에서 '천재'가 직접적으로 언급되는 곳은 560절과 562절이다. 이 곳에서 헤겔은 '천재'가 예술작품을 산출하는 '특수한 주체'이며 '예술가'는 '신의 대가Meister'라고 언급하고,[18] "예술가의 천재와 관객Zuschauer은 그 표현이 예술작품에 의해 성취되는 숭고한 신성神性 속에 있다"라고 하면서,[19] 상징적, 고전적, 낭만적 예술을 거치면서 예술이 '감각적 외면성'에서 점점 더 벗어나기는 하지만 예술 자체의 본성상 철학보다 낮은 단계에 위치할 수밖에 없다는 점을 밝히고 있다. 헤겔에 의하면 천재가 '신성' 속에 있고 예술작품이 '신성'을 보여준다는 점에서 천재는 단순한 재능과 같지 않다. 그렇지만, 예술에서 발휘되는 천재라는 정신성은 직관과 감각적 표현에 제한될 수밖에 없기 때문에 결국 감각적 외면성이 지양됨으로써 예술을 넘어 계시종교로, 더 나아가 철학으로 이행해야 한다.[20] 절대자인 신적 정신이 드러난 '예술적 천재'는 예술이 종교 및 철학과 더불어 '절대 정신'에 속하는 근

---

17 Ästhetik1, p.367(두행숙1, 497쪽).
18 GW20, p.545(§560)(정신철학, 468쪽).
19 GW20, p.548(§562)(정신철학, 471쪽).
20 『철학백과』에서 예술로부터 종교로의 이행 문제를 직관과 표상을 중심으로 검토한 연구로는 다음을 참조할 것. 박배형, 「직관에서 표상으로 : 헤겔의 정신철학에서 예술로부터 종교로의 이행 문제」, 『헤겔연구』제34호, 한국헤겔학회, 2013, 1~26쪽.

거가 되기도 하지만, 동시에 천재가 발휘되는 직접적이고 감각적인 방식으로 인해 예술이 종교와 철학보다 아래에 위치할 수밖에 없는 근거가 되기도 한다.

헤겔은 미학에서도 천재에 관해 논하면서 예술이 종교와 학문과의 관계에서 부여받은 이 체계적 위치를 계속 의식하고 있다. 선천적으로 타고난 천재는 예술적 천재뿐만이 아니라, 종교나 여타 학문의 천재도 있다. 헤겔은 예술에서의 천재가 다른 분야와 달리 '특별한 소질'로서 어떤 특징을 지니는가에 주목하면서, 타고난 천재가 어떻게 발현되는가의 측면, 다시 말해 예술 창작의 측면에 초점을 맞춘다. 내면을 예술작품으로 형태화할 때 '직접성Unmittelbarkeit'과 '자연성Natürlichkeit'의 측면이 중요할 수밖에 없는데, 헤겔은 이 측면은 창작하는 주체 스스로 자신 속에서 산출할 수 없는 것이며 "주체 속에 직접적으로 주어진 것으로 발견된다"고 주장한다.[21] 이 주장을 놓고 보면, 헤겔도 천재는 예술가의 능동적 의지로 발휘되는 것이 아니라 직접적이며 자연적으로 주어진다는 점을 부정하지 않는 것처럼 보인다. 그렇다면, 천재가 반영된 예술작품을 창작하는 과정에서 예술가가 사실상 능동적으로 개입해야 할 여지는 사라지고, 예술가는 천재가 잘 발휘되도록 수동적인 매개의 역할만 하면 되는가?

앞서 언급한 것처럼 재능과 천재를 비교하는 곳에서, 일차적으로 헤겔은 천재를 특정한 예술 분야에서 뛰어나게 발휘되는 '재능'이나, 교육과 훈련을 통해 습득될 수 있는 '기술'과는 다른 것으로 보고 있다. 이렇게 보면, 예술적 천재를 발휘하지 못하는 사람이 후천적으로 교육받고 기술을 배우고 교양을 쌓고 아무리 노력한다고 해도 독창적인 예술창작이 가능한 것은 아니라고 판단할 수 있다.[22] 그런데, 미학을 좀 더 면밀히 검토해 보면, 헤겔이 예술창작에는 이러한 천재의 측면뿐만 아니라 '내적인 산출과 외적인 기술적 숙련의 용이함'도 반드

---

21 Ästhetik1, p.367(두행숙1, 498쪽).
22 Ästhetik1, p.367(두행숙1, 490쪽) 참고.

시 요구된다고 주장하고 있음을 확인할 수 있다.[23] 물론 헤겔은 천재와 재능이 위대하고 풍성할수록 창작에 필요한 숙련성을 익히는 노고가 줄어든다는 점을 인정하지만, 숙련성을 전혀 갖추지 않은 채 타고난 천재만으로 참된 예술창작이 가능하지 않음도 밝히고 있다.

'20~21년 미학 강의'에서 헤겔은 예술에서 타고난 소질과 천재뿐만 아니라 규칙들도 필요하다고 강조한다. 사람들은 예술에서 '타고난 소질'과 '천재'가 반드시 있어야만 한다고 주장하면서 '예술 규칙들'에 따르는 것에 반대하지만, 헤겔은 '예술 규정들'은 '냉철한 지성의 개념 규정들이나 규칙들'이 아니라고 언급하면서, 천재도 '필연적인 규정들을 생략해 버리면' 예술작품이 완성될 수 없다고 반론을 펼친다.[24] 헤겔은 다음과 같이 기교와 그것의 도야를 강조한다.

> 정신의 작품으로서 아름다움은 매우 정교한 기교Technik를 필요로 한다. 그리고 이러한 기교는 수많은 시도와 반성, 그리고 작업의 결과물이다. 따라서 우리는 자연적으로 단순하고 조야한 것이 예술의 시작이었다고 말할 수 없으며, 오히려 최초의 아름다운 단순성은 그러한 시도와 매개를 통해 비로소 산출된 것이라고 말해야 한다. 도야된 인간[교양인]은 완전히 단순하게, 그리고 강요되지 않은 상태로 나타난다. 그러나 여기서 단순성은 도야의 결과물이지 [그냥 주어진] 직접적인 단순성은 아니다.[25]

마치 천재 예술가는 직접적으로 타고난 재능을 발휘하는 단순한 절차를 통해 자유롭게 창작을 하는 것 같지만, 이렇듯 단순한 듯 보이는 겉모습 이면에는 도야[교양]와 기교라는 요소가 내재되어 있다. 헤겔은 '23년 미학 강의'에서도 예

---

23 Ästhetik1, p.369 이하(두행숙1, 499쪽 이하).
24 Ascheberg, p.188(서정혁, 306쪽).
25 Ascheberg, pp.188~189(서정혁, 307쪽).

술작품을 산출하기 위해 필요한 것이 무엇인지를 논하면서 '규칙과 타고난 재능 사이의 관계'에 집중하여 이 점을 좀 더 상세하게 밝힌다. 헤겔은 규칙들만 안다고 해서 누구나 예술작품을 산출할 수 있는 것은 아니라고 언급하면서도, 동시에 그렇다고 예술에 있어 규칙의 '전면적인 무용'을 주장하지도 않는다.[26] 규칙에도 기계적인 것과만 관계하는 규칙이 있고 그렇지 않은 규칙이 있다. 후자의 사례로 헤겔은 호라티우스의 『시학』에 나오는 "시의 주제는 흥미로운 것이어야 한다"라는 지침을 제시한다.[27] 헤겔에 의하면 이 지침은 '약제사의 처방'처럼 모든 것을 상세하고 정확하게 규정하는 '상론詳論'이 아니라 '무규정적인 보편성eine unbestimmte Allgemeinheit'을 띠는 '일반적 지침'으로서, 이 지침들은 예술에서도 반드시 고려되어야 한다. 헤겔은 미학에서 이러한 일반적 지침까지도 무시한 대표적 사례로 '질풍노도기'에 속하는 초기 괴테와 실러의 작품들을 제시한다.[28] 이들은 그 당시 통용되던 모든 규칙들을 경시하고 의도적으로 철저히 반대하면서 작품 활동을 하였는데, 헤겔은 이 초기 괴테와 실러의 작품들을 '정신적으로 성숙하지 못한 결과물'이라고 강하게 비판하면서 타고난 재능만으로 예술작품을 산출해야 한다고 주장하는 입장을 받아들이지 않는다. 헤겔은 다음과 같이 말한다.

> 그러나 여기서 알아야 하는 점은, 천재는 그의 산출과정에서 사상의 도야Bildung와 연습Übung을 필요로 한다는 사실이다. 왜냐하면 예술작품은 연습되어야 하는 순전히 기술적인 측면을 지니기 때문인데, 이는 시인에게도 마찬가지다.[29]

---

26 Hotho, pp.7~8(권정임, 84쪽).
27 Hotho, p.8(권정임, 85쪽).
28 Hotho, p.9(권정임; 86쪽). 괴테와 실러에 대한 헤겔의 미학적 논의에 관해서는 이 책의 제4부 2장과 3장을 각각 참조하기 바람.
29 Hotho, p.10(권정임, 86쪽).

헤겔에 의하면 시인을 포함한 모든 예술가들은 '정신과 심정의 심층'을 알아야 하는데, 이는 직접적으로 알 수 있는 것이 아니라 '내·외적 세계에 대한 학습Studium'을 통해서만 알 수 있는 것이다.[30] 헤겔은 시에서도 "인간정신과 이를 움직여 감동케 하는 힘을 풍부한 사상으로 묘사하는 것이 중요하다"고 주장하면서, 실러와 괴테의 초기 작품들은 이런 면모를 아직 갖추지 못하고 '거칠며 교양 없고', '냉담하고 무미건조하고 산문적인 것'이라고 낮게 평가한다.[31] 아무리 타고난 재능이 탁월해도 예술가에게 사상의 도야[교양]와 더불어 '심층적인 연구tiefes Studium'가 없으면 '아름답고 심오한 작품들'을 산출할 수 없다는 것이다.[32] 초기 괴테와 실러에 대한 비판적 평가는 이후 '호토판 미학'에도 그대로 이어진다. 헤겔은 다음과 같이 말한다.

> 예술가는 삶의 진정한 심층을 구체적 현상으로 그려내기 전에 많은 것들을 스스로 두루 경험하고 체험해야 한다. 그러므로 예를 들어 괴테나 실러의 경우를 보더라도 그들은 젊은 시절에는 천재가 끓어 올랐지만, 장년이나 말년에 이르러 비로소 진정으로 성숙한 예술작품을 완성해 낼 수 있었다.[33]

여기서 헤겔은 참된 예술작품을 창작해낼 수 있으려면 다양한 경험과 체험을 통해 삶을 깊이 있게 이해할 수 있어야 한다고 강조하고 있다. 이상의 논의에서 우선 헤겔의 미학에서도 천재라는 주제가 체계적으로나 내용적으로 매우 비중 있게 다루어진다는 사실을 확인할 수 있다. 특히, 헤겔은 천재에 관한 논의를 통해 그의 철학 체계에서 예술을 제한적으로 위치 지우려 했을 뿐만 아니라, 참된

30 Hotho, p.10(권정임, 86쪽).
31 Hotho, pp.10~11(권정임, 87쪽).
32 Hotho, p.11(권정임, 87쪽).
33 Ästhetik1, p.366(두행숙1, 496쪽).

예술작품을 산출하기 위해 필요한 것으로 천재뿐만 아니라 내·외적 세계에 대한 학습을 통해 획득되는 지적인 측면과 규칙에 의한 숙련도 강조하고 있음을 알 수 있다. 헤겔의 관점에 따르면, 천재가 직접적이고 자연적으로 주어진다는 점과 천재적 예술가가 능동적으로 창작을 한다는 점은 대립적으로 이해될 필요는 없다. 오히려 이 두 측면은 상호 보완적으로 작동할 수 있고, 더 나아가 한 측면이 제대로 작동하기 위해서는 다른 측면을 필요로 하는 것이다. 다음과 같은 헤겔의 언급은 이러한 이해를 뒷받침해준다.

> 예술가는 자신 속에 이러한 방식으로 직접 내재하는 것을 완전한 숙련도에 도달할 때까지 철저히 도야해야 하지만, 그 직접적 실행의 가능성은 예술가 속에 타고난 소질 Naturgabe로 있어야 한다. 그렇지 않고 단지 배운 숙련성만으로는 결코 생동적인 예술 작품을 낳지 못한다. 내면적 산출과 그것의 실현이라는 두 측면은 예술의 개념에 적합하게 서로 철저히 보조를 맞추어 진행된다.[34]

이처럼 후천적 측면이 선천적 측면이 발휘되는 데 방해물로 작용한다기보다 협력자의 역할을 할 수 있다고 본 점에서 헤겔의 관점은 천재시기의 사상가들이나 낭만주의자들의 입장과 다르다. 문학을 포함한 예술을 철학보다 체계상 더 고차적인 것으로 간주하거나, 규칙과 학습이 아니라 타고난 재능ingenium으로서 '천재'를 절대적으로 강조하면서, 천재가 작동하려면 모든 제약과 조건으로부터 벗어나 자유로운 해방의 상태에 있어야 한다고 주장했던 천재 시대 및 낭만주의의 여타 사상가들과 헤겔은 천재에 관한 논의에서 분명히 다른 입장을 취한다.

---

[34] Ästheuk1, p.370(두행숙1, 500~501쪽).

2. 예술적 영감과 독창성

천재 개념은 예술가의 창작 활동에서 '영감靈感, Begeisterung'과 '독창성獨創性, Originalität'과 함께 논의되는 것이 보통이다. 의미 상으로 볼 때 '천재'와 '영감' 은 다르지 않지만, 굳이 구분하자면 '천재'를 소질로 본다면 '영감'은 그 소질을 부여받는 과정으로 볼 수 있다. 헤겔도 '천재'라는 용어를 때로는 '능력Fähigkeit' 이라는 의미로, 때로는 그 능력이 발휘되는 '활동Tätigkeit'이라는 의미로 사용한 다.[35] 또한 '독창성'은 본래 기원起源이 되는 '근원Ursprüng'을 의미할 뿐만 아니 라, 예술에서 '모방'과 대립하는 맥락에서 '원형Urbild'인 상태를 의미하기도 한 다.[36] 헤겔이 미학에서 천재를 독립적인 부분으로 설정하지 않고 이 두 개념들과 함께 다루고 있는 것도 이러한 점들을 고려하면 자연스러운 것으로 이해될 수 있다.

우선, 헤겔에 의하면 '진정한 영감'은 감각적 자극이나 단순한 의도에 의해 생기지 않는다. 예를 들어, 시인이 샴페인 병들이 가득 차 있는 창고 안에 들어 가 있거나 푸른 잔디에 누워 하늘을 바라본다고 해서 시적 영감이 저절로 떠오 르는 것도 아니다.[37] 아무리 재능이 있는 예술가가 영감을 얻으려고 여기저기 소재를 찾아 떠돌아다닌다고 하더라도 자신 속에 생동적 자극을 불러 일으킬만

---

35 Ästhetik1, p.366(두행숙1, 496~497쪽).

36 칸트가『판단력 비판』에서 천재를 논하면서 '범례적 독창성'을 제시하고 있는 것도 독창성이 이러한 맥락에서 천재와 밀접한 관련이 있기 때문이다. KU, §46 참조. 칸트는『판단력 비판』에 서 '천재론'보다 '취미론'에 더 비중을 두었다고 알려져 있다. 그러나,『판단력 비판』의 제1부의 후반부로 갈수록 천재에 관한 논의가 칸트에게서 얼마나 중요한지가 잘 드러난다. 칸트는『판단 력 비판』의 46절부터 50절까지 아름다운 예술과 관련해 천재를 집중적으로 논한다. 특히 근대 미학에서 독창성의 개념사적 탐구에 관해서는 다음을 참조하는 것이 좋다. T. Otabe, "Die Ori ginalität und ihr Ursprung. Begriffsgeschichtliche Untersuchung zur modernen Ästh etik", in : *Ästhetische Subjektivität. Romantik & Moderne*, hrsg. von L. Knatz · T. Otabe, Wü rzburg : Königshausen · Neumann, 2005, pp.32~52.

37 Ästhetik1, pp.370~371(두행숙1, 501쪽).

한 어떤 알맹이를 지니고 있지 않다면 견실한 예술작품을 산출해낼 수 없다.[38] 반대로 '참으로 생동적인 예술가'는 다른 사람들은 아무 자극도 받지 못하는 평범한 것들로부터도 영감을 얻어 창작 활동을 할 수 있는 수천 가지 동기들을 발견한다.[39] 이러한 언급들은 천재가 창작 과정에서 실제로 발현되는데 예술가의 '개별적인 주관적 의지'가 결정적 요소가 아니라는 점을 보여주는 것 같다. 그렇다면, 헤겔의 입장에 의하면 천재가 발휘되기 위해 예술가는 그야말로 아무 것도 능동적으로 의지하지 않는 소극적이고 수동적인 상태에 있을 수밖에 없다는 것인가?

이 문제와 관련해 헤겔은 주관적 측면보다 객관적 사태의 측면을 더 강조하는데, 이 강조가 그의 천재론에서 어떤 의미를 지니는지를 살펴볼 필요가 있다. 헤겔에 의하면 '참된 예술적 영감'은 '사태Sache'에 의해 충만되고 전적으로 사태 속에 현재하며, 이와 반대로 '좋지 않은 영감'은 주관이 '사태 자체의 기관 Organ이자 생동적인 활동'이기를 거부하고 주관 스스로 잘난 체하며 자신을 중요하다고 여길 때 나타난다.[40] 그래서 헤겔은 예술가가 대상을 완전히 자기화하려 할 때, 예술가는 오히려 자신의 주관적 특수성과 우연한 특성들을 망각할 줄 알아야 한다고 주장한다.[41] 예술적 영감에 대한 이와 같은 의미 부여는 '독창성'에 관한 논의에도 그대로 이어진다.

'20~21년 미학 강의'에서도 헤겔은 독창성을 '진정한 독창성'과 '좋지 않은 독창성'으로 구분한다. 일반적으로 예술에 있어 독창성은 "예술가의 특유성, 주관성에 존립하며, 예술가는 이 특유성, 주관성을 가지고 어떤 것을 파악하고 표현할" 때 나타난다고 보통 생각한다.[42] 그런데, 헤겔은 이처럼 '매우 기지가 넘

---

38 Ästhetik1, p.371(두행숙1, 501~502쪽).
39 Ästhetik1, p.372(두행숙1, 503쪽).
40 Ästhetik1, pp.372~373(두행숙1, 503~504쪽).
41 Ästhetik1, p.373(두행숙1, 504쪽).

치는 착상을 지닌 단순한 주관성'을 독창성으로 간주하는 입장에 대해 비판적 견해를 분명히 표명한다. 헤겔은 '진정한 독창성'을 다음과 같이 규정한다.

> 진정한 독창성은 예술가의 주관성이 사태의 객관성과 일치하는 데서 성립하며, 예술가가 사태를 존재하는 바대로 파악하고 표현하는 데서 성립한다.[43]

여기서 헤겔은 '진정한 독창성'을 어떤 예술가만이 지닌 내면의 특수성에서 발휘되는 것으로 보지 않고, 예술가의 주관성과 사태의 객관성이 '합치하는 상태Übereinstimmung'로 본다. 그리고 이러한 일치는 사태를 '존재하는 바대로 파악하고 표현하는 것'과 다르지 않다. 헤겔에 의하면 참된 독창성을 발휘하는 이들에게서는 '예술가의 특유성Eigentümlichkeit'이 완전히 포기되며 그들의 특유성은 사태의 본성과 다른 것으로 현존하지 않는다. 오히려 예술가는 '사태의 실체성'을 자신 속에 받아들여 그 실체성을 다시 자신으로부터 밖으로 산출해 내야 한다.[44] 이 점에서 "참된 독창성은 본래 참된 객관적 표현과 같은 것이다"라고 헤겔은 분명하게 밝힌다.[45] '호토판 미학'의 '진정한 독창성'에 관한 논의에서도 헤겔은 "독창성은 참된 객관성과 동일하다. 독창성은 표현의 주관적이고 사태다운 면이 서로 낯설게 대립하지 않은 방식으로 이 둘을 결합한다"라고 언급하면서, 예술가의 고유성과 독창성이 사태 자체의 본성과 다르지 않음을 강조하고 있다.[46] 어떤 주체가 다른 이에게는 떠오르지 않는 진기한 것, 독특한 것을 떠올렸다고 해서 그것이 독창성은 아니며, 그것은 '좋지 않은 특수성eine

---

42 Ascheberg, p.107(서정혁, 161쪽).
43 Ascheberg, pp.107~108(서정혁, 162쪽).
44 Ascheberg, p.108(서정혁, 162쪽).
45 Ascheberg, p.109(서정혁, 164~165쪽).
46 Ästhetik1, p.380(두행숙1, 514쪽). 이러한 맥락에서 헤겔은 위트, 해학, 아이러니 등도 진정한 독창성이 되지 못한다고 주장한다.

schlechte Partikularität'일 뿐이라고 헤겔이 단호히 비판하는 것을 보면,[47] 헤겔이 주장하는 독창성은 통상적으로 생각하듯이 지금까지 없던 새로운 것을 생각하고 만들어내는 데에 주안점이 있지 않다.

'호토판 미학'에서 '진정한 독창성'이 결여된 상태를 구체적으로 설명하기 위해 헤겔은 '주관적 매너리즘[작풍]'과 '스타일[양식]'을 예로 든다. 헤겔은 "매너리즘은 예술가가 빠지기 쉬운 가장 나쁜 요소다. 매너리즘이란 예술가가 자신의 한정된 주관성 안에서만 움직인다는 것을 뜻하기 때문이다"라고 주장하면서, 주관적인 매너리즘이 강하게 드러나면 사태를 제대로 표현하는 일이 소홀해진다는 점을 지적한다.[48] 헤겔은 사태를 파악하고 표현하는 특정한 방식이 계속 반복되어 '습관'으로 일반화되고 그것이 마치 '예술가의 본성'처럼 굳어져 버리는 것을 매우 경계한다. 그렇게 되면 매너리즘이 더욱더 특수하게 되어 창작은 '영혼 없고 차가운 반복과 공장제작Fabrikation'처럼 되어 버리고, 예술가는 더이상 '충만한 감각과 온전한 영감'으로 창작에 임하지 않게 되어 예술은 단순한 수공예적인 숙련성으로 전락해 버릴 수 있다는 것이다. 예술가가 습관에 굳어져 제한된 특수성에 갇히지 않으려면 '보편적 방식'으로 '사태의 본성'에 집착하면서 사태의 개념이 그러한 대로 그 사태를 좀 더 보편적으로 취급하는 방식을 자기화해야 한다고 헤겔은 주장한다.[49] 또한 스타일의 사용과 관련해 헤겔은 한 예술장르의 표현 양식을 다른 예술장르로 전용하는 것은 부적절하다고 비판한다. 여기서 예를 드는 것은 멩스Anton Raphael Mengs, 1728~1779와 뒤러 Albrecht Dürer, 1471~1528다. 멩스가 조각의 양식을 회화에 전용하고, 뒤러가 목

---

47 Ästhetik1, p.381(두행숙1, 515쪽).
48 Ästhetik1, p.377(두행숙1, 509쪽).
49 Ästhetik1, p.378(두행숙1, 511쪽). 물론 헤겔이 모든 매너리즘을 반대하는 것은 아니며, 특수성을 지양한 '참된 매너리즘'의 가능성도 주장하고 있고, 그 대표적 사례로 '괴테'와 '호라티우스'를 제시한다. 물론 여기서 괴테를 청년기 괴테로 보아서는 안 된다.

판화의 양식을 채색화에 전용한 것을 헤겔은 적절한 양식의 사용으로 보지 않는다.[50] 사태의 본질과 변화를 고려치 않고 한 가지 특수한 주관적 매너리즘만 고수하거나 장르적 특성을 무시하고 어떤 스타일[양식]을 아무 곳에나 섞어 사용한다고 해서 '독창성'이 드러나지 않는다는 것이다.

헤겔에 의하면 이전에 다른 사람들이 하지 않은 독특한 방식으로 창작한다고 해서 무조건 독창성이 생기는 것은 아니다. 예를 들어 비극이 5막으로 구성되는 것이 통상적인데, 이 보편적 규칙을 따르지 않고 6막이나 4막으로 된 비극을 만든다고 해서 독창적이라고 할 수는 없으며, 이 같은 것은 '좋지 않은 잘못된 독창성'이라고 헤겔은 강하게 비판한다.[51] 헤겔은 독창적으로 작품과 인물을 창작한 대표적 사례로 셰익스피어를 거론하며, 셰익스피어에 비해 초기 괴테를 낮게 평가한다.[52] 예를 들어 괴테의 『괴츠 폰 베를링힌엔』을 독창성을 꾀하려다 도리어 전혀 독창성이 없게 된 작품이라고 저평가하고 있다. 프리드리히 슐레겔이 '최고의 객관성에 대한 찬사'를 『괴츠 폰 베를링힌엔』에 바쳤지만, 헤겔 자신이 보기에 괴테의 이 작품에는 "단순히 삶에서 나타나는 외적인 현상들, 현실에서 존재하는 바와 같은 삶만이 표현되고 있고, 이러한 삶은 예술적이지 않으며 고귀한 관점에서 묘사된 것도 아니다"라고 혹평한다.[53] 괴테에 대한 슐레겔의 평가를 군이 인용하면서 헤겔이 그와 다른 자신의 입장을 피력한 것은 낭만주의의 천재론과 다른 자신의 입장을 좀 더 강조하려는 의도 때문인 것으로 보인다.

---

50 Ästhetik1, p.380(두행숙1, 513~514쪽).

51 Ascheberg, p.108(서정혁, 163쪽).

52 Ascheberg, pp.90 · 137(서정혁, 129 · 215~216쪽). 셰익스피어의 작품에 관한 헤겔의 해석에 관해서는 이 책의 제4부 1장을 참조하기 바란다.

53 Ascheberg, p.106(서정혁, 159쪽). 헤겔은 참된 독창성이 호메로스, 소포클레스, 그리고 셰익스피어에게서 발견된다고 주장하는데, 여기에 괴테가 빠져 있는 이유도 이 때문이다. Ascheberg, p.108(서정혁, 162쪽).

그렇다면 헤겔이 강조한 '객관적 사태'는 무엇인가라는 문제 제기가 가능할 뿐만 아니라, 더 나아가 헤겔이 예술가의 특수한 의지의 발현을 억제할 것을 주장한 점에서, 헤겔의 입장이 근대의 천재론보다 영감에 관한 고전적 입장에 더 가까운 것이 아니냐는 반론도 가능하다. 왜냐하면 개인으로서 주체가 스스로 능동적으로 산출해 내는 것이 아니라 영감에 의해 주체에게 부과되는 '천재'는 사실상 주체의 한계 내에 제한되지 않는 것으로서 영감의 고전적 의미와 유사한 것처럼 판단될 수 있기 때문이다. 고전적 맥락에서 영감은 '신들림/신에 사로잡힘/열광Enthusiasmus'을 뜻하는데,[54] 그렇다면 헤겔의 천재론은 이러한 고전적 의미와 어떤 연관이 있는가? 이 문제에 관련해 헤겔은 즉답을 피하고 있다. 그 대신 헤겔은 천재에 관한 논의에서와 마찬가지로 예술가가 진정한 영감을 예술작품으로 구현해내기 위해서는 영감 자체만으로는 안 되며, 그것을 표현하는 기교에 관한 학습이 필요하다는 점을 강조하고 있다.

'20~21년 미학 강의'에서 헤겔은 '추상적 열성', '기질의 열성'과 '예술적 영감'을 구분하면서, 예술적 영감에 있어서도 기교를 갈고 닦는 학습과정이 중요하다는 점을 다음과 같이 강조한다.

> 예술적 영감은, 예술가가 자신의 실체적 내용을 담아서 표현하려고 하는 형식에 대한 특수성을 항상 지녀야 한다. 그렇기 때문에 예술가도 작업할 때 필요한 기교적인 면을 갈고 닦아야만 한다. 이러한 기교는 사람들이 때때로 잘못 생각하듯이 그렇게 저절로 생겨나지 않으며, 무엇보다 오랜 학습Studium을 필요로 한다.[55]

---

54 호메로스부터 플라톤에까지 이르는 고대 그리스의 전통에서 다른 조형예술가와 달리 시인은 신으로부터 영감을 받아 신 대신 말해주는 역할만 했고, 실제 화자는 신이었다. 이를 잘 보여주는 것이 호메로스의 서사시와 플라톤의 대화편『이온』이다. 그런데, 이러한 관념은 이미 롱기누스 시대에 오면 변하기 시작한다. 이에 관해서는 다음을 참조할 것. P. Kivy, 이화신 역,『천재. 사로잡힌 자, 사로잡은 자』, 서울 : 쌤앤파커스, 2010, 1장부터 3장까지 참조.
55 Aschebe rg, pp.103~104(시꽁혁, 154쪽).

여기서 헤겔은 예술가가 어딘가로부터 아무리 영감을 받았다고 하더라도 창작과정에서 기교와 학습 없이는 제대로 예술작품을 창작할 수 없다는 점을 강조하고 있다. 바로 이로부터 헤겔의 입장이 단순히 고대의 입장으로의 회귀가 아니라는 사실이 드러난다. 왜냐하면 전통적인 천재론에서 천재를 작동케 하는 영감은 일종의 '신들림 또는 신에 사로잡힘'이며, '신들림'에는 어떤 후천적 학습이나 개인의 의지도 개입될 여지가 없기 때문이다. 비록 헤겔이 천재와 영감에 관한 논의에서 객관적 사태의 측면을 강조하고는 있으나, 그 강조가 예술가의 개별 의지가 전혀 미치지 않고 그를 초월하는 어떤 신과 같은 존재에 대한 수동적 태도에 대한 일방적 강조로 귀결되지는 않는다. 헤겔은 예술창작의 개별 주체를 부정하지 않고 있으며, 이 점에서 헤겔은 서구 르네상스와 근대 이후의 흐름으로부터 이탈하지 않는다.[56] 이러한 사실은 헤겔이 미학에서 '자기의식적 주체'만이 참된 예술작품을 산출할 수 있다고 언급한다는 점에서도 확인할 수 있다.[57] 따라서, 헤겔이 근대 이후 부각된 주체의 절대화에 근거한 낭만주의적 입장을 비판하고 객관적 사태를 강조한다고 해서, 헤겔의 천재론을 근거 없이 고전적 관점으로 환원하여 해석하는 것은 적절한 해석이 아님을 알 수 있다.

---

56 사실상 고대에는 천재라는 용어가 없었을 뿐만 아니라, 내용적으로도 '천재적 예술'이라는 관념은 르네상스 이후 나타난다. 더불어 '영감'도 신이 부여하는 것이 아니라 예술가 자신의 상상력에 기반한 것으로 그 의미가 변한다. 구체적인 예술가와 작품을 제시하며 이 변화의 흐름을 설명한 것으로 다음을 참고할 만하다. V. Krieger, 조이한·김정근 역, 『예술가란 무엇인가』, 서울 : 휴머니스트, 2010, 특히 1장부터 2장까지 참조. 또한 염재철은 서구 근대미학의 유산으로 예술 개념, 천재 개념, 유기체적 통일성 개념을 제시하면서 이 개념들이 현대 미학에서 어떻게 해체와 변화의 과정을 겪는지를 논하고 있다. 특히 더이상 천재의 작업이라고 말하기 힘들어진 현대 예술의 상황을 언급하고 있는데, 과연 현대 예술에서 천재는 무용한 것인지에 관해서는 좀 더 면밀한 추가 검토가 필요하다. 염재철, 「근대미학의 유산과 현대미학의 반전」, 『민족미학』 제12권, 민족미학회, 2013, 101~132쪽.
57 Ästhetik1, p.366(두행숙1, 497쪽).

3. 헤겔 천재론의 현대적 의미

이상과 같이 헤겔의 천재론은 예술창작에서 주관과 객관의 관계에 관한 논의로 귀착되는데, 그 내용은 다음과 같이 정리될 수 있다. 우선 주관에 관한 논의를 요약해 보면, 사태 자체는 나타나지 않고 예술가의 임의적 주관성만 표현되는 것을 헤겔은 강하게 비판한다. 주관적 매너리즘이나 좋지 않은 영감과 독창성에 대한 비판이나, 앞서 언급한 '도야되지 않은 재능'에 대한 비판, 더 나아가 헤겔 당대의 천재선언이나 낭만주의를 중심으로 한 천재론에 대한 헤겔의 비판적 문제의식도 여기에 해당한다고 볼 수 있다. 객관에 관한 논의를 요약해 보면, 예술가는 현실을 직접적으로 표현하는 것에만 머물러서는 안 되며, 그 심층의 '내면'과 '실체다운 것'을 표현할 수 있어야 하는데,[58] 이처럼 사태의 실체다운 면 속으로 꿰뚫고 들어가지 못하고 외적인 현상들만을 그대로 표현하려는 태도도 헤겔은 강하게 비판한다.[59] 그런데, 예술가의 특수성보다 객관적 사태를 강조한다고 해서 헤겔의 입장을 초월적인 신적 상태에 사로잡히는 것과 같은 고전적 의미의 천재론과 친근하다고 보아서는 안 된다. 헤겔에 의하면 예술창작에서 참된 예술적 천재는 주관적이면서도 객관적 사태의 진상眞想을 드러낼 수 있어야 하며, 이는 자기의식적인 예술가에 의해서만 가능하다. 이러한 논의를 통해 헤겔은 고전적 관점과 근대 이후 낭만주의적 관점 양쪽의 불충분함을 비판적으로 인식하고 있었다는 사실이 드러난다. 그러면, 헤겔의 천재론은 결국 기존 입장들에 대한 단순한 양비론兩非論으로 끝나고 마는 것인가? 만일 헤겔이 양비론에만 머물고 자신만의 독자적인 입장을 드러내지 않고 있다면, 지금 우리에게 헤겔의 천재론은 어떤 차별화된 의미도 지니지 못할 것이다. 이와 관련

---

58 Ascheberg, pp.105~106(서정혁, 158쪽).
59 Ascheberg, p.104(서정혁, 155~156쪽).

해 헤겔의 천재론이 지니는 현대적 의미는 무엇인가를 검토해 볼 필요가 있다.

특히 헤겔이 미학에서 취미와 비교해 논의한 내용들은 이러한 검토에서 헤겔의 입장이 단순한 양비론에 그치지 않는다는 점을 시사해 준다. 앞서 논의한 바처럼 헤겔은 천재에 관해 논하면서 예술가가 예술작품을 창작할 때 천재와 더불어 도야[교양]와 '내·외적 세계에 대한 학습'의 필요성을 강조한다. 이러한 강조는 무엇보다 현대로 오면서 점점 더 부각된 '창작과 감상의 상호성의 관계'를 선취한 측면이 있다. 여기서 상호성 또는 상호작용interaction은 어떤 관계를 맺는 양자가 서로 상대에게 영향을 미친다는 것을 의미한다. 이를 예술에 적용하면, 창작이 감상에 영향을 미치는 만큼 감상도 창작에 영향을 미칠 수밖에 없다는 것을 뜻한다.[60] 현대 예술에서 창작은 감상자가 처한 예술적 맥락을 고려하여 이루어지고, 이 맥락은 취미보다는 예술사에 대한 지식, 기술적 측면, 예술과 관련된 여러 맥락 등과 밀접한 연관이 있다.

보통 '천재'를 논할 때 짝개념으로 '취미Geschmack'를 함께 논하곤 한다. 헤겔도 '20~21년 미학 강의'에서 예술이론의 주관적 관심으로 두 가지를 제시하는데, 그 중 하나는 '예술작품을 제작하고 판정하는 데 규칙을 정하려는 것'이고,[61] 다른 하나는 '취미를 도야하는 것'이다.[62] 이 중 '취미를 도야하는 것'은 '예술을 판정하는 것을 배우기'라 할 수 있고, 이 취미의 반대로 '천재'가 거론된다. 헤겔은 '취미와 천재의 관계'에 대해 다음과 같이 말한다.

사람들은 천재는 뭔가를 제작할 수는 있지만 보통 취미는 결여되어 있다고 생각해

---

60 예를 들어 뒤브(Th. de Duve)는 뒤샹의 '레디 메이드' 이후에 예술의 감상과 창작이 '하나의 행위로 응축'되었다고 강조하면서, 취미와 천재도 동일한 능력으로 수렴되었다고 주장한다. Th. de Duve, *Kant after Duchamp*, Cambridge : The MIT Press, 1999, p.313 참조.

61 Ascheberg, pp.21~22(서정혁, 4쪽).

62 Ascheberg, p.22(서정혁, 5쪽).

왔다. 사람들은 [천재와 비교해] 취미를 예술작품에 대한 적절한 외적인 판정과 취급이라고 생각한다. 사람들은 취미를 도야하는 데 단순히 규칙만을 적용해 온 것이 아니라, 여러 경향성이나 격정 등에 관한 심리적 고찰도 염두에 두었다. 그러나 이러한 고찰들은 예술작품의 참된 본성에 걸맞지 않다.[63]

이처럼 헤겔은 취미에 관한 논의에서 특히 '심리적 고찰'을 강하게 거부하는 입장을 취한다. 취미에 관한 고찰이 심리적 측면에 치중될 수 있는 점을 헤겔은 우려하는데, 원칙적으로 헤겔이 취미를 비판하는 것도 바로 이 때문이다. 헤겔에 의하면 '예술작품의 참된 본성'을 파악하는 것이 미학의 목표가 되어야 하는데, 주관의 판정 능력인 취미에 대한 고찰은 예술작품이라는 객관에 대한 적절한 접근방법이 아니다. 헤겔은 미학의 주요 대상을 취미와 같은 '주관의 능력에 대한 분석'으로 제시하지 않고, 예술의 역사에서 객관적으로 남은 작품들과 그 속에 포함된 '정신성'으로 본다. 헤겔이 미학의 '들어가는 말'에서 '미학[감성론]Ästhetik'이라는 표현에 일차적으로 거부감을 표시하는 이유도 이 용어가 본래 주관에 치우친 것이기 때문이다.[64] 앞서 제기된 질문, 즉 헤겔이 강조하는 객관적 사태나 실체성의 의미가 무엇인가에 대한 해명도 이와 연관된다. 예술에서는 창작의 과정과 그 과정의 결과물인 예술작품이 일차적으로 객관적 사태라고 할 수 있다. 그런데, 헤겔의 논의는 단순히 이에 머물지 않고 예술의 창작과 감상, 그리고 예술작품을 둘러싼 맥락으로 확대된다.

'23년 미학 강의'에서도 헤겔은 '취미'와 '감식력Kennerschaft'을 비교하면서 취미에 대해 비판적 관점을 견지한다. 헤겔에 의하면 취미는 쾌와 불쾌라는 주관적 감정에만 기반하면서 '근본적으로 사물에 관여할 능력이 없는 것, 직접적

---

63 Ascheberg, p.22(서정혁, 5~6쪽).
64 Ascheberg, p.21(서정혁, 3쪽).

으로 파악하며 판단하는 것'이며, 이성처럼 '사태의 심층'에 파고들지 못하며 '부차적인 외면성'에만 관여한다. 이러한 맥락에서 헤겔은 취미보다는 '감식력'의 필요성을 강조한다. 헤겔에 의하면 '감식력'은 '특정한 지식Kenntnis', '예술작품의 모든 측면들'을 규명하며 '예술작품 자체에 대한 반성'을 완결한다. 예술작품은 '감식가Kenner'가 관련되는 측면들을 필수적으로 가지는데, 그것은 예술작품의 '역사적 측면', '질료[소재]의 측면' 그리고 '작품을 산출하는 데 필요한 많은 조건들', 예를 들어 '기술적 도야의 단계'라고 할 수 있다. 헤겔은 예술작품을 철저히 알고 그것을 향유하기 위해서는 이렇게 특정한 측면들, 즉 기술, 역사적 상황 그리고 많은 외적인 사정들을 알 수 있는 '감식력'이 필요하다고 강조한다.[65] 이 맥락에서 헤겔은 '감식력'은 예술작품을 판정하는 데 '최고의 계기'는 아니지만 '필연적인 계기'라고 주장하며, 이에 비해 취미는 '외적인 반성'에 불과하다고 주장한다.[66] 예술작품의 진가를 알아볼 수 있는 감식력이 취미와 다른 점은 심미적 쾌감뿐만 아니라 배워서 획득된 '맥락적인 지적 소양'을 토대로 한다는 것이다.

이처럼 취미에 대한 비판에서 헤겔이 '앎Wissen'의 요소, 지적인 측면을 예술 창작에 필수적이며 매우 중요한 요소로 생각하고 있다는 점은 예술작품의 판정뿐만 아니라 창작에서도 '천재'에 관한 논의와 관련해 매우 중요한 의미를 지닌다. 천재와 영감, 독창성에 관해 논하면서 헤겔은 주관과 객관의 관계를 강조하는데, 이 강조는 예술에서 창작이 감상과 상호적인 관계를 맺을 수밖에 없는 이유를 명확하게 보여준다. 특히 현대 예술에서는 예술가가 무엇을 창작할 때 그

---

65 Hotho, p.17(권정임v, 93쪽). 헤겔의 이와 같은 입장은 예를 들어 후에 단토가 현대 미술을 해석하는데 중요한 단초를 제공하며, 이를 단토 자신도 인정하고 있다. 특히 헤겔이 주장한 '예술의 종언'은 실제로 헤겔 이후 예술의 다양한 전개 양상을 예견한 것이라고 단토는 보고 있다. Arthur C. Danto, 이성훈·김광우 역, 『예술의 종말 이후』, 미술문화, 2005, 85~86쪽.
66 Hotho, p.17(권정임, 93쪽).

의 창작 활동은 특정한 '예술사적 맥락' 속에서 발생한다. 헤겔의 입장에서 보면 이 맥락을 인식해 나가는 과정이 교육[도야]이고, 이 과정에서 도야되는 것이 '감식력'이라고 할 수 있다. 이전과 다른 현대 예술의 중요한 특징 중 하나는, 이 객관적 맥락에 대한 인식이 없으면 아무리 천재적인 예술가라고 하더라도 예술 작품을 제대로 창작하기 어렵다는 점이다. 실제로 20세기 이후 거의 대부분의 예술 현상들은 기존의 예술사에 대한 지식과 사회적 상황과 맥락에 대한 인식을 바탕으로 한다. 벨슈가 지적하듯이, 어떤 의미론적 공간도 주변 환경 없이는 존재하지 않으며, 이는 예술도 마찬가지다. 예술작품들은 의미론적 맥락 가운데서 영향을 받으며 형태를 취하고, 동시에 거꾸로 이 맥락에 개입하며 이를 변화시키기도 한다. 즉 예술은 외부 환경과 수용적이면서도 생산적인 관계를 맺는다.[67] 헤겔이 강조한 '객관적 사태'의 측면이 예술을 둘러싼 이 의미론적 맥락으로 해석될 수 있다면, 헤겔의 입장은 현대적 관점에서 재해석될 여지가 충분하다. 일종의 맥락으로서의 객관적 사태를 강조하면서도 예술가의 주관이 자기의식적이며 능동적으로 발휘되는 측면을 배제하지 않으면서 객관과 주관의 일치를 모색하는 관점은, 창작 활동을 하는 예술가가 이미 그러한 맥락에 상호 관여할 수밖에 없다는 점을 함축하기 때문이다. 헤겔이 천재와 취미의 비판을 통해 창작과 감상의 상호 관계로 해석될 만한 논의를 하고 있다는 점에서, 그의 천재론은 과거의 입장들에 대한 단순한 양비론에 그치지 않고 현대 예술에 좀 더 폭넓은 철학적 기반을 제공해 줄 수 있다.

---

67 W. Welsch, 심혜련 역, 『미학의 경계를 넘어서』, 서울 : 향연, 2005, 229~230쪽. 여기서 벨슈는 현대 예술의 상황을 '예술 작품의 해석학적 구조'로 보면서, 이에 비해 예술에 대한 철학의 우위를 주장한 점에서 헤겔 미학을 '전통적인 철학적 미학'으로 간주하고 있다. 그러나, 그의 주장과 달리 사실상 그가 주장하는 '예술작품 자체의 해석학적 구조 단계'에 헤겔 미학을 포함시킬 수 있는가 여부에 관해서는 논란의 여지가 있다.

제4장

예술 체계론

절대 정신으로서 예술

1. 『철학백과』와 예술

헤겔은 초기부터 예술을 철학과 함께 정신의 최고 단계로 간주했다.[1] 그가 자신의 철학 체계를 구체적으로 구상하기 시작한 예나 시기에도 예술은 종교 및 철학과 함께 절대 정신에 자리하며,[2] 뉘른베르크 시기에도 예술은 '절대적 인식'이나 절대 정신의 단계에 자리한다.[3] 헤겔이 예술에 이와 같은 위상을 부여

---

[1] 우리는 이 흔적을 「독일 관념론의 가장 오래된 체계계획」이라는 저자가 불명확한, 그렇지만 분명히 헤겔도 그 문제의식을 공유한 초기 단편에서 확인할 수 있다. 이 단편에서는 모든 것들을 통합하는 '아름다움의 이념'과 이성의 최고 활동인 '심미적 활동'을 강조한다. GW2, pp.615~617(『신학론집』, 430~433쪽).

[2] 「피히테와 셸링 철학체계의 차이」에서 헤겔은 "예술과 사변은 그 본질 면에서 신에의 봉헌"이라고 주장한다. GW4, p.76(차이, 141쪽). 그리고 "절대적 본질의 이념"이라는 표현으로 시작하는 예나 시기 한 강의 단편에서 헤겔은 체계의 네 번째 부분에 '종교와 예술'을 배치한다. G. W. F. Hegel, *Schriften und Entwürfe(1799-1808)*, hrsg. von M. Baum · K. R. Meist, 1998, p.264(이하 GW5로 표기한다). 또한 『예나 체계기획』 3 (1805.6)에서도 헤겔은 예술을 종교 및 철학과 함께 절대 정신에 포함시키면서 "예술은 그 참된 상태에서는 종교라고 할 수 있다"라고 언급한다. GW8, p.280(체계기획3, 395쪽). 예나 시기의 헤겔 미학에 관해서는 다음을 참조할 것. O. Pöggeler, "Die Entstehung von Hegels Ästhetik in Jena", in : *Hegel in Jena*, hrsg. von D. Henrich · K. Düsing, Bonn : Bouvier Verlag, 1980, pp.249~270. 예나 시기를 포함한 헤겔의 체계 구상과 관련해서는 다음을 참조할 것. V. Hösle, 권대중 역, 『헤겔의 체계 1 － 체계의 발전과 논리학』, 한길사, 2007, 147~287쪽.

하는 관점은 후기 『철학백과』에서도 유지된다.

잘 알려져 있다시피, 『철학백과』는 세 번에 걸쳐 발간된다. 1817년 초판, 1827년 재판, 그리고 1830년 삼판을 순차적으로 발간하면서 헤겔은 『철학백과』의 내용을 수정 보완하고 변경한다.[4] 17년 초판과 27년 재판은 거의 십 년이라는 시간 차이가 있고, 그에 따라 두 판은 형식 면에서나 내용 면에서 비교적 많은 차이를 보인다. 『철학백과』는 '§' 표기를 통해 절을 구분하고, 한 절 내에서도 '본문'과 '주석' 부분으로 구분되는데, 17년 초판에 비해 27년 재판에 오면 전체 절도 477개에서 574개로 대폭 늘어난다. 분량 면에서 뿐만 아니라 내용 면에서도 헤겔은 27년 재판에서 17년 초판의 상당 부분을 보완하고 있다.

헤겔이 27년 재판에서 17년 초판을 상당 부분 보완하고 있다는 점은, '절대정신'의 '예술' 부분에서도 드러난다. 형식 면에서 볼 때 17년 초판의 예술 부분은 9개 절로 구성되어 있는 반면, 27년 재판과 30년 삼판은 8개 절로 구성되어 있다.[5] 헤겔은 17년 초판의 9개 절을 27년 재판에서는 8개 절로 재구성하고 각 절의 내용을 대폭 보충하여 서술하는 데 중점을 둔다. 그래서 17년 초판은 전집

---

3 1812~13년 『김나지움 철학백과』에서 헤겔은 '정신론'의 네 번째 부분을 '예술, 종교, 철학에서의 절대적 인식'으로 규정하고(G. W. F. Hegel, *Nürnberger Gymnasialkurse und Gymnasialreden (1808-1816)*, hrsg. von K. Grotsch, 2006, p.715, 이하 GW10.2로 표기한다)(GW10.2, p.655), "참된 예술은 종교적 예술이다"(GW10.2, p.792), "기독교에서 예술은 최정점에 도달한다"라고 언급한다. 또한, 이 시기에 논리적 이념인 생을 '아름다움'과 동일시한 언급들도 발견된다(GW10.2, p.746). 특히, 논리학과 예술의 관계에 대해서는 별도의 논의가 필요하다. 뉴른베르크 시기 김나지움 강의에서는 헤겔이 생과 아름다움을 함께 이념으로 간주하기도 했지만, 후에 『대논리학』에서 아름다움은 단 한 번 부정적인 맥락에서 언급된다(GW12, p.181). 그런데, 『대논리학』의 '절대 이념'에서 헤겔은 여전히 자신의 철학 체계를 의식하면서 '예술'을 언급하고 있기 때문에(GW12, p.236), 논리학과 아름다움, 논리학과 예술의 관계에 관해서는 좀더 면밀한 연구가 필요하다. 헤겔의 미학과 논리학의 관계에 관한 대표적 연구로는 다음을 참조할 수 있다. B. Hilmer, *Scheinen des Begriffs. Hegels Logik der Kunst*, Hamburg : Felix Meiner Verlag, 1997.
4 이후 이 글에서 편의상 『철학백과』의 초판(1817년), 재판(1827년), 삼판(1830년)을 각각 '17년 초판', '27년 재판', '30년 삼판'으로 줄여 표기한다.
5 절의 갯수가 한 개 줄어든 것은, 17년 초판의 456절과 459절을 합쳐 27년 재판의 556절로 재구성하기 때문이다.

의 쪽수로 분량이 두 쪽에 불과하지만, 27년 재판에서는 거의 아홉 쪽으로 대폭 늘어난다.[6] 이에 비해 27년 재판과 30년 삼판은 절의 구성은 대체로 유사하지만, 30년 삼판이 전집의 쪽수로 여섯 쪽 정도로 분량 면에서는 27년 재판보다 오히려 더 적다.[7] 30년 삼판이 27년 재판보다 분량이 줄어든 직접적 이유는, 27년 재판의 563절에는 긴 주석이 있지만 30년 삼판에서는 이 주석 전체가 삭제되기 때문이다. 주석 분량이 거의 다섯 쪽이나 되므로, 사실상 이 주석 부분을 제외하면 나머지 부분에서는 30년 삼판이 27년 재판보다 분량이 소폭 늘어난 것으로 보아도 무방하다.

이처럼 분량 면에서의 변화 못지 않게 중요한 것은 내용 면에서의 변화다. 시간 차이를 우선 고려할 때, '17년 초판과 27년 재판 사이의 변화'가 '27년 재판과 30년 삼판 사이의 변화'보다 클 것이라고 예상할 수 있다. 왜냐하면 초판과 재판 사이에 거의 10년이라는 시간이 흐르고, 이 기간에 헤겔이 실제로 미학 강의를 정기적으로 진행했다는 점을 고려하면, 특히 예술과 관련해 미학 강의를 통해 발전된 생각들을 27년 재판에도 반영했을 것이라고 추정할 수 있기 때문이다. 이러한 이유로 『철학백과』의 '예술' 부분에 대한 기존 연구들도 주로 17년 초판과 27년 재판 사이의 변화에 주목해 왔다.[8]

---

6 1817년 초판은 "헤겔 전집" 제13권이고, 1827년 재판은 제19권이다. '절대 정신'의 '예술' 부분에 해당하는 쪽수는 다음과 같다. GW13, pp.241~243; G. W. F. Hegel, *Enzyklopädie der philosophischen Wissenschaften im Grundrisse(1827)*, hrsg. von W. Bonsiepen · H.-Ch. Lucas, 1989, pp.392~400(이하 GW19로 표기한다).

7 1830년 삼판은 헤겔 전집 제20권이고, '절대 정신'의 예술 부분에 해당하는 쪽수는 다음과 같다. GW20, pp.543~549(정신철학, 465~472쪽).

8 『철학백과』 중 '절대 정신'으로서 '예술' 부분에 대한 대표 연구로는 다음이 있다. M. Theunissen, *Hegels Lehre vom absoluten Geist als theologisch-politischer Traktat*, Berlin : Walter de Gruyter, 1970; A. Peperzak, *Selbsterkenntnis des Absoluten. Grundlinien der Hegelschen Philosophie des Geistes*, Stuttgart : Frommann-Holzboog, 1987; A. Gethmann-Siefert, "Die Kunst(§§556~563). Hegels systematische Begründung der Geschichtlichkeit der Kunst", in : *Hegels "Enzyklopädie der philosophischen Wissenscaften"(1830). Ein Kommentar zum Systemgrundriß*, hrsg. von H. Schnädelbach, Frankfurt am Main : Suhrkamp Verlag, 2000, pp.317~374.

그런데, 실제로『철학백과』의 '예술' 부분의 내용을 검토해 보면, 17년 초판과 27년 재판 사이의 변화 못지 않게, 27년 재판과 30년 삼판의 변화에서 예술에 대한 헤겔의 주장과 관련해 매우 중요한 내용적 차이를 발견할 수 있다. 헤겔은 30년 삼판의 각 절에서 27년 재판의 표현들을 수정하거나 없던 문장을 새롭게 추가함으로써 자신의 의도를 좀 더 분명히 드러내려고 시도한다. 미학 강의가 28~29년까지 진행되지만 세 가지 예술형식과 같은 기본 내용이 대체로 27년 이전에 거의 갖추어져 있었다는 점을 고려하면, 왜 헤겔이 27년 재판의『철학백과』에서 30년 삼판에서는 명시적으로 반영하는 내용들을 아직 반영하고 있지 않은가라는 의문이 든다. 특히, 헤겔이 30년 삼판에서야 비로소 상징, 고전, 낭만이라는 세 가지 예술형식을 서로 비교하며 명시적으로 언급하고 있다는 점에서 이러한 의문이 더 강하게 제기될 수 있다. 이 점에서 27년 재판과 30년 삼판 사이의 변화는 헤겔이 자신의 '철학백과 체계'에서 예술에 어떤 위상을 명확히 부여하려 하는가라는 문제와 관련해 어떤 결정적인 의미를 지닌다고 판단된다.

이 장은 이와 같은 문제를 검토하기 위해, 특히『철학백과』의 27년 재판과 30년 삼판의 각 절의 내용을 우선 비교 분석해 볼 것이다. 30년 삼판의 8개 절 중 556절부터 560절까지는 대체로 예술이 무엇인가에 관한 논의가 중심이 되고, 561절부터 563절까지는 예술의 분류가 세 가지 예술형식을 통해 논의된다. 이 두 부분은 각각 '예술의 규정'과 '예술의 분류'라고 할 수 있다. 이렇게 크게 두

페퍼작에 비해 게트만-지페르트와 토이니센은 이 '예술' 부분을 매우 상세하게 논의한다. 그런데, 게트만-지페르트와 토이니센은 공통적으로 17년 초판과 27년 재판의 차이를 강조하지만, 그에 비해 27년 재판과 30년 삼판 사이의 차이에 대해서는 특별한 주목을 하지 않는다. 예를 들어, 게트만-지페르트는 헤겔이 그의 미학의 개요를『철학백과』27년 재판에서는 '결정적으로' 변경하고 30년 삼판에서는 '한번 더 사소하게' 변경한다고 주장한다. Gethmann-Siefert, 앞의 글, p.317. 형식 구조 상 17년 초판에 비해 27년 재판과 30년 삼판이 거의 동일하기 때문에, 지금까지 연구자들은 27년 재판과 30년 삼판의 비교 분석에 집중하지 않은 경향이 있다. 본 연구는 이들과 달리 27년 재판과 30년 삼판을 집중적으로 비교 분석할 것이다.

부분으로 구분하여 재판과 삼판의 내용을 비교 분석한 결과를 토대로, 헤겔이 자신의 체계에서 예술의 위상에 관해 지속적으로 고민하면서 예술에게 부여한 의미가 어떻게 변하는지를 검토해 볼 수 있다. 이 검토에서 필요할 경우, 미학 강의의 내용과의 비교를 통해 헤겔의 관점을 좀 더 명확히 드러내고자 한다. 이를 통해 향후 헤겔의 미학을 그의 체계와 연관해 좀 더 심층적으로 이해하는 데 하나의 문헌학적 연구의 토대를 확보할 수 있다.

2. 예술의 규정 『철학백과』의 556절부터 560절까지

27년 재판과 30년 삼판은 약 3년이라는 상대적으로 짧은 간격을 두고 각각 발간되었다. 이로 인해 오히려 27년 재판과 30년 삼판을 비교 이해하기 위해서는 세밀한 부분까지 좀 더 주의 깊게 검토할 필요가 있다. 27년 재판과 30년 삼판은 556절부터 563절까지 8개 절로 구성되어 있다는 점에서는 동일하다. 그런데, 각 절을 검토해 보면, 내용이 거의 대동소이한 절도 있고 그렇지 않은 절도 있다. 우선, 27년 재판에 비해 30년 삼판에서 큰 변화를 보이는 부분부터 순서대로 그 내용을 살펴보면 다음과 같다.

'절대 정신'은 '절대 이념의 앎Wissen'이며, 예술은 절대 정신의 첫 번째 단계로서 '직접성'이라는 특징을 보인다. 이 점을 고려하면서 헤겔은 예술을 논하는 첫 절에 해당하는 556절에서 예술의 기본 의미를 규정한다. 27년 재판과 달리 30년 삼판에서는 '강조 부분'이 다음과 같이 추가된다.

> 이 [절대 이념의] 앎의 형태[예술]는 **직접적인 상태로서―(예술의 유한성의 계기)** 한편
> **으로는** 외적인 보통의 현존 작품과 그러한 작품을 산출하는 주체와 직관하고 경외하는 주체로

의 분리ein Zerfallen이고, 다른편으로는 이 앎의 형태[예술]는 이념상Ideal이기도 한 그 자체로 절대 정신의 **구체적** 직관이자 표상이다.[9]

헤겔은 27년 재판과 30년 삼판에서 공통적으로 '절대 이념의 앎'인 예술을 '이념상Ideal'을 중심으로 규정하면서, 이 '이념상'의 '구체적 직관과 표상'을 '아름다움의 형태Gestalt'로 간주하고 있다. 이러한 표현들을 볼 때, 여기서 헤겔 은 우선 '예술'을 '고전적 예술'을 중심으로 논의하고 있다고 판단된다.[10] 왜냐 하면 '호토판 미학'에서도 고전적 예술에서 아름다움의 '이념'은 그 '형태'와 더 불어 '완성된 조화'를 이루면서 '온전한 이념상을 만들고 직관하기' 때문이다.[11] 그리고, 상징, 고전, 낭만이라는 세 가지 예술형식은 "참된 아름다움의 이념인 이념상을 추구하고, 달성하며, 초월하는 데서 성립한다"고 헤겔 자신이 언급하 고 있고,[12] 이념상의 구체적 직관에 상응하는 예술은 엄밀히 말해 이념상에 도 달한 고전적 예술일 수밖에 없기 때문이다. 이와 같이 '예술은 무엇인가'에 대 한 논의는 고전적 예술을 중심으로 560절까지 이어진다.

표현 면에서 볼 때, 이 절에서 27년 재판과 달리 30년 삼판에서 헤겔은 '한편 으로einerseits, 다른편으로anderseits'라는 서술방식을 채택한다. 이를 통해 헤겔

---

9 GW20, p.543(§556)(정신철학, 465쪽).
10 토이니센에 의하면, 이 절부터 560절까지 헤겔이 '예술'로 기술한 것은 사실상 '고대 그리스 예술'이며, 헤겔은 주로 고대 그리스의 조각을 염두에 두고 예술에 관해 논하고 있다. M. Theunissen, 앞의 책, pp.148~149. 이러한 토이니센의 입장에 대해 게트만-지페르트는 고대 그리스의 예술에 나타난 형태만을 '하나의 중심적이며 표준적인 형태'로 간주하고 그에 집중하 는 것은 하이델베르크로부터 베를린 시기에 이르기까지 『철학백과』를 전개하는 헤겔 자신의 단초들을 고려할 때 부정확한 이해라고 비판한다. A. Gethmann-Siefert, 앞의 글, p.340. 사실 상 두 사람의 해석은 서로 대립하지 않을 수 있다. 왜냐하면 이 556절부터 논의되는 내용들이 '고전적 예술'에만 한정되는 것은 아니지만, '내용과 형식의 일치'라는 예술 자체의 의미에서 볼 때 헤겔이 '고전적 예술'을 중심에 놓고 논의를 전개하고 있다는 해석이 가능하기 때문이다.
11 Ästhetik1, p.109(두행숙1, 160쪽).
12 Ästhetik1, p.114(두행숙1, 166쪽).

은 절대 정신인 예술을 '작품'과 '작품을 산출하는 주체'와 '직관하고 경외하는 주체'로 구분하는 내용을 30년 삼판에 새롭게 추가하고, 괄호 안에 '예술의 유한성의 계기'라고 표기함으로써 추가된 내용이 의미하는 바를 명확히 드러내고 있다. 즉, 작품, 산출자, 관람자라는 측면으로 예술을 구분하는 한, 예술은 유한성의 측면을 벗어날 수 없다는 점을 헤겔은 30년 삼판에서 강조하고 있는 것이다.

이 점은 그다음 557절 이후의 내용을 함께 고려하면 그 의미가 좀 더 선명해진다. 557절에서 헤겔은 아름다움에 깃든 '감각적 외면성'을 '직접성의 형식'과 동일시하면서, 조각과 같은 예술작품으로 표현된 '신'이 '정신적 통일'이 아니라 '직관Anschauung의 형식'인 '직접적 통일'만을 포함한다고 서술하며, '인륜 공동체eine sittliche Gemeinde'로서 주관도 '무한한 자기 내 반성이나 양심의 주관적 내면성 없이' '직접성에 고착되어' 있다고 언급한다. 여기서 주관과 객관이 여전히 벗어나지 못하는 '직접성'과 '감각적 외면성'은 바로 앞 556절에서 말한 '예술의 유한성의 계기'와 연관된다. 헤겔에 의하면 예술가, 예술작품, 감상자로 예술의 계기를 분리하면 예술은 '유한성'으로부터 벗어날 수 없으며, 고전적 예술의 경우도 예외는 아니다. 토이니센은 이 내용을 『정신현상학』의 '예술 종교'에서 논의되는 내용과 동일하다고 보면서, 이렇게 예술가, 예술작품, 감상자가 분리되면, 그들 사이에는 '불완전한 대화defizienter Dialog', '반드시 실패하고 마는 대화'가 나타날 수밖에 없다고 해석한다.[13] 헤겔이 30년 삼판 557절에서 "따라서 더 나아간 전개과정에서도 아름다운 예술 종교의 기도와 예배가 규정된다"라는 문장을 추가하고 있으므로, 557절 이후 절에서도 '아름다운 예술'인 고전적 예술에 대한 논의가 계속 이어질 것이라는 점을 예상할 수 있다.[14]

---

13 M. Theunissen, 앞의 책, p.150.
14 그리고 여기서 주목할 점은, 헤겔이 '아름다운 예술의 종교'라고 표현하고 있는 점이다. 이는 27년 재판에서부터 '절대 정신'의 제목에서는 '예술 종교'라는 표현이 사라지지만, 내용 면에서 헤겔이 여전히 '절대 정신'으로서 예술을 '예술 종교'라고 생각하고 있다는 것을 보여주는 흔적

헤겔은 560절에서도 '예술가'를 '영감Begeisterung'과 '천재Genie', 그리고 '기교적인 오성과 기계적인 외면성에 임하는 작업' 등의 개념과 함께 서술하고, '예술작품'을 '신의 표현'이나 '자유로운 자의의 작품' 등의 개념과 함께 서술한다. 그리고 예술가와 예술작품의 이러한 분리는 본래 '이념상에 깃든 직접성의 일면성'에 기인하는 것이라고 주장한다. 이 560절은 27년 재판과 30년 삼판 사이에 내용 상 결정적 변화는 없다.[15] 27년 재판과 달리 30년 삼판에서 헤겔이 예술을 시작하는 첫 절556절에서 예술을 세 계기로 구분하여 초래된 예술의 '유한성'의 측면을 먼저 명시적으로 반복 서술한 이유는, 이 내용을 그전보다 좀 더 강조하기 위해서라고 판단할 수 있다.

그 다음으로, 30년 삼판의 558절 전체는 27년 재판에는 없던 내용이다. 헤겔은 27년 재판의 558절과 559절을 합쳐 30년 삼판의 559절로 재구성하고, 그 대신 30년 삼판의 558절 전체를 이전에는 없던 내용으로 추가한다. 새롭게 추가된 558절 전체 내용은 다음과 같다.

예술은 예술에 의해 산출되어야 하는 직관을 위해 주관적 상들과 표상들도 속하는 외적으로 소여된 재료를 필요로 할 뿐만 아니라, 정신다운 알맹이의 표현을 위해 예술이 예감하고 내포해야만 하는 그 의미에 따라 소여된 자연형식을 필요로 한다.(411절 참조) 형태들 중에 인간다운 형태가 최고의 진정한 형태다. 왜냐하면 인간다운 형태에서만 정신은 자신의 신체성Leiblichkeit과 직관 가능한 표현Ausdruck을 지닐 수 있기 때문이다.

[주석] 이를 통해 예술에서 자연의 모방이라는 원리는 종결된다. 여기서 자연적인 것이 오직 그 외면성 속에서만 취해지고 정신을 의미하는 특징적이며[성격적이며] 의

이라고 할 수 있다.
15 GW20, p.515(§560)(정신철학, 467~468쪽).

미 충만한 자연형식으로 취해지지 않는 한, 자연의 모방에 관해 앞서 말한 추상적 대립과의 조화는 가능하지 않다.[16]

이 절에서 먼저 주목할 용어는 '인간다운 형태die menschliche Gestaltung'다. 여기서 헤겔은 인간의 모습으로 신을 조각한 고대 그리스의 신상을 염두에 두고 있다. 왜냐하면 '인간다운 형태'라는 표현은 시기가 다른 미학 강의들의 고전적 예술에 관한 논의에서도 다음과 같이 반복해서 등장하기 때문이다.

[고전적 예술의] 조각 작품들은 추상하며 사유하는 예술가의 상상력으로부터 출현해야 하는 형태의 특징, 즉 인간다운 형태를 띤다.[17]

주관적 정신성은 우리가 이제까지 의미라고 불렀던 것인데, 그 의미가 여기서는 자신의 출현 속에서 자기 스스로를 나타내는 힘을 갖게 된 것이다. 이 출현은 그 형태가 오직 인간다운 것일 수밖에 없다. 왜냐하면 인간 형태에서만 정신다운 것이 계시될 수 있기 때문이다.[18]

인간 형태는 감각적 현존재로 나타나는 정신의 필연적 형태다.[19]

스스로를 시간적인 형태로 재생할 때, 정신다운 것, 그것도 개체적으로 규정된 정신다움으로서 그 자체에 이념을 지닌 이 형태는 인간다운 형태menschliche Gestalt다.[20]

---

16 GW20, p.544(§558)(정신철학, 466~467쪽).
17 Ascheberg, p.210(서정혁, 343쪽).
18 Hotho, p.157(권정임, 240쪽).
19 Hotho, p.157(권정임v, 241쪽).
20 Ästhetik1, p.110(두행숙1, 161쪽).

고대 그리스 신상은 신성을 인간다운 형태로 형상화한 결과물로서, 다른 예술들보다 더 '이념상'을 지시하기 때문에 고전적 예술의 '중심'이다.[21] 따라서 『철학백과』의 558절은 앞 절들에 이어 고전적 예술에 관해 좀 더 구체적으로 언급하고 있는 절이라고 보아야 한다. 더구나, 558절에서 헤겔이 직접 참조하고 있는 『철학백과』의 411절은 '영혼'을 다루는 '인간학'의 마지막 단계인 '현실적 영혼' 부분이다. 이 부분의 내용을 고려하면, 30년 삼판의 558절에서 헤겔이 염두에 두고 있는 예술은 고전적 예술이라고 판단할 수밖에 없다. 왜냐하면 411절에서도 '인간다운 형태'에 관해 다음과 같은 언급이 있기 때문이다.

동물에 대해 인간다운 형태는 정신이 동물에게 현상하는 바와 같은 최고의 것이다. 그러나 정신에게 인간다운 형태는 정신의 최초 현상일 뿐이다.[22]

그런데, 이 411절에서 주목할 점은, 동물적 차원에서는 '인간다운 형태'가 최고의 것이지만, 정신의 차원에서는 그렇지 않고 최초의 현상일 뿐이라고 헤겔이 언급하고 있다는 것이다. 헤겔은 여기서 말하고자 한 바를 558절에서도 다른 표현을 통해 밝히고 있다. 즉, 558절에서 헤겔은 예술이 여전히 '외적으로 소여된 재료'와 '소여된 자연형식'을 필요로 하며, 아직 '정신을 의미하는 특징적이며[성격적이며] 의미 충만한 자연형식'으로 표현되지는 못한다고 주장한다. 이 맥락에서 '정신을 의미하는 특징적이며[성격적이며] 의미 충만한 자연형식'은 단순히 '인간다운 형태'가 아니라 그보다 더 고차적인 형식이다. 정신이 '인간다운 형태'를 통해서만 자신의 신체성Leiblichkeit을 띠며 직관이 가능하게 표현될 수 있다면, 여전히 정신은 유한한 측면에 제한되어 있는 것이다. 결국, 헤겔이

---

21 Ascheberg, p.210(서정혁, 344쪽).
22 GW20, p.420(§411)(정신철학, 233쪽).

411절을 참고하면서 558절에서 의도하고 있는 바는, 고전적 예술의 기본 특징을 서술하면서 이 예술이 정신의 차원에서 볼 때 여전히 제한적이고 최고의 형식이 아니며 그보다 더 고차적인 형식이 있다는 점을 강조하는 것이다. 이 점은 그다음 이어지는 559절의 내용을 통해 뒷받침될 수 있다.

30년 삼판의 559절은 27년 재판의 558절과 559절을 합쳐 재구성되어 있어 그 내용이 거의 동일하지만, 헤겔은 이 절의 첫 부분에 다음과 같은 문장[강조 부분]을 새롭게 추가한다.

> 절대 정신은 형태화[형상화]의 그러한 개별성에서 명시될 수 없다. 그렇기 때문에 아름다운 예술의 정신은 제한된 민족 정신이다.[23]

여기서 '형태화의 개별성'은 개별적인 인간다운 형태로 제작된 조각과 같은 예술작품으로 이해될 수 있다. 헤겔은 절대 정신이 고대 그리스의 신상과 같은 개별 조각상을 통해 명시될 수 없다는 점을, 새로운 한 문장과 '아름다운 예술의 정신'이라는 표현을 추가하면서 27년 재판보다 좀 더 분명하게 강조한다. 이 부분의 변화를 통해, 헤겔은 '아름다운 예술'이 지니는 의미와 한계를 좀 더 명확히 규정하려고 했음을 알 수 있다.

이상과 같이 560절까지의 분석 내용을 볼 때, 560절까지 헤겔은 절대 정신으로서 예술이 무엇인지를 규정하는 데 집중하고 있으며, 이 논의에서 헤겔은 주로 고전적 예술을 염두에 두고 있는 것으로 판단된다. 그런데, '예술의 규정'에 관한 논의라고 할 수 있는 이러한 내용은 사실상 미학 강의들에서도 비슷하다. 헤겔은 미학 강의들에서 예술이 무엇인가를 규정할 때에도 아름다운 예술인 고전적 예술을 중심으로 논의를 진행한다. 왜냐하면 헤겔은 일차적으로 고전적

---

23 GW20, p.545(§559)(정신철학, 467쪽).

예술이 '완성된 예술'이며 '예술다운 예술'이라고 보기 때문이다. 이를 입증하는 헤겔의 언급은 여러 미학 강의들에서 반복해서 나타난다.

예를 들어, 헤겔은 '20~21년 미학강의'에서 고전적 예술이라는 제목에 '완성된'이라는 표현을 추가하고,[24] '23년 미학강의'에서는 "우리는 이전에 고전적 예술을 완성된 예술로 규정했다"[25]라고 언급한다. 그런데, 헤겔은 고전적 예술의 예술로서의 온전함, 완성된 상태만을 말하지 않고, 동시에 그것이 지니는 한계도 다음과 같이 지적한다.

고전적 예술은 온전한 예술이라서 거기엔 어떤 불완전한 면도 없다. 그러나 고전적 예술의 전체 범위는 제한되어 있다. 이 제한은 무한한 개념이 감성적이며 유한한 형식으로 표현된다는 점에서 발생한다.[26]

고전적 예술에서는 아름다움의 개념이 실현된다. 어떤 것도 더 아름답게 될 수 없다. 하지만 아름다움의 왕국 자체는 대자적으로 여전히 불완전하다.[27]

이처럼 미학 강의들에서 구체적으로 언급된 고전적 예술의 한계는, 『철학백과』 30년 삼판에서 헤겔이 명시적으로 '낭만적 예술'을 추가한 의도와 무관하지 않다. 이에 관해서는 다음 장에서 나머지 절들을 검토하면서 알아보자.

---

24 Ascheberg, p.41(서정혁, 38쪽).
25 Hotho, p.153(권정임, 237쪽).
26 Ascheberg, p.42(서정혁, 40쪽).
27 Hotho, p.179(권정임, 265쪽).

3. 예술의 분류 『철학백과』의 561절부터 563절까지

30년 삼판의 561절의 전반부 첫 문장은 27년 재판과 동일하지만, 그 다음 둘째 문장 이후부터 전체 내용이 바뀐다. 561절에서 변경된 부분 전체는 다음과 같다.

> 고전적 예술에서 그러한 화해 속에서 발생한 아름다움의 완성Vollendung 저편에 숭고의 예술이 있다. [이 숭고의 예술은] 상징적 예술이며, 상징적 예술에서 이념에 적합한 형태화는 아직 발견되지 않은 상태이고, 오히려 사상은 형태를 벗어나고 사상이 형상화하려고 시도하는 형태와 부정적 관계를 맺으면서 형태와 씨름하는 상태로 서술된다. 따라서 의미와 내용은 아직 무한한 형식을 획득하지 못하고 자유로운 정신으로 알려지지도 의식되지도 못한 상태를 보인다. 내용은 단지 순수 사유의 추상적 신으로만 존재하거나 추상적 신을 향한 노력Streben으로만 존재한다. 그리고 이 노력은 자신의 목표를 발견할 수 없기 때문에 모든 형태들을 쉼없이 화해시키지도 못한 상태로 헤매고 다닌다.[28]

이 30년 삼판의 변경된 부분에서 핵심 내용은 우선 '상징적 예술'의 특징과 의미가 27년 재판과 달리 매우 분명하게 서술되고 있다는 점이다. 왜냐하면 27년 재판에 없던 '숭고Erhabenheit의 예술'을 상징적 예술로 간주하면서, 이 상징적 예술에서는 아직 이념에 적합한 형태가 발견되지 않았다고 직접 언급하고 있기 때문이다. 이에 비해 27년 재판에서는 이 변경된 내용과 매우 상이한 내용이 다음처럼 서술되고 있다.

---

[28] GW20, p.546(§561)(정신철학, 468~469쪽).

아름다운 작품은 감성적이며 외적인 사물이며 주체에 의해 만들어진 것이다. 그러나, 종교는 그 개념 상 단지 즉자적으로만 존재하는 화해에 대한 앎으로부터 시작한다. 따라서 종교는 주체의 측면에서 본래 대립으로부터 벗어나며, 매개를 통해 비로소 산출되어야 하는 대립의 극복이다. 그래서 종교는 한편으로 과거Vergangenheit로서 이미 아름다운 예술의 배후에[뒤에] 있고(341절 참조), 다른편으로 미래에 아름다운 예술의 전방에[앞에] 있다.[29]

27년 재판에서는 상징적 예술에 대한 직접 언급이 없는 대신, '예술과 종교의 관계'에 관한 내용이 중심을 이룬다. '종교'가 '아름다운 예술'의 배후[뒤]에 있으면서 아름다운 예술의 전방[앞]에 있다는 것은, 한편으로 종교가 예술보다 앞서면서 예술의 배후가 되면서, 다른편으로는 종교가 체계상 예술 다음에 예술을 뒤따른다는 말이다. 다시 말해, 예술은 종교를 전제로 하지만, 동시에 예술이 종교에게 전제가 되기도 한다는 것이다. 전자는 모든 예술은 종교를 그 배경[배후]으로 지닌다는 맥락에서 이해 가능하고, 후자는 체계상 예술 다음에 종교가 온다는 말로 이해 가능하다. 그래서 전자에서 종교는 모든 예술의 배후가 될 수 있는 폭넓은 의미의 종교이지만, 반면에 후자의 종교는 체계상 예술 다음에 오는 종교, 즉 구체적으로 '계시 종교'만을 가리킨다고 볼 수 있다.

그런데, 헤겔은 30년 삼판 561절에서는 종교를 단 한 번도 언급하지 않는다. 또한, 27년 재판 561절에는 30년 삼판과 달리 '상징적 예술'과 '고전적 예술'이라는 표현 자체가 없다. 17년 초판 『철학백과』에서는 463절에 '상징적으로symbolisch'라는 표현이 단 한 번 등장하지만, 이마저도 27년 재판에서는 사라져 버린다. 왜 27년 재판에서 헤겔은 상징, 고전, 낭만이라는 표현을 서로 비교하면서 명시적으로 사용하지 않았을까? 미학 강의들만을 고려하더라도, 이미 늦

---

29 GW19, pp.393~394(§561)

어도 20년 이후부터는 헤겔이 세 가지 예술형식에 대해 구체적인 논의를 지속적으로 전개했는데도 불구하고, 27년 재판『철학백과』에서는 이 점을 여전히 반영하지 않고 있기 때문에, 이러한 의문은 더 강하게 제기될 수밖에 없다.

이와 같은 점들을 토대로 다음과 같은 합리적 추측이 가능하다. 즉 헤겔이 미학 강의들에서는 20년 이후부터 상징, 고전, 낭만이라는 세 가지 예술형식을 자신의 고유한 예술론의 관점에서 이미 정립했음에도 불구하고, 27년 재판의『철학백과』에서는 상징, 고전, 낭만이라는 표현을 명시적으로 사용하는데 아직 체계 상의 어떤 이유로 인해 확신을 가지고 있지 못했거나, 아니면 의도적으로 그 표현들을 사용하지 않았을 수 있다는 것이다. '낭만적'이라는 표현을 사용하기를 꺼려한 이유는 당대 낭만주의를 다분히 의식했기 때문이라고 추측할 수도 있겠으나, 이것도 매우 설득력이 강한 해석은 아니다. 본질적인 이유는 다른 데 있다고 보는 것이 좀 더 타당할 것이다.

그 이유는 헤겔이 '미학 강의'와『철학백과』에서 '예술'의 성격을 하나의 관점에서만 보고 있지 않다는 점에서 모색되어야 한다.[30] 즉, 헤겔이 예술을 자신의 체계 내에서 '절대 정신'으로 다루면서, '아름다운 예술'인 고전적 예술만을 다루어야 하는지 아니면 상징과 낭만이라는 다른 예술형식들도 함께 다루어야 하는지 라는 문제와 관련해 그의 입장에 미세하지만 결정적인 변화가 있었기 때문이라고 판단된다. 27년 재판까지는 '절대 정신'의 '예술' 부분에서 그 중심 내용에 해당하는 것은 '아름다운 예술'이고, 그래서 헤겔은 본래 아름다운 예술과 동일시되는 '고전적 예술'을 중심으로 서술하는 것에 만족한 반면, 30년 삼판에 오면 아름다운 예술에 해당하는 '고전적 예술'뿐만 아니라 '상징적 예

---

[30] 게트만-지페르트는 미학 강의와『철학백과』사이의 이 문제를 '현상'과 '체계' 간의 문제로 보고 있다. A. Gethmann-Siefert, 앞의 글 참조. 그런데, 게트만-지페르트도 세 가지 예술형식에 관한 명시적 서술이『철학백과』의 30년 삼판에서만 등장한다는 사실에 특별히 주목하고 있지는 않다.

술'과 '낭만적 예술'도 넓은 의미에서 예술로 다루어야 할 필요성이 생겼기 때문이라고 보아야 한다. 이 점에서 적어도 '철학백과 체계' 면에서 보면 30년 삼판에서는 예술의 의미 자체가 그전보다 명시적으로 확장된다. 그리고 이것은 헤겔이 미학 강의의 내용을 '철학백과 체계'에 뒤늦게 적극적으로 반영한 결과로 나타난다. 이러한 해석은 30년 삼판의 562절에서 헤겔이 낭만적 예술에 관한 내용을 추가한 것을 통해 강하게 뒷받침될 수 있다. 562절의 주석은 27년 재판과 30년 삼판이 거의 동일하지만, 그 본문은 완전히 다르다. 30년 삼판에서 새롭게 구성된 본문의 전체 내용은 다음과 같다.

> 그러나 이념과 형태의 부적합한 또 다른 방식은, 무한한 형식인 주체성이 앞서 말한 극단에서와 달리 단지 피상적 인격성이 아니라 가장 내면적인 것[가장 내밀한 것]이라는 점이다. 그리고 신은 자신의 형태를 단지 추구하거나 외적 형태에 만족하지 않고 오히려 자신을 자신 속에서 발견하면서 오직 정신다운 것에서만 자신의 적실한[충만한]adäquat 형태를 자신에게 부여하는 자로서 알려진다는 것이다. 그래서 낭만적 예술은 신 그 자체를 외적 형태와 아름다움을 통해 표현하기를 중단한다. 낭만적 예술은 신을 단지 현상으로 스스로를 낮춘 상태로만 표현하며, 신다운 것을 외면성 속에서도 이 외면성 자체를 자신으로부터 덜어내는 내밀성Innigkeit으로 표현한다. 따라서 외면성은 여기서 자신의 의미에 반해 우연함으로 나타날 수 있다.[31]

이처럼 30년 삼판의 562절 본문에는 이미 미학 강의에서 서술된 '낭만적 예술 형식'의 핵심 내용이 거의 동일하게 서술되고 있다. 그런데, 27년 재판에는 이 내용이 전혀 없다. 바로 앞 561절에서 고전적 예술은 아름다운 예술작품을 통해 이념과 형태가 '조화Versöhnung'를 이룬 상태인 반면, 상징적 예술은 '이념에 적합

---

31 GW20, pp.546~547(§562)(정신철학, 469쪽)

한 형태가 아직 발견되지 않은 상태'로 서술된 바 있다.[32] 낭만적 예술은 '이념과 형태의 부적합성'이라는 면에서 고전적 예술과 다르지만, 그렇다고 낭만적 예술이 상징적 예술과 동일하지는 않다. 낭만적 예술에서는 '주관성'이 고전적 예술의 조각에서처럼 '피상적 인격성'이 아니라 '가장 내밀한 것das Innerste'으로 등장한다. 헤겔은 이미 '20~21년 미학 강의'에서부터 '주관적 내밀성[내면성]Innigkeit'의 심화를 낭만적 예술의 근본 특징으로 서술한 바 있다. 즉, '직관'으로부터 물러나 '사상'이 자기 내로 심화되면서 '감성적 형태'가 아니라 '심정, 가슴'이 낭만적 예술의 '정신적 바탕'이 되며,[33] 낭만적 예술의 참된 요소는 더이상 감각적이며 직접적 현존재나 물질적인 인간의 형태가 아니라, '자기의식적 내면성die selbst-bewußte Innerlichkeit'이다.[34]

또한, 고전적 예술인 아름다운 예술에서 정신은 '제한된 민족정신'이고 이 정신의 '즉자적 보편성'은 '무규정적인 다신교'로 분산되는 반면,[35] 낭만적 예술에서 신은 "자신을 자신 속에서 발견하면서 오직 정신다운 것에서만 자신의 적실한 [충만한]adäquat 형태를 자신에게 부여하는 자로서 알려진다"[36]고 주장된다. 여기서 주목할 점은, 앞서 언급한 것처럼 낭만적 예술은 '이념과 형태의 부적합함 Unangemessenheit'에 기반하면서도 '그의 적실한[충만한] 형태adäquate Gestalt'를 스스로에게 부여하는 '신'과 관련된다는 것이다. 왜냐하면 헤겔에 의하면 내용과 형식, 이념과 형태의 '적합성Angemessenheit 여부'가 '적실성 여부'와 동일하지만은 않기 때문이다. 앞 절에서 고전적 예술과 관련해 사용한 '조화'라는 표현은, 신을 조각으로 형태화한 것과 같은 예술작품에서 내용과 형식, 이념과 형태의

---

32 GW20, p.546(§561)(정신철학, 468쪽).
33 Ascheberg, p.43(서정혁, 42쪽).
34 Ästhetik1, p.112(두행숙1, 164쪽).
35 GW20, p.545(§559)(정신철학, 467쪽).
36 GW20, p.546(§562)(정신철학, 469쪽).

적합성Angemessenheit으로서 상응Entsprechung을 뜻하며, 헤겔은 이 경우에도 '적실함Adäquatsein'이라는 표현을 사용한다. 예를 들어, 헤겔은 '20~21년 미학 강의'의 '예술의 분류'에서 "개념과 실재가 이같이 온전히 적실한 상태dieses völlige Adäquatsein가 고전적 예술이다"라고 규정한다.[37] 그러나, 『철학백과』의 30년 삼판에서 고전적 예술에 적용되는 이 '적실함'은 낭만적 예술과 관련해 보면, '신의 적실한[충만한] 형태adäquate Gestalt'라고 표현된 '적실함[충만함]'과 그 의미가 같지 않다. 전자는 객관인 예술작품이 이념과 형태가 일치하여 충만된 상태Erfülltsein라는 의미일 뿐이므로, 고전적 예술에서는 여전히 주관과 객관이 진정으로 통일되지는 못한다. 이 점에서 헤겔은 이미 556절에서 '아름다움의 형태'인 '이념상'을 언급하면서, 산출된 작품과 산출하는 주관의 분리를 '예술의 유한한 계기'로 간주했던 것이다.[38] 이에 비해 후자, 즉 '신의 적실한[충만한] 형태adäquate Gestalt'에서 '적실함[충만함]'은, 절대자인 신이 외적 형태에 만족하지 않고 '정신다운 것Geistige'에서만 자신을 드러내 보인다는 맥락에서 이해되어야 한다. 이 점에서 '신의 적실한[충만한] 형태adäquate Gestalt'는 죽어 있는 조각상이 아니라 살아있는 정신적 존재로서 '인간'으로 이해될 수 있다.[39] 이러한 맥락에서 헤겔은 이미 '실

---

37 Ascheberg, p.42(서정혁, 40쪽). 여기서 이미 헤겔은 '좋지 않은 집'의 예를 통해 철학적 진리는 단순히 '표상과 현존의 일치'가 아니라는 점을 강조한다. 이처럼 헤겔에게 있어 '적실함[충만함](Adäquatsein)'은 단지 '대응'의 의미만을 지니지 않는다. 헤겔의 진리론에 관해서는 다음을 참조할 것. 권대중, 「관념론적 정합론으로서의 헤겔의 진리관 – 전통적 대응론과의 관계를 중심으로」, 『헤겔연구』제17호, 한국헤겔학회, 2005, 47~83쪽; 백훈승, 「헤겔의 진리관 검토 – 그의 진리 기준론을 중심으로」, 『동서철학연구』제92호, 동서철학연구회, 2019, 259~284쪽.

38 GW20, p.543(§556)(정신철학, 465쪽). 이 점에서 페퍼작은 556절에서 '주관과 객관의 대립'은 고대 그리스 예술의 유한성의 결과를 보여주는 것이라고 해석한다. A. Peperzak, 앞의 책, p.92.

39 페퍼작은 '고전적 예술'을 '적실하지 않은(inadäquat) 화해'로 표현하고, 동시에 낭만적 예술에도 '적실하지 않은(inadäquat)'이라는 표현을 사용하지만, 두 경우에 '적실하지 않음'이 어떤 의미 차이가 있는지는 밝히지 않고 있다. A. Peperzak, 앞의 책, p.92. 그러나, 본문에서처럼 두 경우의 '적실함'에 의미 차이가 있다는 점을 전제로 해서만, 고전적 예술과 낭만적 예술 모두에 이 표현을 동시에 사용할 수 있다. 그리고, 두 경우 모두에 '적실하지 않은(inadäquat)'이라는 표현을 사용하는 것보다 '적실한(adäquat)'이라는 표현을 의미를 달리하여 사용하는 것이 헤겔이 의도에 부합된다고 판단된다.

존하는 인류existierende Menschheit'만이 낭만적 예술의 지반이며,[40] '현실적 주체성으로서 인간다움das Menschliche als wirkliche Subjektivität'만이 낭만적 예술의 원리라고 언급하는 것이다.[41]

낭만적 예술에서는 인간의 주관적 내밀성이 심화되어 이념을 외적인 객관 형태로 표현하는 일이 더이상 중요하지 않게 되므로, 낭만적 예술은 고전적 예술과 달리 이념과 형태의 상응을 자신의 목표로 삼지 않는다. 낭만적 예술에서는 객관적 작품의 형태로 이념을 표현하는 것보다, 신다운 절대 정신을 주관의 내면에서 알고 의식하는 과정이 중요하다. 그래서 만일 예술의 본질이 고전적 예술에서처럼 '감각적 형태화'라고만 한다면, 낭만적 예술은 고전적 예술과 달리 전혀 '예술답지 않은 예술'일 것이다. 오히려 낭만적 예술은 '절대 정신'에서 '예술'에 한정해 이해되기보다 '계시 종교'로 이행하는 맥락에서 이해될 경우 그 의미가 더 선명하게 드러날 수 있다. 이 점은 헤겔이 '절대 정신'의 '예술' 다음에 '계시 종교' 부분에서 30년 삼판에 다음과 같은 내용을 추가한 사실과 관련해 좀 더 분명히 이해될 수 있다.

정신으로서의 신은 무엇인가. 이 점을 올바르고 분명하게 사상으로 파악하기 위해서는 철저한 사변이 요구된다. 우선 다음과 같은 명제가 여기에 포함된다. 즉 신은 자기 자신을 아는 한에서만 신이다. 더구나 신의 자기 앎Sich-wissen은 인간 속에서 신의 자기의식이며, 동시에 신에 대한 인간의 앎이다. 그리고 이 인간의 앎은 신 속에서 인간의 자기 앎으로 진행한다.[42]

---

40 Hotho, p.182(권정임, 269쪽).
41 Ästhetik2, p.129(두행숙2, 409쪽).
42 GW20, p.550(§564)(정신철학, 474~475쪽).

『철학백과』30년 삼판의 '계시 종교'의 첫 절(564절)에 추가한 이 부분은, 앞의 562절에서 낭만적 예술과 관련해 "신은 자신을 자신 속에서 발견하면서 오직 정신다운 것에서만 자신의 적실한[충만한]adäquat 형태를 자신에게 부여하는 자로서 알려진다"[43]라고 표현한 구절과 동일한 맥락에서 이해될 수 있다. 만일 그렇다면, '정신다운 것'은 '인간'으로 표현될 수 있고, 두 곳 모두에서 헤겔이 공통적으로 강조한 것은, 정신으로서 신과 인간이 서로 속에서 자신을 알아가는 자기의식적 과정이다. 신과 인간의 이러한 관계에서는 신을 인간의 형태를 한 아름다운 예술작품으로 외적으로 산출해내는 일이 더이상 중요하지 않고, 정신의 측면에서 신을 자신 속에서 알고 의식하는 것이 중요하다. 미학 강의에서 헤겔이 '의인관[신인동형설]Anthropomorphismus'을 언급하면서 고전적 예술에서 신상이 조각으로서 지니는 한계를 지적하고, 반면에 낭만적 예술에서 '신의 인간화'가 완성된다고 주장하는 것도 이상과 같은 해석을 뒷받침한다.[44]

그리고, 27년 재판과 30년 삼판 사이에 가장 눈에 띄는 변화 중 하나는 마지막 563절에 27년 재판에는 매우 긴 주석이 붙어 있는 데 비해, 30년 삼판에서는 그것이 모두 삭제되고 없다는 점이다. 27년 재판에만 있는 563절의 주석의 주요 내용은 '종교와 국가의 관계'에 대한 것이다. 여기서 헤겔은 '예술'을 단 한 번 언급하지만 그것도 매우 지엽적인 맥락에서 언급한다. 대신 헤겔은 주로 종교와 국가의 관계에 관해 매우 상세하게 언급한다. 플라톤과 아리스토텔레스뿐만 아니라 기독교, 가톨릭교, 루터 교회를 언급하고, '법철학'에서 서술되는 가정, 시민사회, 국가까지 언급하면서 헤겔은 예술을 매개로 하지 않고 곧바로 종

---

43 GW20, p.546(§562)(정신철학, 469쪽).
44 Ästhetik2, p.129(두행숙2, 409쪽). 또한, 헤겔은 '1826년 미학 강의'에서 다음과 같이 언급하기도 한다. "모든 인간 자신은 이념상이다." 이 구절이 포함된 미학 강의는 아직 책으로 출간되지 않았다. F. Iannelli, "Ideale-Variationen-Dissonanzen-Brüch", in : *Hegels Ästhetik als Theorie der Moderne*, hrsg. von A. Gethmann-Siefert, H. Nagl-Docekal, E. Rózsa, E, Weisser-Lohmann. Berlin : Akademic Verlag. 2013, p.66 재인용.

교와 국가를 하나의 체계적 계열로 연관지우면서 서술하고 있다.[45] 이처럼 인륜으로서 국가와 종교의 관계를 직접 다루게 되면 '절대 정신'의 차원보다 '객관정신'의 차원이 상대적으로 더 강조될 수밖에 없다. 30년 삼판에서 헤겔은 예술을 '절대 정신'으로 다루는 마지막 절에서 이처럼 종교와 국가의 관계를 주로 언급한 내용이 부적절하다고 판단했는지 주석 전체를 삭제해 버린다. 이 삭제로부터 추측해 볼 수 있는 점은, 헤겔이 27년 재판보다 30년 삼판에서 예술 자체의 체계 상 위치를 좀 더 예민하게 의식하고 있다는 사실이다.

그리고, 개념 사용에서 변화가 있는 부분들도 있다. 이 미세한 개념 사용의 변화는 헤겔이 27년 재판보다 30년 삼판에서 좀 더 분명하게 자신의 생각을 드러내려는 의도를 보여준다. 예를 들어, 557절에서 27년 재판에 있던 '진정한 wahrhaft'이라는 표현이 30년 삼판에서는 삭제되며, 559절에서 27년 재판에서는 '아름다운 예술작품ein schönes Kunstwerk'이었던 표현이 30년 삼판에서는 '아름다운 것과 예술작품etwas schönes und ein Kunstwerk'으로 바뀐다. 또한, 562절의 주석에서 27년 재판에는 '진정으로 아름다운 예술wahrhaft schöne Kunst'이었던 표현이 30년 삼판에서는 '아름다운 예술schöne Kunst'로 바뀐다. 그리고, 562절 주석에서 '구체적 정신다움koncrete Geistigkeit'이 '구체적이며 그 자체로 자유롭게 되었지만 아직 절대적이지는 않은 정신다움die koncrete in sich frey gewordene, doch nicht aber absolute Geistigkeit'이라고 바뀌면서, 30년 삼판에서는 '아름다운 예술'이 '절대적 정신성'에는 도달하지 못한 상태라는 점이 좀 더 강조되고 있다.[46] 그리고, 562절 주석에서 30년 삼판에는 다음처럼 강조 부분이 추가된다.

---

45 GW19, p.396(§563).
46 GW20, p.547(§562)(정신철학, 470쪽).

아름다운 예술은 그 편에서 철학이 하는 것과 동일한 일, 즉 정신을 부자유로부터 순화하는 일을 수행했다. (…중략…) **그러나 아름다운 예술은 단지 해방의 단계일 뿐이지 최고의 해방 자체는 아니다.**[47]

이처럼 헤겔이 30년 삼판에서 부분적으로 개념을 삭제하거나 표현을 변경한 구절들을 보면 대체로 공통점이 있다. 그것은 미세하지만 개념 삭제나 표현 변경을 통해 헤겔은 '아름다운 예술'의 의미와 더불어 그 한계를 좀 더 분명히 규정하고 싶어했다는 것이다. 27년 재판에서는 '아름다운 예술'을 표현할 때 '진정한[참된]'이라는 수식어를 붙였으나, 30년 삼판에서는 그것을 삭제하고 있다는 점에서 헤겔이 아름다운 예술과 관련해 '진리[참]' 개념을 이전보다 매우 조심스럽게 사용한다는 사실을 알 수 있다. '참된'이라는 표현이 진리와 직결되므로, 이 개념이 30년 삼판에서 삭제된 것은, 27년 재판에서보다 30년 삼판에서 '진리'와 '예술'의 관계를 헤겔이 더 예민하게 의식하면서, 과연 고전적 예술에 해당하는 '아름다운 예술'에 '진리' 개념을 사용하는 것이 적절한가를 좀 더 고민했던 것으로 판단된다. 헤겔은 고전적 예술에서 내용과 형식의 일치를 통해 이념상이 구체적인 예술작품으로 구현된다는 점에서 27년 재판에서 부분적으로 '참된'이라는 표현을 사용했으나, 30년 삼판에서는 내용과 형식의 일치보다 더 고차적 형태의 정신성이 있다는 관점을 낭만적 예술에 대한 서술을 통해 확보하면서 '아름다운 고전적 예술'을 상대적으로 격하시킨 것이다.[48]

이상과 같은 비교 분석을 종합할 때, 우리는 다음과 같은 결론을 내릴 수 있

---

47 GW20, p.548(§562)(정신철학, 471쪽).

48 또한, 27년 재판보다 30년 삼판에서 '아름다운 예술'의 한계를 분명히 하려는 의도는, 헤겔이 예술과 철학의 관계를 좀 더 강하게 의식하는 점과 무관하지 않다. 이미 미학 강의에서는 23년부터 예술의 과거성 문제가 전면에 등장하지만, 『철학백과』에서는 그 점을 27년 재판까지는 명시적으로 언급하지 않다가 30년 삼판에 오면 그 점까지 반영하고 있는 것으로 판단된다. 이는 30년 삼판에서야 세 가지 예술형식이 미학 강의와 동일하게 분명히 확정된다는 점과도 무관하지 않다.

다. 첫째, 헤겔은 27년 재판과 달리 30년 삼판에서 상징적 예술과 낭만적 예술의 특징을 명시적으로 서술함으로써, 20~21년부터 전개한 미학 강의의 내용을 『철학백과』에 좀 더 적극적으로 반영한다. 또한, 이를 통해 헤겔은 그의 체계에서 예술의 위상을 좀 더 확장하고 구체화한다. 즉, 27년 재판에서와 달리 30년 삼판에서 예술은 더이상 고전적 예술 중심으로만 서술되지 않는다. 오히려 아름다움을 외적으로 형상화하는 것을 예술의 기준으로 삼지 않는 상황의 도래까지 헤겔은 고려하고 있고, 그것은 특히 낭만적 예술에 대한 서술에서 분명히 드러난다. 이 점에서 30년 삼판 『철학백과』의 '절대 정신' 중 예술 부분이 어떤 미학도 포함하지 않으며 단지 그리스 종교 철학만을 포함하고 있을 뿐이라는 페퍼작의 해석은 전혀 설득력이 없다.[49] 이러한 해석은 특히 『철학백과』의 재판과 삼판의 차이를 고려하지 않고, 30년 삼판에서 새롭게 추가된 세 가지 예술형식에 관한 논의를 중요하게 고려하지 않은 결과라고 판단된다. 왜냐하면 앞서 언급했듯이 30년 삼판에서 헤겔은 미학 강의의 내용을 이전보다 더 적극적으로 『철학백과』에 반영함으로써 예술에 대한 논의에서 결정적 변화를 보이기 때문이다.

이상의 내용을 간추려 본다면, 헤겔은 『철학백과』27년 재판에서보다 30년 삼판에서 고전적 예술의 의미와 한계를 좀 더 분명하게 서술하며, 특히 낭만적 예술과의 비교를 의식하면서 그렇게 하고 있다. 헤겔은 자신이 미학 강의를 통해 구체적으로 전개한 내용들을 27년 재판이 아니라 30년 삼판에 좀 더 명시적으로 반영한다. 세 가지 예술형식에 관한 구체적 논의가 『철학백과』30년 삼판에서만 드러나고 있다는 점도 이와 무관하지 않다. 시기별로 조금씩 차이나는

---

49 페퍼작은 '절대 정신'의 '예술' 부분에 대해 이와 견해를 달리하면서 다음처럼 말한다. "본래 우리는 다음처럼 말해야 할지도 모른다. 예술에 관한 장은 어떤 미학도 포함하지 않으며 단지 그리스 종교 철학만을 포함하고 있을 뿐이라고 말이다." A. Peperzak, 앞의 책, p.91.

미학 강의들에서 공통점을 찾는다면, 헤겔이 대체로 서론 부분에서 '예술의 규정'과 '예술의 분류'에 관해 가장 먼저 서술하고 있다는 점이다. 그런데, 『철학백과』에서는 27년 재판까지 세 가지 예술형식에 관한 '예술의 분류'는 여전히 명시적으로 서술되지 않는다. 이에 비해 30년 삼판에서는 비로소 『철학백과』의 예술 부분에 '예술의 규정'과 더불어 '예술의 분류'에 대한 논의가 구체적으로 드러난다. 이것은 헤겔이 『철학백과』 30년 삼판에 와서 예술 부분에 미학 강의의 관점을 더 강하게 반영한다는 것을 보여준다. 이러한 논의를 통해 우리는 예술에 대한 헤겔의 구상이 그의 체계와 관련해 후기에도 멈추지 않고 계속 변화의 과정에 있었으며, 이 과정에서 헤겔은 지나간 과거의 예술보다 자신 당대의 예술이 지니는 현재성에 더욱더 주목하고 있다는 사실을 확인할 수 있다.

제2부

헤겔의 예술 장르론

일반적으로 개별 예술 장르는 건축, 조각, 회화, 음악, 시[문학]로 분류된다. 헤겔도 자신의 미학에서 이 다섯 가지 예술들을 차례대로 다룬다. 제2부에서는 시[문학]를 제외하고 나머지 네 가지 예술 장르들에 관해 헤겔이 자신의 미학에서 어떤 논의를 전개했는지를 살펴본다. 여기서 시[문학]를 다루지 않고 다음 부분에서 별도로 다루는 이유는, 다른 개별 예술 장르들에 비해 헤겔 자신이 시[문학]를 내용이나 분량 면에서 가장 비중 있게 다루고 있을 뿐만 아니라, 전통적으로 시[문학]는 모방과 제작술에 기초한 여타의 예술들과 본질 면에서 구분되기 때문이다.

'제1장. 건축론―낭만적 건축과 고딕'에서는 낭만적 건축을 대표하는 고딕 건축을 중심으로 헤겔의 건축론을 살펴본다. 헤겔에 의하면 상징적 예술형식이 건축의 기본 전형이지만, 건축은 그 내부에서 다시 상징적 건축, 고전적 건축, 낭만적 건축으로 구분된다. 이 점에서 낭만적 건축을 대표하는 고딕 건축이 어떤 예술형식에 속하는지가 문제될 수 있다. 헤겔은 괴테의 건축론을 수용하면서 고딕 건축이 중세에만 한정되지 않고 그 당대의 건축까지 포괄한다고 생각한다. 고딕 건축이 보여주는 특징은 고딕 건축이 대립하는 요소들의 공존을 공간적으로 구현함으로써 인간 정신의 내면성을 강화하고 유한성을 초월하려고 한다는 점이다. 더 나아가 고딕 건축은 살아있는 인간의 다양한 일상이 발생하는 장소이며, 이를 표현하기 위해 헤겔은 '노마드'라는 개념을 사용하다. 이러한 점들을 고려하면 고딕 건축은 낭만적 예술로 간주되어야 할 뿐만 아니라 더 나아가 '세상의 축소판'으로 해석될 수 있다. 고딕 건축에 관한 헤겔의 논의는 후기 네덜란드 장르화에 관한 그의 논의에 버금갈 정도로 근대다운 삶에 대한 예술비평으로 간주될 수 있다.

'제2장. 조각론 : 라오콘과 빙켈만'에서는 '라오콘'이라는 조각 작품에 대한 빙켈만의 해석을 중심으로 헤겔의 조각론을 살펴본다. 헤겔은 미학에서 소상에 관해 논하면서 빙켈만을 충분히 참조하고 비교적 상세히 소개하면서 그의 업적을 높게 평가한다. 헤겔이 긍정적으로 평가하고 있는 빙켈만의 주요 업적은 사실상 헤겔 자신의 미학에도 적지 않게 반영되어 있다. 그럼에도 불구하고 헤겔은 빙켈만이 예술의 이론과 예술의 학문적 인식에 별다른 영향을 미치지 못했다는 견해를 피력한다. 이러한 헤겔의 비판적 견해는 일차적으로 빙켈만 사후에 고대 그리스의 조각에 대한 미술사적 고증과 지식이 증가했다는 역사적 사실로부터 비롯된 것이다. 더 나아가 레싱과 라오콘 군상에 관한 헤겔의 논의를 통해 이 점을 좀 더 면밀히 검토해 보면, 빙켈만에 대한 헤겔의 비판은 빙켈만의 '고대 예술 모방론' 자체를 겨냥한다는 것을 알 수 있다. 빙켈만이 극찬한 라오콘 군상에서 헤겔은 더이상 생동적이지 않은 일종의 매너리즘을 간파하면서도, 동시에 고전적 조각이 해체되는 역사적 상황을 빙켈만처럼 부정적으로만 보지 않는다. 헤겔은 내용과 형식이 일치하는 이념상적인 고대 그리스 예술의 탁월성을 인정하지만, 동시에 과거의 예술을 현재의 시점에서 그대로 모방하는 일은 불가능할 뿐만 아니라 바람직하지도 않으며, 오히려 이러한 모방이 예술창작을 매너리즘에 빠지게 한다고 비판한다. 헤겔은 설사 그것이 고대 그리스라고 하더라도 특정 과거를 예술의 절대적 지향점이나 기준으로 삼으려는 것은 부적절하다고 생각하며, 이러한 이유로 '고대 예술 모방론'을 주장한 빙켈만의 입장에 대해 비판적 태도를 견지한다.

'제3장. 회화론 : 네덜란드 장르화와 일상성'에서는 네덜란드 장르화를 중심으로 헤겔의 회화론을 살펴본다. 회화의 장르적 특징과 17세기에 이르는 회화의 발전 양상에서 헤겔의 회화론이 지니는 근대적[현대적] 의미 중 하나는 내용적 소재 및 미적 범주의 다양화와 관련된다. 낭만적 예술형식에 속하는 회화의 발전과정은 주관의 내면이 심화되는 과정을 보여주며, 주관이 내면으로 심화되면서 회화의 소재는 어떤 것이든 상관없다라는 입장까지 초래한다. 헤겔은 이 경우의 대표 사례로 일상적 대상들을 회화의 소재로 삼은 후기 네덜란드 장르화를 제시한다. 회화에서 소재의 다양화는 기존 위계 질서의 전복과 더불어 아름다운 이념상만을 추구하던 기존의 미적 범주의 부정과 다양화를 반영한다. 헤겔의 회화론의 또 다른 특징 중 하나는 색채와 정신의 내면을 강조함으로써 주관과 객관 사이에 새로운 관계를 정립하려는 측면이다. 헤겔은 회화에서 원근법이나 소묘보다 채색이 더 본질적이며 가장 중요하다라고 주장하면서 이 채색을 '정신의 빛'과 연관시킨다. 회화에서 표현되는 빛은 외부에서 대상을 비추는 '자연의 빛'이 아니라 채색하는 화가의 정신성의 반영이다. 그래서 헤겔은 채색을 '색 가상의 마법'으로, 화가를 '마술사'로 표현한다. 채색을 통한 대상 표현에서 예술가의 독창성과 객관적 사태는 상호 영향을 미치는 새로운 관계를 맺는다. 여기서 주관과 객관 중 어느 한 쪽에 치우치지 않는 새로운 관계 정립이라는 현대성의 일면이 드러나며, 이 맥락에서 '창작–작품–감상'이라는 선형적 관계는 상호 작용의 관계로 전환된다.

'제4장. 음악론 : 수수께끼로서 음악과 오르페우스'에서는 헤겔 미학에서 '음악'을 개별 예술 장르로만 제한하지 않고 그것이 '예술' 자체 및 '철학'과 어떤 관계를 맺을 수 있는지를 검토한다. 우선, 음악에 관한 헤겔의 철학적 논의는 단순히 다른 예술장르들과 병렬하는 좁은 의미의 음악으로만 축소해 이해될 수 없다. 헤겔 미학에서 음악은 넓은 의미에서 예술 자체를 뜻하기도 한다는 점에서, 음악에 관한 그의 논의에는 예술과 철학의 관계에 관한 그의 고유한 입장이 내재한다. 헤겔의 음악론을 통해 드러나는 예술과 철학의 일차적 관계는, 근대라는 시대적 특수성을 고려해 예술에 대한 철학의 우위를 반영하는 것으로 해석될 수 있다. 그러나 동시에, 헤겔 미학에서 음악은 철학적 사유로 완전히 파악되지 않는 '수수께끼'나 '비밀', '과제'로 여전히 남는다는 사실도 간과될 수 없다. 이 점에서 다른 예술장르들과 달리 음악은 철학에 대해 어전히 일정한 긴장 관계를 유지하며, 헤겔은 그의 미학에서 음악의 이러한 위상을 완전히 배제하지 못하고 있다. 헤겔은 음악을 통해 표출되는 '보편인간다운 예술 관심'이 철학과 동행하면서 여전히 해야 할 역할이 있다고 보았고, 그의 미학에서 드러나는 음악과 철학 사이의 긴장은 이 동행 관계의 또 다른 표현으로 해석될 수 있다.

제1장

건축론
낭만적 건축과 고딕

1. 예술 분류와 건축

헤겔은 미학에서 고대 이집트와 인도로부터 그 당대의 유럽에 이르기까지 여러 지역과 시대의 다양한 예술작품들을 자신의 관점에서 해석하고 있다. 그런데, 헤겔 당대로만 좁히더라도, 미학에서 건축에 관한 헤겔의 논의는 다른 예술 장르들에 비해 시대의 변화를 반영하지 못하며 매우 불충분하다는 비판이 제기될 수 있다. 예를 들어, 헤겔은 회화나 시문학을 다룰 때에는 중세 예술과 근대 예술의 차이를 주장하면서 비교적 상세히 논의를 전개한 반면, 건축에 관해서는 그처럼 충분히 섬세한 논의를 전개하지 않는다. 헤겔 미학에서 '낭만적 건축'은 고딕 양식에서 절정에 달하는 것으로 설정되며, 헤겔은 자신의 당대의 '정원술'을 짧게 언급한 후 여타의 건축들에 관해서는 언급을 하지 않고 건축 부분을 마무리한다.[1] 그래서, 근대의 서사시인 '소설'이나 '후기 네덜란드 장르화'에 관

---

1 '호토판 미학'과 '20~21년 미학 강의'에서는 정원술에 대해 몇 가지 사례를 들어 서술하고 있으나, '23년 미학 강의'와 '28~29년 미학 강의'에서는 별도의 서술이 없고, '26년 미학 강의'에서는 시민건축술에서 아주 짧게 언급할 뿐이다.

한 헤겔의 논의에 견줄만한 근대 건축에 관한 논의를 미학에서 찾기 힘든 것처럼 보인다.

이러한 문제가 자연스럽게 제기될 수 있는 이유는, 오히려 헤겔은 실제로 이미 그의 주변에서 근대 건축물을 경험했기 때문이기도 하다. 예를 들어, 헤겔이 살았던 베를린의 중심부에는 쉥켈Karl Friedrich Schinkel, 1781~1841이 새롭게 건축한 '베를린 박물관'이 있었는데도 불구하고, 헤겔은 그 건물에 대해 편지와 강의에서 아주 짧게만 단편적으로 언급하고 있을 뿐이다. 이처럼 헤겔은 신고전주의 건축이나 초기 근대 건축도 자신의 미학에서 다루지 않을 뿐만 아니라, 중세 고딕 이후에 등장하는 르네상스 건축, 바로크 건축, 프랑스 신고전주의 건축 등도 언급하지 않는다.[2] 헤겔이 그러한 건축물들을 직간접적으로 이미 알고 있었으면서도 자신의 미학에서 다루지 않은 이유는 무엇일까?

헤겔이 이탈리아나 그리스를 직접 여행하지 않았다거나, 건축에 관해 주로 그의 동료 교수였던 히르트Alois Hirt, 1759~1834의 저술에 상당히 의존했다는 사실을 위 물음에 대한 답변으로 제시할 수도 있을 것이다.[3] 왜냐하면 헤겔은 자신의 미학에서 건축을 논하면서 히르트의『고대 건축술의 역사*Die Geschichte der Baukunst bei den Alten*』를 많이 참조한 것으로 판단되며, 헤겔 자신도 이 점을 인정하고 있기 때문이다. 그러나, 헤겔이 여러 곳을 여행하며 다양한 건축물을 직접 경험하지 못했다든지, 아니면 다른 이의 자료를 많이 참조했다는 사실은 위 의문에 대한 부분적 대답이 될 수는 있겠지만 충분한 답변은 되지 못한다. 오히려 헤겔은 베를린, 파리, 비엔나 등에서 당대의 건축을 직접 접할 수 있는 기회를 가졌으

---

2 D. Kolb, "Hegel's Architecture", in : *Hegel and the Arts*, ed. by S. Houlgate, Illinois : Northwestern Univ. Press, 2007, pp.44~45.

3 헤겔은 미학에서 특히 건축과 관련해 히르트를 자주 언급하면서 그의 연구에 적극적으로 반영하고 있다. Ästhetik1, p.33 이하(두행숙1, 58쪽 이하); Ästhetik2, pp.287・294・307・316・320(두행숙3, 91・100・121・132・138쪽); Kehler, p.158.

며, 적어도 헤겔이 당대 건축에 대해 언급을 자제하고 있는 것은 상당히 의도적인 것으로 보이기 때문이다.[4]

이렇듯 불충분한 헤겔 논의의 중심에 '낭만적 건축'이 있다. 헤겔은 건축에 관한 논의를 '낭만적 건축'에서 마무리하며, 그 논의의 핵심은 '고딕 건축'이다. 그러면, 도대체 고딕 건축이 낭만적 건축으로서 어떤 의미를 지니고 있기에 헤겔은 건축 부분에서 이러한 서술 방식을 선택했을까? 우선, 헤겔의 예술 분류에서 건축이 어떤 위치를 차지하는가를 살펴 본 후, '낭만적 건축'이 헤겔 미학에서 지니는 함의를 검토해 볼 필요가 있다. 낭만적 건축에서 핵심이 되는 '고딕 건축'에 관한 헤겔의 논의를 살펴보고, 헤겔의 건축론이 인간의 삶과 관련해 어떤 의미를 함축하고 있는가를 살펴 보려고 한다.[5]

헤겔 미학에서 건축이 어떤 위상을 차지하는가를 알기 위해서는 그가 예술을

---

4 D. Kolb, 앞의 글, p.46.

5 헤겔의 건축론에 관한 국외의 단독 연구로는 앞서 언급한 콜브(D. Kolb)의 논문 외 다음이 있다. P. M. Locke, "Hegel on Architecture : Construction and Metaphor in the Lectures on Fine Art", The Graduate School of Boston College, 1984; J. C. Berenzen, "Institutional Design and Public Space : Hegel, Architecture, and Democracy", in : *Journal of Social Philosophy* Vol. 39 No. 2, 2008, pp.291~307; L. Bianco, "Hegel's Notion of Gothic Architecture", in : *Melita theologica* Vol. 47/1, 1996, pp.3~16; R. D. Winfield, "The Challenge of Architecture to Hegel's Aesthetics", in : *Hegel and Aesthetics*, ed. by W. Maker, Albany : State Univ. of New York Press, 2000, pp.97~111. 로크(P. M. Locke)는 헤겔의 건축론 전반을 분석하고 있으나, 고딕 건축이 자기의식을 반영하는 낭만적 예술형식에 어울리지 않는다는 점을 헤겔이 인식하고 시문학에 치중하게 되었다는 점을 강조하고 있다. P. M. Locke, 같은 글, p.218. 나머지 연구들도 헤겔의 건축론에서 고딕 건축의 중요성을 강조하지 않고 있다는 점에서, 본 연구의 관점과 구별된다. 유일하게 비안코(L. Bianco)가 고딕 건축을 주제로 삼고 있으나, 헤겔의 미학 강의의 내용을 정리한 수준에 머물고 있다. 국내의 연구로는 건축학 쪽에서 발표된 다음과 연구들이 있다. 강혁, 「건축사학에서 헤겔적 유산에 대한 연구」, 『건축역사연구』 제25집, 한국건축역사학회, 2016, 47~57쪽; 조정희 외, 「베를라헤 건축에 나타나는 헤겔 미학의 특성에 관한 연구」, 『대한건축학회연합논문집』 제70호, 대한건축학회지회연합회, 2015, 103~110쪽. 이들은 건축사학에서 헤겔이 차지하는 중요성과 그것이 후대에 미친 구체적인 영향을 강조하고 있으나, 헤겔 미학에서 건축에 관한 내용과의 구체적인 연관성에 관한 검토가 불충분하다. 미학 쪽에는 권정임의 연구가 있으나 이 연구는 고대 근동의 건축에 관한 논의에 집중하고 있다. 권정임, 「헤겔과 근동 미술 — 고대 건축물의 예술작품적 성격」, 『미술사학보』 제18집, 미술사학연구회, 2002, 103~126쪽.

어떤 기준에 의해 어떻게 분류했는가를 먼저 살펴 볼 필요가 있다. 우선, '호토 판 미학'의 전체 구성을 보면, 예술의 분류와 관련해 직접 눈에 띄는 부분은 '제 3부 개별 예술들의 체계'인데, 여기서 헤겔은 개별 예술들을 건축, 조각, 회화, 음악, 시문학으로 분류하고, 이렇게 분류하는 근거로 예술작품이 객관화되는 감각과 이 감각에 상응하는 질료성Materialität을 제시한다.[6] 헤겔에 의하면 예술 의 대상을 직관할 수 있는 대표 감각에는 시각, 청각, 감성적 표상이 있다.[7] 전체 예술은 이 세 가지 감각에 상응하여 조형 예술, 소리 예술[음악], 시문학Poesie으 로 구분되고,[8] 건축, 조각, 회화는 조형 예술로 묶인다.[9]

그런데, 감각을 기준으로 이렇게 구분하기 전에, 이미 앞의 제1부에서 논의 한 바처럼 헤겔은 미학의 '서론'에서 전체 미학의 구성을 논하면서 위와는 다른 기준으로 예술을 분류하며, 그것이 바로 '보편적 예술형식들'이다.[10] 헤겔에 의 하면 이것은 '좀 더 상위의 원리'로서,[11] 여기에는 '상징적, 고전적, 낭만적 예술 형식'이 속한다. 그리고, 이 세 가지 예술형식들은 내용Inhalt과 형식Form의 관계 가 어떠하냐에 따라, 다시 말해 예술의 내용이 되는 '이념'과 그것을 표현하는 '형태'의 관계를 기준으로 규정된다.[12] 특히, 미학에서 헤겔은 이념이 '그의 개 념에 적합하게 형태화된 현실'을 '이념상Ideal'이라고 부르는데,[13] 이 이념상을 기준으로 세 가지 예술형식은 각각 '미의 참된 이념'인 '이념상'을 '추구하고Erstreben, 도달하며Erreichen, 초월하는Überschreiten' 단계로 구분된다.[14]

---

6 Ästhetik2, p.254(두행숙3, 42~43쪽). '호토판 미학'뿐만 아니라 다른 미학 강의들에서도 개 별 예술들은 이렇게 구분된다.
7 Ästhetik2, pp.255~256(두행숙3, 44~45쪽). 여기서 헤겔은 촉각과 후각, 미각은 제외한다.
8 Ästhetik2, p.256;(두행숙3, 45쪽).
9 Hotho, pp.205~207(권정임, 297~299쪽).
10 세 가지 예술형식에 관해서는 앞의 제1부 제1장과 제2장을 참조할 것.
11 Ästhetik1, p.124(두행숙1, 178쪽).
12 Ästhetik1, p.106(두행숙1, 156쪽).
13 Ästhetik1, p.105(두행숙1, 155쪽). '이념상'에 대해서는 다음을 참조할 것. A. Geth-mann-Siefert, *Einführung in Hegels Ästhetik*, München : Wilhelm Fink Verlag, 2005, p.46.

그런데, 헤겔에 의하면 이 세 가지 예술형식들[상징, 고전, 낭만]은 앞서 언급한 다섯 가지 개별 예술들[건축, 조각, 회화, 음악, 시문학]과 무관하지 않다. 왜냐하면 세 가지 예술형식들은 개별 예술들의 '기본전형Grundtypus'이 되기 때문이다. 상징적 예술형식은 건축의 기본전형이고,[15] 고전적 예술형식은 조각의 기본전형이며,[16] 낭만적 예술형식은 회화, 음악, 시문학의 기본전형이다.[17] 특정한 예술형식이 특정한 예술장르의 기본전형이라는 말은, 그 예술형식이 해당 예술장르의 본질적 특징을 가장 잘 드러낸다는 것을 의미한다. 또한, 세 가지 예술형식에 따른 분류가 앞서 언급한 다섯 가지 개별 예술들의 체계와 일치하면서도 다른 점이 있다. 왜냐하면 앞선 분류에서는 '건축, 조각, 회화'가 '조형 예술'에 함께 속했지만, 기본전형의 역할을 하는 예술형식의 분류에 의하면 건축은 상징적 예술형식을 대표하는 장르이고, 조각은 고전적 예술형식을 대표하는 장르이며, 회화는 음악 및 시문학과 더불어 낭만적 예술형식을 대표하는 장르이기 때문이다. 감각에 의존하는 전자의 분류는 예술의 여러 장르에 대한 통상적 분류인 반면, 세 가지 예술형식들에 따른 후자의 분류는 헤겔만의 독특한 방식이라고 할 수 있다. 건축을 중심에 놓고 이상의 내용을 정리해 보면, 건축은 '상징적 예술형식을 기본전형으로 삼는 조형 예술'이라고 규정될 수 있다.

그런데 여기서 제기될 수 있는 의문은, 왜 헤겔은 조형 예술 중 건축만이 상징적 예술형식을 기본전형으로 삼는다고 생각했을까 하는 점이다. 건축, 조각, 회화가 모두 시각이라는 감각을 기반으로 삼으므로, 헤겔은 이 셋을 모두 조형 예술에 포함시켰는데도 불구하고, 유독 건축에게만 그 기본전형으로 상징적 예술형식을 부여하고 있는가라는 의문이 들 수 있다. 이 의문에 적절하게 답하려면,

---

14 Ästhetik1, p.114(두행숙1, 166쪽).
15 Ästhetik1, p.117(두행숙1, 169쪽).
16 Ästhetik1, p.118(두행숙1, 171쪽).
17 Ästhetik1, p.120(두행숙1, 173쪽).

건축이 조각과 회화와 다른 점이 무엇인가를 생각해 보아야 한다. 우선, 건축이 조형 예술이면서 조각, 회화와 달리 상징적 예술형식을 기본전형으로 삼는 이유는 건축에 필수적인 물질성 때문이다. 헤겔이 건축은 '상징적 예술형식의 원리'를 가장 고유하게 실현한다고 주장하는 이유는, 건축은 '건축에 이식된 의미'를 '주변의 외적인 것' 속에서만 암시할 수 있기 때문이다. 여기서 '외적인 것'은 견고한 물질을 의미하며, 그것이 석재이든 목재이든 건축은 이러한 외부 물질을 통해 표현될 수밖에 없다. 이것이 건축의 본질적 특징이자 한계다. 그래서 헤겔은 "이러한 종류의 건축은 그 내용뿐만 아니라 표현 면에서도 본래 상징적인 종류다"라고 주장한다.[18]

건축은 그 본질 상 예술 장르들 중 질료적 측면에 가장 의존하며, 재료에 해당하는 '비유기적 자연'을 취해 거기에 '외적 형식'을 가하는 방식으로 그 작업이 진행된다.[19] 이 과정은 '왜 건축이 예술의 시작인가'라는 헤겔의 논의에서도 잘 드러난다. 헤겔에 의하면 건축은 특수한 예술들 가운데 '개념규정 상' 가장 먼저 고찰되어야 하며, 동시에 '실존에 따른 최초의 예술'로 다루어져야 한다.[20] '23년 미학 강의'에서 헤겔은 '건축'은 '개념에 의해 시초를 이루며, 역사적으로도 그러하다'라고 표현하며,[21] 이를 더 간명하게 "건축은 실존하는 예술의 시초 Anfang 일반을 이룬다. 시초는 존재의 가장 단순한 방식이다"[22]라고 언급하기도 한다. 헤겔에 의하면 건축은 예술의 시작이고, 예술의 첫 번째 과제는 '즉자적으로 존재하는 객체적인 것', '자연의 토대', '정신의 외적 환경'을 형태화하고, '내면성이 없는 것'에 '의미와 형식'을 내적으로 다듬어 주는 일이다. 헤겔은 이

18 Ästhetik2, p.269(두행숙3, 61쪽).
19 Ascheberg, p.193(서정혁, 315쪽).
20 Ästhetik2, p.266(두행숙3, 57쪽).
21 Hotho, p.208(권정임, 300쪽).
22 Hotho, p.207(권정임, 299쪽).

예술의 과제가 조각, 회화, 음악보다 건축에서 먼저 완성되었기에 건축이 예술의 시작이라고 본다.[23] 이를 다르게 해석해 보면, 건축이 예술의 첫 번째 과제를 떠안은 '예술의 시작'이라는 말은, 개별 예술들 중 건축이 자연적 요소에 가장 의존적인 예술장르이므로 물질적 자연에 가장 가까우며 정신에서 가장 소원하다는 것을 의미한다. 이는 상식적인 관점에서도 어렵지 않게 이해될 수 있고, 헤겔의 기본 논의도 여기에서 크게 벗어나지 않는다.

2. 건축의 분류와 낭만적 건축

앞서 밝힌 것처럼, 헤겔 미학에서 개별 예술들[건축, 조각, 회화, 음악, 시문학]에 관한 서술은 물질성이 가장 강한 건축으로부터 출발하여 물질성이 점차 약화되고 정신성이 점차 강화되는 방향으로 전개된다. 이 점은 헤겔이 개별 예술의 양극단인 건축과 시문학을 비교하는 논의에서도 확인할 수 있다. 헤겔에 의하면 "건축술Baukunst은 객관적 재료를 정신적 내용에 예속시키지 못하며", 재료를 "정신의 적합한 형태로 형상화할 수 없다". 반대로 "시문학은 감각적 요소를 부정적으로 취급하면서, 무거운 공간적 재료와 정반대되는 것, 즉 소리를 의미 없는 기호로 전락시키는 데까지 나아간다. 이에 비해 건축술에서는 재료를 암시적인 상징으로 형태화하는 것이 중요하다". 그리고, 헤겔에 의하면 "건축술과 시문학의 이 양 극단들 사이에 아름다운 중간Mitte을 조각, 회화, 음악이 취한다. 왜냐하면 이 예술들 각각은 정신적 내용을 여전히 자연적 요소 안으로 온전히 집어넣고 다듬어서 이를 감각적으로나 정신적으로 파악할 수 있게 해주기 때문이다".[24] 이 점에서 헤겔이 조형 예술 중 조각과 회화를 제외하고 건축만을 상징

---

23 Ästhetik2, p.267(누행숙3, 58쪽).

적 예술형식을 대표하는 것으로 설정한 이유를 알 수 있다. 그런데, 문제는 예술에 관한 헤겔의 분류가 여기에 그치지 않는다는 데서 발생한다. 헤겔은 미학에서 예술의 분류와 관련해 다음과 같은 내용을 덧붙이고 있다.

> 한편으로 특수한 예술들은 보편적 예술형식들 중 하나에 종별적으로spezifisch 속하여 그 예술형식에 적합한 외적 예술현실을 형성하지만, 다른 한편으로 특수한 예술들은 자신들의 외적 형태화의 방식에서 예술형식들의 총체를 서술한다.[25]

이 언급을 건축에 적용하여 이해해 보면, 한편으로 건축이라는 특수한 예술은 상징적 예술형식에 '종별적으로' 속하기도 하지만, 다른 한편으로 건축은 그 표현 방식에서 '예술형식들의 총체'를 표현한다. 후자의 측면에서 헤겔은 건축이 그 자체 내에서 다시 상징적, 고전적, 낭만적 예술형식에 따라 분류될 수 있다는 점을 지적하고 있고, 실제로 건축에 관한 그의 전체 논의는 이 구분에 따라 전개된다. 더구나, 헤겔은 모든 개별 예술 장르들이 그 자체 내에서 이렇게 분류될 수 있기는 하지만, 건축에서 이 분류가 가장 명확하게 드러난다고 주장한다.[26]

그러나 과연 건축에 '낭만적'이라는 수식이 어울리는가라는 의문이 제기될 수 있다. 왜냐하면 앞서 보았듯이, 예술 분류에서 건축이 차지하는 위치만을 보더라도, 건축은 다른 예술 장르들에 비해 물질성에 가장 의존적이고, 이와 반대로 '낭만적'이라는 것은 '내면적 정신성'을 특징으로 하고 물질성에서 가장 거리가 멀기 때문이다.[27] 사실상 그 표현만 놓고 보자면, '낭만적 건축'은 '물질성과 정신성의 어울리지 않는 공존'을 표현하는 말이다. 따라서 '낭만적 건축'이

---

24 Ästhetik3, p.235(두행숙3, 586쪽).
25 Ästhetik1, p.115(두행숙1, 167쪽).
26 Ästhetik2, p.271(두행숙3, 62~63쪽); Hotho, p.209(권정임, 302쪽).
27 Ästhetik2, p.128 이하(두행숙2, 408쪽 이하).

라는 표현은 일종의 형용모순形容矛盾으로 생각될 수도 있다. 그렇다면, 헤겔이 건축을 상징적 건축, 고전적 건축, 낭만적 건축이라고 구분한 것은 적절하지 못한 것인가? 헤겔 자신이 본래 건축은 상징적 예술형식을 기본전형으로 삼는다고 주장했으므로, 고대 이집트의 피라미드, 고대 그리스의 신전, 중세의 고딕 성당은 모두 건축이라는 점에서는 넓은 의미에서 상징적인 측면을 벗어나지 못한다. 하지만, 헤겔은 그렇다고 이 세 가지 건축이 동일하다고 보지는 않는다. 그렇기 때문에 헤겔은 건축 내에서 상징적 건축, 고전적 건축, 낭만적 건축을 구분하면서, 이들 중 가장 물질성과 거리가 먼 것을 낭만적 건축이라고 보는 것이다. 그러면, '낭만적 건축'은 '낭만적 예술'인가 아니면 '상징적 예술'인가? 이도 저도 아니면 '상징적이면서도 낭만적인 예술'이라는 말인가? 다음과 같은 언급은 헤겔 자신도 이 문제를 이미 의식하고 있었다는 것을 보여준다.

> 따라서 건축은 그 근본특성 상 철저히 상징적인 종류로 유지되면서도, 그럼에도 불구하고 본래 상징적인 것, 고전적인 것, 낭만적인 것의 예술형식들은 건축 내에서 좀 더 세밀한 규정을 이루면서 다른 예술들에서보다 훨씬 더 중요하다.[28]

그런데, 실제로 헤겔 미학에는 '낭만적 건축'이라는 부분이 있고 그 대표격으로 고딕 건축이 논의되고 있으므로, 헤겔은 어떤 식으로건 '낭만적 건축'이 가능할 뿐만 아니라 실제로 존재했다고 생각하는 것이다. 그렇다면 우리가 헤겔에게 제기해야 할 질문은 엄밀히 말해 낭만적 건축이 가능하냐 여부가 아니라, 헤겔 미학에서 '낭만적 건축'은 어떤 특별한 의미를 지니는가 하는 것이어야 한다.

헤겔 미학에서 '낭만적 건축'의 대부분의 내용은 '고딕 건축'에 할애되어 있고, 심지어 '23년 미학 강의'에서는 제목이 '고딕적 또는 낭만적 건축술'이라고

---

28 Ästhetik2, p.271(두행숙3 62쪽)

표현되어, 낭만적 건축과 고딕 건축이 동일시되기도 한다. 고딕 건축은 12세기 프랑스에서 처음으로 시작되어 15세기까지 유럽 각지로 전파되고, 르네상스와 신고전주의의 여파로 혐오의 대상이 되면서 쇠퇴하였다가,[29] 18세기에 영국, 프랑스, 독일을 중심으로 부활하기도 하는 과정을 겪는다.[30] 헤겔 미학을 세밀히 분석해 보면, 헤겔이 염두에 두고 있는 고딕 건축도 중세에만 한정되지 않고, 적어도 헤겔이 살았던 당대까지를 포함한다는 사실을 알 수 있다. 왜냐하면 헤겔은 미학에서 고딕 건축을 논하면서 '근세에in neuerer Zeit' 새롭게 의미 부여된 맥락을 중요시하고 있기 때문이다.[31]

특히, 헤겔은 괴테의 고딕 건축에 관한 논의에 주목하고 있는데, 이는 그럴 만한 이유가 있다.[32] 실제로 괴테는 1772년에 발표한 「독일 건축술에 관해Von Deutscher Baukunst」라는 글에서 그가 기존에 지니고 있던 고딕 양식에 대한 오해를 스스로 비판적으로 재점검하면서, 슈트라스부르크 대성당을 건축한 에르빈 폰 슈타인바흐Erwin von Steinbach, 1244~1318을 칭송하고 있다.[33] 괴테의 논의

---

29 사카이 다케시, 이경덕 역, 『고딕 불멸의 아름다움』, 서울 : 다른세상, 2009, 110쪽. 사카이 다케시는 르네상스 이전 이미 중세 후기에 고딕 건축에 대한 열기가 식은 원인으로 '백년전쟁'과 '페스트'를 들고 있다.

30 위의 책, 170쪽.

31 비안코(L. Bianco)도 고딕 건축이 특히 18세기에 진지하게 다루어지며, 헤겔을 고딕 양식에 철학적 기초를 제공하려고 노력한 선구자 중 한 사람으로 간주하고 있다. L. Bianco, 앞의 글, pp.10~11.

32 헤겔은 '호토판 미학'에서만 괴테를 직접 언급하고 있고, 다른 미학 강의들에서는 그렇지 않다. 그래서 고딕 건축에 관한 논의와 관련해 괴테와 헤겔의 관계를 단정적으로 말할 수는 없다. 다만, 헤겔이 고딕 건축을 논하면서 헤겔 당대의 관점에 서 있다는 것은 '28~29년 미학 강의'의 다음과 같은 언급을 통해 분명한 것으로 판단된다. "고딕 건축술은 오랜 동안 야만적인 것으로 간주되어 왔다. 우리 시대에 비로소 고딕 건축술은 인정을 받게 되었다." G. W. F. Hegel, *Vorlesungen zur Ästhetik*, Vorlesungsmitschrift Adolf Heimann 1828/29, hrsg. von A. P. Olivier · A. Gethmann-Siefert, Paderborn : Wilhelm Fink Verlag, 2017, p.143(이하 Heimann으로 표기한다).

33 괴테는 이 글에 '고 에르빈 폰 슈타인바흐에게'라는 부제목을 달았다. 그리고 괴테는 동일한 제목의 글을 1823년에도 발표한다. 괴테가 이 글에서 "첫 번째 싹(1772년 글)과 마지막 결실(1823년 글)의 차이를 생생하고 분명하게 보여주기 위해"라고 언급하고 있는 것처럼, 전자가 대성당에 압도당한 인상을 보여주는 일종의 찬가라면, 후자는 고딕 성당의 첨탑에 '본래적인 완성'

에서 주목해야 할 점은, 그가 고전적 원칙을 중시한 바자리Giorgio Vasari, 1511~1574 처럼 고딕 양식을 무질서하고 혼란스러운 조악한 양식으로 보지 않고, 오히려 조화와 통일을 갖추었다고 평가한다는 것이다. 괴테는 자신이 찬탄해 마지않은 슈트라스부르크 대성당이 '바벨탑의 구상'에서 탄생하여 '신의 나무'처럼 '유기체적 성격'을 지니며 "완전하고 위대하며 가장 작은 부분까지도 필연적으로 아름답다"고 평가한다.[34] 비례와 균형을 중시한 고전주의자들에게는 기이하고 괴이하게만 보였던 고딕 건축물이, 괴테에게는 "영원한 자연의 작품처럼 가장 작은 섬유까지 모든 것이 형태를 이루고, 모든 것이 전체를 지향하면서 수많은 작은 부분들로 살아나는 거대하고 조화로운 덩어리"로 보였던 것이다.[35] 괴테에 의하면 이처럼 고딕 건축이 '다양성으로 이루어진 하나의 통일체'로 구현될 수 있었던 것은, 에르빈 폰 슈타인바흐와 같은 천재 건축가가 기존에 전해 내려오던 원칙을 그대로 따르지 않고, 자신의 느낌과 감정에 따라 자신 속의 조형적 본성을 예술로 완성했기 때문이다. 이에 비해 괴테는 자신의 시대가 아름다움을 규정하는 추상적 규범과 논리만을 강조하여 '창조력을 상실한 시대'가 되었다고 비판하면서 프랑스의 신고전주의풍에 대해 반대 견해를 분명히 표명한다.[36] 괴테가 프랑스 신고전주의 건축을 대표하는 로지에Marc-Antoine Laugier, 1713~1769의 입장을 비판하는 이유도, 로지에가 '최초의 집'으로 단 하나의 건축의 구성원리만을 고집했기 때문이다. 그와 달리, 괴테는 건축이 단 하나의 원

이 결여되어 있다는 점을 언급하면서 좀 더 차분하고 객관적인 시선으로 고딕 성당을 고찰하고 있다. J. W. von Goethe, "Von Deutscher Baukunst(1823)", in : *Goethes Werke* Bd.12, Hamburg : C. H. Beck, 1982, p.182. 위 두 글을 포함하여 고딕 건축에 관한 괴테의 논의에 관해서는 다음을 참조할 것. 이영기, 「괴테와 고딕건축」, 『독일문학』, 제121집, 한국독어독문학회, 2012, 221~244쪽.

34 J. W. von Goethe, "Von Deutscher Baukunst(1772)", in : *Goethes Werke* Bd.12, Hamburg : C. H. Beck, 1982, p.7.

35 위의 글, p.12.

36 이영기, 앞의 글, 232~233쪽.

리로 수렴되지 않고, 지리적 환경과 다양한 조건에 따라 건축에는 다양한 원리와 원형이 있을 수 있다고 보았다.[37]

미학에서 고딕 건축을 논할 때 헤겔은 이와 같은 정황을 충분히 의식하고 있었던 것으로 보인다. 왜냐하면 헤겔은 괴테가 '프랑스식 원칙과 대립하는 자연관과 예술관이 보여주는 젊은 생기발랄함die Jugendfrische'으로 근세에 처음으로 고딕 건축에 경의를 표했다고 언급하면서, 괴테의 작업으로 인해 사람들이 고딕 건축에서 '기독교 예배를 위해 고유하게 합목적적인 측면'을 평가하는 것을 배우게 되었고, 더 나아가 '건축술적 형태화가 기독교의 내면적 정신과 합치하는 것das Zusammenstimmen der architektonischen Gestaltung mit dem inneren Geist des Christentum'을 알게 되었다고 언급하기 때문이다.[38] 더 나아가 괴테처럼 헤겔은 고딕 건축술을 그 어원이 되는 고트인들과는 분리해 '독일식 또는 게르만식 건축술die deutsche oder germanische Baukunst'이라고 부르고 싶어 한다.[39] 이처럼 괴테나 헤겔이 고딕이라는 명칭 대신 '독일식'이나 '게르만식'이라는 명칭을 사용하기를 바라는 관점의 배후에 있는 그들의 공통 문제의식을 주목할 필요가 있다. 고딕 양식이 본래 중세의 건축 양식이기는 하지만, 헤겔이 '본래적으로 낭만적인 것의 특징적인 중심점'을 형성하는 건축술로 고딕을 꼽는 이유는, 헤겔 당대까지 고딕 양식 전반을 포괄하면서 특히 거기에 괴테 식으로 참신한 의미가 새롭게 부가되었기 때문이다. 일차적으로 이러한 맥락에서 왜 헤겔이 낭만적 건축 부분에서 고딕 건축만을 중점적으로 다루는가를 이해할 수 있다. 괴

---

37 김정락, 「프랑스 신고전주의건축이론에 대한 괴테의 논평으로서의 「독일 건축에 대한 소고 (1771~72)」」, 『서양미술사학회논문집』 제40집, 서양미술사학회, 2014, 54쪽.

38 Ästhetik2, p.330(두행숙3, 152쪽). 여기서 분명히 헤겔도 르네상스 시기에 바자리(Giorgio Vasari)가 고딕이라는 명칭을 야만적인 중세 예술을 지칭하기 위해 사용했다는 점을 의식하고 있는 것으로 보인다. 이에 관해서는 다음을 참조할 것. Kehler, p.285.

39 Ästhetik2, p.271(두행숙3, 62쪽); Kehler, p.169. 쉥켈(Karl Friedrich Schinkel)도 기독교와 결부시키면서 '독일 건축'이라는 고딕의 규정을 확장한다. Pfordtens, p.286, 편집자 주석 217번 참조.

테와의 관계에서 추정해 보건대, 헤겔은 자신의 당대까지를 낭만적 예술형식이 지배하는 시기로 보았고 그 대표 격을 고딕 건축이라고 간주했던 것이 분명하다. 따라서 미학에서 고딕 건축에 관한 헤겔의 논의는 적어도 헤겔 당대까지를 포괄하는 맥락에서 이해되어야 한다.

3. '세상의 축소판'으로서 고딕 건축

이처럼 주로 괴테와의 관계에서 드러나는 고딕 건축을 둘러싼 외적 맥락뿐만 아니라, 헤겔이 미학에서 고딕 건축 자체에 대해 어떤 구체적 논의를 하고 있는가를 살펴봄으로써, 우리는 헤겔이 '낭만적 건축'을 통해 의미하려는 바가 무엇인지를 좀 더 구체적으로 파악할 수 있다. 헤겔은 낭만적 건축의 보편적 특징을 고딕 성당의 내·외부 구조를 중심으로 논한 후, 그것을 특수한 건축 형태화 방식에서 좀 더 구체적으로 설명하고 있다. 고딕 성당은 예배라는 종교 목적을 위해 만들어진 건축물이지만, 거기에는 종교라는 특정한 목적에만 기여하는 '예속적 건축술'만이 아니라 '자립적 건축술'이 통합되어 있다고 헤겔은 주장한다.[40] 특히, 헤겔은 건축물도 예술작품이라는 관점에서 전자의 측면 못지않게 후자의 측면, 즉 건축물이 예술작품으로서 "대자적으로 확고하고 영원히 거기에 서 있다"는 점을 중요하게 생각한다.[41] 이 점을 고려하여 헤겔은 고딕 건축의 건축술적 특징으로 두 가지 면을 든다. 그중 하나는 '유한자를 뛰어넘는 고양 Erhebung über das Endliche과 단일한 확고함einfache Festigkeit'이고, 다른 하나는 '총체성Totalität을 깨뜨리지 않으면서 분화와 분열, 다양성에 최고의 여지를 마

---

40 Ästhetik2, p.330(두행숙3, 152쪽).
41 Ästhetik2, p.331(두행숙3, 153쪽).

련해 주는 것'이다.[42]

우선 후자의 측면과 관련해 보면, 헤겔은 고딕 건축에서 다양성을 가장 잘 드러내는 것이 장식의 측면이라고 본다. 고딕 건축은 실재보다 더 크고 높게 보이기 위해 단순한 평면들을 통로가 있는 형태로 분할하고 위로 솟구치는 형태로 만들어진다. 이를 위해 기둥이나 첨두아치 등도 장식으로 활용된다. "이러한 방식으로 거대한 덩어리가 지닌 단순한 통일성은 분산되고, 최후의 유한성과 파편성에 이르기까지 다듬어져 전체는 그 자체로 가장 엄청난 대립 상태에 있게 된다."[43] 고딕 건축에서는 시각적으로 건물의 전체 윤곽이 들어오면서도 동시에 다 볼 수 없을 정도로 매우 풍부하고 다양한 장식들도 있으므로, '가장 보편적이면서 단순한 것'과 '가장 현란한 특수성'이 극단적으로 대조된다. 그런데, 헤겔에 의하면 고딕 건축물에서 '압도적인 엄숙의 장엄함'이 유지되도록 하기 위해서는, 건물의 기본 윤곽이 장식의 수와 변화에 의해 파괴되거나 가려지지 않고, 오히려 본질적인 것인 기본 윤곽이 다양성을 완전히 관통하도록 하는 것이 중요하다. 고딕 건축에서는 '감각적이고 질료적이며 공간성을 띤 덩어리'를 그대로 두지 않고 그것을 잘게 나누거나 구멍을 뚫어 그 질료가 '직접적인 응집력과 독자성'을 지니지 않는 것처럼 보이게 만드는데, 이는 '정신의 내면 자체'가 질료로 표현된 후 '자신에게로 되돌아와서 자기 자신을 유지하는 상태'를 가능케 하기 위해서다.[44] 헤겔에 의하면 "그처럼 거대하고 무겁게 내리누르는 돌덩이들이 견고하게 서로 결합되면서도 가벼운 장식들이 그처럼 완벽하게 보존된 건축은 고딕 건축 외에는 없다".[45] 이처럼 헤겔은 고딕 건축이 총체적 단일성을 깨뜨리지 않으면서도 분화와 분열, 다양성에 최고의 여지를 마련해 줌으로

---

42 Ästhetik2, p.331(두행숙3, 153쪽).
43 Ästhetik2, p.344(두행숙3, 170쪽).
44 Ästhetik2, p.345(두행숙3, 171쪽).
45 Ästhetik2, p.346(두행숙3, 172쪽).

써 '예술적 위대성'을 잘 구현하고 있다고 본다.[46] 헤겔은 고딕 건축에서 보편적 측면과 특수한 측면의 이 관계를 '종교적 예배'에 비유하기도 한다. 즉, 고딕 건축의 표현 양식은 "종교적인 예배가 모든 개인들의 심정과 생활의 특수성들을 두루 관통해 보편적이며 확고한 표상을 가슴에 파괴될 수 없게 새겨 넣는 것과 같다"[47]는 것이다. 그리고 이것이 고딕 건축이 '낭만적인 예술형식'에 합치하는 것을 보여주는 특징이라고 헤겔은 본다. '낭만적인 것'은 '이념다운 것의 자기 내 복귀'라는 '내면성의 원리'를 지니고, 이 정신다운 '내면'을 외부에 투영한 후 다시 자신 속으로 환수해야 한다.[48]

이처럼 '낭만적인 것'의 가장 핵심은 '정신의 내면적 주관성'인데, 이를 더 잘 보여주는 것이 전자의 측면, 즉 '유한자를 뛰어넘는 고양과 단일한 확고함'이다. 이와 관련해 헤겔은 고딕 건축의 '닫힌 공간 구조'와 이를 통해 비롯되는 인간의 '내면성 강화'를 강조한다. 고딕 성당의 주요 형식은 '완전히 닫힌 건물'로서, 이 건물은 '기독교 공동체의 모임을 위해 그 자체로 모든 측면에서 한정된 장소'가 된다. 고딕 건축의 닫힌 공간은 '내면성의 응집'을 강화하는데, 왜냐하면 '공간적으로 닫힌 것은 바로 심정이 자신 속에 모이는 상태'[49]와 무관하지 않기 때문이다. 그런데, 고딕 건축은 기독교적 예배라는 목적에만 종속되지는 않는다. 헤겔에 의하면 '유한자를 뛰어넘어 무한자에로 고양되는 과정'으로서 "기독교의 예배는 심정이 현존재의 제한성을 넘어서서 주체[인간]와 신이 화해하는 과정 Versöhnung"이다.[50] 이 화해는 "구별된 측면들을 그 자체 내에서 구체화되어 있는 하나의 통일성[하나임]과 소통시키는[매개하는] 과정 Vermittlung"이기도 하다.[51]

46 Ästhetik2, pp.331~332(두행숙3, 153~154쪽).
47 Ästhetik2, p.345(두행숙3, 171쪽).
48 Ästhetik2, p.345(두행숙3, 171쪽).
49 Ästhetik2, p.332(두행숙3, 154쪽).
50 Ästhetik2, pp.334~335(두행숙3, 157쪽).
51 Ästhetik2, p.335(두행숙3, 157쪽).

이러한 화해와 소통을 가능케 해준다는 점에서 고딕 건축은 단순히 예배라는 목적을 위한 수단만이 아니라, 화해와 소통 자체가 발생하는 장소이기도 하다. 헤겔에 의하면 첨두를 정점으로 자유롭게 위로 뻗어 솟구치면서 함께 모이려는 경향을 보이는 고딕 성당의 형태는, 이러한 화해와 소통의 과정이 물질적으로 형상화된 모습을 보여준다. 고대 그리스 신전과 달리 고딕 성당이 인간에게 각인시켜주는 인상은, "외부 자연과 세속성으로부터 벗어나 스스로를 자신 속에 밀집시키는 심정의 고요함"이자, "지성적으로 한정된 것을 뛰어넘으려고 하는 장엄한 숭고성"이다. 폐쇄된 어두운 공간 안으로 스테인드글라스를 통해 희미하게 비치는 굴절된 빛은 그 내부에 있는 사람들이 내면에 더 집중할 수 있게 한다. 이처럼 고딕 건축이 제공하는 공간은 "사람들의 예배와 그 내면의 몰두를 위해, 사람을 통해 사람을 위해서만 만들어진 세계다".[52] 이러한 이해는 헤겔이 괴테를 언급하며 고딕 건축에서 '건축술적 형태화'가 기독교의 '내면적 정신'과 '합치'를 이룬다고 한 내용과 연관된다.

앞서 언급한 것처럼 세 가지 예술형식에 대한 헤겔의 기준에 의하면, 고딕 건축에서 물질적 구현이 정신적 내면과 합치한다는 것은 상징적 예술형식이 보여주는 특징이 아니다. 낭만적 건축인 고딕 건축에서는 상징적 예술이 지니고 있던 두 가지 결점이 모두 극복된다. 한편으로 고딕 건축에서는 이념이 더이상 무규정적 상태가 아니며, 다른 한편으로 고딕 건축은 그 이념을 표현하기 위해 자연형태를 사용하지도 않는다. 자연형태를 사용하더라도, 그것은 더이상 자연물 그 자체로 의미를 지니지 않는다. 고딕 건축은 재료의 측면에서는 여전히 물질성에 의존할 수밖에 없지만, 그 본질적 특성에서 상징적 예술은 아니다. 따라서, 건축이 상징적 예술형식을 기본전형으로 삼는다는 헤겔의 언급은 고딕 건축과 관련해서는 제한적으로 이해되어야 한다.

52 Ästhetik2, p.333(두행숙3, 155쪽).

    그러면 위에서 언급한 고딕 건축에서의 '합치'는 어떻게 이해되어야 적절할까? 낭만적 예술형식의 특징은 내용과 형식의 '합치'가 아니라 '해체'와 '분열'에 있으므로, 이 합치는 고대 그리스의 신상으로 구현된 내용과 형식의 직접적 일치가 아니라, 살아있는 인간을 매개로 한 '대자적인 일치, 통일'로 이해되어야 한다. 왜냐하면 고전적 예술형식에서 내용인 '인간적 본성과 신적 본성의 통일'은 '직접적이며 즉자적으로' 존재하고 '직접적이며 감각적인 방식으로 적절히 구현'될 뿐이지 아직 이 통일에 대한 '내면적이고 주관적인 앎'이 생겨나지는 않았던 데 비해, 즉자적인 통일에 대한 '자기의식적인 앎'은 낭만적 예술형식에서 가능하며, 의식이나 자기의식은 주체로서 인간을 전제해야만 하기 때문이다.[53] 그래서, 헤겔은 이 둘의 구분을 '인간과 동물의 구분'에 빗댄다. 인간은 동물이지만 자신의 동물적 기능들을 의식하면서 직접적이며 즉자적 상태를 지양하고 '정신인 인간 자신의 앎'에 이른다.[54] 이처럼 낭만적 예술형식에서 '참된 요소'는 더이상 직접적이며 감각적인 형태가 아니라 인간 주체의 '자기의식적인 내면성'이다. 따라서, 고딕 건축도 자기의식적 내면성에 기반해 있는 낭만적 예술형식이기에, 고딕 건축에서는 정신적 내면과 외적 형태화 사이에 '매개자'로 '살아있는 인간들'이 설정되어야 한다. 이 점에서 엄밀히 말해 고딕 건축에서 '합치'는, 고딕 건축이 '인간에게 유발하는 효과'가 '인간의 내면적 정신성'과 일치하는 것을 의미한다. 고딕 건축이 살아있는 인간에게 미치는 영향을 고려치 않고 건축물 자체만 놓고 본다면, 고딕 건축은 그 자체로 내용과 형식의 합치를 전혀 보여주지 못한다. 더 나아가 '정신다운 내면의 세계'가 낭만적 예술의 내용을 이루므로, 비록 이 내용이 표현되기 위해 감각적 외면을 필요로 하지만 이 감각적 외면은 '비본질적이고 일시적인 것'으로 전락하고 만다.[55] 오히

---

53 Ästhetik1, pp.111~112(두행숙1, 163~164쪽).
54 Ästhetik1, p.112(두행숙1, 164쪽).

려 그 속에서 활동하는 인간들 각자가 자신의 내면에 집중하는 데 적합하게 형태화된 것이 고딕 건축이므로, 인간의 모습으로 신을 구현한 고대 그리스의 신상과 달리 고딕 건축은 실제로 살아있는 주체로서의 인간들을 통해서만, 인간들을 매개로 해서만 자신의 본질을 드러낼 수 있다.

이렇듯 고딕 건축은 거기서 살아가며 활동하는 인간들과의 관계를 중심에 놓는다는 점에서 여타의 예술작품들과 구분된다. 헤겔에게 건축은 다른 예술작품들처럼 자신의 본래적인 터와 분리된 채, 미술관이나 박물관에 전시해 놓은 작품들처럼 감상될 수 없다. 헤겔은 건축이 예술이면서 동시에 '삶의 공간을 만드는 일'이라는 점을 분명히 의식하고 있다. 특히, 고딕 건축은 헤겔에게는 과거의 유물만이 아니라 자신 당대의 현재적 삶을 보여주는 공간이자 장소였던 것이다.[56] 헤겔도 이 점을 의식하면서, 고딕 건축은 '한 민족 전체를 위한 공간'이며 그 안에서 그 도시와 주변 공동체가 모여 다양한 관심사들로 서로 가까이 자리할 수 있다고 언급한다.[57] 여러 가지 다양한 일들, 즉 세례식, 결혼식, 장례식, 미사 등과 같은 인생의 중요한 일들이 그 속에서 발생하는 고딕 성당은 헤겔에게는 '세상의 축소판'이다.

이와 같이 아주 다양한 모든 일들을 하나의 동일한 건물이 다 포괄하고 있다. 그러나, 이 다양함과 개별적인 일들은 그것들이 끊임없이 교체되는 가운데, 그 건물의 폭과 크기와 대조되면서 동시에 사라지기도 한다. 어떤 것도 그 전체를 채우지 못하며 모든

---

55 Ästhetik1, p.113(두행숙1, 165쪽).
56 '호토판 미학'에서 헤겔은 낭만적 건축을 고딕 이전, 고딕, 민간 건축으로 구분하고 있으나, 정작 고딕 건축에 관한 논의에서 실제로 대표 사례가 되는 건축물이 무엇인지는 언급하지 않고 있다. 이는 상징적 건축과 고전적 건축을 다룰 때와는 차이가 난다. 그래서 고딕 건축에 관한 그의 논의가 특정한 건축물에 대한 분석인지는 문제가 될 수밖에 없다.
57 Ästhetik2, 340쪽(두행숙3, 166쪽). 실제로 과거에 주로 도시에 건축된 고딕 성당은 그 지역의 전 인구를 수용할 만한 규모로 지어졌다고 한다. 사카이 다케시, 앞의 책, 98~99쪽.

것은 빠르게 스쳐 지나가고, 개인들은 그들의 각종 시도와 더불어 이 거대한 건물 안에서 마치 작은 점들처럼 사라지고 흩어진다. 순간적인 것은 그것이 순간적으로 스쳐 지나가는 가운데서만 가시화되며, 그 위로는 거대하고 무한한 공간들이 견고하고도 항상 동등한 형태와 구조로 솟구쳐 오른다.[58]

고딕 성당을 묘사한 이 언급은 마치 우리가 살아가는 세상을 연상시킨다. 우리가 살아가는 세상은 자연적으로 그냥 주어진 세계가 아니라 인간이 역사를 통해 만들어 낸 결과물이다. 이렇게 역사적으로 형성된 세상 전체에서 개인들은 점들처럼 나타났다가 사라지지만, 그 세상 자체는 사라지지 않는다. 앞서 보았던 것처럼, 건축이 예술의 시원이라고 이해하면, 건축은 보통 생각하듯이 단순히 좁은 의미에서 예술 장르들 중 하나만이 아니라, 매우 포괄적인 의미를 지닌다. 건축은 자연으로서의 대지에 인간이 뭔가를 구축하는 행위와 과정, 그 결과물을 통칭한다. 여기에는 인간이 이루어 놓은 과거의 모든 것이 포함될 수 있다.[59] 이러한 맥락에서 실제로 헤겔은 『역사철학강의』에서 태양이 동쪽에서 떠 서쪽으로 향하는 과정에 비유하여 세계사의 진행을 언급하면서, 인류의 세계사적 과정 전체를 자연이라는 대지 위에 정신의 '건물Gebäude'을 세우는 것으로 이해한다. 그리고 인간이 '자기 내면의 태양'인 '정신'으로부터 형성한 '건물'이 최초의 '외부 태양'보다 더 고귀하고 존경할만한 것이라고 주장한다.[60] 여기서 '건물'은 단순한 비유가 아니라 인간이 자신의 정신으로 건축한 결과물 전체를 가리킨다. 이 점에서 헤겔에게 고딕 건축은 인류의 역사에서 하루가 저물 즈음

---

58 Ästhetik2, p.341(두행숙3, 166~167쪽).
59 건축과 역사이론의 관련성에 대해서는 다음을 참조할 것. H. Ladha, "Hegel's Werkmeister, Architecture, Architectonics, and the Theory of History", in : OCTOBER 139, 2012, pp.15~38.
60 TW12, pp.133~134(역사철학, 108~109쪽).

완성에 이른 이 세상의 축소판과 같다.[61]

역사적 세계 전체를 완성된 고딕 건축물과 견주게 되면, 헤겔의 언급들 중 흥미로운 구절이 시야에 들어온다. 그것은 헤겔이 '23년 미학 강의'에서 "사람들은 그 넓은 곳을 유목민처럼 정주하지 않고[노마드적으로]nomadisch 배회한다"[62]라고 언급하고 있는 부분이다. '28~29년 미학 강의'에서도 헤겔은 다음과 같이 언급한다.

> 사람들은 여기서 노마드적 삶ein nomadisches Leben을 꾸려나간다. 각자는 자신의 일을 지닌다. 시체들이 봉헌되고, 다른 이들은 고해성사를 하거나, 예배를 드린다. 하나의 온전한 세상eine ganze Welt이 표상되며, 한쪽은 다른 쪽 곁에서 방해받지 않은 채 살아간다.[63]

여기서 '노마드'라는 표현은 일차적으로 개신교 교회 내부에 긴 의자가 배치되어 있는 것과 달리, 고딕 성당 내부에는 의자가 없이 사람들이 이일 저일로 왔다 갔다 하는 상황을 묘사하기 위해 사용된 것이다. 그런데, 만일 단지 이 의미로만 사용하려 했다면 굳이 '노마드'라는 표현을 사용할 필요 없이 다른 표현을 사용할 수도 있었을 것이다. 이러한 정황들을 고려하면 이 문맥에서 헤겔이 사용한 '노마드'라는 표현을 어떤 의미로 이해해야 할지는 논란이 될 수밖에 없다.[64] 그런데, 이 표현의 의미를 확정하기 힘들다고 해서 그것을 현대철학의 관

---

61 이와 연관하여 역사나 예술을 만들어나가는 정신을 장인(Werkmeister)이나 건축주(Bauherr)에 비유한 구절들도 주목할 필요가 있다. Ästhetik1, p.124(두행숙1, 178쪽); Ästhetik3, p.356(두행숙3, 712쪽); GW20, p.55(§13)(서동익 역, 『철학강요』, 서울 : 을유문화사, 1998, 70쪽, 이하 철학백과로 표기한다).

62 Hotho, p.227(권정임, 321쪽). '호토만 미학'에도 "인민들은 도처에서 유목민들처럼(nomaden-mäßig) 제단과 성상들 앞에 무릎을 꿇고 있다"라는 언급이 있다. Ästhetik2, p.341(두행숙3, 166쪽).

63 Heimann, p.145.

점에서 섣불리 과도하게 해석하는 일은 결코 적절치 않다. 헤겔의 글에서 문맥 상으로 보아 한 가지 분명한 점은, 고딕 성당은 조용히 의자에 앉아 예배드리는 장소가 아니라 다양한 일상의 일들이 일어나는 곳이며, 이 점을 좀 더 선명하게 보여주기 위해 헤겔이 이 '노마드'라는 용어를 사용했다는 것이다. 따라서, 현 대철학의 관점에서 과도하게 해석하지 않고서도, 헤겔이 변화무상하고 다양하 게 전개되는 '일상'을 표현하기 위해 이 용어를 사용했다고 판단하는 것은 그렇 게 부적절한 이해로 보이지 않는다.

　이상의 논의에서 우리는 고딕 건축의 특징을 크게 '주관성'과 '일상성'이라는 두 개념으로 압축할 수 있다. 이 주관성과 일상성은 모두 인간의 내면이나 활동 과 관련이 있고, 잘 알려져 있다시피 헤겔 미학에서 '낭만적 예술형식'의 핵심 특징이기도 하다. 그런데, 예를 들어 후기 네덜란드 장르화에서는 주로 소재의 측면에서 일상성이 중시된 반면,[65] 고딕 건축은 실제 살아있는 인간들이 다양한 일상을 꾸려나가는 장소다. 고딕 건축은 회화의 공간인 평면 캔버스가 아니며, 실제 인간들의 삶이 이루어지는 터다. 더구나, 고딕 성당은 더이상 신성하며 초 월적인 신의 공간이 아니라 보통의 인민들이 생활을 꾸려나가는 세상이다. 고 딕 건축에서 인간이 자신의 내면을 강화함으로써 유한성을 뛰어넘어 무한성과 화해하고 소통할 수 있다고 할 때, 이 화해와 소통은 유한한 인간이 발을 딛고 서 있는 세계를 초월한 곳에서 가능한 것이 아니다. 여기서 신은 더이상 주체인 인간의 밖에 초월적으로 존재하는 신이 아니라, '주관의 의식 속에 살아있고 현 존하는 신'이다.[66] 따라서 고딕 건축에서 모든 이들은 '자기 자신 속에 있는 무

64　헤겔은 『역사철학강의』에서 '노마드'라는 표현을 유목민과 관련해 두 번 언급한 경우를 제외하 고 이 표현을 사용하지 않는다. TW12, pp.131·244(역사철학, 107·194쪽). 그런데, '20~21 년 미학 강의'에서 헤겔은 무어인과 고딕 건축의 상관성을 강하게 부정하고 아랍인은 건축술에 서 어떤 위대한 천재성도 지니지 않았다고 언급한다. Ascheberg, p.206(서정혁, 338쪽). 이때 문에 '노마드'라는 개념을 아랍의 유목민과 관련해 이해해야 한다고 단언하기는 어렵다.
66　헤겔의 회화론에 관해서는 이 책의 제2부 제3장을 참조할 것.

한성'[67]으로 고양된다고 헤겔이 주장할 때, 이 무한성은 인간이 자기반성을 통해 도달하는 내면과 다르지 않다.[68] 일상을 살아가는 주체로서의 인간이 자신의 내면에서 반성적으로 심화되는 과정이 곧 정신의 고양 과정이기도 하다.

헤겔의 건축론의 특징을 살펴보면, 비록 헤겔이 당대의 다양한 건축 양식들을 다루지 않고 고딕 양식에 집중해서 논의를 전개하고는 있지만, 그 때문에 헤겔이 다른 예술 장르들에 비해 건축의 미학적 의미를 과소평가했다고 판단하는 것은 부적절하다는 점을 알 수 있다. 예상보다 건축은 헤겔 미학에서 매우 중요한 비중을 차지한다. 그 이유는 앞서 언급한 바처럼 헤겔이 건축을 독립적인 예술작품으로만 보지 않고, 살아있는 인간이 활동하는 장소로 보고 있기 때문이다. 헤겔 당대의 건축은 기술과 재료 면에서 현대에 비해 정신성을 표현하기에 많은 한계를 지니고 있었다. 한편으로 헤겔은 건축의 본질이 '중력의 법칙'에 따르는 '질량(무게)'을 보여주는 것이라고 보았기에,[69] 그의 논의는 현대 건축의 관점에서 볼 때 일종의 '지나가 버린 과거'로 간주될 수 있다. 그러나, 동시에 앞서 논의한 내용을 토대로 본다면, 다른 한편으로 헤겔은 고딕 건축이 건축의 본래적 한계를 초월할 수 있는 가능성을 보여준다고 생각했고, 실제로 낭만적 건축에 이르면 건축이 이미 자신의 고유한 영역을 넘어서게 된다고 주장한다.[70]

과연 헤겔이 우리 시대로 되돌아와 새로운 소재와 발달된 기술로 만들어진

---

66 Ästhetik1, pp.116 · 119(두행숙1, 168 · 172쪽).

67 Ästhetik2, p.331(두행숙2, 153쪽).

68 이러한 맥락에서 브렌젠(J. C. Berenzen)은 건축이 어떻게 설계되느냐가 인간의 자기 반성에 영향을 미칠 수 있다고 하면서, 고딕 건축에 관한 헤겔의 논의도 그 건축 내에서 유발되는 '반성의 형식'이 사회적 함축을 지닌다는 점을 보여주며, 헤겔 미학에서 건축이 반성을 촉진하는 역할을 하는 것에 대해 일관된 논의를 제공한다고 주장한다. J. C. Berenzen, "Institutional Design and Public Space : Hegel, Architecture, and Democracy", in : *Journal of Social Philosophy* Vol. 39, No. 2, 2008, pp.292 · 298. 이 해석은 헤겔의 건축론을 새롭게 이해하는 데 유의미하고 중요하다고 판단된다.

69 Ästhetik1, p.120(두행숙1, 174쪽).

70 Ästhetik1, p.117(두행숙1, 170쪽).

현대 건축물들을 직접 목격한다면 어떤 느낌을 받을까? 프랭크 게리Frank Gehry 의 '빌바오의 구겐하임 미술관'을 헤겔이 본다면 무슨 말을 할까? 어쩌면 헤겔 자신에게는 건축의 한계를 뛰어넘으려는 현대 건축물들이 결코 새롭게 느껴지 지 않을 수도 있을 것이다. 왜냐하면 이미 그는 고딕 건축에서 현대 건축의 단초 를 보았고 그것을 자신의 철학적 논의로 보여주었다고 할 수 있기 때문이다. 이 점에서 헤겔의 건축론은 자신의 당대뿐만 아니라 우리 시대와 관련해서도 의미 있는 논의를 보여주며, 이는 회화와 시문학에 견줄만한 것이라고 판단된다. 헤 겔의 건축론을 그의 예술론에서 지엽적이고 부차적인 것으로 간주해서는 안 되 는 이유도 바로 여기에 있다. 건축이 역사적 기원 면에서나 개념적 질서 면에서 다른 모든 것들에 선행한다는 헤겔의 생각을 진지하게 숙고해 보면, 헤겔의 건 축 개념은 이 건축 위에 세워지는 전체 건물[체계]을 결정하는 것일 수도 있다.[71] 이 점에서 헤겔의 건축론, 그 중에서도 특히 고딕 건축에 관한 그의 논의는 예술 에 관한 그의 논의의 축소판으로 해석될 수도 있다.[72]

---

[71] R. D. Winfield, 앞의 글, p.9쪽.

[72] 라쿠어(C. B. Lacour)는 헤겔 미학에서 건축과 시문학의 밀접한 관계를 다루면서 이 양자가 미학이 할 일 뿐만 아니라, 정신이 만든 모든 형식들의 변증법이 해야만 할 일을 함께 수행한다고 주장하지만, 거기서 고딕 건축에 대한 논의는 누락되어 있다. C. B. Lacour, "From the Pyramids to Romantic Poetry : Housing the Spirit in Hegel", in : *Rereading Romanticism*, hrsg. von M. B. Helfer, Amsterdam : Rodopi B. V., 2000, pp.327~366.

조각론
라오콘과 빙켈만

1. 빙켈만과 고대 그리스

이 장에서는 고전 예술에 대한 관심을 부활시켜 신고전주의 운동이 전개되는
데 결정적인 역할을 한 빙켈만Joachim Winckelmann, 1717~1768을 중심으로, 조각
에 대한 헤겔의 미학적 논의를 검토해 보려고 한다. 헤겔은 미학에서 기본적으
로 빙켈만의 업적을 높게 평가하며, 이 입장은 시기가 다른 미학 강의들에서 일
관되게 유지된다. 예를 들어 '20~21년 미학 강의'에서 헤겔은 "실러가 등장하
기 전 빙켈만은 고대 예술작품들의 직관에 고무되어, 일상적 목적(교훈을 주거나
취미를 도야하는 등등)으로부터 완전히 벗어난 상태에서 이 작품들을 고찰했고 예
술에 새로운 의미를 일깨워 준 바 있다"[1]고 하면서 빙켈만의 선구적 업적을 긍
정적으로 평가한다. 여기서 빙켈만이 일깨워 준 '새로운 의미'는 특히 고대 그
리스 예술과 관련된다. 헤겔은 "이념상의 연구를 발전시키고 정체 모를 소문에
종말을 고한 장본인이 바로 빙켈만이다"[2]라고 언급하면서 고대 그리스 예술 연

---

1 Ascheberg, p.27(서정혁, 13~14쪽).
2 Ascheberg, p.217(서정혁, 356쪽).

구에서 빙켈만의 중요성을 강조한다. 이처럼 이미 '20~21년 미학 강의'에서부터 빙켈만의 중요성을 충분히 고려하면서 헤겔은 고대 그리스 예술, 특히 그 중에서도 조각에 관한 자신의 논의에서 빙켈만의 입장을 충분히 참조하고 비교적 상세히 소개하고 있다.[3] '23년 미학강의'에서도 헤겔은 조각을 논하는 부분에서 빙켈만을 집중적으로 거론하면서 매우 비중 있게 끌어들인다.[4] 조각에 관한 헤겔의 논의 전반에 고대 예술에 대한 빙켈만의 연구가 반영되어 있다는 점은 '호토판 미학'에서도 마찬가지다. '호토판 미학'에서는 빙켈만의 업적에 대해 다음과 같이 긍정적으로 평가한다.

> 우리가 고대 그리스 조각의 아름다운 걸작들을 좀 더 자세히 살펴보면, 조각의 이념상이 그 형태의 정신적으로 아름다운 표현을 통해 성취한 것을 지각할 수 있다. 특히 이러한 인식과 더불어 애정과 통찰의 생동성Lebendigkeit과 관련해, 빙켈만은 재생적 직관의 영감과 지성 및 분별력을 통해 부분들의 형식들을 개별적이고 특정하게 특징지우면서 고대 그리스의 아름다움의 이념상에 대해 무규정적인 잡설들을 추방해 버렸다. [이와 같은 일은] 풍부한 교훈만을 남긴 시도였다.[5]

여기서 헤겔은 빙켈만의 연구결과에 대해 사람들이 부분적으로 비판을 하거나 개별적인 오류를 지적할 수는 있지만, 그렇다고 그가 고대 그리스 예술에 대한 연구에서 남긴 업적이 과소 평가되어서는 안 된다고 지적하고 있다.[6] 헤겔이 긍정적으로 평가하고 있는 빙켈만의 주요 연구 성과는 사실상 헤겔 자신의 미

---

3 Ascheberg, p.226(서정혁, 370쪽).
4 '23년 미학 강의'에서 헤겔은 빙켈만이 이집트 양식과 고대 그리스의 이념상적인 양식을 비교한 점이나, '이념상적인 것'과 '자연적인 것'을 구분한 것에 대해 그에게 감사해야 한다고 언급하고 있다. Hotho, pp.236~238(권정임, 330~333쪽).
5 Ästhetik2, pp.377~378(두행숙3, 212쪽).
6 Ästhetik2, p.378(누행숙3, 212쪽).

학에도 적지 않게 반영되어 있다고 보는 것이 타당하다.[7] 왜냐하면 헤겔이 이념상에 관해 논의하면서 주로 고대 그리스 신상들을 염두에 두고 있는 것이 빙켈만의 영향이라는 해석이 가능할 뿐만 아니라,[8] 더 나아가 헤겔의 예술형식의 구분이 빙켈만의 고대 그리스 미술 구분 방식을 이어받은 것이라는 해석도 수용 가능한 것이기 때문이다.[9]

실제로 헤겔이 자신의 미학에서 빙켈만을 참고하고 있는 내용은 분량만으로도 상당 부분을 차지한다. 예를 들어, 헤겔은 조각에 관한 논의에서 눈의 크기와 위치, 이마와 귀의 생김새 등을 논하면서 빙켈만의 연구를 적극적으로 참고하거나 자신의 논거로 삼을 뿐만 아니라, 빙켈만의 연구에 기초해 자신의 주장을 좀 더 확장하기도 한다.[10] 또한 나체 여신상에 관한 언급에서도 빙켈만의 언급을 자신의 주장을 뒷받침하는 논거로 끌어들이고 있고,[11] 의상, 무기, 머리장식, 치장 등을 언급할 때도 빙켈만을 직간접으로 인용하거나 논거로 활용하고 있다.[12] 특히 고대 그리스 조각에 관한 논의와 더불어 고대 이집트 예술과 고대 그리스 예술을 비교하면서, 헤겔은 빙켈만의 입장을 매우 비중있게 참조하고 적극적으로 수용한다. "이미 정해진 규범대로 제작되어"[13] "내적이며 창조적인 자

---

7 핀카드(T. Pinkard)에 의하면, 빙켈만이 헤겔에 미친 영향은 초기 헤겔까지 거슬러 올라갈 수 있다. 이미 튀빙엔 신학교에서부터 헤겔은 횔덜린과 더불어 '이상화된 고대 그리스'를 동경했으며, 당대에 '엄청난 영향력을 발휘한 빙켈만의 저술'에 영향을 받았다. T. Pinkard, 전대호·태경섭 역, 『헤겔, 영원한 철학의 거장』, 서울 : 이제이북스, 2006, 54쪽.
8 이진석, 「헤겔의 예술개념」, 『미학대계』 1권, 서울 : 서울대 출판부, 2007, 401쪽.
9 마순자, 「예술사의 철학」, 『미학대계』 2권, 서울 : 서울대 출판부, 2007, 820쪽. "빙켈만은 작품의 형식에 근거하여 그리스 미술을 고대 양식, 숭고 양식, 우아 양식, 모방자 양식으로 구분하는데, 이것은 바자리가 르네상스 미술의 시기를 구분한 방식으로부터 영감을 받은 결과였다. 이후 빙켈만의 역사 구분 방식은 헤겔로 이어져 헤겔이 서양미술의 양식을 상징적, 고전적, 낭만적이라는 세 단계로 구분하는 데 결정적인 영향을 주었다."
10 Ästhetik2, p.388 이하(두행숙3, 224쪽 이하) 참조.
11 Ästhetik2, p.406(두행숙3, 248쪽).
12 Ästhetik2, pp.418·444(두행숙3, 264~265·306쪽).
13 Ascheberg, p.216 이하(서정혁, 353쪽 이하).

유가 결여된" 이집트 조각들에 비해,[14] 그리스 조각들은 "생동성과 자유로운 상상력"으로 산출되었고, "이 산출의 개체성 속에서 그 고유한 이념상적 직관과 고전적 완성도를 객관화했다"[15]는 헤겔의 언급에서 고대 그리스에 관한 빙켈만의 연구를 어렵지 않게 떠올릴 수 있다.

이상과 같이 미학에서 헤겔은 빙켈만을 적극적으로 수용하는 입장을 취하기 때문에, 직접적으로 빙켈만을 비판하는 내용은 두드러지지 않는 것처럼 보인다. 그런데, 헤겔은 '호토판 미학'에서 빙켈만에 대해 유일하게 한 곳에서 다음과 같이 그의 한계를 지적한다.

> 마찬가지로 이전에 이미 빙켈만은 고대인들의 이념상을 직관함으로써 다음과 같은 방식으로 영감을 받았다. 즉 그는 예술고찰을 위한 새로운 감각을 열었고 예술고찰을 보통의 목적이나 단순한 자연모방의 관점에서 벗어나게 하여 예술작품과 예술사에서 예술 이념Kunstidee을 찾아야 한다고 강력히 주장했다. 왜냐하면 빙켈만은 예술 분야에서 정신을 위해 새로운 도구Organ와 완전히 새로운 고찰방식을 열어준 인물들 가운데 한 명으로 간주되어야 하기 때문이다. 그러나 예술의 이론과 예술의 학문적 인식에 대해 그의 견해는 별다른 영향을 미치지 못했다.[16]

여기서 헤겔은 고대 그리스 예술에 대한 빙켈만의 선구적 업적을 여전히 긍정적으로 평가하면서도, 동시에 '예술이론과 예술의 학문적 인식'에 대한 그의 견해가 별다른 영향을 미치지 못했다고 빙켈만을 부정적으로 평가하고 있다.

---

14 Ästhetik2, p.448 이하(두행숙3, 311쪽 이하).
15 Ästhetik2, p.448 이하(두행숙3, 311쪽 이하). 여기서 헤겔은 고대 이집트와 그리스 예술을 비교하고 있다. 또한 헤겔은 고대 이집트로부터 고대 그리스로 이행하는 과도기로 에기나와 에트루니아 예술품들에 관해 언급하면서 빙켈만의 연구성과를 거의 그대로 전하고 있다. Ästhetik2, p.453 이하(두행숙3, 317쪽 이하) 참조.
16 Ästhetik1, p.92(두행숙1, 136 137쪽).

'호토판 미학'에 등장하는 빙켈만에 대한 헤겔의 이 유일한 부정적 평가가 객관적이며 신뢰할만한 것인지에 관해 의문이 제기될 수도 있다. 왜냐하면 잘 알려져 있듯이 당대에 빙켈만이 여러 분야에 미친 강한 영향을 고려해 보거나, 빙켈만이 선구적 업적을 남겼다는 점을 헤겔 자신이 긍정적으로 인정하고 있다는 점을 참조할 때, 호토에 의해 헤겔 사후에 편집 출판된 '호토판 미학'에서만 제기된 위와 같은 부정적 평가가 과연 헤겔 자신의 본뜻을 제대로 반영한 것인가를 의심해 볼 수 있기 때문이다.

그런데, 이미 위에서 인용한 '20~21년 미학 강의'의 서론에서 헤겔은 빙켈만을 슐레겔 형제와 셸링과 함께 거론하면서, "그들이 예술을 판정하는 데서 항상 올바른 길로 나아갔던 것은 아니다"라고 비판적인 견해를 내비치고 있다. 만일 여기서 '그들'에 빙켈만도 포함될 수 있다면, 이 헤겔의 언급을 '호토판 미학'의 부정적 평가와 함께 고찰해 볼 수도 있다. 그런데, 이렇게 부정적으로 평가하는 구체적 이유를 헤겔은 직접 제시하지 않고 있다. 그리고, 앞서 언급한 바처럼 헤겔 자신은 빙켈만이 범한 개별적 오류들을 확대 해석해서 그의 업적을 깎아내리려는 태도를 분명히 부적절한 것으로 주장한 바 있다. 만일 헤겔 미학에 얽힌 문헌학적 문제를 일단 논외로 하고 위 언급이 헤겔 자신의 주장이라고 가정한다면,[17] 이 비판적 주장은 단순히 빙켈만이 범한 개별적인 몇 가지 오류들에 관련된 문제가 아니며 좀 더 본질적인 맥락에서 중요한 의미를 지니는 것이라고 예상해 볼 수 있다. 그렇다면 과연 빙켈만에 대한 헤겔의 비판적 입장을 어떻게 해석하는 것이 적절할까? 이 물음에 적절한 답변을 모색하기 위해서는 빙켈만과 헤겔의 관계에 대한 좀 더 면밀한 재검토가 필요하다.

---

17 이렇게 가정한다고 해서, '호토판 미학'의 위 인용문이 헤겔 자신의 주장이라고 단정 짓는 것은 아니다. 이 문헌학적 문제는 별도의 상세한 논의가 필요하다. 다만, 이 글에서는 위 인용문의 진위 여부가 헤겔과 빙켈만의 관계를 규명하는데 적절한 보조 역할을 할 뿐이지 중심 주제는 아니라는 점을 밝혀 둔다.

2. '라오콘 군상'과 예술 장르론 문제

앞서 제기한 것처럼, 우선 빙켈만에 대한 헤겔의 비판적 이해와 관련해 예상해 볼 수 있는 가장 직접적인 답변은 일반적인 미술사적 연구의 전개 양상에서 모색될 수 있다. 헤겔은 '호토판 미학'에서 빙켈만 사후에 고대 조각 작품에 대한 정보가 상대적으로 증가한 상황을 소개한다. 빙켈만도 고대 이집트와 그리스의 조각상들을 직접 보긴 했으나, 그의 사후 그리스의 에기나Aigina 섬 유적에서 발견된 조각품들을, 특히 그 중에서도 페이디아스Pheidias, B.C. 480~430년경의 작품이라고 추정되는 것들을 빙켈만은 직접 확인할 수가 없었다는 점을 헤겔은 지적하면서 다음과 같이 말한다.

> 우리는 이념상적인 양식의 엄격함과 관련해 고대 그리스 예술이 가장 번성하던 시기에 속하는 일련의 조각들과 입상들과 부조들에 [빙켈만보다] 지금은 더 친밀하게 되었다.[18]

여기서 헤겔이 굳이 페이디아스를 언급하는 이유는 페이디아스 시대가 고대 그리스에서 조각 예술이 절정에 달했던 시기였기 때문이다. 그런데, 빙켈만이 생존한 당대에는 고대 예술품 발굴이 아직 본격적으로 시작되지 않았다. 로마와 피렌체, 그리고 한창 발굴이 진행되던 나폴리에서 빙켈만이 접할 수 있었던 작품들은 대부분 로마 시대의 모작이었고, 페이디아스와 그 일파에 속하는 예술가들의 작품들은 거의 없었다. 이 점에서 빙켈만은 미술사적으로 중요한 사상가임에도 불구하고 그의 연구에서 한계를 지닐 수밖에 없었고, 그것은 빙켈만 자신의 한계라기보다 그의 시대의 한계였다.[19] 헤겔도 이 점을 잘 알고 있었

---

10 Ästhetik2, p.578(두행옥3, 213쪽).

으므로, 앞서 헤겔이 빙켈만에 대해 '예술이론과 예술의 학문적 인식'에 별다른 영향을 미치지 못했다고 부정적으로 평가하는 것도 이러한 외적 요인 때문이라는 예상을 해 볼 수 있다.

그러나, 헤겔은 이와 같은 외적 요인에 과도하게 의존하지 않으면서, 아무리 미술사적인 지식이 빙켈만 사후에 확장되었다고 하더라도, 빙켈만이 고대 그리스 예술에 대해 확립한 주요 업적을 간과해서는 안 된다고 분명하게 주장한다.[20] 그의 시대적 한계를 빙켈만의 한계와 동일시한다고 해도 미술사에 대한 그의 공헌이 간과될 수 없다는 것이 헤겔의 기본 입장이다. 따라서 '빙켈만이 예술이론과 예술의 학문적 인식에서 별다른 영향을 미치지 못했다'라는 헤겔의 주장을 뒷받침하는 정당한 이유를 제시하려면, 고고학적 성과와 같은 외적 요인에 근거한 미술사적 접근보다는 좀 더 심층적인 철학적 접근이 필요하다. 즉, 헤겔이 빙켈만에 대해 그렇게 부정적으로 평가하는 데에는 단순히 빙켈만의 '미술사적 한계'를 지적하는 데 그치지 않고, 그 심층에는 헤겔 나름의 '철학적 이유'가 있을 것이라는 점을 가정해 볼 수 있다.

그런데, 헤겔의 시기별 미학 강의들을 모두 검토해 보더라도, '호토판 미학'에서 헤겔 자신이 제기한 위 문제에 대한 직접적인 이유를 찾기는 쉽지 않다. 그렇기 때문에 이 문제에 대한 적절한 답변을 모색하기 위해 우리가 간접적으로 시도해 볼 수 있는 방법은 빙켈만과 헤겔을 이어줄 수 있는 '적절한 매개자'의 도움을 받는 것이다. 헤겔 미학에서 이 매개자의 역할을 해 주기에 가장 적절한 것이 바로 '레싱Gotthold Ephraim Lessing, 1729~1781'과 '라오콘 군상'이다. 왜냐하면 헤겔은 미학에서 위에서 언급한 구절 외에 어느 곳에서도 빙켈만에 대해 직접 비판을 하지 않지만, '라오콘 군상'과 이 조각품을 두고 빙켈만에 대해 레싱

---

19 기정희, 『빙켈만 미학과 그리스 미술』, 서울 : 서광사, 2000, 29쪽 이하 참조.
20 Ästhetik2, p.378(두행숙3, 213쪽).

이 제기한 비판에 대해서는 분명하게 자신의 입장을 표명하고 있기 때문이다.

잘 알려져 있듯이 빙켈만은 『회화와 조각술에서 그리스 작품들의 모방에 대한 사상Gedanke über die Nachahmung der griechischen Werke in der Malerei und Bildhauerkunst』1755에서 고대 그리스의 여러 작품들 가운데 '라오콘 군상'을 두고 다음과 같이 그 의미를 해석한 바 있다.

> 고대 그리스 걸작들의 일반적이며 탁월한 특징은 결국 자세와 표현에서의 고귀한 단순성edle Einfalt과 고요한 위대성stille Größe이다. 바다 표면이 사납게 날뛰어도 그 심해는 항상 평온한 것처럼 그리스 조각상들은 휘몰아치는 격정 속에서도 침착함을 잃지 않는 위대한 영혼을 나타낸다. 이러한 영혼은 격렬한 고통 속에 있는 '라오콘 군상'의 얼굴에 잘 묘사되어 있다.[21]

빙켈만은 고대 그리스 예술의 특징을 '고귀한 단순성'과 '고요한 위대성'으로 압축해서 표현하면서, 이 특징을 잘 드러낸 작품으로 '라오콘 군상'을 들고 있다. 그런데, 고대 그리스 예술에 대한 빙켈만의 연구는 호메로스의 서사시에 대한 관심으로부터 출발하였고,[22] 『회화와 조각술에서 그리스 작품들의 모방에 대한 사상』도 회화나 조각보다는 본래 호메로스를 비롯한 고대 그리스의 시인들과 시문학에 대한 빙켈만의 관심과 연구로부터 비롯된 것이었다.[23] 따라서 '고귀한 단순성'과 '고요한 위대성'은 특정한 조각작품에 한정된 규정이 아니라 고대 그리스 예술 전반, 더 나아가 그것을 생겨나게 한 원천인 '고대 그리스 정

---

21 J. J. Winkelmann, *Gedanken über die Nachahmung der griechischen Werke in der Malerei und Bildhauerkunst*, hrsg. von L. Uhlig, Stuttgart : Philipp Reclam, 1969, p.20; 민주식 역, 『그리스 미술 모방론』, 서울 : 이론과실천, 1995, 74쪽.

22 W. Leppmann, *Winckelmann*, London : Gollancz, 1970, p.64. 레프만(W. Leppmann)은 "빙켈만의 사유의 중심에 호메로스가 자리 잡고 있었다"고 지적한다.

23 기정희, 앞의 책, 20~25쪽 참조.

신'에 대한 표현이라고 이해할 수 있다.[24] 빙켈만은 예술 장르들 간의 차이나 고유한 특징보다 모든 예술들의 기저에 자리한 시대정신의 본질을 드러내는 데 집중하면서, 고대 그리스 예술에서 '이념상적인 아름다움'이 구현되고 있다고 주장한 것이다.[25]

빙켈만과 거의 동시대를 살았던 레싱은 익히 잘 알려져 있는 바처럼 '라오콘 군상'에 대한 위와 같은 빙켈만의 해석을 비판한 바 있다.[26] 이는 레싱의 『라오콘―회화와 시문학의 경계에 관해Laokoon : oder über die Grenzen der Malerei und Poesie』1766 의 '머리말'만 읽어 봐도 쉽게 확인할 수 있다. 레싱은 이 책에서 '회화는 소리 없는 시이고 시는 말하는 회화'라는 기존의 전통적 통념을 비판하고, 조형예술과 시문학 각자의 고유한 장르적 특징을 고려하지 않은 관점으로 인해 시문학에서 '묘사벽'과 회화에서 '알레고리벽'이 초래되었다고 진단하면서,[27] "이런 옳지 않은 심미적 안목과 저 근거 없는 평가를 반박하는 것"[28]이 자신의 주된 목표라고 밝히고 있다. 그리고 바로 『라오콘―회화와 시문학의 경계에 관해』의 제1장 첫 구절부터 앞서 언급한 빙켈만의 주장에 대한 비판으로 레싱은 논의를 시작한다.[29] 물론 레싱은 이 글 이전에 시문학이 그림 그리듯 묘사하는 시대적 풍조에

---

24 이 이유로 빙켈만은 예술뿐만 아니라 철학에 대해서도 이 규정을 적용한다. "그리스 조각상들의 고귀한 단순성과 고요한 위대성은 또한 최전성기 때의 그리스의 저작들, 즉 소크라테스 학파 저작들의 고유한 특징이기도 하다. 그리고 이러한 특징이 바로 라파엘로가 고대인을 모방하여 도달한, 그 탁월한 위대함을 만든 것이다." J. J. Winkelmann, 앞의 책, p.22(민주식 역, 앞의 책, 80~82쪽).

25 '이념상적인 아름다움'에 관한 빙켈만의 언급에 대해서는 다음을 참조할 것. J. J. Winkelmann, 앞의 책, p.5(민주식 역, 앞의 책, 30쪽).

26 빙켈만과 레싱 사이에 직접적인 논쟁이 오가지는 않았다. 레싱의 『라오콘』이 출판되기 전에 빙켈만은 로마에 머물고 있었고, 1768년 빙켈만의 갑작스런 죽음으로 두 사람 사이에 직접 논쟁이 불가능하게 되었다.

27 G. E. Lessing, "Laokoon : oder über die Grenzen der Malerei und Poesie", in : *G. E. Lessing Sämtliche Schriften* Bd. 9, hrsg. von K. Lachmann. Stuttgart : G. T. Göschen'sche Verlagshandlung, 1893, pp.3~5; 윤도중 역, 『라오콘―미술과 문학의 경계에 관하여』, 파주 : 나남, 2008, 13쪽.

28 G. E. Lessing, 앞의 글, p.5(윤도중 역, 앞의 책, 14쪽).

대한 비판적 문제의식을 이미 가지고 있었고 이 책을 빙켈만을 비판하기 위한 목적으로만 쓴 것은 아니었지만, 수차례 이 책의 초안을 다듬는 과정에서 당대 고대 미술사의 권위자로 부상한 빙켈만에 의해 자신이 반박하려는 주장들이 지지되고 있다고 판단한 후 빙켈만에 대한 본격적 비판을 추가하기도 한다.[30]

'라오콘 군상'에 관한 헤겔의 논의는 미학에서 우선 이와 같은 레싱의 입장을 객관적으로 소개하는 것으로 시작한다. 헤겔은 '20~21년 미학 강의'에서 군상에 관해 언급하면서 몬테 카발로에 있는 '두 명의 조마사 군상'[31]보다 '라오콘 군상'이 "움직임과 행위의 면에서 훨씬 더 뛰어나다"고 평가한다. 그리고 '라오콘 군상'이 이미 사오십 년 전부터 수많은 연구 대상이 되어 왔다는 사실을 지적하면서, 그 중 레싱의 『라오콘─회화와 시문학의 경계에 관해』에 주목하고 있다.[32] 헤겔은 레싱의 이 책에 관해 다음과 같이 언급한다.

> 레싱은 라오콘이라는 제목으로 시문학과 회화의 구분에 관한 책을 출간한 바 있다. 이 책의 요점은 시문학이 대상들을 [시간적인] 계기적 상태로 표현하는 반면, 회화는 [공간적인] 병렬적 상태로 표현한다는 것이다. 그러나 이 점은 매우 피상적이며, 예술에 관한 연구의 시작을 보여 줄 뿐이다.[33]

여기서 헤겔은 조각을 회화와 함께 조형예술에 포함시켜 시문학과 비교하면

---

29 G. E. Lessing, 앞의 글, p.6 이하(윤도중 역, 앞의 책, 25쪽 이하).
30 이에 대해서는 『라오콘─미술과 문학의 경계에 관하여』의 옮긴이 해제 부분을 참조할 것. 특히, 레싱의 『라오콘』의 마지막 부분인 26장부터 29장까지가 빙켈만에 대해 집중적으로 비판하는 부분이다.
31 '몬테 카발로(Monte Cavallo)'는 로마 퀴리날레 광장(Piazza del Quirirale)에 있는 분수이며, 여기서 군상은 이 분수 뒤편에 카스토르(Castor)와 폴룩스(Pollux)라는 두 조마사와 말이 있는 군상을 가리킨다.
32 Ascheberg, pp.228~229(서정혁, 374~375쪽).
33 Ascheberg, p.229(서정혁, 375쪽).

서, 시문학이 사건의 전개에 따른 계기적 흐름에 기반하는 반면 조형예술은 병렬적인 공간적 조건에 기반할 수밖에 없다고 주장한 레싱의 입장을 소개하고 있다.[34] 기본적으로 헤겔은 이러한 레싱의 주장이 예술 연구에서 기초적인 면만을 보여준다는 점에서 매우 피상적이라고 평가하지만 그렇다고 그에 반대하는 것은 아니며, 이 입장은 '호토판 미학'에까지 이어진다. 예술 장르들 사이의 구분과 관련해 보면, 헤겔도 조각이 회화와 다를 뿐만 아니라, 조형예술이 시문학과 다른 장르적 특징을 지닌다는 점을 인정한다. 건축, 조각, 회화라는 조형예술들 간에도 물질성의 측면에서 각기 정도 차는 있지만, 이들이 모두 기본적으로 물질적 조건에 한정될 수밖에 없다는 점은 공통적이다. 이에 비해 시문학 자체는 언어로 표현되는 표상 자체 외에 다른 물리적 재료가 필요 없다.[35] 헤겔은 이처럼 각기 다른 예술 장르들의 구분을 수용하지만 이 구분 자체만 강조하는 레싱의 언급은 '연구의 시작일 뿐인 피상적인 관점'이며 '심층적인' 예술 연구는 아니라고 지적하면서, 예술 연구에 있어 이 구분 자체보다 더 중요한 면이 있다는 점을 피력하고 있다. 이러한 맥락에서 '20~21년 미학 강의'의 위 인용문에 이어 헤겔은 예술 장르들 사이의 관계에서 더 중요하게 다루어진 문제가 있다고 다음과 같이 주장한다.

라오콘이 절규하고 있는지에 대해 격렬한 논쟁이 있었다. 중요하게 다루어진 또 다른 문제는, 베르길리우스가 이 예술 작품[라오콘 군상]에 관해 묘사를 한 적이 있는지 여부와, 또한 베르길리우스의 묘사에 준해 [라오콘 군상의] 예술가가 작업을 했는지 여부였다.[36]

---

34 조각뿐만 아니라 회화 부분에서도 헤겔은 동일한 논의를 펼치고 있다. Ascheberg, p.269(서정혁, 446쪽).
35 Ascheberg, pp.291~292(서정혁, 480~483쪽). 헤겔은 시문학에서는 "표상이 재료이자 알맹이이며 수단이자 목적이다"라고 강조한다.

여기서 헤겔은 '라오콘 군상'에 대한 베르길리우스Publius Vergilius Maro, B.C. 70~19의 언급을 염두에 두고 미학에서 두 가지 문제를 제기한다. 그 중 하나는 '라오콘 군상'에서 라오콘이 과연 절규하고 있는가 하는 문제다.[37] 다른 하나는, 과연 시문학이 조형예술을 모방한 것인지, 아니면 조형예술이 시문학을 모방한 것인지 하는 문제다. 전자와 관련해 헤겔은 다음과 같이 말한다.

절규와 관련해 보면, 분명한 점은 [몸의] 각 지체肢體가 전력을 다하는 최악의 고통 속에도 아름다움이 포함되어 있고 그로 인해 [그 조각상은] 일그러지지 않는다는 사실이다.[38]

이 라오콘 군상에서 고찰할 수 있는 가장 본질적인 면은, 매우 고통스러우면서도 진실한 상황에서 육체가 경련을 일으키며 움츠러들고 모든 근육들이 저항을 하는데도 불구하고 아름다움의 고귀함이 보존되고 있으며 조금도 얼굴을 찡그리거나 몸을 뒤틀거나 관절을 접질리는 상태를 보이지 않고 있다는 점이다.[39]

그런데, 라오콘의 절규에 대한 헤겔의 이러한 해석은 사실상 레싱보다 빙켈만의 입장에 더 가깝다.[40] 베르길리우스가 『아이네이스Aeneis』에서 "라오콘이 별에까지 들리도록 무섭게 부르짖었다"고 표현한 것이 고요하면서도 위대한 아름다움에 대한 해석으로는 부적절하다고 빙켈만이 판단한 것처럼,[41] 헤겔도 라

---

36 Ascheberg, p.229(서정혁, 375~376쪽).
37 이 '라오콘 군상'의 절규에 관련된 논쟁사에 관해서는 다음을 참조할 것. D. König, *Das Subjekt der Kunst : Schrei, Klage und Darstellung*, Bielefeld : transcript Verlag, 2011.
38 Ascheberg, p.229(서정혁, 376쪽).
39 Ästhetik2, p.434(두행숙3, 292쪽).
40 이처럼 레싱은 절규하는 것이라고 봄으로써 빙켈만, 헤겔과는 다른 입장을 취한다. G. E. Lessing, 앞의 글, p.10 이하(윤도중 역, 앞의 책, 26쪽 이하) 참조.
41 J. J. Winkelmann, 앞의 책, p.20(민주식 역, 앞의 책, 74쪽). "힘줄이나 신체 자세에서는 전혀

오콘이 극도의 고통 속에서도 추한 모습이 아니라 아름답고 숭고한 모습으로 표현되고 있다고 해석하기 때문이다. 그러나, 이보다 더 중요한 둘째 문제와 관련해 헤겔은 빙켈만의 입장에 우호적이지 않다. 그 이유는 헤겔 미학의 내용을 좀 더 면밀히 검토해 보면 드러난다. 둘째 문제는 좁게 보면 과연 시인인 베르길리우스가 '라오콘 군상'을 본 후 자신의 시에서 그것을 묘사한 것인지, 아니면 베르길리우스가 시에서 묘사한 내용을 후에 참고하여 조각가가 '라오콘 군상'을 제작한 것인지 여부에 관한 물음이다. 우선, 과연 빙켈만이 직접 본 '라오콘 군상'이 베르길리우스가 묘사하고 있는 작품과 동일한 것인지에 대해 일차적으로 의문이 제기될 수 있는데, 이미 앞서 언급한 것처럼 빙켈만이 직접 본 '라오콘 군상'은 고대 그리스의 진품은 아니었다. 헤겔은 미학에서 빙켈만 이후 진전된 고고학적 성과에 힘입어 빙켈만이 직접 본 '라오콘 군상'이 빙켈만이 생각했던 것보다 훨씬 후대의 것임을 확정적으로 밝히고 있다. 이와 관련해 헤겔은 다음과 같이 주장한다.

소재를 온전하게 구현해 내는 측면에서 보면, 우리는 이 작품이 후대의 더 아름다운 시대의 작품이며, 페이디아스 시대의 작품은 아니라는 것을 알 수 있다.[42]

이 작품 전체는 소재의 정신, 배치의 기교, 자세에 대한 이해와 이를 정교하게 가공한 수법 면에서 의심의 여지 없이 후대 작품에 속한다. 후대에는 이미 인간 육체의 구조와 근육에 대한 지식을 의도적으로 과시하면서 단순한 아름다움과 생동성을 능가하려고 함으로써, 매우 정교한 가공의 우아함을 통해 마음에 들려고 하는 시도가 있다.[43]

고통에 찬 격정이 드러나 있지 않다. 베르길리우스의 작품에서 라오콘이 질렀다고 하는 비명과 같은 그런 비명을 지르지는 않는다."
42 Ascheberg, p.229(서정혁, 376쪽).
43 Ästhetik2, pp.434~435(두행숙3, 292쪽).

이러한 인식은 『라오콘 – 회화와 시문학의 경계에 관해』에서 이미 레싱이 빙켈만에게 가한 비판과 일맥상통한다. 레싱은 '라오콘 군상'이 빙켈만이 생각했던 것보다 더 후대의 작품이라는 사실을 일차적으로 자신의 글에서 논증하려고 했다. 그런데 역사적 자료에 기초한 이러한 인식은 헤겔과 레싱이 공유하지만, 헤겔은 앞서 제시한 둘째 문제의 배후에 그보다 더 중요한 의미가 있다고 생각한다. 헤겔에 의하면 빙켈만은 시인이든 조각가든 고대 예술가들이 '역사 이전의 신들과 영웅들의 신화적 역사'를 배경으로 삼고 있다고 보았고,[44] 이러한 관점을 빙켈만은 '라오콘 군상'에 대한 해석에도 그대로 적용하려 했다. 이는 예술 장르들의 고유한 특징들의 차이에 따른 구분이나 각기 다른 장르들 사이에 우선성을 규정하는 문제와는 또 다른 문제다.[45] 즉, 빙켈만은 조형예술이든 시문학이든 예술이 구현해야 할 '이념상적 아름다움'이 신화를 배경으로 하는 '라오콘 군상'과 같은 고대 그리스의 예술작품에서 이미 실현되었다고 본다.[46] 그래서 빙켈만은 자신의 동시대 예술가들이 고대 그리스의 이념상적 아름다움을 모방해야 하고, 또 그렇게 해야 실수가 적을 것이라고 강조하고 있다. 이 점에서 '라오콘 군상'에 얽힌 예술 장르론의 문제는 '고대 미술 모방론'의 문제로 심화 확대될 수밖에 없다.

---

44 Ascheberg, p.231(서정혁, 379쪽).

45 헤겔 미학에서 문학과 조형예술의 관계에 대해서는 다음을 참조할 것. 권정임, 「헤겔미학에 있어서 문학과 조형예술의 상관성에 대하여」, 『미학예술학연구』 제14집, 한국미학예술학회, 2001, 37~61쪽. 역사적으로 볼 때 예술과 시문학은 동일한 기원을 갖지 않는다는 견해가 지배적이다. 예술은 테크네[기술]이지만, 시문학[포에지]은 영감에 의한 것이다. 전통적으로 조형예술(건축, 조각, 회화)은 전자에, 음악과 시문학은 후자에 속한다. 미학사적으로 볼 때 이 구분은 전통적으로 계속되어 왔으나, 플라톤이 시인 추방론을 주장하여 시문학과 회화[조형예술]를 동일한 예술 범주로 취급하고, 아리스토텔레스가 넓은 의미의 예술 속에 극시를 포함한 시문학을 포괄하면서 시문학에 적용가능한 테크네를 마련하는 데 집중함으로써 이 전통적 구분이 모호해진다. 예술 장르론에 관한 논쟁은 이러한 역사적 배경을 지닌 논쟁이고, 헤겔 당대에 이 논쟁을 다시 촉발한 이가 바로 레싱이다.

46 빙켈만은 '라오콘 군상'을 "폴리클레이토스의 카논, 즉 예술의 완전한 법칙"이라고 표현하기도 하다. J. J. Winkelmann, op. cit., p.4(민주식 역, 앞의 책, 28쪽).

3. '고대 예술 모방론'에 대한 헤겔의 비판

빙켈만은『회화와 조각술에서 그리스 작품들의 모방에 대한 사상』에서 다음 과 같이 고대 예술 모방론을 주장한 바 있다.

바야흐로 예술의 가장 순수한 원천이 열렸다. 그것을 발견하고 음미하는 사람은 행 복하다. 이 원천을 찾아가는 과정은 한마디로 아테네를 여행하는 것과 다름없다. (… 중략…) 우리가 위대하게 되는 길, 아니 가능하다면 모방적이지 않을 수 있는 유일한 길은 고대인[고대 그리스인]을 모방하는 것이다.[47]

빙켈만은 자연을 모방하는 것보다 고대 그리스 작품들을 모방함으로써 당대 의 예술가들도 훨씬 더 빨리 그리고 더 뛰어난 작품들을 창작해 낼 수 있다고 역설한다.[48] 헤겔은 이러한 빙켈만의 주장에 대해 어떻게 생각했을까? 앞서 드 러난 바처럼, 이와 관련되는 직접적 언급을 헤겔 미학에서 찾을 수는 없다. 그런 데, 앞서 매개자로 설정한 '라오콘 군상' 및 '레싱'에 관련된 언급들에 빙켈만에 대한 헤겔의 비판적 견해가 간접적으로 숨어 있다고 판단된다. '호토판 미학'에 서 헤겔은 '라오콘 군상'이 후대에 속한다는 점을 지적하면서, 이 작품에는 "예 술의 무제약상태와 위대함에서 벗어나 이미 매너리즘 쪽으로 다가가고 있는"[49] 특징이 드러나고 있다고 평가한다. 그런데, 미술사가 입증하거나 헤겔 자신이 직접 언급하듯이, 빙켈만 당대보다 헤겔 당대에 고대 그리스의 조각작품들을

---

47 J. J. Winkelmann, 앞의 책, p.4(민주식 역, 앞의 책, 26쪽). 고대 그리스의 예술을 모방해야 한다는 이 빙켈만의 주장은 각종 분열상을 극복하려는 '고전에 대한 동경'의 맥락에서 이해되어 야 한다. 김수용, 『예술의 자율성과 부정의 미학』, 서울 : 연세대 출판부, 1998, 18~19쪽.
48 J. J. Winkelmann, 앞의 책, p.13 이하; 민주식 역, 앞의 책, 54쪽 참조.
49 Ästhetik2, p.435(두행숙3, 292쪽).

더 쉽게 접하고 더 잘 알게 되었음에도 불구하고, 헤겔은 빙켈만처럼 고대 그리스 작품들을 모방함으로써 그들이 누렸던 '이념상적 아름다움'을 부활시키려는 시도를 지지하는 입장을 결코 보이지 않는다. 빙켈만이 극찬한 '라오콘 군상'에서 헤겔이 일종의 '매너리즘'을 간파하고 있는 것은 바로 이러한 문제의식에 기인한다. '20~21년 미학 강의'에서 헤겔은 '라오콘 군상'에 다음과 같은 평가를 내린다.

> 이러한 견해는 다음과 같은 정황, 즉 예술이 이 작품에서 최고로 완성된 상태에 도달하긴 하지만 거기서 이미 매너리즘[작풍作風]Manier을 추구한 흔적들을 볼 수 있다는 점에 의해 뒷받침된다. 인간의 체격에 대한 인식이 이미 이론의 여지가 없는 방식으로 암시되고 있다. 이와 반대로 페이디아스 시대의 작품들에서 우리는 진리와 아름다움만을 목적으로 삼는 고귀한 소박함, 솔직담백함만을 본다. 여기서 이미 우리가 알 수 있는 사실은, 예술가가 자신의 숙련성을 드러내고자 한다는 점과, 이 숙련성이 매너리즘[작풍]이 되어 버렸다는 점이다.[50]

여기서 헤겔은 페이디아스 시대의 작품들의 특징을 '진리와 아름다움만을 목적으로 삼는 고귀한 소박함edle Naivetät, 솔직담백함Unbefangenheit'이라고 규정하면서, 숙련성에 기반한 '매너리즘'을 추구한 후대의 작품들과 페이디아스 시대의 작품들을 구분한다. 헤겔에 의하면 빙켈만이 염두에 두고 있고 레싱이 언급하는 '라오콘 군상'은 그 시기상 후대에 속하며, '벨베데레의 아폴로 상'이나 '메디치 가의 비너스 상'도 마찬가지다. 한때 이 조각상들은 가장 이념상적인 것으로서 무한한 경탄의 대상이 되기도 했지만, 그것들보다 '더 심오한 표정과 더 생동적이고 근원성의 형식을 띤 작품들'에 대해 알게 됨으로써 저 조각상들

---

[50] Ascheberg, pp.229~230(서정혁, 376·377쪽).

은 어느 정도 가치를 잃어버리게 되었다고 헤겔은 평가한다. 즉 "사람들은 매끄럽게 다듬어져서 제작된 이 조각상들을 보고, 그 모습이 사람들의 마음과 눈에 들게 하려고 만들어졌을 뿐 더이상 엄격하고 진솔한 양식을 고수하지 않은 좀더 후대의 작품들로 간주한다"[51]는 것이다. 헤겔은 고대 그리스의 조각상들이 이 후대의 조각상들보다 '참되고 엄격한 이념상적 양식'을 고수한 반면, 후대의 조각상들은 그렇지 못하다고 평가한다.

이러한 맥락에서 보면, 헤겔은 미학에서 빙켈만 못지않게 고대 그리스 예술에 대해 극찬을 아끼지 않고 있음을 확인할 수 있다. 헤겔에 의하면 고대 그리스 이전의 조각들이 '전형적이며 생동적이지 못한 것'에 얽매여 있던 반면, 고대 그리스의 조각들은 '정신을 불어 넣은 아름다움geistbeseelte Schönheit'을 보여준다. 이 아름다움은 "정신의 생명성[생동성]을 그 정신의 자연형태의 생동성 속에서 미분화된 상태로 표현하며", 이러한 표현은 '천재의 자유로운 창작'에서 비롯된다는 것이다.[52] 이처럼 헤겔은 고대 그리스의 이념상적인 조각품을 "보편성과 개체성이 서로 해체될 수 없는 결합의 상태"에 있는 '참으로 고전다운 것das wahrhaft Klassische'이라고 규정하는 반면,[53] 후대의 예술에 대해서는 상이한 평가를 다음과 같이 내린다.

로마의 예술에서는 이미 고전적 조각의 해체가 시작되는 것이 드러난다. 즉 여기서는 원래 이념상적인 것은 더이상 온전한 구상과 실행을 위한 담지자가 못 된다. 그리하여 정신적 생기 부여Belebung의 포에지Poesie, 그 자체로 완성된 현상으로 나타나는 내적인 숨결[분위기]Hauch과 고귀함Adel 같은 고대 그리스 조형예술 특유의 장점들

---

51 Ästhetik2, p.431(두행숙3, 285쪽).
52 Ästhetik2, p.454(두행숙3, 318쪽).
53 Ästhetik2, p.457(두행숙3, 322쪽).

은 사라지고, 더욱더 초상화적인 기법을 애호하면서 자리를 내주고 만다. (…중략…) 로마의 조각은 예술작품 면에서 본래의 완전한 것, 즉 참된 의미에서 이념상의 포에지가 결여되어 있으므로 그리스 조각에 본래 뒤처질 수밖에 없다.[54]

이 인용문에서 헤겔은 고대 그리스와 로마의 조각 사이에 뚜렷한 차이가 있음을 언급하면서 로마 예술이 그리스 예술에 비해 뒤처진다는 점을 분명히 밝히고 있다. 역사적으로 볼 때 로마가 그리스를 모방하려고 했던 것 자체도 그들 스스로 이 점을 인정했기 때문이다. 그런데, 이 문맥에서 '고전적 조각이 해체되기 시작한다'는 헤겔의 언급을 주목할 필요가 있다. 이 말에는 단순히 두 시대나 예술 중 어느 것이 우월하냐를 따지는 문제를 뛰어넘어 예술에 대한 매우 중요한 헤겔의 관점이 들어있기 때문이다. 위 인용문과 더불어 이 점을 잘 보여주는 것은 '20~21년 미학 강의'에 나오는 다음과 같은 헤겔의 진단이다.

예술이 최고로 만개한 것은 가벼운 변곡점처럼 예술이 변화되는 시점이다. 예술은 더이상 알렉산더 대왕 시절의 것이 아니다. 특히 예술은 뭄미우스[55]를 통해 코린토스가 파괴되어 버리면서 로마인에게로 넘어가며, 로마인에게 예술은 고상한 스타일hohen Styl을 지니기는 하지만 더이상 고대 예술이 지녔던 고귀함Adel과 단순성 Einfachheit은 지니지 못하게 된다.[56]

'고귀함과 단순성'이라는 표현을 볼 때, 헤겔은 분명히 빙켈만을 의식하면서

---

54 Ästhetik2, pp.457~458(두행숙3, 322~323쪽).
55 '뭄미우스(Lucius Mummius)'는 기원전 2세기 중반에 활동한 로마의 정치가이자 장군이다. 그는 로마의 그리스 지배에 저항한 아카이아 동맹의 봉기를 진압했다. 전하는 이야기에 의하면 그는 그리스 예술품에 무지했다고 한다.
56 Ascheberg, p.230(서성혁, 377~378쪽).

로마의 예술에는 고대 그리스 조각상이 보여준 '고귀함과 단순성'은 부재한다고 진단하고 있다. 그런데, 이러한 헤겔의 언급은 표면적으로는 로마의 예술에 대한 비판으로만 보이지만, 그 의미를 헤아려보면 그 비판은 결국 '고대 예술 모방론'을 주장한 빙켈만의 한계를 지적하려는 데 그 목적이 있다. 앞서 밝혔듯이 헤겔은 빙켈만이 고대 그리스의 조각상으로 간주한 '라오콘 군상'이 실제로는 고대 그리스가 아니라 후대의 작품이라는 점을 분명히 인식하고 있었기 때문에, 빙켈만이 로마 작품에 시대착오적으로 부여한 '고귀함과 단순성'이라는 특징은 그 시대에 어울리지 않는다는 점을 들어 헤겔이 빙켈만을 간접적으로 비판하려고 했음을 알 수 있다.

뿐만 아니라 헤겔은 '라오콘 군상'에 대한 빙켈만의 시대착오적인 규정만을 문제 삼은 것이 아니라 고대 세계를 바라보는 빙켈만의 기본 관점 자체도 문제 삼는다. 위 인용문을 빙켈만의 관점에서 이해하면, 헤겔은 빙켈만과 마찬가지로 고귀함과 단순성 없는 로마 작품의 한계만을 지적하고 있는 것처럼 보일 수도 있다. 그러나, 헤겔의 본래 의도는 여기에 있지 않으며, 헤겔은 모든 시대의 예술작품이 고귀함과 단순성을 지니는지 여부에 따라서만 평가되어야 한다고 생각하지도 않는다. 오히려 헤겔은 고대 그리스와 달리 로마 시대는 그 시대만의 특징을 지닐 수밖에 없으며, 이미 역사적으로 '고전적 조각의 해체'는 불가피하기 때문에 특정 과거를 예술의 절대적 지향점이나 기준으로 삼는 관점은 부적절하다는 점을 강조하려고 한다. 따라서 직접 표현되지는 않았지만, 앞서 인용한 부분의 내용을 되새겨 보면, 그것은 페이디아스 시대와 로마 시대가 구분되듯이 고대 그리스 시대와 헤겔 자신의 시대도 구분되어야 한다는 점을 헤겔 스스로 의식하고 제기한 주장이라고 이해할 수 있다. 헤겔은 설사 후대 사람들이 고대 그리스 예술의 탁월성을 인정하고 그것을 모방하려고 해도 그러한 예술을 부활시키는 것은 불가능할 뿐 아니라 바람직하지도 않다고 본다. 이 점은 헤겔이 '라오콘 군상'을 두고 매너리즘을 언급한 맥락과 연관해 이해될 필요가 있다. 고대 그리스의 예술이 아무리 뛰어나다고 해도, 헤겔 당대에 예술가들이 그것을 모방하려고만 한다면, 예술창작은 매너리즘에 빠질 수밖에 없을 것이라고 헤겔은 간접적으로 경고하는 것이다.

이 점은 미학에서 고대 그리스를 중심으로 한 '고전적 예술형식'으로부터 '낭만적 예술형식'으로 이행되는 과정에서 헤겔이 서술하는 이 두 예술형식 간의 차이를 비교해 보면 좀 더 분명하게 드러난다. 헤겔에 의하면 낭만적 예술형식의 가장 중요한 특징은 '정신적이고 내면적인 주관성'이다. 헤겔은 낭만적인 것의 토대를 이루는 '기독교적인 의미가 나아가는 방향'은 '조각의 최고 규정을 이루는 고전적 이념상의 형태'를 더이상 지향점으로 삼지 않는다고 주장한다. 낭만적 예술형식에서 "우리는 조각을 벗어나 예술적으로 파악하고 표현하는 또 다른 원리로 넘어갈 수 있다".[57] 고전적 예술형식은 조각을 통해 신을 인간의 형상으로 표현하였지만, 여기서 내용과 형식의 통일로 표현되는 이념상으로서의 인간은 '충만하며 온전하고 구체적인 인간der volle, ganze konkrete Mensch'은 아니다.[58] 이 점에서 헤겔은 "고대의 조각예술에서 의인관[신인동형설]Anthropomorphismus의 관념은 완성되지 못한 상태로 머물렀다"라고 주장한다. 왜냐하면 고대 그리스의 조각예술에는 '객관적이면서도 동시에 절대적인 인격의 원리와 동일시되는 보편성'이 결여되어 있고, 또한 "사람들이 보통 인간적이라고 부르는 것, 즉 주관적 개별성, 인간적인 나약함, 특수성, 우연성, 자의, 직접적인 자연성, 열정 등이 저 보편성 속에 수용됨으로써 개성 전체, 즉 주체가 그의 총체적인 주위 세계와 그의 무한한 현실의 영역 속에서 그 내용과 표현 방식의 원리로서 드러날 수 있는 계기가 결여되어 있기 때문이다".[59] 헤겔에 의하면 고전적 조각에서

---

57 Ästhetik2, p.460(두행숙3, 326쪽).
58 Ästhetik2, p.461(두행숙3, 327쪽).

는 "주관적인 것이 지닌 심오함과 무한성의 원리와 정신이 절대자와 내적으로 화해하는 원리, 그리고 인간과 인간성이 신과 이념적으로 하나가 되는 원리는 전적으로 결여되어 있다".[60] 그리고, 이 원리에 적합하게 예술 속에 들어오는 내용을 여전히 '기독교의 조각'이 직관하도록 표현하려고 하지만, 그러나 바로 이같은 예술표현은 조각이라는 예술 장르가 이러한 내용을 실현하는데 충분하지 못하다는 사실만을 보여준다.[61] 따라서, 조각이 성취하지 못한 것을 작품화하기 위해 부득이하게 다른 예술들, 즉 회화, 음악, 시문학이 이전 시대와는 달리 낭만적 예술형식을 대표하는 것으로 등장할 수밖에 없다.[62] 따라서, 현재 우리가 위대하게 되는 유일한 길은 바로 고대인을 모방하는 것이라고 주장한 빙켈만의 입장에 헤겔이 동의하지 않는 것은 당연하다. 이는 헤겔이 '호토판 미학'에서 빙켈만과 루모르Carl Friedrich von Rumohr, 1785~1843의 논쟁을 소개하면서 '고대 예술 모방론'의 문제를 다루는 데서도 선명하게 드러난다.[63] 헤겔은 여기서 다음과 같이 주장한다.

근세에 이념상과 자연의 대립은 특히 빙켈만에 의해 다시 자극받아서 중요성을 띠게 되었다. 이미 내가 이전에 지적한 것처럼, 빙켈만의 영감은 고대 그리스인의 작품과

---

59 Ästhetik2, p.461(두행숙3, 327쪽).
60 Ästhetik2, p.461(두행숙3, 327쪽).
61 Ästhetik2, p.461(두행숙3, 327쪽).
62 Ästhetik2, pp.461~462(두행숙3, 327~328쪽).
63 '20~21년 미학 강의', '23년 미학 강의', '26년 미학 강의'에서는 루모르가 전혀 언급되지 않지만 '호토판 미학'에는 루모르가 상당히 자주 거론되고 있다. 이 점에서 빙켈만에 대한 루모르의 비판을 소개한 것이 헤겔 자신의 의도인지 아니면 '호토판 미학'을 편집 간행한 호토의 의도인지 의문이 제기될 수도 있다. 루모르가 헤겔이 참조하고 있는 주저인 『이탈리아 연구』를 1827년에 출판했다는 점을 고려할 때, 설사 헤겔 자신이 루모르를 참조했더라도 그 시기는 1828년 이전은 아니라는 사실을 확인할 수 있다. 조주연은 역으로 루모르가 헤겔을 반박하려는 의도에서 『이탈리아 연구』를 저술했다고 본다. 조주연, 「미학과 역사가 미술사를 만났을 때 : 독일 미술사론의 형성과 전개」, 『미학』 제52집, 한국미학회, 2007, 394쪽.

그들의 이념상적인 형식에서 정화되었고, 그가 그 작품들의 탁월함을 통찰한 후 사람들이 이 예술 대작들을 인정하고 연구하는 일이 다시 세상에 도입되도록 하는 데 노력을 아끼지 않았다. 그러나 이러한 인정에서 이념상적 표현에 대한 열망이 출현하였다. 이 표현에서 사람들은 아름다움을 발견했다고 믿었으나 도리어 진부함Fadheit, 생동적이지 않음Unlebendigkeit, 특성 없는 피상성charakterlose Oberflächlichkeit에 빠지고 말았다. 주로 회화에서의 그러한 이념상의 공허함을 루모르 씨가 이념과 이념상에 대한 상기한 논쟁에서 염두에 두고 있다.[64]

헤겔이 빙켈만과 루모르 간의 논쟁을 다루면서 주장하려는 바는 두 가지다. 그중 하나는 루모르의 빙켈만 비판을 통해 회화와 조형 예술에서 고대 그리스 작품을 모방하여 매너리즘에 빠져 버리는 상황에 대해 비판적인 견해를 표명하는 것이다. 다른 하나는, 헤겔 당대는 이념상적 아름다움을 추구하려는 시도가 더이상 적절하지 않음을 직시해야 한다는 것이다. 물론, 그렇다고 헤겔이 루모르의 입장에 전적으로 동의하는 것은 아니다. 헤겔은 자연 모방을 강조하는 루모르의 입장에는 '정신의 이념상'에 대한 고려가 없다고 비판한다. 이에 비해 빙켈만은 이념상을 고려하기는 했으나 고대 그리스 예술에서 표현된 이념상 외의 다른 정신의 가능성을 인정하지 않았고, 그것을 모방하기를 주장했다는 점에서 헤겔은 빙켈만에 대해서도 비판적일 수밖에 없다.

지금까지 논의를 요약해 보면, 왜 빙켈만이 예술이론과 예술 연구에서 큰 영향을 미치지 못했다고 헤겔이 주장하는지에 대한 이유는 분명해진다. 빙켈만과 마찬가지로 헤겔도 진부한 유행을 쫓는 예술 현상을 비판하며 예술의 본질이 무엇인지를 묻고 답하려고 하였다. 빙켈만은 당대 독일의 예술적 상황이 '바로크적인 허식'에 빠지기 쉬운, 장식만을 중시하는 경향성이 있다고 보고 예술의

---

[64] Ästhetik1, p.212(부행북1, 283쪽).

본질 면을 고대 그리스 예술에서 찾고자 했다. 물론 빙켈만이 고대 그리스 예술을 모방하라고 주장했을 때 그 모방은 과거의 예술품을 기계적으로 복제하라는 것이 아니라 그 속에 내재해 있는 '이념상적 아름다움'을 현재의 예술활동에서 작품에 구현하라는 요구였다. 헤겔도 내용과 형식의 온전한 합치라는 면에서 고대 그리스의 고전적 예술이 이념상적 아름다움을 구현한 예술의 최고 단계에 이르렀다는 점을 인정한다. 그러나, 동시에 헤겔은 자신의 당대에 미적인 기준은 더이상 '이념상적 아름다움'만이 될 수 없다는 점을 누구보다 잘 파악하고 있었다. 고대 그리스 예술은 이미 헤겔 당대에 '지나가 버린 과거'라는 것을 헤겔은 분명히 인식하고 있었다. 사실상 이와 같은 입장 차이 때문에 헤겔은 빙켈만의 선구적 업적을 인정하면서도 빙켈만이 예술이론과 예술 연구에서 큰 영향을 미치지 못했다고 평가하는 것이다.

이러한 맥락에서 우리는 앞서 언급한 '예술의 과거성' 문제를 자연스럽게 떠올리게 된다.[65] 지나가 버린 과거는 현재로 다시 돌아오지 않는다는 사실, 그럼에도 불구하고 그것을 다시 재소환하려고 할 때 그로부터 긍정적인 결과보다는 부정적인 결과가 초래될 수밖에 없다는 점을 헤겔은 명확하게 인식하고 있다. 이러한 헤겔의 인식에는 이상적인 고대를 동경하는 당대의 낭만주의적 경향에 대한 비판적 의식도 들어있다. 더 나아가 헤겔이 강조하고 싶어 하는 것은 단순히 고대 그리스 예술의 해체가 아니라 그러한 해체를 초래한 '시대의 불가피한 변화'이며, 이러한 시대의 변화에도 불구하고 여전히 이상적인 과거를 소환해서 반복하고 모방하려는 태도가 지니는 한계에 대한 비판적 시선이다.

---

65 이에 관해서는 이 책의 제1부 1장을 참고할 수 있다.

제3장

회화론
네덜란드 장르화와 일상성

1. 낭만적 예술형식과 회화

회화와 관련해 지금까지 연구된 주제는 네덜란드 장르화에 관한 헤겔의 논의에 한정되어 있었고, 그것도 회화의 내용적 소재 변화에만 주로 초점이 맞추어져 왔다.[1] 헤겔 자신이 미학의 곳곳에서 중요한 맥락에서 항상 회화를 빼놓지

---

[1] 대표 사례로 곰브리치를 들 수 있다. 곰브리치는 '환영주의'에 대한 자신의 대표 저서에서 헤겔을 단 한 곳에서만 언급한다. E. H. Gombrich, 차미례 역, 『예술과 환영』, 파주 : 열화당, 2003, 46쪽. 그리고 『서양미술사』에서는 '네덜란드 회화'를 별도로 다루고 있음에도 불구하고 헤겔을 전혀 언급하지 않는다. E. H. Gombrich, 최민 역, 『서양미술사』, 서울 : 열화당, 1994, 402쪽 이하 참조. 그러나, 곰브리치가 헤겔 미학에서 '가상'이 얼마나 중요한 의미를 지니는가를 인식했더라면 헤겔 미학을 좀 더 비중있게 다루었을 것이다. 국내의 대표적 연구들로는 다음이 있다. 권정임, 「G. W. F. Hegel의 네덜란드 장르화 해석」, 『미술사학보』 제13권, 미술사학연구회, 2000, 37~58쪽; 이진석, 「헤겔과 낭만주의-17세기 네덜란드 풍속화를 중심으로」, 『미학』 제52집, 한국미학회, 2007, 315~338쪽. 이 논문들은 네덜란드 회화에 대한 헤겔의 입장을 소개하고는 있으나, 그것이 지니는 현대적 의미를 부각하는 데에는 한계를 보이고 있다. 헤겔의 회화론에 관한 가장 포괄적인 해외 연구는 콜렌베르크(B. Collenberg)의 다음 논문이다. B. Collenberg, "Hegels Konzeption des Kolorits in den Berliner Vorlesungen über die Philosophie der Kunst", in : *Phänomen versus System. Zum Verhältnis von philosophischer Systematik und Kunsturteil in Hegels Berliner Vorlesungen über Ästhetik oder Philosophie der Kunst*, hrsg. von A. Gethmann-Siefert, Bonn : Bouvier, 1992, 91~164쪽. 이 연구에서 콜렌베르크는 디드로, 괴테, 셸링과 헤겔의 관계를 규명하면서 헤겔의 회화론에서 채색의 의미를 강조하고 있다. 특히, '후투판 미학'이 헤겔의 본래 의도에 깊숙이지 않는다는 사실을 채색 효과와 관련

않고 언급하고 있다는 점뿐만 아니라,[2] 현대에 와서 단토Arthur Coleman Danto, 1924~2013와 같은 미술 비평가에 의해 수용된 헤겔 미학의 위치를 고려해 볼 때에도, 회화에 관한 헤겔의 논의가 헤겔의 연구사 내에서 충분히 평가되거나 검토되지 못했다는 아쉬움이 남는다.[3]

이 장에서는 헤겔의 회화론이 지니는 현대적 의미를 헤겔 미학을 중심으로 검토한다. 예술과 삶 사이에, 개별 예술 장르들 사이에 그 경계가 더욱 불분명해진 현대에 헤겔의 회화론은 어떤 의미를 지닐 수 있는가? 이 물음에 적절하게 답변하기 위해 우선 '현대'에 대한 규정이 필요하다. 현대에 대한 규정도 여러 맥락에서 다양할 수 있으나, 헤겔의 미학에만 한정한다면 '20~21년 미학 강의'와 '23년 미학 강의'의 다음과 같은 언급을 주목할 필요가 있다.

어떤 측면도 더이상 본질적이지 않은 이 지점이 바로 현대neueste Zeit의 입장이다. (…중략…) 현대에는 예술가의 주관성이 그 형식을 넘어선 상태이고, 예술가는 형식을 자신의 지배하에 두고 더이상 형식에 구애받지 않는다. 예술과 예술가는 오직 자기 시대에서만 유효할 수 있다.[4]

예술가는 자신의 소재에서 백지상태tabula rasa에 있다. (…중략…) 예술가는 마치 극작가처럼 낯선 형태들[등장인물들]Gestalten을 등장시켜 이들 속에 자신의 재능을

해 논의하고 있는 부분은 탁월한 연구성과로 판단된다. 그럼에도 문헌학적 맥락과는 별도로 헤겔 미학에서 채색에 대한 강조가 어떤 특별한 의미를 지니는지를 충분히 논의하지 못하고 있는 점은 아쉽다.

2 회화를 언급하는 대표적인 곳은 개별 예술장르의 회화 부분뿐만 아니라 '예술미의 이념상'을 논하는 부분, '낭만적 예술형식의 해체' 부분 등이다.

3 게트만-지페르트(A. Gethmann-Siefert)와 콜렌베르크(B. Collenberg)의 문헌학적 연구를 수용한다고 해서, 헤겔의 회화론이 지니는 현대적 의미를 논하는데 '호토판 미학'을 부정적 관점에서만 볼 필요는 없으며, 헤겔의 다른 미학 강의들과 비교 검토하면서 유의미한 부분들을 선별적으로 수용하는 것은 필요하다.

4 Ascheberg, p.181(서정혁, 294쪽).

쏟아 부으며 이것들을 기관[도구]Oragn으로 삼지만, 그러나 이 형태들[등장인물들]은 동시에 예술가에게는 낯선 것이 되어 버린다. 따라서 바로 이러한 것이 현대다운 상태das moderne Verhältnis 일반이다.[5]

현대나 현대성을 헤겔 철학에서 일의적으로 규정하기가 쉽지는 않지만,[6] 헤겔 이후 전개되어 온 현대 예술의 전반적 양상을 염두에 둔다면 헤겔이 현대를 자신의 관점에서 이처럼 규정한 데에 큰 이의는 없을 것이다. '주관성의 심화'와 '소재의 백지상태'가 함께 진행한다는 것은 헤겔이 규정한 낭만적 예술형식의 특징을 고려할 때 충분히 납득 가능하다.[7] 헤겔에 의하면 회화도 기본적으로 낭만적 예술형식에 속하기 때문에, 회화와 관련해서도 위 인용문과 관련된 언급들을 어렵지 않게 찾을 수 있다. 현대에 관한 위 규정과 연관해 주목할 만한 헤겔의 언급은, '회화' 부분의 들어가는 말에서 조각보다 회화가 우리에게 '더 친숙하다einheimischer'고 하면서 다음과 같이 제시한 내용이다.

회화에서는 유한하면서도 그 자체로 무한한 주관성의 원리, 우리 고유의 현존과 삶

---

5 Hotho, p.204(권정임, 292쪽).

6 특히 '근대(modern)'라는 용어와 관련해서 볼 때, 헤겔에서 이 용어의 의미를 대략 세 가지 정도로 구분할 수 있다. 첫째, 고대 이후의 기독교 사회를 지칭하는 경우이고, 둘째, 종교 개혁 이후 중세와 대립되는 새로운 시대(neue Zeit, Neuzeit)를 뜻하는 경우, 셋째, 프랑스 혁명 이후 헤겔 당대를 뜻하는 경우이다. L. Siep, *Hegels praktische Philosophie und das "Projekt der Moderne"*, Baden-Baden : Nomos Verlagsgesellscaft, 2011, pp.11~15. 특히, 헤겔은 자신이 속하는 당대를 가리키기 위해 '최근(neueste Zeit)'(Ästhetik1, p.206(두행숙1, 273쪽)), '요즈음(unsere Tage)'(Ästhetik2, p.235(두행숙2, 541~542쪽)), '우리 시대(unsere Zeit)'(Ästhetik2, p.238. 두행숙2, 546쪽), '오늘날(heutigentags)'(Ästhetik2, p.235(두행숙2, 542쪽)), '현재(Gegenwart)'(Ästhetik2, p.238(두행숙2, 546쪽))라는 표현들을 사용한다.

7 헤겔 미학에서 '낭만적인 것'의 특징에 대해서는 다음 논문을 참조할 것. 권대중, 「헤겔의 반낭만주의적 낭만주의-그의 체계에서 '낭만적인 것'의 변증법」, 『헤겔연구』 제33호, 한국헤겔학회, 2013, 77~96쪽,

의 원리가 처음으로 길을 터 진행되고, 우리는 회화의 구성물에서 우리 자신 속에서 작용하고 활동하고 있는 것을 본다.[8]

회화의 전반적 특징을 드러내는 이 구절에 대해 우선 다음과 같은 질문이 가능하다. '우리 고유의 현존과 삶의 원리'가 뜻하는 바는 무엇이며, 우리가 회화에서 목격하는 것은 우리 외부의 사물, 대상이 아니라 '우리 자신 속에서 활동하고 작용하는 것'이라는 말은 어떤 의미를 지니는가, 그리고 이것들이 회화라는 장르와 어떤 연관이 있기에 이러한 주장을 한 것일까? 이러한 물음들은 낭만적 예술형식에서 심화되는 주관성에 대한 물음과 무관하지 않다. 헤겔은 여러 민족들과 시대들에서 회화가 있어 오긴 했지만 '회화의 중심Mittelpunkt'은 '낭만적 기독교 예술'이며,[9] 회화의 완숙한 발전은 중세 기독교 시대에, 그리고 특히 16, 17세기에 들어와 가능하게 되었다고 주장한다.[10] 앞의 물음과 연관해 보면, 회화의 이러한 발전 양상은 '우리 고유의 현존과 삶의 원리'와 무관하지 않다. 중세 기독교 이후부터 헤겔 당대까지 회화의 발전 양상에 내재한 어떤 특징으로 인해 헤겔은 '우리 고유의 현존과 삶의 원리'가 비로소 가능하게 되었다고 보기 때문이다. 따라서 위와 같은 물음에 답하기 위해 우선 회화의 장르적 특징과 16, 17세기에 이르는 회화의 발전 양상에서 회화의 내용적 소재 변화에 대한 헤겔의 논의를 살펴보고, 채색을 중심으로 회화의 표현 측면을 살펴보면서 헤겔의 회화론이 어떤 현대적 의미를 지닐 수 있는지를 확인해 보려고 한다.

---

8 Ästhetik3, p.17(두행숙3, 339쪽). 이 부분은 이 글 전체에서 핵심 내용에 해당하므로, 원문을 그대로 옮겨 적으면 다음과 같다. "In ihr nämlich bricht sich das Prinzip der endlichen und in sich unendlichen Subjektivität, das Prinzip unseres eigenen Daseins und Lebens, zum erstenmal Bahn, und wir sehen in ihren Gebilden das, was in uns selber wirkt und tätig ist."

9 Ästhetik3, p.19(두행숙3, 341쪽).

10 Ästhetik3, p.20(두행숙3, 342쪽).

2. 소재의 다양성과 정신의 현재성

우선 헤겔이 회화의 중심을 '낭만적 기독교 예술'로 잡고, 회화의 발전을 중세와 르네상스 이후, 특히 16, 17세기로 잡은 이유를 살펴보면, 그것은 일차적으로 회화라는 장르의 고유한 특징으로부터 기인한다는 것을 알 수 있다. 헤겔 미학에서 건축 및 조각과 회화가 어떤 장르적 차이가 있는지를 비교해 보면 회화의 특징이 드러난다. 헤겔 미학에서 회화는 건축 및 조각과 함께 조형 예술에 속하면서도 동시에 음악 및 시문학과 함께 낭만적 예술형식에 포함된다.[11] 회화가 조형 예술이면서도 낭만적 예술형식에 포함된다는 것은, 헤겔의 예술 장르론에서 회화가 '이중적 위치'에 있음을 보여준다. 한편으로 조형 예술의 특징은 시각적인 데 있고 재료의 물질성에 제약된다. 회화적 표현에서 기본 요소가 되는 것은 평면과 색이므로,[12] 일차적으로 회화도 시각이라는 감각에 의존하는 조형 예술에 속한다. 헤겔은 회화가 건축의 외적 환경과 조각의 정신적 형태를 자신 속에서 통합하는 조형 예술의 최고 단계라고 주장한다.[13] 그런데 동시에 회화는 삼차원의 실재물을 이차원 평면에 표현하는 추상적 성격도 지닌다. 회화가 '삼차원의 공간적 총체성'을 평면 위에 추상적으로 단축하는 것은 '내면화의 원리'에 기인한다.[14] 이 주관적 내면성의 강조로 인해 회화는 상징적 예술형식과 고전적 예술형식에 비해 주관성이 더 강조되는 낭만적 예술형식에 속한다.[15]

---

11 '호토판 미학'과 달리 '개별 예술들의 체계'를 별도로 서술하지 않은 다른 미학 강의들에서도 회화의 완성된 단계가 기본적으로 낭만적 예술형식에 속한다고 할 수 있는 이유는, 헤겔이 다른 미학 강의들의 '예술의 보편적 부분'에서 네덜란드 회화를 낭만적 예술형식에서 집중적으로 논하고 있기 때문이다. Ascheberg, p.180 이하(서정혁, 291쪽 이하); Hotho, p.200 이하(권정임, 288쪽 이하); Kehler, p.152 이하; Pfordten, 172쪽 이하.

12 Ascheberg, p.243(서정혁, 400쪽).

13 Ästhetik3, p.18(두행숙3, 340쪽).

14 Ästhetik3, p.26(두행숙3, 348쪽).

15 '20~21년 미학 강의'에서도 헤겔은 회화가 상징적 예술과 고전적 예술에 고유한 것이기는 하지만, 회화의 참된 사리는 낭만적 예술에 있다고 강조한다. Ascheberg, p.187(서정혁, 304~305쪽).

특히, 헤겔은 이집트나 고대 그리스 예술과 달리 기독교 회화에서는 '내면적 영혼'과 '마음의 심층' 그리고 '매우 내밀한 영감Begeistigung'을 발견할 수 있다고 주장한다.[16] 헤겔의 예술 형식론에 의하면 고대 그리스 예술의 중심은 조각이었다. 아름다움의 이념상은 그리스의 신상을 통해 내용과 형식이 온전히 일치된 상태로 객관적으로 구현되었다. 이에 비해 주관적 내면성이 낭만적 예술형식의 특징이고, 이 주관적 내면성은 계시 종교인 기독교를 통해 비로소 현실화된다. 헤겔은 회화라는 예술 장르와 기독교라는 종교, 그리고 낭만적 예술형식을 상호 연관 속에서 이해하고 있다.[17]

그런데, 헤겔은 좁은 맥락에서 회화의 발전과정을 비잔틴, 이탈리아, 네덜란드와 독일의 회화의 흐름에서 추적할 수 있다고 주장한다. 이 발전과정에서 회화의 내용은 처음에는 종교적인 대상들로부터 시작하여 아주 사소하고 중요하지 않은 세속적인 대상들로 향하는 흐름을 취한다.[18] 헤겔은 회화의 중심이 되는 낭만적 내용에 해당하는 것을 세 단계로 구분하는데, 그 중 첫째가 기독교적인 소재이며,[19] 여기에 중세와 르네상스 시기의 회화들이 포함된다. 그런데, 비잔틴 회화나 이탈리아 회화는 네덜란드 회화와 달리 성서의 이야기나 고대 그리스 신화에서 내용을 차용했지만, '민족사의 사건이나 초상화, 삶의 현재성과 현실성Gegenwart und Wirklichkeit des Lebens'을 아직 회화의 소재로 취하지는 않았다.[20] 헤겔이 그 다음으로 들고 있는 내용은 더이상 신적이지 않은 자연, 즉 '풍경'이다. 언덕이나 산, 숲, 골짜기, 강, 평야, 햇빛, 달, 별이 뜬 하늘 등을 그 직접성에 따라 단순히 산이나 강, 햇빛으로만 지각하지 않고, 이 대상들 속에서 '생

---

16 Ästhetik3, p.22(두행숙3, 343쪽).
17 Ästhetik3, p.20(두행숙3, 342쪽).
18 Ästhetik3, pp.109~110(두행숙3, 450쪽).
19 Ästhetik3, p.41(두행숙3, 365쪽).
20 Ästhetik3, p.112(두행숙3, 453쪽).

동적인 주관과의 합치'를 이루는 '자연의 자유로운 생동성freie Lebendigkeit'을 느끼고 자연이 지닌 생동성, 혼과 심정의 울림에 호응하면서 인간은 자연 속에 서도 내밀하게innig 존재할 수 있다.[21] 헤겔은 풍경화에서 자연의 객관 자체는 단순한 외적 형식과 배치의 상태로 회화의 내용을 구성하고 회화는 그것을 단순히 모방만 해서는 안 된다고 주장한다.[22] 헤겔은 다음과 같이 말한다.

> 모든 것을 관통하여 뻗어 나가는 자연의 생동성이 지닌 특수한 상태들과 혼의 특정한 정조가 일치하는 특징적 공감Symphathie을 표현된 풍경 속에서 부각하고 더욱더 생생하게 드러내는 일, 이 같은 내밀한 몰입inniges Eingehen이 비로소 정신 충만하고 심정이 풍성한 계기가 되며, 이 계기를 통해 자연은 주변이 될 뿐만 아니라 독자적으로 회화의 내용이 될 수 있다.[23]

해당 사례를 헤겔이 직접 제시하지는 않지만, 헤겔이 염두에 두고 있는 풍경화는 단순히 자연을 정교하게 모방만 하는 사실주의에 기초하지 않고 인간의 주관적 정신성을 표현해야 한다. 마지막으로, 헤겔은 '풍경의 생동성으로부터 분리된 전혀 중요치 않은 객관들'이나 '우리에게는 매우 우연적일 뿐만 아니라 저급하고 일상적으로 보일 수 있는 인간의 삶의 장면들'을 회화의 내용으로 제시한다.[24] 헤겔에 의하면 회화는 '내면적 주관성', '그 자체 내에서 개별화된 내면'과 관계하므로, "개별적 주체로서 인간이 관심을 가지고 만족을 발견할 수 있는 것이라면 어떤 것"[25]도 내용으로 삼을 수 있다.

---

21 Ästhetik3, p.60 이하(두행숙3, 390~391쪽).
22 Ästhetik3, pp.60~61 이하(두행숙3, 391쪽).
23 Ästhetik3, p.61(두행숙3, 391~392쪽).
24 Ästhetik3, p.61(두행숙3, 391~392쪽).
25 Ästhetik3, p.61(두행숙3, 392쪽).

여기서 언급한 회화의 각 단계들이 어떤 이유에서 상승적인 의미를 지니는가 하는 점을 함께 고려해 보면, 헤겔의 회화론이 지닌 현대적 의미를 좀 더 분명하게 파악할 수 있다. 왜 종교적 대상이나 신화적 대상보다 일상 현실을 회화의 소재로 취했다는 사실이 더 높은 정신성을 보여주는 것일까? 왜 인간이 현재 속에서 살아가는 순간의 모습들을 회화의 소재로 가져오는 것이 좀 더 고귀한 정신성을 보여준다고 헤겔은 주장하는가? 일차적으로 그 이유는 종교나 신화와 같은 특정 주제만이 예술의 내용이 되어야 한다는 관점이 더이상 지배적이지 않은 시대가 도래했다는 데 있다. 헤겔에 의하면 회화는 부수적으로 첨가된 것이나 환경이나 배경을 이루는 특수한 것들도 독자적이며 자유롭게 표현되도록 해야 하며, 이렇게 함으로써 회화는 현상 그 자체의 극단에까지, 즉 어떤 내용도 상관없고 예술적인 가상화das künstlerische Scheinenmachen가 주요 관심이 되는 그러한 상태에까지 진척된다. 이러한 예술적 가상화를 통해 하늘과 한낮과 숲의 조명이 스쳐 지나가는 듯한 겉모습, 구름, 파도, 바다, 강이 비치고 반사되는 모습, 포도주가 잔에서 반짝이고 빛나는 모습, 눈이 빛나는 모습, 시선과 웃음의 순간적인 모습 등이 최고의 예술에 의해 고정되는 것을 우리는 보며, 여기서 회화는 '이념상적인 것'으로부터 '생동적 현실lebendige Wirklichkeit'로 나아간다.[26] 그런데, 생동적 현실은 '작업의 부지런함Emsigkeit'을 통해서가 아니라, '정신 충만한 근면geistreicher Fleiß'에 의해 표현될 수 있다. 헤겔에 의하면 이 '정신 충만한 근면'은 "모든 특수성들을 그 자체로 완성하고 전체를 그 맥락과 흐름 속에서 유지하면서 가장 위대한 예술을 필요로 한다".[27] 이를 통해 '현실의 가상화에서 성취된 생동성'이 '이념상'보다 더 고차적 규정으로 나타난다.[28]

---

26 Ästhetik3, p.36(두행숙3, 360쪽).
27 Ästhetik3, pp.36~37(두행숙3, 360쪽).
28 Ästhetik3, p.37(두행숙3, 360쪽).

이처럼 대상의 특정 내용에 제한되지 않고 '생동적인 현실'을 '예술적 가상화'를 통해 드러내는 회화의 특징에서 우선 우리는 이미 '현대성'의 일면을 찾을 수 있다. 그 구체적인 이유를 좀 더 상세히 살펴보면 다음과 같다.

앞서 언급한 것처럼 일상적인 것들을 회화의 내용으로 삼은 대표적 예로 헤겔은 특히 '후기 네덜란드 장르화Genremalerei'를 제시한다.[29] 후기 네덜란드 장르화가 그 이전보다 더 높은 정신 단계에 들어섰다는 것을 헤겔은 '낭만적 예술형식의 해체' 부분에서 단적으로 보여준다. 네덜란드인들은 가장 일상적이고 사소한 일에서도 삶의 현재에 만족하고,[30] '가장 빠르게 스쳐 지나가는 것을 참되고 충실하게 고정시킴'으로써 '무상한 것에 대한 예술의 승리'를 보여주었다.[31] 그래서 우리는 그들의 작품에서 '예술가 자신의 번쩍이는 주관성blanke Subjektivität'을 보게 된다.[32] 과거에 얽매이지 않고 주변의 일상적인 대상들을 소재로 삼음으로써 '오늘날의 정신의 현재성heutige Gegenwärtigkeit des Geistes',[33] 생동적인 현재성을 네덜란드 화가들이 누구보다도 잘 드러내 주었다는 점을 헤겔은 높게 평가한다. 잘 알려져 있다시피, 헤겔은 네덜란드인들이 이처럼 '그들에게 고유한 삶의 현재'로부터 회화의 내용을 취한 원인으로 역사적, 정치적 배경을 놓치지 않고 있다. 네덜란드인들은 그들이 사는 땅을 대부분 스스로 개척해서 만들고 그것을 지속적으로 방어하고 보존해 왔을 뿐만 아니라,[34] 종교개혁을 철저히 경험하고 그 당시 세계 최강이던 스페인 군대를 시민과 농민의 힘으로 물리침으로써 교회와 왕의 독재를 이겨내고 '정치적 자유'와 '종교적 자유'를 쟁취했다.[35]

---

29 Ästhetik1, p.222(두행숙1, 295쪽).
30 Ästhetik2, p.225(두행숙2, 530쪽).
31 Ästhetik2, p.227(두행숙2, 532쪽).
32 Ästhetik2, p.229(두행숙2, 534쪽).
33 Ästhetik2, p.238(두행숙2, 545쪽).
34 Ästhetik1, p.222(두행숙1, 295쪽)

이러한 맥락에서 헤겔은 네덜란드인들이 회화로 표현한 일상의 사소한 물건들과 상황들 그 자체가 중요한 것이 아니라, 그 속에 깃든 '시민성', '진취적 기개', '자기 감정 속에 깃든 기쁨과 발랄함'이 중요하다고 주장한다.[36] "네덜란드인들은 하찮고 우연한 것에서 농민적이거나 거칠고 비속한 자연을 묘사하는 데로 이행하면서도, 이러한 장면들을 진솔한 기쁨Froheit과 즐거움Lustigkeit 가득 찬 모습으로 그렸다."[37] 그런데, 헤겔은 네덜란드인들이 다루는 소재를 자세히 살펴보면 그 소재는 우리가 보통 생각하듯이 그렇게 평범하지는gemein 않다고 강조한다. '그들 고유의 삶의 현재로부터 취해진 내용'과 '평범한 내용'은 동일하지 않다.[38] 유사한 장르화라고 해도 신랄하고bissig 독기가 있는giftig 장면만을 표현한 독일의 그림들을 헤겔은 저평가한다.[39] 두 종류의 장르화를 비교하면서 헤겔이 긍정적으로 평가하는 기준은 '자유Freiheit'와 '유쾌함Fröhlichkeit', '자유분방함Ausgelassenheit', '정신적인 쾌활성geistige Heiterkeit'이다. "이 신선하고 각성된 정신적 자유와 생동성이 파악과 표현에서 그러한 그림들의 고귀한 혼을 이룬다"[40]라고 말하면서, 헤겔은 "하층계급의 즐거움, 익살맞고 우스꽝스러운 농민의 삶, 자연에 가까운 것"과 같이 근심 없는 자유분방함 자체 속에 이념상적인 요소가 들어 있다고 강조하고, "모든 것을 동등하게 만들고 나쁜 모든 것을 제거하는 것이 바로 삶의 일요일[주일]이다"라고 하면서 이 삶의 일요일의 모습을 특히 후기 네덜란드 장르화에서 찾고 있다.[41]

---

35 Ästhetik3, p.128(두행숙3, 472쪽). 17세기 네덜란드 미술시장에 관해서는 다음 논문을 참조할 것. 이재희, 「17세기 네덜란드 미술시장」, 『사회경제평론』 제21집, 한국사회경제학회, 2003, 237~287쪽. 이 논문은 17세기 네덜란드 미술이 사회 경제적 측면에서 어떻게 근대적 특징을 지니게 되었는지를 잘 보여준다.
36 Ästhetik1, p.223(두행숙1, 296쪽).
37 Ästhetik3, p.130(두행숙3, 474쪽).
38 Ästhetik1, p.222(두행숙1, 295쪽).
39 Ästhetik1, p.297(두행숙1, 223쪽).
40 Ästhetik1, p.297(두행숙1, 223쪽).
41 Ästhetik3, p.130(두행숙3, 474쪽).

일상의 사소한 물건들과 일들이 회화의 소재가 될 수 있다는 것은, 한편으로 종래에 존재했던 사물들의 위계적 질서의 붕괴를 암시한다.[42] 네덜란드 장르화에서 기존 질서의 위계가 전복되었다는 사실은, 그 사실을 그림으로 표현한 화가 자신들조차 정확히 알아차리지 못했을 수도 있는 것이다.[43] 이 상황을 간파하기 위해서는 그림의 아름다움에 감탄하는 것만으로는 부족하고 그림이 전하는 메시지를 해독하는 것이 중요한데, 헤겔은 후기 네덜란드 장르화에서 이러한 의미를 강조해서 보여주려고 한다.[44] 마치 보들레르가 19세기 파리의 풍경을 삽화로 남긴 콩스탕탱 기스Constantin Guys, 1802~1892를 '현대 생활의 화가'로 소개하면서, 예술에서 일시적인 것, 순간적인 것, 우연한 것의 중요성을 일깨우고 '일시적인 것'으로부터 '영원한 것'을 끌어내는 일을 '현대성'에 비유한 것처럼, 헤겔도 보들레르에 앞서 후기 네덜란드 장르화에서 그러한 측면들을 간파했다.[45] 이러한 맥락에서 보자면 조각처럼 회화에서는 더이상 아름다움의 이념상이 표현되지 않고 오히려 '아름다움의 희생'이 동반되는 것도 당연하다.[46] 헤겔은 '현대 예술moderne Kunst'에서 아름다움은 더이상 주요 법칙이 아니며, '혐오스러운 것', '추한 것', '아름답지 않은 대상'도 예술에서 나타날 수 있다고 강조한다.[47]

---

[42] 이는 제들마이어(H. Sedlmayr)가 부정적으로 간파한 '중심의 상실'이 초래되는 한 단면을 보여주는 것으로 이해될 수도 있다. H. Sedlmayr, 박래경 역, 『중심의 상실』, 서울 : 문예출판사, 2002, 278쪽 이하 참조. 제들마이어(H. Sedlmayr)는 헤겔 철학을 자신의 주장을 뒷받침하는 보수적 입장에서 수용하고 있으나(같은 책, 396쪽), 반대로 헤겔의 회화론은 제들마이어의 의도와 달리 헤겔이 훨씬 더 이 '중심의 상실'을 어떤 면에서는 긍정적으로 수용하는 입장을 지녔다는 점을 뒷받침해주는 하나의 증거가 될 수 있다.

[43] T. Todorov, 이은진 역, 『일상 예찬』, 서울 : 뿌리와이파리, 2003, 167쪽.

[44] T. Todorov, 앞의 책, p.216 참조. 헤겔 미학에서 이러한 측면을 제일 먼저 발견해 낸 자료로는 다음을 들 수 있다. S. Alpers, *The Art of Describing, Dutch Art in the Seventeenth Century*, Chicago : The Univ. of Chicago Press, 1983, p.249 참조. 그러나 알퍼스(S. Alpers)도 헤겔 미학을 본문이 아니라 주석에서 설명할 만큼 부수적으로 다루고 있을 뿐이다.

[45] Ch. Baudelaire, 박기현 역, 『현대 생활의 화가』, 서울 : 인문서재, 2013, 33~34쪽.

[46] Hotho, p.200(권정임, 288쪽).

[47] Ascheberg, p.264(서성혁, 43/쪽); Kehler, p.152.

따라서 이상의 논의에서 우리는 헤겔의 회화론에서 미학적 소재의 위계 붕괴와 다양화, 그리고 미적 범주의 다양화라는 측면이 드러나고 있음을 알 수 있다.

그런데, 다른 한편으로 이러한 소재의 변화에는 내용적 변화 이상의 의미가 있음을 간과해서는 안 된다. 헤겔에 의하면 회화에서 내용의 핵심 규정은 '대자적으로 존재하는 주관성'이자 '감각하는 주관성empfindende Subjektivität'이고, 헤겔은 이 주관성을 '객관으로부터 자신 속으로 복귀한 동일성'이라고 표현한다.[48] 뛰어난 화가들이 그린 작품들에서 핵심 내용은 화가가 그린 대상들 자체가 아니라 '주관적 파악과 실행의 생동성과 혼'이며 '예술가의 심정'이다. '예술가의 심정'은 그의 작품에 반영되고, 외부 객체들의 단순한 모사에 머물지 않고 예술가 자신과 그의 내면을 전달한다.[49] 이렇게 주관적 내면성이 심화되는 과정을 회화의 발전 과정은 보여주며, 이 발전 과정이 정점에 이르면 회화의 소재는 '어떤 것이든 상관없다gleichgültig'는 입장에까지 도달한다.[50] 한편으로 헤겔은 후기 네덜란드 장르화가 이러한 낭만적 예술형식의 특징을 잘 보여주는 대표적 사례라는 점을 인정한다. 그런데, 헤겔은 이미 종교적 내용을 다룰 때에도 예술이 발전하면 할수록 '세속적 현존재'에 파고들어 그것을 현재로 가져와서 인간화하는 일이 중요하다고 언급하면서,[51] 자신의 당대가 다루어야 하는 회화의 내용과 관련해 다음과 같이 말하고 있다.

우리의 단계에서 [회화의] 내용이 되는 것은, 직접적으로 현재적인 것 자체와 일상적 주변 환경, 그리고 가장 평범하고 사소한 것 속에 있는 내밀성Innigkeit이다.[52]

---

48 Ästhetik3, pp.24 · 25(두행숙3, 346 · 347쪽).

49 Ästhetik3, p.26(두행숙3, 347쪽).

50 Ästhetik3, p.26(두행숙3, 347쪽).

51 Ästhetik3, pp.61~62(두행숙3, 392쪽).

52 Ästhetik3, p.62(두행숙3, 392쪽). 원문 : "Auf unserer Stufe nun ist es die Innigkeit im unmittelbar Gegenwärtigen selbst, in den alltäglichen Umgebungen, in dem

여기서 헤겔은 매우 빈약하고 보잘 것 없어 보이는 일상의 소재들이 어떤 본래적인 '예술적 알맹이Gehalt'를 제공할 수 있는가라는 질문을 스스로 제기하면서, 그것은 '그 자체로 지속하면서 타당한 실체적인 것', '자립적 현존재 일반의 생동성과 기쁨Lebendigkeit und Freudigkeit des selbständigen Daseins überhaupt'이라고 답변한다.[53] 표현만 놓고 보자면, '실체'나 '자립적 현존재'는 '주관적 내면'을 강조하는 낭만적 예술형식과는 거리가 먼 것처럼 보이는데, 이를 어떻게 해석해야 적절한지를 좀 더 상세히 검토해볼 필요가 있다.

예를 들어, 우리가 방안으로 들어설 때 문틈으로 비치는 햇살이나 여행하는 지역, 바느질하는 여자, 열심히 일하고 있는 모습으로 나타나는 하녀 등은 '우리에게는 아무래도 상관없는 것[무관심한 것]'일 수 있다.[54] 그런데, 이러한 것들과 관련해 헤겔이 우려하는 바는, 우리는 우리 앞에 펼쳐지는 어떤 상황들이 '그것에 대한 우리 자신의 생각과 말에 비해' 발언권을 갖지 못하게 하거나, 아니면 '쾌적하다, 아름답다, 추하다' 등과 같이 대상에 대한 우리의 추상적 판단을 강요함으로써 이러한 판단을 뛰어넘지 못할 때가 잦다는 점이다.[55] 다시 말해, 우리는 어떤 대상과 관계맺을 때 대상에 대해 주관적으로만 평가하거나 아니면 대상을 우리와 전혀 상관없는 것으로 방치하는 경향이 있다. 그런데, 이 대립하는 두 태도의 공통점은 '사태 자체의 생동성'을 제대로 드러낼 수 없다는 것이다. 사태의 생동성은 주관의 임의적 개입 없이 대상을 자유롭게 존립하게 하면서도 주관이 대상에 무관하지 않을 때 드러날 수 있다.

헤겔에 의하면 예술에서는 대상에 '주목Aufmerksamkeit'은 하되 그 대상을 우리의 실천적 의도로 변형시키려 하지 않고 표현하는 것이 중요하다. 이 태도가

Gewöhnlichsten und Kleinsten, was zum Inhalte wird."
53 Ästhetik3, p.62(두행숙3, 392쪽).
54 Ästhetik3, p.63(두행숙3, 395쪽).
55 Ästhetik3, p.64(두행숙3, 395쪽).

대상을 지성적으로 관찰하는 이론적 태도나 주관적인 실천적 태도, 대상에 대해 무관심한 태도와 구분되는 예술의 심미적 태도라고 헤겔은 강조한다.[56] 그리고 예술이 표현하려고 하는 상황과 관련해 헤겔은 우리가 그 상황을 즐기려면 대상을 향해 우리 밖으로 무작정 나가는 것만으로는 충분치 않고, "우리는 우리 자신을 우리 속에 모으고 집중해야만 한다"고 주장한다.[57] 이렇게 자신 속에 집중하는 태도는 특정한 주관적 요구, 끌림, 혐오 등에 좌우되지 않고 대상들을 '그 고유의 생동성Lebendigkeit으로 존립하는 자기목적Selbstzweck'으로 바라보는 태도와 다르지 않다.[58] '주관의 내면으로의 심화'가 '객관 자체의 생동적인 자립'과 대립하지 않고 병행할 수 있다는 이러한 관점이 헤겔이 주장하는 심미적 태도의 기초가 된다. 이러한 관점을 고려해야만, 앞서 언급했듯이 일상의 소재들이 '실체적인 것'과 '자립적 현존재 일반'에 관한 생동성과 기쁨을 제공하는 것이 예술에서 왜 중요한지를 이해할 수 있다. 헤겔에 의하면 일상적 대상들이 회화의 내용이 되는 영역에서는, 이러한 태도를 견지해야만 우리는 보통 때 같으면 그 고유성을 인정하지 않았던 사소하고 보잘 것 없는 내용에게 "그 상실된 자립성을 다시 불어넣어 주고", "우리가 그것을 대자적으로 주목하는데 익숙할 정도로 그렇게 현실에 오래 머물지 않는[순간적인] 대상들"을 포착할 수 있다.[59]

따라서 주관의 측면에서 볼 때, 종교적 소재나 신화적 주제와 같은 특정한 대상에 얽매이지 않고 인간의 사소한 일상에 관심을 두고 그것을 꾸밈없이 드러내고자 하는 태도는, 대상을 바라보는 주관이 그만큼 특정 대상이나 주제에 얽매이지 않은 성숙한 단계에 들어섰다는 것을 의미한다.[60] 헤겔은 바로 이 점에

---

56 Ästhetik3, p.64(두행숙3, 395~396쪽).
57 Ibid.
58 Ibid., p.65(두행숙3, 396쪽).
59 Ibid.
60 특히 17세기 네덜란드 화가들의 자화상은 화가가 스스로를 정신 활동의 주체로 보려는 욕구가 더욱더 강해졌음을 보여주는 것이다. 마순자, 「17세기 네덜란드 화가의 사회적 신분」, 『미술사

주목하면서 다음과 같이 주장한다.

> 인간은 항상 직접적인 현재 속에in unmittelbar Gegenwärtigen 살아가고, 그가 매순
> 간 하는 일은 특정한 것이다. 따라서 아무리 사소한 것이라 해도 어떤 일이든지 온 혼
> 을 기울여 감당하고 참여해야 할 권리는 바로 여기에 있다.[61]

설사 중세가 지나가고 르네상스 이후에 종교적 대상을 소재로 삼는 회화가
나왔다고 하더라도, 헤겔의 관점에서 볼 때 그것은 그 이전과 동일한 의미를 더
이상 지니지 못할 것이다. 시대 정신은 이미 종교적 내용을 표현한 그림을 이전
처럼 대면하는 단계를 넘어서 버렸기 때문이다. 일상적 물건뿐만 아니라, 심지
어 종교적 소재라고 해도 그것이 시대 정신에 맞지 않으면 더이상 소재 이상의
의미를 지니지는 못한다. 인상주의 이전에 회화의 내용적 소재들 중 본격적으
로 다뤄진 적이 없는 역사와 종교는, 17세기 이후로는 관학풍의 진부한 회화라
는 꼬리표를 다는 주요 계기가 된다. 이처럼 회화가 다루는 내용의 위계 질서가
붕괴되는 일은 회화 장르의 위계 질서와 구분 자체가 더이상 큰 의미가 없다는
결과를 초래한다.[62] 동시에 대상 자체의 재현도 회화의 주제와는 자연스럽게 거
리가 멀어진다. 그런데, 이러한 상황에서 주관성의 강조는 주관이 객관과 상관
없이 마음대로 할 수 있다는 의미에서 객관의 몰락이 아니라, 오히려 그 전보다
더 넓고 깊은 객관과의 만남을 가능케 한다.[63] 그리고 이를 통해 이전에는 예술
의 시선으로 다루지 못한 대상들도 예술이 다룰 수 있게 되었다는 것, 이것이

학』 제14집, 한국미술사교육학회, 2000, 127쪽 참조.
61 Ästhetik3, p.62(두행숙3, 392~3쪽).
62 T. Todorov, 앞의 책, p.14.
63 토도로프(T. Todorov)는 이를 "객관적 견고함과 주관적 독단 사이의 상호 주관적 화해라는
둥산시내"라고 부른다. T. Todorov, 앞의 책, p.217.

바로 예술의 본질적 성격 변화를 보여준다. 예술이 다루는 대상의 자립적인 객관성 확보를 통해 예술도 이제 어떤 다른 분야에도 종속되지 않게 되며 예술은 예술 자체로서 그 고유성을 확보한다.

따라서 내용적 소재를 무엇으로 취하느냐 하는 점에 못지않게, 어떻게 정신이 그러한 대상들까지 회화의 내용으로 수용하게 되었는가를 검토해 보는 것도 중요하다. 앞서 언급한 것처럼, 헤겔은 후기 네덜란드 장르화를 인간의 자유로운 정신의 심화와 확대를 보여주는 대표 사례로 보고 있으므로, 이러한 맥락에서 헤겔 미학에서 후기 네덜란드 장르화는 기존의 원근법주의와 데카르트적인 모더니티의 시각 체제를 뛰어넘는 측면을 보여준다라는 해석도 가능하다.[64] 그러나 이 사례가 헤겔의 회화론의 현대적 의미를 보여줄 수 있는 유일한 사례가 아니라는 점을 기억하는 것도 중요하다. 그와 동시에 주관성의 심화와 확대는 객관의 무화가 아니라 도리어 객관의 자립성 확보를 가능케 하고 기존에는 드러나지 않았던 객관 자체의 진실성을 드러낸다는 점에도 주목할 필요가 있다. 이러한 심미적 사태에서는 기존과는 다른 '주관과 객관의 관계'가 가능하다. 그런데, 이 후자의 측면에 관한 이해는 회화의 내용적 소재에 관한 논의만으로는 충분하지 않고, 채색에 관한 논의가 보충되어야 할 필요가 있다.

---

64 마틴 제이(M. Jay)는 17세기 네덜란드 회화에서 르네상스의 원근법주의와 데카르트적인 모더티니의 시각 체제를 뛰어 넘는 측면을 간파하고 있다. M. Jay, 최연희 역, 「모더니티의 시각 체제들」, 『시각과 시각성』, ed. by H. Foster, 부산 : 경성대 출판부, 2004, 39~43쪽 참조.

3. 색채 표현과 정신의 빛

지금까지 네덜란드 장르화의 특징에 주목하는 헤겔의 관점은 앞서 논의한 회화의 내용적 측면, 그 중에서도 주로 소재의 일상화라는 측면에서만 부각되었다. 그런데, 헤겔이 후기 네덜란드 장르화를 높게 평가하는 이유는 회화의 소재에만 한정되지는 않는다. 헤겔은 독일에서 열린 장르화 전시회를 언급하면서, 일상적 장면들을 소재로 취하고 있음에도 불구하고 표현의 기교뿐만 아니라 내용의 측면에서 네덜란드 회화에 미치지 못하는 독일 회화를 낮게 평가하기도 하고,[65] 렘브란트Rembrandt Harmenszoon van Rijn, 1606~1669, 반 다이크Anthony van Dyck, 1599~1641 같은 네덜란드 화가들만 높게 평가하지 않고 바로크 시대의 스페인 화가인 무리요Bartolomé Esteban Murillo, 1616~1682[66]와 이들보다 앞선 시대 화가인 라파엘로Raffaello Santi, 1483~1520의 그림들도 높게 평가한다. 특히, 17세기 당시 스페인이 네덜란드와는 전혀 다른 정치적, 경제적, 종교적 상황에 있었다는 점을 고려해보면, 헤겔이 무리요가 가난한 아이들을 그린 작품들을 극찬하고 있다는 점에 주목할 필요가 있다.[67] 예를 들어 헤겔은 무리요의 '포도를 집는 아이들'을 미학에서 직접 언급하는데,[68] 이 그림의 역사적 배경은 경제적으로 풍족한 네덜란드인의 일상이 아니라 17세기 쇠락해 가는 스페인이다. 하지만 헤겔은 이 그림이 묘사하고 있는 가난과 헐벗은 상태에서 어느 수도승도 더 잘 보여줄 수 없는 '전혀 근심 걱정 없는 상태'가 '아주 건강하고 생동적인 기쁨

---

65 Ästhetik1, p.223(두행숙1, 296~297쪽).
66 무리요의 이 작품 옆에 '뮌헨 중앙 미술관'이라고 표기되어 있으므로, 헤겔은 이 작품을 뮌헨에서 관람한 것으로 보인다. 1827년 9월에 파리 루브르 박물관을 방문했을 때에도 헤겔은 거기서 무리요의 다른 작품들을 관람했을 것으로 추정된다.
67 무리요나 벨라스케스 등을 포함한 17세기 스페인의 장르화가들과 그들의 작품, 그리고 정치 사회적 배경 등에 관해서는 다음을 참조할 것. 박영미, 「장르화를 통해 본 17세기 스페인 전경」, 『비교문화연구』 제22집, 경희대 비교문화연구소, 2011, 51~72쪽.
68 Ästhetik1, p.224(두행숙1, 298쪽 이하).

의 상태에서' 안팎으로 빛나고 있다고 다음과 같이 해석한다.

> 사람들은 그 아이들이 그 이상의 어떤 관심과 목적도 없다는 것을 보게 된다. 그러나 이 아이들이 둔감해서 그런 것이 아니다. 이 아이들은 올림포스의 신들처럼 만족하고 행복한 상태에서 바닥에 웅크리고 앉아 있다. 그들은 그저 행동만 하면서 아무 말도 하지 않지만, 그들 속에 불쾌함이나 불화는 전혀 없고 그들은 한 덩어리 인간들로 존재한다.[69]

헤겔이 장르화를 언급하는 부분에서 네덜란드 화가들만이 아니라 다른 이들의 몇몇 작품들을 함께 거론하는 이유는, 이 작품들이 '정신적이며 즐거운 건강한 모습'을 보여주기 때문이다.[70] 이처럼 헤겔이 회화에서 '평면'과 더불어 기본 요소로 강조하는 '색'에 관한 논의와 관련해 보자면, 17세기 후기 네덜란드 장르화만이 그 논의의 중심에 있지 않다. '낭만적 예술형식의 해체' 부분에서 헤겔은 17세기에 속하는 오스타더Ostade 형제,[71] 테니르스David Teniers, 1610~1690, 얀 스테인Jan Steen, 1626~1679을 대가들로 소개할 뿐만 아니라,[72] 반 에이크van Eyck 형제,[73] 한스 멤링Hans Memling, 1430경~1494, 얀 반 스코렐Jan van Scorel, 1495~1562와 같은 15세기 화가들도 색채를 마법처럼 비밀스럽게 사용할 줄 알았다고 높게 평가하고,[74] 덧붙여 15세기까지만 해도 형식미와 영혼의 자유라는 측면에서 오히려 이탈리아 회화가 네덜란드 회화보다 더 우월하고 뛰어나다고 보는 것도

---

69 Ästhetik1, p.224(두행숙1, 297쪽).
70 Ästhetik1, p.130(두행숙1, 296~299쪽).
71 '오스타더'는 '아드리안 반 오스타더(Adriaen van Ostade, 1610~1685)'와 '이삭 반 오스타더(Isaac van Ostade, 1621~1649)'라는 형제 화가를 가리킨다.
72 Ästhetik2, p.227(두행숙2, 532쪽).
73 '반 에이크'는 '후베르트 반 에이크(Hubert van Eyck, 1370경~1426)'와 '얀 반 에이크(Jan van Eyck, 1395경~1441)'라는 형제 화가를 가리킨다.
74 Ästhetik2, p.228(두행숙2, 533쪽).

다분히 그러한 이유 때문이다.[75]

헤겔에 의하면 채색 효과를 나타내는 기술도 화파에 따라 다른 수준에 도달했고, 그 중 '베네치아 화가들'과 '네덜란드 화가들'이 색채를 다루는 데 완전한 대가들vollkommene Meister이었다.[76] 베네치아와 네덜란드가 바다에 가깝고 땅이 낮고 습지대와 물, 운하들로 둘러싸여 있는 유사한 지역적 환경을 가지고 있고, 특히 네덜란드인들은 늘 안개 낀 수평선에서 희미한 배경에 대한 상상을 하고 있었으므로 그 둔탁함을 벗어나기 위해 그들은 더욱더 채색 효과나 빛, 반사, 햇살 따위의 다양성에 대해 연구하는 일을 중시하면서 회화예술의 중요한 과제를 발견했다.[77] 또한 헤겔은 프레스코화나 템페라화에 비해 유화물감Ölfarbe이 다양한 색들이 섞여 투명하게 비치는 효과를 잘 나타내기에 더 적합하다고 주장하면서,[78] 네덜란드 화가들이 유화물감을 발명하였고 반 에이크 형제가 '유화의 창시자'였다는 점도 언급한다.[79] 그런데, 한편으로 베네치아인, 네덜란드인과 달리 이탈리아의 나머지 화가들의 작품은 무미건조하고 활기 없고 더 차갑고 생기가 없는 것처럼 보인다고 언급하면서도, 다른 한편으로 헤겔은 레오나르도 다 빈치Leonardo da Vinci, 1452경~1519와 코레지오Antonio Allegri da Correggio, 1489~1534와 같은 몇몇 다른 화가들을 '명암의 대가'로 높게 평가하기도 한다.[80] 르네상스 화가인 이들은 일상적인 대상들을 소재로 삼지는 않았으므로, 회화의 내용적 소재의 측면에서 헤겔이 이들을 높게 평가하지는 않았을 것이다. 이러한 맥락에서, 헤겔이 내용적 측면에서 네덜란드라는 시대적 사회적 배경과 연관해 단순히 일상을 회화의 소재로 삼았다는 측면만 강조한 것이 아니라, 채색

---

75 Ästhetik3, p.125(두행숙3, 470쪽).
76 Ästhetik3, p.69(두행숙3, 401쪽).
77 Ästhetik3, pp.69~70(두행숙3, 401~402쪽).
78 Ästhetik3, pp.79~80(두행숙3, 414쪽).
79 Ästhetik3, pp.124~125(두행숙3, 469쪽).
80 Ästhetik3, p.80(두행숙3, 414쪽) 참고.

과 연관된 측면을 또 다른 이유에서 강조하려 했을 것이라고 추측해 볼 수 있다. 그리고 지역이나 시대와 같은 외적 조건에 대한 검토에만 주목하기보다 회화의 내적인 부분, 즉 채색 자체에 대해 헤겔이 어떤 의미를 부여하려 했는가를 확인하는 것이 더 중요할 수도 있다. 왜냐하면 네덜란드 장르화를 극찬하는 부분에서도 헤겔은 단순히 그 그림들이 일상적인 대상들을 소재로 삼았다는 측면만 보지 않고, 그림을 그릴 때 '빛과 조명 그리고 채색 효과의 마법Magie과 색채마술 Farbenzauber'을 잘 살렸고, 매우 생동적인 성격들을 탁월하게 예술의 위대한 진리로 완성해냈다고 극찬하기 때문이다.[81] 그러면, 이처럼 헤겔이 회화에서 색과 채색 효과를 다른 요소들보다 더 고차적인 것으로 간주하는 이유는 무엇일까?

'감각적인 재료의 상세한 규정'이라는 부분에서 헤겔은 '선원근법Linearpers-pektive', '소묘Zeichnung', '채색효과Kolorit'를 차례로 소개하면서 '색'과 '채색'을 가장 강조하고 있다. 헤겔에 의하면 회화는 건축이나 조각과 달리 삼차원의 공간을 평면으로 환원해서 그림으로 표현해야 하기 때문에 기본적으로 선원근법도 필요하고,[82] 객체가 특정한 형태로 가시화되도록 하는 '특수한 공간의 한정 besondere Raumumgrenzung'인 '소묘'도 필요하다.[83] 그런데, 헤겔은 선원근법과 소묘가 회화에서 필요하다고 해서 이 둘만으로 회화가 완성되지는 않는다고 주장한다. 그 이유를 헤겔은 다음과 같이 제시한다.

> 형태, 거리, 경계, 마무리, 간추려 말해 공간에서 모든 현상의 공간 관계와 구별들은 회화에서는 오직 색에 의해서만 드러난다. 색의 좀 더 관념적인 원리ideelleres Prinzip 는 좀 더 관념적인 내용을 표현할 수 있다.[84]

---

81 Ästhetik3, p.130(두행숙3, 474쪽).
82 Ästhetik3, pp.67~68(두행숙3, 399~400쪽).
83 Ästhetik3, p.68(두행숙3, 400쪽).
84 Ästhetik3, p.33(두행숙3, 356쪽).

왜냐하면 회화의 본래 과제는 채색Färbung이므로, 참으로 회화다운 것에서 거리와 형태는 색의 차이에 의해서만 그 본래적 표현을 취하고 그 속에서 드러나기 때문이다.[85]

여기서 헤겔은 선원근법과 소묘보다 채색이 회화에서 더 본질적이고 근원적이라는 점을 강조하고 있다.[86] 아무리 원근법을 정확하게 적용하고 소묘를 상세히 했다고 해도, 채색을 적절하게 하지 않으면 회화가 제대로 완성될 수 없다는 것이다. 이 점에서 헤겔은 '화가를 화가로 만드는 것'은 바로 색과 채색 효과이며,[87] "회화에서 생동성의 최종 정점은 색에 의해서만 표현 가능하다"[88]고 강조한다. 그렇다고 헤겔이 훌륭한 소묘작품을 모두 다 낮게 평가하는 것은 아니다. 예를 들어, 헤겔은 뒤러Albrecht Dürer, 1471~1528가 기도서 가장자리에 직접 손으로 그린 소묘가 '형언할 수 없을 정도로 풍부한 정신력과 자유로움'을 띤다고 주장하기도 한다. 그럼에도 불구하고, 헤겔은 색을 사용함으로써 비로소 회화는 '영혼 충만함'을 본래적인 생동적 현상으로 표현할 수 있다고 주장한다.[89]

더 투명하고 가벼운 형태의 외피로 그려진 스케치에서 내적 정신이 아무리 창의적이며 상상력이 풍부하게 직접적으로 드러난다고 할지라도, 회화가 감각적 측면에서 그 대상들의 생동적인 개체성과 특수성을 띠고서 추상적으로 남지 않으려면 그 회화는 물감으로 그려져야 한다.[90]

---

85 Ästhetik3, p.68(두행숙3, 400쪽).
86 J. Sallis, "Carnation and the Eccentricity", in : *Hegel and The Arts*, ed. by S. Houlgate, Evanston : Northwestern Univ. Press, 2007, p.90 이하 참조. 여기서 살리스는 소묘를 강조한 칸트와 헤겔의 입장을 비교하고 있다. 실제로 칸트는 『판단력 비판』에서 헤겔과 달리 채색은 감각적 자극과 관련되는 것으로 보면서 아름다운 형식에 관련되는 선묘나 소묘를 가장 강조했고, 더불어 순수 단색을 가장 아름다운 것으로 보았다. KU, B40, B42 이하 참조. 백종현 역, 『판단력 비판』, 서울 : 아카넷, 2009, 220~222쪽.
87 Ästhetik3, p.69(두행숙3, 400쪽).
88 Ästhetik3, p.87(두행숙3, 423쪽).
00 Ästhetik3, p.69(두행숙3, 401쪽).

우선, 헤겔은 색을 '가현假現의 특수화[분화]Besonderung des Scheinens'라고 규정한다.[91] 여기서 '가현의 특수화'는 회화에서 색상, 채도, 명도와 같은 다양한 색의 차이들이 표현되는 상태를 가리킨다. 헤겔에 의하면 '회화의 감각적인 요소'는 '평면에서의 확산'과 '색의 특수화[분화]에 의한 형태화'이고, 이 색의 특수화[분화]에 의해 대상은 '실재의 형태 대신' 정신에 의해 정립된 '예술적 가상 Schein'으로 바뀐다. 즉, 그림에서 색으로 표현된 외부 대상은 더이상 그림 밖에 자립적으로 존립하는 실재물이 아니라 '내재적인 정신의 단순한 가현'으로 바뀐다는 것이다.[92] 이처럼 색을 통해 구현된 가상이 생동적으로 보이려면 화가는 대상의 명암 등을 색의 차이를 통해 다채롭게 표현해야 한다.[93] 헤겔은 단순한 흑백 대비가 아니라 다양한 색채의 배합을 통한 명암 표현이 중요하다는 점을 구체적인 색의 사례를 들어 설명한다. 색들은 상호 관계를 맺으면서 빛과 어둠으로 작용하고 서로 상대적으로 부각하거나 억누르고 또 해치기도 한다. 빨강, 노랑은 농도가 같을 때 파랑보다 더 밝고, 빨강, 노랑, 파랑, 초록이 가장 순수하고 단순하며 근원적인 기본 색들Kardinalfarbe이며[94] 무한히 다양한 색들은 이 기본색들이 조금씩 농담濃淡, Schattierung을 달리하면서 나타나는 변형들로 보아야 한다.[95] 헤겔은 이와 같은 것이 색 자체의 본성과 합치하며, 괴테가 처음으로 이 색의 본성을 최근에 와서야 올바른 빛 속에 설정했다고 평가한다.[96] 헤겔이 광학의 분야에서 빛에 관한 뉴튼의 입장을 비판하고 괴테의 입장을 옹호했다는 것은 잘 알려진 사실이다. 빛을 모든 색들의 통일체로 규정하는

---

90 Ästhetik3, p.69(두행숙3, 400~401쪽).
91 Ästhetik3, p.23(두행숙3, 344쪽).
92 Ästhetik3, p.22(두행숙3, 344쪽).
93 Ästhetik3, p.72(두행숙3, 405쪽).
94 Ästhetik3, p.73(두행숙3, 406쪽). '호토판 미학' 외 다른 미학 강의들에서는 기본색에서 초록이 제외된다.
95 Ästhetik3, p.74(두행숙3, 407쪽).
96 Ästhetik3, p.73(두행숙3, 405쪽).

뉴튼과 달리 괴테의 입장에서 가장 중요한 특징은, 빛을 대상을 바라보는 주관과의 관계를 통해 규명하려고 한 점이다.[97] 이 점은 회화에서 채색의 중요성을 빛과 연관해 강조하려는 헤겔의 입장을 이해하는 데 중요하다.

특히 회화에서 채색과 관련해, 헤겔은 색들의 조화와 더불어 '대기 원근법Luft-perspektive', 살색을 표현하는 '담홍색Karnation', '색 가상의 마법Magie des Farbensch-eines' 등을 언급하면서, 괴테가 번역한 디드로의 『회화론』 중 살색에 관한 내용을 직접 인용하면서 '채색 효과의 정점'이 사람의 살색을 담홍색으로 표현하는 것이라고 주장한다.[98] 헤겔에 의해 살색은 외부에서 비치는 것이 아니라 '안으로부터 비쳐 나오는 것Durchscheinen von innen'으로서 '빛나지 않는 영혼의 향기 glanzloser Seelenduft'에 비유된다. 살색은 '내적인 생기의 가상Schein innerer Belebung'을 지녀야 하고, 이러한 '생동성의 내면과 주관'은 그 자체로 살아있는 전체로 나타나야 하기에 회화가 표현하기에 가장 어려운 것이다.[99] 사람의 살색에 관한 논의에서 주목해야 하는 내용은 헤겔이 채색에서 본질적인 측면을 '내면으로부터의 가현(비침)'으로 보고 있다는 것이다. 색채를 통해 살을 표현할 때 중요한 점은 내면의 생명성이 겉으로 잘 드러나도록 표현하는 것이다. 그런데, 이러한 채색 효과는 살을 실재 그대로 정확히 재현한다고 해서 달성되는 것이 아니다. 예를 들어, 헤겔은 데너Balthasar Denner, 1685~1749의 초상화를 언급하면서 머리카락이나 주름살 등을 사실적으로 정확하게 표현한다고 해서 '인간다운 용모의 생동성Lebendigkeit menschlicher Physiognomie'이 제대로 드러나는 것은 아니라고 주장한다.[100] 특히 초상화와 같이 인간의 모습을 그릴 때 중요한 것은 상

---

97 괴테의 색채론에 대해서는 다음의 논문들을 참조할 것. 장희창, 「괴테 '색채론'의 구조와 그 현대적 의미」, 『괴테연구』 제11권, 한국괴테학회, 1999, 173~189쪽. 조우호, 「괴테의 '색채론'에 나타난 자연과학 방법론」, 『괴테연구』 제24권, 한국괴테학회, 2011, 99~121쪽.

98 Ästhetik3, pp.77 · 79(두행숙3, 410 · 413쪽).

99 Ästhetik3, pp.77~78(두행숙3, 412~413쪽). 디드로의 '회화론'의 번역은 다음을 참조할 것. D. Diderot, 배한올 역, 『회화론』, 경신 : 영남대 출판부, 2004, 34~35쪽.

세한 묘사가 아니라, "정신다운 것의 표현Ausdruck des Geistigen이 인간 형태에서 본질적인 면이다".[101] 원근법이나 소묘에 의한 표현은 실재 대상을 사실적으로 모방하여 마치 그림이 실물인 것 같은 착각을 불러일으킬 수 있다. 그러나, 헤겔은 회화에서 '가상'은 이와 같은 대상의 재현이나 속임수와는 거리가 멀다고 본다.[102] 예술에서 본질적 가상을 포에지와 연관해 헤겔은 다음과 같이 말한다.

> 예술가는 형식과 표현 방식에서 자신의 외부세계에서 발견한 것을 그렇게 발견했다고 해서 모두 받아들이지는 않는다. 왜냐하면 오히려 예술가가 진정한 포에지echte Poesie를 산출하려면 그는 올바르고recht 사태의 개념에 맞는 특징들에 따라서만 그것을 파악해야 하기 때문이다. (…중략…) 이 올바르다는 것이 현존한다는 것 자체보다 더 고귀하다.[103]

헤겔에 의하면 회화의 기본 원리는 명암의 다양한 대비를 통해 객체의 형태와 거리를 구분해 관람자가 인식할 수 있도록 하는 데 있다.[104] 그리고 이렇게 그림을 자연스럽게 보이도록 하기 위해 '색의 가상의 유희das Spiel des Farben-scheins'[105]가 반드시 필요하다. 회화가 '색의 가상의 유희'에 기초한다는 사실은, 빛이 건축이나 조각에서와 달리 회화에서 어떤 역할을 하는지 비교해 보면 쉽게 이해될 수 있다. 건축과 조각은 '무거운 물질'을 재료로 사용하는 반면, 회화는 그렇지 않다. 회화에서 사용하는 '빛의 원리'는 '무거운 물질의 대립자'이

---

100 Ästhetik3, p.63(두행숙3, 393~394쪽); Ästhetik1, p.217(두행숙1, 290쪽); Ascheberg, p.249(서정혁, 410쪽).
101 Ästhetik1, p.217(두행숙1, 290쪽).
102 오히려 헤겔은 테르보르크가 그린 지도를 색채효과의 측면에서 긍정적으로 평가한다. 지도에서는 원근법이나 소묘는 전혀 중요치 않다. Ascheberg, p.273(서정혁, 453쪽).
103 Ästhetik1, p.217(두행숙1, 289쪽).
104 Ästhetik3, p.32(두행숙3, 355쪽).
105 Ästhetik3, p.66(두행숙3, 397~398쪽).

다.[106] 건축과 조각은 공간적 형태가 차지하는 실재적 차이들을 보여주면서, '자연의 빛'이 비추는 조명Beleuchtung에 의해 빛과 그림자를 드러내고 관람자의 위치에 따라 효과를 내므로, 건축물과 조각상과 같은 대상들을 보이게 하는 '명암'은 이미 이 '가시화Sichtbarwerden'와는 독립적으로 실제 어떤 곳에 존재하는 대상의 결과일 뿐이다.[107] 쉽게 말하자면, 건축과 조각에서는 자연의 빛에 의해 대상의 형태화가 결정되지 않고, 이미 존재하는 대상들에 자연의 빛이 비치면서 명암이 결정된다. 이에 비해 회화에서는 명암이 모든 단계들과 아주 섬세한 이행과정을 거치면서 예술 재료의 원리에 속하며, 회화는 '의도적인 가상'만을 산출해낸다. 그리고 회화에서 빛과 그림자, 대상들이 그 조명 속에서 현상하는 상태는 예술에 의한 것이지 '자연적 빛'의 영향을 받지 않는다. 오히려 회화에서는 회화에 의해 산출된 명암과 조명에 의해 역으로 자연적 빛도 그림 속에서 비로소 가시화된다.[108] 더 나아가 회화에서는 자연의 빛을 무시하고 그림 자체 속에서 명암을 임의로 만들어낼 수도 있다. 헤겔은 이와 같은 것이 '본래적인 재료 자체에서 나오는 긍정적 토대'로서, 이 토대로 인해 회화는 삼차원을 필요로 하지 않는다고 언급한다. "형태가 빛과 그림자에 의해 만들어지므로 독자적으로 실재하는 형태는 불필요하다."[109] 이 관점에서 헤겔은 삼차원 공간을 평면에 축약해서 보여주려는 원근법 보다 색채효과를 회화의 본질적 특징으로 더 중시한다. 헤겔에 의하면 회화에서 채색을 통해 구현되는 빛은 자연의 빛이 아니라 정신의 빛, 내면의 빛이고, 여기서 빛은 사실상 '정신의 정신성'의 비유적 표현이다. 회화라는 장르가 낭만적 예술형식에 속하는 이유도 여기에 있다. 이와 관련해 헤겔은 다음과 같이 말한다.

---

106 Ästhetik3, p.31(두행숙3, 353~354쪽).
107 Ästhetik3, p.32(두행숙3, 355쪽).
108 Ästhetik3, p.32(두행숙3, 355쪽).
109 Ästhetik3, pp.32 33(두행숙3, 355~356쪽).

외면의 반사Widerschein 속에서 스스로를 내면으로 표현하려고 시도하는 것은 바로 정신의 내면이다.[110]

설사 그림이 외부 대상을 소재로 삼고 있다고 하더라도 그림 속에서 채색을 통해 화가가 표현하려는 것은 결국 외부의 자연물이 아니라 '정신'이다. 헤겔에 의하면 조각에는 '단일한 영혼의 표현der Ausdruck der einfachen Seele'인 '눈의 빛 das Licht des Auges'이 없고, 이 '영혼의 빛'은 조각품들의 외부에 속한다. 그래서 관객이 조각품들을 바라보기는 하지만, 이 경우 작품과 관객의 관계는 '영혼 대 영혼'의 관계가 아니다. 이에 비해 헤겔은 회화에서는 영혼의 빛이 작품에 내속하고 작품에서 드러나는 것이 가능하다고 보며, 이것이 바로 채색 효과를 통해 나타난다고 본다. 그래서 회화에서는 '눈 대 눈', '영혼 대 영혼'의 관계로 형태들을 바라보는 것이 가능하다.[111] 그리고 이 관계가 인간의 모습을 한 대상들에만 제한되지 않고 일상적이며 사소한 대상들에까지 확대되면, 인간뿐만 아니라 존재하는 모든 것들 속에 반영된 정신성이 강조될 수밖에 없다.

빛과 관련해 보면, 헤겔은 자신의 여러 글들에서 다양한 맥락에서 빛에 관해 언급한다.[112] 자연철학에서 빛은 '물질의 실존하는 보편적 자아',[113] '순수 현현이자 물질적 관념성'[114]이라고 표현되며, 미학에서도 빛은 기본적으로 '대상성

---

110 Ästhetik3, pp.22~23(두행숙3, 344쪽).
111 Ästhetik2, p.131 이하(두행숙2, 412쪽 이하).
112 빛에 관한 헤겔의 논의에 대해서는 다음 논문을 참조할 만하다. W. Neuzer, "LichtKonzepte", in : *Hegels Lichte-Konzepte. Zur Verwendung eines metaphysischen Begriffs in Naturbetrachtungen*, hrsg. von W. Neuzer & J. Kohne, Würzburg : Königshausen & Neumann, 2008, pp.47~58; K. J. Schmidt, "Das Licht als Selbst (Seele) der Materie?";, in : *Hegels Lichte-Konzepte. Zur Verwendung eines metaphysischen Begriffs in Naturbetrachtungen*, hrsg. von W. Neuzer & J. Kohne, Würzburg : Königshausen & Neumann, 2008, pp.93~106.
113 GW10, p.277(§275)(자연철학1, 247쪽).
114 GW10, p.277(§276)(자연철학1, 258쪽).

일반의 보편적인 가시화작용das allgemeine Sichtbarmachen'이라고 규정된다.[115] 그런데, 빛은 자연에서는 대상을 비춤으로써 그 대상이 보이도록 하지만, 회화에서는 회화 외부의 자연의 빛이 아니라, 작품 내에서 화가의 주관적 활동인 '채색'을 통해 빛이 나타난다. 이는 헤겔이 자연의 빛과 정신의 빛을 구분하는 점을 검토해보면 명확히 이해된다.

"[자연의 빛과의] 차이는 정신은 자기 자신을 계시하며 정신이 우리에게 부여하거나 정신에게 형성되는 것 속에서도 정신은 자기 자신에게 머무른다는 것이다. 그러나 자연의 빛은 자기 자신이 아니라 반대로 그의 타자인 외적인 것을 지각 가능하게 만들며 이 연관 속에서 자신으로부터 밖으로 드러나지만, 그러나 정신처럼 자신 속으로 복귀하지는 못한다. 그렇기 때문에 빛은 타자 속에서 자기 자신에게 머무는 더 고차적 통일성을 지니지 못한다.[116]

주관성은 자기 자신 속을, 즉 전에는 어두웠던 자신이 있는 곳을 비치는 빛이며, 자연의 빛은 다른 대상만을 비출 수 있지만, 정신적 빛은 스스로를 비추면서도 스스로를 아는 바탕이자 대상이다.[117]

회화에서 채색 효과를 통해 드러나는 빛은 자연의 빛이 아니라 정신의 빛으로서 정신 내면의 자기 반성[자기 비춤]의 다른 이름이다. 이 점에서 화가는 채색 효과를 통해 '객관 없는 가상의 대자적 유희ein für sich objektloses Spiel des Scheines'를 창작해 내는 '마술사Zauberer'로 표현되고, 채색을 한다는 것은 '색 가상의 마

---

115 Ästhetik3, p.31(두행숙3, 353쪽).
116 Ästhetik2, p.71(두행숙2, 332쪽).
117 Ästhetik2, p.132(두행숙2, 412~413쪽).

법Zauberei der Farbenscheins'을 부리는 것이라고 표현된다.[118] 여기서 '마법'이나 '마술'은 단순한 비유가 아니라 규칙에 따라 조작될 수 없는 창작의 측면을 표현한 것이다. 왜냐하면 이 언급 다음에 헤겔은 원근법과 소묘에 비해 채색 효과가 규칙에서 가장 거리가 멀고 예술가의 '창조적 주관성schöpherische Subjektivität'이 가장 중요하다고 언급하기 때문이다.[119] 그렇다고 해서 회화에서 나타나는 매우 다양한 채색 효과가 예술가의 임의대로 채색하거나 만들어낸 것은 아니며 '사태 자체의 본성Natur der Sache selbst' 속에 들어 있는 것이라는 점을 헤겔은 재차 강조한다.[120]

헤겔에 의하면 '예술적 영감Begeisterung'은 사태Sache에 의해 충만되고 전적으로 사태 속에 현재하는 것이며, 사태 자체의 기관이자 생동적인 활동 대신에 주관이 스스로 우쭐하며 자신을 중요하다고 여길 때에는 '좋지 않은 영감'만이 떠오른다.[121] 그래서 예술가가 대상을 완전히 자기 것으로 만들려고 할 때 예술가는 역으로 자신의 주관적 특수성과 우연한 특성들을 잊을 줄 알아야 한다.[122] 또한, 헤겔에 의하면 '진정한 독창성'은 예술가의 주관성과 참된 객관성이 일치하여 표현되는 것, 천재와 객관성으로 분리되었던 것이 결합되어 나타난 것이다.[123] 헤겔은 독창성을 '단순한 자의적인 착상들'과는 구별한다. 어떤 주체가

---

118 Ästhetik3, pp.80~81(두행숙3, 414쪽).
119 Ästhetik3, pp.81~82(두행숙3, 415~416쪽). 콜렌베르크(Collenberg)는 '호토판 미학'이 이 부분에서 '색채감각'을 '생산적 상상력'이 아니라 '재생적인 창조적 상상력'이라고 표현한 것은 헤겔이 아닌 호토의 의도에 의한 것이라고 보고 있다. 왜냐하면 헤겔과 달리 호토는 여전히 자신의 시대에도 예술이 이념상으로서의 자연의 모방이어야 한다는 생각을 가지고 있었기 때문이라는 것이다. B. Collenberg, "Hegels Konzeption des Kolorits in den Berliner Vorlesungen über die Philosophie der Kunst", in : *Phänomen versus System. Zum Verhältnis von philosophischer Systematik und Kunsturteil in Hegels Berliner Vorlesungen über Ästhetik oder Philosophie der Kunst*, hrsg. von A. Gethmann-Siefert, Bonn : Bouvier, 1992, p.143.
120 Ästhetik3, p.82(두행숙3, 416쪽).
121 천재와 영감에 관해서는 이 책의 제1부 제3장을 참조할 것.
122 Ästhetik1, p.373(두행숙1, 504쪽).
123 Ästhetik1, p.376(두행숙1, 508쪽).

다른 이에게는 떠오르지 않는 진기한 것, 독특한 것을 떠올렸다고 해서 그것이 독창성은 아니며, 그것은 '조잡한 진기함'일 뿐이다.[124] 헤겔에 의하면 "독창성은 참된 객관성과 동일하다. 독창성은 표현의 주관적인 것과 사태적인 것을 합치시켜 양 측면이 서로 더 이상 낯설게 대립하지 않도록 한다".[125] 예술에서 요구되는 이와 같은 주관과 객관의 관계는 회화에도 적용될 수 있다. 사실상 헤겔에 의해 회화의 완성된 단계로 간주되는 네덜란드 장르화에서 감상자가 보는 것은 엄밀히 말해 내용적 소재인 일상적 실물의 겉모습의 재현이 아니라 그 속에 깃든 정신이다. 네덜란드 장르화의 소재가 다양하기는 하지만 무한히 다양한 것도 아니고, 화가는 구매자들이 요구하는 이미지들을 자신의 시지각에 따라 그리지만 눈 앞에 펼쳐진 모든 것들을 그대로 그리지도 않는다.[126] 화가는 이 정신을 자기 내면의 반성을 통해 회화로 표현하고, 감상자는 이렇게 표현된 내면의 가상[겉모습]을 감상하면서 거기에 공감한다. 그래서 회화의 창작과 감상의 과정은 서로 분리되어 전혀 상관없는 주관과 객관 사이에 이루어지는 만남이 아니다. 헤겔은 특정한 규칙에 구속받지 않고 창조적인 주관성을 발휘하여 채색하는 화가는 그의 심화된 표현을 통해 오히려 사태 자체의 본성을 잘 드러낼 수 있다고 본다. 이러한 관점은 고대나 중세의 객관 중심의 관점이나 근대의 주관 중심의 관점을 지양하는 현대적 전망을 열어주는 것으로 이해 가능하다.

이상의 논의를 통해 헤겔의 회화론은 첫째, 그 소재의 다양성과 미적 범주의 다양화라는 면에서, 둘째, 색채 표현과 정신의 빛을 강조함으로써 주관과 객관의 새로운 관계 정립을 꾀했다는 측면에서 현대적 의미를 지닌다는 점을 살펴

---

124 Ästhetik1, p.381(두행숙1, 515쪽).
125 Ästhetik1, p.380(두행숙1, 514~515쪽).
126 적지 않은 미술사가들이 네덜란드 장르화를 알레고리로서 도상해석학적으로 보는 방식에 동의했다는 점에서 이러한 주장은 설득력이 있다. T. Todorov, 앞의 책, 3장 '사실주의인가 알레고리인가' 부분 참조.

보았다. 특히 후자의 측면은 지금까지 회화에 관한 헤겔의 논의에서 충분히 부각되지 못한 중요한 점으로, 그 현대적 의미를 예술적 상상력과 사태 자체의 관계에 관한 헤겔의 다음 논의에서 좀 더 분명하게 이해할 수 있다.

예술적 상상력이 발휘되기 위해서 헤겔이 필요하다고 주장하는 것은 다음과 같다. 첫째, 예술가는 자신이 만들어낸 상상들에 의존하지 않고 단조로운 이념상에서도 벗어나 현실과 그 형태들을 파악하는 재능과 감각이 있어야 한다. 이를 위해 현전하는 것들의 아주 다양한 모습들을 주의 깊게 듣고 보면서 정신에 새기고, 다채로운 세계를 보존하는 기억력도 필요하며, 무엇보다 현실에 다가서는 것이 중요하다. 헤겔은 여기서 예술가가 추상적 보편성이 아니라 '삶의 충만함'으로부터 창작 활동을 해야 한다고 강조한다. 그리고 인간의 내면, 심정의 열정과 인간다운 가슴의 모든 목적들에도 친숙해 져야 하고, 이 정신의 내면을 실재 속에 표현하면서 이 실재의 외면을 꿰뚫어 볼 수 있어야 한다고 강조한다.[127] 둘째, 예술이 철학은 아니지만, 예술가에게는 상상력의 경박함이 아니라 자신 속에 있는 것을 의식화하는 추사유Nachdenken의 과정이 필요하다. 예술가는 내·외적 현실을 단순히 수용하지 않고, 본질적이며 진실한 것을 그 전체 범위와 깊이에 따라 꿰뚫어 볼 수 있어야[숙고해야]durchsinnen 한다.[128] 마지막으로 예술가는 전체를 관통하고 전체에 생기를 불어 넣는 감각을 통해 그의 소재와 소재가 형태화된 것을 예술가 자신의 가장 고유한 자아sein eigenstes Selbst로, 주체인 자신의 가장 내밀한 소유물innerstes Eigentum로 간직할 수 있어야 한다.[129] 이러한 논의에서 사태 자체가 주관과 무관한 객관이 아니라는 것을 알 수 있다. 주체인 예술가의 작품 창작이 그와는 무관한 객관의 재현이 아니라 예술가 자

---

127 Ästhetik1, pp.363~364(두행숙1, 493~494쪽).
128 Ästhetik1, pp.364~365(두행숙1, 494~495쪽).
129 Ästhetik1, p.366(두행숙1, 496쪽).

신의 내면을 드러내는 과정이고, 예술가의 내면은 자의적인 상상력의 산물이 아니라 현재의 삶에 대한 주목과 경청 그리고 반성에서 비롯된다. 이는 예술에서 '창작→작품→감상'이라는 순차적이며 직선적인 관계의 변화를 의미한다. 물론 헤겔의 회화론이 19세기 이후 전개되는 회화의 현대성의 일면을 보여준다고 할지라도 그것이 모든 현대 회화의 경향성을 포괄할 수도 없으며, 그런 과도한 해석과 주장은 오히려 헤겔 미학에 대한 왜곡된 이해를 초래할 우려가 있다. 그러나 위와 같이 헤겔 미학 속에 내재되어 있는 회화론의 현대적 의미를 면밀히 검토하지 않고 간과하는 태도 역시 좀 더 생산적인 논의를 가로막는 장애물이 될 수 있다.

후기 네덜란드 장르화에 대한 헤겔의 긍정적 평가도 네덜란드 화가들이 이 현재성을 잘 꿰뚫어 그림에 반영했기 때문이다. 따라서 헤겔의 관점에서 볼 때 우리 시대의 현대성은 우리 시대의 현실을 꿰뚫어 표현되어야 한다. 헤겔에 의하면 '현대적'이라는 기준은 우리가 우리 시대를 살아가는 우리 자신의 모습을 얼마나 예술에 생동적으로 반영하는가에 달려 있다. 헤겔의 회화론이 우리에게 시사하는 바는, 회화의 현대성이 회화가 갖추어야 할 어떤 기성旣成의 객관적 기준에서 찾아져서는 안 된다는 점이다. 이러한 시도 자체가 현대적이지 않기 때문이다. 지금 우리가 살아가는 현실과의 만남이 중요하며, 현재적인 것이 현대적인 것이다. 그렇기 때문에 '어느 누구도 자기 시대를 뛰어 넘을 수 없기에'라는 시대 제약적 조건은 오히려 당대를 살아가는 시대의 아들인 예술가도 작품을 통해 자신의 동시대성을 선구적으로 표현하고 실현해야 한다는 주장으로 해석되어야 마땅하다. 왜냐하면 순간적인 것, 사라져버리는 것을 포착하여 감각적으로 표현하는 예술은 철학보다 먼저 생생한 현재를 직접 만나고 접촉할 수 있기에 철학보다 한 발 앞서 미래를 예감할 수 있기 때문이다.

제4장
음악론
수수께끼로서 음악과 오르페우스

1. 음악과 헤겔

　헤겔의 음악론은 보통 음악과 그 외의 개별 예술 장르들(건축, 조각, 회화, 시문학)을 비교함으로써 검토되거나, 아니면 리듬, 멜로디 등과 같은 음악 내적 구성 요소들을 중심으로 논의되어 왔다. 헤겔의 음악론을 형식을 중요시하는 관점에서 볼 것인지 아니면 내용과 관련있는 맥락에서 볼 것인지, 내용과 무관하지 않은 반주 음악을 강조할 것인지, 아니면 음악의 독자성이 강조되는 기악음악을 중심으로 볼 것인지, 고전주의의 관점에서 볼 것인지 아니면 낭만주의의 영향 하에서 볼 것인지에 따라 다양한 해석과 논의가 가능하다.[1] 이러한 관점의 차이가

1　관련 주제에 관한 국내 선행 연구로는 다음과 같은 것들이 있다. 권정임, 「헤겔의 음악규정과 그 현대적 의미」, 『미학예술학연구』 제29집, 한국미학예술학회, 2009, 27~61쪽; 김지현, 「음악미학에 기초한 절대음악 감상 지도법─헤겔과 한슬릭의 음악미학 비교를 중심으로」, 『중등교육연구』 제53집, 서울대중등교육연구소, 2005, 581~604쪽; 양희진, 「음악에서 공감의 문제─칸트와 헤겔의 음악미학을 중심으로」, 『동서철학연구』 제93호, 동서철학연구회, 2019, 143~166쪽; 서인정, 「초기 낭만주의 음악미학에 대한 연구」, 『미학예술학연구』 제8집, 한국미학예술학회, 1998, 29~43쪽. 권정임의 연구는 헤겔의 시기별 미학 강의를 고려하면서 그의 음악에 관한 논의 전반을 소개해 주고 있는 반면, 양희진과 김지현은 각각 칸트와 한슬릭과의 비교를 통해, 그리고 서인정은 낭만주의 관점에서 헤겔의 입장을 다루고 있으므로 그 논의가 제한적이다. 또한 국외 연구 중 슈네델바흐(Schnädelbach)의 연구는 헤겔의 음악미학에 대한 개괄적 내용들

발생하는 이유는, 헤겔이 자신의 미학에서 음악을 다른 개별 예술 장르들에 비해 매우 짧게 다루고 작품과 음악가에 관한 구체적인 분석과 비평을 매우 소략하게 전개한 점과 무관하지 않다. 또한, 이미 선행 연구를 통해 밝혀졌듯이, '호토판 미학'과 시기 별로 상이한 미학 강의들의 내용이 부분적으로 다르다는 문헌학적 문제로 인해,[2] 헤겔 미학에서 음악의 위상Konstellation을 체계적으로 드러내는 작업에 어려움이 따를 수밖에 없는 측면이 있기도 하다.

이러한 외적 제약 조건들로 인해 헤겔의 음악론을 일관되게 이해하고 해석하는 데에는 어떤 식으로건 논란이 남을 수밖에 없지만, 기존의 접근 방식이 대부분 공유하는 전제가 있다는 점도 간과해서는 안 된다. 그것은 헤겔 미학에서 '음악'을 하나의 개별 예술 장르로 당연시하는 관점이다. 그러나, 이처럼 음악을 개별 예술 장르로만 간주하는 관점은 헤겔의 미학에서 음악의 위상에 대한 검토가 충분하고 적절하게 이루어지기 위한 논의 과정에 어떤 제약으로 작용하지는 않는가? 이러한 문제 제기는 본래 음악Musik은 '무사이|μοῦσαι'에서 비롯되었으며 좁은 의미에서의 음악이라는 개별 예술 장르에 한정되지 않는다는 매우 상식적인 사실로부터 비롯된다. 흔히 뮤즈 여신들이라고 알려진 무사이는 음악뿐만 아니라 모든 형태의 사유, 즉 웅변, 설득, 지혜, 역사, 수학, 천문학 등을 주재했다.[3] 무사이는 고전 시대 이후부터 로마 시대에 이르면서 대략 아홉 명의 여신들로 각각 학예의 일부를 담당하는 것으로 서술되며, 넓은 의미에

을 정리하고 있다. H. Schnädelbach, 김동훈·홍준기 역, 「헤겔」, S. L. Sorgner·O. Fürbeth 편, 『독일음악미학』, 서울 : 아난케, 2008, 121~161쪽. 엘드리쥐(Eldridge)는 음악에 관한 헤겔의 논의가 그 이후 다양한 관점에서 어떻게 해석되고 있는지를 비교적 상세히 소개해 주고 있다. R. Eldridge, "Hegel on Music", in : *Hegel and The Arts*, ed. by Houlgate, Evanston : Northwestern Univ. Press, pp.119~145. 이에 비해 달하우스(Dalhaus)는 주로 헤겔 당대와 그 전후로 음악에 관한 철학적 논의와 사회적 시대적 맥락을 소개해 주고 있다. C. Dalhaus, "Hegel und die Musik seiner Zeit", in : *Kunsterfahrung und Kulturpolitik im Berlin Hegels*, hrsg. von Pöggeler·Gethmann-Siefert, 1983, pp.333~350.

2　권정임, 앞의 글, 27~61쪽.

3　P. Grimal, 최애리 외역, 『그리스 로마 신화 사전』, 서울 : 열린책들, 2003, 180~181쪽.

서는 음악이나 예술뿐만 아니라 학예 전반, 학문 전반을 포괄한다. 물론, 이렇게 신화적 기원을 언급한다고 해서, 헤겔이 미학에서 음악에 관해 그러한 관점에서 구체적인 논의를 전개했다고 주장할 만한 근거는 많지 않다. 그러나, 헤겔 자신도 미학에서 음악이 지니는 이 '본질적 기원'의 문제를 염두에 두고 있는 흔적들이 보인다. 그 대표적 근거로, 헤겔이 미학에서 '오르페우스'를 반복해서 언급한다는 점을 들 수 있다. 따라서, 매우 희미하지만 이 미세한 흔적들을 추적하는 작업도 헤겔의 미학에서 음악의 위상을 검토하는 데 원칙적으로 배제되어서는 안 된다.

여기서는 헤겔 미학에서 '음악'을 개별 예술 장르로만 제한하지 않고 그것이 '예술' 자체 및 철학과 어떤 의미 관계를 지닐 수 있는지를 검토해 보려고 한다. 이러한 논의를 위해 필요에 따라 '호토판 미학' 외에 각기 다른 시기의 미학 강의들에 나오는 내용들을 비교 검토해 보면서, 기존 연구에서 강조되지 않은 내용들이 있다면 그것이 무엇인지를 구체적으로 드러내고 재음미해 봄으로써, 헤겔 미학에서 음악의 위상을 재조명해 볼 것이다.

2. '수수께끼'로서 음악과 '예술 자체'

헤겔 미학에서 음악 부분은 다른 개별 예술 장르들에 비해 분량이 가장 적다. 각 시기별 미학 강의들을 보더라도 이 점은 쉽게 드러난다. 예를 들어, '20~21년 미학 강의'에서 음악의 전체 분량은 필기록 분량으로 10쪽이 채 되지 않는다.[4] '23년 미학 강의'도 거의 분량은 비슷하다.[5] 마지막 '28~29년 미학 강의'

---

4 Ascheberg, pp.278~289(서정혁, 460~480쪽).
5 Hotho, pp.262~270(권정임, 357~366쪽).

에서도 음악 부분의 분량은 크게 늘어나지 않는다.[6] 다만, 호토가 편집 간행한 '호토판 미학'에서는 다른 부분과 마찬가지로 음악도 그 분량이 대폭 늘어나지만,[7] 다른 개별 예술들에 비하면 그 분량은 여전히 가장 적다.

분량뿐만 아니라 내용 면에서도 음악 부분에서는 개별 음악가나 작품에 대한 헤겔의 분석은 매우 소략하다. 또한, 다른 개별 예술 장르들에서는 헤겔 자신이 구분한 예술 형식, 즉 상징, 고전, 낭만을 기준으로 세부 논의를 펼치거나, 시대별 또는 지역별 구분에 따라 개별 예술 장르를 구체적으로 구분하고 논의를 전개하지만, 음악에서는 이와 같은 세부 논의가 거의 없다. 이 점은 낭만적 예술형식에 함께 속하는 시문학이나 회화뿐만 아니라 조형예술인 건축과 조각을 음악과 비교해 보더라도 쉽게 눈에 띄는 특징이다.

어떤 이들은 이처럼 헤겔 미학에서 음악 부분이 차지하는 비중이 상대적으로 매우 적은 이유로, 음악에 대한 헤겔의 개인적 관심이나 선호도, 또는 음악에 대한 그의 체험과 지식의 부족을 들기도 한다.[8] 실제로 헤겔이 음악을 철학적으로 가장 다루기 힘든 예술로 간주한 것은 사실이다. 헤겔은 '호토판 미학'에서 다음과 같이 말하고 있다.

그러나 이 [음악이라는] 영역에 나는 조예가 깊지 않으므로, 좀 더 일반적인 관점들과 개별적인 언급들에만 논의를 제한하더라도 미리 양해를 구하는 바이다.[9]

헤겔 스스로 음악에 '조예가 깊지 않다wenig bewandert'고 고백한 것을 두고, 음악가나 개별 음악작품 등에 관련된 그의 체험과 지식 부족으로 인해 그가 미

---

6   Heimann, pp.177~187.
7   Ästhetik3, pp.131~222(두행숙3, 476~572쪽).
8   권정임, 앞의 글, 28쪽.
9   Ästhetik3, p.137(두행숙3, 482쪽)

학에서 좀 더 세밀하고 풍성한 논의를 전개하지 못했다고 주장할 수도 있다. 그런데, 헤겔이 다른 예술 분야에 비해 음악에 관심이 덜했다거나 체험과 지식이 부족했다는 것은, 그의 미학에서 음악 부분이 다른 부분에 비해 분량 면에서나 내용 면에서 상대적으로 왜소하다는 사실을 뒷받침해주는 '내적 근거'는 되지 못한다. 왜냐하면 실제 그렇지 않다는 것을 반증하는 사료들도 적지 않기 때문이다. 예를 들어, 그의 제자 로젠크란츠K. Rosenkranz에 의하면, 헤겔은 이미 청년기 때부터 음악과 언어의 음악적 측면에 최고의 감수성을 지니고 있었다.[10] 특히, 미학을 강의하기 시작하는 하이델베르크 시기부터 베를린 시기 사이에 헤겔의 음악 체험은 이전보다 훨씬 더 왕성해진다. 가정 음악회에 자주 참석하기도 했고,[11] 첼터Zelter가 운영하는 합창단Singakademie의 음악회에 자주 참석하기도 했고, 그밖에 여러 연주회를 드물지 않게 관람했다.[12] 특히, 베를린 시기에 생활에 여유가 생겼을 때, 헤겔과 그의 아내는 정기적으로 연극과 오페라를 관람하고, 이전보다 더 자주 음악회에 참석했으며 자신의 집에 그랜드 피아노를 새롭게 들여놓고 음악회를 자주 열기도 했다.[13] 그리고, 오스트리아 빈과 프랑스 파리의 여행을 통해 헤겔의 음악적 체험은 더욱더 다채로워졌다.[14] 로젠크란츠가 전하는 바처럼, 후기 베를린 시기에 헤겔은 음악에 열정적으로 심취했

10 K. Rosenkranz, *G. W. F. Hegels Leben*, Darmstadt : Wissenschaftliche Buchgesellschaft, 1977, p.83.
11 베를린에서 헤겔이 체험한 가정 음악회에 대해서는 다음을 참조할 것. F. Hogemann, "Musik und Hauskonzerte", in : *Hegel in Berlin*, hrsg. von O. Pöggeler, Berlin : Druckerei Hellmich KG, 1981, pp.239~245.
12 합창단의 음악회를 자주 관람한 사실에 대해서는 다음을 참조할 것. G. Scholz, "Musikalische Erfahrung in Oper und Singakademie", in : *Hegel in Berlin*, hrsg. von O. Pöggeler, Berlin : Druckerei Hellmich KG, 1981, pp.86~94.
13 T. Pinkard, 전대호·태경섭 역, 『헤겔, 영원한 철학의 거장』, 서울 : 이제이북스, 2006, 552·589쪽.
14 권정임, 앞의 글, 38쪽. 특이한 점은, 1824년 가을에 떠난 오스트리아 빈 여행에서 당대에 가장 유명했던 베토벤을 모르지 않았음에도 불구하고, 그에 관해 헤겔은 편지 등에서 전혀 언급하지 않고 있다는 사실이다. T. Pinkard, 앞의 책, p.665.

으며, 예술 전체 영역을 특유의 정신으로 꿰뚫고 있는 철학자였다고도 할 수 있다.[15] 그런데, 헤겔이 이렇게 음악에 깊은 관심을 가지고 다양한 음악 체험을 했다는 사실도 또한 음악에 대한 미학적 논의에서는 여전히 '외적 조건'으로 간주될 수밖에 없다.

결국, 헤겔이 음악에 조예가 깊지 않았다거나 아니면 그 반대였다는 주장은 모두 헤겔의 미학이라는 텍스트 자체를 분석하고 이해하는 데 '외적 조건'일 뿐이다. 긍정적이든 부정적이든 외적 조건만을 고려하여 텍스트를 분석하고 이해한다면 그 텍스트에 대한 충분한 이해라고 할 수 없다. 이와 같은 외적 조건만을 근거로 헤겔 미학에서 음악의 위상을 검토해 보려는 시도는 근본적으로 한계가 있을 수밖에 없다. 오히려 그와 달리, 헤겔 자신이 미학에서 음악 자체의 본질을 어떻게 규정하고 있는가라는 문제를 텍스트 내재적으로 이해하려는 시도가 선행되어야 한다. 이러한 관점에서 헤겔 미학을 대면하면, 음악에 관해 헤겔이 이미 언급했지만 이전에는 크게 주목을 받지 못한 내용들이 새롭게 보이기 시작한다.

헤겔은 '20~21년 미학 강의'의 '음악' 중 들어가는 부분에서 다른 개별 예술 장르들을 다룰 때에는 하지 않았던 다음과 같은 언급을 덧붙이고 있다.

우선 우리는 [음악의] 그 기본 요소를 추상적인 것으로 고찰해야 한다. 그다음 어떤 내용을 갖춘 규정된 것으로 고찰하고, 마지막 세 번째로 예술 자체로 고찰해야 한다.[16]

음악의 도입부에 등장하는 이 인용문에서 헤겔은 우선 자신의 논의 순서를 간략히 요약해서 보여준다. 그런데, 음악의 '기본 요소'와 '규정된 내용'에 관한 고찰 다음에, 음악에 관한 논의가 '예술 자체'의 고찰로 이어진다고 헤겔이 언급하

---

15 K. Rosenkranz, 앞의 책, pp.347~348.
16 Ascheberg p.278(서정혁, 461쪽).

고 있는 것은 조금 의아하지 않을 수 없다. 여기서 '예술 자체die Kunst selbst'를 좁게 보아 '음악'이라고 이해한다면, 이 인용문은 앞서 언급했듯이 헤겔 자신이 음악에 대해 스스로 체험이나 지식 등에서 문외한Laie인 상태를 고백한 것이라고 보아도 무방할 것이다. 그러나, 위 인용문 자체를 글자 그대로 보면, 거기서 '예술 자체'를 음악이라고 해석한다고 하더라도, 그로부터 다음과 같은 질문이 제기될 수밖에 없다. 왜 헤겔은 음악을 '예술 자체'라고 표현했을까?

그런데, 시기 별 여러 미학 강의들을 비교 검토해 보면, '음악'을 '예술 자체'와 직접 연관을 짓는 위와 같은 직접적 표현은 '20~21년 미학 강의'에만 등장하며, 그 이후의 미학 강의들과 '호토판 미학'에는 등장하지 않는다. 더불어 주목할 만한 점은, 강의록으로 남아 있는 최초의 미학 강의라고 할 수 있는 '20~21년 미학 강의'에서 '음악'이 건축, 조각, 회화, 시문학과 달리 독립적인 예술 장르로 설정되어 있지도 않다는 것이다. 서론에서 헤겔은 건축, 조각, 회화라는 세 가지 예술 방식들에 네 번째 방식인 시문학을 추가하면서, 이 시문학은 '정신에 속하는 포괄적인 방식'이라고 언급한다. 그리고 음악의 기본 요소가 되는 음[소리]Ton을 음악보다 시문학의 기본 요소인 말Rede의 관점에서 주로 거론한다.[17] 그래서인지, 실제로 음악 부분에는 다른 특수한 예술 장르들과 달리 별도로 제목 번호도 없다.[18] 왜 헤겔은 음악을 '예술 자체'와 동일시했을까? 이 물음은 우리에게 아직은 '하나의 수수께끼'와 같다. 그런데, 흥미롭게도 헤겔은 '28~29년 미학 강의'에서 다음처럼 음악을 '수수께끼'라고 표현하고 있다.

> 음악은 지속하는 수수께끼fortwährendes Rätsel이며, 청중이 닿지 못하는 어떤 감각을 재빨리 붙잡는erhaschen 것이 과제다.[19]

---

17 Ascheberg, pp.44~45(서정혁, 44~45쪽).
18 Ascheberg, p.278(서정혁, 460쪽).

왜 헤겔은 음악을 '수수께끼'라고 표현하는 것일까? 이 '수수께끼'라는 표현에 특별한 의미 부여를 하지 않고, '호토판 미학'에서처럼 이 표현을 순간적으로 청각을 통해 포착되는 소리[음]를 기본 요소로 삼는 음악이 지니는 특징을 강조한 것이라고 해석할 수도 있다. '호토판 미학'에서 헤겔은 다음과 같이 표현한다. "이 연주 방식에서 우리는 음악적 생동성[생명성]Lebendigkeit의 최고 정점을 향유한다. [이 최고 정점은] 외적 도구가 혼을 부여받은 기관Organ이 되는 놀랄만한 비밀Geheimnis이다. 그리고 동시에 우리는 가장 즉각적인[찰나적인] 관통과 가장 빠르게 스쳐 지나가는 삶[생명] 속에서 내면적으로 구상하고konzipieren 천재적인 상상이 실행되는 과정을 우리 앞에 번쩍이는 번개처럼 지닌다."[20] 청각을 관통해 순간적으로 스쳐 지나가는 음이 지니는 '음악적 생동성'을 헤겔이 '비밀'로 표현한 이유는, 이 생동성이 너무나 찰나적이라서 설명되거나 개념 파악되기 어렵기 때문이다. 설사 그 생동성을 파악해서 설명하려고 해도, 거기에는 포착되지 않은 무언가가 남을 수밖에 없기 때문에 '비밀'이라는 표현을 사용한 것이다. 특히, 음악은 조형예술처럼 객관적 작품으로 감상될 수 없다는 점에서, '비밀'과 '수수께끼'라는 표현은 그 의미가 통한다. 이러한 맥락을 고려할 때, 헤겔이 '음악'을 '수수께끼'로 표현한 이유를 이해하려면 최소한 다음과 같은 점을 간과해서는 안 된다. 즉, 음악은 그 본질적 특성으로 인해 객관화와 더불어 곧바로 사라져버리면서 포착되지 않은 어떤 것을 남길 수밖에 없으며, 그래서 하나의 '과제Aufgabe'의 성격을 지닐 수밖에 없다는 것이다.

헤겔에 의하면 이상과 같은 음악의 고유성은 특정 음악가나 작품에 관련되지 않고 음악 자체의 내적 본질 규정에 관련된다. 여기서 음악을 '수수께끼'나 '비

---

19 G. W. F. Hegel, *Ästhetik nach Prof. Hegel im Winter-Semester 1828/29*, Nachschriften von Libelt, Ms. Jagiellonische Bibliothek, Karakau, p.142. 이 자료는 '28~29년 미학 강의'의 미출간 수강생 노트 중 하나다.
20 *Ästhetik3*, p.222(부행록3, 5/2쪽).

밀'로 규정하는 헤겔의 문제 의식을 좀 더 심층적으로 이해하기 위해, 현대적 관점에서 이와 유사한 언급을 한 아도르노Theodor W. Adorno, 1903~1969와 짧게 비교해 보자. 아도르노는 헤겔을 언급하면서 '철학과 음악의 관계'에 관해 다음과 같이 흥미로운 주장을 제기한 바 있다.

> 음악적 객관성에 대한 철학의 위치, 즉 음악적 객관성이 청중에게 부과하는 수수께끼 물음에 개념으로 대답하려는 시도는, 기술적 진행방식만이 아니라 음악적 특성 자체의 그러한 위상Konstellation을 규정하기를 요구한다.[21]

여기서 아도르노는 헤겔의 논리학과 베토벤식 진행방식의 친근성이 단순한 유비 이상이라고 언급하면서 '철학과 음악의 관계'가 헤겔에게서 어떻게 규정되는지를 비판적인 관점에서 보여주려고 한다. 아도르노식으로 표현한다면, 음악은 수수께끼를 부과하고 철학은 그 수수께끼에 개념으로 대답하려고 한다는 점에서, 음악과 철학은 서로 관련을 맺기는 하지만 하나로 통합될 수 없는 긴장의 거리를 유지한다. 즉, 음악은 개념적으로 대답하려는 철학이 그 전부를 명쾌하게 대답할 수는 없는 수수께끼로 남으려 하지만, 철학은 개념을 통해 그러한 음악의 위상을 어떻게든 규정하려고 한다는 것이다. 이와 같은 아도르노의 주장은 '음악과 철학의 관계'를 통해 헤겔의 체계에서 심미적 사유와 개념적 사유, 예술과 철학의 관계에 관해 논쟁적이며 중요한 문제를 상기시킨다. 그런데, 오히려 아도르노가 헤겔의 음악론에 대해 비판적으로 문제를 제기하기 전에, 이미 헤겔 자신이 음악과 철학의 관계를 아도르노가 예상한 것보다 더 예민하게

---

21 Th. W. Adorno, "Über das gegenwärtige Verhältnis von Philosophie und Musik", in : *Gesammelte Schriften* Bd. 18, hrsg. von R. Tiedemann · K. Schultz, Frankfurt am Main : Suhrkamp Verlag, 1984, p.159.

의식하고 있지는 않았나 라는 생각이 들기도 한다.

3. 음악과 시문학, 그리고 오르페우스

앞의 논의를 통해 헤겔이 자신의 미학에서 음악을 좁은 의미의 개별 예술 장르로만 다루지 않고, 예술 자체로 다룰 수 있는 가능성을 모색하려 했음을 알 수 있는데, 이를 좀 더 상세히 살펴보자. 음악을 '예술 자체'로 보려는 시도는 '음악과 시문학의 관계'에 관한 헤겔의 논의와 무관하지 않다. '호토판 미학'에서 헤겔은 '음악과 시문학의 관계'를 다루면서 이 둘의 유사성과 차이에 관해 다음과 같이 언급한다.

> 음악은 시문학과 가장 친근die meiste Verwandtschaft하다. 왜냐하면 양자는 감성적 질료인 소리[음]Ton를 사용하기 때문이다. 그러나 이 예술들 사이에는 소리[음]를 다루는 방식뿐만 아니라 표현방식 면에서 가장 큰 차이가 발생한다.[22]

음악과 시문학의 차이는 어렵지 않게 이해될 수 있다. 음악에서는 음이 중심 요소이고, 전달하고자 하는 내용과 상관없이 음 자체를 음악의 요소이자 목적으로 삼는다.[23] 반면에 시문학에서는 소리[음]가 감정, 표상, 생각들을 표기하는 '말의 기호[기표]Redezeichen'로 사용된다.[24] 이 언어[말]는 '표상의 분절화된 기호'이지만 음악에서 음은 그렇지 않다.[25] 그래서 헤겔은 음악과 시문학이 결합

---

22 Ästhetik3, p.144(두행숙3, 489쪽).
23 Ästhetik3, p.144 이하(두행숙3, 489쪽 이하).
24 Ästhetik3, p.144(두행숙3, 489쪽).
25 Ascheberg, p.278(서정혁, 461쪽).

되어 있는 작품에서 음악과 시문학 중 어느 한쪽이 우세해지면 다른 쪽은 불리해진다고 언급하면서, 실러의 시와 같은 시문학 작품을 음악에 사용하는 것은 부적절하다고까지 주장한다.[26]

그런데, 헤겔이 음악만의 고유한 특징, 예를 들어 기악에서의 기교적인 면 등에서 시문학과 음악의 차이를 강조할 때, 이 음악은 주로 '근대neuere Zeit'에 속하는 음악이라는 점에 주목할 필요가 있다. 헤겔은 '호토판 미학'에서 근대 이후 음악은 주로 전문가나 음악의 식자층만 즐기는 예술이 되어 버렸고, '보편인간다운 예술 관심das allgemeinmenschliche Kunstinteresse'과 무관한 것이 되어 버렸다고 본다.

> 근대에 특히 음악은 그 자체로 이미 분명한 알맹이Gehalt로부터 벗어나서 음악 자신만의 고유한 요소로 움츠러들었다. 그렇게 해서 음악은 온전한 내면을 관장하던 위력을 점점 더 상실했다. 왜냐하면 음악이 제공할 수 있는 즐거움[향유]Genuß은 단지 예술의 한 측면으로만 향하고, 작곡과 그 숙련[기교]의 순수 음악적인 면에만 관심을 기울이기 때문이다. [그런데,] 이러한 측면은 전문가[식자]Kenner에게만 해당하는 문제이지 보편인간다운 예술 관심과는 무관하다.[27]

음악에 대한 이와 같은 입장은 '호토판 미학'에만 한정되지 않는다. 이미 '20~21년 미학 강의'에서도 헤겔은 근대에 음악이 처한 상황에 대해 유사한 언급을 하고 있다.

> 특히 근대에 음악은 더욱더 독립적인 것이 되어 버렸다. 그렇게 더 독립적인 상태가

---

26 Ästhetik3, p.147 이하(두행숙3, 492쪽 이하).
27 Ästhetik3, p.145(두행숙3, 490쪽).

됨으로써, 음악은 마음을 관장하던 위력을 상실하고, 예술가의 숙련도와 난해한 음의 연주에 감탄할 줄 아는 전문가[식자]를 위한 특정한 향유가 되어 버렸다.[28]

이상의 두 인용문으로부터 헤겔이 적어도 음악을 두 측면으로 구분한다는 것을 알 수 있다. 그 중 하나는 독립적 예술 장르로서 음악이며, 이 음악은 '근대 음악'을 가리킨다. 일반적으로 근대 이후 개별 예술 장르의 분화를 모더니즘의 주요 경향으로 보는 해석도 이 측면과 무관하지 않다. 나머지 하나는 개별 예술 장르에 한정되지 않는, 근원적이고 본질적인 의미에서의 음악이다. 그런데, 헤겔은 미학에서 실제로는 음악의 이 두 측면을 선명하게 구분하여 논의를 진행하지 않기 때문에, 면밀히 검토하지 않으면 주로 전자의 측면에만 주목하면서 후자의 측면을 간과할 우려가 없지 않다. 헤겔이 음악을 이루는 요소들, 즉 리듬, 멜로디, 화성 등을 다루는 입장은 전자의 경우다. 이때 음악은 건축, 조각, 회화와 같은 조형 예술이나 시문학과 부분적으로 비교되며 유사점과 차이점을 지니는 것으로 서술된다. 이렇듯 개별 예술 장르로서 음악이 독립적으로 다루어질 때, 이 음악은 그것이 반주곡이든 기악곡이든 상관 없이 특히 근대를 시대 배경으로 삼는 음악이다. 이 점은 다음과 같은 '23년 미학 강의'를 통해서도 재확인된다.

음악은 또한 독립적일 수 있다. 이러한 것은 특히 근대에서 그렇다. 근대는 단지 전문가[식자]만 만족시키는 그러한 조화의 건축술적 구조물을 건립한다. (…중략…) 독립적이면 독립적일수록 음악은 더욱더 오성[지성]에 소속되며 단지 전문가[식자]만을 위한, 그리고 예술의 목적에 충실하지 않은ungetreu 한낱 기교가 되어 버린다.[29]

---

28 Ascheberg, p.281(서정혁, 465쪽).
29 Hotho, p.270(권정임, 365~366쪽).

그런데, 헤겔은 미학에서 전문적 식견과 예술적 기교가 중심이 되는 개별 예술 장르로서의 음악만을 다루지 않는다. 앞서 언급한 것처럼, 헤겔은 그보다 더 근원적이며 본질적인 맥락에서도 음악을 생각하고 있다. 이 음악은 그 속에 '분명한 알맹이Gehalt'가 들어 있고, '온전한 내면과 마음을 관장하는 위력'을 지니며, 전문 식자층에게만 즐거움을 주는 것이 아니라 '보편인간다운 예술 관심'과 관련되고, '예술의 목적에 충실하게 부합'하는 것이다. 이와 같은 의미를 지니는 음악은 개별 예술장르가 아니므로, 다른 개별 예술 장르들과 단순 비교될 수 없다. 더 나아가, 앞서 언급한 시문학과 음악의 '근친성Verwandtschft'은 다른 조형예술들과 음악의 상호 비교를 통해 이해되는 '유사성'과는 질적으로 다르다. 왜냐하면 음악과 시문학의 '근친성'에 대해 헤겔은 다른 곳에서 다음과 같이 재강조하기 때문이다.

> 음악은 시예술Dichtkunst 및 의식의 정신다운 알맹이에 대립하여 이 [음악 자신만의] 독립성에 머물지 않는다. 오히려 음악은 '시문학Poesie을 통해 이미 잘 다듬어지고, 감각, 고찰, 사건 그리고 행위의 진행으로서 분명하게 언표된 내용'과 밀접한 연관을 맺는다.[30]

여기서 헤겔이 '[형제자매와 같은] 밀접한 연관을 맺는다verschwistert'라고 표현하면서, 음악과 시문학의 근친성을 언급하는 이유는 무엇일까? 두 항이 근친 관계에 있다는 말은, 이 두 항이 '하나의 뿌리'를 가진다는 것을 뜻한다. 만일 시문학과 뿌리를 공유하는 음악이 있다면, 이 음악은 위에서 분류한 후자의 음악에 해당한다고 보아야 한다. 이러한 의미에서 시문학과 그 뿌리를 공유하며 개별 예술 장르를 넘어서는 음악이 있다면, 그것은 무엇일까? 이와 같은 의문을 던지

---

30 Ästhetik3, pp.146~147(두행숙3, 492쪽).

며 헤겔 미학을 읽어 보면, 근대 음악과 대비하여 헤겔이 언급하는 한 가지 내용이 눈에 비로소 들어오기 시작한다. 그것은 바로 '오르페우스'에 관한 언급이다.[31] '20~21년 미학 강의'에서 헤겔은 '오르페우스'를 언급하며 음악에 관해 다음과 같이 말한다.

우리가 음악의 위력을 고찰하고 고대인들이 음악에 대해 우리에게 말해 준 바를 생각해 본다면, 우리는 이 [음악]의 위력을 실행하기 위해 단순한 소리[음]와는 다른 무엇이 필요하다는 것을 곧바로 느끼게 될 것이다. 즉 소리[음]와 맺는 관계들도 있어야 하지만, 정신다운 내용 그 자체인 어떤 내용도 소리의 방식을 통해 표상되어야 한다. 오르페우스는 단순히 소리와 멜로디를 통해서만 문명Zivilisation에 영향을 미친 것이 아니다. 동물들도 소리에 만족할 수 있지만, 인간은 그보다 더 고차적인 것, 어떤 정신다운 내용을 원한다.[32]

신화적으로 오르페우스에 관해서는 매우 다양한 이야기들이 전해진다.[33] 과연 여기서 헤겔이 그러한 신화들과 관련해 오르페우스를 어떻게 표상하고 있는지 한 마디로 규정하기는 어렵다. 다만 위 인용문을 통해 알 수 있는 점은, '오르페우스'가 좁은 의미에서의 음악 연주자와 대비되면서, 어떤 고차적인 정신다운 내용을 인간에게 전달해 줌으로써 문명에 영향을 미친 존재로 표상되고 있다는 것이다. '23년 미학 강의'에서도 헤겔은 오르페우스에 관해 다음과 같이 언급한다.

---

31 오르페우스에 관한 언급이 '호토판 미학'에도 있지만, 그것이 언급되는 맥락은 다른 미학 강의들과 달리 다분히 부정적이다. Ästhetik3, p.157(두행숙3, 503쪽). 이 점에서 오르페우스에 관한 내용을 호토가 자신의 의도대로 윤색했다는 강한 의심이 든다. 이에 관해서는 별도의 문헌학적 연구가 추가로 필요하다.

32 Ascheberg, p.280(서정혁, 464쪽).

33 '오르페우스'에 관해서는 다음을 참조할 것. P. Grimal, 앞의 책, pp.379-381.

만일 옛 사람들의 이야기가 전하는 바와 같이 음악이 우리를 열광케 한다고 말한다면 (…중략…) 전해지는 것처럼 오직 오르페우스만 [우리를] 사로잡을 수 있을 것이다. 우리 시대에 음악[근대 음악]은 이러한 것을 더이상 산출할 수 없거나 혹은 순간적으로만 산출한다. (…중략…) 사람들이 말하길, 오르페우스는 사람을 길들였으며, 음악을 통해 법률을 부여했다고 한다. [그러나] 우리의 법률은 음악적으로 부여되어 있지 않다. 우리의 문화[교양]Bildung에는 여전히 다른 사물들이 필요하다.[34]

이 인용문에서는 '오르페우스의 음악'과 '우리 시대의 음악'이 분명히 서로 대비되고 있다. '우리 시대의 음악'과 달리 '오르페우스의 음악'은 법률까지도 공동체에 부여하여 인간을 길들이는 역할을 맡을 정도로 문화 전반과 관련해 매우 포괄적인 의미를 지녔다. 그렇기 때문에, 여기서 '예술 자체'와 동일시되는 '오르페우스의 음악'은 인간의 삶 전반과 관련된 것으로 이해되어야 한다. 그에 비해 '우리 시대의 음악[근대 음악]'은 개별 예술 장르로서 특정인들에게만 즐거움을 주는 유희거리일 뿐이라서 인간 삶의 본질적인 면과는 거리가 멀다. 헤겔이 '우리 시대'라고 부르는 근대에는 입법 등은 더이상 예술 자체로서 음악이 맡을 일이 아니라 국가가 관장해야 할 일이다.

더 나아가, 헤겔이 인간의 목소리에 기반한 성악을 높게 평가한 이유도 기악 위주의 근대 음악의 한계성에 대한 그의 비판적 문제의식이 여전히 남아 있기 때문이라고 판단된다. 오래전 오르페우스로부터 비롯되어 헤겔 당대까지 성악에 남아 있는 흔적이 지니는 의미를 헤겔은 되새겨 보고 있다. '23년 미학 강의'에서 헤겔이 '인간다운 목소리[음성]Menschliche Stimme'를 '가장 온전한 음'으로 보고,[35] '기악 음악'보다 '반주 음악'을 중시하며 말이 접합되는 반주 음악에서

---

34 Hotho, pp.263~265(권정임, 358~360쪽).
35 Hotho, p.267(권정임, 362쪽).

'음악의 본래적 규정'을 찾는 이유도,[36] 음악을 오르페우스나 뮤즈가 관여하는 총체적 예술로 간주하는 맥락을 고려하고 있기 때문이다. '26년 미학 강의'에서도 음악의 효과와 위력은 표상과 관계되며, 인간의 목소리가 가장 온전한 소리로, 관악기와 현악기를 종합한 최상의 소리로 인정된다. 여기서도 헤겔은 오르페우스를 언급하면서, 그의 노래가 영향력이 있었던 것은 넓은 의미에서 '표상'과 관계되기 때문이라고 주장한다.

특히 고대인들은 음악의 위력에 관해 다음과 같이 매우 많은 이야기들을 지어냈다. 즉, 오르페우스가 단지 음악을 만들었다거나 연주를 했다고 우리가 표상해서는 안 되며, 오히려 오르페우스는 그의 음악을 노래Gesang와 결부시켰고 표상과 함께 전개시켰다는 점이다.[37]

고대인들은 우리에게 음악의 위력에 관해 많은 것들을 이야기해 주었다. 즉, 우리는 오르페우스가 단순히 음악을 만들었다거나 연주를 했다고 표상해서는 안 되며, 오히려 오르페우스는 그의 음악을 노래와 결부시켰으며 이 노래는 표상들을 포함하고 있다는 점이다.[38]

여기서 '오르페우스의 음악'과 관련해 강조되는 '표상'은 본래 좁은 의미에서의 음악의 소관이 아니며, '넓은 의미에서의 시문학'을 함께 고려해야만 하는 것이다. 헤겔의 관점에서 볼 때, 표상들을 포함하는 노래와 결부된 음악은 '넓은 의미에서의 시문학'과 다르지 않다. 이 맥락에서 헤겔은 포괄적인 의미에서

---

36 Hotho, p.270(권정임, 365쪽).
37 Kehler, p.190.
38 Pfordten, p.216.

음악이 '시문학'과 그 뿌리를 공유하며, 더 나아가 '예술 자체'와 동일시될 수 있다고 보는 것이다. 그리고, '오르페우스'에 관한 헤겔의 논의를 고려할 때, 이 예술 자체는 '기술적 숙련성'에 기반한 것이 아니라 '신적 영감'에 기초한 것이라고 보는 것이 적절하다. 이 점에서 음악에 대한 헤겔의 논의는 좁은 의미에서 음악이라는 특정 예술 장르에 제한되지 않으며, 개념적 사유에 기초한 철학과 대비되는 '예술 자체'에 관한 논의에까지 확장해서 이해되어야 한다.

이상과 같은 논의를 통해 헤겔은 음악 부분에서 '예술과 철학의 관계'와 관련해 과거로부터 이어져 온 불화의 문제를 간접적으로 재소환하고 있음을 알 수 있다. 헤겔이 음악을 철학적으로 다루기 힘든 예술로 간주한 것도, 알고 보면 그의 개인적인 경험이나 체험, 지식과 같은 '외적 조건' 때문이 아니다. 오히려 음악에 대한 철학적 논의에는 '예술과 철학의 오래된 불화' 문제가 불가피하게 개입할 수밖에 없다는 점을 헤겔 스스로 예민하게 의식하고 있다는 데서 그 '내적 이유'가 찾아질 수도 있다. 음악은 조각이나 회화와 같은 조형예술처럼 그 작품이 하나의 물질화된 대상으로 분석되거나 감상될 수 없을 뿐만 아니라, 개념적 사유를 기초로 하는 철학과 대비되는, 직관적 감성에 기초한 예술 본연의 특징을 가장 잘 보여준다. 이 점에서 헤겔이 자신의 미학에서 음악을 하나의 개별 예술 장르로만 주제화하지 않고 그것을 뛰어넘어 예술 자체로 문제 삼으려는 시도는 헤겔 자신의 철학적 관점과 관련해서도 매우 중요하다.

한편으로 헤겔은 자신의 미학에서 '예술 자체'라는 음악의 '위상'을 통해, 근대 이후에 예술 자체가 처한 현실적 상황을 부정하지 않고 인정하며 그대로 보여주기를 원한다. 헤겔에 의하면 예술이 총체적 삶의 위력을 지니던 시대는 이미 지나가 버린 과거다. 헤겔은 자신의 당대가 더이상 예술에 결코 유리한 시대가 아니라는 점을 분명히 밝히고 있다. 더 나아가 헤겔의 철학에서 예술적 직관이 철학적 사유에 체계적 관점에서 종속된다는 점에서, 당연히 예술 자체로서 음악도 철학에 종속되어야 할 것이다. 인간이 더이상 예술작품을 신처럼 숭배하지도 않고, 사상과 반성이 예술을 능가하는 시대, 보편 법칙이 예술적 생동성을 지배하는 시대, 반성문화가 지배적인 시대는 예술이 자신의 힘을 제대로 발휘하지 못하는 궁핍한 시대라는 것을 헤겔은 누구보다 잘 인식하고 있다. "특히 오늘날 우리 세계의 정신은, 더 자세히 말해 우리의 종교와 우리의 이성 교양의 정신은 예술이 그 최고 방식을 이룬 단계를 뛰어넘어 절대자를 의식하는 것으로 나타난다. 즉 예술 생산과 그 예술작품들의 고유한 방식은 더이상 우리의 최고 욕구를 충족시켜 주지 못한다. 우리는 예술작품을 신처럼 숭배하고 찬양하던 단계를 넘어섰다."[39]

그런데, 이처럼 예술 자체로서의 음악과 철학 사이에 위계 질서가 확정되면 더이상 둘 사이에 긴장은 유지되지 못하며, 음악은 철학적 사유에 포섭되어 버릴 수밖에 없다. 음악과 철학 사이에서 철학적 사유가 일방적으로 위계 질서를 확정하려고 한다면 이것은 음악에게 일종의 폭력이 될 것이다. 앞서 언급했듯이, 이 문제와 관련해 아도르노는 헤겔이 제시한 위계 설정이 폭력적일 수밖에 없다고 생각했고, 그래서 헤겔 미학에 대해 강한 비판적 관점을 견지했다. 왜냐하면 아도르노에게 '심미적인 것'은 철학에게 음악이 종속되는 상황에 대한 부정적 태도를 지시하기 때문이다.[40]

그런데, 위 논의를 통해 살펴본 것처럼, 다른 한편으로 헤겔 미학에는 음악에 대해 철학이 절대적 우위를 확고하게 주장하지 못한다는 점을 암시하는 희미한 흔적들이 여전히 남아 있다. 헤겔 자신이 철학적 사유 앞에 소환된 음악에 부여하는 '수수께끼'나 '비밀', 그리고 '과제'라는 표현들이 그러한 흔적들이다. 다른 예술 장르들과 달리 예술 자체와 동일시 될 수 있는 음악만을 그렇게 표현한

---

39 Ästhetik1, p.24(두행숙1, 43쪽).
40 노명우, 『계몽의 변증법을 넘어서-아도르노와 쇤베르크』, 서울 : 문학과지성사, 2002, 49쪽.

점을 고려하면, 헤겔은 예술 자체로서의 음악과 철학 사이에 여전히 남아 있는 미세한 긴장 관계를 여전히 예민하게 의식하고 있는 것처럼 보인다. 음악을 개념적으로 파악하려는 철학에게 음악이 온전히 해명되지 않는 수수께끼, 비밀, 과제로 남는다면, 음악에 대한 철학의 일방적 우위가 확고하게 인정받을 수 없을 것이다. 따라서, 음악에 관한 헤겔의 논의에서는 예술과 철학 사이의 위계 질서가 일관되게 적용되는가라는 물음조차도 완전히 해명되지 않은 채 남겨질 수 있다. 물론, 헤겔은 이 긴장 관계를 적극적으로 의식하고 주장한다기보다 소극적[부정적] 방식으로 배제하지 못하고 있다고 보는 것이 더 합당할 수도 있다. 음악이 남긴 수수께끼와 같은 흔적은 이미 사라져 버린 별이 남긴 빛의 흔적과 같은 것이며, 현실주의자인 헤겔은 사라져버린 것에 대한 그리운 동경으로 해결할 수 있는 현실 문제는 없다고 본다. 그런데, 여기서 오해하지 말아야 하는 점은, 현실 문제를 해결하는 철학의 개념적 사유는 좁은 의미에서 '계산하는 합리성'이 아니라 '심미성'까지 포괄하는 이성적 사유라는 사실이다. 헤겔에 의하면 이 이성적 사유는 '위대한 음악의 감수성'과 대립적이지 않으며 오히려 그 뿌리가 같은 것일 수밖에 없다. 헤겔은 '20~21년 미학 강의'에서 다음처럼 언급한다.

> 음악은 단순히 우리를 이러한 감각 속으로 밀어 넣기만 하지 않고, 영혼이 그것[감각]을 초월하고 음악 자체를 향유하게 한다. 이것이 위대한 음악의 특징으로서, 음악은 즐거움 속에서 흥청거리면서bacchantisch 떼를 지어 나아가지 않고, 오히려 하늘의 새처럼 마음이 동시에 자신 속에서 영혼 충만하게 된다.[41]

여기서 헤겔은 오르페우스의 심미적 차원을 '바쿠스적 측면'과 구분하면서, '영혼의 상승'이라는 관점에서 음악적 체험이 철학적 사유와 근원적으로 연관

---

41 Ascheberg, p.289(서정혁, 479쪽).

이 있음을 밝히고 있다. 음악이 철학에게 온전히 해명되지 않는 수수께끼로 남는다고 해서, 음악을 철학과 단순히 대립관계로만 이해하는 관점도 헤겔에게는 적합하지 않다. 진정한 긴장 관계는 단순 대립하는 두 항이 분리되어 버리거나, 한 쪽이 다른 쪽에 완전히 종속되고 환원되어 버리면 발생할 수 없다. 헤겔에 의하면 오르페우스라는 상징을 통해 서술되는 음악은, 현실에 밀착하여 사유할 수밖에 없는 철학이 짊어진 진지함의 무게를 지속적으로 덜어주면서 철학적 사유로 하여금 또다시 비상할 수 있게 해준다는 점에 그 위대성이 있다.

이상에서 논의된 내용을 요약하면 다음과 같다. 첫째, 헤겔의 미학에서 음악론을 단순히 좁은 의미의 음악에 관한 논의로만 축소해 이해해서는 안 된다. 헤겔의 음악론은 예술 자체에 관한 논의를 포괄하며, 이 점에서 예술과 철학의 관계에 관한 그의 입장이 거기에 내재한다. 헤겔의 음악론을 통해 드러나는 예술과 철학의 관계는, 일차적으로는 예술에 대한 철학의 우위를 확립하려는 헤겔의 의도를 반영하는 것으로 해석될 수 있다. 그러나, 둘째, 헤겔의 미학에서 음악은 철학적 사유로 완전히 파악되지 않는 '수수께끼'나 '비밀', '과제'로 남는다는 사실도 간과해서는 안 된다. 이 점에서 음악은 철학에 대해 여전히 일정한 긴장 관계를 유지하며, 헤겔도 그의 미학에서 음악의 이러한 위상을 소극적으로나마[부정적 방식으로] 의식하고 있는 것으로 판단된다.

예술 자체인 음악을 통해 심미적 차원에서 복잡한 삶의 문제들을 고민해 보고 성찰해 보자고 제안하는 것은 헤겔이 보기에 비현실적이라고만 치부되어야 할까? 그렇기 때문에, 이제 음악은 일상의 즐거움, 소일거리로 전락하거나 전문가들, 식자층들의 유희거리로만 의미가 있을까? 헤겔은 이와 같은 음악의 현실적 위상 변화를 결코 부정하지는 않는다. 헤겔에게 현재를 과거로 되돌리려는 시도는 공허한 이상주의일 뿐이다. 이러한 음악의 위상 변화 속에는 근대 이후 인간 삶의 분열, 분화, 총체성 결핍 문제가 내재한다. 헤겔은 근대적 삶의 분열을 극복하고 총체성을 회복하는 과제를 포괄적인 의미에서 철학에게 부여한다. 또한, 지금까지 살펴 본 바처럼, 이상에서 논의한 예술 자체로서의 음악에 대한 헤겔의 고유한 문제의식은 다른 미학 강의들보다 '20~21년 미학 강의'에서 더 강하게 드러나고 있음을 확인할 수 있으며, 시간이 지날수록 상대적으로 약화되고 있는 것도 사실이다. 그럼에도 불구하고, 헤겔은 음악을 통해 표출되는 '보편인간다운 예술 관심'이 철학과 동행하면서 여전히 해야 할 역할이 있다고 보았으며, 이 점은 다른 예술장르들보다 예술 자체로서의 음악에 대한 그의 논의에서 잘 드러난다.

제3부

헤겔의 문학론

문학의 본래 기원은 예술의 그것과 같지 않다. 헤겔은 여러 예술 장르들 중 특히 문학을 가장 정신성이 강해 철학적 사변에 견줄 수 있는 것으로 보며, 자신의 미학에서 어느 개별 예술들보다 문학에 많은 지면을 할애한다. 이 점을 반영해 여기서는 문학에 관한 헤겔의 논의에서 핵심 문제들을 문학 장르별로 되짚어 본다.

   '제1장. 시인 추방론 : 플라톤과 헤겔'에서는 플라톤의 '시인 추방론' 또는 '예술가 추방론'을 헤겔이 어떻게 해석하는지를 살펴본다. 철학과 예술 사이의 오래된 불화의 역사에서, 플라톤의 '시인 추방론'은 예술의 죽음을 알리는 대표 선언으로 이해되어왔다. 그리고 이 플라톤의 '시인 추방론'에 못지 않게, '예술이 이미 지나가 버린 과거'일 뿐이라는 헤겔의 주장은 플라톤의 '시인 추방론'을 최종적으로 승계하면서, 예술에 대한 철학의 승리, 감성적이며 심미적인 직관에 대한 개념적 사변적 사유의 승리를 알리는 깃발로 간주되어 왔다. 즉, 플라톤으로부터 헤겔에 이르는 과정에서 심화된 '예술의 철학적 종속화'는 헤겔에 의해 결정적으로 공고화된다는 것이 일반적 해석이다. 플라톤의 '시인 추방론'은 모방에 대한 플라톤 자신의 비판적 관점과 도덕 교육 면에서 시인들에 대한 부정적 인식에서 비롯한다. 헤겔은 이 '시인 추방론'이 플라톤 혼자만의 발상에서 비롯된 것이 아니라, 시대 맥락에서 자연스러운 것이었다고 해석한다. 과거에 의심 없이 숭배되던 신들이 플라톤 시대부터 진지하게 고찰되기 시작하면서, 신들을 표현하는 예술 자체가 바로 종교이기도 했던 단계로부터 벗어나, 예술이 상대화되고 역사적으로 제한된다. 그래서 헤겔에 의하면 플라톤은 엄밀히 말해 예술이나 시를 추방한 것이 아니라, 예술이 더이상 신과 같은 절대적 역할을 할 수 없다는 것을 보여준 것이다. 이러한 논의를 통해 왜 헤겔이 플라톤의 '시인 추방론'을 자신의 미학에서 '고전적 예술형식'이 해체되고 '낭만적 예술형식'이 도래하는 과정에서 서술하고 있는지도 이해가능하다. 더 나아가, 헤겔은 미학

뿐만 아니라 『정신현상학』을 비롯한 여타의 저술들에서도 플라톤 철학과 그의 '시인 추방론'을 역사적 관점에서 재해석하고 있고, 이 관점은 의식의 발전과정이라는 정신사적 맥락에 기초한다. 그래서 헤겔은 플라톤이 그 시대의 한계를 절감하면서 실체다운 것을 강조했고 의식과 학문의 발전에 기여했다고 긍정적으로 평가하면서도, 근대의 낭만적 예술형식 이후에 본격적으로 도래할 정신의 주관성을 아직 구체화하지는 못했다고 그 한계를 지적하기도 한다. 이러한 해석의 관점에 기초해 있기 때문에, 헤겔은 플라톤 자신이 했던 것처럼 '시인 추방론'을 모방이나 도덕 교육적 관점에서 전혀 논하지 않는다. 이 점에서 헤겔의 해석은 플라톤 철학에 내재적인 해석이 되지 못한다는 비판이 가능하다. 그러나 이러한 비판 가능성에도 불구하고, 우리는 플라톤의 '시인 추방론'에 대한 헤겔의 해석이 플라톤으로부터 헤겔에 이르기까지 '예술의 철학적 종속'이 심화되고 강화되는 과정에서 구체적으로 어떤 의미를 지니는가를 확인할 수 있다.

'제2장. 비극론: 아리스토텔레스와 헤겔'에서는 아리스토텔레스가 『시학』에서 제시한 비극론을 헤겔이 어떻게 해석하고 있는가를 살펴본다. 아리스토텔레스는 『시학』에서 비극의 구성요소들을 제시하면서 소포클레스의 『오이디푸스 왕』을 가장 비중 있게 다룬다. 왜냐하면 아리스토텔레스에 의하면 소포클레스의 『오이디푸스 왕』이 비극이 갖추어야 할 요소들을 충족하면서 '연민'과 '공포'라는 두 감정을 유발하기에 적절한 플롯을 갖추고 있기 때문이다. 이러한 아리스토텔레스의 비극론은 도덕이나 정치와 같은 예술 밖의 기준으로 예술을 평가하지 않고, '예술적 가치의 독립성'을 인정하는 관점에 기초한다. 이에 비해 헤겔은 미학에서 소포클레스의 『오이디푸스 왕』이 아니라 『안티고네』를 최고의 작품이라고 평가한다. 왜냐하면 헤겔은 비극의 핵심을 인륜다운 위력들 간의 충돌로 보고, 『안티고네』에서 국가와 가정이라는 두 인륜들 사이의 충돌이 가장 잘 표현되고 있다고 보기 때문이다. 더 나아가 헤겔은 『안티고네』에 대한 해석을 통해 인륜다운 위력들이 각기 자신의 일면성만을 주장할 때 파멸에 이를 수밖에 없다는 점을 보여줌으로써, 비극적 충돌을 해소하고 화해라는 긍정적 요소를 도출하는 데 비극의 최종 목적이 있다고 주장한다. 이 관점에서 헤겔은『오이디푸스 왕』도『콜로노스의 오이디푸스』까지 포함하여 해석함으로써 화해의 측면을 강조하려고 한다. 그리고 헤겔은『오이디푸스 왕』에서 등장하는 충돌을 행위하는 자의 의식과 그 배후에 있는 무의식적 요소 사이의 갈등으로 보면서, 아리스토텔레스는 강조하지 않는 '스핑크스의 수수께끼' 서사를 강조하면서도, 비극에서 결과되는 '공포'와 '연민'이라는 감정보다 '화해의 감정'이 더 고귀하다고 해석한다. 이러한 이유로 아리스토텔레스의 비극론보다 헤겔의 비극론이 좀 더 그 고유한 철학적 관점에서 비극작품들을 해석했다는 비판을 받을 수 있으나, 오히려 그렇기 때문에 '참으로 비극다운 것'에 천착한 헤겔의 비극론은 그의 철학과의 관련 하에 여전히 유의미하게 논의될 수 있다.

'제3장. 희극론: 아리스토파네스와 헤겔'에서는 왜 헤겔이 아리스토파네스를 최고의 희극작가로 극찬하고 있는지 그 이유를 고대 비극과 근대 비극의 특징을 비교하면서 살펴본다. 헤겔은 미학에서 아리스토파네스를 최고의 희극작가로 극찬하면서, 그의 작품에서 '진정으로 희극다운 것'을 찾을 수 있다고 주장한다. 우선, 헤겔은 미학에서 '진정한 희극'과 그렇지 않은 희극을 구분하고, 특히 몰리에르 류의 근대 희극보다 아리스토파네스의 희극이 '참으로 희극다운 것'을 잘 보여준다고 주장한다. 따라서 헤겔이 미학에서 구체적으로 언급하고 있는 몰리에르의『타르튀프』와 아리스토파네스의『구름』을 비교 분석해 보면, 왜 헤겔이 유독 아리스토파네스의 희극에서 '참으로 희극다운 것'을 읽어내고 있는지를 이해할 수 있다. 또한, 미학의 '고전적 예술형식의 해체 단계'에서 헤겔은 고대 그리스 사회의 붕괴와 더불어 희극이 지니는 의미를 '주체와 객체 사이의 관계'로 고찰한다. 헤겔은 희극 주인공의 모습에서 어떤 상황에 치해도 지기 자신을 잃지 않고 자기 확신의 상태에 머무는 '주체성'을 간파하고, 이러한 맥락에서 희극 작품을 쓴 대표 작가가 아리스토파네스라고 주장한다. 마지막으로, 헤겔의 철학에서 '희극다운 것'과 '사변다운 것'의 관계를 검토해 보고, 헤겔의 철학에는 '웃음'이 부재한다 라는 데리다식의 포스트모던적 해석이 과연 타당한가를 살펴본다. 헤겔에 의하면 참으로 희극다운 웃음은 자기 본연의 모순적 상황을 감내하고 초월해 도달되는 긍정의 상태에서 터진다. 이러한 상태는 서로 모순되는 대립자들이 화해하는 순간이며, 논리적으로 보자면 지성과 변증적 이성을 지양한 긍정적 사변 이성의 단계다. 이처럼 헤겔이 미학에서 '참으로 희극다운 것'과 관련해 언급하는 '예술의 종언'에 관한 논의는 '희극다운 것'과 '사변다운 것'의 관계를 해명하는 작업과 맞물려 있다. 이 같은 논의를 통해 '헤겔식의 웃음'과 '데리다식의 웃음'은 서로 어떻게 다른지, 더 나아가 어떤 '웃음'이 진정으로 우리 삶의 진정성을 담아내는 인간다운 웃음일 수 있는지를 재검토해 볼 수 있다.

'제4장. 소설론: 루카치와 헤겔'에서는 헤겔 미학에서 소설Roman에 관련된 내용들을 루카치의 『소설의 이론』과 연관해 분석 검토한다. 헤겔은 16세기부터 헤겔 당대까지 다양한 작품들을 '소설'이라고 부르고 있을 뿐만 아니라, '소설'이라는 용어를 '낭만적romantisch'이라는 개념처럼 변형된 형태로 다양한 맥락에서 사용하기도 한다. 더구나 소설의 규정과 범위는 '호토판 미학' 이전으로 거슬러 올라갈수록 더욱더 불투명해지며, '이야기Erzählung'나 '단편 소설Novelle'과 때로는 혼용되기도 한다. 이처럼 헤겔은 처음부터 '소설'이라는 용어를 확정된 개념으로 사용하지 않았고, 미학에서 소설론은 아직 완결된 하나의 체계적 이론으로 정립되지 않았다. 또한, 헤겔 미학에서 '근대의 시민적 서사시moderne bürgerliche Epopöe'라는 핵심 규정을 면밀히 검토해 보면, 소설은 독립적인 문학 장르도 아니고, '근대의 전형적인 예술 장르'로 규정되기도 힘들다는 것을 알 수 있다. 이 점은 루카치가 애초에 헤겔적인 틀로 소설에 관한 '유형론 Typologie'을 창출하려는 의도로 『소설의 이론』을 집필한 것과는 대비된다. 더구나 헤겔은 '근대[현대]modern'라는 용어를 다양한 맥락에서 다양한 의미로 사용하는데, 우선은 '근대'를 고대와 고대 이후의 기독교 유럽 사이의 대립을 표시하는 개념으로 중세 이후에 적용하는 경우이고, 그 다음은 종교개혁 이후부터 헤겔 당대까지를 포함하는 시기이며, 마지막은 가장 최근의 시대, 즉 '우리 시대'라는 의미로 '근세neuere Zeit'라는 용어가 사용되는 경우이다. 특히 헤겔은 미학에서 그의 당대를 지시하는 맥락에서 근대라는 용어를 사용하면서 '근대 소설'의 특징을 강조하는데, 여기서 주인공들은 '현실의 기존 질서와 범속한 상태Prosa에 대항해 세계를 개선하려는 이상'을 지닌 개인들로서 '시민사회와 국가의 확고하고 안정된 질서'라는 현실과 투쟁하는 것으로 등장한다. 루카치는 『소설의 이론』의 62년판 서문에서 헤겔이 '현실'은 문제성이 없고 '예술'만이 문제적이라고 보았다고 주장하지만, 이러한 루카치의 비판은 근대적 현실에 대한 헤겔의 비판적 논의뿐만 아니라 예술과 철학의 새로운 관계 정립 면에서 볼 때 적어도 부분적으로 수정될 필요가 있다.

제1장
시인 추방론
플라톤과 헤겔

1. 플라톤의 시인 추방론

'철학과 시 사이의 오래된 불화diaphora'[1]의 역사에서 보면, 플라톤은 시[예술]를 철학적 논쟁의 안마당에 본격적으로 끌어들인 장본인이자, 철학 편에서 이상 국가로부터 유해한 시[예술]를 추방해 버린 예술의 '최대 적'이다.[2] 왜냐하면 '예술이 진리를 담을 수 없다거나, 모든 진리는 예술 밖에 있다'는 플라톤의 주장은 시를 비롯한 예술에 부차적인 것이 아니라 '결정적' 죽음의 선언일 수밖에 없기 때문이다.[3] 그리고 '예술의 종언'을 통해 우리는 플라톤이 자연스럽게 그의 적자嫡子인 헤겔과 만나는 자리를 상상해 볼 수 있다.[4] 왜냐하면 플라톤의 '시인 추방론'[5]에 못지않게 예술은 '이미 지나가 버린 것[과거]'[6]이라는 헤겔의 선

---

1 Platon, 박종현 역주,『플라톤의 국가·정체』, 서울 : 서광사, 1997, 607b(이하 국가로 표기한다).
2 F. Nietzsche, *Zur Genealogie der Moral, Nietzsche Werke, Kritische Gesamtausgabe* Vol. Ⅵ-2, Berlin : Walter de Gruyter Verlag, 1968; 김정현 역,『선악의 저편·도덕의 계보』, 서울 : 책세상, 2002, 529쪽.
3 A. Badiou, 장태순 역,『비미학』, 서울 : 이학사, 2010, 11·35~36쪽 참조.
4 '예술의 종언'에 관해서는 이 책의 제1부 제1장 참조할 것.
5 주지하다시피, 엄밀히 말하자면 플라톤이 추방하려고 했던 것은 예술가 일반이 아니라 호메로스나 헤시오도스와 같은 시인들이고, 이 점에서 '예술가 추방론'보다는 '시인 추방론'이라는 용어

언은 예술보다 더 우위에 있을 수밖에 없는 철학의 최종적인 자기정당화 선언으로 해석될 수 있기 때문이다. 그렇다면, 과연 헤겔은 플라톤의 '시인 추방론'을 어떻게 수용하며, 플라톤의 적자로서 어떻게 그 계보를 잇는가?

그런데, 사실상 플라톤에 관한 내재적 연구에만 한정하더라도, 플라톤이『국가』편에서 제기한 '시인 추방론'의 위치와 의미에 관해 플라톤 연구자들 사이에서도 여러 가지 해석들이 분분하다. 예를 들면『국가』편에서 '시인 추방론'과 직접 관련 있는 부분은 2권과 3권, 그리고 10권인데, 이 중 특히『국가』10권의 예술에 관한 논의가『국가』편 전체의 논의와 일관되게 전개되고 있는가라는 문제에만 한정해도 연구자들 사이에 해석이 다르기 때문이다.[7] 그런데, 이 글의 목적은 플라톤 철학 내에서 '시인 추방론'이 지니는 의미를 검토하는 데 있지 않다. 이에 대한 논의는 별도의 연구가 진행되어 왔고 앞으로도 더 진전된 연구 결과들이 있을 것이다. 이 글에서 다루고자 하는 중심 문제는 '플라톤 철학 자체'가 아니라 '플라톤에 대한 헤겔의 해석'이다. 그 중에서도 특히 예술 철학 또는 미학의 관점에서 헤겔이 '시인 추방론'을 어떻게 수용하고 해석했으며, 그러한 수용과 해석이 헤겔의 철학 체계 및 문제의식과 어떤 관련이 있는지를 밝히는 것이 이 글의 목적이다.

가 더 적절하다.

6 Ästhetik1, p.25(두행숙1, 46쪽).

7 10권이『국가』편 전체와 비교적 일관된 내용으로 전개되고 있다고 보는 입장에 대해서는 다음을 참조하기 바람. W. Jaeger, *Paideia* I, Oxford, 1965, p.358 이하; E. A. Havelock, *Preface to Plato*, Cambridge Mass., 1982, p.3 이하. 이에 비해 10권이 부록처럼 덧붙여진 인상을 주며,『국가』편 전체의 내용과 일관되지 않는 것으로 보는 입장에 대해서는 다음을 참조하기 바란다. J. Annas, *An Introduction to Plato's Republic*, Oxford, 1982, p.355; R. L. Nettleship, *Lectures on the Republic of Plato*, London, 1968, p.340; F. M. Cornford, *The Republic of Plato*, London, 1975, p.321. 더 나아가 심지어 플라톤의 주장은 예술이나 시에 관한 왜곡된 견해를 담고 있다고 보는 대표적인 입장으로는 J. A. Elias, *Plato's defence of Poetry*, Albany, 1984, p.13 참조. 시와 예술에 관한 플라톤의 논의에 관련된 국내 연구 문헌으로는 다음을 참조하기 바란다. 서승원,「플라톤의 시와 예술에 대한 비판 – 국가 제10권을 중심으로」,『서양고전학연구』제6집, 한국서양고전학회, 1992, 61 95쪽 참고.

구체적으로 헤겔은 '23년 미학 강의'에서 '고전적 예술형식'으로부터 '낭만적 예술형식'으로 넘어가는 부분에서 플라톤의 '시인 추방론'에 대해 다음과 같이 직접 언급하고 있다.

> 이념상이 이렇게 갈갈이 찢어짐은 이미 이전의 것에서부터 확증되었다. 크세노파네스, 플라톤은 신들의 이야기에 대해 노하게 되었다. 플라톤은 시문학Poesie이 신들을 유한화하는 데로 가장 많이 경도되어 있다는 이유로 시문학을 [이상국가에서] 추방했다. 이 외면성은 사유와 보편자에 모순된다. 그래서 존재해야 하는 것과 현존으로 드러난 것 사이에 대립이 발생한다.[8]

이 언급과 관련해 우리는 구체적으로 두 가지 질문을 제기할 수 있다. 첫째, 왜 헤겔은 플라톤의 '시인 추방론'을 고전적 예술형식의 중심부에서 논하지 않고 낭만적 예술형식으로 이행하는 단계에서 거론하고 있는가? 이 질문에 대한 적절한 답변을 토대로 해서 다음과 같은 두 번째 질문이 가능하다. 플라톤의 '시인 추방론'은 헤겔의 미학 또는 철학 체계에서 어떤 의미를 지니는가? 이 같은 질문에 적절하게 답변하기 위해서는 플라톤과 헤겔 사이의 오래된 '친화' 관계의 구체적 정체가 무엇인지를 검토해야 한다.

플라톤이 '시인 추방론'을 직접 거론하고 있는 대표적인 곳은 『국가』편 제10권이다. 잘 알려져 있다시피, 여기서 플라톤은 화가의 사례를 들면서 주로 '모방'의 관점에서 '시인[예술가] 추방론'을 피력하고 있다. 즉, 화가가 그린 침대의 그림은 '참으로 있는 것'도 '제작물'도 아니며, 제작물에 대한 단순한 모방물일 뿐이다.[9] '참으로 침대인 것의 참된 침대 제작자'는 신이며, 이 침대를 원형으로

---

8 Hotho, pp.176~177(권정임, 262쪽).
9 국가, 597a-597e.

실제 침대를 제작한 장인dēmiourgos이 목수인 반면, 화가는 무엇을 실제 제작하지는 않고 제작물들의 겉모습phainomena을 그대로 재현하는 모방자mimētēs일 뿐이다. 서사시인이나 비극작가도 이 점에서 예외가 아니라는 것이 플라톤의 주장이다. 화가와 마찬가지로 시인들도 참된 존재로부터 세 단계나 떨어져 있는 겉모습만을 보여주기 때문에, 실재 자체에 대한 올바른 지식을 전혀 지니고 있지 못하다는 것이다. 다음과 같은 언급은 '모방'에 대한 플라톤의 부정적 시각을 단적으로 드러내 준다.

> 모방자는 자신이 모방하는 것들에 대해 언급할 가치가 있는 것을 아무것도 알지 못한다는 것, 이 모방은 일종의 놀이παιδιά이지 진지한 것σπουδή은 못 된다는 것, 그리고 비극시에 관여하는 사람들이, 이암보스 운율로 짓건 서사시 운율로 짓건 간에, 모두가 최대한으로 모방적이라는 것을 말일세.[10]

여기서 플라톤은 모방을 중심 문제로 부각하면서 암암리에 예술의 본질 자체를 문제 삼고 있다. 모방을 수단으로 하는 예술은 '가벼운 놀이'일 수는 있지만, 무거운 주제들을 진지하게 다룰 능력은 없다는 것이다. 정의가 무엇인지, 그리고 정의로운 국가는 어떠해야 하며, 그러한 국가를 다스리는 자는 어떤 인물이어야 하는지 등과 같은 물음은 그 자체가 무겁고 진지한 물음들이고, 그래서 예술에게는 걸맞지 않은 물음들이다. 물론 플라톤은 예술을 무조건적으로 부정하거나 추방하려고 하지는 않는다. 왜냐하면 즐거움을 위한 시와 모방이 훌륭한 국가에 그들이 존립해야만 하는 합당한 이유를 제시할 수만 있다면, 그러한 시와 모방을 흔쾌히 받아들이겠다고 플라톤은 분명히 밝히고 있기 때문이다.[11] 그

---

10 국가, 602b.
11 국가, 607c 참조.

러나, 플라톤의 관점에서 볼 때 '과연 예술이 스스로 자기 존립의 논거를 제시할 수 있는가'라는 물음에 대해서는 회의적일 수밖에 없다. 왜냐하면 플라톤은 앞서 언급한 바처럼 모방에 관한 '형이상학적 논변'과 아울러 '윤리적인 논변'을 통해 자신의 '시인 추방론'을 더욱더 강화하고 있기 때문이다.[12]

플라톤은『국가』편 전반에서 정의로운 국가가 성립하기 위해서는 '훌륭하고도 훌륭한' 국가 지도자를 양육하고 교육하는 일이 무엇보다 중요하다고 생각한다.[13] 그리고 이들의 몸과 마음을 다듬기 위한 교육으로 필수적인 것이 '체육'과 '시가mousikē'라고 주장한다. 그런데, 여기서 '시가'는 즐기면서 하는 가볍고 자유로운 예술활동이라기보다 훌륭한 국가의 실현을 목표로 하는 목적의식적 활동이며, 그래서 신중하고 힘겨운 진지한 활동이다. 적어도 플라톤이 이상 국가 내로 수용하는 예술은 통상적으로 생각하는 가벼운 놀이[유희]로서의 예술은 아니다. 이 관점에서 플라톤은 다음과 같이 말한다.

만일 재주가 있어서 온갖 것이 다 될 수 있고 또 온갖 것을 다 모방할 수 있는 사람이 우리의 이 나라에 와서 몸소 그런 자신과 그의 작품을 보여 주고 싶어한다면, 우리는 그를 거룩하고 놀랍고 재미있는 분으로서 부복하여 경배하되, 우리의 이 나라에는 그런 사람이 없기도 하지만, 그런 사람이 생기는 것이 합당하지도 않다고 말해 주고서는, 그에게 머리에서부터 향즙을 끼얹어 준 다음, 양모로 관까지 씌워서 다른 나라로 보내 버릴 걸세. 한편으로 우리 자신은 이로움을 위해 한결 딱딱하고 덜 재미있는 시인과 설화 작가를 채용하게 되겠는데, 이런 사람은 우리한테 훌륭한 사람의 말투를 모방해

---

12 실제로 플라톤 자신은 모방에 관한 '형이상학적 논변'과 '윤리적 논변' 사이의 상호 관계에 대해서는 상세히 논하고 있지 않다는 비판도 가능하며, 이 문제는 회화와 시문학 사이의 비교가 적절한지 라는 문제와도 연관된다. J. Moss, "What is Imitative Poetry and Why is It Bad?", in : *The Cambridge Companion to Plato's Republic*, ed. by G. R. F. Ferrari, Cambridge Univ. Press, 2007, pp.415~416 참조.
13 국가, 376c 이하 참조.

보여주고, 이야기하면서도 앞서 우리가 군인들을 교육하는 데 착수했을 때, 처음에 우리가 법제화했던 그 규범들에 의거해서 할 걸세.[14]

훌륭한 국가를 세우고자 하는 분명한 목적 의식에서, 플라톤은 '한결 딱딱하고 재미 없지만' 이상 국가의 실현에 '이로운' 예술을 선택한다. 그래서, 플라톤은 훌륭한 국가를 이끌어 나갈 사람들은 '자유의 일꾼dēmiourgos eleutherias'으로서 원칙적으로 이 국가를 구현하는 일에만 종사하고 모방과 같은 다른 일에는 관여할 필요가 없다라는 '이상 국가 실현의 일차적 원칙'과 더불어, 만일 모방을 한다고 하더라도 "이들에게 어울리는 것들을, 즉 용감하고 절제 있고 경건하며 자유인다운 사람들을, 그리고 이와 같은 모든 것을 바로 어릴 때부터 모방해야 한다"라는 '부차적 원칙'을 제시한다.[15] 이 점에서 플라톤의 '시인 추방론'은 그의 교육론 및 도덕론과 맞물려 논의될 수밖에 없다. 특히, 플라톤이 호메로스나 헤시오도스의 작품에서 표현된 신에 관한 서술을 비판적인 관점에서 고찰할 때, 이 같은 점은 잘 드러난다. 플라톤은 마치 화가가 어떤 것을 전혀 닮지 않게 그리는 상황처럼 시인들이 신들과 영웅들을 제대로 묘사하지 못하는 상황을 제시하면서, 이상 국가에서 왜 시인들이 설 자리가 없는지를 정당화하려고 한다. 플라톤은 정의로운 국가를 실현하고자 할 때에는 '규범typos'에서 벗어난 이야기들을 허용해서는 안 된다는 점을 강조하면서, '신들의 이야기theologia에 대한 규범'이 무엇인가라는 아데이만토스의 질문에 소크라테스를 통해 다음과 같이 답한다.

---

14 국가, 398a-b.
15 국가, 395b-c. 앞서 언급한 『국가』 10권에서 '모방'이 모든 시 또는 예술에 해당된다면 플라톤은 모든 시와 예술을 이상 국가에서 추방하는 것이 되고, 이렇게 되면 이러한 주장은 이상 국가에서 시가 교육이 필요하다는 이 부분의 주장과 충돌하는 것이 아닌가 라는 의문이 제기될 수도 있다. M. N. Partee, *Plato's Poetics : The Authority of Beauty*, Salt Lake City, 1981, xi 참조. 그러나, 플라톤은 『국가』편뿐만 아니라 『법률』편에서도 시가 교육의 중요성을 반복해서 강조하고 있으므로(법률, 665a, 672d), 우리가 '모방'이라는 의미를 좋은 의미와 나쁜 의미로 구분한다면, 플라톤의 주장들 사이에 충돌은 발생하지 않을 것이나. 서승원, 앞의 글, 6/쪽 이하 참조.

아마도 이런 것들이라고 할 수 있겠지. 누군가가 신과 관련된 이야기를 만들 경우에, 그가 서사시로 짓든 서정시 또는 비극시로 짓든 간에, 언제나 신을 신인 그대로 묘사해야만 된다는 것일 것 같네.[16]

플라톤에 의하면, 신은 '가장 선하고'[17] '단순하며 그 무엇보다도 자신의 본모습에서 벗어나지 않으며'[18] '신이야말로 그리고 신에 속하는 것들이야말로 진정 모든 면에서 가장 훌륭하다'.[19] 신이 신인 한에서 '각각의 신은 저마다 가능한 한에서 최대한으로 아름다우며 훌륭해서, 언제나 단순하게 자신의 모습으로 남아 있다'.[20] 그래서 '신은 말과 행동에서 전적으로 단순하며 진실하여 자신을 바꾸지도 남들을 속이지도 않는다'.[21] 그런데, 호메로스나 헤시오도스 같은 시인들은 신을 이 같은 본래 모습 그대로 묘사하지 않았다는 것이다. 신들끼리 서로 싸우고 음모를 꾸미는 모습을 보여주고 나쁜 일들의 원인이 마치 신인 것처럼 묘사함으로써, 이 시인들은 신들의 본래 모습을 왜곡하고 있다는 것이 플라톤의 핵심 비판이다.[22] 하지만, 플라톤에 의하면 "신 안에는 거짓된 시인이 있지 않다".[23]

이상의 논의에서 알 수 있는 것처럼, 플라톤의 '시인 추방론'은 교육 및 도덕의 문제를 포괄하는 정치 철학적 문제와 밀접히 관련된다. 즉, 『국가』편 전체를 놓고 볼 때, 플라톤의 '시인 추방론'은 정의롭고 훌륭한 국가를 건설하는 문제의 맥락에서 일관되게 전개된다. 따라서 단순히 즐거움을 위한 가벼운 예술은 추방하지만, 이상 국가의 실현에 도움이 되는 진지한 예술은 수용하겠다는 플

---

16 국가, 379a.
17 국가, 379b.
18 국가, 380d.
19 국가, 381b.
20 국가, 381c.
21 국가, 382e.
22 국가, 377a-381e 참조.
23 국가, 382d.

라톤의 관점은, 예술이 우리의 삶 속에서 지닐 수 있는 다양한 의미들을 상당 부분 포기하는 조건에서만 유효할 수 있는 것이라고 비판받을 수도 있다. 왜냐 하면 플라톤이 이상 국가 속에서 허용하려는 예술은 다채롭지도 않고 단순한 색채와 형태, 지속적이고 일관된 성격을 지닌 것들뿐이며, 반면에 우리가 흔히 '위대한 문학'이라고 부르는 작품들은 복잡하고 다채로우며 그 내용에 있어 풍 부하고 여러 가지 상황 변화를 담고 있는 경우가 대부분이기 때문이다.[24]

2. 헤겔의 '시인 추방론' 해석

헤겔 미학에는 플라톤의 '시인 추방론'에 대한 직접 언급이 그리 많지 않다. 앞서 '23년 미학 강의'에서 언급한 인용문은 그 중 대표적인 구절이다. 이미 언 급한 바처럼 헤겔은 이 구절을 '고전적 예술형식'에서 '낭만적 예술형식'으로 이행하는 자리에서 직접 거론하고 있는데, 이것이 어떤 의미를 지니는지에 대 한 헤겔 자신의 직접 해명은 없다. 그러면, 미학뿐만 아니라 '시인 추방론'과 관 련 있는 다른 글들에 등장하는 헤겔의 언급을 토대로, 헤겔이 '시인 추방론'을 어떻게 수용하고 해석하고 있는지 살펴보자. 헤겔은 플라톤의 '시인 추방론'과 관련해 『철학사 강의』에서 다음과 같이 좀 더 자세하게 언급하고 있다.

통치자의 도야는 [폴리스의] 토대로서 전체의 가장 중요한 부분에 속한다. 그러나 이 도야는 학문과 보편적이며 절대적인 것을 알려 줌으로써 존립할 수밖에 없다. 여기 서 보편적이며 절대적인 것의 학문이 바로 철학이다. 그래서 플라톤은 종교, 예술, 학 문과 같이 개별적인 도야 수단을 두루 거쳤다. 특히 플라톤은 어느 정도로 시가와 체육

24 J. Moss, 앞의 글, p.44? 참조.

이 그러한 수단으로 허용되어야 하는지에 대해 말했다. 그러나 호메로스와 헤시오도스와 같은 시인을 플라톤은 자신의 국가로부터 추방해 버렸다. 왜냐하면 플라톤은 신에 관한 그들의 표상이 신에게 어울리지 않는다고 생각했기 때문이다. 왜냐하면 그 당시부터 제우스와 호메로스의 역사들에 대한 믿음을 고찰하는 데서 진지하고 신중해지기Ernst zu werden 시작했기 때문이다.[25]

여기서 헤겔은 플라톤의 『국가』편의 내용을 염두에 두면서, 호메로스와 헤시오도스와 같은 시인들의 신에 관한 표상이 신 자체에 적합하지 않다는 사실을 다분히 '역사적 관점'에서 논하고 있다. 즉, 플라톤이 호메로스와 헤시오도스와 같은 시인을 자신의 국가에서 그처럼 단호하게 추방하려 한 이유는, 그 당시 신에 관한 일반적인 상황 변화에 기초한다는 것이다. 좀 더 자세히 말하자면, 이전에는 신들에 관한 이야기로 아무런 의심 없이 받아들여졌던 것들이 '진지하고 신중하게 고찰되기' 시작한 상황이 도래했고, 이 같은 상황 변화 속에서 제기된 것 중의 하나가 바로 플라톤의 '시인 추방론'이라고 헤겔은 해석하고 싶어 한다. 이러한 이유로 '시인 추방론'과 관련해 헤겔은 플라톤뿐만 아니라 플라톤 이전의 사람들, 즉 크세노파네스Xenophanes와 헤라클레이토스Herakleitos, 솔론Solon 등도 염두에 두고 있다. 예를 들어, 헤겔은 '1820년 철학사 서론'에서 다음과 같이 언급한다.

소위 신화들과 종교들이 지니고 있는 민족의 표상들과 철학 사이의 반목과 투쟁은 오래된 현상이다. 그 전에 모세와 예언가들이 좀 더 근본적인 종교의 입장에서 이미 그렇게 한 바 있고, 그 후에는 플라톤이 마찬가지로 말한 바 있듯이, 크세노파네스도

---

25 G. W. F. Hegel, *Vorlesungen über die Geschichte der Philosophie* II, 1971, p.122(이하 TW19로 표기한다).

호메로스와 헤시오도스에 관해, 그들이 인간의 세계에서조차 수치스러운 일 모두를 신들에게 부과했다라고 주장하고 있다.[26]

남아 있는 기록에 의하면, 이미 플라톤 이전에 크세노파네스는 "호메로스와 헤시오도스가 있을 수 있는 모든 법도에 맞지 않는 신들의 행동들을 최대한 이야기하면서"[27] "가사자들은 신들이 태어나고 자신들처럼 옷과 목소리와 형체를 갖는다고 생각하지만"[28] "신들과 인간들 가운데 가장 위대한 일자인 신은 형체도 생각도 가사자들과 조금도 비슷하지 않다"고 시인들에 대해 비판적인 주장을 펼친 바 있다. 신에 관한 이 같은 주장은 플라톤의 생각과 그 맥락을 함께 한다. 또한 로고스를 강조한 헤라클레이토스도 호메로스와 헤시오도스를 다음과 같이 비판하고 있다.

대부분의 사람들을 가르친 자는 헤시오도스이다. 그들은 그가 가장 많이 안다고 알고 있다. 낮과 밤도 알지 못하는 그가. 그것들은 하나인데도.[29]

호메로스는 경연agōn에서 쫓겨나고 두들겨 맞을 만하다. 그리고 아르킬로코스도 마찬가지다.[30]

이와 같은 언급들을 고려하면서 헤겔은 '시인 추방론'을 단지 플라톤이라는

---

26 G. W. F. Hegel, *Vorlesungsmanuskripte II(1816-1831)*, hrsg. von W. Jaeschke, 1995, p.86(이하 GW18로 표기한다).

27 *Die Fragmente der Vorsokratiker*, Erster Bd. griech. u. dt. v. H. Diels, hrsg. von W. Kranz, Zürich, Berlin 1964, 21장 fr.12(김인곤 외역, *Die Fragmente der Vorsokratiker*, 『소크라테스 이전 철학자들의 단편 선집』, 서울 : 아카넷, 2005, 205쪽)(이하 DK, 단편으로 표기한다).

28 DK, 21장 fr.14(단편, 205~206쪽).

29 DK, 22장 fr.57(단편, 225쪽).

30 DK, 22장 fr.42(단편, 226쪽).

한 철학자만의 입장으로 한정해 이해하지 않고, 시대적 역사적 맥락에서 이해하고자 한다. 헤겔 미학에서 플라톤의 '시인 추방론'이 '고전적 예술형식'의 해체 과정에서 소개된 것도 이 시대적 역사적 맥락을 토대로 이해되어야 한다. 이처럼 예술을 역사적 관점에서 해석하려는 시도는 이미 헤겔 자신의 고유한 미학적 관점에 친근한 것임을 상기할 필요가 있다. 왜냐하면 앞에서 이미 언급했듯이 헤겔 미학의 주요 골격은 세 가지 예술형식들, 즉 상징적, 고전적, 낭만적 예술형식으로 이루어지며, 이 형식들은 각기 개념과 실재 사이의 관계에서 '추구하기Erstreben', '도달하기Erreichen', '뛰어넘기Überschreiten'라는 과정으로 전개되는데, 고대 그리스의 신상으로 대표되는 고전적 예술형식을 초월하여 그 통일성이 해체되는 과정에 '시인 추방론'은 속하기 때문이다. 이러한 헤겔의 '역사적 해석'이 지니는 의미는, 고전적 예술형식으로부터 낭만적 예술형식으로의 이행에서 드러나는 특징을 헤겔 자신이 어떻게 파악하고 있는가를 밝힘으로써 좀 더 정확히 이해될 수 있다.

앞서도 언급했지만, 헤겔에 의하면 고전적 예술형식은 예술의 내용이 그것에 적합한 형식으로 온전하게 표현되어 완성된 단계다.[31] 헤겔은 내용과 형식이 온전히 들어맞는 이념상의 대표격으로 고대 그리스의 신상들을 제시한다. 헤겔은 신을 인간의 모습으로 형태화한 조각을 통해 아름다움의 개념이 정점에 달하며 아름다움의 영역이 완성된다고 본다.[32] 이에 비해 고전적 예술형식이 해체되면서 낭만적 예술형식으로 이행하는 과정은, 예술이 더이상 개념과 실재의 온전한 합치에 집착하지 않고 그 상태를 초월하여 '내면성이 강화된 주관'을 확보하는 과정이다. 고전적 예술형식과는 달리 낭만적 예술형식은 더이상 아름다운 조화를 지향하는 단계가 아니라, 절대적 내면성과 주관의 무한성이 우선시 되

---

31 Ascheberg, p.41(서정혁, 70쪽); Hotho, p.36(권정임, 112쪽).
32 Hotho, p.179(권정임, 265쪽); Ästhetik2, pp.127~128(두행숙2, 407~408쪽).

는 단계다. 그래서 예를 들어, 기독교와 같은 계시 종교를 통해 잘 드러나듯이 낭만적 예술형식에서는 신의 내용도 개념적으로 순화되고 내면적으로 심화되며, 낭만적 예술에서 절대적 주관성은 그 개념에 맞는 외적 현존을 자신 밖에서 구하지 않고 오직 '사유에게만' 자신의 길을 열어 보인다.[33] 헤겔에 의하면 낭만적 예술형식을 통해 예술에게는 신의 정신적 의식을 감각적 외물로 표현하는 과제가 아니라 주체 속에서 직관하도록 하는 새로운 과제가 주어진다.[34]

이처럼 고전적 예술형식으로부터 낭만적 예술형식으로 이행하는 과정에서 드러나는 핵심 특징으로 '감각적 외면성의 지양'을 들 수 있다. 이 특징과 관련해, 헤겔은 플라톤의 '시인 추방론'을 이성의 '보편적이고 무한한' 내용을 위해 '감각적 직관과 표상'을 점차 지양하는 과정의 '시작점'으로 보고 있다.[35] 헤겔은 이 과정에서 이성은 고대의 정신 세계를 뛰어넘어 로마 기독교 세계로 진입한 상태에 있다고 생각한다. 이 점에서 플라톤의 '시인 추방론'은 헤겔에게는 감각적 외면성과 여전히 결부되어 있는 기존 종교에 대한 비판을 의미하기도 한다. 그렇기 때문에 헤겔은 '시인 추방론'을 플라톤이 그렇게 했던 것처럼 소크라테스 이전의 신화에 대한 비판과도 결부시킬 뿐만 아니라, 또한 유대교의 우상숭배 금지와도 결부시키고 있는 것이다.[36]

감각적 직관에 기반한 종교에 대한 비판은 바로 종교의 본질에 대한 변화된 생각에 기초한다. 그리고 이 종교 비판은 이제 예술이 더이상 최고의 역할을 담당할 수 없다는 '역사적 인식'을 반영한다. 헤겔은 『세계사 철학 강의(1822/23)』에서 다음과 같이 말한다.

---

33 Ästhetik2, p.130(두행숙2, 410쪽).

34 Ästhetik2, p.131(두행숙2, 411쪽).

35 O. F. Summerell, "Kunstkritik und Totalitarismus. Hegel über Platons Verbannung der Dichtung", in : *Hegels Ästhetik. Die Kunst der Politik-Die Politik der Kunst* 1. Teil, hrsg. von A. Arndt, K. Bal·H. Ottmann, Berlin : Akademie Verlag, 2000, p.38.

36 GW18, p.86.

플라톤이 예술과 시문학Poesie을 추방하기를 원했다고 말하는 것은 우스꽝스러운
일이다. [이제] 예술에 의해 최고의 것으로 표상되는 것, 그것은 바로 절대자로 인정되
어야 하는 것인데, 바로 이것을 플라톤은 추방해 버린 것이지, 예술과 시문학을 추방한
것은 아니다. 플라톤은 예술을 추방한 것이 아니라, 오히려 단지 예술이 더이상 신의
역할을 못하도록 했을 뿐이다.[37]

헤겔에 의하면 플라톤은 '시인 추방론'을 통해 시인과 문학 또는 예술가와
예술 자체를 추방한 것이 아니라, '예술의 절대적 위치'를 '상대화'한 것이다.
신을 절대자라고 한다면, 예술이 더이상 신의 역할을 하지 못한다는 말은 '예
술의 절대성'이 '상대화'되는 것을 뜻하기 때문이다. 이 점에서 헤겔은 '시인
추방론'을 플라톤이라는 철학자 한 사람에 의해 기획된 일회적 사건으로 보지
않는다. 거기에는 훨씬 더 본질적이고 중요한 이유가 내재해 있다고 본다.[38] 헤
겔의 시선에는 이미 플라톤이 '시인 추방론'을 주장한 때부터 예술은 생동적
현재성을 상실해 버렸으며, 화려하게 꽃피운 예술의 절정은 단지 과거로만 기
억되기 시작했다고 할 수 있다.

---

37 G. W. F. Hegel, *Vorlesungen Ausgewählte Nachschriften and Manuskripte*, Bd.12, 1996, p.384(이하
VNM12으로 표기한다).

38 헤겔과 입장은 상반되지만, 플라톤과 아리스토텔레스 시기부터 이미 위대한 예술이 종언을 고하
기 시작했다고 보는 하이데거의 입장도 유사한 맥락에서 이해될 수 있다. "그리스에서 미학이
처음 시작되는 것은, 위대한 예술 그리고 또한 그와 동반 관계에 있는 위대한 철학이 자신의 종말
에 이르는 바로 그 시기이다. 이 시기, 이 플라톤과 아리스토텔레스의 시대에, 철학의 형태적
발전 일반과 더불어 예술과 관련된 앞으로의 모든 물음에 대하여 그 시야를 한정하게 될 기초
개념들이 주조된다." M. Heidegger, *Nietzsche : Der Wille zur Macht als Kunst, Gesamtausgabe*
Bd. 40, Frankfurt am Main : Vittorio Klostermann, 1985, p.93.

3. 플라톤과 헤겔의 관계

이상에서 논의된 내용을 기초로, 미학보다 먼저 쓰여진 『정신현상학』을 중심으로 헤겔이 생각한 플라톤의 역사적 의미와 그 한계에 대해 살펴보자. 미학 이전에 헤겔의 글들 중 예술에 체계적 의미를 부여한 대표작을 꼽으라면 『정신현상학』을 빼놓을 수가 없다. 주지하다시피 『정신현상학』은 의식이 대상적 사물과의 대립적 관계를 순차적으로 지양해 나가는 '의식의 경험의 학문'이자, 의식의 발전단계를 체계적으로 서술한 '의식의 학문적 역사'다. 이 『정신현상학』에서 특히 예술과 밀접한 관련이 있는 부분은 '종교' 장이다. '종교' 장은 자연종교, 예술종교, 계시종교라는 세 부분으로 이루어져 있고, 이 중 헤겔은 '예술종교'의 마지막 부분인 '정신적 예술작품'에서 플라톤의 '시인 추방론'을 염두에 두면서 다음과 같이 언급한다.[39]

이러한 운명으로 인해 천상계의 신들의 수가 감소하고 개체성과 본질과의 사려 없는 혼합, 즉 그로 인해 본질의 행위가 일관성이 없고 우연적이고 품격도 갖추지 않은 것으로 나타나는 그러한 혼합상태는 사라져간다. 단지 피상적으로만 본질에 의지하려는 개체성은 비본질적인 것이다. 그러한 비본질적 표상의 추방이 바로 고대 철학자들이 요구한 것인데, 이 추방은 이미 비극 일반에서 시작된다. 왜냐하면 개념으로부터 실체의 분할이 지배적이 되고, 따라서 개체성은 본질적인 것이 되며 규정들도 절대적 성격들이 되기 때문이다.[40]

---

39 '시인 추방론'이 『정신현상학』의 '예술종교'의 마지막 부분과 '계시종교'가 시작되기 바로 직전에 위치한다는 사실을 고려하여, 헤겔 미학에서 '고전적 예술형식'으로부터 '낭만적 예술형식'으로 이행 과정과 『정신현상학』의 '예술종교'로부터 '계시종교'로의 이행 과정을 상호 비교해 볼 수 있다.

40 GW9, p.396(정신현상학2, 294쪽).

여기서 헤겔은 플라톤식의 '시인 추방론'을 '비극적인 것'이 지니는 의미와 관련해 서술하고 있다. 비극적 자기의식은 '단 하나의 최고 위력', '부동의 운명의 통일성'만을 알고 인정한다.[41] 수많은 특수한 신성들과 결부되어 있는 '서사적 자기의식'과 달리, '비극적 자기의식'은 낯선 것이 아니라 자기 고유의 것으로 드러나는 단 하나의 운명의 위력 속에서 자신을 인식한다. 헤겔은 이처럼 비극을 통해 수많은 신들로부터 정신이 벗어나서 해방되는 과정은 역사의 중심점이 '예술종교'로부터 '계시종교'로 넘어가는 과정이며, 그것은 또한 의식이 지향하는 방향이라고 생각한다. 이 때문에 여기서 언급되고 있는 '시인 추방론'도 의식의 발전단계를 반영하며, '예술종교'의 마지막 부분에서 의식은 '계시종교'로 이행하는 과도적 단계에 있다.[42] 『정신현상학』에서 '시인 추방론'에 대한 이 같은 헤겔의 해석은 앞서 소개한 미학의 구절과 유사한 맥락에서 이해 가능하다. 헤겔에 의하면, 플라톤은 예술종교가 더이상 신에게 적합한 실존을 부여할 수 없기 때문에 예술종교는 신적인 내용을 현실적으로 표현할 능력이 없다고 생각했다. 그래서 '시인 추방론'을 통해 플라톤은 고대 그리스의 인륜성 속에 등장하기 시작한 '주관성'의 원리를 소개한 사람으로 헤겔에 의해 재평가되는 것이다. 이와 관련해 헤겔은 『철학백과』 제3판1830에서 플라톤에 관해 다음과 같이 언급한다.

> 플라톤에게 있어서는 그 당시 한편으로 기존 종교와 헌법 사이에, 그리고 다른 한편으로 자신의 내면성을 겨우 의식하게 된 자유가 종교 및 정치적 상태에 대해 갖는 꽤 깊은 여러 가지 요청들 사이에 등장했던 분열에 대한 인식이 한층 더 확실하게 떠올랐다. 플라톤은 참다운 헌법과 국가 생활은 이념과 영원한 정의처럼 절대적으로 보편적인 원리들

---

41 GW9, pp.396~397(정신현상학2, 294쪽).
42 O. F. Summerell, 앞의 글, pp.37~38.

에 좀 더 심층적으로 그 기초를 두고 있다고 생각했다. 이 원리들을 알고 인식하는 것은 확실히 철학의 사명이요 철학이 해야 할 일이다. (…중략…) 그리스 철학은 오직 그의 종교에 대립하는 것으로만 정립될 수 있었고, 사상의 통일 및 이념의 실체성은 환상의 다신교, 시작Dichten의 명랑하고 천박한 농담die heitere und frivole Scherzhaftigkeit에 대해 오직 적대적 관계를 취할 수밖에 없었다.[43]

이 같은 언급을 고려할 때, 헤겔이 플라톤의 '시인 추방론'을 '철학과 예술 사이의 오래된 불화diaphora'[44]라는 역사적 맥락을 반영한 대표 사례로 간주하고 있다는 점이 분명히 드러난다. 훌륭한 국가의 실현은 기존의 예술로 표현된 종교에 의해서는 불가능하고, 이념과 보편적 원리, 다시 말해 철학에 기초해야 한다는 생각이 플라톤의 '시인 추방론'을 추동하는 결정적 동기라고 헤겔은 보고 있다. 미학에서도 헤겔은 플라톤이 대상들을 특수성이 아닌 보편성에서, 즉 좀 더 심오한 방식으로 그 유와 절대적 실재 속에서 인식해야 한다고 최초로 요구했고, 참된 것은 개별적으로 선한 행위나 진실한 견해 또는 아름다운 인간들이나 예술작품이 아니라 진, 선, 미 그 자체라고 말했다고 주장하고 있다.[45] 그런데, 헤겔은 이처럼 플라톤 철학을 긍정적으로 평가하면서도, 동시에 플라톤 자신이 벗어날 수 없었던 한계도 지적하는 것을 잊지 않고 있다. 헤겔은 플라톤의 한계를 다음과 같이 지적한다.

플라톤은 사유하는 그의 동시대인들 모두와 함께 민주주의의 이 타락 상황과 그 원리의 결함을 인식하면서 실체다운 것을 강조하기는 했지만, 그의 국가 이념에서 주관

---

43 GW20, pp.537~539(§552)(정신철학, 455~457쪽).
44 국가, 607b.
45 Ästhetik1, p.39(누행숙1, 67쪽).

성이라는 무한한 형식을 구상할 수는 없었다. 이 주관성은 플라톤의 정신 앞에서는 여전히 감추어져 있었다. 따라서 그의 국가는 그 자체로 주관적인 자유가 없는 것이다.[46]

이 인용문에서 헤겔은 '시인 추방론'을 통해 드러난 플라톤의 문제의식이 정치적 관점으로 충분히 체계화되거나 실현되지 못했다는 점을 플라톤의 역사적 한계로 보고 아쉬워하고 있다. 미학에서도 헤겔은 마찬가지 견해를 피력한다. 즉, 플라톤은 이념을 '참된 것, 실체다운 것, 구체적 보편자'로 내세우기는 했지만, 그러나 그의 이념은 아직도 "이상적이지 않으며 현실적이지도 대자적이지도 않고, 여전히 즉자적으로만 존재한다"[47]는 것이다. 플라톤은 이념이야말로 유일하게 참된 보편자이자 구체적 보편자라고 역설하기는 했지만, 그 이념 자체는 아직 '진정한 구체자'가 되지 못했으며, '아직 현실화되지 않았고', '현실성이 없고 현실 밖에 존재하며', '스스로 존재하는 대자적 주관성'에까지 이르지 못했다고 헤겔은 그 한계를 지적한다.[48] 헤겔에 의하면 "이념은 현실성으로 이행해야 하며, 그 개념에 맞는 현실적 주관성을 띠고 이념적으로 스스로를 위해 존재할 수 있을 때 비로소 진정한 현실성을 획득한다".[49] 또한 '형이상학의 창시자인 플라톤'은 아름다움을 구체적으로 파악하지 못하고 추상해버렸다고 헤겔은 비판한다. "왜냐하면 플라톤적 이념에 고착되어 있는 무내용성은 우리

---

46 GW20, pp.539~540(§552)(정신철학, 457쪽).
47 Hotho, p.73(권정임, 154쪽).
48 Ästhetik1, p.191(두행숙1, 255~256쪽).
49 Ästhetik1, p.191(두행숙1, 256쪽). 헤겔에 의하면 실제로 존재하는 차이들은 '부정적 통일로서의 주관성'에 의해 설정되고 증명된다. "그렇기 때문에 이념과 그 현실의 통일은 이념과 현실 양쪽의 구별을 설정하고 그 구별을 지양하는 과정으로서 이념과 그 실재의 부정적 통일이다. 이념은 오직 이러한 [주관적] 활동에서만 긍정적으로 대자적이며 스스로 자신과 관계맺는 무한한 통일성이자 주관성이다. 우리는 아름다움의 이념도 그 현실적 현존에서 본질적으로 구체적 주관성이자 개별성으로 파악해야 하기 때문이다." Ästhetik1, pp.191~192(두행숙1, 256쪽). 헤겔은 이 같은 주관성이 철학사에서 근대 이후에 철학적으로 체계화된다고 생각하며, 그 시기에 해당하는 것이 미학에서는 낭만적 예술형식의 시기이다.

의 오늘날 정신이 지닌 더 풍부한 철학적 욕구를 충족시켜 주지 못하기 때문이다."[50] 이처럼 헤겔은 자신의 시대에 아름다움의 이념을 좀 더 심오하게 구체적으로 파악해야 할 것을 요구하면서, 아름다움을 이해하는 플라톤적 방식을 "추상적이며, 철학적 사고의 겨우 시작 단계에 있는 것"으로 간주한다.[51]

사실상 정신에 관한 헤겔의 철학적 관점에서 볼 때, 이처럼 헤겔이 지적하는 플라톤의 한계는 플라톤 자신만의 한계가 아니라 플라톤이 속한 그 시대 전체의 한계라고 할 수 있다. 왜냐하면 앞의 논의에 따르면 헤겔은 결국 '시인 추방론'을, '감각에 제한되어 있는 종교의 과거성'을 스스로 의식하고 있는 절대지의 도야 과정의 한 계기로 해석하고 있기 때문이다.[52] 헤겔의 관점을 엄격히 적용한다면, 플라톤은 애초부터 도시 국가를 소생시킬 수도 없었다. 왜냐하면 도시 국가의 전성기는 이미 지나가 버린 과거일 뿐이기 때문이다. 동시에 플라톤은 새로운 사회를 건설할 틀도 구체적으로 마련할 수가 없었다. 왜냐하면 새롭게 등장한 주관성을 구체화할 만큼 아직 새로운 시대 정신은 충분히 성숙되지 않았기 때문이다. 따라서 플라톤이 성취한 철학적 업적은 불가피하게 고대 그리스의 문화와 정신에 초점을 맞추고 있으면서도 동시에 후속하는 문화와 정신의 발전에 대한 어떤 방향만을 함축하고 있는 것이다.[53] 플라톤의 '시인 추방론'에 대한 헤겔의 해석도 바로 이러한 관점에 초점이 맞춰져 있으며, 이 점에서 '시인 추방론'은 헤겔에게 플라톤 철학 자체를 여전히 제약하고 있는 '은유적 의식'을 극복하기 위한 메타포의 역할을 한다.[54]

이상과 같은 맥락에서 '시인 추방론'을 해석하기 때문에, 헤겔은 정작 플라톤

---

50 Ästhetik1, p.39(두행숙1, 67쪽).
51 Ästhetik1, p.39(두행숙1, 68쪽).
52 O. F. Summerell, 앞의 글, p.39.
53 R. B. Ware, "Freedom as Justice : Hegel's Interpretation of Plato's Republic", in : *Metaphilosophy* Vol. 31, No. 3, 2000, p.296 참조.
54 O. F. Summerell, 앞의 글, p.39,

자신은 중요하게 논의하고 있는 예술의 두 가지 측면을 중요하게 다루지 않는다는 비판도 가능하다. 그 중 하나는 예술이 교육적으로나 도덕적으로 유해한 측면이며, 다른 하나는 예술이 개별적 사물들을 모방하는 측면이다. 플라톤 자신은 시인들이 선하고 아름다운 삶을 꾸려나가는 데 결정적인 기여를 하는 데 반대했다. 또한 플라톤은 예술의 본질을 개별 존재물의 기만적 외양에 기울어져 있는 모방으로 규정했다. 그러나 헤겔은 '시인 추방론'을 논하면서 이 두 가지 측면을 거의 고려하지 않고 있다. 그 이유로는 대략 다음과 같이 두 가지를 짐작해 볼 수 있다. 우선, 헤겔은 절대 정신으로서 예술을 플라톤처럼 교육적이며 도덕적인 차원에서 다루지 않았다는 것이다. 본래 플라톤이 의도했던 교육적이며 도덕적인 측면은 앞서 논의한 것처럼 헤겔에게 있어서는 사변적이고 형이상학적인 측면으로 바뀌었으며, 플라톤의 '시인 추방론'은 "의식과 학문 발전에 대한 고대의 기여"로 해석된다.[55] 그 다음으로, 헤겔에 따르면 예술작품에서 나타나는 아름다움의 형태는 개별 사물의 모방이 아니라 이념의 현시Manifestation다. 이 점에서 헤겔은 예술에서 자연의 모방 원리에 원론적으로 반대 입장을 견지한다.[56] 그러나, 앞서 살펴본 것처럼, 플라톤은 예술에서 모방에 대해 부정적 입장을 취하면서도, 동시에 부차적인 원칙으로 '용감하고 절제있고 경건하며

---

55 그래서 신에 관한 논의에서 호메로스를 교육적이며 도덕적인 이유에서 비판하는 플라톤과 달리 헤겔은 호메로스를 정말 독창적인 예술가였다고 칭송한다. 그리고 헤겔은 다음과 같이 말한다. "예술의 독창성은 모든 우연한 특수성을 남김없이 소모하지만, 특수성은 예술을 착종시킬 뿐이다. 여기서 예술가는 사태에 의해서만 충만된 천재의 영감에 이끌리고, 멋대로 공허한 자의에 따르는 대신 진리에 따라 완수된 그의 사태 속에서 자신의 참된 자아를 표현할 수 있다. 예로부터 아무런 매너리즘을 갖지 않는 것이야말로 유일하게 위대한 작풍이었다." Ästhetik1, p.385(두행숙1, 521~522쪽).

56 O. F. Summerell, 앞의 글, p.39 참조. 이러한 관점에서 보면, 오히려 헤겔은 미학에서 플라톤이 『파이드로스』와 『향연』 등에서 논의한 아름다움 자체에 관한 이론을 따르고 있는 것으로도 해석 가능하다. Platon, 조대호 역해, 『파이드로스』, 서울 : 문예출판사, 2008, 250d-251b; Platon, 강철웅 역, 『향연』, 서울 : 이제이북스, 2011, 210e-212a(이하 파이드로스, 향연으로 표기한다) 참조.

자유인다운 사람들을 모방하는 것'에 대해서는 호의적이다.[57]

이상과 같은 검토를 통해 헤겔이 플라톤의 '시인 추방론'을 자신의 입장에서 나름대로 재해석하고 있음을 명확히 이해할 수 있다. 헤겔은 '시인 추방론'을 교육적이고 도덕적인 측면이나 모방과 관련해 내재적 관점에서 해석하고 있지 않다. 플라톤은 특히 『국가』편에서 교육적, 도덕적 이유나 존재론적 이유에서 시인을 이상 국가로부터 추방하고자 했지만, 오히려 헤겔은 이 같은 플라톤의 의도를 시문학[예술]의 정신적이며 역사적인 지양의 과정에서 나타나는 중요한 표식으로만 해석하고 있을 뿐이다.

지금까지 우리는 헤겔이 미학뿐만 아니라 여타 그의 글들에서 플라톤의 사상을 이처럼 일관되게 수용하고 변형하여 해석하고 있음을 살펴보았다. 헤겔의 플라톤 해석에는 헤겔의 주관적 관점이 강하게 작용하고 있음을 부인할 수 없다. 그럼에도 불구하고 헤겔에 의해 재해석된 플라톤의 '시인 추방론'은 시와 철학, 예술과 철학의 관계를 논하는데 유의미하며 중요한 단초를 제공한다. 왜냐하면 플라톤의 배후에 잠재해 있는 역사적 의미를 '시인 추방론'의 해석에 적용하면서, 헤겔은 '시인 추방론'을 자신이 의도하고 있는 예술과 철학 사이의 체계적 관계와 결부시키고 있기 때문이다. 그 중 두드러진 특징 하나는, 헤겔의 플라톤 해석에 의해 플라톤과 헤겔 자신의 관계가 철학사적으로 더욱더 공고화되고 있다는 점이다.[58] 그리고 이러한 공고화 작업으로 인해 플라톤 이후부터

---

57 이러한 의미에서 『법률』편의 입법자는 가장 아름답고 선한 삶의 모방자들이다. 왜냐하면 그들은 그러한 삶에 참여하고 그것을 분유하고 있기 때문이다. 이미 『국가』편에서도 이러한 점들이 드러난다. 국가, 401c, 472d 참조. 그리고 '분유(μέθεξις)'와 '모방(μίμησις)'이라는 용어는 모두 공통적으로 우주적 질서가 개별존재자 속에서 현시된다는 것을 표현해 준다는 점도 참조할 필요가 있다. H.-G. Gadamer, "Kunst und Nachahmung", in : *Ästhetik und Poetik, Gesammelte Werke* Bd. 8, Tübingen : J. C. B. Mohr, 1993, pp.34~35 참조.

58 김상환의 다음과 같은 주장은 이러한 맥락에서만 제대로 이해될 수 있다. "헤겔은 표면적으로 예술의 존엄성을 플라톤적 비난으로부터 옹호하는 것같이 보이지만, 결국 플라톤적 종속 관계를 심화시키고 있다. 플라톤적 예술 이해를 극복한다기보다 오히려 철저화하고 그 극단에까지 몰고 가는 것이나. 헤겔의 예술 철학은 예술의 손엄성을 인정하고 그것이 누렸던 영광을 애도하는

헤겔에 이르기까지 철학에 대한 예술의 종속 관계가 더 심화되어 왔다는 주장도 이해 가능하다. 예술은 더이상 진리를 담을 수 없는 가벼운 놀이일 뿐이라는 플라톤적 인식은, 헤겔을 통해 진지한 철학적 사유의 도움 없이는 예술이 불가능하다는 체계적 결론에 도달한다.

예식을 통하여 예술 속에 꿈틀거리는 저항과 반발의 충동을 잠재우고 있다. 그 뒤에 오는 것은 예술의 완전한 마비, 즉 죽음이다. 예술은 추방되는 것이 아니라 죽임을 당하는 것이다." 김상환, 『예술가를 위한 형이상학』, 서울 : 민음사, 1999, 162쪽.

비극론
아리스토텔레스와 헤겔

1. 아리스토텔레스의 『시학』과 『오이디푸스 왕』

서양 예술론에서 비극론 하면 떠오르는 대표 철학자는 아리스토텔레스다.[1] 헤겔도 미학에서 "보편적 기준이나 명제, 그리고 좀 더 폭넓고 형식적인 일반화 과정에서 예술이론을 만들어 낸" 대표 사례로 아리스토텔레스의 『시학』을 꼽으면서, 『시학』에서 전개된 비극론은 지금도 여전히 흥미롭다고 언급한다.[2] 자신의 미학에서 '시문학Poesie'을, 특히 그 중에서도 '극시dramatische Poesie'를 예술 장르들 중 최고 위치에 자리매김하는 헤겔의 입장에서 아리스토텔레스의 비극론을 중요하게 다루는 것은 어쩌면 당연하다.

그런데, 헤겔이 미학에서 비극에 관해 논하는 관점은 아리스토텔레스의 그것과는 다르다. 헤겔의 목표는 아리스토텔레스처럼 비극의 요소들을 분석하거나 비극의 창작 조건들을 제시하는 데 있지 않다. 오히려 헤겔은 비극의 본질을

---

1 아리스토텔레스의 『시학』과 호라티우스의 영향 하에서 전개된 신고전주의 비평사에 대해서는 다음 책의 서론을 참조할 만 하다. 이경식, 『아리스토텔레스의 '시학'과 신고전주의』, 서울 : 서울대 출판부, 1997.
2 Ästhetik1, p.51(무엇북1, 53~54쪽).

구성하는 '비극다운 것das Tragische'이 우리가 세계를 해석하고 이해하는 데 어떤 의미를 지니는가를 파악하려고 한다.[3] 사실상 이 점에서 아리스토텔레스와 헤겔의 '비극론'이라고 했을 때, 두 사람의 '비극론'은 내용적으로 구분되어야 한다. 왜냐하면 아리스토텔레스의 비극론은 특정한 문학 장르인 '비극작품에 관한 이론'이라면, 이에 비해 헤겔의 비극론은 비극을 비극이게 하는 '비극다운 것에 관한 이론'이기 때문이다.[4] 아리스토텔레스와 헤겔의 비극론을 곧바로 단순 비교할 수 없는 이유도 우선 여기에 있다.

더구나 아리스토텔레스의 『시학』에 관한 헤겔의 언급이 미학에서 매우 제한적이기 때문에, 헤겔이 아리스토텔레스의 '비극론'을 어떻게 생각하는지를 충분히 직접 확인하기는 쉽지 않다. 이 점에서 아리스토텔레스와 헤겔의 비극론을 비교 검토하는 작업은 주로 우회적 방식을 취할 수밖에 없다. 따라서 이 글에서는 여러 비극작품들 중 소포클레스의 비극작품들, 특히 그 중에서도 『오이디푸스 왕』과 『안티고네』를 통해 아리스토텔레스와 헤겔의 비극론을 비교 검토해 보려고 한다. 그 이유는 아리스토텔레스와 헤겔 모두 이 두 작품을 자신의 저작들에서 중요하게 다루기 때문이다. 아리스토텔레스와 헤겔이 각자 어떤 이유에서 『오이디푸스 왕』과 『안티고네』에 비중을 두고 있는지를 검토함으로써 두 사람의 비극론의 차이점을 알아보고, 그러한 차이가 헤겔의 미학적 입장과 어떤 연관이 있는지를 살펴보려고 한다.

아리스토텔레스에 의하면 비극은 '진지하고 일정한 크기를 가진 완결된 행위를 모방'하며, '극적 형식을 취하고', '연민과 공포'를 환기하는 사건에 의해 '감정의 카타르시스'를 유발해야 한다.[5] 여기서 '행위'와 '극적 형식', 그리고 '연민

---

3   O. Pöggler, "Hegel und die griechische Tragödie", in : *Hegels Idee einer Phänomenologie des Geistes*, Freiburg/München : Verlag Karl Alber, 1973, p.109.
4   J. G. Finlayson, "Conflict and Reconciliation in Hegel's Theory of The Tragic", in : *Journal of the History of Philosophy* Vol. 37, Num. 3, 1999, p.494.

과 공포'는 비극의 본질을 규정하는 핵심 요소다. 아리스토텔레스는 비극의 본질에 비추어 플롯, 성격, 사상, 조사, 노래, 장경이라는 비극의 여섯 가지 구성요소를 제시하고, 이 중 플롯이 가장 중요하다고 본다.[6] 특히 '성격'과 비교해 아리스토텔레스는 '플롯'을 다음과 같이 강조한다.

> 이 여섯 가지 가운데 가장 중요한 것은 사건의 결합, 즉 플롯이다. 비극은 인간을 모방하는 것이 아니라 인간의 행위와 생활과 행복과 불행을 모방한다. 그리고 행복과 불행은 행위 가운데 있으며, 비극의 목적도 일종의 행위이지 성질은 아니다. 인간의 성질은 성격에 의해 결정되지만, 행복과 불행은 행위에 의해 결정된다. 그러므로 극에 있어서 행위는 성격을 묘사하기 위한 것이 아니며, 오히려 성격이 행위를 위해 극에 포함되는 것이다. 따라서 사건의 결합, 즉 플롯이 비극의 목적이며, 목적은 모든 것 중에서 가장 중요하다. 또 행위 없는 비극은 불가능하겠지만, 성격 없는 비극은 가능할 것이다.[7]

아리스토텔레스에 의하면 "비극의 최우선적인 원리, 즉 비극의 생명과 영혼은 플롯이고, 성격은 이차적인 것이다".[8] 그래서 비극작가는 무엇보다 완결적인 행동의 통일성을 표현하는 '플롯의 창작자'가 되어야 하고, 통일성 있는 플롯은 사건이 필연적이거나 개연적인 인과관계에 따라 구성될 때 가능하다.[9] 이 경우에만 "시는 역사보다 더 철학적이고 중요하다"[10]는 아리스토텔레스의 주장은 설득력을 얻을 수 있다. 왜냐하면 플롯이 사건의 필연적 또는 개연적 인과관계에 기초한다면 통일성이 있을 뿐만 아니라, 이러한 플롯으로 연출된 비극은 '개

---

5 Aristoteles, 천병희 역, 『시학』, 서울 : 문예출판사, 2002, 1449b 23-29(이하 시학으로 표기한다).
6 시학, 1449b 32 이하.
7 시학, 1450a 15-24.
8 시학, 1450a 38-30.
9 시학, 제8장과 제9장 참조.
10 시학, 1451b 3.

별적인 것'이 아니라 '보편적인 것'을 표현할 수 있기 때문이다.[11] 그리고 가장 훌륭한 비극이 되려면 플롯은 '급전'과 '발견'을 동반해 단순하지 않고 복잡해야 한다.[12] '급전'은 사태가 반대 방향으로 전환되는 것이며, '발견'은 무지의 상태에서 앎의 상태로 이행하는 것이다. 아리스토텔레스는 '급전을 동반한 발견'으로 플롯을 구성한 소포클레스의 『오이디푸스 왕』을 여러 비극들 중 '가장 훌륭한 것'으로 꼽는다.[13] 실제로 『시학』을 읽어 보면 아리스토텔레스가 비극을 논하면서 다른 비극작품들보다 특히 주요 사례로 『오이디푸스 왕』을 비중 있게 고려하고 있음을 어렵지 않게 확인할 수 있다.[14] 이는 소포클레스의 『오이디푸스 왕』이 아리스토텔레스가 언급한 훌륭한 플롯을 구현하고 있는 대표 사례라는 것을 보여준다. 이 같은 사실은 비극적 효과인 '공포'와 '연민'과 관련한 언급에서 좀 더 분명히 드러난다.

아리스토텔레스는 플롯이 복잡한 가장 훌륭한 비극은 '공포와 연민의 감정을 불러 일으키는 행위를 모방해야' 하는데, 특히 '연민'의 감정은 부당하게 불행에 빠지는 것을 볼 때, 그리고 '공포'의 감정은 우리 자신과 유사한 자가 불행에 빠지는 것을 볼 때 환기된다고 주장한다. 그리고 이러한 감정을 유발할 수 있는 대표 인물로 '오이디푸스'를 꼽는다.[15] 또한 이러한 감정을 유발하는 훌륭한 방법은 '무대장치'를 이용하는 것이 아니며, '사건의 구성 자체'에 의해 공포와 연민의 감정이 환기될 때 가장 바람직스럽다고 주장하면서, 다음과 같이 '오이디푸스'를 언급한다.

---

11 시학, 1451b 6 이하.
12 시학, 1452b 32-33.
13 시학, 1452a 32-33 · 1455a 17-18.
14 『시학』 중 특히 제11장 · 제13장 · 제14장 · 제15장 · 제16장 참조.
15 시학, 제13장 참조.

왜냐하면 플롯은 눈으로 보지 않고 사건의 경과를 듣기만 해도 그 사건에 공포와 연민의 감정을 느낄 수 있게끔 구성되어야 하기 때문이다. 바로 이것이 오이디푸스의 이야기를 단순히 듣기만 해도 느끼는 감정이다.[16]

그러면, 왜 소포클레스의 『오이디푸스 왕』은 사건의 전개만으로도 공포와 연민을 불러 일으키는 것인가? 아리스토텔레스에 의하면 연민의 감정이 유발되는 것은 당사자들이 적대 관계에 있을 때나 친구도 적도 아닌 때가 아니라, 오히려 비극적 사건이 형제와 형제, 부모와 자식의 관계처럼 근친자 사이에서 발생할 때다.[17] 또한, 비극적 공포를 유발하기에 적절한 것은, '모르고 행했다가 실행한 후에야 발견하는 경우'나 '알지 못하고 돌이킬 수 없는 행위를 저지르려는 찰나에 깨닫게 되는 경우'다. 그 내용이 익히 잘 알려져 있듯이, 『오이디푸스 왕』은 이 조건들을 충족하기 때문에 '연민'과 '공포'라는 두 감정을 유발하기에 적절한 플롯을 갖추고 있다고 아리스토텔레스는 주장한다.

이상과 같이 아리스토텔레스는 『시학』에서 주로 시문학, 특히 그 중에서도 비극의 본질과 구성 요소, 그리고 작시作詩의 원리 등을 체계적으로 정립하는 데 치중했다. 그리고 이렇게 자신의 이론을 전개하는 데에 여러 비극작품들 중 특히 소포클레스의 『오이디푸스 왕』을 적극적으로 활용하고 있다. 원칙적으로 이러한 아리스토텔레스의 비극론은 '순수 예술론'에 가깝다고 할 수 있다. 다시 말해 아리스토텔레스는 비극 작품을 평가할 때 내재적 가치 평가를 중시하며 비평도 이러한 관점에 머물러야 한다고 주장한다. 예를 들어, 아리스토텔레스는 달리는 말馬의 두 오른발을 앞으로 내딛게 하는 것과 같은 과오는 의술이나 다른 기술상의 과오이며, 작시作詩 자체에 관련되는 것이 아니라고 하면서, 이러한 과

---

16 시학, 1453b 4 이하.
17 시학, 1453b 15 이하.

오도 시의 목적 달성에 이바지한다면 시에서는 의도적으로 그러한 과오를 범할 수도 있다고 주장한다.[18] 이 점은 소위 '삶의 기술'인 '정치'와 '예술로서의 예술'인 '시학'을 명확하게 구분하려는 아리스토텔레스의 의도에서도 잘 드러난다.

> 한 가지 유의해야 할 점은 시학과 정치학, 또는 기타 기술에 대해 동일한 정당화의 기준이 적용될 수 없다는 것이다.[19]

> 작품은 유기적 통일성을 지닌 생명체와 같아서, 그것에 고유한 즐거움을 산출할 수 있을 것이다.[20]

아리스토텔레스에 의하면 시학에는 '정치학'이나 여타의 기술과 다른 그 고유의 기준이 적용되어야 한다. 즉, 어떤 비극이 좋은 작품인가 여부는 실제 삶의 공간인 정치가 좋은가 여부와 같이 '비극 외적 기준'에 의해 판단되어서는 안 된다. 이 말은 어쩌면 당연한 말일 수도 있다. 왜냐하면 일반적으로 생각할 때 비극을 포함한 예술작품의 가치는 예술의 영역 내에서만 예술의 잣대로 평가하는 것이 바람직하기 때문이다. 만일 '오이디푸스'의 이야기를 삶의 맥락 속에서 윤리적인 잣대를 가지고 평가한다면, 오이디푸스는 천하에 몹쓸 패륜아로 낙인 찍힐 수밖에 없을 것이다. 플라톤과 달리 아리스토텔레스는 시가 도덕이나 정치와 같은 외적 기준에 의해 단순하고 직접적으로 평가되어서는 안 된다는 입장을 견지한다.[21] 이 점에서 아리스토텔레스의 『시학』은 예술의 본질적 원리를 재천명함으로써 시에 대한 플라톤식의 비판에 대응한 답변이라고 할 수도 있

---

18 시학, 1460b 15-30.
19 시학, 1460b 14.
20 시학, 1459a 20-21.
21 S. Halliwell, *Aristotle's Poetics*, London : Duckworth, 1986, p.4.

다.[22] 그래서 시인이 능력 부족으로 모방을 제대로 못하는 경우나 잘못된 지식을 가지고 모방을 하였을 때 그 시인은 비판받을 수는 있지만, 정작 중요한 문제는 시인이 불가능한 것, 사실이 아닌 것, 불합리한 것, 도덕적으로 해로운 것 등을 그렸느냐 여부가 비판의 핵심이 될 수는 없다는 것이다. 예술은 예술 자체의 관점에서 창작되고 감상되고 해석되고 비판받아야 한다는 것이 아리스토텔레스의 기본 관점이다.[23] 따라서 아리스토텔레스의 비극론은 기본적으로 '순수 미학적 가치'를 제안하고 있는 것이다.[24] 물론 이렇게 순수 미학적 가치를 인정한다고 해서 효과의 측면에서 아리스토텔레스의 비극론이 도덕과 같은 다른 가치들을 배제한다고 판단할 필요는 없다. 순수 미학적 가치의 우선성을 주장하면서도, 아리스토텔레스는 비극이 지니는 의미를 인간의 통합적인 삶 속에서 보려고 하였기 때문이다.[25]

2. 헤겔의 미학과 『안티고네』

헤겔은 미학에서 '극시의 본래적 시작'을 고대 그리스에서 찾는 것이 합당하다고 주장하면서, 고대 그리스 비극에 등장하는 개인은 '인간 목적의 실체적 알맹이가 지니는 자유로운 생동성'을 요구하는 조건에서 등장하며, 이 점에서 극시에서 등장인물이 수행하려는 것은 '목적의 보편적이며 본질다운 면'이라고 주장한다.[26] 이러한 맥락에서 헤겔은 '비극다운 것das Tragische'과 '비극의 목

---

22 S. Halliwell, "The Importance of Plato and Aristotle for Aesthetics", in : *Aristotle Critical Assessments* Vol. 4, ed. by L. P. Gerson, London · New York : Routledge, 1999, p.301.
23 시학, 제25장; 조요한, 「아리스토텔레스 비극론의 카타르시스 해석」, 김진엽 · 하선규 편, 『미학』, 서울 : 책세상, 2007, 42쪽 이하 참조.
24 D. W. Lucas, *Aristotle Poetics*, London : Oxford Univ. Press, 1968, p.235.
25 S. Halliwell, 앞의 책, p.4 이하 참조.

적'에 대해 다음과 같이 이야기한다.

비극다운 것에 대해 더 자세히 보면, 비극다운 것은 고전 비극이다. 고전 비극은 어떤 하나의 상황과 더불어 시작한다. 즉 개인들은 어떤 손상된 상태에 얽혀들어 있으며, 그 속에서 자신에게 하나의 목적을 세워야만 한다. 그러한 목적으로 설정되기에 정당한 것은 인륜 일반das Sittliche überhaupt이다. 인륜다운 위력들die sittlichen Mächten은 여러 가지다. 안정된 상태에서 그 위력들은 신들의 영역으로서 조화 속에 있다. 하지만 이 위력들이 상처를 입는 일도 생길 수 있는데, 이를 통해 인륜다운 위력들이 활동성으로 나타난다. 그렇게 하여 개인들은 파토스παθος로서, 인륜다운 위력들의 현실화로서 나타난다. 왕과 누이, 즉 크레온과 안티고네 혹은 상처 입은 아버지의 아들, 즉 오레스테스가 그렇게 나타난다.[27]

헤겔은 비극의 주인공들이 스스로 제시하는 목적은 '인륜'이며, 비극에서 인물들 간의 갈등을 인륜적 위력들 사이의 충돌이 현실화된 것으로 보고, 그 대표적 예로 『안티고네』를 들고 있다. 헤겔에 의하면 '근원적 비극의 본래 주제'는 '신다운 것das Göttliche'이며, 이 '신다운 것'은 '의욕과 실행의 정신다운 실체'로서 '인륜'과 동일하다.[28] 비극을 '인륜'이라는 관점에서 보려는 헤겔의 의도는 다음과 같은 언급에서도 잘 드러난다.

비극적 개인들이 붙잡으려는 목적들에 대해, 인간다운 의욕 속에서 실체다우며 대자적으로 정당화된 일군의 위력들이 비극다운 행위의 참된 내용을 전해준다. 즉 부부,

---

26 Ästhetik3, p.535(두행숙3, 918쪽).
27 Hotho, p.302(권정임, 396쪽).
28 Ästhetik3, p.522(두행숙3, 903쪽).

266   제3부_ 헤겔의 문학론

부모, 자녀, 형제 같은 가족애나 국가의 삶, 시민의 애국심, 지배자의 의지 등이 그러한 위력들이다.[29]

헤겔에 의하면 비극에서 갈등을 유발하는 대립이 참된 의미를 지니기 위해서는 '이념상Ideal'의 흔적을 지녀야 하며, '이성과 정당성'이 있어야 한다. 따라서 비극에서 갈등을 빚는 위력도 '보편적이고 영원한 위력'으로서, 이 위력이 바로 '예술을 형성하고 영원하고 종교적이고 인륜적인 관계를 이루는 주요 동기'가 된다. 그러면서 인륜다운 위력들로 가정, 조국, 국가, 교회, 명성, 우정, 위엄 등을 제시하면서, 역시 여기서도 헤겔은 소포클레스의 『안티고네』를 언급하고 있다.[30] 그런데 미학에서 헤겔은 이 『안티고네』를 단순히 여러 비극 작품들 가운데 하나로 취급하지 않고, 인륜다운 위력들의 갈등을 가장 잘 표현한 작품으로 평가한다.

아이스킬로스의 선례 이후 특히 소포클레스가 가장 아름답게 다룬 주요 대립은 국가와 가정의 대립이다. 여기서 국가는 정신적 보편성에서의 인륜다운 삶이며, 가정은 자연적 인륜성이다. [국가와 가정이라는] 이 둘은 비극적 표현의 가장 순수한 위력들이다. 왜냐하면 이 영역들의 화해와 조화로운 행위는 그들의 현실에서 인륜다운 현존의 가장 완벽한 실재die vollständige Realität를 이루기 때문이다.[31]

당연히 여기서 헤겔이 염두에 두고 있는 작품은 소포클레스의 『안티고네』이다. 헤겔은 여러 가지 인륜다운 위력들 사이의 대립들 중 특히 국가와 가정의 대립을 '최고의 두 가지 인륜다운 위력들의 충돌'로 보고,[32] 이러한 대립과 이들

---

29 Ästhetik3, p.521(두행숙3, 902쪽).
30 Ästhetik1, pp.286~287(두행숙1, 383~384쪽).
31 Ästhetik3, p.544(두행숙3, 926쪽).
32 TW17, p.133.

사이의 화해와 조화를 '인륜적 현존재의 가장 완벽한 실재'로 해석하면서, 이를 가장 아름답게 다룬 작품으로 『안티고네』를 꼽는다. 국가와 가정 사이의 충돌은 바로 '정치적인 관계와 자연적인 관계 사이의 모순'이며, 헤겔에 의하면 『안티고네』에서는 "국가의 공적인 법과 내적인 가족애, 그리고 형제에 대적하는 의무가 서로 간에 투쟁적으로 대립하며, 여성인 안티고네는 가정의 관심사를 파토스로 삼고, 남성인 크레온은 공동체의 안녕을 파토스로 삼고 있다".[33] 사실상 헤겔이 『오이디푸스 왕』이 아니라 『안티고네』에 대해 "비극의 절대적 모범 사례",[34] "가장 완전한 예술작품",[35] "고대와 근대 세계의 모든 뛰어난 것들 중 가장 뛰어나고 만족스러운 예술작품",[36] "모든 시대에 걸쳐 가장 숭고하고 모든 관점에서 가장 뛰어난 예술작품들 가운데 하나"[37]라고 극찬하는 이유도, 이 비극작품이 헤겔 자신이 중요시하는 인륜다운 위력들의 대립을 가장 첨예하게 보여주기 때문이다.[38] 앞에서 언급한 것처럼, 헤겔과 달리 아리스토텔레스는 소

---

33 Ästhetik2, p.60(두행숙2, 313~314쪽).
34 TW17, p.133.
35 Hotho, p.306(권정임, 400쪽).
36 Ästhetik3, p.550(두행숙3, 932~933쪽).
37 Ästhetik2, p.60(두행숙2, 313쪽).
38 헤겔의 『안티고네』에 대한 평가는 시대적 맥락에서도 이해될 수 있다. 아리스토텔레스의 비극론의 영향 하에서 18세기까지 소포클레스의 『오이디푸스 왕』은 여러 비극들 중 최고의 위치를 누려 왔다. 그런데 실제로 소포클레스 당대에는 소포클레스의 작품들 중 기원전 440년 또는 441년 경에 상연된 『안티고네』를 포함한 삼부작(Trilogie)'이 최고 작품으로 평가받았던 반면, 그후 70대의 노년에 접어든 소포클레스가 발표한 '『오이디푸스 왕』을 포함한 삼부작'은 아이스킬로스의 조카인 필로클레스(Philokles)에게 경연에서 패배하고 만다. 물론 그렇다고 '『오이디푸스 왕』을 포함한 삼부작'이 당대에 더 낮은 평가를 받은 것은 아니며, 경연에서의 패배는 다분히 정치적 이유가 있었다고 전해진다. 실제로 예를 들어, 3, 4세기에도 '오이디푸스 드라마'가 '안티고네 드라마'보다 훨씬 더 많았으며, 상대적으로 '안티고네 드라마'는 수 세기 동안 사람들에게 많이 알려지지 않았다. 18세기 말경에 와서야 비로소 『안티고네』는 일종의 르네상스기를 맞게 되는데, 예를 들어 괴테는 1809년에 『오이디푸스 왕』이 아니라 『안티고네』를 바이마르 무대에 올린다. 플라사르(H. Flashar)는 이 변화의 원인으로 '프랑스 혁명'(1789)과 그 여파에 의한 여성 권리의 신장을 들 수 있다고 한다. H. Flashar, "Hegel, Oedipus und die Tragödie des Sophokles", in : *Kunst und Geschichte im Zeitalter Hegels*, hrsg. von Ch. Jamme unter Mitw. F. Völkel, Hamburg : Felix Meiner Verlag, 1996, pp.2~4 이하 참조. 이러한 맥락의 연장 선에서 밀스(P. J. Mills), 이리가레이(L. Irigaray), 버틀러(J. Butler) 등과 같은 페미니스

포클레스의 비극들 중『안티고네』가 아니라『오이디푸스 왕』을 더 뛰어난 작품으로 보고 있다.[39] 그러면, 헤겔이 비극을 바라보는 관점이 앞서 살펴본 아리스토텔레스의 관점과 어떻게 다르기에, 헤겔은 아리스토텔레스와 달리『안티고네』를 높게 평가하는 것일까?

헤겔은 미학뿐만 아니라 다른 여러 곳에서도『안티고네』의 내용을 언급하지만, 그는『안티고네』를 시문학적 관점에서 분석하지는 않는다. 비록 헤겔이『안티고네』를 세밀하게 내재적으로 분석하지는 않지만, 헤겔의 일관된 언급을 보면 그의 관점이나 목적이 무엇인지는 비교적 분명히 알 수 있다. 즉, 헤겔은『안티고네』의 핵심 플롯을 잘 알려져 있듯이 '안티고네와 크레온 사이의 대립'으로 본다. 헤겔에 의하면 이 두 사람은 각자 가정과 국가라는 인륜다운 위력을 대표하는 인물들로서, 자신들의 인간다운 파토스를 통해 이 위력을 행동으로 실천한다.[40] 안티고네는 인륜적 힘에 이끌려 오빠가 땅에 묻히지 못하고 새들의 먹이가 될까 봐 두려워하면서 '오빠에 대한 성스러운 애정'을 갖고 있다. 만일 오빠를 매장할 의무를 이행하지 않으면 그것은 가문의 경건한 의무를 해치는 것이라고 생각한 그녀는 왕 크레온의 명령을 어기고 오빠를 매장한다. 안티고네는 공동체의 실정적 규범이나 안녕, 국가권력보다는 가족애와 혈연관계를 소중하게 생각한다. 이에 반해 테베의 왕인 크레온은 오이디푸스의 아들인 폴리

트들이 헤겔의 안티고네 해석을 끌어들이는 것은 정당하다고 생각된다. 헤겔의 안티고네 해석과 페미니즘과 관련한 서술에 대해서는 별도의 연구가 필요하지만, 이에 대한 간략한 소개는 다음을 참조할 수 있다. 임철규,『그리스 비극-인간과 역사에 바치는 애도의 노래』, 파주 : 한길사, 2007, 289~317쪽 참조.

39 아리스토텔레스의 비극론에서『안티고네』는『오이디푸스 왕』보다 훨씬 더 낮게 평가되며, 여백에 단 한 번 언급될 뿐이다. H. Flashar, 앞의 글, p.4 참조.

40 헤겔은 이 같은 비극의 주인공들은 죄가 있으면서도 동시에 무죄라고 해석한다. 왜냐하면 고대 그리스 비극에서 주인공들은 자의적으로 그렇게 행동을 하려고 선택한 인물들이 아니라, 그들 자신이 바로 인륜다운 위력을 실현하는 파토스 자체이기 때문이다. 헤겔은 이러한 방식으로 대가적인 깊이와 절제를 지니고, 미적이고 조형적인 생동성을 띤 극시를 완성한 사람이 '소포클레스'라고 강조한다. Ästhetik3, pp.545~546(『헤겔』, 928~929쪽).

네이케스가 조국을 배반했다는 이유로 그의 시신을 조국에 묻지 못하도록 명령한다. 크레온은 가족애와 혈연관계보다는 공동체의 안녕과 실정법, 국가권력을 존중하고 수호하려고 한다.[41] 따라서 헤겔에 의하면 이 두 사람은 가정이나 국가 중 어느 한쪽의 인륜다운 위력만을 실현하려고 고집하는 '비극적 완고함 tragische Festigkeit'을 보여준다. 양쪽은 각자 자기 행동의 정당성만 관철하려고 하며, 상대방의 정당성은 인정해 주지 않으려고 한다.[42] 즉, 양쪽은 상대방 행위의 정당성을 부정하는 한에서만 자신의 정당성을 관철할 수 있다. 헤겔은 이 같은 둘 사이의 대립을 '모순'이라고 부른다.[43] 그런데, 헤겔은 이 같은 대립상황을 고집하는 한 대립하는 양쪽 모두는 파멸에 이를 수밖에 없다는 점을 강조해서 보여주고 싶어 한다. 헤겔은 다음과 같이 말한다.

이 특수한 위력들이 극시가 요구하는 대로 현상적 활동으로 작동하고, 행위로 옮겨 가서 어떤 인간다운 파토스의 특정 목적으로 실현되면, 위력들의 조화는 지양되고, 이

---

41 Sophokles, 천병희 역, 「안티고네」, 『소포클레스 비극』, 서울 : 단국대 출판부, 2001, 89~154쪽 참조.

42 헤겔은 행위의 정당성의 관점에서 크레온도 예외가 아니라고 보고 있다. "크레온은 전제군주가 아니라 하나의 인륜적 위력이다. 크레온은 부당하지 않다. 그는 국가의 법, 통치의 주권이 존중받아야 하며 손상을 입었을 때 형벌이 따라야 한다고 주장한다." TW17, p.133. 그러나 헤겔과 달리 크레온의 행동을 부당하다고 보는 해석도 있다. 헤겔 당대에 슐레겔(A. W. Schlegel)은 크레온의 명령이 전제적이며, 『안티고네』는 전제군주와 가장 순수한 여성성을 지닌 여장부 사이의 충돌을 다룬 작품이라고 해석한다. A. W. Schlegel, *Über dramatische Kunst und Literatur. 3Bde.(1809-11)* Bd. 1, Heidelberg : Mohr und Winter, 1817, pp.177 · 186~187. 레스키 (A. Lesky)도 크레온은 정당하지 않다고 주장한다. 왜냐하면 크레온은 관습에 맞게 폴리네이케스를 조국에 매장하지 말라고만 명령하지 않고 그의 시신을 새의 먹이가 되도록 하였고, 도시에서 멀리 떨어진 곳에 매장할 수도 있었기 때문이다. A. Lesky, *Greek Tragic Poetry*, trans. M. Dillon, New Haven : Yale Univ. Press, 1983, p.140 이하. 누스바움(Nussbaum)도 크레온이 폴리네이케스를 그의 조국에서 멀리 떨어진 장소에 매장함으로써 화해가 성취될 수도 있었으나, 단일한 선을 고집함으로써 갈등을 유발할 수밖에 없었다고 주장한다. M. C. Nussbaum, *The Fragility of Goodness-Luck and Ethics in Greek Tragedy and Philosophy*, New York : Cambridge Univ. Press, 2001, p.55 이하 참조.

43 Ästhetik2, p.60(두행숙2, 313쪽).

위력들은 상호 간에 대립하면서 배타적 상태로 등장한다. 그렇게 해서 개별 행동은 특정 상황 하에서 어떤 목적이나 성격[배역]을 수행하려고 한다. 이때 이 목적이나 성격은 대자적으로 완결된 규정성 속에 자신을 일면적으로 고립시키기 때문에, 이러한 전제하에서 필연적으로 자신과 대립하는 파토스를 자극함으로써 피할 수 없는 갈등을 초래한다. 근원적으로 비극다운 것das ursprünglich Tragische은, 그러한 충돌 내에 대립하는 양쪽이 대자적으로 취해진 정당성Berechtigung을 지니지만, 다른 한편으로 이 양쪽은 그들의 목적과 성격의 진정한 긍정적 알맹이를 오직 동등한 정당성을 지닌 다른 위력을 부정하고 침해하는 것으로서만 관철할 수 있고, 그렇기 때문에 그들이 인륜성 속에 있기는 하지만 이 같은 상황으로 인해 죄Schuld를 짓는다.[44]

그러나, 이처럼 상대방을 부정하면서 죄를 짓는 모순 상태에 머무는 것이 비극의 결말이라고 헤겔은 생각하지 않는다. 헤겔은 그 속에서 '근원적으로 비극다운 것'이 나올 수 있는 가능성을 모색하며, 비극적 충돌의 해소 가능성을 모색한다. 오히려 헤겔은 모순 속에서 모순의 지양 가능성을 찾고 있는 것이다.

이를 통해 매개되지 않은 모순이 정립된다. 이 모순은 실재Realität로 드러나기는 하지만 실재 속에서 실체답고 참으로 현실다운 것으로 유지되지는 못 한다. 오히려 이 모순은 자신이 모순으로서 지양된다는 사실 속에서만 자신의 본래 권리를 발견한다. 그래서 비극적 목적과 성격이 정당화되고, 비극적 충돌이 필연적으로 발생한 후, 세 번째로 이 분열의 비극적 해소가 있다. 이렇게 해소됨으로써 영원한 정의는 인륜다운 실체와 통일성의 안거安居를 방해하는 개별성을 몰락시킴으로써 이 인륜다운 실체와 통일성을 산출하는 방식으로 여러 목적들과 개인들에 대해 완수된다.[45]

44 Ästhetik3, pp.522~523(두행숙3, 3, 904쪽).
45 Ästhetik3, p.524(두행숙3, 905쪽).

헤겔에 따르면 비극의 목적은 '영원히 실체다운 것'이 투쟁하는 개별자들에게서 '잘못된 일면성'만을 제거하고, 개별자들이 원했던 긍정적인 것을 더이상 분열되지 않고 긍정적 매개의 상태에서 보존될 수 있는 것으로 표현함으로써, '화해의 방식'으로 이 '영원히 실체다운 것'이 승리를 거두는 모습을 보여주는 데 있다.[46] 그래서 '비극적인 착종Verwicklung의 결과'는 서로 투쟁하는 양쪽이 모두 정당성을 보존하면서도 그들이 주장하는 일면성이 제거되고 '방해받지 않은 내적 조화die ungestörte innere Harmonie'의 상태로 되돌아가는 대단원으로 끝맺음한다. 비극의 "참된 전개는 대립으로서의 대립을 해소하고 갈등 속에서 서로를 부정하기 위해 투쟁하는 위력들을 서로 화해시키는 데 있다".[47] 헤겔은 이렇게 해야만 결말에서 비로소 '절대적 이성다움'이 나타날 수 있고 개인들의 심정은 참으로 '인륜적으로 진정'되어, 불행과 고통이 아니라 '정신의 만족'이 최종적인 것이 된다고 주장한다. 헤겔에 의하면 "우리가 이러한 통찰을 붙들고 놓치지 않을 때에만 고대 비극은 개념 파악될 수 있다".

여기서 헤겔의 비극론의 특징이 잘 드러난다. 헤겔은 비극의 해석을 통해 누가 선하고 누가 악하다는 식의 도덕적 결말을 내리는 일이 전혀 중요하지 않다고 본다. 오히려 헤겔은 "충돌Kollision이 완성될 때, 거기서 긍정적 화해가 나오고 서로 투쟁하던 양쪽 위력이 동등한 가치를 지니는 것을 직관하는 일이 중요하다"고 분명히 밝힌다.[48] 그런데, 『안티고네』에서 구체적으로 어떻게 이러한

---

46 Ästhetik3, p.527(두행숙3, 908쪽). 호메로스의 『일리아드』와 『오딧세이아』에 나오는 '아킬레우스'와 '오딧세우스'의 이야기를 언급하면서, 헤겔은 이 '서사시적인 화해'와 '비극적인 화해'를 구분한다. 헤겔에 의하면 서사시적인 화해와 달리 "좀 더 고차적인 비극적 화해는 특정한 인륜적 실체성들이 그들의 진정한 조화에 대한 대립으로부터 출현하는 것과 관련이 있다". Ästhetik3, p.549(두행숙3, 931쪽).

47 Ästhetik3, p.547(두행숙3, 929~930쪽).

48 Ästhetik3, p.547(두행숙3, 930쪽). 그러나, 실제로 『안티고네』 내에서는 안티고네는 자신의 잘못을 시인하지 않지만 크레온은 자신의 잘못을 시인한다. 그럼에도 불구하고 헤겔이 크레온과 안티고네 모두 각각 자신의 정당성을 똑같이 주장하면서 일면성을 굽히지 않고 있다고 주장하는 것이 틀렸다고는 할 수 없다. S. Houlgate, "Hegel's Theory of Tragedy", in : *Hegel and The*

화해가 그 작품 내에서 실현 가능한지 라는 질문이 헤겔에게 제기될 수 있다. 이 질문에 헤겔 자신이 어떤 식으로 답할지는 의문이다. 왜냐하면 헤겔은 정작 이 질문에 대한 입장을 명시적으로 자신의 미학에서 밝히지는 않았기 때문이다. '23년 미학 강의'에는 『안티고네』와 관련해 다음과 같은 구절이 있다.

> 『안티고네』에서는 크레온, 즉 국가권력이 가정에게 적대적으로 행동한다. 그는 안티고네를 벌하며 외경심을 손상한다. 크레온의 아들 하이몬은 안티고네의 약혼자인데, 그녀와 함께 죽는다. 즉 왕은 손상을 가함으로써 자기 자신도 손상된다. 이와 마찬가지로 안티고네도 국가에 소속되며 국가에 반대해 행위하는데, 이러한 손상은 마찬가지로 그녀를 손상하며 죽음으로 몰고 간다. 이 두 측면 각각에는 개인을 그들 자체에서 손상하는 그러한 면이 있다. 이러한 것이 대단원의 가장 완전한 방식이다. 이제 대단원 자체에 관해 보면, 그것은 화해적이며 긍정적이어야 한다. 인륜다운 것들의 균형, 두 위력의 동등한 타당성이 직관되어야 한다. 두 측면 모두 부당함을 지니며, 조화에 이르면서 통일성을 이룬다.[49]

헤겔은 대립하는 자신의 타자를 인정하여 화해를 이루는 상태가 『안티고네』 자체의 대단원을 이룬다고 보고 있다. 만일 '화해Versöhnung'가 대립하는 양쪽의 '부정'뿐만이 아니라 또 다른 '긍정' 속에서만 가능하다고 본다면, 헤겔의 이 같은 해석에 의문을 제기할 수도 있을 것이다. 과연 『안티고네』 자체의 대단원에는 비극적 결말 말고 어떤 긍정적 화해가 있다는 말인가? 하지만, 헤겔은 여기서 이 비극작품의 본래 내용보다는 거기서 비롯되는 효과의 측면에 비추어 '화해'라는 긍정적 요소를 찾고 있다.

Arts ed. by S. Houlgate, Evanston : North Western Univ. Press, 2007, p.155 참조.
49 Hotho, p.306(권정임, 400쪽).

이렇게 함으로써 심정Gemüt은 참되게 인륜적으로 충족되며, 개인들을 통해 감동을 받고, 사태 속에서 화해된다. 이제 이 화해는 객관적이지만, 단지 우리에 대해서만nur füruns 객관적이며, 일면적인 개인들에 대해서는 그렇지 않다. 이 같은 화해가 『안티고네』 속에 들어 있는 것이다. 여기서 관객Zuschauer은 이러한 만족감을 지닌다. 즉 화해Aussöhnung가 그 자체로 사태에서 생겨났고, 그래서 묘사는 가장 조형적인 것이다. 자신의 타자를 인정한다는 특징이 『안티고네』 자체 속에 들어 있다.[50]

헤겔에 의하면 비록 무대 위의 배우는 비극적 종말을 맞이하지만, 그 배우들의 일면성의 파멸을 목격하는 관객의 심정은 인륜적으로 충족되고 화해의 감정을 느끼게 된다.[51] 특히 비극적 장면을 주시하는 관객의 '심정'은 개인의 관점에서가 아니라 '영원하고 절대적인 이성다움과 정당성'의 관점에서 화해의 감정을 느낀다. 이 점에서 헤겔은 비극의 대단원을 장식하는 화해에 '오직 우리에 대해서만'이라는 단서를 달고 있는 것이다.

3. 헤겔의 비극론과 『오이디푸스 왕』

이상에서 살펴본 것처럼, 헤겔은 미학을 비롯한 자신의 글들에서 여러 비극 작품들 중 『안티고네』를 특별히 부각하면서 거기에 특별한 의미를 부여한다.

---

50 Hotho, pp.306~307(권정임, 400~401쪽).

51 M. W. Roche, *Tragedy and Comedy —A Systematic Study and a Critique of Hegel*, New York : State Univ. of New York Press, 1998, p.75 참조. 여기서 로슈(Roche)는 비극의 주인공도 갈등과 화해를 의식할 수도 있고 그렇지 않을 수도 있어서 이를 차별화하는 것이 중요한데, 헤겔은 수용자의 입장을 중요시하여 이 측면을 고려하지 못했다고 언급하고 있다. 그러나 이러한 해석은 고대 비극뿐만 아니라 셰익스피어의 극시와 같은 근대 비극 등에 대한 헤겔의 분석을 전반적으로 검토함으로써 반박될 수 있다.

앞서 언급한 것처럼, 이것은 헤겔이 비극에서 '인륜'을 가장 중요한 요소로 고려하고, 『안티고네』가 인륜들 사이의 충돌 및 화해를 가장 잘 보여주는 작품이라고 생각하기 때문이다. 그러나, 그렇다고 해서 헤겔이 다른 비극작품들을 전혀 고려하지 않은 것은 아니다. 특히 소포클레스의 비극작품들 중 『오이디푸스왕』은 『안티고네』에 대한 극찬에 미치지 못하지만, 헤겔이 자주 사례로 드는 작품 중 하나다.

앞서 언급한 것처럼 헤겔은 인륜다운 위력들 간의 충돌을 다룬 대표 사례로 국가와 가정 사이의 충돌을 다룬 『안티고네』를 제시하고, 비극에서 또 하나의 주요한 충돌로 소포클레스의 『오이디푸스 왕』을 들고 있다. 헤겔에 의하면 『오이디푸스 왕』에서는 '깨어 있는 의식의 권리', 즉 '인간이 자신의 자기의식적 의지로 실행하는 것의 권리'와, 반면에 그가 '무의식적으로 의도하지 않고 신들의 결정에 의해 실제로 행하는 행동'이 중요한 갈등 요소다. 오이디푸스는 자신의 아버지를 죽이고 자신의 어머니와 결혼하여 자녀를 낳는다. 그는 자신이 알거나 의도하지 않았는데도 이처럼 가장 사악하고 파렴치한 행위에 말려 들어간다.[52] 헤겔에 의하면 오늘날의 경우에 비추어 보면 이와 같은 범죄는 행위자 스스로 알거나 의도하지 않고 저지른 것이므로 이 행위를 사실상 범죄로 인정하지는 않을 것이지만, 고대 그리스인들은 개인 스스로 저지른 행위에 대해 총체적으로 책임을 졌으며, 자신의 자기의식 가운데서 형식적 주관성과 객관적 사실을 서로 분리하지 않았다.[53] 『오이디푸스 왕』으로 대표되는 비극의 이 두 번째 충돌 유형은, 이처럼 개인이 어떤 행위를 의도하지 않고 행하여 인륜다운 위력을 침해하고 뒤늦게 자신의 행위 결과를 자신의 책임으로 인정하면, '행위 속에 내재한 의

---

52 Sophokles, 천병희 역, 「오이디푸스 왕」, 『소포클레스 비극』, 서울 : 단국대 출판부, 2001, 18~86쪽 참조.
53 Ästhotilt3, p.5 f5(두행숙3, 920쪽).

식과 의도'와 '행위 그 자체가 발생하고 난 후 그 행위에 대한 의식' 사이에 '반목
[항쟁]Widerstreit'이 생기고, 이것이 비극적 상황의 원인이 되는 경우다.[54]

그런데, 헤겔이 이렇게 '오이디푸스'의 이야기를 언급할 때, 거기에는 두 가
지 특징적인 점이 나타난다. 그 중 하나는 헤겔이 '오이디푸스'의 이야기를 『콜
로노스의 오이디푸스』까지 포괄하는 삼부작으로 이해하고 싶어 한다는 점이
다.[55] 왜 헤겔은 '오이디푸스'의 이야기를 『오이디푸스 왕』과 더불어 『콜로노스
의 오이디푸스』까지 고려하여 이해하려 했을까? 헤겔은 미학에서 '충돌하는 갈
등'이 '우연한 외적 장치deus ex machina' 같은 것에 의해 외적인 방식으로 해소
되는 것보다 '내적인 화해innerliche Aussöhnung'를 이루는 것이 더 아름답다고 주
장하면서, 이 내적인 화해를 보여주는 대표작으로 『콜로노스의 오이디푸스』를
들고 있다.[56] 이 비극의 줄거리를 소개한 후, 헤겔은 다음과 같이 주장한다.

> 되돌아오라는 그의 아들의 요청을 듣지 않고, 오이디푸스는 콜로노스에서 모든 분
> 열을 자신 속에서 해소하고 스스로를 자기 자신 속에서 순화시키며, 자신에게 복수의
> 여신이 친구처럼 함께 하도록 하여 무거운 죄를 진 사람이 되는데, 이 사람을 신이 소
> 환한다. 그러자 그의 먼 눈이 변용되어 밝아지고, 그의 유골은 그를 후하게 받아 준 그
> 도시의 성물과 재보財寶가 된다. 죽음 속에서의 이러한 변용Verklärung은 그의 개별성
> 과 인격성 자체에서 이루어지는 오이디푸스의 현상적 화해이자 동시에 우리의 현상적
> 화해이다.[57]

---

54 Ästhetik1, pp.278~279(두행숙1, 372쪽).
55 Ästhetik1, pp.295~296(두행숙1, 397쪽); Ästhetik3, pp.545·551 이하(두행숙3, 927·
   934쪽 이하); Hotho, pp.307~308(권정임, 402쪽).
56 Ästhetik3, pp.550~551(두행숙3, 934쪽).
57 Ästhetik3, p.551(두행숙3, 935쪽).

이 인용문에서도 헤겔은 『안티고네』에서와 마찬가지로 '화해'를 강조하고 있다. 그런데, 이 경우의 화해는 갈등하는 두 사람 사이의 화해가 아니라, 행위한 동일한 사람 내에서의 화해다. 이 내용과 연관해 헤겔은 후대 사람들이 이 『콜로노스의 오이디푸스』 속에서 '기독교적인 색채'를 찾으려 했다는 사실도 지적하고 있다. '호토판 미학'의 논조는 『콜로노스의 오이디푸스』를 기독교적으로 해석하는 것에 대해 상당히 비판적인 입장을 견지하고 있는 반면,[58] '23년 미학 강의'에서는 그 내용이 다음과 같이 비교적 긍정적으로 서술된다.

> 『콜로노스의 오이디푸스』에는 기독교적인 것으로 이르는 하나의 화해가 있다. 말하자면 신이 죄인을 은총으로 받아들인다는 것이 그러한 것이다. 오이디푸스는 자신의 아버지를 참살했고 자신의 어머니를 죽였다. 하지만 그는 자신의 불행을 예감했으며, 최초로 [스핑크스의] 수수께끼를 푼 자다. 그는 수수께끼를 풀며, 자기 자신이 누구인지에 대한 앎이 나오도록 했다. 이것이 해답이다. 그는 자신이 살인자라는 것을 안다. 동시에 이것이 그를 가장 불행하게 만든다. 예언자인 그는 자신을 장님으로 만든다. 왜냐하면 자신의 예견이 그를 불행하게 만들기 때문이다. 그렇듯, 아담과 이브를 불행하게 만드는 것이 선과 악의 인식이다. 아담이 낙원에서 추방되었듯이 오이디푸스도 추방되었다. 콜로노스에서 그는 앎의 성취가 만족과 분열이며, 전도되었음을 안다. 앎은 자체 내에서도 대립을 재구성한다. 오이디푸스는 자기 자신에서 변용에 이른다.[59]

헤겔 자신이 『콜로노스의 오이디푸스』에서 기독교적 요소를 어느 정도 강조하려 했는지는 정확히 알 수 없으나,[60] 이 인용문에서 분명히 알 수 있는 것은,

---

58 Ästhetik3, p.551 이하(두행숙3, 936쪽 이하).

59 Hotho, pp.307~308(권정임, 402쪽).

60 푀겔러(Pöggeler)는 헤겔이 프랑크푸르트 시기에 예수의 운명을 비극적인 것으로 보거나, 비극을 기독교적 이해의 관점에서 파악하고, 예나 시기의 「자연법 논문」에서는 인륜의 필연사의 통

전체 '오이디푸스'의 이야기에서 『콜로노스의 오이디푸스』는 헤겔에게 매우 중요한 의미로 받아들여지고 있다는 사실이다. 왜냐하면 이 비극작품은 그 구조상 헤겔에게 정립과 반립 사이의 대립을 종합하는 상태, 즉 비극에서 보자면 작용Aktion과 반작용Reaktion 사이의 대립에 대한 해소Auflösung의 유비로서 의미를 지닐 수 있기 때문이다.[61] 아마도 헤겔은 『오이디푸스 왕』만으로는 위와 같은 '화해'의 결말을 확신할 수 없었을 것이다. 헤겔은 『콜로노스의 오이디푸스』를 통해 '오이디푸스'가 초래한 갈등이 화해로 끝맺을 수 있는 확실한 가능성을 찾았던 것으로 보인다. 그리고 이 점에서 헤겔은 『안티고네』를 해석할 때 지녔던 관점을 그대로 견지하고 있다는 사실도 드러난다. 즉, 『오이디푸스 왕』을 『콜로노스의 오이디푸스』와 연계하여 이해하려는 헤겔의 의도에는, 비극의 본질을 인륜적 위력들 사이의 충돌과 그 충돌의 해소 및 화해에서 찾으려는 관점이 들어있다. 이는 한 마디로 『안티고네』를 해석하는 관점으로 『오이디푸스 왕』을 해석하려는 결과라고 할 수 있다.[62]

헤겔이 '오이디푸스'의 이야기를 언급할 때 나타나는 또 한 가지 특징은, 헤겔이 이 이야기에 분명히 '스핑크스의 수수께끼'를 연관시키려 한다는 점이다. 앞의 인용문에서도 드러나듯이, '오이디푸스'의 이야기를 거론할 때 헤겔은 항상 '스핑크스의 수수께끼' 이야기를 염두에 두고 있다.[63] '오이디푸스'는 헤겔에게 비극의 주인공일 뿐만 아니라, 더불어 그 해답이 '인간'인 수수께끼를 푼

일을 비극적 화해로 해석하면서, 결국 헤겔은 철학 속에서 비극의 유산을 찾으려 했다고 지적한다. O. Pöggeler, 앞의 글, pp.100~102.

61 H. Flashar, 앞의 글, pp.8~9 참조.

62 소포클레스는 3부작 모두가 '하나의 소재를 다루는 내용 3부작'이라는 아이스퀼로스의 기법을 버리고, '착오-인식-자기결정'이라는 플롯 패턴을 새롭게 계발하여 개개의 비극이 그 자체로 완결성을 갖도록 했다는 점에서, 헤겔의 이러한 해석이 어느 정도로 소포클레스의 비극작품에 대한 해석으로 적절한 것인지는 논란의 여지가 있다. 천병희, 『그리스 비극의 이해』, 서울 : 문예출판사, 2002, 83쪽; 김기영, 「오이디푸스 신화의 수용과 변형-소포클레스의 〈오이디푸스 왕〉을 중심으로」, 『드라마연구』 제26호, 한국드라마학회, 2007, 152쪽 참조.

63 Hotho, pp.139~140(권정임, 223쪽); TW12, p.272(역사철학, 216~217쪽); TW17, p.133.

최초의 '인간'이다. 잘 알려져 있다시피, 실제로 '스핑크스의 수수께끼'와 관련되는 신화적 이야기는 소포클레스의 『오이디푸스 왕』에서는 직접 주요 사건으로 다루어지지 않으며 간접적인 배경으로만 암시될 뿐이다.[64] 그럼에도 불구하고 '오이디푸스'의 이야기와 연관해 헤겔이 '스핑크스의 수수께끼'를 아주 중요한 요소로 다루고 있는 점은 특이하다. 헤겔에 의하면 '오리엔트 정신의 대표적 상징물'인 스핑크스가 낸 수수께끼를 오이디푸스가 풀었다는 것은, 오이디푸스가 '인간의 자기의식'을 대표하는 인물임을 보여준다.[65] 그는 '매우 지혜로운 자'이며, 지혜는 '의식적 명증성'을 획득하는 데에서 비롯된다. 하지만, 이렇게 지혜로운 자 '오이디푸스'는 동시에 무의식적으로 부친살해와 근친상간이라는 씻을 수 없는 죄를 범한다. 그런데, 헤겔은 오이디푸스의 죄를 부친살해와 근친상간이라는 직접적 사태로 보지는 않는다. 헤겔에 의하면 "그가 죄가 있는 이유는 오직 그의 인륜다운 위력이 일면적이기 때문이다". 헤겔이 보기에 '오이디푸스'의 이야기에서 오이디푸스는 깨어 있는 의식의 권리만을 고수하는 자로 행위한다. 이 권리는 자신이 아는 것만을 행했다고 인정하는 권리다. 그러나, 그가 위반한 것은 똑같이 인정을 받아야 하는 무의식적이며 알려지지 않은 권리다. '복수의 여신Nemesis'은 의식과 무의식 사이의 불균형을 회복시키는 위력으로 등장하며, 오이디푸스 자신의 의식적 행위가 결국 그의 죄를 백일하에 드러내는 결과를 초래하도록 한다. 즉 "그렇게 지혜로운 자가 무의식적 위력에 처해 있어서, 그가 고귀한 자리에 있게 될 때 동시에 심각한 죄를 짓게 된다".[66] 여기

---

64 올림푸스 신화의 초기 형태에조차 본래 '스핑크스 신화'는 등장하지 않는다는 주장도 있다. H. Flashar, 앞의 글, p.14 참조.
65 헤겔 미학 내에서 보자면, 스핑크스의 수수께끼를 푼다는 것은 이집트식의 상징적 예술형식이 지양되고 고대 그리스의 고전적 예술형식이 시작된다는 것을 뜻하기도 한다. 그래서 오이디푸스와 스핑크스가 소개되는 장면은 헤겔 미학의 역사적이며 체계적인 공간에서 하나의 전환점으로 볼 수도 있다. P. Szondi, *Poetik und Geschichtsphilosophie* I, Frankfurt am Main : Suhrkamp Verlag, 1974, pp.379~380.
66 TW17, p.133.

서 헤겔은 다음과 같이 말한다.

지혜로운 자로 드러나는 오이디푸스가 푼 이 오래된 해결은 동시에 무시무시한 무지와 결부되어 있었으니, 그것은 바로 오이디푸스 자신이 행한 것에 관한 무지였다. 오래된 왕가에서 정신적 명료함의 시작은 무지로부터 비롯된 전율과 한 쌍을 이루며, 이 왕의 최초의 지배권은 인륜적 명료함에 대한 참된 앎을 얻기까지 시민 법칙들과 정치 자유를 통해 스스로를 형태화하고 아름다운 정신으로 화해되어야 한다.[67]

여기서 헤겔이 '오이디푸스'의 이야기에 '스핑크스의 수수께끼'를 결부시키려는 의도가 무엇인지 분명히 드러난다. 즉 헤겔은 '스핑크스의 수수께끼'를 푼 자로서 오이디푸스가 '명증적인 앎'을 소유한 인간이라는 점을 부각하면서, 명증한 의식과 무의식, 앎과 무지 사이의 충돌을 좀 더 선명하게 보여주려고 한다. 이러한 맥락에서 헤겔은 오이디푸스가 의식의 차원에서 끊임없이 추구한 좋은 행위가, 무의식적인 측면을 고려하지 않은 그 일면성으로 인해 좋지 않은 것으로 전환될 수밖에 없음을 보여준다. 그러나 아리스토텔레스와 달리 헤겔은 오이디푸스의 비극이 오이디푸스가 자신의 가족에게 행한 끔찍한 일에 있다는 점을 전혀 부각하지 않는다.[68] 이에 비해 아리스토텔레스는 『시학』에서 『오이디푸스 왕』을 거론하면서도 '스핑크스의 수수께끼'에 관한 이야기는 다루지 않고 있다.

앞서 언급했듯이, 아리스토텔레스는 그의 『시학』에서 소포클레스의 비극들 중 특히 『오이디푸스 왕』을 핵심 사례로 고찰하고 있다.[69] 우선 이 점은 헤겔이

---

67 TW12, p.272(역사철학, 217쪽).
68 S. Houlgate, 앞의 글, p.157.
69 아리스토텔레스는 『시학』에서 아이스킬로스의 작품 4편, 에우리피데스의 작품 8편, 그리고 소포클레스의 작품 9편을 언급하고 있는데, 그 중에서도 소포클레스의 『오이디푸스 왕』이 가장 자주 인용된 작품 중 하나다. 이상섭, 『아리스토텔레스의 '시학' 연구』, 서울 : 문학과지성사, 2002, 152~153쪽 참조.

『오이디푸스 왕』보다 『안티고네』를 훨씬 더 강조하고 있다는 사실과 대비될 수 있다. 그런데, 누가 어떤 작품을 좀 더 중요하게 취급했는가라는 표면적 사실보다, 왜 그들이 어떤 맥락에서 그 작품을 중요하게 생각했는가라는 점을 밝히는 것이 더 중요하다.

헤겔이 『안티고네』를 강조한 이유는, 헤겔이 보기에 이 비극작품이 인륜다운 위력들 간의 충돌 및 화해를 가장 선명하게 보여주기 때문이다. 그리고 이러한 충돌 및 화해의 관점에서 헤겔은 『오이디푸스 왕』도 해석하기 때문에, 그 해석이 아리스토텔레스의 해석과는 상당히 차이가 난다. 아리스토텔레스와 달리 헤겔이 『오이디푸스 왕』을 해석하면서 '화해'라든지 '스핑크스의 수수께끼'와 같은 요소에 큰 비중을 두는 이유도 바로 이 같이 비극을 해석하는 관점 때문이라고 할 수 있다. 그렇지만, 헤겔은 아리스토텔레스의 비극론과 자신의 입장을 무조건적으로 차별화하지는 않으며, 부분적으로는 아리스토텔레스의 비극론의 입장을 타당한 것으로 받아들인다. 그 대표적 예로 헤겔은 아리스토텔레스가 행위에 기초한 플롯을 성격보다 강조한 것을 옳다고 분명히 밝힌다.

> 이러한 의미로 아리스토텔레스가 『시학』 제6권에서 다음과 같이 주장한 것은 옳다. 즉 비극에서 행위를 위한 두 가지 원천들이 되는 것은 심정과 성격이지만, 그러나 요점은 목적이며 개인들은 성격을 표현하기 위해 행동하는 것이 아니며, 성격은 [목적을 이행하는] 행위를 위해 함께 고려된다는 것이다.[70]

헤겔에 의하면 비극에서는 행위자의 성격보다 목적과 그 목적을 이행하는 행위가 훨씬 더 중요하다. 실제로 헤겔도 자신의 미학에서 '행위Handlung'를 매우 강조하며, 비극적 갈등이나 성격도 '행위'라는 큰 틀에서 다루고 있다.[71] 하지

---

70 Ästhetik3, p.501 (부행육3, 880쪽).

만, 이처럼 헤겔이 아리스토텔레스의 관점을 부분적으로 타당한 것으로 받아들인다고 해서, 그의 입장을 그냥 답습하고 있지는 않다. 헤겔이 아리스토텔레스의 해석에 자신만의 관점을 부가한 대표 사례는 '공포'와 '연민'이라는 비극적 감정과 관련된다. 미학에서 헤겔은 아리스토텔레스가 비극의 참된 효과는 비극이 공포Furcht와 연민Mitleid을 불러일으키고 순화시키는 데에 있다고 한 점을 상기하고 있다. 그런데, 헤겔에 의하면 비극에서 공포와 연민은 "나의 주관성에 단순히 일치하고 일치하지 않은 감각, 쾌적하거나 불쾌한 것, 공감을 불러일으키거나 거부감을 불러일으키는 것 등 이러한 규정들 가운데 가장 피상적인 것들"을 아리스토텔레스가 생각했던 것은 아니다. 예를 들어 『오이디푸스 왕』을 보면서, 등장 인물들에게 닥친 운명에 관객이 공포나 연민이라는 감정을 자신의 내부에서 느끼는 상태에만 머무는 것이 비극적 효과는 아니라고 헤겔은 본다. 오히려 헤겔은 '예술작품에서 이성과 정신의 진리에 일치하는 것을 표현하는 일'이 중요하다는 것을 강조하면서, 이를 위해 공포와 연민을 주관적 감정에 치우쳐 해석하는 관점과는 다른 관점에 주목할 필요가 있다고 주장한다.

> 이러한 관점에서 아리스토텔레스는 비극의 참된 효과는 그것이 공포Furcht와 연민Mitleid을 일으키고 순화하는데 있다고 했다. (…중략…) 아리스토텔레스의 이 주장에서도 우리는 공포와 연민의 단순한 감각에 집착해서는 안 되며, 오히려 예술에 적합하게 나타나서 이 감각들을 순화하는 내용의 원리를 놓치지 말아야 한다. 인간은 한편으로 외적이고 유한한 것의 위력을 두려워할 수 있고, 다른 한편으로 즉자대자적 존재[절대적 존재]의 위력을 두려워할 수도 있다. 그런데 인간이 참으로 두려워해야 하는 것은 외적인 위력이나 이 위력의 억압이 아니라 인륜다운 위력이다. 인륜다운 위력은 인간

---

71 헤겔은 '예술미 또는 이념상'을 다루는 부분에서, '행위(Handlung)' 속에 '성격(Charakter)'을 한 항으로 포괄해 다룬다. Ästhetik1, p.306 이하(두행숙1, 413쪽 이하).

고유의 자유로운 이성의 규정이자 영원하고 침해될 수 없는 것으로서, 만일 인간이 이 인륜다운 위력에 등을 돌리면 그는 자기 자신에게 대항하는 결과를 초래하고 만다.[72]

헤겔은 공포와 연민이라는 비극적 감정을 주관적 관점에서 해석하지 않고, '인륜적 위력'과 연관해 생각한다. 인간이 참으로 두려워해야 하는 것은 외적인 고통이나 억압이 아니라 '인륜다운 위력'이며, 인륜다운 위력은 '인간 고유의 자유로운 이성의 규정'이자 '영원하고 침해될 수 없는 것'이다. 앞서 보았듯이, 헤겔에 의하면 모든 비극은 이 인륜다운 위력을 어떤 방식으로건 침해함으로써 비롯된다. 공포와 마찬가지로 연민도 단순히 타인의 불행과 고통에 대한 공감 만이어서는 안 된다. 비극에서 '진정한 연민'은 '고통받는 자의 인륜적 정당성에 대한 공감'이며, '고통받는 자 속에 있을 수밖에 없는 긍정적이며 실체적인 것에 대한 공감'이라고 헤겔은 주장한다. 또한 '진정으로 비극적 고통'은 "행동하는 개인들의 정당하면서도 동시에 그들 간의 충돌을 통해 죄 많은 행위가 빚어낸 결과로서만 그들에게 내려지는 것"이므로, 이 결과에 대해 행동하는 개인들은 '자신의 전체 존재를 통해' 책임을 져야 한다. 이처럼 헤겔은 공포와 연민을 인륜의 관점에서 해석하면서, 공포와 연민의 감정을 순화하는 '화해의 감정'이 훨씬 더 고귀한 것이라고 주장한다.

그렇기 때문에 단순한 공포와 비극적 공감Sympathie보다 화해의 감정이 더 우위에 있다. 비극은 이 화해의 감정을 영원한 올바름[정의]Gerechtigkeit을 주시함으로써 제공한다. 영원한 올바름[정의]은 절대적으로 다스리면서 일면적인 목적과 열정의 상대적 정당성을 관통해 들어간다. 왜냐하면 영원한 올바름[정의]은 그 개념상 갈등과 모순이 참된 현실성의 상태에 있는 몇몇 인륜다운 위력들에 대해 승리를 거두고 지속하

---

[72] Ästhetik3, pp.524~525(두행숙3, 905~906쪽).

는 것을 참을 수가 없기 때문이다. 이 원리에 따르면, 비극다운 것은 특히 갈등과 이 갈등의 해소를 직관하는 데에 기초하므로, 전체 서술방식 상 극시만이 비극다운 것을 총체적 범위와 흐름 속에서 예술작품의 원리로 만들고 온전하게 형태화할 수 있다.[73]

아리스토텔레스는 '심각한 과실hamartia'로 인해 고통당하는 주인공의 모습이 관객에게 공포와 연민을 불러일으킨다는 측면을 강조하지만, 이와 달리 헤겔은 진정한 비극적 감정은 이 같은 공포와 연민이 아니라 '화해의 감정'이라고 주장한다. 우리는 여기서 화해의 감정을 대립하는 인륜다운 위력들을 자신 속에 통일하는 주인공의 행위에서 찾을 수 있거나, 또는 비극의 등장인물과 그것을 바라보는 관객 사이에서 모색해 볼 수도 있다. 그런데, 어느 경우든 진정한 비극적 감정으로 '화해의 감정'을 '영원한 정의'의 관점에서 주장하는 헤겔의 비극론은 아리스토텔레스의 비극론과 동일하지 않다는 것을 알 수 있다.[74] 이상의 논의를 통해 볼 때, 아리스토텔레스의 비극론에 비해 헤겔의 비극론이 그 자신의 변증법적이고 목적론적 관점에서 비극작품들을 해석했다는 비판에 상대적으로 더 노출될 수 있음을 알 수 있다.[75]

---

73 Ästhetik3, p.526(두행숙3, 907~908쪽).
74 특히 이미 예나시기부터 '절대정신의 자기소외와 그 지양'이라는 변증법적 사변철학의 맥락을 중심으로 헤겔의 비극론이 구성되며, 이러한 비극론은 추상적인 실정법에 의해 규정된 근대 시민 사회의 분열된 양상과 대비되는 맥락에서, '인륜적인 것 속에서의 비극'이라는 헤겔의 함축적인 언급에서 잘 드러난다는 해석이 있다. 임홍빈, 「비극적 인식과 인륜성」, 『범한철학』 제39집, 범한철학회, 2005, 36~38쪽. 이와 달리 예나 초기의 '비극적 사유'의 모델과 예나 후기의 '변증법적 사유'의 모델을 구분하는 입장에서 헤겔의 '비극적인 것'을 해석하려는 입장도 있다. 조창오, 「예나 초기 헤겔의 '비극적 사유'」, 『헤겔연구』 제28호, 한국헤겔학회, 2010, 231~249쪽 참조.
75 O. Pöggeler, 앞의 글, p.99 참조.

제3장

희극론

아리스토파네스와 헤겔

1. 왜 아리스토파네스인가

조르주 바타유Georges A. M. V. Bataille, 1897~1962에 관한 한 논문에서 자크 데리다Jacques Derrida, 1930~2004는 헤겔의 철학을 자아의 보존, 순환, 재생산에만 힘을 쏟는 '삶의 경제' 또는 '제한 경제학'이라고 부른 바 있다.[1] 헤겔식의 노동은 생산을 위해 힘의 무한한 발산을 저지당한 욕구로부터 시작되지만, 데리다가 보기에 욕구 불만족으로부터 비롯되는 노동은 결코 즐거울 수 없다. 데리다에 의하면 대상의 직접적 소비, 생산을 목적으로 하지 않는 순수한 발산인 성적 충동이 금기시되고, 죽음이 '즐겁게 소모하고 낭비하는 보존 없는 지출과 부정'이 되지 못하고 삶을 더욱더 공고히 하는 '규정적 부정'으로만 작동할 때, 거기에는 모진 절망과 인내, 고통이 따를 뿐이다.[2] 이 '사변적 고통'으로부터 벗어나

---

[1] J. Derrida, *Writing and Difference*, trans. by A. Bass, Chicago : The Univ. of Chicago Press, 1978, p.255 이하; 남수인 역, 『글쓰기와 차이』, 동문선, 2001, 403쪽 이하 참조.

[2] 이러한 데리다의 시선은 헤겔의 『정신현상학』에 대한 코제브(A. Kojève)의 해석, 그리고 코제브의 해석을 통해 헤겔을 이해한 바타유의 시각에 기초해 있다. 이에 대해서는 다음을 참조할 것. Ph. Meier, *Autonomie und Souveränität oder das Scheitern der Sprache-Hegel im Denken von Georges Bataille*, Bern : Peter Lang, 1999; J. C. Flay, "Hegel, Derrida and Bataille's

기 위해 필요한 것은 또 다른 진지한 진리 추구가 아니라 명랑한 '웃음'이라는 점을 강조하면서, 데리다는 다음과 같이 말한다.

오직 웃음만이 유일하게 변증법과 변증법 철학자를 뛰어넘는다. 요컨대 웃음은 의미에 대한 절대적 포기에 기초해서만, 죽음의 절대적 위험에 기초해서만, 헤겔에 의해 추상적 부정성이라고 불려진 것에 기초해서만 터져 나온다.[3]

경쾌한 '웃음의 분출'은 의미가 절대적으로 매몰되고 마는 '순수 무'에 가까운 것이다. 데리다는 헤겔식의 진지한 사변 철학은 이 절대적 무, 웃음에 대해 아무것도 할 수 없고 아무것도 말할 수 없다고 진단한다. "웃음이 헤겔의 체계에는 부재한다. 부정적이거나 혹은 추상적인 형태로조차 존재하지 않는다. '체계 내에서 시, 웃음, 희열은 아무것도 아니다. 헤겔은 서둘러 그것들을 털어 버린다. 그는 지식 이외의 다른 목표는 모른다.'"[4] 이 같은 비판은 주로 헤겔의 『정신현상학』을 염두에 둔 것이지만, 그 해석이 겨냥하고 있는 최종 표적은 헤겔 철학 전반이다. 데리다는 사변 철학의 본질상, 헤겔의 철학 체계에는 웃음이 존재할 수 없거나 있다고 하더라도 중요한 철학 주제가 되지도 않았고 될 수도 없다고 주장하는 것이다. 그러나, 과연 헤겔 철학은 '웃음'에 대해 단지 배타적인 위치에 있을 뿐인가? 헤겔은 '웃음'을 중요한 철학적 주제로 다루지 않았는가? 만일 데리다의 해석과 달리 '웃음'이 헤겔 철학의 주제일 수 있다면, 그는 그것을 어떻게 다루었으며, 그 의미는 무엇인가?

Laughter", in : *Hegel and His Critics-Philosophy in the Aftermath of Hegel*, ed. by W. Desmond, Albany, N. Y. : State Univ. of New York Press, 1989, pp.163~173. 이와 관련한 국내 연구로는 다음을 참조하는 것이 좋다. 황설중, 「헤겔의 『정신현상학』에서 죽음과 의식의 경험-노동과 에로티즘의 관계를 중심으로」, 『헤겔연구』 제23호, 한국헤겔학회, 2008, 81~117쪽.

3   J. Derrida, 앞의 책, p.255쪽; 남수인 역, 앞의 책, 403쪽.
4   J. Derrida, 앞의 책, p.255쪽; 남수인 역, 앞의 책, 404쪽.

이 물음들에 대한 헤겔의 답변을 주로 '희극'에 대한 분석을 통해 미학적 관점에서 모색해 보려고 한다. 특히, 고대의 아리스토파네스 희극에 대한 헤겔의 해석을 중심에 놓고 논의를 전개할 것이다. 왜냐하면 헤겔은 아리스토파네스에게 '최고의 희극작가'이자 '최고의 예술가'라는 위상을 부여하기 때문이다. 아리스토파네스의 희극에 대한 헤겔의 해석을 구체적으로 검토해 봄으로써, 헤겔이 아리스토파네스의 희극을 이렇게 극찬하는 이유가 무엇인지를 밝힐 수 있다면, 어떤 맥락에서 헤겔의 철학에 '웃음'이 친근한지도 드러날 수 있을 것이다. 그리고 이를 통해 '희극다운 것'과 '사변다운 것'의 관계뿐만 아니라, 통상적인 이성중심주의에 대한 데리다식의 포스트모던적 이해가 어느 정도 타당한지도 다시 한번 재검토하는 기회가 마련될 것이다.

헤겔 미학을 면밀히 검토하기 전 피상적 이해의 수준에서는, 어떻게 아리스토파네스가 헤겔에게 친근할 수 있는지, 왜 아리스토파네스가 헤겔에 의해 최고의 희극작가로 극찬 받는지를 이해하기는 쉽지 않다. 왜냐하면 상식적으로 헤겔은 소위 '주류' 철학사의 정점에 자리하고 있는 철학자이고, 그의 전통은 거슬러 올라가다 보면 결국 '소크라테스-플라톤'에까지 소급될 수 있기 때문이다. 그런데, 익히 잘 알려져 있듯이 아리스토파네스와 소크라테스는 표면적으로 적대 관계에 있었으므로,[5] 헤겔이 아리스토파네스를 높게 평가하는 것은 일

---

5 잘 알려져 있듯이, 아리스토파네스는 그의 작품 『구름』에서 소크라테스를 대중에 영합하는 한 명의 소피스트로 취급하고 있다. 소크라테스와 아리스토파네스의 관계에 대해서는 다음을 참조할 것. L. Strauss, *Socrates and Aritophanes*, Chicago : The Univ. of Chicago Press, 1966. 그러나, 플라톤과 아리스토파네스는 결코 적대적 관계가 아니었다. 특히 플라톤의 『향연』에서 아리스토파네스는 에로스에 관한 주요 대화자로 등장한다. 향연, 189a-193d 참조. 그리고 시라쿠스의 디오니수스 왕이 아테네인과 제도에 대해 궁금해하자, 플라톤은 그에게 아리스토파네스의 작품을 보내 주기도 했다는 이야기가 전해진다. 사실 여부는 불투명하나, 니체는 플라톤이 임종을 맞이할 때 그의 머리맡에서 아리스토파네스의 작품이 발견되었다고 언급하면서, "플라톤 또한 삶 — 그가 부정했던 그리스적인 삶 — 을 어떻게 견딜 수 있었겠는가, 아리스토파네스가 없었다면 말이다!"라고 적고 있다. F. W. Nietzsche, "Jenseits von Gut und Böse", in : *Nietzsche Werke Kritische Gesamtausgabe* VI 2, hrsg. von G. Colli und M. Montinari, Berlin

견 납득되지 않을 수도 있다. 그러나 헤겔은 미학에서 아리스토파네스의 희극이 '진정으로 희극다운 것'을 대표하는 것으로 간주한다.

진정으로 희극다운 것das echte Komische은 아리스토파네스가 우리에게 제공하는 바와 같은 심정의 절대적 자유이다.[6]

여기서 두 가지 의문이 생긴다. 그 중 하나는 '왜 다른 사람이 아니고 유독 아리스토파네스인가?'라는 것이고, 또 다른 하나는 '진정으로 희극다운 것은 자유와 어떤 관계인가?'라는 것이다. 우선 실제로 헤겔의 글들을 접하면, 예상 외로 헤겔이 아리스토파네스라는 희극 작가에게 특별한 의미를 부여하고 있다는 것을 어렵지 않게 확인할 수 있다. 헤겔은 소포클레스와 같은 비극 작가나 플라톤과 같은 철학자와 더불어 아리스토파네스를 '위대한 대가'라고 부르며,[7] 아리스토파네스에게서 '희랍인의 정신'을 알 수 있다고 평가하기도 한다.[8] 특히『철학사 강의』에서 헤겔은 아리스토파네스를 다음과 같이 칭송한다.

이 같은 아리스토파네스의 모습을 통해서 볼 때, 그의 희극은 그 자체로 아테네 민족에게는 본질적 요소였다. 이 점에서 아리스토파네스는 그 숭고한 페리클레스나 경박한 알키비아데스, 그리고 신성을 느끼게 하는 소포클레스나 도덕적인 소크라테스 등 이들 모두와 함께 나란히 어깨를 겨룰 정도로 빠뜨릴 수 없는 인물이다. 아리스토파네스도 이들과 마찬가지로 이 같은 별들의 무리에 속한다. (…중략…) 이렇듯 자유로운

: Walter de Gruyter, 1968, p.43(§29). 아리스토파네스를 니체적 관점에서 해석한 논문으로는 다음을 참조할 것. 윤병태, 「아리스토파네스와 니체의 반소크라테스주의의 본질」, 『헤겔연구』 제23호, 한국헤겔학회, 2008, 220~239쪽.
6 Hotho, p.310(권정임, 405쪽).
7 G. W. F. Hegel, *Berliner Schriften(1818-1831)*, 1970, p.255(이하 TW11으로 표기한다).
8 TW12, p.102(역사철학, 83쪽).

아테네의 정신과 '상실 속에서 누리는 자기 자신의 완전한 향유vollkommener Genuß seiner selbst im Verluste', 그리고 모든 성과와 실재가 곧바로 무산되는 가운데서도 자기 자신에 대해 품는 이렇게 맑고 투명한 확신diese ungetrübte Gewißheit seiner selbst, 여기서 우리는 아리스토파네스가 펼친 최고의 희극다운 것을 맛보게 된다.[9]

아리스토파네스에 대한 헤겔의 이 같은 호의적인 평가는 미학에서도 예외가 아니다. 헤겔은 '23년 미학 강의'를 마무리하는 부분에서 아리스토파네스를 거론하면서, 겉으로 보기에는 서로 무관한 듯한 두 가지 측면을 거론한다. 헤겔은 다음과 같이 말하고 있다.

> 아리스토파네스는 우둔함에서 빚어지는 정치인들의 행위를 묘사하는데, 이 정치인들은 어떤 하나의 목적을 자신에게 설정하지만 이를 실행함으로써 그 목적을 파괴한다. 이렇게 그는 인물들을 그들 자체에서 희극답게 만들었다. 그래서 이들은 처음부터 우둔한 자이게 된다. 우리는 여기서 자신의 목적이 몰락할 때에도 언제나 자신 그대로인 바로 남아 있는 주관성의 그 완전한 확신[안정성]vollkommene Sicherheit der Subjektivität을 보게 된다. 이러한 것이 주관성이 쟁취하는 화해를 연장하는 마지막 지점이다. 예술은 희극다운 것에서 그 종언을 맞이한다.[10]

아리스토파네스의 희극작품의 성격에 대한 일반적 이해로 해석 가능한 이 구절에서, 왜 헤겔은 우리에게 익히 잘 알려진 '예술의 종언'이라는 문제를 굳이 다시 상기시키는 것일까? 예술이 자신의 끝을 '희극다운 것das Komische'에서

9 G. W. F. Hegel, *Vorlesungen über die Geschichte der Philosophie* I, 1971, p.483(임석진 역, 『철학사』 I, 서울 : 지식산업사, 1996, 549쪽)(이하 TW18, 철학사로 표기한다).
10 Hotho, p.311(권정임, 406~407쪽).

맞이하게 된다는 것은 무엇을 의미하는가? 그리고 그것이 유독 아리스토파네스의 희극인 이유는 무엇인가? 헤겔이 어떤 이유에서건 예술의 종언을 아리스토파네스의 희극과 연관시키고 싶어 한다는 것은 이 같은 언급이 일회적이거나 우연적이지 않다는 점에서 확실하다. '호토판 미학'과 '20~21년 미학 강의'에서도 헤겔은 다음과 같이 언급하고 있다.

자신 속에서 정신적으로 자유로이 활동하는 절대적 주관성은, 자신 안에서 만족한 채 더이상 객관적이고 특수한 것과 결합하지 않고 이러한 해체의 부정성을 희극의 유머 속에서 의식되게 한다. 그러나 이 정점에 도달한 희극은 동시에 예술 일반을 해체하는 데로 나아간다.[11]

우리는 아리스토파네스의 이 원리에서 지적인 내면적 세계직관의 사례를 본다. 그런데, 이 사례는 예술에 대립하는 것이므로, 감성적 직관은 신적인 것의 참된 실존이 아니다. 그와 같은 내면성의 원리에서 우리에게 요구되는 바는, 신적인 것이 내면적인 것 자체 속에서 표현되어야만 한다는 것이다. 아리스토파네스의 이러한 희극을 통해 조형적인 형태들은 종말을 맞게 되었다. 그리고 우리는 예술이라는 방식을 신다운 것의 최고 방식이 아니라는 것을 알게 되었다. 신다운 것의 정신적 앎은 종교 속에 있다.[12]

이미 앞서 언급했듯이 법칙이나 형식, 의무 등의 규정 근거로 타당하고 지배적인 '반성문화Reflexionsbildung'의 특성상, 자기 시대가 더이상 예술에게 형편이 좋은günstig 시대가 아니라는 점을 헤겔은 미학에서 분명히 밝히고 있다. 헤겔에게 '예술의 종언'은 예술에 대한 철학 또는 개념적 사유의 우위에 대한 표

---

11 Ästhetik3, p.572(두행숙3, 961쪽).
12 Ascheberg, p.331(서정혁, 546~547쪽).

현이다. 사유의 고찰 대상이 되어 버린 예술은 더이상 예술 자체로서 절대화되거나 숭배되지 않고, 이미 지나가 버린 과거ein Vergangenes로서만 유의미하다.[13] 이처럼 예술을 지나가 버린 것, 해체되고 끝나 버리도록 만든 결정적 원인은 예술 자체가 무엇인가를 따져 묻는 '사유'이며, 헤겔식으로 표현하자면 예술이 무엇인가를 학문적으로 인식하려는 '철학적 사변'이다. 그런데, 헤겔은 이 '예술의 종언'을 '희극다운 것'과 관련시키고 있으므로, 여기서 과연 '철학적 사변'은 '희극다운 것'과 어떤 관련성이 있는가라는 물음이 제기되는 것은 당연하다. 도대체 '희극다운 것'이 유발하는 웃음과 '사변다운 것'은 어떤 연관 속에서 고찰될 수 있는가?

헤겔이 아리스토파네스의 희극을 특별히 부각시키고 있다는 사실은, 헤겔이 플라우투스Plautus, BC254경~BC184와 테렌티우스Publius Terentius Afer, B.C.186경~B.C.157의 로마 희극이나 몰리에르Jean-Baptiste Poquelin de Molière, 1622~1673의 근대 희극과 비교해 아리스토파네스의 희극에 중요한 의미를 부여하고 있다는 점에서도 잘 드러난다. 이러한 의미부여는 희극의 특징을 구분하는 기준에 의해 가능한데, 미학의 몇몇 곳에서 헤겔은 희극의 특징을 구분하는 중요한 기준을 다음과 같이 명쾌하게 제시한다.

우리는 희극다운 것에서, 인물들이 자기 스스로에게für sich selbst 희극다운지 아니면 우리에 대해서만nur für uns 그런지를 구분해야 한다. 단지 제삼의 의식에 대해서만 희극다운 우둔함들이 많이 있다. 우둔함들이 개인 자신에게 진지하지 않을 때, 즉 개인이 자신의 진지함Ernst 자체에서도 진지하지 않을 때만 우둔함은 희극답다.[14]

---

13 Ästhetik1, p.24 이하(두행숙1, 43쪽 이하). '예술의 종언'과 '예술의 과거성' 문제에 관해서는 이 책의 제1부 제1장을 참조할 것.
14 Hotho, p.510(권정임, 404~405쪽).

여기서 물론 행동하는 인물들이 자기 자신에게für sich selbst 희극다운가 아니면 오직 관객에게만 희극다운가를 구분해야 한다. 전자만이 참된 희극으로 간주되는데, 바로 아리스토파네스는 그러한 희극을 만들어 내는 데 대가Meister였다.[15]

근대 희극을 보면 거기서는 내가 이미 고대의 고전 희극에서 언급한 바 있는 차이가 매우 중요하다. 즉, 그것은 행동하는 인물들의 우둔함과 편협함이 다른 사람들에게만 우스꽝스럽게 보이는가 아니면 그들 자신에게도 우스꽝스럽게 보이는가, 즉 희극적 인물들에 대해 단지 관객만이 웃을 수 있는가 아니면 그들[희극적 인물들] 스스로도 웃을 수 있는가 하는 차이다. 진정한 희극작가였던 아리스토파네스는 이 후자를 자기 표현의 원칙으로 삼았다.[16]

여기서 '진정한 희극'과 그렇지 않은 희극을 구분하는 헤겔의 기준은 분명하다. 즉, 희극의 등장인물, 특히 주인공이 자신 스스로에게 희극다울 수 있는가 여부가 가장 중요한 기준이다. 그러면, 희극의 주인공이 자기 자신에게 희극다울 수 있다는 것은 구체적으로 무엇을 의미하며, 그것은 제삼자인 관객만이 웃을 수 있는 상황과 어떤 차이가 있는가? 그리고 이것이 왜 희극의 본질을 결정하는 데 그렇게도 중요할까?

헤겔이 실제 예를 들고 있는 작품 속 등장인물들을 비교해 봄으로써, 헤겔이 위와 같은 기준을 세운 의도가 무엇인지 살펴보자. 우선 근대 희극의 대표작인 몰리에르의 작품 속 주인공을 떠올려 보자. 실제 헤겔이 미학에서 직접 거론하고 있는 『타르튀프Le Tartuffe』의 주인공 오르공Orgon은 어떤가? 위선자인 타르튀프를 대하는 오르공의 태도는 우스운 구석이라고는 전혀 없으며 오히려 매사

---

15 Ästhetik3, p.552(두행숙3, 937쪽).
16 Ästhetik3, p.569(두행숙3, 957쪽).

에 그는 매우 진지하다. 결국 오르공은 타르튀프에게 속아 그의 모든 가산을 합법적으로 빼앗길 처지에까지 이르지만, 다행히도 국왕의 우연한 도움으로 어려움을 모면한다. 헤겔은 이 희극의 마지막에 국왕의 집행관이 등장해 어려운 문제들을 말끔히 해결해 버리는 이 같은 '우연한 외적 장치deux ex machina'가 초래하는 무미건조함을 놓치지 않고 있다.[17] 그러나, 헤겔은 몰리에르의 희극이 지니는 무미건조함의 원인은 이 점보다 더 본질적인 데 있다고 본다.

헤겔이 특별히 지적하고 싶어하는 점은, 몰리에르의 작품에 등장하는 오르공 같은 인물은 자신이 추구하는 목적에 대해 너무 진지한 태도를 보이며, 그는 너무 진지하기 때문에 시적이지[희극답지] 않고 오히려 산문적이며 무미건조하다는 것이다. 여기서 헤겔은 '진지함[심각함]Ernst'을 '산문적인 무미건조함das Prosaische'과 연결해 논한다. 오르공은 타르튀프를 믿는 마음이 너무 진지하기 때문에, 그 목적이 깨지는 상황이 와도 그 목적에 "절대적으로 진지하게 구속되어 있으므로" 자유롭게 그리고 만족스럽게 함께 웃지 못한다.[18] 관객은 존경할 만한 주인공에게 온갖 간계와 속임수가 진지하게 꾸며지는 것을 바라보면서 그러한 간계와 속임수에 넘어가지 않을 만한 안전거리를 확보한 채 무대 위에서 펼쳐지는 온갖 모순에 대해 웃을 수 있다. 그러나 정작 그 무대의 주인공은 목적의 파괴에서 오는 진지하고 심각한 상황만을 경험하는 장면이 펼쳐지고, 매우 성실한 사람들이 굴욕적으로 기만당하는 장면이 펼쳐짐으로써, 거기에 진정으로 희극적인 것은 없고 '반감을 불러 일으키는abstoßend' 결과만이 초래된다는 것이다.[19]

---

17 실제 『타르튀프』의 마지막 부분에 등장하는 왕의 집행관은, 몰리에르의 희극이 전형적으로 '우연한 외적 장치(deux ex machina)'를 사용하고 있다는 것을 보여준다. Jean-Baptiste Poquelin de Molière, 백선희·이연매 역, 『타르튀프·서민귀족』, 서울 : 동문선, 2000, 100쪽 이하 참조. 이와 관련하여 헤겔은 '호토판 미학'에서 갑자기 왕의 집행관이 나타나는 이 장면을 직접 언급하면서 비판하고 있다. Ästhetik3, p.570(두행숙3, 958쪽).

18 Ästhetik3, p.570(두행숙3, 958~959쪽).

19 Ästhetik3, p.570 이하(두행숙3, 959쪽 이하), Hotho, p.510(권정임, 405쪽).

이처럼 몰리에르의 작품에 등장하는 인물의 경우와 달리, 헤겔은 아리스토파네스의 희극에 등장하는 인물들에게는 전혀 다른 의미를 부여하고 있다.

> 아리스토파네스의 인물들은 원래부터 모든 점에서 다음의 것에 적합하다. 즉 자신의 목적을 파괴하는 것도 그들 자신이며, 그들은 그렇게 하는 동안에도 동시에 만족하며, 그래서 파괴를 할 때에도 처음에는 그것이 마치 그들에게는 전혀 진지하고 심각하지ernst 않은 것처럼 나타난다.[20]

헤겔이 직접 거론하고 있는『구름』의 주인공 스트렙시아데스Strepsiades는 어떤가?[21] 그는 자신의 빚을 갚지 않기 위해 소크라테스에게서 정론正論을 이기는 사론邪論을 배우려 한다. 그리고 자신의 아들을 통해 그 목적을 성취한다. 하지만 곧장 그는 자신의 지혜가 스스로를 파멸로 이르게 하는 전도된 상황을 맞이한다. 그런데, 그는 오르공처럼 처음부터 진지한 목적을 세우지도 않으며, 자신이 설정한 목적에 대해 그리 진지한 태도를 보이지도 않는다. 수단과 방법을 안 가리고 자신의 빚을 갚지 않겠다는 목적은 매우 사사로운 목적이라서, 그것이 파괴되더라도『타르튀프Le Tartuffe』의 경우처럼 반감을 불러일으키지도 않는다. 또한 극의 전반에 걸쳐 스트렙시아데스는 진지하게 자신의 목적을 추구하기보다 매우 가볍고 명랑한 모습을 보여준다. 이러한 모습은『구름』전반에서 드러나는 그의 말과 행동을 통해 관객이 쉽게 간파할 수 있다. 특히 진지한 언어에 대립해 창자나 생식기, 성교에 관련된 묘사나 표현들은 이 점을 잘 드러내 준다.[22]

---

20 Hotho, p.310(권정임, 405쪽).
21 『구름』의 구체적인 내용에 대해서는 다음을 참조할 것. Aristophanes, 천병희 역,『아리스토파네스 희극』, 서울 : 단국대 출판부, 2006, 13~99쪽 참조.
22 헤겔도 "아리스토파네스는 소크라테스가 욕설이 입을 통해 나오는지 아니면 직장(直腸)을 통해 쏟아지는지를 관찰했다 라는 식으로 소크라테스를 우스운 꼴로 극화해 버렸다"라고 언급하고 있다. Ascheberg, p.330(서정혁, 546쪽). 아리스토텔레스는 희극의 기원을 다산을 소망하는

헤겔에 의하면 이처럼 아리스토파네스의 희극에서 '조롱받는 것'은 '절대적인 관심'이나 '신다운 것 자체'가 아니다. 오히려 이렇게 절대적이며 신다운 것이 특정한 의식으로 표현되는 방식이 조롱의 대상이 된다.[23] 이에 비해 근대 희극의 주인공들은 자신이 실현하고자 하는 특정한 목적을 지니고 있으며, 이 목적이 파괴되고 상실될 때 크나큰 고통을 당한다. 그런데, 주인공들이 의도한 목적 자체가 특수한 것이기 때문에, 그 목적이 상실되는 상황은 관객에게 우스움을 유발한다. 하지만, 주인공 자신은 그렇게 상실되는 상황에서 스스로 유쾌하지 않으며, 그 상황을 즐기지도 못한다. 헤겔에 의하면 이것은 여전히 근대 희극의 등장인물이 자신의 편협한 특수성에 얽매여 있음을 보여주는 것이다. 이와 반대로 고대 희극의 주인공들은 자기 모순적인 상황에 처해도 스스로 그 상황을 유쾌하게 즐긴다. 이 모습은 '역설적으로' 모든 개별적인 목적의 특수성에 의해 침해될 수 없는 '진실한 것'이 있다는 것을 보여준다. 동시에 자신의 우둔함으로 인해 자기 파멸적인 심각한 상황에 처해도 그것을 가벼운 웃음으로 맞이하는 주인공의 모습 속에는, 어떤 상황에 처해도 자기 자신을 잃지 않고 자기 확신의 상태에 머무는 '주체성'이 들어 있다. 헤겔에 의하면 이러한 맥락에서 희극 작품을 쓴 대표적인 이가 아리스토파네스이다.

남근 가요라고 언급한 바 있는데, 실제로 희극에서 성적인 요소, 특히 남근은 무대 소도구로 사용되기도 하였다. Aristoteles, 천병희 역, 『시학』, 문예출판사, 1997, 1449a 10. 희극의 유래와 공연 환경 등에 대해서는 다음을 참조할 것. 이정린, 『아리스토파네스와 고대그리스 희극공연』, 서울 : 한국학술정보, 2006.

23 Hotho, p.311 (권정임, 406쪽).

2. 희극적 주체성과 대립의 해소

앞서 언급한 주체성과 관련해, '호토판 미학' 중 고전적 예술형식의 해체 단계에서 헤겔은 고대 그리스 사회의 붕괴와 더불어 희극이 지니는 의미를 '주체와 객체 사이의 관계'로 고찰하고 있다. 헤겔에 의하면 이미 소크라테스 시대부터 주체는 자신 속에서 '주체가 곧 실체다'라는 의식을 요구하기 시작했다. 즉, 개인적 주체는 더이상 국가와 같은 공동체를 자신의 실체로 인정하지 않으며, 국가의 삶과 개인의 삶이 더이상 조화를 이루지 못하고 '국가를 위한 목적'과 '개인을 위한 목적' 사이에 불화가 발생한다. 이 불화는 자신 속에서 좋은 것을 원하고 자기가 원하는 것을 달성하려는 의식을 지닌 개인이 자신에게 주어진 현재의 현존성, 자기 시대의 현실 정치적 삶, 기존 신념과 애국주의 등에 대립하는 양상으로 전개된다. 이러한 대립은 '주체적 내면과 외적 현실의 대립'이라고 할 수 있다.[24] 그런데, 헤겔은 주체와 객체, 내면과 외면 사이의 이 대립의 해소를 그 당시 등장한 새로운 예술형식에서 찾을 수 있다고 주장하며, 그 대표 사례로 아리스토파네스의 희극을 들고 있다. 헤겔은 그 이유를 다음과 같이 말한다.

이 새로운 예술형식에서는 대립의 투쟁이 사상을 통해 진행되지도 않고 분열 상태에 머물지도 않는다. 오히려 현실은 현실의 파멸Verderben의 우둔함Torheit 속에서 표현되지만 현실이 자기 자신 속에서 스스로 파괴되는 방식으로 표현되기에 이른다. 그렇게 하면 [현실적으로] 정당한 것의 이러한 자기파괴 속에서도 참으로 진실한 것은 확고한 지속적 위력으로 드러날 수 있을 것이며, 우둔함과 비이성의 면에게 그 자체로 진실한 것에 정면으로 대립하는 힘은 허용되지 않을 것이다. 이러한 종류가 고대 그리스인들 중 아리스토파네스가 자기 시대 현실의 가장 본질다운 영역과 관련해 분노하

---

24 Ästhetik2, p.118 이하(두행숙2, p.393 이하).

지 않고 순수하고 명랑한 즐거움으로in reinen, heiteren Lustigkeit 다루었던 것과 같은 희극이다.[25]

당시 퇴락한 민주주의에 대해 비판 의식을 지니고 있었던 아리스토파네스를 고려해 보면, 자기 모순 상황을 연출하는 현실의 모습을 희극을 통해 보여주고자 한 아리스토파네스의 의도는 그의 여러 작품들을 통해 어렵지 않게 이해될 수 있다. 헤겔도 이 점을 놓치지 않고 있으며, 아리스토파네스라는 극작가의 현실에 관한 진지한 관심을 인정한다. 그의 희극과 거기에 등장하는 인물들은 극도로 가볍고 명랑하지만, 그렇다고 아리스토파네스 자신이 현실에 관해 무관심하거나 진지하지 않았던 것은 아니라는 것이 헤겔의 평가다. 오히려 아리스토파네스는 현실에 관한 비판적이며 진지한 관심을 웃음을 자아내는 가벼운 방식으로, 새로운 예술형식으로 표현했다고 헤겔은 본다. 헤겔은 1826년 어느 짧은 글에서도 다음과 같이 말하고 있다.

희극에서 단순히 명랑하지만은 않은 점에서 권위가 중요하다고 한다면, 누구보다도 나는 아리스토파네스를 인용하고 싶다. 우리에게 웃음을 주는 그의 대부분의 작품들에는 적어도 동시에 극도의 진지함, 더구나 모든 진지함들 가운데서도 정치적 진지함 der politische Ernst이 주요 관심사를 이룬다.[26]

헤겔은 아리스토파네스가 사형선고를 무릅쓰면서까지 가장 진지하게 애국자의 모습을 보여준 사람이라는 것을 잊지 않고 있다. 헤겔이 보기에 아리스토

---

25 Ästhetik2, p.120(두행숙2, 395쪽).
26 TW11, p.74. 이 글은 "개종자에 관하여"라는 제목이 붙어 있으며, 「베를린 슈넬포스트」 (Berliner Schnellpost)에 실렸다.

파네스의 애국심에는 "자기 희생적인 한 사람이 보여주는 자기확신적이며 지복에 찬 향유"가 잘 드러난다.[27] '호토판 미학'에서도 헤겔은 아리스토파네스가 아테네의 안위를 진지하게 생각한 '참된 애국자'이자 '탁월한 시민'이라고 평가한다. 아테네를 진정으로 사랑한 아리스토파네스의 본래 의도는 '신답고 인륜다운 것'을 웃음거리로 만들려고 한 것이 아니라, '실체다운 위력들이 가상으로 펼쳐지는 관행적 전도 상황die durchgängige Verkehrtheit', '처음부터 본래적 사태가 깃들어 있지 않은 형태와 개별적 현상'을 비판하려던 것이다.[28] 이러한 헤겔의 해석은 아리스토파네스에 관한 일반적 평가에서 크게 벗어나지 않는다. 왜냐하면 보통 희극론에서 아리스토파네스의 희극을 해석할 때에도, 아리스토파네스는 아테네의 본래적 정치 목적을 회복하기를 원하는 '보수주의자'로 그려지며, 당대 정치가들이나 시인들, 철학자들에 대한 그의 신랄한 비판은 이러한 맥락에서 이해될 수 있다고 평가받기 때문이다.[29]

그런데, 아리스토파네스에 대한 헤겔의 의미 부여는 여기에 그치지 않는다. 정작 헤겔의 관심은 아리스토파네스의 정치적 성향 등을 밝히는 데 있지 않다. 오히려 헤겔은 아리스토파네스 자신의 본의와는 상관없이, 아리스토파네스의 희극이 도달한 시대의 정신사적 단계를 조망하는 데 초점을 맞춘다. 헤겔은 다음과 같이 말한다.

아리스토파네스는 신들의 참된 본질, 정치적이며 인륜다운 현존과 이 내용을 실현

---

27 TW18, p.483(철학사1, 549쪽).

28 Ästhetik3, pp.554~555(두행숙3, 939쪽).

29 아리스토파네스 희극의 보수적 성향에 대해서는 다음을 참조할 것. R. W. Corrigan, "Aristo-phanic Comedy : The Conscience of a Conservative", in : *Comedy. Meaning and Form*, ed.by R. W. Corrigan, San Francisco : Chandler Publishing Company, 1965, pp.353~362. 여기서 코리간은 아리스토파네스가 전쟁의 혼란과 점점 더 제국주의적으로 변하는 시대를 살면서 이미 상실되어 버린 전통적 행위의 가치와 형태, 사회 질서를 복원하는 데 주요 관심을 가지고 있었던 '낭만적 반동주의자(a romantic reactionary)'라고 평가한다.

해야 하는 시민들과 개인들의 주체성 사이에 초래된 절대적 모순absoluter Widers- pruch을 보여주는데, 바로 이 같은 주체성의 승리 속에는 [아리스토파네스의] 모든 통 찰에도 불구하고 고대 그리스 몰락의 가장 큰 징후들 중 하나가 내재한다. 그래서 이처 럼 어디에도 얽매이지 않는 매우 행복한 상태unbefangenes Grundwohlsein를 나타내 는 [아리스토파네스의 작품 속의] 모습들은, 사실상 풍부한 정신을 소유하여 교양이 풍부하고 기지가 넘치던 고대 그리스 민족의 포에지[시문학]Poesie로부터 도출된 최 후의 위대한 결과물들이다.[30]

이 인용문을 통해 우리는 아리스토파네스라는 한 사람의 작가보다 그의 작품 에 스며들어 있는 시대 정신을 조명하는 일이 헤겔에게는 분명히 더 관심거리 라는 것을 알 수 있다. 헤겔은 아리스토파네스의 작품에서 자기파괴적이며 모 순적인 상황에 처해도 명랑하며 웃음을 잃지 않는 '주체성의 탄생'과 더불어 '고대 그리스 몰락의 징후'를 본다. 이 점과 연관해 헤겔이 '참으로 희극다운 것' 과 더불어 '주체성'을 특별히 강조하고 있다는 점을 되새길 필요가 있다. 즉 헤 겔은 아리스토파네스를 언급하면서 '진정으로 희극다운 것'은 '심정의 절대적 자유absolute Freiheit des Gemütes'이며,[31] '최고로 희극다운 것'은 '자기 자신의 완 전한 향유vollkommener Genuß seiner selbst'와 "모든 성과와 실재가 곧바로 무산되 는 가운데서도 자기 자신에 대해 품는 이렇게 맑고 투명한 확신diese ungetrübte Gewißheit seiner selbst" 속에서 파악될 수 있다고 주장한다.[32] 그리고 헤겔에 의하 면 '희극다운 것'에서 맞이하는 '예술의 종언'과 함께 '자신의 목적이 몰락할 때 에도 언제나 자기 그대로인 바로 남아 있는 주체성의 온전한 확신vollkommene

---

30 Ästhetik3, p.555(두행숙3, 940쪽).
31 Hotho, p.310(권정임, 405쪽).
32 TW10, p.403(김희상1, 349쪽).

Sicherheit der Subjektivität',[33] '주체가 자기 자신에 대해 지니는 강건한 확신unver-wüstbare Sicherheit',[34] '주체성이 그 자신을 확신하는 자립성ihrer selbst sichere Selbstständigkeit', '자기의식의 자체 내로의 복귀dieses Zurückgehen des Selbstbe-wußtsein in sich', '지적인 내면적 세계직관'[35] 등이 도래한다. 특히 헤겔은 비극과 희극을 비교하면서 희극에서 두드러지는 주체성의 의미를 강조한다. 헤겔에 의하면 자기 스스로에게 안주할 수 있는 주체성의 탄생이라는 측면에서 희극은 비극보다 더 높은 단계에 있다. 헤겔은 다음과 같이 비극과 희극을 비교한다.

비극에서는 영원히 실체다운 것das ewig Substantielle이 투쟁하는 개별성으로부터 그릇된 일면성만을 제거하고 개별성이 원했던 긍정적인 것을 더이상 분열되지 않고 긍정적으로 매개되는 가운데 유지되어야 하는 것으로 표현함으로써, 영원히 실체다운 것이 화해하는 방식으로 승리를 거두는 것으로 등장한다. 반면에 희극에서는 역으로 주체성Subjektivität이 무한한 확신Sicherheit의 상태에서 우세하게 드러난다. 왜냐하면 극시가 다른 종류들로 갈라져 나갈 때 행위의 기본이 되는 두 가지 계기[실체다운 것과 주체성]만이 서로 대립할 수 있기 때문이다. 비극에서 개인들은 그들의 굳건한 의욕과 성격의 일면성에 의해 스스로를 파괴하거나, 또는 그들이 실체적 방식으로 대립하고 있는 것[실체다운 것]을 체념적으로 자신 속에 받아들여야 한다. 그러나 희극 속에서는 모든 것을 자신을 통해 자신 속에서 해소해 버리는 개인들의 웃음Gelächter 속에서 그들이 확실하게 자신들 속에 머물러 있는 주체성sicher in sich das-tehende Subjektivität의 승리를 관조할 수 있다.[36]

---

33 Hotho, p.311(권정임, 406쪽).
34 Ascheberg, p.330(서정혁, 545쪽).
35 Ascheberg, p.331(서정혁, 546쪽).
36 Ästhetik3, p.527(두행숙3, 908쪽).

여기서 헤겔은 비극에서는 '개인들을 지배하는 운명'이라는 실체다운 것을 강조하고, 희극에서는 '모든 것을 자신의 웃음 속에서 해소해 버리는' 주체성을 강조한다. 그렇지만, 헤겔의 이 비교는 상대적인 것으로 이해해야 한다. 즉 헤겔은 비극에서 주체성이 전혀 나타나지 않는다고 주장하는 것은 아니다. 하지만 자기 파멸적 상황에서 '처절한 고통으로 절규하는 자'와 '여유 있게 웃을 수 있는 자'는 구분된다. 헤겔은 다음과 같이 말한다.

> 고대 그리스의 조형적 고귀함을 띤 비극은, 인륜다운 실체와 필연성을 유일한 본질적 토대로 삼아 가치를 부여하고, 이에 비해 행동하는 성격들이 그 자체 속에 지니는 개인적이고 주체적인 심오함은 완성되지 않은 것으로 보려는 일면성에 여전히 머물러 있다. 그러나 희극은 전도된 조형성에서 주체성을 완성 상태에 이르게 하며, 주체성이 자신의 전도상태Verkehrtheit를 자유롭게 감내하고 조형성이 해체되는 모습을 표현한다.[37]

이처럼 헤겔이 비극보다 희극에서 주체성이 더 완성된 형태로 표현된다고 생각하는 가장 결정적 이유는, 희극에서는 관객들뿐만 아니라 주인공들도 자기 파멸적 상황을 자유롭게 즐길 수 있는 자기의식 상태에 다다랐다는 점에 있다. 헤겔이 생각하는 '참으로 희극다운 것'의 정체도 바로 이 주체성에 맞닿아 있다. 헤겔은 다음과 같이 말한다.

> 주체의 행동을 그 행동 자신을 통해 모순에 빠트리고 다시 해소하면서도, 자기 자신을 확신하면서 거기에 고요하게 머무는 주체성은 이미 보았듯 전반적으로 희극답다. 따라서 희극은 비극이 종결될 수 있는 것을 근거와 출발점으로 삼는다. 즉 [희극은] 자체 내에 절대적으로 화해된 쾌활한 심정das in sich absolut versöhnte, heitere Gemüt

---

37 Ästhetik3, p.555(두행녹3, 940쪽).

으로서, 비록 자기 자신으로부터 자기 목적의 대립자를 불러와 자신의 의욕을 그 자신의 수단을 통해 파괴하며 자기 자신에게 좌절하더라도 자신의 쾌활한 심정Wohlgemü-theit을 잃지 않는다.[38]

모순과 자기 분열, 자기 파괴의 상황에 처해도 쾌활한 웃음을 잃지 않고, 오히려 웃음 속에서 절대적으로 대립자들을 화해시키는 모습, 이 모습을 헤겔은 아리스토파네스의 희극에서 본다. 헤겔에 의하면 시문학의 전개과정은 의식의 발전과 함께 맞물려 있다. 서사시에서는 신들이 끊임없이 인간의 세계에 개입하지만, 비극에서는 이 경향이 사라지면서 신들은 더이상 인간의 정신에 수용될 수 없는 것으로 격하되며, 신들의 힘이 약화되면서 도리어 인간의 힘은 강해진다. 인간은 이제 호메로스의 영웅들처럼 자기 스스로 삶에 의미를 부여하는 인륜적 강령을 만들어야 한다. 인간이 점점 더 자기의식을 갖추어나감으로써 이제 더이상 신이 아니라 인간 자신의 개별 정신의 가치가 부각되기에 이른다. 인간은 인간 자신이 만든 것이 전적으로 덕스럽고 존경할 만한 것이라는 사실을 의식한다.[39] 헤겔은 다음과 같이 말한다.

희극의 보편적 토대는, 인간이 주체로서 자신이 알고 실행하는 것의 본질적 알맹이가 되는 모든 것을 완전하게 지배할 수 있는 대가가 되는 그러한 세계다. 그렇기 때문에 이 세계는 이 세계의 목적들이 그 고유의 본질을 상실함으로써 파괴되어 버리는 그러한 세계다.[40]

---

38 Ästhetik3, p.552(두행숙3, 937쪽).
39 S. C. Law, "Hegel and the Spirit of Comedy : Der Geist der stets Vernunft", in : *Hegel and Aesthetics*, ed. by W. Maker, New York : State University of New York Press, 2000, pp.115~116 참조.
40 Ästhetik3, p.527(두행숙3, 908쪽).

미학에서 아리스토파네스의 희극을 바라보는 헤겔의 시선은 이러한 인간 의식의 발전 방향에 맞추어져 있다. 그리고 분명히 이 방향의 목적지는 주체성의 완성과 더불어 실현되는 자유의 이념이다. 헤겔에 의하면 비극에서 우리는 자유를 향한 욕구를 표현하지만, 그러나 여전히 우리가 운명의 필연성에 묶여 있다는 것을 시인할 수밖에 없다. 이에 비해 희극에서 인간의 정신은 마침내 자유를 획득한다. 희극은 필연성을 일소하고 실체다운 일체의 환상도 제거한다. 희극의 정신은 객관 세계가 우리 자신이 만들어 낸 주관 세계 외에 다른 것이 아니다 라는 사실을 선언하는 데에서 탄생한다.[41] 다음과 같은 헤겔의 말은 이 같은 내용을 강하게 뒷받침한다.

> 희극 속에서 주체성 자체는 파멸되어서는 안 된다. 만약 실체의 가상과 착각만이, 또는 그 자체로 비뚤어지고 하찮은 것만이 출현하면, 더 숭고한 원리는 자체 내에서 확고한 주체성으로 머문다. 이 주체성은 이 전체 유한성의 몰락을 초월한 자유의 상태에서 스스로 안전하고 지복한 주체성이다. 희극다운 주체성은 현실 속에 현상하는 것을 지배하는 자가 된다. 여기서는 실체가 적합한 실재적 현재성을 띠는 일은 사라지고 만다. 만약 그 자체로 비본질적인 것이 자기 자신에 의해 스스로 가상적 실존이 되어 버리면, 주체는 이처럼 해체되는 것을 다시 지배하면서 자신 안에서 더할 수 없이 쾌적하게 머문다.[42]

앞서 언급했듯이 헤겔이 유독 아리스토파네스의 희극 속에 스며들어 있는 '참으로 희극다운 것'을 그렇게 강조한 이유는 바로 이 같은 주체성 때문이다. 헤겔의 관점에서 볼 때 고대 그리스 세계에서 인간의 주체적 의식은 '희극의 정

---

41 S. C. Law, 앞의 글, p.116 참조.
42 Ästhetik3, pp.530~531(두행숙3, 912쪽).

신'을 통해 결정적으로 완성된다. 애초에 가면과 하나였던 비극의 배우가 무대에 설 때, 그리스인들에게 무대 위에 선 자는 배우가 아니라 신이었다. 그러나 자의식의 발전과 더불어 가면의 페르조나persona와 배우가 분리되고, 배우가 신성한 가면의 배후로부터 뛰쳐나옴으로써 가면을 쓴 배우는 더이상 신이 아니며, 신성한 가면은 그냥 하나의 가면일 뿐이다.[43] 더이상 신의 신성한 이미지는 주체의 자기의식의 공격을 감당해 낼 수 없다.[44] 아리스토파네스의 희극은 이처럼 신성함에 대한 우리의 이미지가 무화되는 모습을 보여준다. 이 탈신화의 과정은 종교와 하나였던 고대 그리스 예술의 몰락 과정이기도 하다. 헤겔이 보기에 이 같은 과정은 소박한 의식이 부정되는 과정이지만, 이 부정에는 자아가 자기 자신에게 고요하게 머물 수 있는 어떤 긍정의 힘, 웃음이 함께 한다.[45] 이 웃음을 내면에 간직한 자가 바로 헤겔식의 희극의 주체다.

3. 희극다운 것과 사변다운 것

지금까지 논의를 통해 우리는 헤겔이 '참으로 희극다운 것'의 본질을 '자기 충족하며 자기 확신하는 주체'에서 찾고 있음을 알 수 있다. 자기 목적의 상실과 고통의 상황을 여유있게 웃음으로 맞이할 수 있는 자아의 탄생, 그것을 헤겔은 한편으로 반기는 것이다. 이미 언급했듯이 이 같은 주체성의 탄생은 자기의식의 발전과 동행하며, 자기의식의 발전을 통해 고전적 예술, 감각적 표현을 기

---

43 『정신현상학』의 '예술종교' 부분에 이 같은 내용이 구체적으로 서술되고 있다.

44 헤겔은 『종교철학강의』에서 다음과 같이 말한다. "제우스의 지배의 몰락, 그것도 영웅들 속에 존립하는 신적인 것과 인간적인 것의 정립된 통일에 의한 몰락에 대한 이 같은 예언이 아리스토파네스에게서 언표된다." TW17, p.109.

45 W. Desmond, *Beyond Hegel and Dialectic-Speculation, Cult, and Comedy*, Albany N. Y. : State Univ. of New York, 1992, pp.293~294 참조.

본으로 하는 조형예술은 종언을 맞이할 수밖에 없다. 이것이 '예술은 희극다운 것에서 그 끝을 맞이한다'라는 헤겔의 주장이 내포하고 있는 의미다. 이제 남겨진 문제는 '왜 헤겔은 이 같은 희극적 주체를 반기는가?' '희극다운 것은 사변다운 것과 어떤 관계가 있는가?'라는 물음이다.

이 물음에 답하기 전에 우선 헤겔이 단순히 '우스꽝스러운 것das Lächerliche'과 '본질적으로 희극다운 것das eigentlich Komische'을 구분했다는 사실을 유의할 필요가 있다. 헤겔은 악덕과 덕의 대조에서 비롯되는 풍자Satire, 우둔함, 무의미Unsinn, 어리석음Albernheit에서 비롯되는 웃음, 아주 비속하고 무취미한 것에서 비롯되는 웃음, 일상적인 관습이나 관념과 모순되는 하찮은 면이 빚어내는 웃음, 조롱Spott이나 경멸Hohn, 절망Verzweiflung 등에서 비롯되는 웃음은 참된 의미에서 희극다운 것과는 거리가 멀다고 주장한다.[46] 그에 따르면 본질적으로 희극다운 것은 다음과 같다.

> 자기 본연의 모순을 초월하며, 그 와중에서도 비참하거나 불행에 빠지지 않는 무한한 기분좋은 마음의 상태Wohlgemütheit와 자신감Zuversicht, 즉 자기 자신에 대해 확신하며 주체성의 목적과 그 실현의 좌절도 견뎌낼 수 있는 주체성의 지복Seligkeit과 유쾌함Wohligkeit이 희극다운 것에 속한다.[47]

헤겔은 '참으로 희극다운 것'을 극단적 모순상황을 지양한 긍정의 상태로 본다. 그래서 일차적으로 희극적 행동에서는 '즉자대자적으로 참된 것'과 '이 참된 것의 개별 실재' 사이에 '모순Widerspruch'이 심오하게 드러나야 하며,[48] 주체

---

46 Ästhetik3, pp.527~528(두행숙3, 909쪽).
47 Ästhetik3, p.528(두행숙3, 909쪽).
48 Ästhetik3, p.530(두행숙3, 911쪽).

의 행동이나 사태가 '자기 본연의 모순'에 처해야 한다.[49] 이 모순 상황보다 더 긍정적인 상태, 즉 대립자들이 화해하는 순간에 웃음은 터진다. 이 화해의 웃음이 터지는 순간, 그것은 곧 모순이 해소되는 때이기도 하다. 헤겔은 아리스토파네스의 희극에서는 이처럼 '지속적인 화해stete Versöhnung'로 작용하는 '매우 솔직담백한 명랑함eine so franke Lustigkeit'이 나타난다고 주장한다. 모순을 자신 속에 담지 못하는 '경직된 지성der steife Verstand'은 결코 희극적일 수 없다.[50] 경직된 지성은 일의적이며univocal 생명없는 범주에 의해 마비된 추상적 사유이고, 살아있는 정신을 숨막히게 한다.[51] 이 점에서 헤겔은 『철학사 강의』에서 아리스토파네스를 언급하는 자리에서도 다음과 같이 말한다.

> 희극다운 것은 사람이나 사태가 자신이 펼쳐지는 과정에서in seinem Aufspreizen 자기 자신 속에서 해체되어 버리는sich in sich selbst auflöst 것과 같이 그렇게 사람이나 사태를 드러내 보이는 일이다. 사태가 그 자체 내에서 자신의 모순이 아니라면, 희극다운 것은 피상적이며 근거 없는 것이 되고 만다.[52]

이 인용문에서 헤겔은 희극다운 것의 본질이 일차적으로 자기 모순적 사태에 있음을 강조하고 있다. 자연스럽게 우리는 '모순'과 '경직된 지성' 등의 용어를 접하면서 헤겔의 논리 규정들을 떠 올리게 된다. 헤겔은 『대논리학』에서 '지성'은 규정을 고수하지만, '부정적이며 변증법적인 이성'은 지성의 규정을 무로 해체하며, '긍정적 이성'은 보편자를 산출하여 그 보편자 밑에 특수자를 포섭하는

---

49 TW18, pp.482~483(철학사1, 548쪽) 참조. "빈궁한 익살(Witz)은 실체적이지 않은 것이며, 사태 자체 속에 존립하는 모순들에 의거하지 않는다."
50 Ästhetik3, p.528(두행숙3, 688쪽).
51 W. Desmond, 앞의 책, p.276 참조.
52 TW18, p.483(철학사1, 548쪽).

'정신'이라고 표현한 바 있다.[53] 이 정신은 단순자를 부정하여 지성의 규정된 구별을 정립하면서 동시에 이 구별을 해체하며, 더 나아가 애초의 단순자를 보편자로서 산출해 내는 운동이다.[54] 이 같은 운동 방식을 한편으로 의식을 서술하는 데 적용한 것이 『정신현상학』이며, 다른 한편으로 순수 본질성을 대상으로 삼아 이 운동을 서술한 것이 『대논리학』이다.[55] 또한 두 저서를 포함해 대부분의 글에서 헤겔은 세 번째 '긍정적 이성'을 '사변 이성'과 동일시한다.

> 지성적인 것은 확고한 규정과 타자와의 구별상태에 있는 개념들에 머무른다. 이에 비해 변증법적인 것은 이 개념들을 이행과 해체의 상태로 보여준다. 그리고 사변적 또는 이성다운 것은 이 개념들의 대립 상태에서 그들의 통일을 파악하며, 해체와 이행의 과정에서 긍정적인 것을 파악한다.[56]

헤겔에 의하면 '사변다운 것das Spekulative'은 대립자들을 그들의 통일상태에서 파악하고 긍정태를 부정태 속에서 파악하는 데 존립한다.[57] 독단론처럼 분리된 규정 자체를 참된 것으로 고수하거나, 아니면 단순한 표상처럼 어떤 규정을 단순히 다른 규정으로 대체하거나 무로 해체시켜 버리면 사유는 결코 사변적일 수가 없다. 모순을 고수하면서도 동시에 모순 속에서 자기 자신을 유지할 때에만 사유는 사변다울 수 있다.[58] 헤겔은 다음과 같이 말한다.

---

53 G. W. F. Hegel, *Wissenschaft der Logik–Die objektive Logik(1812/13)*, hrsg. von F. Hogemann & W. Jaeschke, 1978, p.7(이하 GW11으로 표기한다)(논리학1, 23쪽).

54 GW11, pp.7~8(논리학1, 23쪽).

55 GW11, p.8(논리학1, 24쪽).

56 G. W. F. Hegel, *Nürnberger und Heidelberger Schriften(1808-1817)*, 1970, p.12(이하 TW4로 표기한다).

57 GW11, p.27(논리학1, 47쪽).

58 G. W. F. Hegel, *Enzyklopädie der philosophischen Wissenschaften im Grundrisse(1830)* I, p.99(§32 Zusatz)(이하 TW8으로 표기한다); GW11, p.207(논리학2, 103쪽).

사변다운 것 또는 긍정적 이성다운 것은 규정들의 대립 상태에서 이 규정들의 통일을 파악한다. 즉 대립의 해체와 이행과정 속에 포함되어 있는 긍정적인 것을 파악한다.[59]

우리는 사변에 대한 이상과 같은 논의에서 앞서 언급한 '희극다운 것'의 본질을 어렵지 않게 떠올릴 수 있다. 헤겔은 목적이나 행동이 자기 스스로에 의해 부정되고 해체되는 모순적 상황에서도 자기 확신하며 스스로에게 머물 수 있는 주체성을 통해 '희극다운 것'의 본질을 규정한다. '참으로 희극다운 것'은 이러한 주체의 절대적 자유에 의해서만 가능하다. 만일 어떤 행위가 자기 모순적 사태를 유발하지 않는다면, 또는 이 모순적 사태의 해체과정에서도 행위의 주체가 대립의 계기들을 자체 속에 통합하여 포괄할 수 없다면 '참으로 희극다운 것'은 발생할 수 없다. 그래서 사변과 마찬가지로 희극다운 것은 대립과 통일, 부정과 긍정의 두 계기를 모두 요구한다.

이 같은 비교를 통해 헤겔이 아리스토파네스를 통해 '참으로 희극다운 것'의 본질을 두드러지게 강조한 이유가 드러난다. 물론, 시문학 중 희극이라는 장르 자체는 사변과 단순히 동일시될 수 없다. 헤겔도 이를 분명하게 잘 알고 있다. 그렇기 때문에 헤겔은 모든 희극을 '참으로 희극다운 것'이라고 주장하지 않는다. 어떤 희극작품보다 아리스토파네스의 작품에 대한 해석을 통해 헤겔이 강조하는 '참으로 희극다운 것'에 관한 논의는, 희극이라는 장르에 한정될 수도 없고, 또한 고대 그리스라는 시대에만 한정되지도 않는다.[60] 이 점에서 '참으로

---

59 TW8, p.176(§82)(철학백과, 128쪽).
60 헤겔은 '23년 미학 강의'에서 다음과 같이 말한다. "우리는 그리스인들 자체에서 한편으로는 굉장히 가볍게 그리스신들을 헐뜯는 아리스토파네스를 보게 된다. 이것은 노여움이 아니라 오히려 다분히 우스움이라는 유쾌한 태도이다. 여기에 좀 더 적합한 것은 로마 세계의 고유한 입장이다." Hotho, p.178(권정임, 263~264쪽). 이러한 주장은 헤겔 자신이 아리스토파네스의 희극의 의미를 고전적 예술형식에 제한하지 않고 오히려 낭만적 예술형식으로 확대 해석하고 있음을 잘 보여준다.

희극다운 것'의 탄생은 특정한 역사적 시기인 '고대 그리스 몰락의 가장 중요한 징후'로만 해석될 수 없다. 더 나아가 '참으로 희극다운 것'은 헤겔에게는 '예술과 철학의 관계'를 해명하는 데 결정적 역할을 한다. 다시 말해 '참으로 희극다운 것'에 관한 헤겔의 주장에는 예술과 철학의 본질적 관계에 대한 반성이 담겨 있다. 희극다운 것에서 종언을 맞이하는 것은 고대 그리스 예술이나 고전적 예술형식만이 아니다. 헤겔은 분명히 희극다운 것에서 그 종언을 맞이하는 것은 특정한 예술만이 아니라 '예술 자체'라고 선언한다. 그리고 이 예술 자체의 종언은 '참으로 희극다운 것'을 가능케 하는 '주체성'의 탄생으로 인해 초래된다고 주장한다.[61] 이 주체성은 예술을 대상으로 삼고 예술을 이해하고 사유할 수 있는 철학적 주체다.

이제 서론에서 언급한 데리다의 주장으로 되돌아가 볼 필요가 있다. 그의 헤겔 비판과 관련해 제기된 물음은 다음과 같은 것이었다. '과연 헤겔 철학에는 어떤 종류의 웃음도 부재하는가?' 지금까지의 논의를 통해 우리는 헤겔 철학에도, 변증법에도, 사변 철학에도 '웃음'이 매우 중요한 의미를 지닌다는 것을 확인할 수 있다. 오히려 헤겔은 희극다운 것과 사변다운 것의 밀접한 연관성에 집중한 나머지, 아리스토파네스의 희극을 어쩌면 지나칠 정도로 헤겔 자신의 입장에서 자의적으로 해석한 측면도 없지 않다. 헤겔은 아리스토파네스의 작품을 직접 읽지 않고서는 인간이 어쩌면 그리도 유쾌할 수 있는지 알 수 없다고 했지만,[62] 반대로 과연 우리 모두가 아리스토파네스의 희극을 읽고 유쾌하게 웃으면서 그 속에서 헤겔의 흔적을 찾을 수 있을지는 장담할 수 없다. 그럼에도 불구하고 아리스토파네스의 희극에 대한 헤겔의 해석은 역설적으로 헤겔의 사변 철학이 노동과 그로 인한 고통과 절망 못지않게, 분열과 모순을 웃음으로 여유 있게 대처

---

61 Hotho, p.311(권정임, 406~407쪽); Ästhetik3, p.572(두행숙3, 961쪽).
62 Ästhetik3, p.553(두행숙3, 938쪽).

하는 참으로 희극다운 태도를 배제하지 않고 있다는 점을 분명히 보여준다.

앞서도 언급했지만, 희극다운 것에서 비롯되는 웃음이 터지는 순간 바로 부정적이며 변증법적인 상태를 초월하는 긍정의 측면이 열린다. 이 긍정의 측면이 바로 사변다운 것이다. 따라서 희극다운 것과 그로부터 비롯되는 웃음은 헤겔적인 사변적 사유와 결코 적대적이지 않으며 오히려 매우 친근하다.[63] '자유로운 주체성'을 통한 희극다운 것과 사변다운 것의 만남이라는 점에서 헤겔의 사변은 결코 웃음을 잃어버린 개념의 자기연출이 아니다. 그렇기 때문에 절대지의 폐쇄성을 초월하려는 전략으로 헤겔에 대한 바타유의 조소를 수용하는 데리다의 입장은, 일차적으로 헤겔 자신의 웃음을 경청하는 데 실패하고 있다. 노동에 대한 코제브식의 강조로 인해, 데리다는 시문학과 희극, 그리고 거기에 내재하는 웃음에 대한 헤겔의 통찰을 충분히 천착하지 못했다는 비판이 가능하다.[64] 오히려 헤겔은 자신의 체계에서 예술과 종교, 그리고 철학을 절대 정신의 단계에 함께 위치시키면서, 예술과 철학의 상호연관성을 지속적으로 고민했다. 이와 관련해 헤겔은 미학에서 다음과 같이 말한다.

> 사변적 사유가 지성적 표상과 일상적 직관의 이 같은 결점을 말끔히 없애 버림으로써, 한편으로 사변적 사유는 시적인 상상력poetische Phantasie과 친근한 관계를 맺는다.[65]

예술과 사변 양자가 모두 '신을 위한 예배Gottesdienst'라면, 신을 위한 예배에서 벌이는 한 판 굿의 향연과 축제에서 터지는 웃음, 이 웃음이 없다면 헤겔이 주장한 사변의 지평도 가능하지 않을 것이다. 이 같은 웃음의 가능성이 다양한

---

63 W. Desmond, 앞의 책, p.282 참조.
64 W. Desmond, 앞의 책, p.291 참조.
65 Ästhetik3, p.243(두행숙3, 594쪽).

종류의 웃음들의 가능성을 부정하는 것은 아니다. 즉, 웃음에도 여러 가지 종류가 있을 수 있다는 점을 고려한다면, 헤겔 철학 내에서 희극다운 것과 웃음이 유의미하다고 해서 반드시 그것을 데리다식의 웃음과 동일시할 필요는 없을 것이다. 만일 헤겔과 데리다가 서로 마주 보고 웃는다고 하더라도, 그 웃음의 의미는 제각기 전혀 다를 수 있다. 헤겔이 주제로 삼고 있는 웃음은 제한적 경제와 마찬가지로 제한적 웃음일 뿐이라고, 그래서 헤겔 철학은 그냥 아무 이유없이 호탕하고 가볍게 웃을 수 없는 사변에만 계속 머문다고 데리다는 비판하지 않을까? 그러나 오히려 헤겔은 데리다식의 웃음이 진정으로 희극다운 웃음은 아니라고, 삶의 진지함을 반영하지 않는 비웃음이거나 실소이거나 조소이거나 냉소일 뿐이라고 비판하지 않을까? 의미의 절대적 포기, 죽음의 절대적 위험에서 비롯되는 웃음과, 개념의 생동적인 의미, 삶의 진지한 반성에서 비롯되는 웃음은 결코 동일하지 않다.[66] 과연 이 두 웃음들은 서로 불협화음만을 유발하는 것인지, 아니면 또 다른 가능성에 열려 있는 것인지, 그리고 어느 쪽이 이 시대를 살아가는 우리에게 정말 필요한 웃음인지, 이 같은 물음들은 여전히 우리에게 남아 있다.

---

[66] 헤겔은 다음과 같이 말한다. "삶은 동시에 이 모순의 해체이며, 이 속에 사변적인 것이 존립한다." TW9, p.338(§337 Zusatz). 이처럼 헤겔에게 사변적인 것은 절대적 죽음보다는 모순을 극복하는 총체적 삶으로 향한다.

제4장

소설론

루카치와 헤겔

1. 소설의 현상과 이론

헤겔 미학 연구사에서 빠트릴 수 없는 사람들 중 한 명이 루카치G. Lukács, 1855~ 1971다. 루카치 스스로도 자신의 대표작인 『소설의 이론*Die Theorie des Romans*』이 '헤겔 철학의 성과들이 미학적 문제들에 구체적으로 적용된 최초의 정신과학적 작품'이라고 언급하고 있다.[1] 『청년 헤겔』과 같은 다른 글들을 덧붙여 언급하지 않더라도 그에게 미친 헤겔의 영향은 분명하다.

그런데, 루카치가 자신에게 미친 헤겔의 영향을 인정했다고 하더라도, 루카치의 소설론이 헤겔 미학과 구체적으로 어떤 관계를 맺고 있는가라는 물음은 우리에게 여전히 하나의 문제로 남아 있다. 특히 이 문제는 루카치를 통해 헤겔 미학을 접하게 된 국내 연구들에 대해 제기될 수 있다. 왜냐하면 국내 철학계에서 헤겔 미학이 본격적으로 연구되기 전[2] 이미 문학 비평계에서는 헤겔 미학의

---

1 G. Lukács, *Die Theorie des Romans. Ein geschichtsphilosophischer Versuch über die Form der großen Epik*, Frankfurt am Main : Luchterhand, 1989, p.9(G. Lukács, 김경식 역, 『소설의 이론』, 서울 : 문예출판사, 2007, p.10(이하 ThR, 김경식으로 표기한다).

2 사실상 국내에서 헤겔 미학이 본격적으로 연구되기 시작한 것은 두행숙의 『헤겔 미학』 번역본이

틀이 적극적으로 활용되었고, 거기에 중요한 매개자 역할을 한 것이 루카치의 사상, 특히 그 중에서도 그의 '소설론'이기 때문이다. 국문학, 독문학, 영문학 등을 아우르는 문학 비평계에서 그의 소설론이 미친 영향은 철학 분야보다 훨씬 더 광범위하고 강력하다고 할 수 있다.[3] 특히, '소설론'에 관한 대부분의 연구들은 루카치를 그 중심에 놓고 그것을 매개로 헤겔 미학을 이해하는 관점을 취하고 있는데, 이러한 경향은 별 의심 없이 자연스러운 것으로 받아들여져 왔다. 이에 비해 헤겔 미학에 등장하는 소설에 관한 언급을 루카치의 관점과는 별도로 좀 더 객관적인 관점에서 검토해 본 후, 그 검토 결과를 토대로 헤겔과 루카치의 관계를 정확히 규명해보려는 연구는 부족했다.[4] 두 사상의 관계에 대한 객관적이고 충분한 이해를 위해서는 헤겔 미학에서 소설Roman[5]에 관련된 내용들을 세

나온 1996년 이후다. 이 번역본은 2010년에 다른 출판사에서 개정판이 나왔으나 아직도 번역의 정확성 등에 있어 논란이 되고 있다. 헤겔의 시기별 '미학 강의'의 국내 번역 현황을 보면, 권정임과 한동원이 '23년 미학 강의'를 2008년에 번역 출판하였고, 서정혁이 '20~21년 미학 강의'를 2013년에 번역 출판하였다. 그리고, 국내에서는 헤겔 미학에 대한 대표적인 연구자인 권대중과 권정임의 연구성과들부터 사실상 헤겔 미학에 대한 제대로 된 연구가 시작되었다고 해도 과언이 아니다. 이들의 참고할 만한 자료로는 다음과 같다. 권대중, 「헤겔의 '예술의 종언' 명제의 수정 가능성 모색」, 『미학』, 제39집, 한국미학회, 2004. 권대중, 「헤겔의 "예술의 종언" 명제가 지니는 다양한 논의 지평들」, 『미학』 제33집, 한국미학회, 2002; 권정임, *Die Bedeutung der "symbolischen Kunstform" in Hegels Ästhetik. Neue Quellen und die Reformulierung der systematischen Bestimmung der Kunst*, Dissertation zur Erlangung des akademischen Grades eines Doktors der Erziehungswissenschaften, Hagen, 1998.

3 대표적으로 국문학에서는 김윤식, 조동일 등을, 독문학에서는 반성완, 김유동, 홍승용, 김경식 등을, 영문학에서는 임철규 등을 들 수 있다. 그리고 루카치 미학에 대한 대표적 연구자로는 이주영을 들 수 있다. 그런데, 이들은 대부분 루카치에만 집중하고 있어서 헤겔과 루카치를 심층적으로 비교하는 연구 성과가 부족하거나, 아니면 헤겔 철학에 대한 오해에 기초해 있다. 예를 들어, 이주영은 루카치의 '소설론'과 헤겔의 관계를 소개하면서, 헤겔이 그리스 문화를 절대시했고, 그 이후의 서구 역사를 루카치와 달리 소외의 과정으로 보지 않았다고 주장하고 있다. 이주영, 『루카치 미학 연구』, 서울 : 서광사, 1998, 115~116쪽 참조. 이들을 포함한 루카치 사상의 국내 연구 현황에 대해서는 다음을 참조할 만하다. 김경식, 『게오르크 루카치. 과거와 미래를 잇는 다리』, 서울 : 한울, 2000.

4 국외의 경우에도 예를 들어, 헤겔 미학과 루카치 미학의 관계를 이해하는 데 다음 책의 4부를 참고해 볼 만하지만, 이 책은 '소설론'을 중심으로 헤겔과 루카치의 관계는 충분히 다루지 못하고 있다. W. Koepsel, *Die Rezeption der Hegelschen Ästhetik im 20. Jahrhundert*, Bonn : Bouvier Verlag, 1975, pp.145 · 250 참고.

밀하게 분석하는 검토가 선행해야 한다. 정작 루카치 자신은 『소설의 이론』 후에 쓴 헤겔 미학에 관한 다른 글에서 헤겔의 미학 강의의 성립사를 호토의 편집의 문제 등을 지적하며 고려하고 있지만,[6] 국내 문학 연구자들은 이 점을 전혀 고려하지 않았다. 이러한 문제 상황에서 소설에 관한 헤겔의 언급을 좀 더 객관적인 관점에서 재검토해야 할 필요성이 제기되는 것은 헤겔의 입장에서나 루카치의 입장에서나 마땅한 일이라고 하겠다. 본 연구는 헤겔의 미학 강의들에 대한 근래의 문헌학적 연구 성과를 토대로, 헤겔이 소설에 관해 언급한 내용들을 분석한 후, 헤겔 미학에서도 '소설론'에 관해 유의미한 논의가 가능한지, 만일 가능하다면 그 의미는 어떻게 이해되어야 하는지를 루카치의 『소설의 이론』과 연관해 검토해 보고자 한다.

우선 헤겔 미학에서 '소설Roman'이라는 용어 자체의 의미와 그 사용 범위에 대해 검토할 필요가 있다. 보통 '장편소설'로 번역되는 '로만'은 설정 목표나 표현 형식, 대상 독자층의 다양함으로 인해 그 의미를 규정하기가 쉽지 않다. 이 명칭은 12세기부터 프랑스에서 '학자들의 라틴어'가 아닌 '누구나 이해할 수 있는 로만어로 창작된 글'을 일컫는 데서 유래한다.[7] 이 점에서 '로만'은 처음부터 대중적인 기반에서 출발했다는 것을 알 수 있다. 또한, '로만'이라는 용어는 '이야기Erzählung'나 '단편 소설Novelle' 등과 구분되면서도 서로 겹치는 부분이 있기도 한데, 헤겔 미학에서도 여전히 이러한 흔적들이 나타난다.

헤겔 미학에서 '로만Roman'이라는 용어는 '로만티쉬romantisch'라는 개념과의

---

5 보통 Roman을 '장편 소설'로 번역하지만, 이 글에서는 '이야기(Erzählung)'나 '단편 소설 (Novelle)'과 구분하여 '소설'로 번역하거나, 문맥상 원어 그대로 표기하는 것이 적절한 경우에는 '로만'으로 기재한다.

6 Lukács, G., *Werke*, Neuwied : Luchterhand, 1964ff(이하 LW10으로 표기한다), pp.114~115(G. Lukács, 김윤상 역, 『루카치 미학사 연구-쉴러에서 니체까지』, 서울 : 이론과실천, 1992, 131~132쪽, 이하 미학사로 표기한다).

7 김병옥 외편, 『도이치문학 용어사전』, 서울 : 서울대 출판부, 2001, 634~635쪽 참조.

관련 하에서 이해되어야 적절하다. 왜냐하면 헤겔이 '로만'이라는 용어를 독립 명사로는 제한적으로 사용하는 반면, 수식어로는 다양한 맥락에서 더 자주 사용하기 때문이다. 즉, 헤겔은 '로만티쉬romantisch'라는 개념을 다양한 문맥에서 사용하는 데, 그 중 대표적인 것들로는 '낭만적 예술형식romantische Kunstform' 또는 '낭만적 예술romantische Kunst', '낭만적인 것das Romantische' 등이 있다.[8] 이 중 우선 '낭만적 예술형식'과 연관해서 '로만Roman'의 의미를 살펴보면 다음과 같다.

앞서 언급했듯이, 헤겔은 미학에서 예술형식을 상징적 예술형식, 고전적 예술형식, 낭만적 예술형식으로 구분하는데, 이것은 내용과 형식의 적합성 여부에 따른 구분이다. 물론 '상징적', '고전적', '낭만적'이라는 표현은 이처럼 예술형식에만 부여되지 않고 각각의 예술 장르 내에서도 사용된다. 예를 들어, 건축은 상징적 예술형식을 대표하지만, '고전적 건축'이나 '낭만적 건축'도 가능하다.[9] 이 점에서 엄격히 말하면 '낭만적 예술형식'과 '낭만적 예술들'은 동일하지 않을 수 있다. 낭만적 예술형식에 포함되지만 낭만적 예술이 아닌 것도 있는데, 호메로스의 서사시가 대표적인 사례이다. 그에 비해 낭만적 예술형식에 포함되지는 않지만 낭만적 예술인 것도 있고, 그래서 낭만적 건축 등의 규정도 가능하다. 그런데, 헤겔은 미학에서 '낭만적 예술형식'을 때로는 그냥 '낭만적 예술'이라고 부르기도 하므로, 예술형식의 구분과 예술 장르의 구분이 상호 중첩되는 과정을 고려해 문맥에 맞게 그 의미를 적절하게 이해할 필요가 있다.[10]

헤겔 미학에서 낭만적 예술형식의 대표격인 '시문학Poesie'은 서사시epische

---

8 '낭만적인 것'에 관해서는 다음의 논문을 참조할만 하다. 권대중, 「헤겔의 반낭만주의적 낭만주의 -그의 체계에서 '낭만적인 것'의 변증법」, 『헤겔연구』 제33호, 한국헤겔학회, 2013, 77~96쪽.
9 Ästhetik2, p.302 이하・p.330 이하(두행숙3, 114쪽 이하・152쪽 이하) 참조.
10 Ästhetik1, pp.113・392(두행숙1, 164쪽; 두행숙2, 32쪽); Ästhetik2, p.231(두행숙2, 537쪽); Ästhetik3, pp.23・133・304・462(두행숙3, 344・4/8・65/・835쪽) 참조.

Poesie, 서정시Iyrische Poesie, 극시dramatische Poesie로 구성된다. 그런데, '소설 Roman'은 시문학 중 독립 부분을 구성하지 못할 뿐만 아니라, 본래적 의미의 서 사시, 서정시, 극시 어느 부분에도 포함되지 않는다. 소설에 대한 헤겔의 언급이 여러 곳에 분산되어 있고 단편적이며 비체계적인 이유도 여기에 있다. 실제로 헤 겔은 '호토판 미학'에서 16세기부터 그 당대까지 다양한 작품들을 직접 '소설 Roman'이라고 부르기도 한다. 거기에는 세르반테스Miguel de Cervantes, 1547~1616 의 『돈 키호테El ingenioso hidalgo Don Quijote de La Mancha』1605 · 1615,[11] 오귀스트 라퐁텐August Lafontaine, 1758~1831의 소설,[12] 야코비Friedrich Heinrich Jacobi, 1743~ 1819의 『볼데마르Woldemar, Eine Seltenheit aus der Naturgeschichte』1779, 괴테Johann Wolfgang von Goethe, 1749~1832의 『괴츠 폰 베를리힝엔Goetz von Berlichingen』1773, 『빌헬름 마이스터Wilhelm Meister』1795/1821,[13] 『친화력Die Wahlverwandtschaften』1809,[14] 티크Ludwig Tieck, 1773~1853의 소설들,[15] 빌헬름 하인제Wilhelm Heinse, 1746~1803 의 『호헨탈의 힐데가르트Hildegard von Hohenthal』1795/6,[16] 장 파울Jean Paul, 1763~ 1825의 작품[17] 등이 포함된다. 그리고 심지어 헤겔은 중국에도 '민족적 서사시 nationales Epos'는 없지만 그 대체물로 '소설들'은 있고, 이 소설들이 그 완성도 에서 경탄을 자아낼 정도라고 언급하기도 한다.[18]

---

11 Ästhetik2, p.218(두행숙2, 520쪽); Ästhetik3, p.411(두행숙3, 779쪽). 여기서 헤겔은『돈 키호테』를 '좀 더 심오한 소설(der tiefere Roman)'이라고 표현한다.

12 Ästhetik1, p.303(두행숙1, 410쪽).

13 Ascheberg, pp.108~109(서정혁, 163~164쪽). 헤겔이 직접『괴츠 폰 베를리힝엔』과『빌헬 름 마이스터』를 소설이라고 부르고 있지는 않지만, 소설을 언급하면서『빌헬름 마이스터』의 내 용을 염두에 두고 있으므로 이 작품을 넓은 의미에서 소설에 포함시킬 수 있다.

14 Ästhetik1, p.384(두행숙1, 520~521쪽). 헤겔은 괴테의 이 작품을 '산문적인 무미건조한 시 대를 다룬 소설(Roman, der in einer bestimmten prosaischen Zeit spielt)'에 포함시키고 있다.

15 Ästhetik1, p.545(두행숙2, 248쪽). 여기서도 헤겔은 Novelle와 Roman을 구분하지 않고 사 용하고 있다.

16 Ästhetik1, p.545(두행숙2, 248~249쪽).

17 Ästhetik2, p.230(두행숙2, 536쪽).

더구나 소설에 대한 규정과 한계는 '호토판 미학' 이전으로 거슬러 올라갈수록 더욱더 불투명해진다. 그 증거로 우선, 헤겔이 '호토판 미학'에서는 '소설'을 '이야기Erzählung'나 '단편 소설Novelle' 등과 구분하고 있으나,[19] '20~21년 미학 강의'에서는 이 용어들을 혼용해서 사용한다는 점을 들 수 있다. 헤겔은 '20~21년 미학 강의'에서 괴테의 작품들을 때로는 '이야기Erzählung'로,[20] 때로는 '소설Roman'로 표현하며,[21] 세르반테스의 『돈 키호테』를 '낭만적 단편소설 romantische Novelle'이라고 부르기도 한다.[22] '23년 미학 강의'에서도 『돈 키호테』를 '낭만적 단편소설'이라고 부르면서 '단편소설Novelle'과 '소설Roman'을 혼용한다.[23] 이와 같은 점들을 고려할 때, 헤겔은 처음부터 '소설Roman'이라는 용어를 확정된 개념으로 사용하지 않았으며, 미학 강의들을 순차적으로 진행하면서 조금씩 이 용어의 의미와 그것을 적용할 대상을 탐색해 나가고 있었다고 짐작할 수 있다.

그런데, 용어 사용보다 더 중요한 문제는, 헤겔 자신이 소설Roman에 어떤 구체적 의미를 부여하고 있는가 하는 점이다. 잘 알려져 있다시피, 헤겔은 소설을 아래와 같이 '근대의 시민적 서사시'로 규정한다.

---

18 Ästhetik3, p.396(두행숙3, 757~8쪽). 루카치도 고대의 문학이나 중세기의 문학, 그리고 동양의 문학에도 소설과 유사한 경향의 작품이 존재했다고 언급하지만, 소설이 전형적인 특징을 띠게 된 것은 그것이 부르주아 사회의 표현 형식이 된 이후라고 주장한다. G. Lukács, "Referat über den Roman", in : *Disput über den Roman. Beiträge zur Romantheorie aus der Sowjetunion 1917-1941*, hrsg. von M. Wegner, B. Hiller, P. Keßler, und G. Schaumann, Berlin und Beimar : Aufbau Verlag, 1988, p.360(G. Lukács, 신승엽 역, 「토론을 위한 보고연설」, 소련 콤아카데미 문학부 편, 『소설의 본질과 역사』, 서울 : 예문, 1988, 127쪽)(이하 Referat, 보고연설로 표기한다).
19 Ästhetik3, p.415(두행숙3, 783쪽). 헤겔은 여기서 다음과 같이 언급하고 있다. "그 밖에 현재의 민족적인 또는 사회적인 삶의 영역을 묘사하기 위해 서사시 영역에서도 소설(Roman), 이야기(Erzählung), 단편소설(Novelle) 등에 아무 제약 없이 문호가 개방되었다."
20 Ascheberg, p.107(서정혁, 161쪽).
21 Ascheberg, pp.109 · 315(서정혁, 164 · 520쪽).
22 Ascheberg, p.179(서정혁, 289쪽).
23 Hotho, p.197(권정임, 284~285쪽).

근대의 시민적 서사시moderne bürgerliche Epopöe가 된 소설에서는 사정이 전혀 다르다. 여기에는 한편으로 관심들, 상태들, 성격들, 삶의 관계들의 풍부함과 다면성, 총체적인 세계의 폭넓은 배경과 사건들의 서사적 표현이 완전히 다시 나타난다. 그럼에도 불구하고 거기에 결여되어 있는 것은, 본래적 서사시가 출현한 근원적 포에지적 세계상태다. 근대적 의미에서 소설은 이미 프로자로 질서 잡힌 현실을 전제한다.[24]

사실상 헤겔 미학에서 '소설'을 규정할 때 그 핵심은 바로 이 '근대의 시민적 서사시'라는 표현인데, 이 규정이 직접 등장하는 곳은 '호토판 미학'이다. '20~21년 미학 강의'에서 헤겔은 '낭만적인 것의 끝'을 '소설Roman'이라고 표현하지만,[25] '근대의 서사시'를 '소설'이라고 규정하지는 않는다. 헤겔은 서사시를 원형적인 '고대antik 서사시'와 후에 만들어진 '근대modern 서사시'로 구분해야 한다고 주장하면서, 호메로스와 베르길리우스를 비교하면서 후자를 근대 서사시에 포함시키지만 '근대 서사시'를 '소설'과 동일시하지는 않는다.[26] 오히려 단적으로 "서사적인 것das Epische 자체는 근대다운 것das moderne과는 완전히 다르다"[27]라고 주장하기도 한다. '23년 미학 강의'에서도 헤겔은 "호메로스의 세계와 그의 소재 형성은 아직 아름다운 조화 속에 있다"고 하면서 호메로스의 서사시를 근원적인 서사시에 귀속시키고, 그에 비해 베르길리우스의 작품을 후대에 만들어진 서사시에 귀속시키지만 '소설'이라는 용어는 사용하지 않는다.[28] 오히려 헤겔은 '23년 미학 강의'에서 "서사적인 시작품은 오직 특정 시대에만 있을 수 있다. 근대는 어떤 서사시도 없다"[29]라고 말하기도 한다. 실제로

24 Ästhetik3, p.392(두행숙3, 754쪽).
25 Ascheberg, p.179(서정혁, 289쪽).
26 Ascheberg, p.309(서정혁, 509쪽).
27 Ascheberg, p.317(서정혁, 524쪽).
28 Hotho, p.293(권정임, 388쪽).
29 Hotho, p.295(권정임, 390쪽).

'23년 미학 강의' 이전까지 헤겔이 '근대적 서사시'로서 '소설Roman'에 확정적 위치와 의미를 부여하려 한 흔적을 찾기 힘든 까닭은, 일차적으로 이 시기에 시문학Poesie에 관한 서술 분량이 '호토판 미학'에 비해 짧고 그 내용도 길지 않기 때문이다. 그런데, '26년 미학 강의'의 '서사시' 부분에는 다음처럼 '근대의 서사시'를 '소설'이라고 규정하는 언급이 처음 등장한다.

> 인간다운 것은 흥미로운 것das Interessante이다. 우리의 근대 서사시modernes Epos 는 소설Roman이다. 소설의 영웅은 서사시의 영웅이 될 수 없다. 왜냐하면 낭만적인 것에서 인륜다우며 올바른 것이 확고한 상태가 되어 버렸고, 개인 그 자체에게는 단지 이렇게 확고한 세계 내에서 특수성만이 남아 있으며, 이 세계에 조우하고 맞추려는 개인의 도야와 노력만이 남아 있기 때문이다. 개인에게 처분이 맡겨지는 것은 바로 개인 고유의 주체성이다.[30]

'26년 미학 강의'에서야 비로소 우리는 헤겔이 소설을 근대성 및 서사시와 연관해 직접 규정하는 내용을 확인할 수 있다. 이처럼 자신의 미학이 좀 더 체계를 잡아가면서 헤겔은 '소설'에 대한 자신의 생각을 점차 다듬어 나간다. 하지만, 여전히 '호토판 미학'에까지 가서도 '근대의 시민적 서사시'라는 소설의 규정이 헤겔에게 확정적인 것은 아니다. 왜냐하면 이미 언급했듯이, 헤겔에 의하면 소설은 독립 문학 장르도 아니고, 서사시나 서정시, 그리고 극시의 하위 장르로 포함되지 않으면서도, 동시에 이 장르들 각각의 특징을 부분적으로 공유할 수도 있어서 그 성격이나 위상이 매우 유동적이기 때문이다.[31] 이 점에서 헤겔에게

---

30 Kehler, p.217.
31 예를 들어, 헤겔은 1828년에 쓴 어떤 글("Notiz zu Hamann")에서 '소설(Roman)'이 근대인의 경우 '극시'를 대신한다고 주장한다. TW11, p.551.

소설은 일차적으로 '특수한 현상'이며 그에 관한 '체계적이며 보편적 이론'은 아직 확립된 상태가 아니라는 사실을 확인할 수 있다. 헤겔은 다양한 개별 작품들을 접하고 그것들을 기존의 문학 장르에 포섭하는 것이 부자연스럽다는 것을 느끼고 있었고, 그것들에 '근대의 서사시'로서 '소설'이라는 하나의 일관된 규정을 부여하기를 때로는 주저했으며, 더구나 체계적 이론으로 정립하지는 않았다.[32] 칸트 식으로 말하자면, 헤겔에게 소설은 여전히 '규정적 판단력'이 아니라 '반성적 판단력'이 적용되어야 하는 특수한 현상이었던 것이다. 특수자를 보편자 아래 포섭해 판단하려 할 때, 규칙, 원리, 법칙과 같은 보편자가 이미 주어져 있다면 판단력은 규정적으로 작동할 수 있지만, 보편자가 없고 특수자만 주어져 있다면 판단력은 반성적으로 작동할 수밖에 없다.[33] 소설이라는 현상과 관련해 아직 보편자로서 규칙이나 법칙은 주어지지 않고, 특수자로서 개별적 작품들만 제한적으로 나타나는 상황에 헤겔은 처해 있었다고 할 수 있다. 이 점을 고려한다면, 헤겔이 예술 현상들을 "경직되고 인위적으로 특정 시기에 복속시켰으며" 그 중 소설을 "근대 시민 시대의 지배적 예술"로 간주했다는 루카치의 해석은 헤겔 자신에게는 일차적으로 과도한 해석이다.[34] 루카치는 헤겔이 마르크스처럼 "소설의 불완전한 선행자들이 상이한 시기에 얼마나 구체적으로 사회적으로 출현하는가"를 감지하지 못했다고 비판하지만,[35] 이 비판은 헤겔 미학을 면밀히 검토해 보면 설득력이 떨어진다. 헤겔은 결코 소설을 '자본주의 사회에서의 가장 전형적 형식'이나 '전형적인 새로운 예술 장르'로 규정하지도 않았

---

32 H. Steinecke, *Romantheorie und Romankritik in Deutschland* Bd. 1, Stuttgart : J. B. Metzler, 1975, p.53 참조.

33 Kant, KU, XXV-XXVI.

34 LW10, p.134(미학사, 154쪽). 여기서 루카치는 마르크스와 헤겔을 비교하면서 예술을 객관적 실재의 반영으로 일관되게 파악한 마르크스에 비해 헤겔은 관념론에 머물러 있었다는 점을 비판의 근거로 삼고 있다.

35 LW10, p.134(미학사, 154쪽).

고,[36] 서사시와 소설의 관련성을 의식하기는 했지만, 그것을 이론적으로 체계화하지도 않았다.[37]

이에 비해 오히려 루카치 자신이 소설이라는 현상을 유형화하려 했으며, 이 유형화에 적용된 보편자는 헤겔의 의도와는 상관없이 공교롭게도 '헤겔의 소설론'이라고 할 수 있다.[38] 루카치는 『소설의 이론』을 통해 헤겔 미학에서 소설의 의미를 재조명하는 데 결정적인 역할을 했다. 후에 루카치의 『소설의 이론』이 형식과 역사의 내재적 연관성을 중심에 놓고 사유하는 소설론 내지 소설관들의 전개과정에서 일종의 이론적 '기원'으로 자리하고 있는 것처럼,[39] '헤겔의 소설론'은 루카치 자신에게 이러한 '기원' 역할을 했다. 루카치는 『소설의 이론』을 쓰고 난 후 작성한 서문에서, 이 책이 '칸트로부터 헤겔로 나아가는 과도기'에 쓰여졌고,[40] 이 당시 자신이 '헤겔주의자'가 되어 있었다고 회상하면서 "이 책의 총론 격인 제1부는 본질적으로 헤겔에 의해 규정되고 있다"고 밝힌다.[41] 특히, 루카치는 '역사철학적으로 파악된 서사시와 소설의 공통점과 차이점을 제시하고 있는 점', '미학적 범주를 역사화한 점' 등을 헤겔적 유산이라고 직접 언급한다. 『소설의 이론』을 쓴 시기를 전후로 루카치가 의도한 두 가지 측면, '칸

---

36 김윤식, 「루카치 소설론의 수용양상」, 『한국근대문학사상사』, 서울 : 한길사, 1984, 249~250쪽 참조. 김윤식의 이와 같은 단언적 규정은 소설에 관한 헤겔의 논의를 부정확하게 이해한 대표적 사례다.

37 김윤식, 같은 글, 254쪽 참조. 김윤식은 '서사시와 소설의 관련성을 이론화한 것'을 '헤겔의 최대 공적'으로 간주하지만, 헤겔 스스로 그렇게 생각했을까 라고 되물어 보면 매우 회의적이다.

38 앞서 언급한 칸트의 '반성적 판단력'과 관련해 루카치는 칸트가 특수자가 보편자와 맺는 관계에서 우연의 계기를 인정한 것은 매우 올바른 견해이고, 특수자와 보편자의 상호 관계 속에서 우연성의 문제를 제기한 것도 정당하다고 해석한다. 그러나, 루카치는 칸트가 우연성과 필연성을 대립시켜 우연 속에서 필연성의 계기를 인식하는 변증법적 사고를 하지는 못했다고 비판한다. LW10, p.550(G. Lukács, 여균동 역, 『미와 변증법』, 서울 : 이론과실천, 1987, 22쪽, 이하 미와 변증법으로 표기한다).

39 김경식, 「역사적ㆍ철학적 소설미학의 역사성과 현재성-G. 루카치의 『소설의 이론』을 중심으로」, 『브레히트와 현대연극』 제15집, 한국브레히트학회, 2006, 6쪽.

40 ThR, p.9(김경식, 7쪽).

41 ThR, p.9(김경식, 10쪽).

트로부터 헤겔로의 이행'과 '역사철학적 계기의 도입'은 밀접한 연관이 있다.[42] 왜냐하면 루카치는 칸트 철학의 한계를 '불가지론적이고 주관적인 관념론'[43]으로 보고 헤겔의 변증법을 통해 이를 극복할 수 있다고 주장하는데, 이 문제의식은 '진정한 정전 작품들의 역사적이며 초역사적인 본질적 특성들'을 인식하고 그것들에서 '한 단계, 한 시대의 역사철학적 의미'를 간파해 내려는 '예술의 역사철학자'[44] 태도로 이어지고, 루카치는 이러한 작업을 실제로 『소설의 이론』에서 수행하고 있기 때문이다.[45] 물론 루카치 자신도 밝히고 있듯이, 『소설의 이론』은 그것이 토대로 하고 있는 이론에 대한 객관적 분석을 목적으로 저술된 연구서가 아니라, 근대 자본주의 이후의 '새로운 세계'에 대한 전망을 모색하는 일종의 '유토피아주의'에 기초해 있다. 이 점에서 루카치는 자신의 『소설의 이론』이 '보존하는 성격'이 아니라 '폭파하는 성격'을 띠고 있다고 분명히 밝힌다.[46] 루카치는 헤겔 미학에 대한 '순수' 연구자의 입장을 견지했다기보다, 스스로 밝히고 있듯이 '사회적 성격'을 토대로 헤겔 미학을 비판적 견지에서 바라보았다.[47] 그리고 루카치는 자신이 헤겔의 이론에만 의존하는 '헤겔만 따르는 정통 헤겔주의자'가 아님을 분명히 밝히고 있다.[48] 그럼에도 불구하고 그의 『소설의 이론』은 헤겔적인 틀로 소설에 관한 하나의 유형론eine Typologie을 창출하려는 의도로 쓰여졌고,[49] 실제로 이 책의 제2부는 '추상적 이상주의', '환멸의 낭만주의', '종합의 시도' 등과 같은 유형들로 여러 작품들을 분류하고 있다.[50]

---

42 이에 관해서는 루카치의 미학사 연구에서 칸트에서 실러를 거쳐 헤겔에 이르는 미학사의 흐름을 참조할 수 있다. LW10, p.17 이하(미학사, 11쪽 이하) 참조.

43 LW10, p.552(미와 변증법, 25쪽).

44 LW16, p.230 이하 참조.

45 김경식, 앞의 글, 11쪽 참조.

46 ThR, p.14(김경식 16쪽).

47 ThR, p.12(김경식 14쪽).

48 ThR, p.9(김경식, 10쪽).

49 F. Jameson, 여홍상·김영희 역, 『변증법적 문학이론의 전개』, 서울 : 창작과비평사, 1984, 188쪽 참조.

그러나 앞서 언급했지만 엄밀히 말해 헤겔에게는 보편자로서 작용할 '유형학적 소설론'이 아직 없었다고 할 수 있다. 루카치 못지않게 헤겔에게도 소설과 소설을 탄생시킨 근대라는 시대는 여전히 문제적인problematisch 것이었지만 아직 확정된 이론의 대상은 아니었다. 루카치조차 소설의 이론에 관해 자세히 다루고 있는 문헌은 19세기 후반에야 비로소 나타나기 시작하고, 이때에 와서야 비로소 소설은 근대 시민계급의 전형적인 표현형식으로서 완전히 확고한 지반을 차지하게 되었다고 언급한다.[51] 이 같은 점들을 고려할 때, '근대의 서사시'라는 소설에 대한 헤겔의 규정도 헤겔적인 맥락에서 좀 더 '제한적으로' 이해될 필요가 있다. 또한 이러한 검토에서 추가로 고려해야 할 점은, 앞서 언급한 헤겔 미학과 관련된 근래의 문헌학적 연구 성과가 없던 시기에 루카치는 헤겔 미학을 접했다는 사실이다. 물론, 그렇다고 루카치의 헤겔 수용의 의미와 가치가 저평가되어야 하는 것은 결코 아니다. 그보다 더 문제가 되는 것은 지금까지 '소설론'을 주제로 헤겔과 루카치의 관계를 너무나 당연시하고, 그것을 객관적으로 검토해 보려는 시도가 불충분했다는 점이다.[52]

---

50 ThR, p.83 이하(김경식, 111쪽 이하).

51 G. Lukács, "Der Roman", in : *Disput über den Roman. Beiträge zur Romantheorie aus der Soujetunion 1917-1941*, hrsg. von M. Wegner, B. Hiller, P. Keßler und G. Schaumann, Berlin und Beimar : Aufbau Verlag, 1988, p.312(Lukács, G., 김혜원 편역, 「소설의 이론」, 『루카치 문학이론』, 서울 : 세계, 1990, 119쪽)(이하 Roman, 소설로 표기한다).

52 김윤식이 루카치를 '20세기 미학에서의 헤겔'이라고 부른 것은 이러한 경향을 단적으로 보여준다. 김윤식, 앞의 글, 254쪽.

2. 서사시와 소설의 의미 비교

루카치의 관점과 연관해 볼 때, 헤겔의 미학에서 소설과 관련해 가장 중요한 내용을 꼽으라면, 소설Roman을 '근대의 시민적 서사시'로 규정한 위 구절이다. 직접적으로 헤겔 미학의 이 구절만 놓고 본다면, 소설이 고대 서사시와 지니는 공통점은 '세계의 폭넓은 배경 및 사건들의 서사적 표현'이고, 차이점은 '포에지적 세계상태'가 아니라 '프로자로 질서 잡힌 현실'을 전제한다는 점이다. 즉, 소설은 소재로 취하는 범위나 표현의 측면에서는 서사시와 유사하지만, 프로자적 현실을 전제한다는 점에서 고대 서사시와 다르다. 따라서 소설의 의미를 정확히 이해하려면 소재의 범위나 표현 면에서 서사시와 비교 검토가 필요할 뿐만 아니라, '근대'라는 제한적 조건에 관한 검토도 필요하다. 여기서는 일차적으로 고대의 서사시와 비교해 소설이 헤겔 미학에서 구체적으로 어떤 의미를 지니는가를 첫째는 한 작품 내에서 주인공과 그가 세계와 맺는 관계라는 측면에서, 둘째는 작가의 창작 활동의 측면에서 살펴본다.

헤겔은 미학에서 고대의 서사시를 '본래적인eigentlich',[53] '근원적인ursprünlich'[54] 또는 '참된wahrhaft'[55] 서사시라고 규정하며, 그 대표적 전범으로 '호메로스의 서사시'를 들고 있다. 왜냐하면 서사시는 '충만한 통일적 총체성einheitsvolle Totalität'을 주요 특징으로 삼는데,[56] 헤겔에 의하면 호메로스의 서사시는 본래적인 서사시가 갖추어야 할 '참된 근본 특징'을 지니고 있고,[57] 근원적인 서사시가 보여주어야 할 '내적으로 유기적이고 참된 서사적 총체성'을 가장 잘 구현하고 있기 때문이다.[58]

---

53 Ascheberg, p.307(서정혁, 506쪽); Ästhetik3, p.330(두행숙3, 684쪽).

54 Ästhetik3, p.367(두행숙3, 726쪽).

55 Ästhetik3, pp.345·375(두행숙3, 701·734쪽).

56 Ästhetik3, p.373(두행숙3, 732쪽).

57 Ästhetik3, p.339(두행숙3, 694쪽).

58 Ästhetik3, pp.337~338(두행숙3, 692쪽).

이 서사적 총체성의 의미를 주인공인 영웅과 그가 처한 세계와의 관계를 통해 검토해 볼 수 있다. 헤겔에 의하면 서사시의 두 주요 계기는 '한 민족 전체의 세계'[59]로 표현되는 '보편적인 서사적 세계상태'[60]와 '개체적인 서사적 행위'[61]이다. 헤겔은 '미학 강의'에서 '행위Handlung'를 논하는 부분에서 다음과 같이 '보편성과 개체성의 관계'를 명확히 규정한다.

> 참된 자립성은 오직 개체성과 보편성의 통일과 상호 침투에서만 존립한다. 즉 보편자는 개체를 통해 비로소 구체적인 실재성을 얻고, 동시에 개별적이고 특수한 주체는 보편자 속에서 비로소 흔들리지 않는 토대와 그의 현실성의 참된 알맹이를 찾는다.[62]

여기서 보편성과 개체성의 통일 관계는 고대 서사시의 '근원적 총체성'을 적절하게 표현한다. 고대 서사시에서 표현되는 보편자는 신들의 세계이지만, 개체에게 낯설고 외적인 것이 아니다. 왜냐하면 보편자는 홀로 고립해 존립하지 않고, 오히려 서사적 세계상태에서 실체적 보편성은 그 자체 속에 주체적인 개별자의 형태를 지니고 있기 때문이다.[63] 서사시의 배경이 되는 전체 삶의 상태에 가장 적합한 것은, 삶의 상태가 개인들에게 '이미 현존하는 현실의 형식'을 지니더라도 개인들과 '근원적 생동성의 가장 밀접한 연관'을 유지하는 데 있다.[64] 또한 서사시의 세계상태에서 보편적 실체성과 개체성의 통일은 직접성의 형식을 띠며, 개인들이 이 통일을 반성된 의식을 통해 아는 것이 아니라, 이 통일이 '주관적인 감정, 심정, 성향'으로 개인 속에 현존한다.[65] 그래서 보편자는 개체의 고

59 Kehler, p.401.
60 Ästhetik3, p.339 이하(두행숙3, 694쪽 이하).
61 Ästhetik3, p.353 이하(두행숙3, 709쪽 이하).
62 Ästhetik1, p.237(두행숙1, 315쪽).
63 Ästhetik1, p.237(두행숙1, 315쪽).
64 Ästhetik3, pp.339~340(두행숙3, 695쪽).

유한 성격으로서 개체 내에 현실적으로 존재하며, 개체가 활동하는 행위 영역은 보편성과 개별성, 신과 인간, 세계와 개인이 직접적으로 통일된 상태다.

헤겔에 의하면 고대 서사시의 세계에서 이처럼 근원적 총체성이 가능한 이유는, 개별 주체에게 낯선 외적인 국가나 사회 제도가 보편자로 존재하지 않기 때문이다.[66] 오히려 고대 서사시의 세계에서 모든 인륜은 전적으로 개체들에 의존하며 개체들 속에만, 개체들을 통해서만 살아 숨 쉬고 현실성을 지닌다.[67] '영웅시대Heroenzeit'로 불리는 이 시대의 특징은, 삶의 확실한 기초와 자유와 자립성의 유지가 개별자의 힘과 용기 속에서 통합적으로 존립한다는 점이다.[68] 헤겔은 고대 서사시에 등장하는 주인공 영웅의 본질을 다음과 같이 표현한다.

> 영웅들은 개인들로서, 그들의 성격과 자의의 자립성으로부터 행위 전체를 스스로 떠맡고 수행하므로, 합법적이며 인륜다운 것을 영웅들이 수행할 때 이 합법적이며 인륜다운 것은 영웅들에게서 개체적 심정으로 현상한다. 그러나 실체다운 것과 경향, 충동, 의지의 개체성 사이의 이 직접적 통일은 고대 그리스의 미덕[탁월함]에 존립하므로, 개체성은 그 자체로 법이며, 독자적으로 존립하는 법과 판정 그리고 법정에 종속되지 않는다.[69]

고대 그리스의 영웅으로 구현되는 서사시의 행위자는 헤겔이 '법 이전의 시대'라고 부른 시대에서 활동했는데, 헤겔에 의하면 이들은 종종 '국가의 창시자'로 등장하며, "법과 관습도 그들로부터 나오고 그들과 결합된 상태의 개별

---

65 Ästhetik1, p.238(두행숙1, 316쪽).
66 N. Hebing, *Unversöhnbarkeit-Hegels Ästhetik und Lukács' Theorie des Romans*, Duisburg : Universitätsverlag Rhein-Ruhr, 2009, p.46 참조.
67 Ästhetik1, pp.242~243(두행숙1, 319~321쪽) 참조.
68 Ästhetik1, p.243(두행숙1, 321쪽) 참조.
69 Ästhetik1, p.243(두행숙1, 323쪽).

작품으로 실현된다".[70] 이 모습을 가장 잘 보여주는 고대 서사시의 시작이자 정점이 호메로스의 서사시다. 호메로스의 서사시『일리아드』와『오딧세이아』는 '사태의 본성 상 서사시의 주요 규정들을 구성하는 참된 근본 성격'을 제공해 준다.[71] 헤겔은 호메로스의 서사시에 대해 다음과 같이 말한다.

> 호메로스의 경우에 신들은 시짓기Dichtung, 作詩와 현실 사이의 마술적인 빛magisches Licht 속에 떠 다닌다. (…중략…) 신들이 인간다우며 자연스러운 것으로 나타나는 것은, 직관화가 보여주는 이 밝고 인간다운 신선함die Frische 때문인데, 이러한 측면이 호메로스의 시가 이룩한 중요한 공헌이다.[72]

헤겔은 서사시의 세계에서 실현된 신과 인간의 조화, 시와 현실의 조화를 강조하고 있다. 서사시에서 등장인물이 객관성을 띠려면, 등장인물들은 그 자신이 '여러 특징들의 총체성'이자 '온전한 인간'이어야 하는데, 예를 들어, 영웅 아킬레우스는 자신 속에 인간적이며 민족적인 여러 속성들을 생동적으로 통합하여 지니고 있다. 아킬레우스는 아들이자 영웅이고 애인이자 남편이며, 자신의 왕과 신하들, 적들과 관계를 맺고 있는 등장인물이다.[73] 아킬레우스처럼 서사시적 개인은 "바로 이 존재, 직접적 개체성이 걸맞은 시대에 살고 있기 때문에, 전체 세계상태에 따라 자신이 존재하는 모습대로 존재하고 타당할 수 있는 권리를 지닌다".[74]

이와 같이 헤겔은 세계와 주체가 통합된 상태를 서사시적인 '포에지적 세계상

---

70 Ästhetik1, p.244(두행숙1, 323쪽).
71 Ästhetik3, p.339(두행숙3, 694쪽).
72 Ästhetik3, p.368(두행숙3, 726~727쪽).
73 Ästhetik3, p.359(두행숙3, 715쪽).
74 Ästhetik3, p.360(두행숙3, 716쪽).

태'로 파악했다. 고대 그리스의 서사시에서는 신들뿐만 아니라 영웅들과 인간들에게도 '상호 간에 침해하지 않는 힘과 자립적인 개체성의 자유'가 부여됨으로써, 통일성과 총체성을 가능케 하는 '가장 아름다운 매개항die schönste Mitte'이 유지될 수 있었다는 것이다.[75]

그러나, 헤겔에 의하면 서사시가 전제로 하는 이와 같은 통일성은 민족적 삶이나 시문학의 최초의 시대에만 현존했다.[76] 개체적 자아가 민족의 실체적 전체와 그 상태로부터 분리되면 '본래적인 서사시'는 더이상 가능하지 않다.[77] 개인이 자신의 본질과 상태에 대해 이해하게 되면서, 이 통일적 감정의 자리에 '사유'가 들어서며, 사유에 기반한 '입법적 지성의 보편성'은 직접적 실체성이나 총체성과는 다르다.[78] 헤겔은 '오늘날 우리의 세계상태'에 고대와 달리 '무미건조한 산문적 상태prosaischer Zustand'라는 특징을 부여한다.[79] 산문적 세계상태에서는 '인륜적 개념, 정의, 자유' 등이 이미 합법적 질서의 형식 내에서 나타나고 유지된다.[80] 헤겔에 의하면 '확대된 법, 가차 없는 재판권 행사, 잘 정돈된 행정, 부처들과 내각, 경찰 등을 갖추고 조직된 헌정으로 발전된 국가 상태'는 '참된 서사시적 행위의 토대'로서 적절하지 않다.[81] '잘 정돈된 가정과 국가의 삶이 보여주는 단순하게 지성적인 프로자[산문]Prosa'의 시대에는 호메로스의 서사시처럼 개인들을 온전하게 매개하는 '근원적인 시적 매개항ursprünlich poetische Mitte'이 존재할 수 없다. 또한 "그로부터 산출되는 생산물들과 함께 오늘날 우리의 기계와 공장제도, 그리고 우리의 외적인 생활 욕구를 충족시키는

---

75 Ästhetik3, p.367(두행숙3, 725쪽).
76 Ästhetik3, p.333(두행숙3, 687~688쪽).
77 Ästhetik3, p.332(두행숙3, 687쪽).
78 Ästhetik1, p.239(두행숙1, 317쪽).
79 Ästhetik1, p.253(두행숙1, 337쪽).
80 Ästhetik1, p.239(두행숙1, 317쪽).
81 Ästhetik3, p.340(두행숙3, 695쪽).

방식은 근대의 국가 조직과 마찬가지로 근원적 서사시가 필요로 하는 삶의 배경에 적합하지 않을 것이다".[82]

헤겔은 이미 베르길리우스Publius Vergilius Maro, BC70~BC19의 서사시마저 '후대에 인위적으로 만들어진 서사시'라고 부르면서, 호메로스의 '근원적 서사시'와 대비한다.[83] 베르길리우스의 서사시에서 '시인의 직관방식'은 '시인이 표현하려고 하는 세계'와 완전히 다르다. 여기서 신들은 '본연의 생동성의 신선함'을 지니지 않으며 "스스로 살아나가면서 자신들의 현존에 대한 믿음을 산출하지 못하고, 단순한 허구들Erdichtungen과 외적인 수단으로만 드러난다".[84] 헤겔은 '사태 자체로부터 창작된 것이 아니라 인위적으로 만들어진 졸작Machwerk'으로, 밀턴John Milton, 1608~1674의 『실락원*Paradise Lost*』1667, 보드머Johann Jakob Bodmer, 1698~1783의 『노아키드*Die Noachide in Zwölf Gesangen*』1781, 클롭슈토크 Friedrich Gottlieb Klopstock, 1724~1803의 『메시아*Messias*』1748/1773, 볼테르Franois-Marie Arouet, 1694~1778의 『앙리아드*La Henriade*』1728 등을 거론한다.[85] 호메로스와 베르길리우스를 비교하는 논의에 이어서 헤겔이 이 작품들을 거론하고 있지만, 헤겔 자신이 이 작품들 모두를 '근대적 서사시'로서 '소설'이라고 생각했는지는 의문이다. 그러나, 이 작품들이 더이상 본래적이고 근원적인 참된 서사시가 아니라고 헤겔이 생각한 것은 분명하다. 왜냐하면 헤겔에 의하면 이 시들에서는 시인이 자신의 반성을 통해 사건과 인물 그리고 상황들을 묘사하고 있는데, 이렇게 함으로써 '시인의 반성'과 '시의 내용'이 분열되고 있기 때문이다.[86]

물론, 헤겔에 의하면 어떤 민족도 그들의 서사시의 고향Heimat과도 같은 영웅

---

82 Ästhetik3, p.341(두행숙3, 696쪽).
83 Ästhetik3, p.367(두행숙3, 726쪽).
84 Ästhetik3, p.368(두행숙3, 726쪽).
85 Ästhetik3, p.370(두행숙3, 729쪽).
86 Ästhetik3, p.370(두행숙3, 729쪽).

시대 당대에 시적으로 묘사할 수 있는 서사시와 같은 예술을 지니고 있었던 것은 아니다. '그 자체로 현실적으로 현존하는 시적인 민족의 상태'와 '시적인 소재를 표상하는 의식이나 그러한 세계를 예술적으로 표현하는 것'은 다르다.[87] 그러나, 헤겔은 서사시의 소재가 되는 세계상태와 그에 대한 시인의 서사적 표현이 이렇게 분리된다고 해도, 시인과 그 소재 사이에는 '밀접한 연관'이 있어야 한다고 주장한다. 시인이 속한 현실과 그가 창작한 서사시 사이에는 친근성 Verwandtschaft이 있어야 한다. 왜냐하면 "시인에게 고유한 현재를 부여하는 현실적 신념, 삶과 친숙한 표상"과 "시인이 서사적으로 묘사하는 사건들" 사이에 '친근성'이 결여되면, 시인이 창작한 시는 그 자체로 파열되어 버리고 괴리되어 버리기 때문이다.[88]

헤겔은 본래의 서사시를 위한 시대가 열리려면 '시를 짓는 주체das dichtende Subjekt'인 시인이 '자유로운 정신'를 지녀야 하지만,[89] 동시에 시인이 객관과 친숙한 관계도 유지해야 한다고 강조한다. "참된 서사 시인은 창작의 자립성에도 불구하고, 개인의 내면에서 작용하는 것으로 드러나는 보편적 위력, 열정과 목적뿐만 아니라 모든 외적인 면들과 관련해서도 자신의 세계 속에서 친숙한 상태ganz zu Hause를 유지한다."[90] 그래서 헤겔은 "다른 사람들에게 친숙한heimisch 곳은 우리에게도 친숙하다. 왜냐하면 거기서 우리는 진리를 직관하며, 자신의 세계 속에서 살아가는 정신을 직관하기 때문이다."[91]라고 말하면서 호메로스는 자신의 세계에 관해 친숙하게heimisch 말했다고 강조한다.

또한 헤겔에 의하면 서사시가 비록 한 개인에 의해 창작된다고 하더라도,[92]

---

87 Ästhetik3, p.333(두행숙3, 688쪽).
88 Ästhetik3, p.334(두행숙3, 688쪽).
89 Ästhetik3, pp.334~335(두행숙3, 689~690쪽).
90 Ästhetik3, p.335(두행숙3, 690쪽).
91 Ästhetik3, pp.335~336(두행숙3, 690쪽).
92 Ästhetik3, p.337(두행숙3, 691~692쪽).

그것은 '시를 짓는 주체의 내면 세계'가 아니라 '객관적 사태Sache'를 보여주므로, 서사시를 산출한 주체인 시인도 배후로 물러나야 할 뿐만 아니라, 동시에 시인 자신이 우리 눈 앞에 펼쳐 놓은 서사적 세계에 시인 자신도 몰두하게 된다. 이처럼 '위대한 서사시적 양식der große epische Stil'은 작가가 두드러지는 것이 아니라 작품 그 자체가 계속 노래하는 듯이 보이면서 자립적으로 출현하는 데서 성립한다고 헤겔은 주장한다.[93] '주체로서 시인'은 그의 작품에 비해 사라져 희미해져야 하고, 그것이 또 그 시인에게는 '최대의 찬사'인 것이다.[94]

그러나, 헤겔은 더이상 자신이 속한 시대는 호메로스와 같은 시인이 출현할 수 없다고 솔직하게 고백한다.[95] 앞서 언급한 것처럼 여기에는 두 가지 이유가 있다. 첫째는, 객관적 세계 자체가 분열 상태에 있기 때문이다. 시의 소재가 되는 현실에서 개체와 보편은 고대의 경우처럼 더이상 유기적 통일을 이루지 못한다. 그래서 이러한 세계상태는 시에서 흔히 주인공과 세계 사이의 분열과 갈등으로 나타난다. 둘째는, 호메로스의 경우에 비해 예술가의 주관성이 심화되었기 때문이다. 심화된 주관성으로 인해 예술가는 더이상 사태 자체가 스스로를 드러내는 방식으로 시를 짓지 못한다. 헤겔 당대는 더이상 "특정한 민족이나 시대를 관통해 자신의 실체에 따라 특정한 세계관과 그 알맹이와 표현 형식에 머물수 있는 시대"가 아니다.[96] 이 점에서 헤겔은 소재나 형식 면에서 예술가는 '백지 상태'에 있다고 주장한다. "어떤 내용과 형식도 더이상 예술가의 내밀함, 본성, 무의식적인 실체적 본질과 직접적으로 동일하지 않다."[97]

이와 같이 작품 내·외적인 이중 분열, 또는 결속das Gebundensein의 부재로

93 Ästhetik3, p.336(두행숙3, 691쪽).
94 Ästhetik3, p.338(두행숙3, 693쪽).
95 Ascheberg, p.167(서정혁, 268쪽); Ästhetik2, p.238(두행숙2, 546쪽).
96 Ästhetik2, p.234(두행숙2, 541쪽).
97 Ästhetik2, p.235(두행숙2, 542쪽).

인해, 주인공은 자신을 둘러싼 세계에서 친숙함을 느끼지 못하고, 예술가는 자신이 처한 현실에서 '친숙함'을 느끼지 못한다. 이 점에서 헤겔은 다음과 같이 말한다.

> 오늘날에는 이러한 상대성을 벗어나 즉자대자적으로 지속될 만한 소재는 존재하지 않는다. 설사 어떤 소재가 그러한 상대성을 벗어나 있다 하더라도, 그 소재를 예술에 의해 표현해야만 하는 절대적 욕구는 전혀 현전하지 않는다. 그렇기 때문에 예술가는 다른 낯선 인물들을 내세우고 드러내는 극작가Dramatiker와 마찬가지로 자신의 내용과 관계한다.[98]

헤겔은 이와 같은 시대적 상황을 잘 반영하고 있는 시문학 작품들 일부에 '소설Roman'이라는 명칭을 부여한다. 따라서 '소설'이라는 규정은 기본적으로 '근대성'에 대한 헤겔의 비판적 관점을 드러내는 맥락에서 이해될 필요가 있다. 헤겔 미학에서 소설의 구체적 의미를 이해하기 위해 서사시와 소설을 비교해 보면, 이처럼 근대성에 대한 헤겔의 이해가 깔려 있음을 알 수 있다. 그런데, 헤겔은 근대성의 특징을 '예술'에만 한정해 파악하지도 않았고, 예술 중에서도 '시문학' 장르에만 제한적으로 적용하지도 않았다. 미학에서 헤겔은 근대성을 논의하면서 문학 외에 회화와 같은 다른 장르들도 고려하고 있는데, 특히 네덜란드 회화의 특징에 대한 헤겔의 언급은 근대적 특징을 가장 잘 나타내주는 대표적 사례로 제시된 바 있다.[99] 이 점에서 일차적으로 헤겔 미학에서 유독 소설만

---

98 Ästhetik2, p.235(두행숙2, 542쪽).
99 네덜란드 회화에 관해서는 이 책의 제2부 3장을 참조할 것. 루카치도 17세기 네덜란드 회화에 관한 헤겔의 분석이 "많은 이들에 의해 중요하고 새로운 양식 특성에 대한 사회적이고 역사적으로 올바른 설명이라고 높이 평가되었다"고 언급하면서도, 헤겔이 단지 "시민계급 내에서의 강력한 경제적 정치적 문화적 비약을 직접적이고 아무런 문제 없이 표현했던 그러한 화가들만을 미학적으로 이해하고 평가할 수 있었다"는 점이 헤겔 미학의 한계라고 지적한다. LW10, p.136(미학

이 '근대의 전형적 장르'라고 할 수 있는가 라는 의문이 추가적으로 제기될 수 있다.

3. 근대성 비판과 소설론의 가능성

위와 같은 의문의 맥락에서 '근대의 서사시'라는 헤겔의 규정에서 '근대'라는 조건의 의미를 검토해 볼 필요가 있다. 헤겔이 자신의 철학 전반에서 '근대성'을 어떻게 규정하는가는, 그가 '근대'를 어느 시기로 생각하고 있는가 하는 문제와 분리될 수 없는데, 이 물음에 대한 답변도 헤겔의 철학 전반에서 일의적으로 확정되기 어렵다. 왜냐하면 헤겔의 글들에서 우리말 번역 '근대'에 해당하는 용어가 자주 등장함에도 불구하고, 헤겔은 여러 곳에서 그 의미를 명확히 밝히지 않은 채 다양한 맥락에서 그 용어를 사용하기 때문이다. 근대에 대한 헤겔의 규정은 대체로 세 가지 정도로 구분할 수 있다.[100]

첫째, '근대'를 고대와 고대 다음의 기독교 유럽 사이의 대립을 표시하는 개념으로 중세 이후에 적용하는 경우이다. 이것은 흔히 '오래된 세계'와 대비되는 '새로운 세계neue Welt'를 나타날 때 사용되는 표현으로도 이해할 수 있는데, 헤겔은 이 시기를 '게르만 세계'로 총괄하여 이해하면서,[101] 기독교 세계가 완성된 이 새로운 세계를 '근대 세계moderne Welt'라고 부른다.[102] 둘째, 헤겔은 근대

사, 156쪽).

[100] 이 구분은 짚(L. Siep)의 구분을 참조한 것이다. L. Siep, *Hegels praktische Philosophie und das "Projekt der Moderne"*, Baden-Baden : Nomos Verlagsgesellscaft, 2011, pp.11~15 참조.

[101] TW12, p.413 이하(역사철학, 335쪽 이하); G. W. F. Hegel, *Grundlinien der Philosophie des Rechts*, 1970, p.511~512(서정혁 역, 『법철학(베를린, 1821년)』, 서울 : 지만지, 2020, 609~611쪽 (§358~360))(이하, TW7, 법철학으로 표기한다).

[102] TW12, p.414(역사철학, 336쪽)

를 첫째 경우보다는 좀 더 좁은 맥락에서 중세적 세계와 대립하는 '새로운 시대 neue Zeit, Neuzeit'라는 의미로 사용한다. 헤겔은 『역사철학강의』에서 '게르만 세계'를 세 시기로 구분하고, 그 중 종교개혁 이후부터 헤겔 당대까지를 포함하는 시기를 '근대neue Zeit'라고 부른다.[103] 셋째, 헤겔은 가장 최근의 시대, 즉 '우리 시대unserer Tage'라는 의미로 '근세neuere Zeit'라는 용어를 사용하기도 하는데, 이 경우에는 프랑스 혁명이 주요 계기가 된다. 『역사철학강의』에서 헤겔은 앞서 언급한 '근대neue Zeit'를 다시 세 시기로 구분하는데, 그 마지막이 헤겔이 '이전 세기의 끝Ende des vorigen Jahrhundert' 이후라고 부르는 18세기 말 이후의 '근세'이다.[104] 『철학사 강의』에서 헤겔은 '근세 철학neuere Philosophie' 부분에서 베이컨으로부터 시작하여 합리론과 경험론을 거쳐 야코비와 칸트, 피히테와 셸링을 포함하는 기간을 '최근의 독일 철학neueste deutsche Philosophie'이라고 규정하는데,[105] 이 점에서 헤겔 당대의 '우리 시대'를 지칭하는 용어로는 '좀 더 새로운neuer' 보다는 '가장 새로운[최근]neuest'이 더 적합하다고 판단된다.

헤겔은 미학에서도 '근대modern'라는 용어를 다양한 문맥에서 사용하고 있다. 헤겔은 미학에서 '근대'를 일차적으로 '고대'와 구분되는 맥락에서 자주 사용한다. 예를 들어, '20~21년 미학 강의'에서 헤겔은 '시 스타일der poetische Styl'과 '산문 스타일der prosaische Styl'에 각각 '고대antik 스타일과 근대modern 스타일'을 대응시키면서 '근대적modern'이라는 용어를 '산문적'이라는 용어와 유사한 의미로 사용하고,[106] 서사시를 고대antik 서사시와 근대modern 서사시로 구분해야 한다고 언급한다.[107] 그리고 행위와 관련해서도 고대 비극에서는 '인

---

103 TW12, p.491(역사철학, 397쪽).
104 TW12, p.491(역사철학, 397쪽).
105 G. W. F. Hegel, *Vorlesungen über die Geschichte der Philosophie* III, 1971, p.61 이하·314 이하 (이하 TW20으로 표기한다) 참조.
106 Ascheberg, p.132(서정혁, 207쪽).
107 Ascheberg, p.309(서정혁, 509쪽).

륜적 위력'의 침해가 행위의 근거였던 반면에, 근대 비극에서는 침해가 '특수한 열정, 명예, 사랑, 개인적 이해관계, 주관의 자의'에 의존한다고 언급한다.[108] '호토판 미학'에서도 '근대'라는 말은 일차적으로 '고대'와 대비되는 맥락에서 사용된다.[109]

또한 '20~21년 미학 강의'에서는 예술을 분류하면서 '낭만적romantisch'이라는 용어와 '근대적modern'이라는 용어를 동일시하기도 한다.[110] '호토판 미학'에서도 드물긴 하지만 '근대의 낭만적 포에지moderne, romantische Poesie'라는 표현에서 헤겔은 '근대적'이라는 것과 '낭만적'이라는 것을 동일시하고 있다.[111] 만일 '낭만적 예술형식'에서 '낭만적'이라는 조건을 '근대적'이라는 용어와 동일시한다면, 다음과 같이 두 가지 해석이 가능하다. 한편으로 '고전적 예술형식'과 '낭만적 예술형식'의 구분에 '고대'와 '근대'의 구분이 그대로 상응한다고 본다면, 첫째 경우처럼 '근대'를 '고대'와 구분되는 맥락에서 일관되게 이해할 수 있다. 그러나 시대적으로 고대에 속하더라도 예술형식의 면에서 낭만적 예술형식에 속하는 작품도 있을 수 있다.[112] 이 경우 낭만적 예술형식에서 '낭만적'과 동일시되는 '근대적'이라는 것은 고대와 시대적으로 구분되는 맥락에서가 아니라, 예술형식 면에서 '근대적인' 것으로 이해되어야 적절하다.

특히, 미학에서 '근대'의 의미를 다룰 때 주목할 점은, 헤겔이 앞서 분류한 근대의 의미 중 '우리 시대'라는 헤겔 당대를 지시하는 맥락이다. 헤겔은 '낭만적 예술의 종결' 부분에서 헤겔 자신의 당대를 표현하는 데 '최근neueste Zeit',[113]

---

108 Ascheberg, p.324(서정혁, 535쪽).
109 Ästhetik3, pp.483·490·512~513(두행숙3, 861·868~869·892~893쪽) 참조.
110 Ascheberg, p.42(서정혁, 40쪽).
111 Ästhetik3, p.536(두행숙3, 918쪽).
112 대표 사례가 아리스토파네스의 희극이다. 헤겔은 몰리에르의 희극보다 아리스토파네스의 희극이 더 낭만적 예술형식의 본질을 잘 드러내는 뛰어난 작품으로 보고 있다. 이에 대해서는 이 책의 제3부 3장을 참조할 것.
113 Ästhetik1, p.206(두행숙1, 273쪽).

'요즈음unsere Tage',[114] '우리 시대unsere Zeit',[115] '오늘날heutigentags',[116] '현재 Gegenwart'[117]라는 말들을 집중적으로 사용한다.[118] 이 '낭만적 예술형식의 해체와 끝'에 이르러 헤겔이 당대의 예술을 바라보는 특징이 잘 드러난다. 일차적으로 시문학과 관련해 헤겔은 '근대 소설들neueren Romanen'의 특징을 강조하고 있다. 근대 소설의 주인공들은 '사랑, 명예, 질투 같은 주관적 목적'이나 '현실의 기존 질서와 범속한 상태[산문적 상태]Prosa에 대항해 세계를 개선하려는 이상'을 지닌 개인들로서, '시민사회와 국가의 확고하고 안정된 질서'라는 객관적 현실 세계와 대립하고 투쟁한다. 이들에게 현실은 '자신들에게 아주 부적절하게 보이는 마법에 걸린 듯한 세계'이다.[119] 헤겔에 의하면 이 주인공들은 주로 젊은이들이고, 이들은 '가족, 시민사회, 국가, 법, 직업' 등이 있다는 것조차 불행으로 간주한다. 왜냐하면 이것들은 '실체적 생활관계들'로서 '주인공의 심정이 지닌 이상과 무한한 권리'에 대립하기 때문이다. 그래서 주인공들은 '이러한 사물의 질서에 구멍을 내고, 세상을 바꾸고, 개선하거나 아니면 적어도 그에 맞서 지상 위에 천국을 세우는 일'을 하려고 한다.[120] 하지만, 헤겔은 젊은 주인공들의 이러한 투쟁은 근대 세계에서는 '기존의 현실에 적응할 수 있게 개인을 교육Erziehung'하는 '수업연한Lehrjahre'에 그치고 만다고 주장한다.

'수업연한'이라는 용어를 통해 괴테의 『빌헬름 마이스터의 수업시대』를 연상시키는 헤겔의 이 언급을 우리는 루카치와 연관해 비판적으로 검토해 볼 수

---

114 Ästhetik2, p.235두행숙2, 541~542쪽).
115 Ästhetik2, p.238(두행숙2, 546쪽).
116 Ästhetik2, p.235(두행숙2, 542쪽).
117 Ästhetik2, p.238(두행숙2, 546쪽).
118 이 점에서 문학 예술 분야에서 흔히 사용되는 '모더니즘'의 시기는 헤겔의 경우 1800년을 전후로 한 이 시기라고 할 수 있다. '근대'와 '후기 근대'로서의 '모더니즘'의 구분에 대해서는 다음을 참조할 것. P. V. Zima, 김태환 역, 『모던/포스트모던』, 파주 : 문학과지성사, 2010, 29쪽 이하 참조.
119 Ästhetik2, p.219(두행숙2, 521쪽).
120 Ästhetik2, p.219(두행숙2, 522쪽).

있다.[121] 루카치도 괴테의『빌헬름 마이스터의 수업시대』의 주제가 '체념된 이상에 의해 인도되는 문제적 개인이 구체적이고 사회적인 현실과 화해'하는 것이라고 해석하고 있는데, 우리가 주목할 내용은『소설의 이론』에서 헤겔에 대해 비판적으로 언급하고 있는 부분이다. 루카치는『소설의 이론』의 62년 서문에서 헤겔이 '현실'을 '정신이 사유와 사회적 · 국가적 실재 속에서 자기 자신에 도달했음을 의미하는 산문의 세계'로 보고 이 '현실'은 문제성이 없고 예술만이 문제적이라고 보았다고 하면서, 이 점에서 헤겔의 입장은 "『소설의 이론』의 구상과 형식상으로는 비슷하지만 실상은 완전히 대립한다"고 주장한다.[122] 루카치에 의하면 소설 형식의 문제성은 '지리멸렬하게 되어버린 세계의 투영'이므로, "삶의 무미건조한 산문은 현실이 예술에 불리한 지반을 제공한다는 사실을 시사하는 다른 수많은 징후들 가운데 하나일 따름이다".[123] 루카치의 이러한 평가에는 근대를 '죄업이 완성된 시대'[124]로 규정하고 소설을 '신에게 버림받은 세계의 서사시'[125]로 간주하는 루카치의 '윤리적으로 채색된 비관주의'가 깔려 있다. 이는 루카치 자신이 '세계의 상태에 대한 항구적인 절망의 기분'에서『소설의 이론』이 나왔다고 고백한 사실과 무관하지 않다.[126]

그런데, 여기서 우리는 근대를 바라보는 헤겔의 시선에는 이러한 비관주의가 전혀 없는가 라는 반문을 루카치에게 제기해 볼 수 있다. 루카치가 지적하듯이,

---

121 H. Steinecke, 앞의 책, p.54 참조. 괴테와 헤겔, 루카치의 관계를 비교 검토하는 데에는 별도의 연구가 필요하다. 다만, 여기서 한 가지만 지적하자면, 루카치는 헤겔이 '괴츠 폰 베를리힝엔'과 같은 영웅들을 고대 인물들 속에서 찾으면서 청년 괴테를 상찬했다고 언급하고 있으나, 실제로 헤겔 미학을 검토해보면, 헤겔이 청년기 괴테의 문학적 미성숙에 대해 강하게 비판하고 있고, 그 대표적 사례가『괴츠 폰 베를리힝엔』이라는 사실을 확인할 수 있다. LW10, p.135(미학사, 155쪽).

122 ThR, p.11(김경식, 12~13쪽).

123 ThR, p.11(김경식, 13쪽).

124 ThR, p.12(김경식, 14쪽).

125 ThR, p.77(김경식, 102쪽).

126 ThR, p.6(김경식, 6쪽).

헤겔이 현실은 문제성이 없고 예술만이 문제적이라고 보았다고 할 수 있는가? 예를 들어, 앞서 언급한 '호토판 미학'의 '소설적인 것das Romanhafte'이라는 부분에서 헤겔은 주인공의 현실 적응을 부정적인 시선으로 바라보고 있다는 점에 주목해야 한다. 헤겔이 현실과 투쟁하던 주인공이 보통의 경우처럼 결혼해서 가정을 꾸리고 아이를 낳고 짜증나고 힘든 직장일을 하는 '속물ein Philister'[127]이 되고 만다고 지적하는 것은 작품 내의 상황이기는 하지만 결코 현실을 문제적이지 않은 것으로 보는 시선이 아니다. 헤겔에게서 소설이 표현하는 현실의 프로자와 개별 영혼의 분열은 극복 가능해야 하는 모순이다.[128] 이 점에서 한편으로 개별 영혼은 현실에 순응하기만 하는 것이 아니라 현실은 개별 영혼에게 여전히 문제적인 것이고, 이는 이미 청년기부터 헤겔의 문제의식으로 지속한다고 보아야 한다. 『청년 헤겔』에서 루카치는 프랑크푸르트 시기에 헤겔의 삶과 사유에 '공화주의적이며 혁명적인 관점'에 위기가 찾아오면서 변증법적 방법이 매우 신비화된 틀로 정식화되고, 예나 시기를 전후로 해서 현재의 부르주아 사회를 긍정하는 가운데 '부르주아 사회와의 변증법적인 화해'에 이르게 된다고 비판한다.[129] 루카치는 헤겔 미학도 현실에 대한 이 수긍의 입장을 공유한다고 전제하기 때문에, 『소설의 이론』에서 후기 헤겔에게 현실이 문제적이지 않다는 견해를 피력한 것이다. 그러나, 예나 시기에 헤겔은 자신의 시대를 '인간의 삶으로부터 통합의 위력이 사라지고 대립들이 살아있는 관계와 상호작용을 상실해 버리고 제각기 독자성을 획득한 시대'[130]로 규정하면서, '철학의 필요성[욕구]'의 원인을 현실의 분열 상태에서 찾는다.[131] 그리고 한 단편에서 다음과 같

---

127 Ästhetik2, p.220(두행숙2, 523쪽).
128 F. Martini, *Deutsche Literatur im bürgerlichen Realismus 1848-1898*, Stuttgart : J. B. Metzler, 1981, p.391.
129 LW8, p.146(G. Lukács, 김재기 역, 『청년헤겔』 1, 서울 : 동녘, 1988, 161쪽, 이하 청년헤겔로 표기한다).
130 GW4, p.14.

이 삶과 철학, 철학의 실천성에 관해 말하고 있다.

> 철학이 필요로 하는 보편적인 것에 대해 말하자면, 우리는 그것을 다음과 같은 물음
> 에 답함으로써 분명하게 하기를 원한다. 그 물음은 '철학은 삶에 대해 어떤 관계를 맺
> 고 있는가'라는 질문인데, 이 질문은 '철학은 어느 정도로 실천적인가'라는 질문과 동
> 일한 물음이다.[132]

만일 헤겔의 이 문제의식이 철학 체계를 본격화하는 예나 시기 이후에도 사
라지지 않고 그의 체계에 내재한다면,[133] 미학을 강의한 후기에도 헤겔이 현실
세계를 바라보는 시선은 여전히 생동적이고 현실 비판적일 수 있다. 예를 들어,
헤겔은 앞으로 서사시의 배경이 될 유일한 곳으로 유럽이 아니라 '아메리카'를
지목하면서 다음과 같이 말한다.

> 우리가 과거의 서사시에 비해 아마도 미래에 있게 될 서사시에 관해 생각해 본다면,
> 이 서사시는 무한히 진행되는 계산 평가와 특정한 분화에 감금되고 마는 것에 대항해
> 장차 아메리카적인 생동적 이성다움이 거둘 승리를 서술하는 것뿐일 것이다.[134]

이처럼 19세기 초 유럽이라는 시공간에 머물지 않고, '유럽을 넘어' 아메리

---

131 GW4, p.12.

132 GW5, p.261.

133 초기 헤겔과 후기 헤겔의 관계를 발전사적 관점에서 연속적으로 보는 입장에 대해서는 다음을
참조할 것. J. Yorikawa, *Hegels Weg zum System, Die Entwicklung der Philosophie Hegels
1797-1803*, Frankfurt am Main : Peter Lang Verlag, 1996, p.46·70 이하; H. Kimmerle,
"Anfänge der Dialektik", in : *Der Weg zum System, Materialien zum jungen Hegel*, hrsg. von
Ch. Jamme·H. Schneider, Frankfurt am Main : Suhrkamp Verlag, 1990, pp.273~274
참조.

134 Ästhetik3, p.353(두행숙3, 709쪽).

카로 향하고 있는 헤겔의 시선에 현실이 문제적이지 않을 리 없다. 더 나아가 헤겔이 주장한 '예술의 종언'과 관련해 루카치는 예술을 문제적으로 바라보는 헤겔의 입장을 논하고 있지만, 과연 헤겔의 '예술의 종언'에 대한 루카치의 이해가 유일하게 가능한 해석인지에 관해서도 헤겔 미학을 토대로 좀 더 구체적으로 재검토가 필요하다. 이미 헤겔은 '예술의 종언'과 관련해 미학에서 "우리가 최근에in neuester Zeit 참된 서사시적인 표현을 찾아보려고 한다면, 우리는 본래적 서사시와는 다른 영역을 살펴보아야 한다"[135]고 주장하면서, '근대의 서사시'와 관련해 우리의 시선을 시문학에만 한정하지 말고 더 넓혀야 한다는 입장을 피력한다. 헤겔이 '20~21년 미학 강의'와 '23년 미학 강의'에서 '예술의 종언'과 더불어 '세계사'를 '서사시'에 견주는 내용들은 이와 관련해 강한 메시지를 암시한다.[136] 헤겔은 서사시를 세계사에 견주면서 예술이 이 서사시를 다루는 것이 적절하지 않고 철학적 사유가 예술보다 더 우위에 있다고 주장하면서 보편적 인류로서 후마누스를 언급하며, 이 입장은 '호토판 미학'에서도 유지된다.[137] 이러한 관점에서 헤겔은 단순히 특정 예술 장르만이 아니라 '예술 자체의 종언'의 관점에서 예술과 철학의 관계에 관해 고민하고 있었고, 이 고민의 흔적은 헤겔 미학 곳곳에 남아 있다. 그 중 '20~21년 미학 강의'와 '호토판 미학'의 관련 내용을 소개하면 다음과 같다.

객관적인 것이 이렇게 해체될 때 우리는 예술형식의 끝에 서 있다. 낭만적인 것에서 객관적인 것은 형식적인 면, 대상적인 것의 해체에 이르기까지 이렇게 전개된다. 어떤 측면도 더이상 본질적이지 않은 이 지점이 바로 최근neueste Zeit 예술의 입장이다.[138]

---

135 Ästhetik3, p.414(두행숙3, 782쪽).
136 Ascheberg, p.308(서정혁, 508쪽); Hotho, p.288(권정임, 383~384쪽).
137 Ästhetik3, p.356(두행숙3, 712쪽).
138 Ascheberg, p.181(서정혁, 294쪽).

우리는 낭만적 예술의 끝인 최근neueste Zeit의 입장에 도달했다. 이 최근의 특성은 예술가의 주관성이 그가 다루는 소재나 그가 산출하는 작품 자체를 초월해 있다는 점에 있다. 왜냐하면 예술가의 주관성은 이미 규정된 내용이나 형식의 범위가 지닌 조건들에 더이상 지배받지 않고, 내용뿐만 아니라 내용을 형태화하는 방식도 스스로 선택할 수 있는 위력을 갖고 있기 때문이다.[139]

여기서 헤겔은 시문학이라는 특정한 장르를 넘어 예술 자체가 도달한 새로운 측면을 간파하고 있다. 이 새로운 측면의 가장 두드러지는 특징은 '주관성의 심화'이다. 예술가의 주관성이 심화됨으로써, 역설적이지만 더이상 예술가는 자신 밖에서 소재나 그 소재의 형상화 방식을 찾을 필요가 없는 '백지상태'가 된 시점을 헤겔은 자신의 당대로 파악한다. 바로 이 지점이 헤겔이 '예술의 종언'을 선언하는 곳이다.[140] 그래서, 헤겔이 예술의 종언을 선언하는 지점은 개념적 사유인 철학에 대한 예술의 종속관계를 분명히 드러내는 지점이기도 하지만, 역설적으로 예술과 예술가에게 최대한의 자유가 보장되는 지점이기도 하다. 왜냐하면 어떤 평범한 것들도 예술의 소재로 수용하는 것이 가능해짐으로써 예술의 범위는 기존의 한계를 뛰어 넘어 무한히 확장될 수 있기 때문이다. 20세기 이후 헤겔 미학이 재조명을 받은 이유들 중 하나도 바로 여기에 있으며, 실제로 '예술의 종언'을 이러한 관점에서 긍정적으로 변용하여 헤겔 미학을 현대 예술과 적극적으로 관련시키려는 시도도 없지 않다.[141]

---

139 Ästhetik2, p.231(두행숙2, 537~538쪽).
140 헤겔의 '예술의 종언' 문제에 대해서는 다음 편역서가 이 문제를 포괄적으로 이해하는 데 좋은 자료들을 담고 있다. 김문환·권대중이 편역, 『예술과 죽음과 부활−헤겔의 '예술의 종언' 명제와 관련하여』, 서울 : 지식산업사, 2004.
141 대표자로 단토(Arthur C. Danto)를 들 수 있다. 단토는 스스로 자신에게 미친 헤겔의 영향을 인정하면서, 헤겔이 주장한 '예술의 종언'은 실제로 헤겔 이후 예술의 다양한 전개 양상을 예견한 것이라고 보고 있다. Arthur C. Danto, 이성훈·김광우 역, 『예술의 종말 이후』, 서울 : 미술문화, 2006, 85~86쪽.

그런데, 루카치는 헤겔이 주장한 '예술의 종언'을 부정적인 관점에서만 이해하고 있다. 루카치는 "자본주의 시대가 예술에 불리하다는 그의 정확한 이해는 예술의 종언, 즉 정신이 예술의 단계를 넘어섰다는 그릇된 이론으로 탈바꿈하고 말았다"[142]고 주장한다. 루카치가 이렇게 헤겔의 '예술의 종언'을 비판하는 이유는, 헤겔이 '현실과의 반낭만주의적인 화해'를 소설의 필수불가결한 내용으로 봄으로써 소설이 지닌 중요한 많은 문제들과 가능성들을 부주의하게 간과하는 한계를 지니고 있었다고 생각하기 때문이다.[143] 하지만, 헤겔의 입장에서 보면, 정신이 예술의 단계를 넘어섰다고 해서 그것이 예술에 대한 '그릇된 이론'과 동일시될 필요까지는 없다. 헤겔에 의하면 '정신이 예술의 단계를 넘어섬'으로써 가능한 '예술의 종언'은 단적으로 '예술에 대한 철학의 우위'를 의미하지만, 그것이 반드시 '그릇된 이론'이라고 단언할 수는 없고, 그 이론이 결국 반예술적인지 아니면 새로운 예술의 가능성에 기여하는지는 별도로 검토해 보아야 하기 때문이다. 루카치는 헤겔의 입장을 두고 소설의 의미를 제대로 파악하지 못했다고 헤겔을 비판하지만, 헤겔의 입장에서는 오히려 예술의 좀 더 다양한 가능성이 철학의 도움으로 '헤겔 당대 이후의 최근'에 열린다고 볼 수도 있다. 이 점에서 헤겔에 대한 루카치의 해석은 한계를 지닌다.

지금까지 헤겔 미학에서 '근대의 시민적 서사시'라는 규정을 중심으로『소설의 이론』에서 루카치가 헤겔에 대해 내린 평가가 적절한 것인지를 검토해 보았다. 이러한 검토를 통해 분명해진 점은, 헤겔이 미학에서 '소설Roman'이라는 용어를 상당히 다양한 맥락에서 사용하고 있고, 이렇듯 대상의 미확정성으로 인해 '소설론'은 여전히 형성 과정 중에 있었다는 사실이다. 또한 고대 이후에 참된 서사시적 세계가 해체된 후 도래하는 근대에 대한 비판이 소설에 관한 헤겔

---

142 Roman, p.316(소설, 123쪽).
143 Roman, p.316(소설, 123쪽).

의 논의에 스며들어 있지만, 그렇다고 루카치처럼 헤겔의 미학 강의에서 소설을 '근대의 전형적인 예술 장르'로 규정하기는 힘들다는 점이다. 더불어 헤겔이 현실은 문제성이 없고 예술만이 문제적이라고 보았다는 루카치의 지적은 근대적 현실에 대한 헤겔의 비판적 논의의 측면뿐만 아니라 예술과 철학의 새로운 관계 정립 면에서 볼 때 수정될 필요가 있다. 그러나, 루카치에 대한 이러한 비판적 지적에도 불구하고, 헤겔 미학에서 소설에 관한 논의가 부각되는데 루카치가 기여한 바를 과소평가해서는 안 된다. 오히려 루카치가 후에 고백하고 있는 "지극히 소박하고 근거 없는 유토피아주의"[144]를 『소설의 이론』으로부터 걷어내기만 한다면, 헤겔 미학에서 여전히 현재 진행 중인 소설론의 가능한 한 단면을 루카치에게서 찾아볼 수 있기 때문이다.

---

144 ThR, p.14(김경식, 16쪽).

제4부

헤겔의 작가론

헤겔 미학은 정신의 결과물로 남아 있는 예술작품들을 분석과 비평 대상으로 삼는다. 그래서 헤겔 미학에는 작가론이 별도로 있지는 않다. 그런데, 그 시대를 대표하는 예술작품들을 다루면서 헤겔은 해당 예술작품을 창작한 예술가의 관점을 철학적으로 분석하고 비평하는 일도 병행한다. 특히 이 점은 시인들과 문학가들에 대한 논의에서 두드러진다.

'제1장. 셰익스피어 : 극시의 등장인물과 근대다운 것'에서는 헤겔이 셰익스피어의 작품 분석을 통해 고대 극시와 다른 근대 극시의 특징을 어떻게 규정하는지를 검토한다. 우선, 셰익스피어가 극시에서 등장인물의 일관된 성격을 창작했다는 점에서, 헤겔은 자신의 미학에서 셰익스피어를 최고의 근대 작가들 중 한 사람으로 높게 평가한다. 인륜다운 파토스들 간의 충돌을 다룬 고대 극시와 달리 근대 극시는 등장인물의 '성격적인 것'을 특징으로 하며, 이 '성격적인 것'이 '근대다운 것'과 동일시된다. 헤겔은 이 '성격적인 것'이 셰익스피어의 극시에서 '온전한 개인'으로서 등장인물과 배우의 자립성 확보를 통해 가장 잘 표현된다고 본다. 더 나아가, 헤겔은 셰익스피어가 '비유'라는 기법을 통해 등장인물이 스스로 반성적이며 자기 거리두기를 할 수 있게 극시를 창작했다는 점을 높게 평가한다. 셰익스피어의 극시에서 등장인물이 스스로 창작하는 예술가처럼 사유하고 행동하는 모습들을 헤겔은 근대적 주체의 전형적 특징으로 간주한다. 이처럼 '텍스트 내적 특징'과 '텍스트 외적 특징'을 제시하면서 헤겔은 셰익스피어의 극시를 최고의 근대 작품으로 간주하지만, 이와 같은 헤겔의 해석이 어느 정도 타당한지에 대해 문학 비평의 입장에서 또 다른 비판이 가능하다. 왜냐하면 헤겔처럼 셰익스피어의 극시 전체에 근대의 특징을 부여하려는 해석은 과도한 측면이 없지 않기 때문이다. 예를 들어, 그의 비극『맥베스』과 '맥베스'라는 등장인물은 전근대적 비극이자 성격이라는 주장도 가능하며,『햄릿』을 탈근대적 관점에서 해석하는 것도 가능하다. 그러나, 셰익스피어의 극시에 대한 헤겔의 해석이 얼마나 타당한가라는 문제와는 별도로, 헤겔이 주목하는 근대의 특징을 셰익스피어의 극시에 관한 논의에서 재확인할 수 있다.

'제2장. 괴테 : 『서동시집』과 세계문학'에서는 괴테의 에 대한 헤겔의 해석을 중심으로 세계문학에 공감하는 헤겔의 문제의식이 무엇인지 확인해 본다. 괴테와 헤겔의 관계에 대한 지금까지 연구들은 주로 『파우스트』와 『정신현상학』을 중심으로 이루어졌다. 이 연구들은 '호토판 미학'이 『파우스트』를 '절대적인 철학적 비극'이라고 평가하고 있는 점에서도 우선 타당하게 보일 수 있다. 그러나, 헤겔이 『정신현상학』에서 괴테의 『파우스트』를 언급하는 곳은 '이성' 장의 '쾌락과 필연성'을 논하는 단 한 곳뿐이며, 그것도 비판하는 맥락이다. '호토판 미학'을 제외하고 다른 미학 강의들에서 헤겔은 어느 곳에서도 『파우스트』를 높게 평가하지 않는다. 따라서 호토가 편집 간행한 '호토판 미학'에서만 『파우스트』에 대해 부여된 '절대적인 철학적 비극'이라는 규정이, 헤겔 자신의 의도를 제대로 반영한 것인지 의문이 제기될 수 있다. 그리고 이러한 문제 제기는 괴테의 시문학에 대한 헤겔의 철학적 관심이 『파우스트』를 넘어 『서동시집』에까지 폭넓게 미치고 있음을 확인함으로써 근거 없는 것이 아님을 알 수 있다. 헤겔은 미학에서 괴테의 『서동시집』을 '최고의 것'이자 '가장 훌륭한 것'이라고 평가한다. 이러한 평가는 괴테가 『서동시집』을 통해 의도한 '세계문학'의 의미와 지향점에 대해 헤겔이 공감했다는 사실을 보여준다. 헤겔은 괴테의 『서동시집』에 동서양의 문학과 문화, 더 나아가 인류의 보편적 상호 작용의 계기가 내재한다고 보고, 이것이 서양 근대의 낭만주의적 예술형식을 넘어 또 다른 '예술의 시작'을 알리는 긍정적 계기로 작용할 수 있다고 생각한다. 따라서 괴테의 시문학에 대한 헤겔의 철학적 반응을 『파우스트』에만 제한하지 않고 『서동시집』에까지 확대할 경우에만, 우리는 괴테와 더불어 헤겔이 미학 전반에서 견지하려 했던 시선의 폭과 깊이를 놓치지 않을 수 있다.

'제3장. 실러 : 심미적 교육과 아름다운 국가'에서는 실러의 미적 이론에 대한 헤겔의 평가를 검토한다. 헤겔은 실러에 대해 긍정적이면서도 동시에 부정적인 입장을 취한다. 우선, 헤겔의 실러 사상의 수용은 그의 칸트 철학 비판과 밀접하게 연관된다. 미학에서 헤겔은 칸트 철학의 주관주의와 이원론을 극복하려고 했다는 점에서 실러를 긍정적으로 수용하지만, 이러한 수용은 실러의 사상 전반에 대한 '무조건적 수용'이 아니라 칸트 철학의 한계를 비판한다는 조건에서 '제한적 수용'이다. 그렇기 때문에 실러의 사상이나 작품도 헤겔에게는 언제나 특정한 조건 하에서 비판 대상이 될 수 있는 가능성은 열려 있다. 헤겔은 실러의 『도적떼』의 주인공 '칼 모어'와 『발렌슈타인』의 주인공 '발렌슈타인' 같은 영웅적 인물들을 미학에서 집중적으로 분석하고 비판한다. 헤겔은 고대와 전혀 다른 근대 세계에 고대의 원리를 재현하려는 실러의 시도는 비현실적이라고 주장하면서, 실러의 이상주의가 초래하는 비극적 최후는 작품뿐만이 아니라 실러라는 작가 자신의 삶 속에서도 드러난다고 본다. 또한, 헤겔은 실러의 이상주의의 토대가 되는 종교에 대한 관점을 비판한다. 실러는 계몽주의의 영향을 받은 기독교에 대해 반감을 가지고, 그에 반해 고대 그리스에 대해서는 동경의 시선을 보낸다. 실러와 달리 헤겔은 고대 그리스의 종교를 근대 기독교보다 더 낮은 단계라고 평가한다. 이러한 평가에서 고대의 이상적인 모습을 희구만 하는 실러를 비판하는 헤겔의 '현실주의'가 잘 드러난다. 이러한 문제의식에서 헤겔은 실러가 제시한 '아름다운 국가'를 강하게 비판한다. 헤겔이 보기에 심미적 교육을 통해 분열을 극복해 '이상 국가'를 이루려는 실러의 시도는, 마치 『도적떼』에서 기존의 모든 질서를 부정하고 '이상적인 공화국'을 이루려는 칼 모어의 시도와 다르지 않다. 헤겔은 실러가 주장한 '아름다운 국가'의 실현 가능성에 대해 매우 회의적이다. 헤겔에 의하면 참된 이상은 감각적인 외부 현실에서 실현될 수 있어야 하고, 국가와 같은 정치 형식을 예술의 심미적 형식과 혼동해서는 안 된다. 따라서 헤겔에 의하면 실러는 애초에는 근대성에 내재하고 있는 추상성과 분열을 극복하려고 시도했지만 실현될 수 없는 이상에 집착함으로써 결국 비현실성을 벗어나지 못한다. 이 점을 실러 자신도 의식하면서, 그것을 '체념적 슬픔'으로 표현할 수밖에 없었다고 헤겔은 비평한다.

'제4장. 슐레겔 : 아이러니와 낭만적 포에지'에서는 지금까지 통상적인 해석과 달리 슐레겔과 헤겔을 새로운 관점에서 비교 검토해 본다. 지금까지 헤겔과 슐레겔의 관계에 대한 철학적 연구는 주로 헤겔의 관점에서 슐레겔을 헤겔이 어떻게 비판했는가에 초점이 맞추어져 왔다. 그런데, 슐레겔에 대한 헤겔의 비판은 헤겔 자신의 관점에서만이 아니라 가능한 한 어느 쪽에도 편중되지 않은 객관적 관점에서 좀 더 면밀하게 그 정당성이 재검토될 필요성이 있다. 여기서 다루어져야 하는 문제들은 낭만적 아이러니와 주관성, 그리고 그 철학적 기반으로서 피히테 철학과 두 사람의 관계 문제다. 우선, 헤겔은 자아의 절대적 주관성이 모든 객관을 무화해버린 상태가 '낭만적 반어[아이러니]'로 표현된다고 주장하면서, 실체적이고 인륜다운 내용을 부정하고 파괴하기만 하는 슐레겔의 입장을 공허하고 가식적인 주관주의로 비판한다. 그러나, 슐레겔이 주관의 무한성과 더불어 주관의 자기제한도 강조한다는 점을 고려할 때, 이러한 헤겔의 비판은 일면적임이 드러난다. 오히려 예술적 상상력과 독창성에 관한 논의에서 헤겔 자신도 주관뿐만 아니라 객관적 측면을 강조한다는 점에서, 우리는 슐레겔과 유사한 입장을 재확인할 수 있으며, 이를 근거로 헤겔 자신이 명시적으로 밝힌 것과 달리 헤겔과 슐레겔의 입장 차이가 상당히 좁혀질 수 있는 가능성을 모색해 볼 수 있다. 또한, 헤겔은 슐레겔 비판에서 슐레겔의 사상을 피히테 철학과 시종일관 밀착된 관계로 보지만, 정작 슐레겔 자신은 1796년경부터 스스로 피히테 철학으로부터 거리를 두면서 피히테의 토대주의를 강하게 비판한다. 이 비판의 주요 근거는 피히테 철학이 인간의 현실 활동과 행위를 포괄하는 역사적 측면을 다루지 못했다는 것이고, 이 점에서 슐레겔의 입장은 피히테보다는 헤겔에게 더 가까운 것으로 판단될 수 있다. 왜냐하면 헤겔은 자신의 철학이 슐레겔보다 피히테에게 더 친근하다는 것을 주장하고 싶어 했지만, 헤겔의 역사주의적 관점은 오히려 피히테가 아니라 슐레겔에 더 가깝기 때문이다. 더 나아가, 슐레겔에 대한 헤겔의 모든 비판은 결국 슐레겔이라는 사상가와 그의 철학적 방법론과 입장으로 귀결된다. 헤겔의 슐레겔 비판은 이론에 대한 비판만이 아니며, 철학함에 있어 어떤 태도와 입장을 취하느냐라는 실천적 문제와 연관된다. 헤겔은 완결적이며 체계적인 방법에 기초해 슐레겔을 비판하지만, 이에 비해 슐레겔은 그러한 체계의 한계를 직시하며 오히려 미완결적이며 비체계적인 아포리즘적 단편을 선호했다. 헤겔은 슐레겔이 자신처럼 합리적 논증과 체계적 방법을 통해 철학하지 않았다고 슐레겔을 비판하지만, 그러나 이러한 비판은 헤겔의 고유한 입장에 편중된 비판이며, 애초부터 슐레겔에게는 합당하지 않는 요구라고 할 수 있다. 비록 헤겔과 슐레겔이 철학적 방법과 입장에서 분명히 차이 나지만, 그럼에도 불구하고 두 사람 모두 초기부터 감성과 이성, 포에지와 철학과 같은 대립적 요소들을 조화시키려는 문제의식을 공유하고 있었다는 점에서, 면밀한 재검토를 통해 두 철학의 관계에 대한 이해의 폭을 넓힐 수 있다.

제1장

셰익스피어
극시의 등장인물과 '근대다운 것'

1. '근대다운 것'과 '성격적인 것'

　셰익스피어와 헤겔은 각자 문학과 철학 분야에서 누구도 그 영향력을 과소평가할 수 없을 만큼 자신들의 세계를 구축했다. 국·내외적으로 셰익스피어와 헤겔에 대한 연구가 문학과 철학 분야에서 아직도 활발하다는 것은, 이 두 사람의 문학적·철학적 깊이와 폭을 보여준다.[1] 그런데, 문학과 철학 각각의 분야에서 이루어지는 연구들은 지금까지 두 사람의 관계를 다루는 경우는 매우 드물었다.[2] 국내에서는 셰익스피어와 헤겔의 관계를 주제로 한 연구 자체가 거의 전무

1　국내의 경우 한국헤겔학회와 한국셰익스피어학회가 1980년대와 70년대에 각각 창립하여 현재까지 전문학술지인『헤겔연구』를 50호 이상,『셰익스피어 비평』을 57권 이상 발행해 왔다는 사실만 보더라도, 두 사람에 관한 연구가 활발하게 지속되고 있다는 사실을 알 수 있다.

2　예를 들어, 저명한 셰익스피어 연구자인 브래들리(A. C. Bradley)조차도『셰익스피어 비극론 (Shakespearean Tragedy)』에서 아주 짧게 헤겔을 언급하면서, 희랍 비극에 대한 숙고에 그 기원을 두고 있는 헤겔의 견해는 "단지 불완전하게만 셰익스피어의 작품에 적용되었다"고 언급하면서 셰익스피어와 헤겔의 관계를 모호하게 규정하고 있다. A. C. Bradley, 이대석 역,『셰익스피어 비극론』, 서울 : 한신문화사, 1986, 16~17쪽. 근래에 국외에서는 베이츠(J. A. Bates)가 헤겔이 자신의 여러 책들에서 언급하고 있는 셰익스피어의 작품들과 헤겔의 사상적 관계를 검토한 바 있는데, 국외에서도 근래에 셰익스피어와 헤겔의 관계 문제를 다룬 연구서는 이것이 유일하다. J. A. Bates, *Hegel and Shakespeare on Moral Imagination*, New York : State Univ.

한 실정이다.[3] 특히 헤겔이 자신의 미학에서 어느 예술가보다 높게 평가하면서 자주 언급하는 작가가 셰익스피어라는 점을 감안한다면, 셰익스피어와 헤겔의 관계에 대한 연구가 매우 불충분하며 시급히 요구된다는 것은 분명해 보인다.

독일에서 셰익스피어 작품은 독일어로 번역되기 전에 먼저 '영국 유랑극단' 에 의해 상연되었고,[4] 부분적으로 번역 소개된 것은 1741년 보르크K. W. von Borck 의 『율리우스 카이사르』가 처음이다. 그리고 1761년에 빌란트Ch. M. Wieland가 셰익스피어의 이름을 걸고 정식으로 극을 상연했다는 기록이 남아 있으며,[5] 상 연을 위해 번역 작업이 시작되어 1766년까지 셰익스피어의 작품 3분의 2가량 이 번역된다.[6] 헤겔도 어린 시절부터 셰익스피어의 작품들을 접하면서 성장한 것으로 판단된다.[7] 왜냐하면 기록에 의하면 헤겔은 여덟 살 경에 뢰플러Löffler라 는 선생님으로부터 에셴부르크Eschenburg가 번역한 셰익스피어 전집을 선물 받 았기 때문이다.[8] 그리고 1795~6년에 작성된 「기독교 실정성에 관한 보충글」에

---

of New York Press, 2010.

3 예를 들어, 영문학 분야에서 이대석은 셰익스피어의 비극에 대한 연구서에서 자신이 번역한 브 래들리 책의 입장을 그대로 반복 소개하고 있을 뿐이고, 셰익스피어의 2편의 사극 4부작을 언급 하면서 이것이 마치 '헤겔의 변증법적 원리에서 말하는 정반합'의 과정을 보여주고 있다는 식으 로 매우 피상적인 관점에서 셰익스피어와 헤겔의 관계를 파악하고 있다. 이대석, 『셰익스피어 극의 이해-사극과 로마극』, 한양대출판부, 2002, 33~34·275쪽. 그보다 문학 분야에서 근래 에 나온 논문으로는 다음이 있다. 김달영, 「햄릿의 행위와 헤겔의 불행한 의식」, 『셰익스피어 비평』, Vol. 41, No. 4, 한국셰익스피어학회, 2005, 607~625쪽. 그런데 이 연구는 셰익스피어 의 『햄릿』과 헤겔의 『정신현상학』의 '불행한 의식'을 비교 분석하고 있지만, 헤겔 미학의 관점이 전혀 반영되어 있지 않다는 점에서 그 성과가 매우 제한적이라고 판단된다.

4 임우영, 「18세기 독일에서의 셰익스피어 수용-고트세트에서 헤르더까지」, 『외국문학연구』 제 37호, 한국외대 외국문학연구소, 2010, 317쪽 이하 참조.

5 B. Theisen, "The Drama in Rags : Shakespeare Reception in Eighteenth-Century Germany", in : *MLN* Vol. 121, The Johns Hopkins Univ. Press, 2006, pp.506~507.

6 임우영, 앞의 글, 323쪽 이하 참조.

7 테리 이글턴(T. Eagleton)은 "셰익스피어 작품을 읽을 때마다 그가 헤겔, 마르크스, 니체, 프로 이트, 비트겐슈타인, 데리다의 저작에 친숙했다는 느낌을 받는다"라고 언급하는데, 이는 헤겔을 비롯한 후대 사상가들에게 미친 셰익스피어의 영향을 강조한 말이다. T. Eagleton, 김창호 역, 『셰익스피어 다시 읽기』, 서울 : 민음사, 1996, 6쪽.

8 T. Pinkard, 전대호·태경섭 역, 『헤겔, 영원한 철학의 거장』, 서울 : 이제이북스, 2006, 21쪽.

서 헤겔은 셰익스피어를 긍정적으로 평가하고,[9] 그 후로도 셰익스피어에 관한 언급은 여러 글들에서 간간이 이어지지만, 헤겔이 셰익스피어를 가장 비중 있게 다룬 곳은 미학이다.[10]

미학에서 헤겔은 고전적 예술형식과 달리 낭만적 예술형식의 특징들 중 가장 두드러진 것으로 '성격Charakter 일반의 형식주의'[11] 또는 '형식적 주관성으로서 성격'[12]을 꼽으면서, "낭만적인 것의 근본규정에는 등장인물들이 성격을 지니며 확고하게 규정된다는 측면이 속한다"[13]고 언급한다. 헤겔에 의하면 '있는 그대로이고자 하는 특정한 성격'은 "더 고귀하며 인륜다운 것을 자체 내에 가지거나 표현하려고 하지 않고 굽힘 없이 자신을 확고하게 관철하거나 파멸해버리고 마는" 그러한 것이다.[14] 우리는 낭만적 예술형식에서 주관성의 우세를 '성격'이라는 특징과 결부시키는 헤겔의 입장이 어떤 것인지 어렵지 않게 이해할 수 있다. '20~21년 미학 강의'에서 헤겔은 '낭만적 예술형식'에서 성격에 관한 논의를 '고대다운 것'과 '근대다운 것'을 비교하는 방향으로 확대하면서 다음과 같이 언급한다.

이 기록은 1832년 1월 7일 헤겔의 부인이 쓴 편지에 나와 있다.

9 G. W. F. Hegel., *Frühe Schriften*, 1971, p.199(이하 TW1으로 표기한다)(신학론집, 368쪽). "셰익스피어는 그의 등장인물들을 아주 진솔하게 묘사했기에, 비록 많은 부분에 있어서 역사적으로 전형적인 인물이 아니라 할지라도, 그 등장인물들은 영국 민족에게 깊이 각인되어 있으며, 그 민족에게 완전히 독자적인 일단의 환상의 표상들을 형성시켜 주었다." 이외에도 「사랑에 관한 단편」이나 『기독교의 정신과 그 운명』 등의 초기 글에서 헤겔은 셰익스피어를 거명한다.

10 헤겔 사후 남아 있는 도서 목록에는 보스(J. H. Voss)가 번역한 셰익스피어 전집 제1권과, 파리에서 출판된 영문판 『오셀로』, 『로미오와 줄리엣』이 있었다고 전해진다. 미학에서 사용된 영문 인용을 고려할 때, 적어도 헤겔이 영어 원전으로 『오셀로』, 『로미오와 줄리엣』뿐만 아니라 『햄릿』도 읽었다는 것을 알 수 있다. H.-Ch. Lucas, "Shakespeare", in : *Hegel in Berlin. Preußische Kulturpolitik und idealistische Ästhetik. Zum 150. Todestag des Philosophen*, hrsg. von O. Pöggeler, Berlin : Druckerei Hellmich KG, 1981, p.247.

11 Ascheberg, p.174(서정혁, 281쪽).

12 Hotho, p.194(권정임, 282쪽).

13 Ascheberg, p.178(서정혁, 288쪽).

14 Hotho, p.194(권정임, 282쪽). '20~21년 미학 강의'에도 거의 동일한 내용이 있다. Ascheberg, p.174(서정혁, 281쪽).

사람들은 이러한 관점에서 근대다운 것das moderne을 고대다운 것과 대립시켰고, 근대다운 것은 성격적인 것das charakteristische이라고 말했는데, 부분적으로 이것은 맞는 말이다. (…중략…) 성격적인 것은 특히 셰익스피어에게서 그의 모든 등장인물들과 그 성격들을 완전히 규정하는 것으로 나타난다.[15]

여기서 헤겔은『맥베스』,『햄릿』,『리차드3세』,『로미오와 줄리엣』등 셰익스피어의 여러 작품들 속 등장인물들의 성격을 대표 사례들로 제시한다.[16] 그런데, 헤겔이 언급하듯이 비록 부분적이라고 하더라도 과연 셰익스피어의 이 작품들의 등장인물들 모두의 성격이 '근대다운 것'이라고 할 수 있는지, 그리고 만일 그렇다고 한다면 여기서 '근대다운 것'은 무엇을 의미하는지 라는 의문이 제기될 수 있다. 셰익스피어의 작품들 속에 등장하는 인물들의 성격이 '근대다운 것'과 어떤 관계가 있는지를 알려면, 셰익스피어의 작품 자체에 대한 면밀한 분석이 선행되어야만 할 것이다. 그리고 이 작업은 셰익스피어의 문학에 대한 별도의 심층 연구를 필요로 한다. 이 글에서는 헤겔이 자신의 미학에서 셰익스피어의 작품들에 관해 언급한 내용에 한정해서만 위 물음에 대한 근거를 모색해 볼 것이다.

---

15 Ascheberg, pp.174~175(서정혁, 281~282쪽); Hotho, p.194(권정임, 282쪽) 참조. 이 글에서 '근대다운 것(das moderne)'을 '현대다운 것'이라고 번역하지 않은 이유는, 다루는 대상 영역이 셰익스피어에 한정되기 때문이다.

16 특히 헤겔은 셰익스피어가 영국의 역사에서 소재를 취하여 그것을 근대적 상황과 동떨어지지 않게 적절히 가공하되, 역사적 소재 자체도 본질을 손상하지 않는 방식으로 다루었다는 것에 중요성을 부여한다. 권정임,「'상징적 예술 형식'의 해석을 통해서 본 헤겔 미학의 현재적 의미」, 김진섭·하선규 편,『미학』, 서울 : 책세상, 2007, 208쪽. 특히 권정임은 괴테의『서동시집』과 더불어 셰익스피어의 작품들을 근대에서 상징적 예술형식이 변형되어 나온 현상으로 해석하고 있다. 권정임, *Die Bedeutung der "symbolischen Kunstform" In Hegels Ästhetik. Neue Quellen und die Reformulierung der systematischen Bestimmung der Kunst*, Dissertation zur Erlangung des akademischen Grades eines Doktors der Erziehungswissenschaften, Hagen, 1998, pp.206~219 참조.

또한, 헤겔이 셰익스피어를 '근대다운 것'을 대표하는 전형적 작가로 간주한다면, 특히 비극과 관련해 우리는 헤겔이 셰익스피어에 대해 소포클레스만큼 높은 평가를 해주지는 않으리라고 미리 짐작할 수 있다. 왜냐하면 헤겔은『안티고네』에서 가족의 관심사를 파토스로 삼는 안티고네와 공동체의 안녕을 파토스로 삼는 크레온의 충돌처럼 인륜다운 위력들 간의 대립과 해소를 보여주는 작품을 높게 평가하는데,[17] "자립적으로 오직 자신을 위해서만 존재하고 오직 자신들만의 개성에서 나온 특별한 목적을 갖고 있는 개인들"[18]이 인물로 등장하는 셰익스피어의 작품에서는 "어떤 보편적 파토스와 연관이 있는 숙고된 의도나 목적"이 드러나지 않기 때문이다.[19] 헤겔 미학에서 '시문학Poesie'은 예술 장르들 중 가장 마지막에 배치되며, 특히 '극시dramatische Poesie'는 그 정점에 자리한다. 비극과 희극을 포함하는 극시에 관한 헤겔의 논의를 분석해 보면, 전반적으로 근대 작품보다는 고대 작품을 상대적으로 헤겔이 높게 평가하고 있다는 것을 알 수 있다. 예를 들어, 희극의 경우 헤겔은 몰리에르의 작품보다 아리스토파네스의 작품을 훨씬 높게 평가한다.[20] 비극의 경우에도 헤겔은 '비극다운 것'을 '고전 비극'과 동일시하면서,[21] 인륜다운 위력들 간의 갈등을 전형적으로 보여주는 소포클레스의『안티고네』를 '가장 뛰어나고 완전한 예술작품'으로 간주한다.[22] 이에 비해 성격을 강조하는 셰익스피어의 극시에 대해 헤겔은 다음과 같이 평가한다.

---

17 헤겔은 인륜적 파토스들 간의 충돌을 비극에서 가장 중요한 요소로 보고 있고, 이러한 입장은 아리스토텔레스의 비극론과도 대비된다. 이에 대해서는 이 책의 제3부 2장을 참조할 것.
18 Ästhetik2, p.200(두행숙2, 495쪽).
19 Ästhetik2, p.200(두행숙2, 494쪽).
20 Ästhetik3, p.569 이하(두행숙3, 957쪽 이하). 아리스토파네스의 희극에 대한 헤겔의 철학적 해석에 대해서는 이 책의 제3부 3장을 참조할 것.
21 Ästhetik3, p.535 이하(두행숙3, 917쪽 이하).
22 Ästhetik2, p.60(두행숙2, 313쪽); Ästhetik3, p.550(두행숙3, 932~933쪽); Hotho, p.306(권정임, 400쪽); TW17, p.133 참조.

성격이 지닌 그러한 자립성은 신에게서 벗어난 것[탈신성]das Außergöttliche, 즉 특수한 인간다운 것이 완전히 가치를 띠는 곳에서만 드러날 수 있다. 특히 셰익스피어의 극시에 나오는 성격들이 이러한 특성을 띤다. 이 성격들의 경우에는 그 탄탄한 확고함과 일면성이 특히 경탄을 일으킬 만하다. 거기서는 종교성과 인간이 자신 속에서 종교적 화해를 이룬 것으로부터 나오는 행동과 인륜다운 것das Sittliche 자체는 이야기되지 않는다.[23]

셰익스피어의 극시에서는 등장인물들이 탈신성화된 자립성을 띠고 그것만을 고집하므로, 고대 비극에서처럼 인륜다운 것들 사이의 충돌과 갈등이 나타나지 않는다. 그런데, 고대 비극처럼 인륜다운 것을 고려하지 않는다고 해서 셰익스피어의 작품에 대해 헤겔이 부정적 평가만을 하고 있지는 않다. 의외로 헤겔은 극시에서 등장인물들의 개성 표현과 관련해 괴테나 실러보다 셰익스피어가 훨씬 더 뛰어나다는 점을 지적하면서, 셰익스피어와 비교할 만한 다른 극작가를 꼽기는 쉽지 않다고 주장한다.[24] 또한, 셰익스피어를 '위대하고 심오한 해학'[25]을 지닌 작가로 평가하면서, 독창성에서 뛰어난 작가들로 호메로스, 소포클레스와 함께 셰익스피어를 꼽는다.[26] 비극뿐만 아니라 희극에서도 권위자로 헤겔은 아리스토파네스와 함께 셰익스피어를 거명하면서, 몰리에르의 경우와 달리 "근대 희극 속에서도 올바른 관계를 찾을 수 있다"고 언급한다.[27] 그러면, 왜 헤겔은 비극이나 희극에서 대표 작가로 거명되는 소포클레스, 아리스토파네스와 견줄만한 근대 극작가로 셰익스피어를 거명하는 것일까? 이 질문은 앞서

---

23 Ästhetik2, p.200(두행숙2, 495쪽).
24 Ästhetik3, p.561 이하(두행숙3, 948쪽 이하).
25 Ästhetik1, p.382(두행숙1, 516쪽).
26 Ästhetik1, p.385(두행숙1, 521~522쪽); Ästhetik2, p.238(두행숙2, 546쪽).
27 TW11, pp.74~75.

제기한 첫 번째 질문과 무관하지 않다. 왜냐하면 만일 헤겔이 셰익스피어를 높게 평가하는 이유가 그가 말한 '근대다운 것'과 관련이 있다면, 이 '근대다운 것'의 의미뿐만 아니라 그것이 셰익스피어의 작품 속 등장인물들의 성격과 어떤 연관성이 있는지를 밝힘으로써 헤겔이 셰익스피어를 높게 평가하는 이유가 명확히 드러날 수 있기 때문이다.

2. '온전한 개인'으로서 등장인물과 배우

헤겔에 의하면 극시Drama, dramatische Poesie는 '시문학과 예술 일반의 최고 단계'로서, "서사시의 객관성과 서정시의 주관적 원리를 자체 속에 통합한다".[28] 극시는 "그 자체로 완결된 행위를 스스로 실행해 나가는 등장인물[성격]의 내면에서 솟아나는 현실적 행위로 표현할 뿐만 아니라, 그 결과에서는 목적들의 실체다운 본성으로부터 개인들과 충돌들을 결정하는 행위를 직접적 현재성 속에서 표현한다".[29] 극시는 서사적인 객관적 묘사나 서정적인 주관적 감정 표현에 단순히 머물러서는 안 되며, '서사시의 팽창범위와 서정시의 수축범위 사이의 중간'에 위치하면서[30] 이 양자의 원리를 매개해야 한다.[31] 서사시는 어떤 행위를 "객관적이며 규정된 사건들과 행적들의 형식으로 한 민족 정신의 실체적 총체"로 보여주며, 서정시에서는 "자립적 내면성 속에서 대자적으로 등장하고 스스로를 언표하는 주체"가 등장한다.[32] 헤겔은 극시가 이 양자를 통합하

---

28 Ästhetik3, p.474(두행숙3, 851~852쪽).
29 Ästhetik3, p.474(두행숙3, 852쪽).
30 Ästhetik3, p.488(두행숙3, 866쪽).
31 Ästhetik3, p.476(두행숙3, 854쪽).
32 Ästhetik3, p.477(두행숙3, 854쪽).

고 매개하기 위해 다음과 같은 특성을 띠어야 한다고 주장한다. 우선 극시는 "서사시처럼 사건, 행동, 행위를 직관할 수 있게 해야 하지만, 서사시와 달리 외면성Äußerlichkeit을 제거하고 그 대신 자기의식적이며 활동적인 개인을 근거이자 작용자로 정립해야 한다".[33] 그렇지만 극시는 서정시처럼 "외면에 대립해 서정적 내면 속으로 와해되지" 않아야 하며, "내면과 내면의 외적 실현을 표현해야" 한다.[34] 극시는 서정시처럼 "단순히 심정의 서정적 상황에 만족하지 않고" "스스로 특수한 목적이 되도록 결단하여 이 목적을 의욕적인 자아의 실천적 내용으로 삼는 개체적 성격[등장인물]을 통해 규정되도록 상황과 그 분위기를 보여주어야 한다".[35] 하지만 이렇게 나타나는 외적 현상은 극시에서는 서사시에서처럼 "단순한 사건으로 현존하는 대신 개인 자신에 대해 개인의 의도와 목적들을 포함한다".[36] 헤겔에 따르면 "이처럼 전체 실재가 스스로를 자신으로부터 규정하는 개인의 내면과 부단히 관계하는 것"은 '극시 속에 깃든 서정시의 원리'다.[37]

이와 같이 헤겔은 '서사시의 객관적 측면'과 '서정시의 주관적 측면'을 자체 속에서 통합하는 극시의 특성을 강조하면서, 동시에 서사시, 서정시 양자로부터 구분되는 극시의 고유한 특징도 부각하는데, 그 중 두드러진 특징은 '상연Aufführung'을 염두에 두느냐 하는 문제다. 헤겔에 의하면 서사시와 서정시는 학술서와 마찬가지로 청중[독자]Publikum을 염두에 두고 창작되지 않지만, 반면에 극시는 관객들 앞에서 공연되는 것을 전제로 창작된다.[38] 헤겔은 "극시는 본질적으로 특히 상연을 목적으로 쓰여질 때 그것에 극시로서의 내적인 가치가 비

---

33 Ästhetik3, p.477(두행숙3, 855쪽).
34 Ästhetik3, p.477(두행숙3, 855쪽).
35 Ästhetik3, p.478(두행숙3, 855쪽).
36 Ästhetik3, p.478(두행숙3, 856쪽).
37 Ästhetik3, p.478(두행숙3, 856쪽).
38 Ästhetik3, p.496(두행숙3, 874쪽).

로소 부여된다"고 주장한다.[39] 헤겔도 극시가 상연 이전에 독자적인 시문학작품으로 가치를 지닐 수 있다는 점을 부정하는 것은 아니다. 그러나 헤겔은 서사시와 서정시의 특징과 비교하면서 극시의 특성상 '외적 실연Exekution'이 극시의 본질적 요소임을 다음과 같이 강조한다.

> 극시는 [서사시처럼] 과거의 행적들을 정신적으로 직관하도록 설명하지도 않으며, [서정시처럼] 내적인 주관 세계를 표상과 심정을 위해 언표하지도 않는다. 오히려 극시는 현재의 행위를 그 행위의 현재성과 현실성에 따라 표현하려고 하기 때문에, 만일 극시가 시문학 자체로서 제시할 수 있는 수단에 제한되면, 극시는 극시 자신의 목적과 모순될 것이다.[40]

따라서 헤겔에 의하면 '극작가'는 자신의 작품이 "정말 극적으로 되도록 본래 생동적인lebendig 상연을 염두에 두어야 하고, 그의 등장인물들이 현실적이며 현재적인 동작의 의미로 말하고 행동하도록 해야 한다".[41] 이처럼 극시에서는 실제 극의 등장인물이 행위를 통해 목적을 객관화하고 실현하는 것이 중심 요소가 된다. 또한 서사시의 객관적 측면과 서정시의 주관적 측면을 극시가 매개한다는 점에서도, 극시에 있어서는 등장인물과 그의 행위가 매개의 중심 역할을 떠맡을 수밖에 없다.[42] 헤겔에 의하면 극에서 등장인물의 행위는 서로 다른 목적들 간의 대립을 통해 극적으로 표현될 수 있고, 극시에는 사건이 뒤얽히면서 진행되고 갈등이 발생하도록 하는 총체성으로서 '신다운 존재'가 있는데, 이 역할을 하는 것이 바로 '극작가'다. 헤겔은 극작가에 대해 다음과 같이 말한다.

---

39 Ästhetik3, p.507(두행숙3, 886쪽).
40 Ästhetik3, p.504(두행숙3, 883~884쪽).
41 Ästhetik3, p.508(두행숙3, 887쪽).
42 Ästhetik3, pp.478~479(두행숙3, 856~857쪽).

창작하는 주체인 극작가는 인간다운 목적, 투쟁, 운명의 근간을 이루는 내면적이고 보편적인 것에 대해 완전히 통찰하고 있을 필요가 있다.[43]

극시에서는 어떤 대립과 갈등이 발생했을 때 극 중 등장인물이 '자신의 주관적 열정과 개성에 따라', 그리고 '인간적으로 계획하고 결심한 내용'과 '외적이며 구체적인 관계와 상황에 따라' 사태에 맞게 행위를 할 수 있는지 여부를 극작가는 의식하고 있어야 한다.[44] 이 측면에서 헤겔은 '가장 생동적인 등장인물들[성격들]die lebensvollste Charaktere'을 창작해 낸 근대의 대표 극작가로 괴테와 함께 셰익스피어를 거명한다.[45] 헤겔은 다음과 같이 셰익스피어를 높게 평가한다.

완전한 개인들과 성격들을 인간답게 표현하는데[연출하는데] 대가로서 특히 영국인들이 뛰어나며, 그들 중에서도 셰익스피어를 따라올 사람은 없다.[46]

직접적 생동성과 내적인 영혼의 위대함을 이렇게 통일한 점에서, 셰익스피어는 근대 작가들 가운데 다른 어떤 누구도 견줄만한 사람이 없다.[47]

그런데, 이처럼 헤겔이 셰익스피어를 높게 평가하는 이유는, 소포클레스와 같은 고대의 비극작가를 높게 평가하는 것과는 다른 측면에서 찾아져야 한다. 헤겔은 고대 그리스 비극와 근대 비극 사이의 차이를 설명하면서, 셰익스피어의 『햄릿』을 대표 사례로 거론한다. 헤겔이 보기에 『햄릿』이라는 작품에 등장하는 충돌은, 아버지가 살해되고 어머니가 아버지를 살해한 자와 결혼한다는

---

43 Ästhetik3, pp.480~481(두행숙3, 858쪽).
44 Ästhetik3, p.481(두행숙3, 858쪽).
45 Ästhetik3, p.500(두행숙3, 879쪽).
46 Ästhetik3, p.561(두행숙3, 948쪽).
47 Ästhetik3, p.562(두행숙3, 949쪽).

점에서, 아이스킬로스의 『코에포렌』이나 소포클레스의 『엘렉트라』에서의 충돌과 유사하다. 하지만, 고대 그리스 작가에게 아가멤논의 죽음은 '인륜적 정당성'을 지닌 것이었지만, 셰익스피어의 『햄릿』에서는 전혀 그런 요소가 없고 흉악한 범죄의 형태만을 띠며, 이 범죄에 대해 햄릿의 어머니는 죄가 없으므로 아들의 복수는 형을 죽인 범인인 현재의 왕만을 겨냥한다. 헤겔에 의하면 이렇듯 인륜적 측면이 드러나지 않는 주인공 햄릿에게서는 고대 비극과 달리 진정으로 존중할 만한 것을 찾을 수가 없다. "그렇기 때문에 [『햄릿』에서] 본래적 충돌은 아들이 인륜적 복수를 함으로써 인륜성을 침해하는 것을 둘러싸고 벌어지지 않고, 오히려 햄릿의 주관적인 성격을 둘러싸고 벌어진다."[48]

특히 헤겔은 자신의 당대에 셰익스피어가 뛰어난 극작가로 부각된 이유로, 그가 형식적인 면에서 '정신과 성격[등장인물]의 위대함'을 보여주었다는 점을 든다.[49] 헤겔에 의하면 셰익스피어의 극시의 등장인물들은 "자기 자신 속에서 시종일관되고, 스스로에게 머물면서 자신들의 열정에 충실하고, 그들이 누구든지 어떤 사건에 부딪히든지 간에 자신들의 확고한 규정성에 따라서만 분투한다".[50] 그런데, 다양한 성격들을 창작해내기만 한다고 해서 좋은 극시가 되는 것은 아니다. 이러한 맥락에서 특히 헤겔은 셰익스피어를 낭만주의적 관점에서 해석하려 한 당대의 시도를 상당히 강하게 비판한다. 헤겔은 당대에 유행하던 아이러니의 원리로 오도된 작가들은 '아무런 통일성도 띠지 못한 채 다양하기만 한 성격들을 만들어냄으로써' 오히려 모든 성격들을 파괴하였으며, 이들은 햄릿과 같은 등장인물의 성격도 '유령 같은 것'으로 만들어 버렸다고 비판의 목소리를 높인다.[51] 이와 달리 등장인물의 시종일관된 성격을 창작해냈다는 점에

---

48 Ästhetik3, p.559(두행숙3, 946쪽).
49 Ästhetik3, p.494(두행숙3, 872쪽).
50 Ästhetik2, p.202(두행숙2, 497쪽).
51 Ästhetik1, pp.315~316(두행숙1, 431~432쪽); Ascheberg, pp.175~176(서정혁, 283~2

서 근대의 어떤 극작가보다 헤겔은 셰익스피어를 높게 평가한다. 등장인물의 확고한 성격의 창작이라는 이 요소는 근대 극시에서 극작가와 배우 사이의 관계가 재조명될 때, 그 특징이 좀 더 분명하게 드러날 수 있다.

앞서 언급한 것처럼 극시는 실제 상연을 전제로 하므로, 상연에 필요한 무대와, 특히 무대 위에서 실제 연기를 펼치는 배우, 그리고 그의 연기력이 중요한 요소로 부각될 수밖에 없다. 헤겔은 '연기술Schauspielerkunst'은 특히 근대에 와서야 완전히 발전되었다고 언급하면서, 고대와 다른 근대 극시의 특징을 극작가와 배우 사이의 관계를 통해 설명한다.[52] 고대 극시에서 배우는 가면을 쓰고 연기하였으므로 표정 연기가 전혀 없이 조각과 같은 객관적 형상으로 출연하였고, 대사의 낭송에 리듬을 강조하기 위해 음악 반주를 가미하거나 합창단이 필요했다.[53] 그래서 고대 극시에서 "행위하는 등장인물들은 확고한 보편적 파토스를 극적인 투쟁 속에서 끝까지 밀고 나갔지만, 이 파토스의 실체는 근대적 심정이 지닌 내밀성Innigkeit으로 심화되지도 않았으며 오늘날 극의 등장인물들[성격들]이 지닌 특수성으로까지 확대되지도 못했다".[54] 이에 비해 근대 극시에서 극작가는 음악이나 춤 등의 요소가 아니라 오직 배우 그 자체와만 관계를 맺는다. 왜냐하면 배우가 낭독이나 표정 연기, 동작을 통해 극작품을 감각적으로 드러나도록 하기 때문이다.[55] "배우는 자신의 형태, 인상, 음성 등을 지닌 온전한 개인ganzes Individuum으로서 예술작품 속에 등장하여, 그가 표현하는 등장인물[성격]과 완전히 합치해야 하는 과제를 지닌다."[56] 이 점에서 배우는 본래 극작가가 구상하여 시적으로 형상화한 대로 연기해야 하는 도구Instrument와 같은 존재다. 헤겔은 고

84쪽).
52 Ästhetik3, p.510(두행숙3, 890쪽).
53 Ästhetik3, p.510 이하(두행숙3, 890쪽 이하).
54 Ästhetik3, p.512(두행숙3, 891~892쪽).
55 Ästhetik3, p.512 이하(두행숙3, 892쪽 이하).
56 Ästhetik3, p.513(두행숙3, 893쪽)

대극에서는 배우의 역할이 작았기 때문에 작가의 의도대로 연기하는 것이 용이했지만, 근대극에서는 상황이 달라졌다고 주장한다. 근대극에서 배우는 주관적이고 생동적이며 내면적으로 성격의 열정을 표현해야 하며, 등장인물의 특수한 성격을 독자적으로 표현할 때 이 표현이 '생동적 현실성'을 띠고 관객 앞에 드러나도록 해야 한다.[57] 즉, 배우도 '살아있는 인간'으로서 그의 신체의 기관, 형태, 인상적인 표정 및 타고난 특징과 같이 온갖 개별 특징들을 지니고 있으므로, 때로는 보편적 파토스와 극의 특성을 표현하기 위해 이러한 개별 특징들을 억제하거나, 때로는 풍부한 개성을 띤 극시를 더 풍부하게 형상화하기 위해 이 개별 특징들을 조화롭게 살릴 수도 있다.[58] 이처럼 "배우는 시인의 정신과 자신이 맡은 역할 속으로 깊이 빠져 들어가 거기에 자신 고유의 개성을 완전히 적합하게 맞추어야 한다".[59] 이제 배우는 극작가가 의도한 대로만 수동적으로 연기하는 도구적 존재가 아니라, 오히려 "극작가의 숨은 의도와 심오한 대가적인 특징들을 살아있는 현재lebendige Gegenwart로 불러내어 가시화하고 이해 가능하도록 만들면서" '배우 자신의 창조력Produktivität'으로 극작가를 자신의 연기를 통해 대신 표현해주는 존재가 된다. 헤겔은 셰익스피어가 창작한 등장인물들이 이러한 근대 극시의 특징을 잘 담고 있는 대표 사례라고 생각한다.

> 셰익스피어의 극시의 인물들은 특히 대자적으로[자립적으로] 완성되고 완결된 온전한 인간들für sich fertige, abgeschlossene, ganze Menschen이므로, 우리는 배우가 그러한 인물들을 충분한 총체성의 상태로 배우 자신의 편에서 우리에게 보여주기를 요구한다.[60]

---

57 Ästhetik3, p.514(두행숙3, 894쪽).
58 Ästhetik3, pp.514~515(두행숙3, 895쪽).
59 Ästhetik3, p.515(두행숙3, 896쪽).
60 Ästhetik3, p.514(두행숙3, 894쪽).

이러한 연관에서 예술가는 특히 인간에게 결단의 자유와 자립성이 보존되도록 하는 데 힘써야 한다. 셰익스피어는 이 점에서 가장 훌륭한 전범die herrlichsten Vorbilder을 보여 주었다.[61]

여기서 우리는 근대 극시의 특징을 잘 반영하고 있다는 점에서, 헤겔이 '성격적인 것'과 '근대다운 것'을 동일시하면서 셰익스피어의 극시에서 '근대다운 것'이 잘 표현되고 있다고 주장하는 일차적 이유를 이해할 수 있다. 고대 극시가 신다운 것을 인류을 통해 표현하는 데 치중했다면, 이에 비해 근대 극시는 극시를 창작한 극작가의 전능함으로부터 등장인물과 그 성격을 표현하는 배우를 자유롭게 해방함으로써, 신적 힘으로부터 벗어나 유한한 인간이 자립성을 확립해 나가는 모습을 우회적으로 표현한다고 헤겔은 해석하고 있다. 극작가와 그가 창작한 등장인물[성격] 및 그것을 실연하는 배우의 관계에 관한 이와 같은 헤겔의 논의는 극시라는 텍스트의 '외적 특징'으로 규정될 수 있다.

3. '자기 거리두기'와 비유

이상과 같이 극작가로부터 등장인물과 그 성격을 연기하는 배우가 자립성을 획득하는 측면에서 '근대다운 것'을 찾을 수도 있지만, 더 나아가 극시에서 등장인물의 행동과 성격 자체에서 '근대다운 것'을 찾을 수도 있다. 우리는 전자와 비교해 이 측면을 극시라는 텍스트의 '내적 특징'으로 규정할 수 있다. 헤겔은 셰익스피어가 단순히 등장인물들의 성격의 '온전함'이나 '일관성'이라는 점을 뛰어넘어, 극시의 등장인물들에게 '자율성'을 부여했다는 점을 특히 강조하

---

61 Ästhetik1, pp.299~300(두행숙1, 404쪽).

면서 다음과 같이 높게 평가한다.

셰익스피어는 실제로 우리가 이 같은 정신의 심오함과 풍부함을 등장인물들의 성격 속에서 인식하도록 해준다. 그는 등장인물들의 성격을 자유로운 표상력freier Vorstellungs-kraft과 독창적 정신genialer Geist을 지닌 사람들로 보여준다. 등장인물들이 처한 상황이나 특정한 목적에 따라 존재하는 바에 대해 그 등장인물들이 반성을 함으로써 등장인물들은 그것을 뛰어넘게 된다. 그렇게 함으로써 등장인물들은 상황의 불운과 그들이 처한 상황의 충돌을 통해서만 그들이 수행하려는 것을 향해 돌진한다.[62]

여기서 헤겔은 셰익스피어의 극시에서 맥베스가 지배욕을, 오델로가 질투심이라는 특정한 성격을 대표할 뿐만 아니라, 그 개인들은 '온전한 인간들ganze Menschen'[63]로서 스스로 자신이 처한 상황과 거리를 두면서 자신 스스로를 반성할 정도로 그렇게 생동적으로 살아있는 것처럼 창작되었다는 점을 강조한다.[64] 이 점은 다음과 같은 헤겔의 언급을 통해서도 잘 드러난다.

내가 이미 앞서 언급했듯이, 셰익스피어는 한없이 넓은 그의 세상 무대에서 극악과 부조리까지도 다루고 있지만, 그럴수록 셰익스피어 자신은 가장 외적인 한계에서도 자신의 극 중 인물들을 시적으로 풍부하게 치장하지 않고 제한성 속에 빠져들게 하지 않으며, 그들에게 정신Geist과 상상력Phantasie을 부여하고 있다. 그는 등장인물들이 이론적 직관 속에서 스스로를 마치 하나의 예술작품ein Kunstwerk처럼 고찰하게 하는 모습으로 창작하고, 그 인물들 자체를 그들 자신의 자유로운 예술가들freien Künstlern

---

62 Ästhetik2, p.210(두행숙2, 508쪽).
63 Ästhetik3, p.561 이하(두행숙3, 948쪽 이하).
64 J. A. Bates, *Hegel and Shakespeare on Moral Imagination*, New York : State Univ. of New York, 2010, p.26.

로 창작해낸다. 그리고 셰익스피어는 등장인물들이 자신의 성격을 확실하게 보여주면서 그것에 충실하게 함으로써, 우리가 가장 평범하고 진부한 무뢰한과 바보들뿐만 아니라 범죄자에게도 관심을 가지도록 하는 방법을 알고 있다.[65]

극의 등장인물들이 스스로를 하나의 예술작품처럼 고찰하고, 스스로 자유로운 예술가처럼 행동한다는 것은, 극작가가 극시에서 등장인물의 자율성을 염두에 두고 창작한다는 것을 전제한다. 이 자율성은 등장인물이 직접적으로 자신에게 주어진 상태나 자기 스스로와 거리를 둘 때 확보될 수 있다.[66] 왜냐하면 자율Autonomie은 주체 스스로가 자기 자신을 결정하는 상태이고, 이 결정은 주체가 자신의 직접적 상태에 대해 반성적으로 규정하는 것이나 다름이 없기 때문이다. 헤겔은 셰익스피어의 극시에서 등장인물의 이 자기 반성적 모습이 특히 '비유Gleichnis'라는 표현 기법을 통해 잘 드러난다고 본다. 헤겔은 '20~21년 미학 강의'에서 비유에 대해 다음과 같이 언급하고 있다.

셰익스피어는 그들의 의지에 의해 제한되어 있는 그러한 인물들을 통해서도 정신의 심오한 측면을 우리가 인식하도록 해 주고 있다. 즉 그들이 자기 스스로와 자신이 처한 상황에 대해 만들어내는 비유들을 보여줌으로써, 셰익스피어는 그들 스스로가 어떤 존재인가에 대해 반성할 줄 아는 자유로운 인간이며, 그들은 단지 상황들에 의해 곤경에 처하게 될 뿐이라는 것을 우리에게 보여 준다. (…중략…) [셰익스피어의] 등장인물들은 그들이 자신 속에 고귀함을 지니고 있으며 그들의 현 상황을 넘어설 수 있다는 점을 반성을 통해 보여준다.[67]

---

65 Ästhetik3, pp.561~562(두행숙3, 949쪽).
66 P. Szondi, *Poetik und Geschichtsphilosophie* I, Frankfurt am Main : Suhrkamp Verlag, 1974, p.398 참조.
67 Ascheberg, p.177(서정혁, 287쪽).

이 인용문에서 헤겔은 '비유'를 단순히 문학적 표현 기법 중 하나로만 보지 않고, 더 나아가 그것을 통해 표현되는 등장인물에서 '자기 자신에 대해 반성할 수 있는 자유로운 인간'으로서 근대적 주체의 모습을 찾고 있다. 또한, 헤겔은 비유를 사용하는 마지막 세 번째 이유로 '극시를 위한 강조'를 제시하면서 비유가 지니는 부정적 측면과 긍정적 측면을 모두 드러낸다.[68] 한편으로 헤겔은 극시에서 행동하는 개인들이 비유적 표현들을 과도하게 사용하는 것이 부적절하다는 점을 지적하면서, 영국 비평가들이 셰익스피어의 극시가 현란한 비유를 너무 많이 사용했다고 비판한 점에 공감을 표시한다. 그러나 다른 한편으로 헤겔은 전체적으로 보면 비유가 극시에서도 본질적 위치와 효력을 지닌다는 점을 강조한다.[69] 헤겔에 의하면 "비유는 행위의 실천 영역에서 개인이 특정한 상황이나 감정, 열정에 직접적으로 빠져 있지만 않고, 고귀하고 고상한 본성으로 그러한 것들을 초월하고 그것들로부터 벗어날 수 있다는 것을 보여주려는 목적을 지닌다".[70] '심정의 위대함과 정신의 힘'은 열정과 같은 그러한 제한으로부터 벗어나 '아름답고 고요한 평온 속에' 머무는데, 이처럼 '영혼의 해방'을 형식적으로 표현하는 것이 바로 '비유'라는 것이다.[71] 헤겔은 비유의 긍정적 역할을 강조한 후 비유가 가장 많이 등장하는 곳이 바로 셰익스피어의 작품이라고 지적하면서, 그의 여러 작품들에 등장하는 비유적 표현들을 사례로 든다.[72] 많은 사례들 중 헤겔이 『맥베스』에서 인용한 대목을 소개하면 다음과 같다.

꺼져라, 꺼져, 단명하는 촛불이여!

---

68 Ästhetik1, p.534 이하(두행숙2, 233쪽 이하).
69 Ästhetik1, p.534 이하(두행숙2, 234쪽 이하).
70 Ästhetik1, p.535(두행숙2, 235쪽).
71 Ästhetik1, p.535(두행숙2, 235쪽).
72 Ästhetik1, p.536 이하(두행숙2, 236쪽 이하).

인생은 방랑하는 그림자에 불과할 뿐,

무대에서 잠시 거들먹거리고 종종거리면서 돌아다니지만

얼마 안 가 잊혀지고 마는 처량한 배우일뿐

떠들썩하고 분노 또한 대단하지만

바보 천치들이 지껄이는 아무 의미도 없는 이야기[73]

이 구절에서 헤겔은 셰익스피어가 맥베스를 단순히 범죄자로 남겨두지 않고, '자신과는 다른 낯선 인물로 보이도록 하는 상상의 힘'을 맥베스 자신에게 부여하고 있다고 주장한다.[74] 헤겔에 의하면 맥베스 같은 등장인물은 "낯선 대상 속에서 스스로를 이론적으로[관조적으로]theoretisch 바라볼 수 있으며, 자기 자신에 대한 혹독한 조소 속에서도 자신의 파멸을 외적인 현존으로 자신과 대립시키고, 자기 자신 속에 확고히 머물 수 있는" 그러한 인물이다.[75] 또한, 헤겔은 극 중 인물들 자체가 시인이자 예술가로 나타나는 대표적 사례로 『햄릿』에서 죽은 망령이 출현하는 장면을 든다. 헤겔은 '행위Handlung'를 논하는 부분에서 다음과 같이 그 장면을 영문으로 직접 인용하고 있다.

내가 본 혼령은

악마인지도 모른다. 그리고 악마는 제 모습을

보기 좋게 위장할 힘이 있지. 맞아, 또,

내 허약함과 우울증을 빌미 삼아,

---

73 W. Shakespeare, *The Tragedey of Macbeth*, ed. by N. Brookie, Oxford Univ. Press, 2008, 5.5:23-28; W. Shakespeare, 권오숙 역, 『맥베스』, 서울 : 열린책들, 2010, 137쪽(제5막 5장 23~28행)(이하 Macbeth, 맥베스로 표기한다). 이 부분을 헤겔은 영문으로 직접 인용하고 있다.
74 Ästhetik1, p.538(두행숙2, 239쪽).
75 Ästhetik1, pp.535~536(두행숙2, 235쪽).

심기가 그럴 땐 악귀가 큰 힘을 쓰니까,

나를 속여 파멸시킬 수도 있어. 좀 더

설득력 있는 증거를 잡으리라. 연극이

왕의 양심 사로잡을 바로 그런 수단이다.[76]

이 구절을 인용하면서 헤겔은 복수를 실행해 옮기는 것을 망설이는 햄릿의 모습을 햄릿의 나약함이나 우유부단함으로 해석하지 않고, 행동 후 초래될 수 있는 갈등들을 고려하는 신중한 태도로 간주한다.[77] 그리고 이 장면에서 헤겔은 셰익스피어가 마치 햄릿이 등장인물이 아니라 극작가인 것처럼 설정을 하고 있다고 주장하면서, 햄릿이 망령을 맹목적으로 믿지 않고 자신이 본 것을 의심하면서, 스스로 준비를 하여 확신이 들고 난 후 행위하는 측면을 강조한다.[78] 즉, 헤겔은 셰익스피어가 주인공 햄릿에게 믿을 수 없는 것들을 확신이 들 때까지 의심하고 난 후 결단을 할 수 있는 자유를 부여했다는 점을 높게 평가하고 있는 것이다. 그리고 이러한 자유는 극 중 인물인 햄릿이 자신이 처한 상황과 스스로 거리를 두려는 의식을 가지고 행위함으로써 확보된다고 헤겔은 주장한다.[79] 자기 자신에 대한 반성, 이론적 고찰을 통해 자신이 처한 상황이나 자기 스스로와 거리를 둘 수 있는 주체, 헤겔이 보기에 이것은 '근대다운 것'을 규정하는 핵심 특징이다.[80] 물론, 이때 '근대다운 것'은 '역사적 시기'가 아니라 하나의 '문예사

---

76 W. Shakespeare, *Hamlet*, ed. by G. R. Hibbard, Oxford Univ. Press, 2008, 2.2 : 587~594(W. Shakespeare, 최종철 역, 『햄릿』, 서울 : 민음사, 1998, 88쪽(제2막 2장 604~611행)(이하 Hamlet, 햄릿으로 표기한다).

77 M. W. Roche, *Tragedy and Comedy. A Systematic Study and a Critique of Hegel*, New York : State Univ. of New York Press, 1998, p.81.

78 Ästhetik1, p.300 이하(두행숙1, 404쪽 이하).

79 이러한 맥락에서 블룸은 햄릿이라는 인물을 '자기의식을 지닌 서구의 영웅'이라고 규정한다. H. Bloom, *Shakespeare : The Invention of the Human*, New York : Riverhead, 1998, p.109.

80 주로 독백을 통해 표현되는 햄릿의 이러한 태도가 종교개혁 이후 르네상스 개인주의의 특징을 나타내는 것으로 이해될 수도 있다. 한정이, 「『햄릿』에 나타난 르네상스 개인주의」, 『셰익스피

적 범주'로 이해되어야 한다. 왜냐하면 예를 들어 셰익스피어가 『햄릿』과 같은 극시를 창작하고, 그것을 낭만적 작가들이 해석하여 '순전히 성격의 개인주의에 근거한 극시의 미학'을 분류해 넘으로써 비로소 '근대적 의미의 플롯'에 관해 논의할 수 있게 되었기 때문이다.[81]

셰익스피어에 대한 비평은 신고전주의가 주도한 17세기 후반 이후에야 본격화된다. 문학비평가들은 셰익스피어 작품들의 결점으로 삼 단일three unities을 준수하지 않고 곁 플롯double plot을 도입하며 비극에 희극적 요소를 가미한 점, 역사극에 나타나는 시대착오anachronism 등을 들었다.[82] 물론 헤겔도 이러한 비판을 인지하고 있었다. 헤겔은 한편으로 셰익스피어의 극시에서 역사적 사실에 맞지 않는 내용을 지적하면서도,[83] 역사극에서 역사적 가치 자체를 중시하여 시대착오를 비판하기보다 오히려 예술적으로 각색해야 할 필요성을 강조하면서 '예술작품에게 필수불가결한 시대착오'를 주장하기도 한다.[84] 또한 셰익스피어가 '위대하고 심오한 해학Humor'을 지닌 독창적 작가이면서도 부분적으로는 '피상적이고 진부한 측면Flachheiten'이 없었던 것은 아니라고 비판하거나,[85] 극에서 장소가 너무 자주 바뀌는 문제를 지적하기도 한다.[86] 앞서 언급했지만, 헤

어 비평』Vol. 46, No. 1, 한국셰익스피어학회, 2010, 473~674쪽. 또한 5막부터 죽음을 적극적으로 수용하는 햄릿의 태도를 '고유한 자기의 표출'이라고 해석하기보다 종교개혁이라는 시대상을 반영한 '자기의 재형성'으로 보아야 한다는 해석도 있다. 이용은, 「햄릿의 자기의 재형성」, 『셰익스피어 비평』Vol. 46, No. 3, 한국셰익스피어학회, 2010, 129~149쪽.

81 W. Kerrigan, *Hamlet's Perfection*, Baltimore : Johns Hopkins Univ. Press, 1994, p.8 참조. 케리건(W. Kerrigan)은 괴테, 슐레겔과 더불어 헤겔이 '근대 작품의 정수로서『햄릿』에 관한 관념'을 제공했다고 언급한다.

82 이 같은 비평의 대표자는 영국의 라이머(Th. Rymer)와 프랑스의 볼테르(F.-M. A. Voltaire)였다. 이경식, 『셰익스피어 연구』, 서울 : 서울대 출판부, 2005, 787쪽 이하·820쪽 이하.

83 Ästhetik1, pp.271~272(두행숙1, 364~365쪽). 여기서 헤겔은 셰익스피어의 작품 중『맥베스』를 언급한다.

84 Ästhetik1, pp.358~359(두행숙1, 485~487쪽). 여기서 헤겔은 셰익스피어의 작품 중『헨리4세』를 언급한다.

85 Ästhetik1, p.382(두행숙1, 516쪽).

86 Ästhetik3, p.483 이하(두행숙3, 861쪽 이하).

겔은 영혼의 해방과 관련해 비유의 사례로 셰익스피어의 작품들을 가장 많이 제시하면서, 영국의 비평가들이 셰익스피어가 현란한 비유들을 과도하게 사용했다고 비판한 사실을 거론하고 부분적으로 거기에 동의하기도 한다.[87] 하지만, 동시에 헤겔은 통상적인 그러한 비평의 관점에만 머물지 않고 셰익스피어의 작품을 '전체적으로' 볼 것을 권한다.[88] 그러면서 헤겔은 자신의 철학적 관점에서 셰익스피어의 극시에 근대적 의미를 강하게 부여하려고 한다.

그러나 이러한 헤겔 자신의 의도에도 불구하고, 헤겔의 셰익스피어 해석이 정당한지 여부는 또 다른 문제이다. 예를 들어, 우리는 헤겔이 주장하듯이 정말 맥베스가 근대적 주체성을 잘 보여주는 인물인지 의심할 수 있다. 헤겔의 주장과 달리, 맥베스가 마녀의 말을 듣고 그들을 믿는다는 것은 맥베스의 책임감과 의무가 뿌리째 부패해 버렸다는 점을 의미한다는 식의 해석도 가능하다. 그리고 그로 하여금 왕을 살인하게 하는 것은 다름 아니라 미신이기 때문에, 맥베스의 결정과 행동은 깨어있는 상황에서 자신이 의도한 논리에 따라 일어나는 것이 아니다. 이러한 점들을 들어 맥베스는 전 근대적 인물이며, 『맥베스』라는 작품도 전 근대적 비극이라는 주장이 가능하다.[89] 또한 이와 반대로 셰익스피어의 극시를 탈근대적인 관점에서 해석하려는 경향도 있다. 예를 들어, 테리 이글턴 Terry Eagleton은 헤겔이 미학에서 직접 인용한 『맥베스』의 5막 5장의 24~28행의 대사를, 맥베스가 "안정된 기의를 쉼 없이 찾아다녀야 할 운명에 처한 떠돌아다니는 기표와 같은 존재"라는 점을 보여주는 것으로 해석하고 있다.[90] 또한 테리 이글턴은 햄릿의 '자아'는 "정의를 불가능하게 하는 제스처의 범위 내에 머물 뿐이지, 그 정의의 범위를 넘어서는 본질적 선택 속에 있는 것은 아니다"

---

87 Ästhetik1, p.535(두행숙2, 234쪽).
88 Ästhetik1, p.535(두행숙2, 234~235쪽).
89 J. A. Bates, 앞의 책, pp.212~217 참조.
90 T. Eagleton, 앞의 책, p.12.

라고 하면서,[91] 햄릿은 '개인주의적 자아 개념'이 위기에 처하는 현재의 우리 시대를 예견케 하는 '아주 현대적 인물'이라고 비평하고 있다.[92] 더 나아가 프로이트Sigmund Freud, 1856-1939와 라깡Jacques-Marie-Émile Lacan, 1901-1981처럼 『햄릿』을 정신분석의 관점에서 해석하려는 경향도 있다.[93] 프로이트는 1897년 한 편지에서 『햄릿』을 처음 언급한 후, 『꿈의 해석』1900에서부터 『정신분석 개요』1940에 이르기까지 여러 글들에서 『햄릿』을 거론한다. 프로이트의 『햄릿』 해석에서 대표적 관점은 '오이디푸스 이야기'와 『햄릿』을 연관해 햄릿이 복수를 지연하는 이유를 '오이디푸스 콤플렉스'의 맥락에서 보려는 입장이다.[94] 그러나, 『햄릿』의 경우에도 어떻게 한 작품이 몇백 년 후의 시기와 동시대적인 의미를 지니는 것으로 다양하게 해석될 수 있는지 의문이 제기될 수 있고, 『햄릿』이 지니는 근대적 의미를 고대 고전적 시기와 대립적 관점에서만 제한적으로 해석해야 한다는 주장도 가능하다.[95]

그런데, 서두에서 언급했듯이, 문학 비평의 관점에서 셰익스피어의 작품들을 분석하고 그것을 토대로 헤겔의 해석이 어느 정도 타당한가를 검토하는 일은 이 글의 과제가 아니다. 우리는 어떻게 헤겔이 셰익스피어를 바라보았으며, 왜 그렇게 해석하려고 했는가를 헤겔 미학을 중심으로 검토했다. 만일 우리가 헤겔의

---

91 T. Eagleton, 앞의 책, p.115.

92 T. Eagleton, 앞의 책, pp.118~119.

93 여러 글들에서 프로이트의 입장 변화와 라깡의 관계에 대해서는 다음을 참조할 것. 김서영, 「라깡의 『햄릿』 분석에 나타난 프로이트로의 복귀」, 『라깡과 현대정신분석』 Vol. 9, No. 2, 한국라깡과현대정신분석학회, 2007, 91~107쪽; J. Lacan, J.-A. Miller · J. Hulbert, "Desire and the Interpretation of Desire in Hamlet", in : *Yale French Studies* No. 55/56, *Literature and Psychoanalysis. The Question of Reading*, Yale Univ. Press, 1977, pp.11~52.

94 대표적인 곳으로는 다음을 들 수 있다. S. Freud, 김인순 역, 『꿈의 해석』, 서울 : 열린책들, 2003, 321쪽 이하.

95 M. De Grazia, "Hamlet before Its Time", in : *Modern Language Quarterly* Vol. 62, No. 4, 2001, pp.335~375 참조. 특히 『햄릿』에 관한 근래의 논쟁에 대해서는 다음을 참조할 것. R. Van Oort, "Shakespeare and the Idea of the Modern", in : *New Literary History* Vol. 37, The Johns Hopkins Univ. Press, 2006, pp.319~339.

철학적 기준으로 근대적 의식의 출발점을 데카르트로 잡는다면, 위와 같은 셰익스피어에 대한 헤겔의 해석이 헤겔의 철학적 관점에서는 일면 타당하다는 것을 알 수 있다.[96] 왜냐하면 『철학사 강의』에서 헤겔은 근대의 특징으로 무엇보다도 주체의 '자기의식'을 꼽으며, 이 자기의식은 바로 '스스로를 자기에 대해 정립하는 내면성'으로서 '대자적으로 자유로운 사유'를 그 본질로 하기 때문이다.[97] 헤겔은 이러한 근대성의 특징이 셰익스피어의 작품 속에 내재한다고 보고 그것을 앞에서 언급한 것처럼 극시의 내·외적 특징들을 통해 강조한 것이다.

---

[96] 사실상 셰익스피어는 근대 철학자의 아버지로 불리는 데카르트가 출생했을 당시 이미 서른 두 살의 작가였고, 베이컨과는 거의 동시대에 태어났다. J. A. Bates, 앞의 책, Preface 참조.
[97] TW20, p.120.

제2장

괴테

『서동시집』과 세계문학

1. 괴테와 헤겔의 관계[1]

괴테와 헤겔은 거의 동시대를 살아가면서 비교적 친밀한 관계를 유지했다. 특히 헤겔의 예나 시기부터 두 사람의 관계는 서로 직접 서신 교환을 할 정도로 발전한다.[2] 이러한 관계를 반영하듯, 후기 미학에서도 헤겔은 괴테를 '우리의 가장 위대한 시인'이라고 칭송하면서 다음과 같이 높게 평가하고 있다.[3]

> 특히 괴테의 시들은 우리 독일인들이 근대에 들어와 소유하게 된 가장 뛰어나고 심
> 오하며 영향력 있는 것das Vortrefflichste, Tiefste und Wirkungsvollste이다. 왜냐하면
> 그것들은 전적으로 그와 그의 민족에게 속하며 그 고향의 토대에서 자라난 시들로서,

---

1 괴테와 헤겔의 관계에 관한 글은 이미 『헤겔의 역사 철학과 세계 문학』(2018)에 발표했으나, 여기에 필요하다고 생각하여 부분 수정 보완을 통해 재수록하였다.

2 헤겔이 괴테에게 보낸 첫 편지는 1803년 8월 3일이다. 그 후 예나에서 헤겔이 괴테에게 여섯 번, 괴테가 헤겔에게 네 번 편지를 보내며, 이 서신 교환은 헤겔이 예나를 떠나서 밤베르크에서 1807년 3월에 괴테에게 보낸 편지 이후 한 동안 중단되었다가, 헤겔의 하이델베르크 시기에 괴테가 1817년 7월에 보낸 편지로 재개되며, 이러한 서신 교환은 1827년 6월의 헤겔 서신과 1827년 8월의 괴테의 마지막 서신 교환까지 이어진다.

3 Ascheberg, p.182(서정혁, 295쪽).

우리 정신의 근본 색조Grundton에 온전히 상응하기 때문이다.[4]

괴테에 대한 헤겔의 이 같은 극찬을 반영하듯이, 헤겔 사후 적지 않은 저명한 사상가들이 괴테와 헤겔의 관계에 대해 연구했는데, 그 연구의 중심은 대부분 괴테의『파우스트』와 헤겔의『정신현상학』의 관계에 관한 것이었다.[5] 예를 들어, 루카치György Lukács, 1885~1971는 괴테의『파우스트』와 헤겔의『정신현상학』이 독일 고전기의 가장 위대한 예술적 · 사상적 업적에 속한다고 평가하면서, '인류가 무한히 완성되어 갈 수 있다'라는 계몽의 확신을 두 사람 모두 보여주었다고 지적한다. 특히 헤겔은『정신현상학』에서 다음과 같이 세 가지 측면을 보여주었다고 언급한다. 첫째, 단순한 지각을 지닌 개인이 완전한 철학적 인식에까지 역사적으로 고양되는 과정, 둘째, 인류가 원초적인 시작 단계에서 벗어나 헤겔 당대의 문화적 단계에까지 고양되는 과정, 셋째, 인류의 전체 역사 발전과정을 인간 자신의 노동의 결과로 파악하는 것이 그것이다. 그리고 루카치는 헤겔『정신현상학』의 이 과정은 곧 괴테의『파우스트』가 담고 있던 문제를 철학적으로 정형화한 것이라고 주장한다.[6] 사상적 입장은 다르지만, 뢰비트Karl Löwith, 1897~1973도 괴테와 헤겔의 관계에서『파우스트』와『정신현상학』을 그 중심에 놓는 것은 마찬가지다. 잘 알려져 있다시피, 뢰비트는 자신의 저서『헤겔로부터 니체에로』에서 괴테와 헤겔의 관계를 규명하는 작업부터 시작하는데, 거기서 중심이 되는 것 역시『파우스트』와『정신현상학』이다.[7] 그리고 이

4　Ästhetik3, p.474(두행숙3, 851쪽).

5　헤겔이『파우스트』를 처음으로 인용하고 있는 것으로는『정신현상학』이전 1803~06년경에 쓰여진 경구로 남아있는 단편을 들 수 있다. G. W. F. Hegel, *Jenaer Schriften (1801-1807)*, 1970, pp.554~555(이하 TW2로 표기한다) 참조.

6　G. Lukács, "Faust-Studien", in : *Georg Lukács Werke* Bd.6, Neuwied/Berlin : Hermann Luchterhand Verlag, 1965, pp.544~549.

7　K. Löwith, 강학철 역,『헤겔에서 니체에로』, 서울 : 민음사, 1987, 17쪽 이하 참조.

입장에서 한 걸음 더 나아가, 『파우스트』에 등장하는 메피스토펠레스는 『정신현상학』의 의식의 운동처럼 주인공 파우스트가 계속 운동을 추동해나갈 수 있는 부정적 원리로 작용하면서, 파우스트를 도야의 더 고차적 단계로 나아가도록 만든다는 식의 좀 더 구체적인 해석도 제시된 바 있다.[8] 만일 이와 같은 연구성과나 괴테와 헤겔 사이의 친밀한 관계를 별다른 의심 없이 그대로 받아들인다면, '호토판 미학'의 다음 구절은 별 어려움 없이 수용 가능할 것이다.

> 이 특수성 및 주관성과 대조적으로, 목적들은 때로는 내용의 보편성과 포괄적인 폭으로 확장되거나, 때로는 그 자체로 실체다운 것으로 파악되고 실행되기도 한다. 이 첫 번째 관점[내용의 보편성과 포괄적인 폭]에서 나는 절대적인 철학적 비극absolute philosophische Tragödie인 괴테의 『파우스트』만을 상기해 보려고 한다. 이 작품에는 한편으로 학문에서의 불만족이, 다른 편으로 세속적 삶과 지상의 향락이 지니는 생동성이, 그리고 주관적 앎과 노력이 그 본질과 현상 면에서 절대자와 비극적으로 매개되는 과정이 폭넓은 내용을 제공한다. 이러한 것들을 동일한 작품에서 포괄하는 일은 다른 어떤 극작가도 감행하지 못한 것이었다.[9]

이처럼 '호토판 미학'의 마지막 부분인 '극시'에서 헤겔은 괴테의 『파우스트』만을 유독 '절대적인 철학적 비극absolute philosophische Tragödie'이라고 높게 평가한다. 그리고 한편으로 이 헤겔의 평가는 예나 시기부터 후기까지 괴테와 헤겔의 지속적 관계에서 자연스럽게 결과된 것이라고 이해할 수도 있다. 그러나, 다른 한편으로 보자면, 괴테의 『파우스트』와 관련해 가장 많이 논의된 헤겔의

---

8 W. Marotzki, "Der Bildungsprozeß des Menschen im Hegels Phänomenologie des Geistes und Goethes Faust", in : *Goethe-Jahrbuch* 104, 1984, pp.128~156 참조.
9 Ästhetik3, p.557(두행숙3, 943~944쪽).

『정신현상학』에서도 실제로 괴테의『파우스트』에 대한 그와 유사한 헤겔의 추가적인 평가를 찾을 수 없다.『정신현상학』에서 괴테의『파우스트』가 직접 언급되는 부분은 단 한 곳뿐으로, 그것은 '이성' 장의 '쾌와 필연성'이라는 부분이다. 여기서 헤겔은 세속적 즐거움에 몰두하는 자기의식의 주관적 측면을 비판적으로 논하면서[10]『파우스트』에 나오는 구절을 다음처럼 인용하고 있다.

> 그것은 지성이나 학문을
>
> 인간이 누리는 최고의 선물을 경멸하는 도다.
>
> 악마에게 몸을 내맡긴 이상
>
> 파멸로 다다를 수밖에 없느니라.[11]

『정신현상학』이후에『파우스트』제1부1808가 출판되므로, 헤겔은 그 전에 『파우스트 단편*Faust, ein Fragment*』1790을 읽은 것으로 보인다. 헤겔은 이 구절을 『법철학』의 '서문'에서도 동일하게 반복 인용한다.[12] 그런데, 본래 원문과 헤겔의 인용문은 조금 차이가 있다.[13] 헤겔은 1행에서 이성Vernunft을 지성Verstand으로 바꾸고, 2행에서 힘Kraft을 선물Gabe로 바꾸어 표현한다. '이성' 대신 '지성'

---

10 GW9, pp.198~199(정신현상학1, 378~379쪽).

11 『정신현상학』에서 헤겔은 메피스토펠레스의 독백 중 앞 2행과 마지막 2행만을 인용하는데, 헤겔이 인용한 구절은 다음과 같다. "Es verachtet Verstand und Wissenschaft / des Menschen allerhöchste Gaben / es hat dem Teufel sich geben/ und muß zu Grunde gehn."

12 TW7, p.19(법철학, 50쪽). 그런데,『법철학』의 인용문은『정신현상학』과 부분적으로 다르다. "Verachte nur Verstand und Wissenschaft / des Menschen allerhöchste Gaben / so hast dem Teufel dich ergeben/ und mußt zu Grunde gehn."

13 괴테의『파우스트』의 본래 원문은 다음과 같다. J. W. von Goethe, *Goethes Werke, Hamburger Ausgabe in 14 Bänden*, hrsg. von E. Trunz, München : Verlag C. H. Beck, 1982, p.61(Goethe, J. W. von, 정서웅 역,『파우스트』1, 서울 : 민음사, 1999, 103쪽)(이하 HA3, 파우스트1로 표기한다). "Verachte nur Vernunft und Wissenschaft/ des Menschen allerhöchste Kraft / Und hätte er sich auch nicht dem Teufel übergeben / Er müßte doch zugrunde gehn!"

이라는 표현을 사용한 것은, 종합하는 이성보다 하위의 지성이 하는 추상적 분석 활동을 강조하기 위해서이며, '힘'을 '선물'로 바꾸어 표현한 것은 주체적 활동보다 외부에서 주어지는 수동적 측면을 강조하기 위한 것으로 보인다. 그리고 헤겔은 괴테가 마지막 두 행에서 접속법을 사용한 것을 직설법으로 바꾸어 놓았다. 이것은 인간이 노력의 정점에서 몰락으로 반전된다는 것을 헤겔이 더욱 선명하게 강조하려고 했기 때문으로 보인다.[14] 이렇게 용어를 바꾼 것만 보더라도 헤겔 자신은『정신현상학』의 이 부분에서『파우스트』를 그대로 수용하거나 공감을 표시하지 않고, 자신의 사변 철학적 입장에서 나름대로 그 내용을 비판적으로 응용하고 있음을 알 수 있다.

또한 우리는『정신현상학』과 마찬가지로『법철학』에서도 헤겔이 이 구절을 비판적인 관점에서 제한적으로 끌어들이고 있다는 점에 주목해야 한다.[15] 헤겔은 인륜적 세계, 특히 국가를 주관적이며 우연적인 발상, 자의 등과 같이 감정에 의해 파악하려는 태도를 비판하면서 위 구절을 인용한다. 즉, "수천 년의 노고로 이룩된 국가를 한낱 감정 위에 자리 잡도록 하겠다"는 발상은 "사유하는 개념이 주도하는 이성적 통찰과 인식의 노고를 모두 생략"하고 마는 것으로, "이는 괴테의 메피스토펠레스가 훌륭한 권위자인 척하며 내놓은" 앞의 인용문을 연상시킨다는 것이다.[16]

'학문에 대한 불만족이나 경멸', 악마에게 자신을 내맡김으로써 얻게 되는 '세속적 삶이나 향락의 생동성' 등의 표현을 고려할 때, 헤겔이 '호토판 미학'에서『파우스트』를 '절대적인 철학적 비극'이라고 언급하는 앞의 내용도『정신현

---

[14] J. Champlin, "Hegel's Faust", in : *Goethe Yearbook. Pulblications of the Goethe Society of North America* Vol. XVIII, ed. by D. Purdy, New York : Camden House, 2011, p.118.

[15] 특히『파우스트』2부 1막의 '가면무도회' 장면은 각자 이윤을 추구하는 시장의 생리를 적나라하게 보여줌으로써 헤겔이 주장한 '시민사회'의 알레고리로 해석되기도 한다. 김수용,『괴테, 파우스트, 휴머니즘』, 서울 : 책세상, 2004, 21쪽 참조.

[16] TW7, p.19(법철학, 50쪽).

상학』, 『법철학』과 동일한 인용 부분을 염두에 둔 것이라고 판단된다. 만일 헤
겔이 '호토판 미학'에서도 괴테의 『파우스트』의 동일한 부분을 염두에 두고 있
는 것이 맞다면, 여기서 자연스럽게 다음과 같은 의문이 제기될 수밖에 없다.
즉, "왜 헤겔은 유독 '호토판 미학'에서만 『파우스트』를 비판적 관점에서 활용
하지 않고 '절대적인 철학적 비극'이라고 격찬을 하고 있는 것일까?" 더 나아가
이 질문은 '절대적인 철학적 비극'이라는 표현을 유일하게 담고 있는 '호토판
미학' 자체에 관한 의심으로까지 이어질 수 있다. 과연 우리는 괴테의 『파우스
트』에 대한 '호토판 미학'의 이 표현을 글자 그대로 받아들일 수 있는가?

2. 괴테의 『파우스트』와 『서동시집』

앞서 인용한 구절에서 보았듯이, '호토판 미학'에 의하면 헤겔은 특수화되고
주관화된 근대의 특징과는 대조적으로 괴테의 『파우스트』에는 보편적이며 포
괄적인 내용이 담겨 있으며, 주관적 측면과 절대자라는 객관적 측면이 '비극적
으로 매개되어 있다'고 평가하면서, 괴테의 『파우스트』를 '절대적인 철학적 비
극'이라고 부르고 있다. 그런데, '호토판 미학'에는 『파우스트』와 관련해 이 같
은 언급 외에 별다른 주목할 만한 언급을 찾아보기 힘들며, 고작해야 단지 부수
적이며 간접적인 암시만이 보일 뿐이다. 그리고 헤겔의 다른 미학 강의들에서도
『파우스트』에 관한 언급은 아주 제한된 내용만이 전해지고 있을 뿐이다.[17] 그래
서 헤겔 자신이 실제로 『파우스트』를 '절대적인 철학적 비극'으로 간주했다는

---

17 A. Gethmann-Siefert · B. Stemmrich-Köhler, "Faust : Die "absolute philosophische
   Tragödie"und "gesellschaftliche Artigkeit" des West-östlichen Divan. Zu Editions-
   problemen der Ästhetikvorlesungen", in : *Hegel-Studien* Bd. 18, hrsg. von F. Nicolin · O.
   Pöggeler, Bonn : Bouvier Verlag, 1983, p.28.

것을 뒷받침할 만한 명시적 근거나 추가 설명을 찾을 수는 없다. 이러한 이유로 정말 헤겔 자신이 괴테의『파우스트』를 '절대적인 철학적 비극'으로 생각했는지에 대해 회의적 시각이 문헌학적인 연구의 도움으로 근래에 대두되었다.[18]

우선,『파우스트』제2부는 1832년에 괴테 전집으로 출판되었으므로, 헤겔의 미학과 괴테의『파우스트』가 출판된 시기 차이를 고려한다면, 시기적으로『파우스트』제2부의 내용을 헤겔이 미학에서 고려했을 가능성은 없다고 보아야 한다.[19] 이 점을 전제로 우리는 괴테의『파우스트』와 헤겔의 관계에 대해 잠정적으로 크게 두 가지 가능성을 예상해 볼 수 있다. 그 중 첫 번째 가능성은, '호토판 미학'에서 괴테의『파우스트』를 '절대적인 철학적 비극'이라고 규정한 것이 헤겔 자신의 의도를 그대로 반영한 것이라는 해석이다. 이에 비해 두 번째 가능성은 여러 가지 정황상 '호토판 미학'에서 괴테의『파우스트』에 붙인 '절대적인 철학적 비극'이라는 수식은 헤겔 자신의 입장에서 볼 때 그리 적절하지 않다는 주장이다.

첫째, 만일 '호토판 미학'에서 괴테의『파우스트』를 '절대적인 철학적 비극'이라고 규정한 표현이 헤겔 자신의 의도를 그대로 반영한 것이라면, 헤겔의 관점에서 볼 때 괴테의『파우스트』는 근대 비극을 뛰어넘는 작품으로 평가받아야한다. 우선 괴테의『파우스트』에 대한 헤겔의 규정에서 주목해야 할 점은, 헤겔이 비극의 수식어로 덧붙인 '절대적'이라는 말과 '철학적'이라는 말의 의미다. 예술과 종교와 철학을 체계적으로 구분하는 헤겔의 입장에서 볼 때, 예술의 한 장르인 비극에 '철학적'이라는 수식어를 아무런 조건 없이 그냥 붙일 수는 없다.

---

18 위의 글, p.29.
19 위의 글, pp.28~29, 특히 각주 6번 참조. 여기서 게트만-지페르트(A. Gethmann-Siefert)는 '28~29년 미학 강의'에 나오는『파우스트』에 관한 언급은『파우스트』2부와 전혀 관련이 없을 뿐만 아니라, 비록『파우스트』2부가 1827년에 사전 인쇄되기는 했지만, 출판 전에 헤겔이 그것을 직접 읽었을 가능성은 희박하다고 보고 있다.

만일 두 용어가 공존 가능하려면, 거기엔 특정한 조건이 따라야 할 것이다. 헤겔은 '호토판 미학'의 '제3부. 개별예술들의 체계' 중 시문학의 '극시' 부분에서 '고대 극시와 근대 극시의 차이'를 분명히 부각한 후, 괴테의 『파우스트』를 '절대적인 철학적 비극'이라고 규정한다. 따라서 '절대적인 철학적 비극'이라는 규정은 일차적으로 고대 극시와 근대 근시의 차이점이 무엇인지를 고찰하는 과정에서 그 의미가 드러날 수 있다. 고대 극시와 근대 극시의 차이점은 '호토판 미학'뿐만이 아니라 다른 미학 강의들에서도 지속적으로 논의된다.

헤겔에 의하면 우선 고대 극시의 표현은 '조형적'이며 가면에 의해 가려져 특수성이 드러나지 않았던 반면, 근대 극시는 주로 '표정극'이며 '특정한 특수성', '내면적인 것'이 동작에서 드러난다.[20] 또한 헤겔에 의하면 "고대 드라마와 근대 드라마의 구분은 고전적인 것과 낭만적인 것의 차이에 의거한다. 고대적인 것에서 전체는 실체다운 위력에 기초하지만, 낭만적인 것에서 전체를 작동하게 하는 것은 주관적 경향, 성격이다".[21] 특히 헤겔은 고대 비극과 근대 비극 간에 내용의 차이가 드러나는 부분은 '행위'와 관련되어 있다고 하면서, 고대에는 행위의 기초에 '인륜다운 위력'이 있지만, "근대 비극에는 침해가 특수한 열정, 명예, 사랑, 개인적 관심, 주관의 자의에 기초한다"[22]고 언급한다.

고대 비극의 특징은 개별성이 자신의 목적의 일면성에 의해 파괴되고 몰락하며, '영원한 정의'로서의 목적은 개별적이고 특수한 목적이 아니라 '실체다운 목적'으로 드러난다는 점이다. 그리고 이 실체다운 목적은 '인륜다운 위력'으로 나타나며, 개인들은 이 '인륜다운 위력의 현실화'인 '파토스'를 대표한다.[23] 그래서 예를 들어 소포클레스의 『안티고네』에서 안티고네와 크레온의 충돌은 개

---

20 Hotho, p.299(권정임, 394쪽)).
21 Ascheberg, p.318(서정혁, 525~526쪽).
22 Ascheberg, p.324(서정혁, 535쪽).
23 Hotho, pp.301~302(권정임, 395~396쪽).

인과 개인의 갈등이 아니라 '가정'과 '국가'라는 인륜다운 파토스들의 갈등으로 해석된다. 헤겔은 이러한 고대 비극에서 '합창단Chorus'은 '방해받지 않은 인륜성 속에서 살면서 인륜다운 위력들의 분열을 피하고 자체적으로 중립으로 머물러 있는 안정된 상태'를 나타내기 위한 장치라고 본다. 그래서 이 합창단은 헤겔에 의하면 고대 비극에는 필수적이지만, 근대 비극에는 어울리지 않는다. 왜냐하면 근대 비극에서는 더이상 인륜성과 인륜다운 위력들이 중요하지 않고 '개별적이며 특수한 관심'이 중요하기 때문이다.[24] 근대 비극 자체에는 '위대한 관심'이 없으므로, 사랑과 같은 '하찮은 관심'만을 지니고 있는 개인들은 그렇게 위대한 관심을 위해 희생하거나 몰락할 필요가 없다. 갈등이나 충돌도 인륜다운 위력들 간의 충돌, 이 위력들이 현실화된 상이한 파토스들 사이의 충돌이 아니며, 상당히 우연적이다.[25] 이에 비해 헤겔은 사람들이 고대 비극의 주인공들을 숭상하는 것은 '그들의 주관성과 실체성의 통일' 때문이라고 주장하면서, 실러에게서도 대부분 이러한 파토스가 나타나는데 비해 괴테에게서는 '감동과 관심의 특수성'이 더 많다고 언급하고 있다. 즉 괴테보다는 실러에게서 헤겔은 '비극다운 파토스'가 더 잘 나타난다고 보고 있다.[26]

'비극다운 파토스' 또는 '참된 파토스'와 관련해 헤겔이 괴테보다 실러를 더 높게 평가하고 있다는 사실은 여러 미학 강의들에서 확인할 수 있다. '20~21년 미학 강의'에서 헤겔은 실러가 '참된 파토스'에 풍부한 반면 괴테에게서는 '열정의 파토스'가 나타난다고 언급한다.[27] 그리고 각기 다른 판본의 '26년 미학 강의'에는 다음과 같은 내용이 있다.

---

24 Hotho, p.303(권정임, 397쪽).
25 Hotho, pp.308~309(권정임, 402~404쪽) 참조.
26 Hotho, pp.305~306(권정임, 399~400쪽).
27 Ascheberg, p.324(서정혁, 536쪽).

인륜다운 파토스, 인륜다운 기초가 정말로 비장한 것이다. 그리고 철저하게 스며들어 대중에게 이러한 영향을 미치는 것이 그 자체로 참된 것이다. 실러의 경우에는 항상 인륜다운 기초가 있고 이 인륜다운 기초가 강하고 분명하고 훌륭하고 화려하게 표현되기 때문에, 그의 비극들은 이 같은 영향력을 지녀 왔고, 점점 더 그러할 것이다. 그는 수사적인 것을 가볍게 스치고 지나갈 줄을 안다. [그러나] 괴테의 비극들은 비록 그것들이 그토록 완성도 높은 작품들이기는 하지만, 이 같은 진정한 파토스의 상태에 있지는 않으며, 그렇기 때문에 무대 위에서 [실러의 비극들이 지녔던] 영향력을 지니지는 못한다.[28]

인륜다운 기초, 이러한 파토스는 그 자체로 참된 것으로서, 대중에게 진정으로 영향을 미치는 것이다. 실러의 비극들에는 이 같은 인륜다운 기초들이 있으며, 부분적으로는 훌륭하면서도 힘차게 표현된다. 이렇게 정말 비장한 것이 실러의 작품들에서 막대한 영향력을 유발하는 바로 그것이다. [그러나] 괴테는 이 점에서 실러에 미치지 못하며, 따라서 그의 비극들을 통해 무대에서 그처럼 커다란 영향력을 미치지는 못했다.[29]

헤겔에 의하면 적어도 근대의 비극 작품에 한정해 보면 괴테는 실러에 미치지 못한다. 인륜다운 실체성보다 개인의 주체성이 강조되는 근대 비극의 특징상, '열정의 파토스'에 기초한 괴테의 비극은 참된 파토스를 보여주지 못한다. '20~21년 미학 강의'에서도 헤겔은 괴테의 『파우스트』에서는 '심오한 반성의 표현이 너무 장황'하며, 감정을 표현하는 말들이 '너무 과도하다'고 비평하고 있다.[30] 이러한 언급들을 고려한다면, 과연 헤겔의 입장에서 괴테의 『파우스트』

---

28 Kehler, p.229.
29 Pfordten, p.251.
30 Ascheberg, p.137(서정혁, 215쪽).

라는 작품을 '절대적인 철학적 비극'이라고 부르는 것이 적절한가라는 물음이 제기될 수 있다.[31] 『파우스트』를 '절대적인 철학적 비극'으로 간주하려면, 『파우스트』에 적어도 실러 작품과 견줄 수 있는 '참된 인륜다운 파토스'가 있어야 할 것이다. 또한 그렇게 규정되는 예술작품은 근대 세계에 한정되어 있는 예술과 종교를 초월하여 철학이 도달할 수 있는 앎의 단계를 보여줄 수 있어야 할 것이다.[32] 그러나, 과연 헤겔이 『파우스트』 속에 이처럼 근대 예술을 초월하는 내용이 마련되어 있다고 생각했는지는 대단히 의심스럽다.[33] 왜냐하면 앞서 인용한 구절 외에 미학을 포함해 헤겔의 저술 어느 곳에서도 『파우스트』를 이러한 관점에서 규정한 헤겔 자신의 언급은 없기 때문이다. 그래서 우리는 헤겔 자신이 직접 괴테의 『파우스트』를 '절대적인 철학적 비극'이라고 규정했다는 입장에서 신중하게 한 걸음 물러날 수밖에 없다.

그러면, 이제 두 번째 입장이 남는다. 즉 설사 '호토판 미학'에서 헤겔의 언급을 그대로 받아들인다고 하더라도, 『파우스트』라는 작품에 '절대적인 철학적 비극'이라는 수식은 그리 적절하지 않다는 것이다. 만일 이 수식이 『파우스트』라는 작품에 어울리지 않는다면, 그렇게 적절하지 않음에도 불구하고 그러한 표현이 '호토판 미학'에서 사용된 이유를 두 가지 측면에서 짐작해 볼 수 있다. 첫째는, 헤겔 자신이 맥락 없이 일회적으로 『파우스트』에 이러한 수식을 사용했다는 것이다. 그러나, 이렇게 판단하는 것은 이 문제에 관해 더 깊은 철학적 검토를 중단하며 회피하는 태도라고 할 수 있으므로, 이와 다른 가능한 이유를 모색해 보는 것이 더 적절하다. 그러면 둘째로 가능한 입장은, '호토판 미학'은

---

31 게트만-지페르트(A. Gethmann-Siefert)는 이 점을 헤겔 연구자들이 지금까지 간과해 온 것은 놀라운 일이라고 지적하고 있다. A. Gethmann-Siefert · B. Stemmrich-Köhler, 앞의 글, p.31.

32 A. Gethmann-Siefert · B. Stemmrich-Köhler, 앞의 글, p.32.

33 A. Gethmann-Siefert · B. Stemmrich-Köhler, 앞의 글, pp.35~37.

헤겔 자신이 직접 작성한 원고가 아니므로, '절대적인 철학적 비극'이라는 수식은 이 판의 편집자인 호토에 의해 상당히 각색된 표현이라고 판단하는 것이다. 그런데, 헤겔 미학이 학생들의 필기노트 형태로 남아 있는 상태에서, 문헌학적인 엄밀성에만 기초해 괴테의『파우스트』에 대한 헤겔의 그와 같은 규정이 부적절하다는 것을 밝히는 작업은 애초부터 한계가 있다. 그보다 필기노트로 남아 있는 각기 다른 시기의 미학 강의들과 '호토판 미학'을 서로 비교해 봄으로써, 호토에 의해 윤색되기 전 본래 헤겔 자신이 중요하게 생각했던 것이 무엇인지를 우회적으로라도 밝히는 것이 더 중요하다.

우선 주목해야 할 사실은 '호토판 미학'을 제외한 나머지 미학 강의들에서는 괴테의『파우스트』에 대해 헤겔이 '절대적인 철학적 비극'이나 그와 유사한 표현을 한 적이 없을 뿐만 아니라『파우스트』에 대한 언급 자체가 예상보다 흔치 않다는 점이다. 이 점에서 호토가 '호토판 미학'을 편집 간행하면서 적지 않은 부분을 자신의 의도대로 윤색했다는 의혹을 떨쳐 버리기 힘든 것이다.[34] 그런데 이와 동시에 주목해야 할 점은, 헤겔의 여러 시기별 미학 강의들에서는『파우스트』와 비교할 때 상대적으로 괴테의 다른 작품에 대한 헤겔의 평가가 두드러진다는 것이다. 이 작품이 바로 괴테의『서동시집』이다. 각기 다른 판본인 '26년 미학강의'에서 헤겔은 다음과 같이 말한다.

그렇기 때문에 동방은 시적이며, 시적인 자질에서 서방보다 더 고차적이다. 괴테는 나이가 들어 동방을 알게 된 후, 자신의『서동시집』에서 시에서 최고의 것을 보여 준 바 있다. 시에 있어서는 청년보다 고귀한 노인이 더 고차적인 것 같다.[35]

---

34 A. Gethmann-Siefert·B. Stemmrich-Köhler, 앞의 글, pp.28~44 참조.
35 Kehler, pp.197~198.

시적인 성향과 관련해 보면 동방이 서방보다 훨씬 더 고차적이다. 동방에 감동을 받은 괴테는 이러한 특수한 상황으로부터 벗어난 후, 그가 애호했던 것에 대한 시 속에서 [시적으로] 최고 것에 도달했다. 거기서 드러나는 바에 의하면, 빈약한 청년보다 노년이 시에 더 적합하다는 것이다. [괴테의 경우] 노년에 동방적인 것, 이러한 자유가 나타난다. 괴테는 자신의 걸작을 백발의 노인이 되어서야 썼고, 노년에 더구나 그림자의 형식으로 그러한 걸작들을 썼다. 열정에 있어서 동방은 그에게 영감을 줬다.[36]

삶이 그를 정화한 후 괴테는 자신의 『서동시집』을 통해 노년에 동방을 보게 되었고, 가장 훌륭한 것을 만들어냈다.[37]

여기서 헤겔은 괴테의 『서동시집』을 '최고의 것das Höchste', '가장 훌륭한 것 das Herrlichste'이라고 규정하고 있다. 헤겔은 괴테의 초기 작품들은 '소재가 빈곤하고',[38] '거칠고 야만적'이며, '차갑고 평이하게 산문적'이지만, 나이가 든 후 괴테는 "사고의 도야를 통해 비로소 아름다운, 심오한 작품들을 남겼다"고 언급한다.[39] 그리고 이러한 작품들 중 대표 작품으로 『서동시집』을 거론한다. '23년 미학 강의' 이전에는 『서동시집』이 직접 언급되지 않지만, 『서동시집』에 대한 헤겔의 평가가 『파우스트』에 대한 평가보다 훨씬 더 신뢰할 만한 이유는, 미학 강의가 아닌 다른 곳에서도 헤겔이 『서동시집』에 특별한 의미를 부여하고 있기 때문이다. 예를 들어, 헤겔은 1820년경에 쓴 단편적인 글에서 괴테의 초기 작품

---

36 Pfordten, p.223.
37 B. Stemmrich-Köhler, "Die Rezeption von Goethes West-Östlichem Divan im Umkreis Hegels", in : *Kunsterfahrung und Kulturpolitik im Berlin Hegels, Hegel-Studien, Beiheft* 22, hrsg. von A. Gethmann-Siefert · O. Pöggeler, Bonn : Bouvier Verlag, 1983, p.390 재인용. 이 Aachen판 '26년 미학 강의'는 아직 책으로 출판되지 않았다.
38 Hotho, p.118(권정임, 198~199쪽).
39 Hotho, pp.10~11(권정임, 87쪽).

『젊은 베르테르의 슬픔』은 괴테의 천재성을 허비한 산문적인 작품이라고 평하면서, 오히려 "사랑의 시를 동방적인 것에서 알게 되었는데, 그것이 바로 『서동시집』"이라고 언급하고 있다.[40] 또한 『역사철학강의』에서 '이슬람교'를 논하는 자리에서 헤겔은 다음과 같이 『서동시집』을 거론한다.

> 학문과 지식, 특히 철학 지식이 아라비아로부터 서방으로 들어온다. 동방에서 게르만인은 고귀한 시정詩情과 자유로운 공상에 불이 당겨진다. 괴테까지도 동방으로 눈을 돌려 비할 데 없이 진솔하고 행복한 공상이 넘치는 주옥같은 작품 『서동시집』을 만들었다.[41]

이처럼 '최고의 것'이라는 표현은 없지만, 호토가 편집 간행한 '호토판 미학'에서도 괴테는 노년에 와서야 "그의 마음 속에 동양의 숨결이 파고들어 헤아릴 수 없는 자유로운 열락과 끓어오르는 시적인 광휘에 찬 감정으로 옮아" 갔으며, 그 결과물로 『서동시집』을 내놓은 것으로 서술되고 있다.[42] 헤겔은 "어떤 것에도 개의치 않는 자유와, 표상의 요소에서 마음이 이렇게 확장되고 만족하는 상태"가 "괴테의 『서동시집』에 정신적 자유와 시의 가장 아름다운 자극을 부여한다"고 말한다.[43] 그리고 '호토판 미학'에서 헤겔은 다음과 같이 동서문화의 교류라는 관점에서 『서동시집』을 높게 평가하고 있다.

> 괴테는 더 자유로운 내면성을 지닌 노년에 이르러 그의 『서동시집』을 통해 동방을 오늘날 우리의 시 속으로 끌어들이고 그것을 오늘날의 직관에 동화시킴으로써, 괴테

---

40 TW11, p.565.

41 TW12, pp.433~434(역사철학, 351쪽).

42 Ästhetik1, p.477(두행숙2, 151~152쪽). 게트만-지페르트와 쾰러는 호토가 예술형식을 삼분법적으로 체계화하여 미학을 편집하면서, 이 부분을 '상징적 예술형식'에 배치한 점을 비판적으로 검토하고 있다. A. Gethmann-Siefert · B. Stemmrich-Köhler, 앞의 글, p.45 이하 참조.

43 Ästhetik3, p.459(두행숙3, 830쪽).

는 훨씬 더 심오한 정신에 도달한다. 이렇게 동화시킬 때 괴테는 자신이 서방인이자 독일인임을 분명히 의식하고 있었다. 그래서 상황이나 관계의 동방적 특색을 고려하면서 철저히 동방적인 근본정조로 말하면서도, 오늘날 우리의 의식과 그 자신의 개성도 충분히 공평하게 다루었다.[44]

그런데, 헤겔은 이 부분에서 동방의 것을 서방인이자 독일인이 자기 것으로 주체적으로 동화, 전유Aneignung하는 측면을 다분히 강조한다. 미세한 차이지만, 이러한 내용들은 본래의 헤겔 자신의 의도와 정확히 맞지는 않으며, 호토가 괴테의『파우스트』에 비해 상대적으로『서동시집』에 대한 헤겔의 평가를 희석해 버렸다는 비판이 제기될 가능성을 제공한다.[45] 예를 들어, '28~29년 미학 강의'에서는 다음과 같이 표현되어 있다.

괴테의 서동시집은 한 서방인이 동방적인 것을 수용하는 데서 비롯된 것이다. 따라서 이 제목은 적절하다. 이 작품에서 우리는 아주 미세한 사물들에서도 동방적인 자유의 독립성을 느낀다. 거기서 실체다운 면이 우리에게도 현재한다.[46]

이 '28~29년 미학 강의'에서는 동방의 실체다운 면이 지닌 현재성이 강조되면서 '동화나 전유'가 아니라 '수용'의 측면이 강조된다. 또한 이 문제와 관련해 우리는 이미『서동시집』을 집필한 시기를 전후해 괴테 자신이 유럽의 민족주의에 대해 상당히 비판적 입장을 견지하고 있었다는 점도 상기할 필요가 있다. 예를 들어, 괴테 자신은『서동시집』의「불만 시편」에서 "누가 프랑스식으로 굴든,

---

44 Ästhetik1, p.356(두행숙1, 483쪽).
45 B. Stemmrich-Köhler, 앞의 글, pp.394~395.
46 B. Stemmrich-Köhler, 앞의 글, p.391 재인용. Jagellonische Bibliothek 판 '28~29년 미학 강의'는 아직 출판되지 않았다.

영국식으로 굴든 / 이탈리아식이든 아니면 독일식이든 / 누구나 원하는 건 한결같이 / 허영심이 요구하는 것"[47]이라고 하면서 유럽의 민족주의에 대해 불만을 토로하기도 한다. 또한 「가인 시편」을 쓰면서 괴테는 자신이 심지어 이슬람교도가 되었다는 의심도 거부하지 않았다는 전언까지 남아 있을 정도다.[48] 이러한 점들을 고려한다면, '호토판 미학'을 편집 간행한 호토보다 헤겔 자신이 괴테의 『서동시집』을 더 잘 이해하고 공감했을 것으로 추측된다. 그리고 이러한 이해와 공감 속에서 헤겔이 『서동시집』을 '최고의 작품'이라고 불렀던 것이 어느 정도 신뢰할 만하다고 한다면, 괴테의 『서동시집』을 바라보는 헤겔의 시선은 『파우스트』보다 더 호의적이라고 판단할 수밖에 없다. 이 점은 우리가 괴테와 헤겔의 관계를 『파우스트』에만 한정해 보지 않고, 다른 관점에서 검토해 볼수 있는 여지를 마련해 준다.

3. 예술의 현재성과 세계문학의 전망

그러면, 왜 헤겔은 유독 괴테의 『서동시집』에 특별한 의미를 부여하고 있는 것일까? 이에 대해 적절한 답변이 가능하려면, 우선 괴테가 자신의 여러 작품들 중 『서동시집』을 통해 특별히 의도했던 것이 무엇이었는지를 밝히고, 헤겔의 어떠한 문제의식이 괴테의 그 의도와 어떤 점에서 통했는지를 밝혀야 한다. 이 점에서 우선 괴테가 『서동시집』을 통해 의도했던 '세계문학Weltliteratur'의 가능성에 어느 정도로 헤겔이 공감했는지를 살펴볼 필요가 있다. 왜냐하면 잘 알려

---

47 HA2, p.49(J. W. von Goethe, 안문영 외 역, 『서동시집』, 서울 : 문학과지성사, 2006, 91쪽, 이하 서동시집으로 표기한다).

48 B. Witte(hrsg.), *Goethe Handbuch* Bd.1, Stuttgart-Weimar : Verlag J. B. Metzler, 1996, p.311 참조. 이 내용은 1816년 2월 24일자 「아침소식(Morgenblatt)」이라는 곳에 보도되었다.

져 있다시피 괴테는『서동시집』을 통해 무엇보다 세계문학의 가능성을 타진했기 때문이다. 1814년 고향인 프랑크푸르트로 향하는 여정에서 출판업자 코타 Cotta가 선물로 준 페르시아의 시인 하피스Hafis, 1326~1389의 시집을 접한 후, 괴테는 본격적으로『서동시집』을 집필하는데,[49] 집필 방식과 관련해 코타에게 보낸 한 편지에서 괴테는 다음과 같이 말한다.

나의 의도는 밝고 경쾌한heiter 방식으로 서방과 동방, 과거와 현재, 페르시아적인 것과 독일적인 것을 서로 연결하고 그 양쪽의 풍속과 사고방식을 서로 겹치게 하려는 것입니다.[50]

우리는 이 인용문에서 '대립적인 것들의 독자적 가치에 대한 인정, 그리고 그 상호 연관성을 기꺼이 받아들이려는 개방적이고 세계 시민적인 감각'을 엿볼 수 있다.[51] 실제로 괴테는『서동시집』의 여러 곳에서 다른 문화권의 만남을 표현하고 있다.「잠언시편」에는 다음과 같은 구절이 있다.

지중해 위로 동방이
멋지게 밀려든다.
하피스를 사랑하고 아는 자만이
칼데론이 부른 노래를 안다.[52]

---

49 M. Bollacher, "»Dichten ist ein Übermut«. Die Idee des Dichters und der Dichtung in Goethes ›West-östlichem Divan‹", in : *Kunst und Geschichte im Zeitalter Hegels*, hrsg. von Ch. Jamme, Hamburg : Felix Meiner Verlag, 1996, pp.61~62 참조.

50 코타에게 보낸 1815년 5월 16일자 괴테의 편지 참조.

51 장희창,「괴테의『서동시집』과 세계시민주의의 전망」,『괴테연구』제22권, 한국괴테학회, 2009, 25쪽.

52 HA2, p.57(서동시집, 105쪽).

여기서 괴테는 독일과 동방의 만남뿐만 아니라 스페인 문학과 페르시아 문학의 만남을, 더 나아가 동서 문화의 전면적 만남을 시로 표현하고 있다. 괴테는 '타자와의 대립과 만남, 그리고 화해로 연결되는 열린 시선, 열린 삶의 모습'을 동방에서 찾고자 했으며, 괴테라는 시인은 한 문화의 점유자가 아니라 다양한 문화의 유쾌한 매개자로 등장한다.[53] 이 관점에서 괴테는 '세계문학'을 다음과 같이 정의한다.

> 우리가 유럽적 세계문학, 즉 보편적 세계문학을 감히 예고했는데, 이것은 각기 상이한 나라의 국민들이 서로를 알고 그들이 창조해 놓은 작품들에 대해 지식을 획득한다는 것을 의미하지 않는다. 왜냐하면 이러한 의미에서라면 세계문학은 이미 오래전부터 존재하고 있고 계속 활동하고 있으며 정도의 차이는 있겠지만 자기 개혁을 해오고 있기 때문이다. 아니다! 여기서 이야기하는 것은, 지금 살아서 노력하고 있는 문학자들이 서로 사귀고, 애정과 협동 정신을 통해 사회적으로 활동할 필요성을 느껴야 한다는 것이다.[54]

보통 '세계문학'이라고 하면 역사 속에서 세계 차원의 훌륭한 문학작품으로 자리 잡은 정전Kanon의 목록을 떠올리기 쉽다. 그런데, 괴테는 그 당시 후진적이었던 독일 민족이 훌륭한 문학작품을 창작하여 세계적 고전 반열에 올라야 한다는 관점에서 자문화중심적으로 세계문학을 주장하고 있지 않다. 괴테는 시문학이 '인류의 공동자산'이며 '어느 나라 어느 시대를 막론하고 수백의 인간들 속에서 생겨난 것'이라고 하면서, 독일인들이 편협한 입장에서 벗어나 다른 문

---

53 장희창, 앞의 글, 28쪽.
54 HA12, p.363(J. W. von Goethe, 안삼환 역, 『문학론』, 서울 : 민음사, 2010, 255쪽, 이하 문학론으로 표기한다).

화권에 대해 좀 더 폭넓은 시야를 가질 것을 바라고 있다. 괴테는 "민족문학이라는 것은 오늘날 별다른 의미가 없고, 이제 세계문학의 시대가 오고 있으므로, 모두 이 시대를 촉진하도록 노력해야 한다"[55]고 주장한다. 여기서 우리는 괴테가 고전의 선별적 전래에 초점을 맞추지 않고, 다가올 시대의 현상을 시사하는 현실적 개념으로 '세계문학'이라는 개념을 사용하고 있음을 알 수 있다.[56] 또한 그가 의도한 세계문학은, 다양한 문화나 문학작품의 상호 교류에서 한 걸음 더 나아가 인류의 보편적 상호작용을 목표로 한다. 괴테의 다음과 같은 말은 이 점을 잘 보여준다.

결국에는 모든 것이 영향으로 이루어지며, 사실상 우리 자신의 것이라고는 없네.[57]

이 시대에 중요한 것은 인류라는 저울 위에 자신을 달아보는 거네. 그 밖의 모든 것은 헛된 일이야.[58]

이 관점에서 열두 개의 시편으로 이루어진 『서동시집』도 다양한 차원에서의 타자체험, 다시 말해 양극대립과 화해의 원리를 실험적이고 유희적으로 형상화하고 있고,[59] 특정한 민족을 넘어서서 보편 인류의 관점에서 예술을 바라보려는 괴테의 의도가 반영되어 있다. 그래서 괴테는 예를 들어 「잠언 시편」에서 "모여 앉은 사람들은 얼마나 다양한가! / 신의 신탁에는 친구와 적이 나란히 앉아 있

---

55 J. W. von Goethe, 장희창 역, 『괴테와의 대화』 1, 서울 : 민음사, 2008, 323~324쪽(1827년 1월 31일 대화)(이하, 대화로 표기한다).
56 김규창, 「괴테의 "세계문학(Weltliteratur)" 개념과 그 한국적 수용-역사비교적 고찰」, 『독일어문학』 제16권, 한국독일어문학회, 2001, 3~4쪽.
57 대화1, 475쪽(1829년 4월 2일 대화).
58 대화2, 266쪽(1828년 10월 23일 대화).
59 장희창, 앞의 글, 29쪽.

다"[60]라고 말하기도 한다.

헤겔이 자신의 미학에서 『서동시집』을 최고의 작품이자 가장 훌륭한 작품으로 높게 평가한 이유도, 바로 이러한 괴테의 문제의식에 누구보다 그 자신이 강하게 공감했기 때문이다. 잘 알려져 있다시피, 헤겔은 '예술의 과거성' 명제를 통해 예술을 역사화하고 예술의 역사적 발전단계의 최종 정점을 '낭만적 예술형식'으로 표현한다.[61] 헤겔이 제시하는 세 가지 예술형식들 중 낭만적 예술형식에서는 '주관의 내면성'이 우세하고,[62] 예술가는 그 표현에 있어 외면적인 소재로부터 자유로워진다.[63] 그런데, 헤겔은 낭만적 예술의 해체와 더불어 예술이 끝나 버리는 것이 아니라, 오히려 예술의 '새로운 시작'이 가능하다고 주장한다.[64]

그렇다면 주관적 내면성이 강화되는 낭만적 예술형식마저 해체된 후에 도래할 '새로운 시작'은 어떻게 마련될 수 있는가라는 질문이 가능하다. 만일 예술이 표현해야 할 소재가 모두 소진되어 버린다면, 예술에는 더이상 어떤 참신한 활동frische Tätigkeit도 없게 된다.[65] 그런데, 헤겔에 의하면 낭만적 예술형식에서 주관의 내면으로의 심화라는 특징은, 오히려 소재인 객관에 대한 개방성을 초래한다. 이러한 개방성은 인간이 구체적 현실을 더욱더 다양하게 이해하고 표현하고 실현하는 과정으로 이어질 수 있다. 헤겔은 "어떤 예술이 자신의 개념 속에 들어 있는 본질적 세계관과, 이 세계관의 범위에 속하는 내용의 범위를 모든 측면에서 드러내면, 예술은 특수한 민족이나 특수한 시대의 특정한 내용에서 벗어나게 된다"고 말하면서, 헤겔 자신이 속한 시대에는 "예술가가 자신의 민족성이나 시대, 자신의 본질에 따라서 어떤 특정한 세계관이나 내용, 표현형

---

60 HA2, p.57(서동시집, 102쪽).
61 '예술의 과거성' 문제에 관해서는 이 책의 제1부 1장을 참조할 것.
62 Ästhetik1, p.142(두행숙1, 198쪽).
63 Ästhetik1, p.392(두행숙2, 32쪽); Ästhetik2, p.234~235(두행숙2, 541~543쪽).
64 Hotho, p.200(권정임, 288쪽).
65 Ästhetik2, p.234(두행숙2, 541쪽).

식을 갖던 시대와는 전적으로 반대되는 입장"이 대두되며, 이 입장이 완전하게 성숙해 중요성을 띠게 된 것은 "아주 최근erst in der neuesten Zeit"이라고 밝히고 있다.[66] 낭만주의적 내면성에 대한 헤겔의 비판이 괴테의 『서동시집』에 대한 긍정적인 평가로 이어지는 이유도 바로 이 때문이다.[67] 왜냐하면 주관의 내면으로의 심화는 곧 특정 문화나 민족, 시대에 속하는 소재에 한정되지 않는 예술의 가능성을 확대하기 때문이다.[68] 이러한 가능성의 확대를 통해 새롭게 시작될 예술의 가능한 토대도 마련된다. 헤겔에 의하면 낭만적 예술의 소재가 되는 인류 전체와 그 발전은 그 한계가 무한하다.[69] 그래서 오히려 '예술가는 자신의 소재에서 백지상태'에 있는 것이나 마찬가지이며, 여기서 "예술가의 관심을 끄는 것은 후마누스, 보편 인류[인간다움], 충만하고 진실한 상태에 있는 인간의 심정이다"[70]라고 헤겔은 강조한다. 비록 헤겔은 예술이 수행할 수 있는 최고의 역할이 고대 그리스에서 실현되었고 자신이 속한 시대가 예술에게 유리한 시대가 아니라는 점을 표명하고 있지만,[71] 그렇다고 헤겔이 자신의 시대에 예술이 전혀 의미가 없다고 주장한 것은 아니다. 헤겔에 의하면 예술은 이제 자신이 속한 시대에 걸맞게 '보편 인류의 발전'이라는 측면에서 소재를 마련해야 한다.[72]

이처럼 적절한 소재를 마련하는 일은, 일차적으로 예술가가 자신에게 주어진 새로운 소재들을 편견 없이 대면하고 수용하는 자세로부터 시작될 수 있다. 그리고 그것을 보편 인류의 관점에서 예술적으로 형상화해야 한다. 헤겔은 이러

---

66 Ästhetik2, pp.234~235(두행숙2, 541쪽).
67 P. Szondi, *Poetik und Geschichtsphilosophie* I, Frankfurt am Main : Suhrkamp Verlag, 1974, pp.382~383 참조.
68 Ästhetik2, p.235(두행숙2, 542~543쪽).
69 Ästhetik2, p.138(두행숙2, 419쪽).
70 Hotho, p.204 이하(권정임, 292쪽 이하).
71 Pfordten, p.54; Kehler, p.8; Ästhetik1, p.24~25(두행숙1, 45~46쪽).
72 특히 '후마누스(Humanus)'를 중심으로 괴테와 헤겔의 관계를 다룬 연구로는 다음을 참조할 것. 박정훈, 「후마누스와 장미십자가 : 괴테와 헤겔이 본 종교와 예술」, 『미학』 제84권, 한국미학회, 2018, 169~212쪽.

한 요구가 잘 실현된 작품이 바로 괴테의 『서동시집』이라고 생각했던 것이다. 왜냐하면 헤겔은 괴테의 『서동시집』이 동방의 세계관을 서구인들에게 시적으로 가장 잘 매개했으며, 동시에 객관적 해학의 형식으로 객관적 사물에 대한 친밀성을 보여 준 대표 사례라고 생각했기 때문이다.[73] 헤겔에 의하면 괴테는 『서동시집』을 통해 낯선 타자를 수용하는 '감수성Empfänglichkeit'을 고무시켰고, '낯선 인류를 이해하는 것'을 가능하게 해 주었다.[74] 또한 헤겔은 괴테의 『서동시집』에서 '시인 그 자신과 대상들 사이의 실체적 관계'를 발견할 수 있다고 한다.[75] 이러한 관계에서는 주체가 대상을 점유하는 것이 아니라 대상 자체가 중요하다.[76] 헤겔은 이 관계에 대해 다음과 같이 말한다.

> 시인이 대상과 맺는 긍정적이며 생동적이며 정신적인 관계는 동방의 시문학의 특징이다. (…중략…) 동방인들의 경우 시인 자신은 자유롭고 자립적인 정신 그 자체라서, 그는 불행할 때조차도 그것에 개의치 않은 태도를 유지하며, 그의 정신은 그가 상징들로 사용하는 대상들 속에 긍정적으로 현재한다.[77]

헤겔은 괴테의 『서동시집』에서 표현된 이러한 관계를 통해, 근대의 낭만주의가 주관 자신에게만 집중하는 그러한 상태로부터 벗어날 수 있다고 본다. 헤겔에 의하면 "서구의 낭만적 내밀성Innigkeit은 주관 자신 속으로 더욱더 심화됨으로써 우울하고 자유롭지 않고, 불행하고 의존적인 경향으로 기울면서 주관적이

---

73 권정임, 「'상징적 예술 형식'의 해석을 통해서 본 헤겔 미학의 현재적 의미」, 김진섭·하선규 편, 『미학』, 서울 : 책세상, 2007, 208~214쪽 참조.

74 A. Gethmann-Siefert, *Einführung in Hegels Ästhetik*, München : Wilhelm Fink Verlag, 2005, p.345 참고.

75 Kehler, p.94.

76 A. Gethmann-Siefert, 앞의 책, p.344.

77 Kehler, pp.94~95.

고 이기적이며 감정적으로 머무른다". 이에 비해 헤겔은 "동방에 고유한 것은 바로 밝고 경쾌하며 아주 행복한 내밀성die heitere, selige Innigkeit의 성격이다"라고 주장한다.[78] 헤겔은『서동시집』이 동방의 이러한 '밝고 경쾌한 성격'을 잘 드러낸 작품이라고 평가한다.

> 마음이 자기 자신에게 몰두하면서 병적인 상태에 있는 것과는 달리, 동방의 자유롭고 밝고 경쾌한 정신이 후에 [『서동시집』을 쓴 괴테에게] 불어 닥쳤다. 행운과 밝고 경쾌함은 대상에게 관심을 두고 대상 속에서 만족한다.[79]

이처럼 주관에 매몰되지 않는 객관과의 새로운 만남, 참된 실체성에 대한 문제의식으로 인해, 헤겔은 괴테의『서동시집』을 최고의 훌륭한 작품이라고 평가하는 것이다. 이러한 관점에서 본다면, 헤겔이『파우스트』에 못지않게, 아니 그보다 더『서동시집』을 높게 평가한 이유는 충분히 이해 가능하다. 그리고 이상과 같이 괴테의 시문학에 대한 헤겔의 철학적 반응을『파우스트』에만 한정하지 않고 『서동시집』에까지 확대할 때에만, 우리는 괴테와 더불어 헤겔이 미학에서 견지하려 했던 시선의 폭과 깊이를 놓치지 않을 수 있다.[80]

---

[78] Kehler, pp.93~94.

[79] Kehler, p.109.

[80] 괴테의 '세계문학'에 대한 헤겔의 공감이 헤겔 자신의 역사관이나 세계관과 어떻게 정합적으로 합치할 수 있는지는 또 다른 문제로 남는다. 헤겔의 역사 철학과 세계 문학의 관계에 관해서는 다음을 참조할 것. 서정혁,『헤겔의 역사 철학과 세계 문학』, 서울 : 한국문화사, 2018.

제3장

실러

심미적 교육과 아름다운 국가

1. 헤겔의 칸트 비판과 실러 수용

헤겔은 분열되고 모순된 상황에서 철학이 필요한 이유를 찾고자 부단히 노력
한 철학자다. 분열된 것들의 통합과 화해에 관한 그의 철학적 문제의식은 청년
기부터 예나시기를 거쳐 후기에까지 이어진다. 특히 그 이전 칸트 철학이 지닌
특징을 '주관적 형식주의'로 규정하면서, 헤겔은 칸트가 분리한 '내용과 형식',
'실재와 개념', '감성과 이성'을 다시 통합하려고 했으며, 이러한 그의 의도에 부
합하는 사상 중 하나로 실러Johann Christoph Friedrich von Schiller, 1759~1805의 사
상을 들 수 있다.[1] 실제로 헤겔은 자신의 저술 곳곳에서 실러를 매우 긍정적으
로 평가한다.[2] 예를 들어, 헤겔은 자신의 미학에서 실러의『인간의 심미적 교육

---

[1] 헤겔과 실러의 사상적 친근 관계는 튀빙엔 신학교 시절부터 자연스럽게 형성된 것으로 보인다.
예를 들어, 실러를 가르치고 그와 친분이 있던 아벨(Jakob Friedrich Abel)이 헤겔의 스승이자
후원자이기도 했다는 점, 그리고 아벨이 칸트 철학에 대한 비판적 견해를 지니고 있었다는 점
등을 고려해 볼 수 있다. T. Pinkard, 전대호·태경섭 역,『헤겔, 영원한 철학의 거장』, 서울 :
이제이북스, 2006, 31~32쪽 참조.

[2] 헤겔의 실러 수용과 비판에 대한 연구의 전반적인 개괄에 대해서는 다음에 잘 소개되어 있다.
A. Gethmann-Siefert, *Die Funktion der Kunst in der Geschichte-Untersuchungen zu Hegels
Ästhetik*, Bonn : Bouvier Verlag, 1984 중 제1장 앞부분, pp.17~29 참조.

에 관한 편지』를 이성과 감성 사이의 칸트식 이분법적 대립을 지양하고 대립자들의 통일과 화해를 실현하려고 한 점에서 예술의 본성에 관한 깊은 통찰을 보여준 작품으로 평가한다.[3] 후기 미학에서 헤겔이 실러에 대해 이렇듯 긍정적으로 평가하는 것은, 「독일 관념론의 가장 오래된 체계계획」에 이미 내재되어 있던 초기의 문제의식을 변형된 형태로 반영한 것이라고 볼 수도 있다. 왜냐하면 이 짧은 글에서 헤겔은 이미 이성과 심미적 감성의 조화와 통일을 강조하면서, 특히 '새로운 신화'로 대변되는 감성적 종교와 심미적 능력의 중요성을 서술했기 때문이다.[4]

그러나, 실러에 대한 헤겔의 평가는 단순히 긍정적 측면에만 머물지 않는다. 헤겔에 의하면 실러의 사상 속에는 전반적으로 '비현실적인 이상주의'가 내재해 있고, 이로 인해 『도적떼』나 『발렌슈타인』과 같은 작품의 주인공들은 일종의 '비극적' 결론에 이르며, 동시에 실러 자신도 현실에 대해 '체념적 동경'의 태도를 취할 수밖에 없다. 이처럼 헤겔은 한편으로 실러를 긍정적으로 평가하면서 그의 사상을 적극적으로 수용하기도 하지만, 다른 한편으로 헤겔은 실러의 사상을 비판적으로 바라보면서 그 한계를 지적하기도 한다.[5] 여기서는 이러한

---

3 Ästhetik1, pp.89~91(두행숙1, 132쪽).

4 TW1, pp.234~236(신학론집, 430~433쪽). 물론 이 글이 헤겔 자신의 것이라는 사실을 확증하는 근거는 부족하지만, 이 글에 담긴 문제의식을 헤겔이 분명히 공유했다는 것만은 틀림없다. 이 문제에 관해서는 다음을 참조할 것. F.-P. Hansen, "Das älteste Systemprogramm des deutschen Idealismus", in : Rezeptionsgeschichte und Interpretation, Berlin : Walter de Gruyter, 1989; R. Bubner(hrsg.), Das älteste Systemprogramm, Bonn : Bouvier Verlag, 1973. 그리고 이 글에는 칸트의 실천철학에 관한 언급은 있지만 실러에 대한 직접적 언급은 없고, 더 나아가 헤겔의 후기 철학과 비교하자면, 국가를 단순히 기계적인 것으로 비판적으로 바라보고 있는 점 등에서 '변형된 형태의 반영'이라고 볼 수 있다.

5 실러 사상에 관한 연구 동향은 대체로 세 가지 정도로 정리 가능하다. 첫 번째 경향은 '심미적 유토피아'를 중심으로 실러 사상의 이상주의적 경향을 주된 요소로 파악하는 흐름이다. 두 번째 경향은 '아름다움의 이념'과 '숭고의 이념' 사이의 모순을 실러 사상의 본질로 인정하고, 실러를 이상주의적 열정과 비판적 회의 사이에서 자기 모순적인 작가로 파악하는 흐름이다. 세 번째 경향은 첫 번째 경향과는 반대로 실러의 미학에서 '아름다움의 이념'보다는 '숭고의 이념'을 강조하면서 비고전주의적 특징을 강조하는 흐름이다. 이에 대해서는 김수용, 『아름다움의 미학과

'헤겔의 실러 수용과 비판'의 구체적 내용을 특히 헤겔의 미학을 중심으로 검토해 본다. 이러한 검토를 통해 실러와 헤겔 사상의 유사점과 차이점이 무엇인지를 구체적으로 확인할 수 있고, 더 나아가 헤겔 자신이 의도한 분열의 극복과 통합이 철학적으로 의미하는 바가 구체적으로 무엇인지를 재확인할 수 있다.

칸트 철학에 대한 헤겔의 비판이 헤겔의 실러 수용과 어떤 연관이 있는지에 대해서는 다양한 관점에서 논의가 가능하다. 그 중 대표적인 관점은, 칸트 비판에서 드러나는 헤겔의 문제의식이 원론적으로는 칸트 미학을 비판적으로 수용한 실러의 문제의식과 밀접하게 관련된다고 보는 해석이다.[6] 이 같은 해석이 타당할 수밖에 없는 이유는, 실러에 대한 헤겔 자신의 언급을 통해 직접 확인할 수 있다. 헤겔은 '호토판 미학'의 '예술의 참된 개념에 대한 역사적 연역'이라는 부분에서 칸트와 더불어 실러에게 많은 지면을 할애한다. 여기서 헤겔은 다음과 같이 실러에 대해 언급한다.

> 심오하면서도 철학적인 정신이 지니고 있는 예술 감각Kunstsinn이 처음으로 사상의 추상적 무한성이나 의무를 위한 의무, 몰형태적인 오성에 맞서, 철학 자체가 총체성과 화해를 인식하기 전에 이미 총체성과 화해를 요구하고 언표했다는 사실을 인정해야 한다. [이에 반해] 지성은 본성[자연]과 현실, 감각과 지각을 단지 하나의 제한이자 아주 적대적인 것, 자신에게 거슬리는 것으로만 파악한다. 칸트적인 사유의 주관성과 추상을 깨고 그것을 뛰어넘어 통일과 화해를 진리로 사유하면서 그것을 예술적으로

숭고함의 예술론-쉴러의 고전주의 문학 연구』, 서울 : 아카넷, 2009, 30~41쪽 참조. 여기서 김수용은 '예술을 통한 인간의 교육'이라는 관점에서 보면, '아름다움의 이념'과 '숭고의 이념' 사이에 상호 보완의 가능성을 찾을 수 있다고 주장한다.

6 이에 대해서는 다음을 참조할 것. M. J. Böhler, "Die Bedeutung Schillers für Hegels Ästhetik", in : *Publications of the Modern Language Association of America* Vol. 87, No. 2, 1972, p.182 참조. 여기서 뵐러(M. J. Böhler)는 실러와 헤겔의 관계에 관한 선행 연구들을 일목요연하게 잘 정리해 주고 있다.

실현하려고 시도했던 실러의 위대한 공적을 인정해야 한다.[7]

여기서 헤겔은 실러를 '아름다움의 심오한 본성과 개념'에 대해 깊게 사유한 사상가라고 평하면서,[8] 이성과 감성의 칸트식 이분법적 대립을 지양하고 대립자들 사이에 통일과 화해를 실현하려고 한 점에서 실러를 높게 평가하고 있다. 특히 헤겔은 예술의 본성에 관해 깊은 통찰을 드러내고 있는 실러의 작품으로 『인간의 심미적 교육에 관한 편지』를 거론하면서, 이 같은 실러의 사상을 구체적으로 소개한다. 헤겔에 의하면 『인간의 심미적 교육에 관한 편지』에서 실러는 "모든 개별 인간은 자신 속에 이상적 인간ein idealischer Mensch이 될 소질을 지니고 있다"는 요지에서 출발한다.[9] 개별 인간을 대표하는 것이 '객관적이며 보편적이고 규범적인 형식으로서 국가'이며, 개별 인간들은 이 국가 속에서 하나로 통합되고자 하는데, 이때 통합은 '시간 속의 인간Mensch in der Zeit'과 '이념 속의 인간Mensch in der Idee'이 조우하는 방식에 따라 두 가지로 구상될 수 있다. 그 중 하나는 국가가 개체성을 지양하는 것, 즉 위에서 출발하여 아래로 향하는 통합이며, 다른 하나는 개인이 스스로 유적인 존재로 고양되고 '시간 속의 인간'이 '이념 속의 인간'으로 순화되는 것, 즉 아래로부터 위로 향하는 통합이다. 이처럼 이성과 자연, 통일성과 다양성 사이의 대립과 갈등을 중재하고 조화를 이루도록 하는 것이 '심미적 교육ästhetische Erziehung'이다.[10] 심미적 교육을 통해 주관적 기호나 감성, 충동, 심정들은 이성적으로 되고, 반대로 이성이나

---

7 Ästhetik1, p.89(두행숙1, 132쪽).

8 Ästhetik1, p.89(두행숙1, 132쪽).

9 Ästhetik1, p.90(두행숙1, 134쪽).

10 Ästhetik1, pp.90~91(두행숙1, 134~135쪽). 실러는 『인간의 심미적 교육에 관한 편지』의 "네 번째 편지"에서 직접 이 내용을 구체적으로 논의하고 있다. J. Ch. F. von Schiller, *Friedrich Schiller · Sämtliche Werke*, München : Carl Hanser Verlag, 1980, pp.576~579(제4편지)(이하 SW5와 같이 표기한다).

자유, 정신성과 같은 것은 추상의 상태에서 벗어나 구체적 모습을 띨 수 있다. 이처럼 아름다움은 '이성적인 것과 감성적인 것이 하나로 형성된 상태 Ineinsbildung'로서 이러한 상태가 곧 '참된 현실das wahrhaft Wirkliche'로 표현된다고 헤겔은 언급하면서,[11] 실러에 대한 자신의 생각을 다음과 같이 표현한다.

> 보편자와 특수자, 자유와 필연, 정신다움과 자연적인 것의 이 같은 통일을 실러는 예술의 원리와 본질로 삼아 학문적으로 파악했으며, 이 통일을 예술과 심미적 도야를 통해 현실의 삶 속으로 소환하고자 부단히 노력했다. 그래서 이 통일은 이념 자체로서 인식과 현존의 원리가 되었으며, 이 이념이 유일하게 참되고 현실다운 것das allein Wahrhafte und Wirkliche으로 인식되었다.[12]

이처럼 헤겔은 '호토판 미학'에서 일차적으로 실러의 사상을 매우 긍정적으로 해석하고 있고, 특히 칸트의 이원론을 극복하려는 실러의 입장은 헤겔 자신의 입장과 유사한 맥락에서 이해될 수 있다. 그리고 이 같이 실러와의 친근성을 모색하는 헤겔의 관점은 실러 자신의 관점에서 볼 때에도 일면 타당하다. 왜냐하면 헤겔이 해석한 바와 유사한 문제의식에서 실러는 칸트 철학을 비판적으로 수용했기 때문이다. 실제로 실러의 미학 이론은 『인간의 심미적 교육에 관한 편지』 등에서 칸트의 영향 하에서 이미 칸트를 넘어서고 있는 것으로 평가받는다.[13] 왜냐하면 한편으로 실러 스스로 자신의 주장들이 대부분 칸트의 원칙들

---

11 Ästhetik1, p.91(두행숙1, 135쪽).

12 Ästhetik1, p.91(두행숙1, 135쪽).

13 칸트와 실러의 관계에 관해서는 다음을 참조할 수 있다. Z. Tauber, "Aesthetic Education for Morality : Schiller and Kant", in : *The Journal of Aesthetic Education* Vol. 40, Num. 3, 2006, pp.22~47 참조. 여기서 타우버(Z. Tauber)는 실러가 특히 『판단력 비판』의 59절 "도덕의 상징으로서 아름다움"을 철저화하려는 측면에 촛점을 맞추고 있다. 또한 국내 연구로는 다음을 참조할 수 있다. 최준호, 「칸트와 쉴러에서 미의 경험과 도야」, 『철학연구』 제80집, 철학연구회, 2008, 85~110쪽. 여기서 최준호는 칸트의 '무관심적 만족'과 실러의 '놀이충동'을 중심으로

에 의거하고 있다는 것을 인정하면서도,[14] 다른 한편으로 실러는 욕구나 경향성 등과 같은 감성적인 부분을 억제하기를 강요하는 칸트적 실천 이성의 한계를 직시하고, 좀 더 포괄적인 인간학적 관점에서 감성을 지닌 개인을 심미적 교육을 통해 도덕적으로 완성하는 데 관심을 집중하기 때문이다. 자연과 자유, 물리 세계와 도덕 세계, 감각충동과 형식충동 사이의 대립을 제3의 충동인 '유희충동Spieltrieb'을 통해 어떤 강요도 없이 해소하고,[15] 이를 통해 인간다운 '품성의 총체성Totalität des Charakters'을 회복해[16] 이상적인 아름다운 국가, 자유의 국가를 실현하려는 실러의 문제의식은 분명히 도덕에 대한 칸트의 입장과는 그 견해를 달리한다.[17]

이와 같은 문제의식을 실러와 공유하기 때문에, 도덕과 관련해 헤겔은 『법철학』에서 칸트의 의무론을 설명하면서 칸트를 비판적 관점에서 바라보았던 실러의 시구를 특별히 차용한다. 『법철학』의 '도덕' 부분에서 헤겔은 고대와 근대를 구분하는 중심으로 '주관적인 자유의 권리'를 들면서, 이것이 형태화된 것을 도덕이나 양심과 같은 '특수성의 원리'라고 본다. 그런데 '추상적 반성'은 이 특수성을 보편자와 구별하여 대립적인 것으로 고착화함으로써, 도덕은 단지 자기 만족을 억제하려는 일종의 '적대적 투쟁'으로만 영속할 수 있다고 헤겔은 비

두 사람의 관계를 논하고 있다.

14 SW5, p.570(제1편지). 여기서 실러는 직접 칸트를 언급하면서 다음과 같이 말한다. "다음의 주장들이 대부분 칸트의 원칙들에 근거한다는 사실을 감추지는 않겠습니다만, 혹 이 탐구의 진행 과정에서 어떤 특정한 철학상의 유파가 연상되기라도 하는 경우에는 그것을 칸트의 원칙들이 아니라 나의 무능함 탓으로 돌려 주십시오."

15 SW5, pp.612~613(제14편지).

16 SW5, p.579(제4편지).

17 도덕적이고 온전한 인간의 이상형에 대한 칸트와 실러의 견해는 이 점에서 분명히 차이가 있다. 실러는 이성과 감성의 조화를 중시하면서 어느 한쪽도 다른 쪽을 일방적으로 지배할 수 없다는 점을 강조하는 반면, 칸트는 도덕법에 따른 행위를 강조하면서 감정이나 욕구를 이성으로 제어할 수 있는지 여부를 문제 삼기 때문이다. F. Beiser, *Schiller as Philosopher-A Re-Examination*, Oxford : Clarendon Press, 2005, pp.185~186 참조.

판한다. 그렇기 때문에 추상적 반성은 '의무가 명령하는 것을 혐오하면서도 어쩔 수 없이 행위하기'를 요구한다.[18] 여기서 '의무가 명령하는 것을 혐오하면서도 어쩔 수 없이 행위하기'는 실러의 2행시 「철학자들Die Philosophen」에 나오는 표현을 헤겔이 차용한 것이다.

그러나, 헤겔은 칸트에 대한 실러의 관계를 단순히 극복의 관계로만 보지 않으며, 오히려 칸트가 실러에게 미친 영향과 사상의 연속이라는 맥락에서 이해한다. 예를 들어, 헤겔은 『철학백과』에서 칸트의 『판단력 비판』의 내용이 어떻게 실러의 사상으로 이어지는지에 관해 다음과 같이 언급한다.

『판단력 비판』이 탁월한 이유는, 칸트가 거기서 이념의 표상 또는 이념의 사상을 언표했기 때문이다. 직관적 지성이나 내적 합목적성 등의 표상은 보편자이면서도 동시에 그 자체로 구체적인 것으로 생각된다. 따라서 이 같은 표상에서만 칸트 철학은 사변적인 모습을 보여 준다. 많은 사람들, 특히 실러는 예술미의 이념, 사상과 감각적 표상의 구체적 통일에서 이분법적인 지성의 추상으로부터 벗어나는 탈출구를 발견했다.[19]

이 인용문에서 헤겔은 칸트의 『판단력 비판』속에 내재한 '사변적 요소'가 실러의 사상으로 이어지는 맥락을 특별히 강조하고 있다. 다시 말해, 실러가 칸트를 비판적으로 극복하기 이전에 이미 칸트가 『판단력 비판』에서 전개한 사상은

---

18 TW7, p.233(§124)(법철학, 262쪽). 이는 『법철학』에서 다음과 같이 표현되어 있다. "Und mit Abscheu alsdann tun, wie die Pflicht gebeut." 실러 자신의 시에는 다음과 같이 표현되어 있다. "Und mit Abscheu alsdann tun, wie die Pflicht dir gebeut." SW1, p.300. 사실상 헤겔의 여러 저작들에는 실러의 시구를 차용한 부분이 적지 않다. 그 대표적 사례는, 헤겔이 『정신현상학』의 마지막을 실러의 「우정(Die Freundschaft)」의 마지막 두 행을 약간 변형하여 인용하면서 끝맺고 있는 것이다. 헤겔의 인용문은 "aus dem Kelche dieses Geisterreiches / schäumt ihm seine Unendlichkeit(GW9, p.434)"이고, 실러의 원문은 "Aus dem Kelch des ganzen Seelenreiches / Schäumt ihm—die Unendlichkeit(SW1, p.93)"이다.
19 GW20, pp.93~94(§55)(철학백과, 106쪽).

자신의 이분법적 철학을 극복하는 내용을 담고 있고, 이러한 문제의식의 연장선에 실러의 사상이 놓여 있다는 것이다. 이러한 헤겔의 이해가 간접적으로 시사하는 바는, 헤겔은 실러의 사상이 전반적으로 칸트보다 우월하다고 보지 않으며, 감성과 이성, 자연과 자유 등을 추상적으로 대립시키는 칸트식 이분법을 비판한다는 조건에만 한정해 실러를 적극적으로 수용한다는 것이다. 그리고 헤겔이 보기에 칸트식 이분법은 『판단력 비판』을 통해 전개된 칸트 자신의 사변적인 측면으로도 극복 가능하다는 점에서, 칸트에 대한 실러의 일방적 우위를 헤겔이 주장하는 것이라고 볼 수는 없다. 칸트 철학에 내재한 주관적 형식주의와 이원성을 극복하는 길을 실러가 발견했다는 점에서 헤겔은 실러를 수용하기도 하지만, 이러한 수용은 실러의 사상 전반에 대한 무조건적 수용이라기보다 칸트 철학의 한계를 비판하는 조건 하에서의 '제한적 수용'으로 보아야 한다.[20] 그렇기 때문에, 실러의 사상이나 작품도 헤겔에게는 언제나 특정한 조건 하에서 비판의 대상이 될 수 있는 가능성은 열려 있다.

---

20 칸트의 미학 이론과 관련해 보자면, 실제로 실러는 『판단력 비판』의 주관주의를 극복하려는 생각을 애초부터 가지고 있었고, 아름다움을 칸트와 달리 객관적인 것으로 보고 싶어 했다. 1793년 1월 25일 자로 쾨르너에게 보낸 편지에서 실러는 다음과 같이 말하고 있다. "칸트도 불가피하다고 생각했듯이 취미는 언제나 경험적일 수밖에 없을 것입니다. 그러나 나로서는 바로 이 경험적인 것의 불가피성, 즉 취미에 대한 객관적 원리의 불가능성을 아직은 확신할 수 없습니다." SW5, p.394. 여기서 실러는 아름다움에 관한 입장을 다음과 같이 네 가지로 구분한다. 첫째, 아름다움을 감성적이며 주관적인 것으로 보려는 견해, 둘째, 아름다움을 주관적이며 합리적인 것으로 보려는 견해, 셋째, 아름다움을 합리적이며 객관적인 것으로 보려는 견해, 넷째, 아름다움을 감성적이며 객관적인 것으로 보려는 견해가 그것이다. 실러에 의하면 칸트는 두 번째 입장에 속하며, 실러 자신은 네 번째 입장에 속한다. SW5, pp.394~395. 이처럼 실러는 아름다움을 주관적 판단에 기초한 것으로 보지 않고, 그것에 객관적 의미를 부여하려고 하였다는 점에서 헤겔과 유사한 측면이 있음을 간파할 수 있다.

2. 실러의 작품에 대한 헤겔의 해석

실러에 대한 헤겔의 비판은 헤겔 미학에서 어렵지 않게 확인할 수 있다. 헤겔은 미학에서 실러의 작품들에 대한 구체적 논의를 통해 실러의 입장을 옹호만 하지 않고 강하게 비판하기도 한다. 헤겔은 '호토판 미학'에서 근대적 개인이 "사회 자체를 이루는 자립적이고 총체적이면서도 개별적으로 생동적인 형태들로는 나타나지 않으며, 단지 사회의 제한된 한 항으로만 나타날 뿐이다"라고 하면서, '근대적 인격moderne Persönlichkeit'은 개인의 심정이나 성격, 행위, 열정, 권리 등에서 '주체'로서 무한한 성격을 지니는 것으로 나타나지만 권리[법]의 현존은 개인들 자신처럼 제한되어 있고, 영웅적 상태에서 나타날 수 있는 권리와 인륜, 합법성 일반과 같지 않다고 주장한다. 헤겔이 보기에 더이상 근대적 개인은 인륜다운 위력들의 담지자도 아니며, 그것들을 제대로 구현하는 온전한 현실성도 아니다.[21] 이와 같이 근대의 상황에 대해 비판적 견해를 피력한 후, 헤겔은 여기에 그치지 않고 '현실적이며 개별적인 총체성과 생동적인 자립성'에 대한 관심과 요구의 필요성은 그래도 여전하다고 진단하면서, 문학에서 이 요구에 부응하려고 한 대표적 인물로 '실러'와 '괴테'를 거론한다.

> 이러한 의미에서 우리는 우리가 처한 근대의 상황에서 이미 상실되어 버린 형태들의 자립성을 되찾으려는 시도를 감행한 실러와 괴테의 시적인 젊은 정신poetischer Jugendgeist을 찬미하지 않을 수 없다.[22]

이 부분에서 헤겔은 실러의 작품들을 구체적으로 검토하면서, 그의 시도가 지

---

21 Ästhetik1, pp.254~255(두행숙1, 339쪽).
22 Ästhetik1, p.255(두행숙1, 340쪽).

니는 의미를 면밀히 재해석하고 있는데, 특히 실러의『도적떼*Die Räuber*』의 주인공 '칼 모어Karl Moor'를 집중적으로 분석한다. 헤겔은 실러가 이미 상실되어 버린 형태들의 자립성을 되찾으려는 의도를,『도적떼』의 주인공 칼 모어가 전체 시민 사회에 대항하는 분노를 통해 표현했다고 본다.

> 주인공 칼 모어는 기존 질서와 권력을 쥐고 이를 남용하는 사람들로부터 피해를 입자 그러한 법질서에서 벗어나 자신을 구속하는 것을 헤치고 나아가려고 한다. 그는 용기를 보임으로써, 정의를 다시 세우고 불법과 불의, 억압에 대해 독자적으로 복수를 하려는 새로운 영웅적 역할을 스스로 떠맡는다.[23]

표면적으로 보기에 여기서 헤겔은 이 작품에 나타난 실러의 근대 사회에 대한 비판적 의식을 긍정적으로 평가하는 것처럼 보인다. 그러나, 곧바로 헤겔은 주인공 칼 모어의 시도를 목표 실행에서 '필요한 수단'을 확보하지 못한 '사적인 복수Privatrache'로 평가 절하 하고, 하찮고 개별화된 것으로 전락하거나 아니면 범죄를 초래할 뿐이라고 진단하면서, 도적떼의 이상에 매혹당한 사람은 단지 '소년들Knaben'뿐이라고 주장한다.[24] 이처럼『도적떼』에 대한 헤겔의 평가는 매우 신랄하다. 헤겔은 실러의 근대에 대한 비판 의식을 공유하면서도, 정작 그의 작품의 구체적인 내용에 대해서는 칸트에 대한 비판만큼이나 비판적이다. 그리고 헤겔은 실러의 다른 작품들에 대해서도 이와 유사한 맥락에서 비판을 가하고 있다.

---

23 Ästhetik1, pp.255~256(두행숙1, 340쪽). '23년 미학 강의'에서『도적떼』에 관한 언급은 다음 부분을 참조할 것. Hotho, pp.88~89(권정임, 169~170쪽).
24 Ästhetik1, p.256(두행숙1, 341쪽). 헤겔은 실러의『간계와 사랑』에도 개인들이 억압받는 적대적 상황에서 자신들의 사소한 일과 열정에 의해 괴로워하는 인물들로 등장하는 점을 지적하고 있다.

물론, 헤겔은 실러의 초기 작품보다 장년기 이후 다른 작품들, 예를 들면『피에스코』나『돈 카를로스』, 그리고『발렌슈타인』등을 상대적으로 높게 평가한다. 왜냐하면 헤겔이 보기에『도적떼』에서와 달리 이 작품들에서야 비로소 주인공들이 조국 해방이나 종교적 확신의 자유와 같은 '좀 더 실체적인 내용들'을 자신의 목적으로 삼기 때문이다.[25] 이 점에서 헤겔은 괴테보다 실러를 좀 더 높게 평가하기도 한다. 헤겔에 의하면 고대의 비극에서는 개별성이 자신의 목적의 일면성에 의해 파괴되고 몰락하며, '영원한 정의'로서의 목적은 개별적이고 특수한 목적으로가 아니라 '실체다운 목적'으로 드러난다. 그리고 이 실체다운 목적은 '인륜다운 위력'으로 나타나며, 개인들은 이 '인륜다운 위력의 현실화'인 '파토스'로 나타난다.[26] 그러나 근대 비극에서는 더이상 인륜성과 인륜다운 위력들이 중요하지 않고 '개별적이며 특수한 관심'이 중요하다.[27] 헤겔은 근대 비극 중에서도 실러의 작품에서는 '비극적 파토스'가 잘 나타난다고 보고 있다.[28] '26년 미학 강의'에서 헤겔은 다음과 같이 언급한다.

인륜다운 기초, 이러한 파토스는 그 자체로 참된 것으로서, 대중에게 진정으로 영향을 미치는 것이다. 실러의 비극들에는 이 같은 인륜다운 기초들이 있으며, 부분적으로는 훌륭하면서도 힘차게 표현된다. 이렇게 정말 비장한 것이 실러의 작품들 속에서 막대한 영향력을 유발하는 바로 그것이다.[29]

이처럼 헤겔은 한 예술가가 인륜성을 반영한 진정한 예술작품을 산출하기

---

25 Ästhetik1, p.256(두행숙1, 341~342쪽).
26 Hotho, p.302(권정임, 396쪽).
27 Hotho, p.303(권정임, 397쪽).
28 Hotho, pp.305~306(권정임, 400쪽).
29 다음 부분에도 유사한 언급이 있다. Pfordten, p.251; Kehler, p.229.

위해서는 타고난 재능 못지않게 풍성한 삶 속에서 많은 것을 보고, 듣고, 마음 속에 간직하는 것이 중요하며, '삶의 진정한 깊이die echten Tiefen des Lebens'를 구체적인 예술작품으로 표현하기 전에 많은 것을 겪어보고 체험해야 한다고 강조하면서, 경박한 상상력이 아니라 '지성의 신중함'이나 '마음의 집중'이 예술가에게도 필수적이라고 주장한다.[30] 이 같은 자신의 주장을 뒷받침하는 대표 사례로 헤겔은 괴테와 실러를 들면서, "그들은 젊은 시절에는 천재성이 끓어 올랐지만, 장년이나 만년에 이르러 비로소 예술작품의 참된 성숙을 완성의 단계로 끌어올릴 수 있었다"[31]고 언급한다.[32]

헤겔은 아무리 시문학에서 천재라고 하더라도 시인에게는 사고의 형성과 훈련이 필요하며, 예술가는 그가 나이가 들고 연륜이 쌓이면서 높은 위치에 오를 수록 더욱더 정신과 심정의 깊이를 '내·외적 세계에 대한 연구를 통해' 알아야만 한다고 주장한다. 그리고 자신의 시대는 예술이 이 같은 연구를 더욱더 필요로 하는 시대라는 점도 피력하고 있다.[33] 이러한 헤겔의 생각을 고려한다면, 실러의 경우에도 상대적으로 초기 작품보다는 장년기 이후의 작품들에게 헤겔이

---

30 Ästhetik1, p.363 이하(두행숙1, 493쪽 이하).
31 Ästhetik1, p.366(두행숙1, 496쪽). 실제로 실러의 시 「기대와 성취」(Erwartung und Erfüllung)에는 다음과 같은 구절이 있다. "젊은이는 수천 개의 돛을 달고 대양을 누비며, 늙은 이는 구조된 배위에 조용히 몸을 담고 항구로 간다(In den Ozean schifft mit tausend Masten der Jüngling / Still, auf gerettetem Boot treibt in den Hafen der Greis)." SW1, p.255. 헤겔은 이 구절을 '호토판 미학'의 상징적 예술형식의 부분에서 직접 언급하고 있다. Ästhetik1, p.398(두행숙2, 41쪽).
32 헤겔은 '23년 미학 강의'에서 '천재'에 관해 언급하면서도 괴테와 함께 실러를 거론하면서 다음과 같이 주장한다. "시문학에서는 인간 정신과 이를 움직이는 힘을 풍부한 사상으로 묘사하는 것이 중요하다. 그렇기 때문에 실러와 괴테의 초기 작품들은 종종 거칠고 야만적이다. '영감은 청춘의 불과 결합되어 있다'는 식의 통상적 생각에 반대되는 것은, 이 작품들의 대부분이 차갑고 평이하게 산문적인 것이라는 점이다. 실러와 괴테는 사고의 형성[도야]을 통해 비로소 아름다운, 심오한 작품들을 낳았다. 호메로스는 백발의 노인이 되어 비로소 그의 불멸의 시가들을 내놓았다. 그러므로 특수하게 규정된 정신은 깊은 연구를 통해 자신을 형성해야 한다." Hotho, pp.10~11(권정임, 87쪽).
33 Hotho, p.10(권정임, 86쪽).

후한 평가를 해줄 것이라는 점을 어렵지 않게 예상할 수 있다.[34] 그런데, 헤겔은 비록 『발렌슈타인』의 주인공 '발렌슈타인'과 같은 인물이 『도적떼』의 '칼 모어'와 달리 보편적으로 인정된 위력과 통치에 대한 의무나 국가의 수장인 황제에 대한 맹세를 중시하지만 그럼에도 불구하고 결국에는 자신의 부대에 의해 버림받아 패배할 수밖에 없는 상황을 거론하면서, 새로운 객관적 질서와 법체계에 어울리지 않는 기사도와 같은 것은 종언을 맞이할 수밖에 없는 '흥미로운 시대'로 근대를 묘사한다.[35] 헤겔은 "일반적으로 근대 비극에서는 개인들이 지닌 목적의 실체성이 아닌 그들의 주관적인 마음이나 심정 또는 그들의 특수한 성격이 끝까지 충족되고자 고집하는 것이 그들을 행동하게 하고 열정적으로 추동"시킨다고 하면서, 실러에 대해 다음과 같이 비판한다.

> 한편으로 실러의 젊은 시절 작품들에서 자연, 인간의 권리, 세상을 개조하고자 하는 고집은 오히려 어느 주관적인 열광주의의 몽상Schwärmerei으로만 나타난다. 그리고 실러는 그의 후기 노년에는 더 성숙한 파토스에 가치를 두려고 노력은 했지만, 이러한 일을 시도한 것은 바로 그가 고대 [그리스] 비극의 원리를 근대 극예술에 재현하려고 마음먹었기 때문이다.[36]

실러를 바라보는 헤겔의 비판적 시각은 실러의 만년의 작품에서도 큰 틀에서는 일관되게 유지된다. 헤겔은 고대와 상황이 전혀 다른 근대에서 고대 그리스 비극의 원리를 '재현'하려는 시도는 비현실적이라고 본다.[37] 고대적 이상을 근

---

34 초기와 달리 실러가 『발렌슈타인』에서 관객의 정서적 자유를 유지시켜 주기 위해 '서사적 효과'를 강조했다는 점은, 헤겔의 실러 평가와 관련해 주목할 만한 점이다. 김수용, 앞의 책, 155~157쪽.
35 Ästhetik1, p.256 이하(두행숙1, 342쪽 이하).
36 Ästhetik3, pp.558~559(두행숙3, 946쪽).
37 예술의 사회적이며 역사적인 역할의 중요성에 대한 헤겔의 인식은 청년기부터 후기까지 지속되지만, 역사적 사회적 상황의 변화에 따라 예술에게 부여되는 과제도 변할 수밖에 없다는 점이

대에 적용하려는 시도는 비현실적이며 헛된 일이고, 이러한 일은 실러의 작품들에서 주인공들의 비극적 최후를 통해 작품화되고 있다는 것이다.[38] 이와 관련해 헤겔은 이미 자신의 청년기에 실러의 『발렌슈타인』에 대해 다음과 같이 언급한 바 있다.

『발렌슈타인』을 읽은 후 드는 직접적 인상은, 침묵하며 무감각하고 죽은 듯한 운명 아래에서 위력적인 한 인간이 몰락하는 데서 느끼는 비극적 침묵이다. 이 희곡이 종결되면서 모든 것은 끝나버리며, 무와 죽음의 왕국이 승리를 구가한다. (…중략…) [이 작품에서는] 삶에 대항하는 죽음만이 등장한다. 믿을 수 없다! 혐오스럽다! 죽음이 삶을 이긴다! 이것은 비극적이지 않고 오히려 언어도단[끔찍한 것]이다.[39]

여기서 헤겔은 실현될 수 없는 이상만을 고집하는 '비현실주의'와 그것이 초래할 수밖에 없는 절망적 결론을 비판하고 있다. 헤겔은 실러의 작품들에 대한 비판을 통해 근대 세계는 더이상 이전처럼 영웅의 시대가 될 수 없음을 강조하면서, 근대라는 현실을 좀 더 구체적으로 직시直視할 필요가 있다는 점을 주장한다.

더 나아가 헤겔은 이상주의가 초래하는 비극적 최후는 작품 속에서만이 아니라 작가의 삶 자체나 그가 속한 사회와 역사에 대한 관점과 관련해서도 드러날

실러의 『발렌슈타인』에 대한 비판을 통해 잘 드러난다. A. Gethmnn-Siefert, *Die Funktion der Kunst in der Geschichte — Untersuchungen zu Hegels Ästhetik*, Bonn : Bouvier Verlag, 1984, pp.160~162.

38 훔볼트(Humboldt)에게 보낸 한 편지에서 실러는 이전의 주인공들과는 달리 '발렌슈타인'이라는 인물을 통해 '순전한 진실을 통해 결여된 이상성을 보상해보려고' 시험했다고 밝히고 있다. 실제로 발렌슈타인은 모든 것을 자신의 목적과 욕망을 위한 수단으로 삼는 '순전한 현실주의자'로 등장한다. 그러나, 역사적 현실 속에서 이 현실을 벗어난 자유를 갈구하는 인물인 발렌슈타인은 실러의 미학에서 유희 본능을 본성으로 한 '심미적 인간의 형상화'로 해석될 수도 있다. 김수용, 앞의 책, 168·193~197·204쪽 참조.

39 TW1, pp.618~620. '발렌슈타인에 관해'라는 제목이 붙은 이 단편은 1800/01년경 작성된 것으로 추정된다.

수밖에 없다는 점을 인식하고 있다. 다시 말해 '칼 모어'나 '발렌슈타인'의 실패
와 좌절은 헤겔이 보기에 단순히 그 작품 내적으로만 의미를 지니지 않고, 더
나아가 '실러'라는 한 인간의 삶이나 근대라는 사회의 역사적 조건에 대한 실러
의 태도와 관련해서도 의미 부여가 가능하다. 헤겔은 이 점을 고대 그리스 종교
와 근대 기독교에 대한 실러의 입장을 재확인하면서 구체적으로 서술한다.

헤겔은 '호토판 미학' 중 '고전적 예술형식의 해체'라는 부분에서 실러가 '계
몽주의적 지성'에 반대하면서 '고대 그리스의 고전적 예술과 그들의 신들과 세
계관에 대한 생생한 동경lebendige Sehnsucht'을 시를 통해 표현했다고 언급한
다.[40] 여기서 헤겔이 구체적으로 염두에 두고 있는 실러의 시는 「그리스의 신들
Die Götter Griechendlands」이다. 헤겔이 보기에 실러의 이 작품에는 '고전적 예술
의 몰락에 대한 비통함'과 더불어 '계몽주의에 의해 착색된 기독교에 대한 반
감'이 스며들어 있다. 왜냐하면 헤겔에 의하면 실러는 계몽주의에 영향을 받은
기독교는 신을 '사유의 대상'으로 만듦으로써 예술과 양립하기 힘든 방향으로
나아갔다고 생각하기 때문이다. 물론 헤겔도 기독교와 예술이 조화롭게 양립하
지 못하는 이러한 상황을 비판적으로 바라보면서 다음과 같이 언급한다.

> 기독교는 계몽의 시대에 이르는 자신의 전개과정에서 예술 그 자체의 요소를 사상
> 과 지성이 쫓아내 버리는 지점에 도달했고, 여기서 예술 그 자체의 요소가 바로 현실적
> 인 인간 형태[인물]wirkliche Menschengestalt와 신의 현상이다.[41]

그러나, 계몽적 지성이 추상의 단계에서 벗어나 이성으로 고양되면 '예술에
대한 욕구'가 다시 등장하며, 이 같은 욕구가 반영된 것이 '고대 그리스에 대한

---

40 Ästhetik2, p.114(두행숙2, 388쪽).
41 Ästhetik2, p.113(두행숙2, 387쪽).

동경'이다. 헤겔에 의하면 실러는 자연이 살아 숨쉬며 신들이 충만했던 고대 그리스의 이상을 그리워하고, 계몽주의와 이신론Deismus에 의해 착색된 기독교에서는 '체념Entsagen'이 본질적 계기라고 파악한다. 즉, 기독교에서는 심정, 감각, 본성의 충동을 죽이고, 인륜적이며 이성적이고 현실적인 세계, 가정과 국가 속에 이것들이 편입되지 않기를 요구하며, 인간은 신을 알 수 없고 이해할 수 없다고 체념할 것을 강요한다고 실러는 생각한다는 것이다.[42]

헤겔에 의하면 참된 기독교의 관점에서 보자면, 체념은 이러한 분리가 아니라 "정신이 고귀한 자유와 자기 자신과의 조화의 상태에 이르도록 하기 위해, 자연적이고 감성적이며 유한한 것이 자신의 부적합성을 떨쳐 버리는 매개의 계기이자 통과점일 뿐이다".[43] 헤겔은 실러와 달리 기독교에서 나타나는 체념을 감성과 이성, 유한과 무한의 분리 자체에 그치는 것으로 해석하지 않고, 감성적이며 유한한 것이 무한한 것이 되기 위해 부적합한 측면들을 지양하는 과정 중의 한 계기로 적극적으로 해석하고 싶어한다. 그래서 참된 기독교에서는 "정신적 자유와 정신의 화해 속에 신이 내재하기 때문에", "[고대 그리스의] 신들은 더 인간적이었기에, 인간들은 더욱더 신적이었다"라는 실러의 시구는 적절하지 않다고 헤겔은 지적한다.[44] 왜냐하면 헤겔에 의하면 고대 그리스의 종교에 못지 않게, 아니 그 이상으로 기독교에서도 인간들은 신적일 수 있기 때문이다.

헤겔은 『역사철학강의』에서도 고대 그리스 종교와 기독교를 비교하면서 두 가지 측면을 거론한다. 첫 번째 측면은 고대 그리스 종교를 부정적으로 평가하는 입장으로서, '의인관Anthropomorphismus'을 신의 성격에 맞지 않는 결함으로

---

42 Ästhetik2, pp.114~115(두행숙2, 388~389쪽).
43 Ästhetik2, p.115(두행숙2, 389쪽).
44 Ästhetik2, p.115(두행숙2, 389쪽). "Da die Götter menschlicher noch waren,/ Waren Menschen göttlicher." SW1, p.169. 헤겔은 이 구절을 나중에 실러가 삭제해 버린다는 사실에 주목하고 있다.

보는 관점이다. 이에 비해 두 번째 측면은 고대 그리스 종교를 긍정적으로 평가하는 입장으로, 신들이 인간으로 표상되는 것을 고대 그리스의 신들이 지닌 장점이라고 생각하는 관점이다. 이 두 번째 측면을 소개하면서 헤겔은 『역사철학강의』에서도 실러의 「그리스의 신들」에 나오는 위 시구를 인용한다.[45] 하지만, 헤겔은 실러처럼 기독교보다 고대 그리스 종교를 우월하게 보는 관점에 동의하지는 않는다. 오히려 헤겔은 고대 그리스의 신들이 인간적이었던 것에 못지않게, 아니 그 이상으로 기독교의 신도 인간적이라는 사실을 강조한다.

> 그러나 고대 그리스의 신들이 기독교의 신보다 더 인간다운 것으로 간주될 수는 없다. 그리스도는 훨씬 더 인간다운 인간이다. 그는 살다가 죽고, 십자가에서 죽음을 감수하는데, 이러한 일은 그리스의 아름다운 인간보다 훨씬 더 인간적이다.[46]

헤겔은 고대 그리스 종교나 기독교 모두 신의 본성을 정신으로 보고, 그것을 감각적으로 표현하면서 불가피하게 인간의 형태를 취할 수밖에 없었다는 점에서 공통점이 있다고 생각한다. 그런데 정신의 측면에서 볼 때, 헤겔은 오히려 고대 그리스 종교가 기독교보다 더 심각한 결함을 지니고 있다고 생각한다. 왜냐하면 고대 그리스 종교는 대리적, 금속, 목재 등과 같이 현상으로 드러난 모습만이 신적인 것을 표현하는 최고의 방식이며 전부라고 생각하기 때문이다. 따라서 고대 그리스 종교에서 신성의 형식과 형태는 특수한 주관에 의해 산출된 상태에 머물 수밖에 없다. 이에 비해 기독교에서 현상은 신적인 것이 드러나는 하나의 계기에 불과하다. "기독교에서는 현상하는 신은 죽고, 자기 자신을 지양하

---

45 TW12, p.304(역사철학, 244쪽). 원문 : "Da die Götter menschlicher noch waren,/ Waren Menschen göttlicher."
46 TW12, p.304(역사철학, 244쪽).

여 정립된다. 그리스도는 죽음으로써 비로소 신의 권좌에 앉는 것으로 표현된다."[47] 헤겔에 의하면 고대 그리스인들은 자기 스스로를 사유하면서 파악하지 못했기 때문에, 아직 정신을 보편성의 측면에서 인식하지 못했으며 인간의 개념도 파악하지 못했고, 기독교의 이념에서 나타나는 '신의 본성과 인간의 본성의 통일성'도 파악하지 못했다. 헤겔은 기독교에서 드러나는 '자기 확신하는 내적 정신'만이 비로소 현상의 측면을 자유롭게 해방할 수 있고, 인간에게 신의 본성을 깃들게 할 수 있다고 주장한다.[48]

여기서 우리는 두 종교에 대한 논의를 통해 실러와 헤겔의 입장 차이를 확인할 수 있다. 헤겔은 예술이 절정에 달한 고대 그리스 시대의 정신을 후대의 기독교 정신보다 더 낮은 단계로 파악하면서, 지나가 버린 과거를 그리워하는 실러의 이상주의적 태도에 대해 비판적 견해를 피력한다. 헤겔은 실러를 향해 피상적인 감성의 시선이 아니라 냉철한 이성의 눈으로 현실을 직시할 것을 요구하고 있는 것이다.

3. '아름다운 국가'에 대한 헤겔의 비판

이상의 논의를 종합하여, 실러의 작품이 단순한 문학으로 그치지 않고 정치적 내용을 함의하고 있다는 맥락에서, 헤겔이 실러가 내세우는 '아름다운 국가'의 이상을 어떻게 비판적으로 바라보고 있는지 살펴보자. 실러는 『인간의 심미적 교육에 관한 편지』의 마지막 편지에서 국가를 '법의 역동적 국가dynamischer Staat der Rechte', '의무의 윤리적 국가ethischer Staat der Pflichten' 그리고 '심미적

---

47 TW12, p.305(역사철학, 245쪽).
48 TW12, pp.305~306(역사철학, 245쪽).

국가ästhetischer Staat'로 단계별로 구분하고, '자유를 통해 자유를 부여하는 것 Freiheit zu geben durch Freiheit이 이 심미적 국가의 기본 법칙'이라고 주장하면서, 인간이 최종 목표로 삼아야 하는 것은 '심미적 국가'라고 강조한다.[49] 그에 의하면 힘의 본성에 의해 본능을 제어하는 역동적 국가나, 법칙이라는 일반 의지에 의해 개체의 의지를 강제적으로 제어하는 윤리적 국가에 비해, 심미적 국가는 개인의 본성을 통해 전체 의지를 실현함으로써 국가를 현실적인 것으로 만들 수 있다. 실러에 의하면 아름다움만이 인간에게 '사교적인 성격gesselligen Charakter'을 부여할 수 있고, 취미만이 사회 속에 조화를 가져온다. 그리고 다른 표상의 형식들은 감각과 정신을 배타적으로 구분해 인간을 분리하는 데 비해, '아름다움의 표상'만이 인간의 두 본성들을 합치하여 인간을 하나의 전체로 구성해 내며, '아름다운 소통die schöne Mitteilung'만이 모두의 공통점에 관계하여 사회를 통합한다.[50] 심미적 국가에서 개인은 그의 세계와 조화를 이루면서 자유롭고 평등하게 자신의 능력을 발휘하며, 개인들 사이의 소외와 개인과 공동체 사이의 소외 문제를 해결할 수 있다. 따라서 실러에 의하면 심미적 교육의 목표도 가장 아름다운 인간이 가장 아름다운 삶을 살 수 있는 그러한 사회를 만드는 데 있다. 이 점에서 심미적 교육은 분명히 정치적 함의를 지닌다. 즉, 심미적 교육의 목표는 일종의 아름다운 예술작품과도 같은 이상 국가를 만들어 내는 데 있으며, 그래서 실러는 이러한 국가를 '아름다운 가상의 국가Staat des schönen Scheins' 또는 '심미적 가상의 왕국Reich des ästhetischen Scheins'이라고 부른다.[51] 앞서 언급한 바처럼, 헤겔은 감성과 이성, 개별자와 보편자의 이원적 분리를 심미적 교육을 통해 극복하려는 실러의 입장에 동의하지만, 그러나 심미적 교육이 최종 목표로

---

49 SW5, p.667(제27편지).
50 SW5, p.667(제27편지).
51 SW5, p.669(제27편지).

삼는 아름다운 국가의 실현가능성에 대해서는 매우 회의적이다. 과연 심미적 차원이 도덕이나 정치 문제를 해결하는 데 현실적인 힘을 발휘할 수 있는가?

헤겔은 예술의 이상Kunstideal을 논하는 자리에서 실러의 시 「이상과 삶Das Ideal und das Leben」을 언급하면서 그의 이상주의적 관점을 비판한다.[52] 헤겔은 실러가 이 시에서 '현실의 고통과 투쟁'에 대립하는 '고요한 명부冥府의 아름다움'을 읊었으며, 이 명부와 같은 이상 속에는 "자연적 실존의 궁핍에서 벗어나고 현상의 유한성과 관련된 뒤얽힘과 혼동, 외적인 영향들에 의존하는 구속으로부터 해방된 상태로 나타나는 정신들"이 있다고 한다.[53] 그러나, 헤겔은 이처럼 현실과 유리된 상태를 이상의 참모습으로 보지 않는다. 헤겔은 이상에 대해 다음과 같이 말한다.

그러나 이상은 감성과 자연의 형태에 자신의 발을 들여 놓으면서도 외적 영역과 마찬가지로 그 발을 동시에 자신에게로 되돌린다. 왜냐하면 예술은 외적 현상이 유지되기 위해 필요로 하는 도구를, 정신적 자유가 드러나는 외면성의 한계에까지 복귀시킬 줄을 알기 때문이다. 이렇게 함으로써만 이상은 외적인 것에서 자기 자신과 결합하면서 자유롭게 자신에 의거해 감성적으로 그 자체로 지복하며 자신 스스로를 즐기고 향유하는 것으로서 현존한다.[54]

---

52 이 시의 본래 제목은 '그림자의 왕국'이었고, 실러는 이 제목을 1780년에 '형식들의 왕국'으로 개작하였고, 1804년에는 '이상과 삶'이라는 제목을 붙였다. 이 시에는 현실의 고통과 투쟁에 대립되는 '고요한 그림자 왕국의 아름다움'이 묘사되어 있다. 헤겔은 '23년 미학 강의'에서 실러가 '그림자의 왕국'이라는 시를 지었으며, 후에 이를 '아름다움의 왕국'이라고 불렀다고 하면서, 아름다움은 일종의 그림자, 즉 외적 우연의 유한성, 개념의 현존재의 기형화에서 벗어나 있는 정신이라고 언급한다. Hotho, pp.81~82(권정임, 162~163쪽). 또한 헤겔은 『대논리학』에서 논리학을 '그림자의 왕국'에 비유하기도 한다. "논리학의 체계는 그림자 왕국이며, 단순한 본질성들의 세계이자, 일체의 감각적 구체성으로부터 벗어난 상태다." GW11, p.29(논리학1, 50쪽).
53 Ästhetik1, p.207(두행숙1, 275~276쪽).
54 Ästhetik1, p.207(두행숙1, 276쪽).

여기서 헤겔은 이상이 감성적 외면과 결합되어야 하며, 이 감성적 외면은 정신과 별개의 것이 아니라 정신 자신이 밖으로 드러난 것이라는 점을 강조하고 있다. 헤겔이 특히 『법철학』에서 밝히는 바처럼, 인류 공동체인 국가는 현실적이며 구체적으로 존재해야 한다. 헤겔에 의하면 실러는 칸트식 이분법을 지양하는 문제의식에서 자신의 사상을 전개하기 시작했으나, 결국 그가 제시하는 '아름다운 국가'의 이상도 현실과 분리되며 현실에 아직 실현되지 않은 '당위'의 성격을 지닐 수밖에 없다. 헤겔이 보기에 이처럼 '자기의식적 정신인 이성'을 '현존하는 현실성인 이성'과 구분하는 것은 추상의 족쇄다.[55] 철학은 현재적이며 참으로 현실적인 것을 파악하는 것이지 피안을 세우는 것이 아니며, 존재하는 것의 개념을 제대로 파악하는 일이 철학의 과제다.[56] 이 같은 문제의식을 바탕으로 헤겔은 '호토판 미학'에서 예술과 종교와 철학의 관계를 논하면서, 특별히 원리와 국가 사이의 관계에 대해 "원리는 오직 국가, 다시 말해 이 개별 국가로만 존재하며, 이를 통해 현존재의 특수한 영역과 이 영역의 개별화된 실재가 되는데, 이 속에서 자유는 현실화된다"[57]라고 말한다. 헤겔에 의하면 인류적 국가는 구체적 현실 속에 실제로 존재하는 개별 국가로 나타날 수밖에 없으므로, 실러가 바라는 바처럼 구체적 국가에서 발생하는 문제가 아름다운 국가라는 이상적 목표에 의해 해소될 수는 없다. 오히려 헤겔이 보기에 '심미적 국가'라는 용어는 자가당착이며, 특정한 정치적 형식과 심미적 형식을 혼동한 데서 비롯된 것일 뿐이다.[58] 물론, 헤겔은 한편으로 왜 실러가 기존 현실에 불만을 가지고 그것을 뛰어넘으려고 하는지를 잘 알고 있으며, 다른 편으로 그렇기

---

55 TW7, p.26(법철학, 65~66쪽).

56 TW7, pp.24~26(법철학, 60~66쪽).

57 Ästhetik1, p.137(두행숙1, 192쪽).

58 A. G. Fiala, "Aesthetic Education and the Aesthetic State : Hegel's Response to Schiller", in : *Hegel and Aesthetics*, ed. by W. Maker, Albany : State Univ. of New York Press, 2000, p.179 참조.

때문에 오히려 실러 자신도 이상을 동경하면서도 그것의 실현 불가능성을 체념적 슬픔을 통해 표현했다고 본다. 헤겔은 『역사철학강의』의 서론에서 '정신의 이념을 실현하는 수단'에 대해 논하면서, 자신의 시대가 이성이나 정의, 자유와 같은 '이상'에 합치하는 않는 '현실'에 대해 불만과 분노가 가득한 시대라는 점을 지적하면서, "실러와 같은 시인들은 그러한 이상들이 실현될 수 없는 상황에 깊은 슬픔을 느끼면서 이러한 것들을 매우 감동적이면서도 감정이 풍부하게 표현했다"[59]고 언급한다. 또한 헤겔은 실러가 자신의 시 「그리스의 신들」의 끝부분을 "노래 속에서 멸망하지 않고 생명을 갖는 것은, 삶 속에서는 몰락을 피할 수 없다"[60]라고 고친 점을 지적하면서, 고대 그리스 신들은 이제 상상 속에만 존재하며, 삶의 현실 속에서 그들의 자리를 주장할 수도 없을 뿐만 아니라 유한한 인간에게 궁극적으로 만족을 줄 수도 없다는 점을 실러 자신도 자각하고 있었음을 시사하고 있다.[61] 그리고 우리는 『인간의 심미적 교육에 관한 편지』를 마무리하면서, 실러 자신이 심미적 국가의 이상을 '몽상가 Schwärmer가 그 본질에 따라 실현되기를 바랄만한 평등의 이상'이라고 칭하면서 다음과 같이 끝맺고 있는 점도 눈여겨 볼 만 하다.

그러한 아름다운 가상의 국가가 존재할까요? 그리고 그러한 국가는 어디서 발견될 수 있을까요? 요구에 따르면, 그러한 국가는 모든 섬세한 영혼 속에 존재합니다. 그러나 현실에 따르면 우리는 순수한 교회나 순수한 공화국처럼 몇몇의 정선精選된 모임에서만 [그러한 국가를] 찾을 수 있을 겁니다.[62]

---

59 TW12, p.52(역사철학, 45쪽).
60 이 부분은 다음과 같다. "Was unsterblich im Gesang soll leben / Muß im Leben untergehen." SW1, p.173. 실제로 실러는 1788년에 이 시를 발표한 후, 1803년에 다시 인쇄할 때 원래 25개의 절들 중 14개만 유지하고, 거기에 여섯 번째와 마지막 절을 추가하여 16개의 절들로 된 시로 바꾼다. SW1, p.873 부록의 시에 관한 설명 참조.
61 Ästhetik2, p.115(두행숙2, 389~390쪽).

현실에 어떻게 그렇게 '정선된 모임'이 실현 가능할까? 현실에 존재하는 어떤 것도 순수하지 않은데도 불구하고, '순수함'을 추구하는 실러의 태도는 실러 자신이 판단하기에도 현실에서 비극적 결말을 맞을 수밖에 없다.

헤겔에 의하면 현상의 개별 사태에 내재하는 '보편 이성'을 제대로 인식하지 않은 채 현실을 비난하거나 불만을 토로하기는 쉽다. 그러나 철학은 항상 불만만 토로하는 '청년'이 아니라, '삶의 진지함Ernst des Lebens'을 통해 좀 더 심오한 것을 깨우치고 '사태의 실체적이며 옹골찬 내면'을 파악할 수 있을 만큼 '성숙한 판단'을 하는 '어른'의 태도를 필요로 한다. 헤겔에 의하면 '철학적 응시Einsicht'는 너무나 고귀한 이상만을 동경한 채 도리어 현실에서는 체념적 슬픔에만 잠기는 젊은 예술가의 시선이 아니다. "현실의 세계가 마땅히 그렇게 존재하는 바대로 존재한다"는 것을 확인하고, '소홀히 취급된 현실을 정당화하려고 하는 것'이 철학의 임무다.[63] 이 점에서 헤겔은 초기부터 이분적 대립을 극복하고 조화와 통일을 꾀하고 있는 실러를 긍정적으로 평가하면서도, 실러의 사상과 작품에서는 그 조화와 통일이 실현불가능한 이상으로 드러나고 있다는 점에서 그 한계를 지적하고 있다.

---

62 SW5, p.669(제27편지).
63 TW12, p.53(역사철학, 46쪽).

제4장

슐레겔

아이러니와 낭만적 포에지

1. 아이러니와 주관의 자기제한

초기 헤겔은 초기 낭만주의와 그렇게 소원하지 않은 입장을 한때 유지했다고 판단할 만한 충분한 근거들이 그의 초기 단편들에서 발견된다.[1] 그 대표 사례로 우리는 「독일관념론의 가장 오래된 체계계획」이나 「1800년 체계단편」과 같은 글들을 제시할 수 있다.[2] 그러나 초기 헤겔은 초기 낭만주의를 대표하는 사상가

---

[1] 초기 독일 낭만주의와 독일 관념론의 관계와 관련해 참고할 만한 대표 연구로는 만프레드 프랑크 (M. Frank), 프레더릭 바이저(Frederick C. Beiser)의 연구가 있다. 프랑크는 절대자와 같은 궁극적 실재가 의식으로 완전히 환원될 수 없다는 점을 초기 독일 낭만주의의 특징으로 강조하면서 초기 독일 낭만주의를 존재론적이며 인식론적인 실재론으로 간주한다. M. Frank, *The Philosophical Foundations of Early German Romanticism*, trans. by E. Millán-Zaibert, Albany : State Univ. of New York Press, 2004, p.28 참조. 이에 비해 바이저는 프랑크식의 초기 낭만주의 해석이 초기 낭만주의를 반계몽주의적인 것으로 오해하게 만든다는 점을 비판하고, 초기 독일 낭만주의를 '절대적 이상주의'로 해석하고자 한다. F. C. Beiser, *The Romantic Imperative : The Concept of Early German Romanticism*, Cambridge, MA : Harvard Univ. Press, 2003, p.59 이하; F. C. Beiser, *German Idealism : The Struggle against Subjectivism 1781-1801*, Cambridge, MA : Harvard Univ. Press, 2002, p.352 이하 참조.

[2] 「독일관념론의 가장 오래된 체계계획」에서는 포에지와 철학, 심미적 감성과 합리적 이성 사이의 조화와 통일이 모색되고 있는데, 이 글의 저자 등에 관련된 문제에 대해서는 다음을 참조할 만하다. 서정혁 역 및 해설, 「독일관념론의 가장 오래된 체계계획」, 『헤겔연구』 제15호, 한국헤겔학회, 동과서, 2004, 265~285쪽 참조. 「1800년 체계단편」에서는 삶을 '결합과 비결합의 결합'이

들, 그 중 특히 슐레겔에 대해서는 직접 언급을 회피하고 있다는 인상을 강하게 주며, 이는 슐레겔도 마찬가지다. 실제 헤겔의 원고들에서 슐레겔의 이름을 직접 거명하고 있는 최초의 증거물은 1816년경의 한 글이며,[3] 흔히 청년기라 불리는 그 이전의 단편들에서는 슐레겔에 대한 직접 언급을 찾기 어렵다.[4] 슐레겔도 자신의 사상적 전개과정에서 칸트나 피히테, 슐라이어마허, 야코비 같은 철학자들과 적극적으로 생산적인 대결을 벌인 것과는 달리, 헤겔 철학에 관해서는 의도적으로 회피한 것이 아닌가 의심이 갈 정도로 직접 언급이 드물다.[5]

로 규정하면서 유한한 삶과 무한한 삶의 통합을 강조하고 있는데, 특징적인 점은 그 중심역할을 좁은 의미의 철학이 아니라 종교에 맡기고 있다는 점이다. TW1, pp.419~427(신학론집, 650~659쪽). 초기 헤겔의 친낭만주의적 입장에 대해서는 다음을 참조할 것. 권대중, 「헤겔의 반낭만주의에 함축된 철학적 층위들」, 『헤겔연구』 제31호, 한국헤겔학회, 2012, 161~164쪽 참조.

3 TW4, p.421 참조. 여기서 헤겔은 슐레겔의 선험철학 강의를 직접 체험하고는 그 내용이 불만족스러웠음을 토로하고 있다. 반대로 슐레겔도 여러 단편들에서 칸트와 피히테는 자주 언급하고 있으나, 헤겔을 직접 언급한 부분이 드물다는 점도 주목할 만하다. 참고로 이 글에서 그냥 '슐레겔'이라고 칭할 때 이는 프리드리히 슐레겔(Friedrich Schlegel, 1772~1829)을 가리킨다.

4 물론 내용적으로 볼 때에는 이외에도 슐레겔을 언급한 곳이 없지는 않다. 대표적인 곳이 『정신현상학』의 '도덕성'에서 '양심'을 언급하는 곳이다. GW9, p.340 이하, 특히 p.359(정신현상학2, 198쪽 이하, 특히 228~229쪽) 참조. '가식(Heuchelei)'에 관한 헤겔의 언급은 분명히 슐레겔을 염두에 둔 것으로 보이나 여기서도 슐레겔이라는 이름을 직접 거명하지는 않는다. 헤겔이 이 시기에 특정 사상가의 이름을 직접 거명하는 것을 회피하고 있다는 사실은, 이 시기 헤겔이 특정 인물에 주목하기보다는 초기 낭만주의의 정신 전반에 주목하고 있었다는 사실을 간접적으로 보여주는 것으로 판단된다.

5 슐레겔이 헤겔을 언급한 곳은 매우 드물다. 1817년 노트에서 슐레겔은 헤겔 식의 '대립자들의 지양이나 부정'은 '정신의 본질'을 이루지 못하고 '신적인 발송(Sendung)'을 할 뿐이라고 언급하고 있다. F. Schlegel, *Kritische Schriften und Fragmente. Studienausgabe in sechs Bänden*, hrsg. von E. Behler und H. Eichner, Paderborn: Ferdinand Schöningh, 1988, p.146(이하 KSF5라고 표기한다). 그리고 1822년 야코비에 관한 글에서 '헤겔의 체계와 저술에서 발견되는 것은 공허한 추상적 사유의 무한한 흐름'이라고 비판한다. KSF4, p.249. 이처럼 부분적인 언급을 통해 슐레겔은 헤겔 철학에 대해 매우 강한 반감을 지니고 있었다고 짐작할 수 있다. 벨러(E. Behler)는 헤겔 철학이 슐레겔에게 거의 영향을 미치지 않았다고 주장한다. E. Behler, "Friedrich Schlegel und Hegel", in: *Hegel-Studien* Bd. 2, hrsg. von F. Nicolin·O. Pöggeler, Bonn: Bouvier Verlag, 1963, p.203 이하 참조. 푀겔러(O. Pöggeler)가 전하는 바에 의하면, 슐레겔은 헤겔의 「피히테와 셸링의 철학 체계의 차이」에 대해 이미 자신이 극복한 입장에 헤겔이 더 열악한 것을 대체하려 한다고 비판하기도 했고, 헤겔의 통합적 체계가 그에게는 사실상 '사악한 것(Satainsmus)'처럼 보인다고 비판하기도 했다. O. Pöggeler, *Hegels Kritik der Romantik*, München: Wilhelm Fink Verlag, 1999, p.124 이하 참조.

잘 알려져 있다시피, 슐레겔에 대한 헤겔의 비판이 가장 명시적으로 드러나는 곳은 『법철학』 이후 비교적 후기 저술들이다. 『법철학』을 비롯해 『철학사 강의』, 『역사철학강의』 등에서 드러나는 슐레겔에 대한 헤겔의 언급은 상당히 강한 비판적 관점을 일관되게 견지한다. 이 점을 반영하듯, 헤겔 철학 연구에서도 지금까지 주로 『법철학』을 비롯한 후기 저술들에 나타난 헤겔의 슐레겔 비판이 논의의 중심에 있었고, 이러한 논의는 대부분 헤겔의 입장에서 슐레겔을 비판하는 관점을 토대로 했다.[6] 특히 국내 철학계에서는 헤겔보다 슐레겔에 대한 연구가 부족한 까닭에 이러한 연구 경향은 다분히 연구의 불균형을 초래할 가능성이 컸다는 점을 간과할 수 없다. 이에 반해 슐레겔에 대한 연구는 철학보다 상대적으로 문학 영역에서 더 활발하게 이루어져 왔다. 그런데, 슐레겔에 관한 문학 분야의 연구에서는 헤겔 철학과의 관계를 주제로 삼은 연구가 거의 없기 때문에,[7] 슐레겔과 헤겔의 관계에 관한 풍부한 연구성과를 찾기가 어렵다.

헤겔과 슐레겔의 관계를 검토할 때, 그 무게 중심이 헤겔 편으로만 쏠린다면, 이러한 검토는 헤겔 철학의 우월성이 아니라 도리어 그것의 사상적 협소함과 편협함만을 드러낼 수도 있다는 점에서 종래의 연구 관점은 바람직하지 않다. 오

---

6 특히 국내 철학계에서 헤겔과 슐레겔의 관계에 관한 논의는 주로 슐레겔의 아이러니 개념에 대한 헤겔의 비판을 중심으로 진행되었고, 대표적인 연구로는 다음을 참조할 수 있다. 윤병태, 「Fr. 슐레겔의 '낭만적 아이러니' 개념과 그 역사성」, 『헤겔연구』 제10호, 한국헤겔학회, 2002, 77~102쪽; 김현, 「헤겔의 낭만주의 비판-낭만적 아이러니와 낭만적 자아를 중심으로」, 『철학논총』 제51집, 새한철학회, 2008, 89~108쪽; 이주동, "Hegels Kritik an Friedrich Schlegels Begriff der Ironie", 『서강인문논총』, 제19호, 서강대인문과학연구소, 2005, 77~111쪽.

7 문학 영역에서 슐레겔 연구로는 다음을 참조할만 하다. 최문규, 『독일 낭만주의』, 서울 : 연세대 출판부, 2005; 박현용, 「낭만적 아이러니 개념의 현재적 의미-프리드리히 슐레겔의 이론을 중심으로」, 『독일문학』 제92호, 한국독어독문학회, 2004; 전영애·인성기, 「포스트모더니즘의 인식론적 기초로서의 슐레겔의 낭만주의 예술론-『아테네움 단장』과 『문학에 관한 대화』에서 발전된 '주관성' 원칙을 중심으로」, 『독어교육』 제25호, 한국독어독문학교육학회, 2002. 이들 중 충분하지는 않지만, 헤겔과의 관계를 다루고 있는 글은 최문규의 글이 유일하다. 또한 철학 분야에서 슐레겔을 포함한 낭만주의에 대한 국내의 정치철학적 논의로는 다음을 참조할 만하다. 김진, 「낭만주의 신화 해석-문학적 정치신학의 기원」, 『사회와 철학』 제18호, 사회와철학연구회, 2009, 125~152쪽.

히려 슐레겔에 대한 헤겔의 비판이 어느 정도로 타당한가, 그리고 슐레겔과 헤겔의 관계가 새롭게 재조명될 부분은 없는가라는 문제 제기와 답변을 통해, 슐레겔 뿐만 아니라 헤겔 철학에 대해서도 이해의 폭을 좀 더 넓힐 수 있다. 왜냐하면 만일 헤겔 자신의 초기 사상이 비록 짧은 기간이긴 하지만 초기 낭만주의와 비교적 친밀한 관계에 있었다는 점을 전제로 한다면, 후기의 체계적 저술들에 나타나는 슐레겔에 대한 헤겔의 강한 비판적 관점은 슐레겔과의 관계에서만이 아니라 헤겔 철학 자체 내에서도 일정한 긴장의 징후로 해석될 여지가 있기 때문이다. 이 긴장 관계의 구체적 의미를 이해하기 위해 우선적으로 요구되는 것은, 초기 낭만주의와 헤겔의 사상적 관계를 재검토해 보고, 이를 바탕으로 헤겔 자신의 철학적 발전 과정에 내재한 긴장 관계의 정체를 재음미해 보는 것이다.

우선 익히 잘 알려져 있는 '아이러니[반어]Ironie'에 관한 문제부터 검토해 보면, 이 문제는 다음과 같이 좀 더 구체적인 문제 설정으로 이어질 수 있다. 아이러니와 관련해 헤겔이 슐레겔에 대해 논하고 있는 대표적인 곳은 '호토판 미학'이다. 헤겔은 '호토판 미학'의 '서론' 중 '아이러니'를 논하는 자리에서 슐레겔을 피히테 철학과 연관해 집중적으로 다룬다. 헤겔은 여기서 아이러니의 밑바탕에 자리하고 있는 '자아의 절대성'에 관한 논의를 '천재적 독창성Genialität'을 표현하는 '천재Genie'의 논의로까지 확장하면서 다음과 같이 말하고 있다.

그렇게 예술가로 사는 개인도 타인과 관계를 맺고 친구들이나 애인과 더불어 살아가지만, 그러나 천재인 개인에게는 그가 속한 특정한 현실이나 그의 특수한 행위, 즉자 대자적인[절대적인] 보편자에 대한 관계는 동시에 무실한 것ein Nichtiges이고, 그러한 개인은 이것들에 대해 반어적으로ironisch 태도를 취한다. 이것은 모든 속박을 끊고 오직 자기 향유Selbstgenuß 속에서만 살아갈 수 있는 자아가 그 자신에게 집중하는 상태이며, 천재적이고[독창적이고] 신적인 아이러니의 보편적 의미다. 프리드리히 슐레겔이 이 반어[아이러니]를 고안해 냈고, 다른 많은 사람들은 이에 대해 되풀이하며 떠들어댔고, 또다시 새롭게 떠들어대고 있다.[8]

여기서 헤겔은 슐레겔이 고안해 낸 아이러니를 검토하면서, 그것을 두 가지 측면, 즉 '이론에 대한 측면'과 '인물에 대한 측면'에서 동시에 비판하고 있다. 전자는, 슐레겔이 제시한 아이러니의 기본 원리로 작용하는 '자아의 절대적 주관성'에 대한 비판이다. 후자는, 슐레겔이라는 인물이 지닌 '천재적 독창성'에 대한 비판이다.[9] 즉, 헤겔은 슐레겔이 제시한 이론에 대한 비판뿐만 아니라 슐레겔이라는 천재 사상가에 대한 비판도 동시에 의도하고 있다. 헤겔이 제시한 이 두 측면에 대한 고찰을 통해 우리는 헤겔의 슐레겔 비판이 어느 정도 타당한지를 평가할 수 있다. 우선, 우리는 전자와 관련해 다음과 같은 좀 더 구체적인 질문을 제기할 수 있다. 과연 헤겔이 비판하는 것처럼, 슐레겔은 일체의 객관을 무화하는 자아의 주관성을 절대시했는가? 그리고 헤겔이 슐레겔의 아이러니 이론이 기본적으로 피히테의 이론에 토대를 두고 있다고 보므로, 우리는 이어서 다음과 같은 질문을 추가로 제기할 수 있다. 즉, 슐레겔 자신의 관점은 피히테의 이론에 어느 정도로 가까운가?

헤겔은 슐레겔과 졸거Karl Wilhelm Ferdinand Solger, 1780~1819를 자주 비교하면서 아이러니를 논하는데, 「졸거의 유고와 서신교환Solgers nachgelassene Schriften und Briefwechsel」1828이라는 글에서, 아이러니를 '객관의 자기의식적 무효화

---

8 Ästhetik1, p.95(두행숙1, 142~143쪽).
9 슐레겔의 아이러니를 헤겔이 절대적 자아나 주관과 결부시키는 이유는, 첫째, 예술적 천재가 절대적 자아와 동일시되고, 둘째, 아이러니는 이 예술적 천재가 세계에 대해 보이는 태도로 규정될 수 있기 때문이다. 그러나 이 두 전제에 대해 슐레겔의 입장에서 재검토가 필요하다. J. Norman, "Squaring the Romantic Circle : Hegel's Critique of Schlegel's Theories of Art", in : *Hegel and Aesthetics*, ed. by W. Maker, Albany : State Univ. of New York Press, 2000, p.133 참조.

Vereitelung'라고 표현한다.[10] 즉, 주관이 객관 일체를 절대적으로 무효화시켜 버리는 상태, 완전히 텅비게 만들어 버리는 상태를 헤겔은 아이러니로 보고 있다. 잘 알려져 있다시피, 『법철학』의 140절[11]에서도 마찬가지로 헤겔은 졸거와 비교하면서, 슐레겔을 졸거에 비해 상대적으로 좀 더 강하게 비판한다. 헤겔에 의하면 슐레겔은 피히테의 절대적 자아를 '특수한 나다움besondere Ichheit'의 의미로 전용하여 이 자아가 관계하는 모든 객관이 자아에 대해 몰락해 버리도록 하였다. 헤겔은 이 자아가 여러 형태들을 야기하고 동시에 파괴하면서 '무시무시한 공간ein ungeheure Raum' 위를 배회하고 있는 상태를 '주관성의 최고 입장'이라고 규정한다.[12] 미학에서도 유사한 언급은 이어진다. 헤겔은 '아이러니의 부정성'이 '본질적이며 인륜답고 그 자체로 내용 충만한 모든 것의 공허함Eitelkeit', '객관적이며 즉자대자적으로 타당한 모든 것의 무실함Nichtigkeit'을 초래한다고 주장한다.[13] 그리고 이렇듯 '모든 것을 자신으로부터 정립하면서도 해체하는 자아'를 '예술가'라고 표현하면서, 이 예술가의 입장에서는 어떤 내용도 절대적이거나 즉자대자적이지 못하고 예술가 자신이 '스스로 만들어내면서도 무화시킬 수 있는 가상'이 된다고 말한다.[14] 『철학사 강의』에서도 슐레겔을 논하는 자리에서 '아이러니'와 '주관의 절대성'의 관계에 대해 헤겔은 다음과 같이 언급한다.

이러한 형식, 아이러니의 주동자는 프리드리히 폰 슐레겔이다. 주관은 자신 속에서

---

10 TW11, p.233.
11 이 절은 '도덕성'에서 '인륜'으로 이행하는 절의 바로 앞부분이며, 헤겔의 관점에서 보면 『법철학』에서 주관성의 정점을 이루는 곳이라고 할 수 있다.
12 TW7, p.286(§140 Zusatz)(임석진 역, 『법철학』, 파주 : 한길사, 2008, 297쪽, 이하 법철학강요로 표기한다).
13 Ästhetik1, p.96(두행숙1, 143쪽).
14 Ästhetik1, pp.94~95(두행숙1, 141~142쪽).

스스로를 절대자로 알며, 다른 모든 것은 주관에게 공허하다. 즉 주관이 자기 스스로 옳은 것이나 좋은 것에 대해 만든 모든 규정들을 주관은 또다시 파괴할 줄을 안다. 주관은 모든 것을 능가할 수 있다. 그러나 이러한 주관은 공허하고 가식적이며 파렴치한 것Eitles, Heuchelei und Frechheit일 뿐이다. 아이러니는 이 모든 것을 능가하는 자신의 교묘한 면모를 안다. 아이러니는 아무 것도 진지Ernst하게 다루지 못하며, 거기에는 모든 형식들과의 유희Spiel만이 있을 뿐이다.[15]

이러한 언급과 관련해 우선적으로 검토해 보아야 할 점은, 과연 헤겔이 비판하는 것처럼 슐레겔은 아이러니를 논하면서 일체의 객관을 무화시키고 자아의 주관성을 절대시했는가 하는 것이다. 거의 단편들로만 남아 있는 슐레겔의 언급들을 일관되게 하나의 논증으로 엮기는 어렵지만, 그럼에도 불구하고 우리는 슐레겔 자신의 언급들을 통해 슐레겔에 대한 헤겔 비판이 최소한 새롭게 재검토될 필요가 있음을 확인할 수 있다. 예를 들어, 슐레겔은 초기 낭만주의 시기에 해당하는 1797년 한 단편에서 '예술가의 주관성'에 대해 다음과 같이 말하고 있다.

예술가가 창작을 하고 영감을 받는 한에서는, 소통[전달]을 위해 그는 적어도 자유롭지 않은 상태에 처한다. 그리고 나서 그는 그것이 젊은 천재의 그릇된 경향성이든 아니면 늙은 무능력자의 올바른 선입견이든 모든 것을 말하려고 할 것이다. 그렇게 함으로써 그는 자기제한Selbstbeschränkung의 가치와 존엄을 오인한다. 그런데 자기제한이라는 것은 예술가에게나 인간에게 모두 최우선적이며 궁극적인 것이고 가장 필요하며 최상의 것이다. 자기제한이 가장 필수적인 이유는 다음과 같다. 사람들이 스스로를 제한하지 않는 곳에서는 어디든 세계가 사람을 제한하기 때문이다. 그렇게 되면 사

---

15 TW20, p.416.

람들은 노예가 되어 버린다. 또한 자기제한이 가장 최상의 것인 이유는 다음과 같다. 사람들은 어떤 점들과 측면들에서만 스스로를 제한할 수 있고, 이렇게 할 때 사람들은 무한한 힘을, 자기창조Selbstschöpfung와 자기부정Selbstvernichtung의 힘을 지니기 때문이다.[16]

이 구절이 중요한 이유는, 여기서 슐레겔은 의외로 주관에 의한 객관의 제한이나 무효화가 아니라 오히려 '주관의 자기제한'을 강조하기 때문이다. 슐레겔은 보통 사람들의 경우뿐만 아니라 예술가의 경우에도 주관 스스로가 자신을 제한하지 않으면, 오히려 객관 세계에 의해 주관이 제한당할 수 있고 그렇게 해서 객관 세계에 예속될 수 있음을 우려하고 있다. 즉, 주관은 자기 스스로를 제한할 경우에만 창조적 힘을 무한하게 펼칠 수 있다는 것이다.[17] 그리고 이 경우에만 주관은 객관에 대해 우월적인 위치를 유지할 수 있다. 슐레겔은 위 인용문에 이어서 다음과 같이 계속 말한다.

매 순간에 아주 갑자기 중단될 수 없는 우정의 대화조차도 무제한적 자의로부터 비롯된 것일 경우 자유롭지 않게 된다. 그러나 작가Schriftsteller는 마음껏 이야기하려고 하고 또 그렇게 할 수 있으며, 아무 것도 계속 지니고 있지 않으며 그가 하는 모든 것을 말할 수 있다. 그래서 작가는 매우 한탄조가 되기도 한다. 우리는 세 가지 잘못만을 조심하면 된다. 첫째, 무제한적인 자의와 그에 따른 비이성Unvernunft이나 초이성Übervernunft인 듯이 보이는 것은 근본적으로 다시 필연적이며 이성적인 상태로 될 수밖에 없다. 그렇지 않으면 변덕스러운 기분은 아집Eigensinn이 될 것이고, 부자유가

---

16 KSF1, p.241.
17 이 점에서 낭만적 아이러니는 '절제의 미학'이자 '마음의 부동상태'를 의미하는 것으로 해석 가능하다. 박현용, 앞의 글, 178쪽 참조.

발생하며, 자기제한으로부터 자기부정이 발생한다. 둘째, [그렇다고] 우리는 자기제한을 너무 재촉해서는 안 되며, 자기제한이 무르익을 때까지 자기창조와 발견 그리고 영감에 여지를 주어야 한다. 셋째, 우리는 자기제한에서 과도하면 안 된다.[18]

여기서 슐레겔은 작가가 무엇을 표현하려고 할 때 유의해야 할 점을 세 가지 측면에서 밝히고 있는데, 그 핵심은 작가의 표현이 자의적이고 무제한적일수록 오히려 그것은 필연적인 틀에 갇히고 자유롭지 않은 상태로 전락해 버린다는 것이다. 동시에 슐레겔은 작가가 스스로를 제한할 때 그것이 지나치거나 재촉되어서는 안 된다는 점도 강조하면서, 다분히 인위적이며 계산된 합리성에 기초한 자기제한과 자기부정도 비판적으로 바라보고 있다. 이러한 슐레겔 자신의 언급을 통해 우선 우리가 확인할 수 있는 점은, 슐레겔이 아무 조건 없이 주관의 절대화를 주장하지는 않았다는 것이다. 오히려 슐레겔은 주관이 객관을 무화하기 위해서라도 주관의 자기 절대화가 아니라 자기 제한이 선행해야 한다는 점을 강조한다.[19]

따라서 낭만적 아이러니와 관련해 '주관의 무한성'에만 초점을 두어 슐레겔을 비판하는 헤겔의 입장은 이 점에서 일면적이라고 비판받을 소지가 다분하다.[20] 그러나 헤겔 자신의 언급들을 검토해 보면, 위와 같은 슐레겔의 입장은 예상보다 헤겔의 입장과 크게 다르지 않다는 것을 알 수 있다. 왜냐하면 헤겔도 미학에서 '예술적 상상력' 등에 관해 논하면서, 주관뿐만 아니라 객관의 측면도

<hr>

18 KSF1, pp.241~242.
19 이러한 맥락에서 이미 벤야민(W. Benjamin)은 낭만적 아이러니를 '주관적인 무제한성의 지표'로만 보지 않고 '작품 자체에 내재된 객관적 계기'로 이해함으로써, 낭만주의에 대한 통상적인 이해를 넘어서는 선구적 관점을 보여 준 바 있다. W. Benjamin, *Der Begriff der Kunstkritik in der deutschen Romantik*, hrsg. von U. Steiner, Frankfurt am Main : Suhrkamp Verlag, 2008, pp.78~94 참조.
20 이주동, 앞의 글, 103쪽 이하 참조.

동시에 강조하기 때문이다.[21] 헤겔에 의하면 예술적 상상력이 발휘되려면 우선 추상적이고 관념적인 상태로부터 벗어나 현실과 그 형태들을 파악하는 재능과 감각을 갖추어야 한다. 이러한 재능과 감각이 있어야 창조적 활동이 가능하다.[22] 동시에 예술적 상상력은 내·외적 현실을 단순히 수용하는데 머물러서는 안 되며, 예술가가 본질적이며 진실한 것을 그 전체 범위와 깊이에 따라 숙고해야durchsinnen 한다. 물론 예술가가 철학에서처럼 철학적 사유의 형식으로 모든 사물의 진리를 파악해야 한다는 것은 아니다. 헤겔은 예술가가 '이성적 내용'과 '실재적 형태'가 상호 침투하여 통일되도록 작업을 할 때, 예술가는 한편으로 '깨어 있는 지성의 신중함[사려깊음]'의 도움을 필요로 하고, 다른 편으로 '심정과 영감을 받은 감각의 심오함'의 도움을 필요로 한다고 말한다.[23]

또한, 헤겔에 의하면 '예술적 영감Begeisterung'은 사태Sache에 의해 충만되고 전적으로 사태 속에 현재하므로, 사태 자체의 기관이자 생동적 활동 대신에 주관이 스스로 우쭐하며 자신을 중요하다고 여길 때에는 '좋지 않은 영감'만이 떠오른다. 그래서 예술가가 대상을 완전히 자기 것으로 만들려고 할 때, 역으로 예술가는 자신의 주관적 특수성과 우연한 특성들도 망각할 줄 알아야 한다고 헤겔은 주장한다.[24] 이러한 언급들을 고려한다면, 헤겔이 명시적으로 밝히는 것과는 달리 예상보다 헤겔과 슐레겔의 입장 차이가 상당히 좁혀질 수 있는 가능성이 열린다.

---

21 천재와 영감 등에 관련해 객관적 사태가 중요하다는 점에 관해서는 이 책의 제1부 3장을 참조할 수 있다.
22 Ästhetik1, p.363(두행숙1, 493쪽).
23 Ästhetik1, p.365(두행숙1, 495쪽).
24 Ästhetik1, p.373(두행숙1, 504쪽).

2. 피히테와 슐레겔, 그리고 헤겔

일체의 객관을 무화하는 주관의 절대화라는 문제에 대한 이와 같은 검토는, 슐레겔의 주장이 어느 정도로 피히테의 이론과 깊은 관련이 있는가 라는 후속 물음을 통해 좀 더 심화될 수 있다. 왜냐하면 헤겔은 자신의 여러 글들에서 슐레겔의 아이러니 개념이 기본적으로 피히테의 이론에 토대를 두고 있다고 보며, 또한 피히테 철학을 일차적으로 '주관적 관념론'으로 규정하기 때문이다.[25] 헤겔은 아이러니와 관련해 슐레겔과 피히테의 관계를 미학에서 다음과 같이 언급한다.

> 소위 반어[아이러니]는 이러한 방향으로부터, 특히 프리드리히 슐레겔의 심정과 이론으로부터 비롯되어 다양한 형태로 발전되었다. 그 한 측면을 보면, 반어[아이러니]는 좀 더 심오한 근거를 피히테 철학 원리에서 찾았는데, 이는 이 철학 원리가 예술에 적용되는 한에서 그렇다. 셸링과 마찬가지로 프리드리히 슐레겔도 피히테의 입장에서 출발했는데, 셸링은 피히테의 입장을 철저히 뛰어넘으려 했고, 슐레겔은 피히테의 입장을 독특하게 다듬어 발전시키면서eigentümlich ausbilden 그 입장으로부터 벗어나려고 했다.[26]

이 언급을 통해 우리는 헤겔도 슐레겔이 피히테의 입장을 단순히 그대로 수용하지는 않았음을 이미 의식하고 있었다는 것을 알 수 있고, 이와 유사한 언급은 그의 『법철학』에서도 찾을 수 있다. 『법철학』에서 헤겔은 슐레겔의 아이러

---

25 이미 예나 시기에 이 점은 분명히 드러난다. 대표적으로 헤겔의 글들 중 「피히테와 셸링의 철학 체계의 차이」와 「믿음과 지식」을 들 수 있다. GW4, pp.9·387 참조.
26 Ästhetik1, p.93(두행숙1, 138~139쪽).

니를 '선과 악을 말소해 버리는 최고의 입장'이라고 표현하면서, 이 입장이 본래 피히테의 철학에서 비롯되었지만, 피히테 자신은 슐레겔처럼 실천 면에서 주관의 자의를 원리로 삼지는 않았다고 언급한다.[27] 「졸거의 유고와 서신교환 Solgers nachgelassene Schriften und Briefwechsel」 1828에서도 헤겔은 피히테 철학의 근본 규정을 이루는 것은, '나=나' 속에서 모든 유한성뿐만 아니라 모든 내용들도 사라져 버리는 '부정성'이라고 규정하면서,[28] 슐레겔은 피히테처럼 '사변'을 전혀 고려하지 않고 이 부정성을 '사유의 영역'으로부터 벗어나 현실에 적용하여 '아이러니'를 만들어 냈다고 언급한다. 이렇게 함으로써 슐레겔은 '이성과 진리의 생명성'을 부정하고 '주관 속의 가상'이나 '타자에 대한 가상'으로 이 생명성이 전락하도록 만들어 버렸다. 헤겔은 슐레겔에 비해 피히테는 본래 자신의 원리가 지닌 일면성을 비일관성을 무릅쓰고라도 끝까지 개선하려고 하였고, 인륜성과 진리를 정당한 방식으로 유지하려고 했다고 주장한다.[29] 또한 헤겔은 『철학사 강의』의 '근세 독일 철학' 부분에서 피히테 철학을 논하면서, 슐레겔을 '피히테 철학과 합치하는 주요 형식들'이라는 부분의 하위 내용으로 다루고 있다.[30] 『철학사 강의』에서 헤겔은 피히테 철학을 '칸트 철학의 완성'으로 보고, 특히 초기 피히테 철학 속에 내재한 '사변적 요소'를 긍정적으로 평가하는 반면,[31] 소크라테스식 아이러니와 비교하면서 슐레겔에 대해서는 부정적인 평가를 내리고 있다.[32]

---

27 TW7, pp.285~286(§140 Zusatz)(법철학강요, 297쪽).
28 잘 알려져 있다시피 '나=나'는 피히테 학문론의 제1원칙으로서, 피히테는 이것을 '단적으로 무제약적인 원칙'이라고 부르면서 'A=A'의 동일성과는 다르다고 주장한다. J. G. Fichte, "Grundlage der gesammten Wissenschaftslehre(1794)", in : *Fichtes Werke* Bd. 1, hrsg. von I. H. Fichte, Berlin : Walter de Gruyter, 1971, p.91 이하 참조.
29 TW11, p.255.
30 TW20, p.415 이하 참조.
31 TW20, pp.387~388 참조.
32 TW18, pp.460~461. 그러나 정작 슐레겔 자신은 낭만적 아이러니를 통해 소크라테스와 플라

이상과 같은 내용을 토대로, 우리는 헤겔이 피히테와 슐레겔의 관계를 어떻게 규정하려 했는가에 대해 잠정적으로 다음과 같은 결론을 내릴 수 있다. 첫째, 헤겔은 특히 아이러니를 논할 때에는 피히테와 슐레겔의 사상적 차이성보다 친근성을 더 중요시했다. 그런데 둘째, 비록 헤겔이 피히테와 슐레겔의 친근한 관계를 강조함에도 불구하고, 헤겔은 특히 인륜성이나 철학적 진리의 관점에서 항상 슐레겔보다 피히테에게 좀 더 비중을 두고 긍정적인 서술을 한다. 그러면, 피히테에 대한 슐레겔의 관계를 이렇게 규정하는 헤겔의 관점에 대해 과연 슐레겔 자신은 어떻게 생각할까? 이 문제는 슐레겔은 자신의 관점이 어느 정도로 피히테의 이론과 깊은 관련이 있다고 생각했는가 라는 앞서 제시한 물음의 맥락에서 검토될 수 있다.

초기 낭만주의 시기에 슐레겔은 피히테에 대해 대체로 긍정적인 태도를 보였다는 것이 일반적 연구결과다. 실제로 슐레겔은 자신의 형에게 보낸 편지에서 피히테를 '생존하는 가장 위대한 형이상학적 사상가'라고 격찬하면서, 칸트와 스피노자 그리고 루소보다 피히테를 사상가로서 더 높게 평가한다.[33] 슐레겔이 피히테를 높게 평가하는 가장 중요한 이유는, 슐레겔이 보기에 피히테가 칸트의 '코페르니쿠스적 혁명'을 완성한 첫 번째 사상가이고, 비판 철학의 토대를 최종적으로 발견하고 관념론의 완전하고도 일관된 체계를 만들어냈기 때문이다.[34] 또한 슐레겔이 피히테를 높게 평가한 데에는 철학적 이유 외에도 프랑스

톤의 아이러니를 되살리면서 현대적 스타일과 통합하고자 했다. 오히려 이 점에서 슐레겔의 아이러니는 헤겔의 입장에 매우 근접해 있다는 주장도 가능하다. 이에 대해서는 다음을 참조할 것. E. Behler, 이강훈 · 신주철 역, 『아이러니와 모더니티 담론』, 서울 : 동문선, 2005, '3장. 고대와 현대 세계에서의 아이러니' 부분 참조.

33 F. Schlegel, *Kritische Friedrich Schlegel Ausgabe*, hrsg. von E. Behler unter Mitwirkung von J.-J. Anstett, und H. Eichner, Paderborn: Ferdinand Schöningh, 1958ff, p.263(이하 KSA23이라 표기한다) 참조.

34 KSA1, p.358; KSA12, p.291 참조.

혁명과 관련해 다분히 정치적인 이유가 있었다고 판단되기도 한다.[35]

그러나 이처럼 설사 슐레겔이 피히테의 열렬한 지지자였거나 신봉자였다는 점을 인정하더라도, 그 기간은 1795년 여름부터 1796년 여름까지 일 년 남짓한 아주 짧은 기간이라고 보아야 한다. 이 짧은 기간에 쓴 몇몇 글들을 통해 슐레겔 자신은 피히테처럼 자명한 제1원리에 의해 토대주의fundamentalism 철학 프로그램을 긍정적으로 수용하려고 했음을 알 수 있다.[36] 예를 들어, 슐레겔은 1795년 12월에 완성된 「그리스 포에지 연구Über das Studium der Griechischen Poesie」에서 피히테가 비판 철학의 기초를 발견했다고 높게 평가하면서, 이 기초가 객관적 미학의 토대를 제공할 수 있을 것이라 기대한다.[37] 1796년 초에 「시예술의 아름다움에 관해Von der Schönheit der Dichtkunst」에서도 슐레겔은 객관적 미학에 관한 자신의 신념을 재확인하면서, 피히테 철학의 원리가 이 객관적 미학의 토대로 적용될 수 있을 것이라는 기대를 드러내고 있다.[38]

그런데, 1796년 여름경부터 슐레겔은 피히테 철학에 대해 처음으로 의심의 눈길을 보이기 시작한다.[39] 슐레겔은 1796년 8월에 예나의 니이트하머 모임에 참여하면서 이전과는 달리 토대주의에 대해 비판적인 입장을 취하기 시작하고, 1796년부터 학문론에 대한 본격적인 연구를 진행하면서 1796년 가을 이후에

---

35 F. C. Beiser, "Friedrich Schlegel's Absolute Idealism", in : *German Idealism. Critical Concepts in Philosophy*, ed. by K. Brinkmaann Vol. II, London : Routledge, 2007, pp.251~252 참조. 바이저(F. C. Beiser)에 의하면 슐레겔은 「공화주의 개념에 대해서(Über den Begriff des Republikanismus)」(1796)에서 프랑스 혁명의 좌파적 입장을 옹호하고 있는데, 이는 철학적 측면이나 정치적 측면에서 구체제에 대항한 투쟁을 강조한 피히테와의 동지적 의식에서 그렇게 한 것이다.
36 이 시기 슐레겔의 피히테 수용에 관해서는 다음을 참조할 것. M. Frank, *Unendliche Annäherung. Die Anfänge der philosophischen Frühromantik*, Frankfurt am Main : Suhrkamp Verlag, 1997, pp.578~590 참조.
37 KSA1, p.357 참조.
38 KSA16, pp.5 · 17~18 · 22 참조.
39 F. C. Beiser, 앞의 글, p.252 참조.

쓴 단편들을 통해 피히테식의 토대주의에 대해 강한 의구심을 드러낸다.[40] 이때 이후로 슐레겔은 피히테를 '신비주의자'로 규정하면서, 그의 학문론에서는 '절대자가 자의적으로 정립되고 있다'고 강하게 비판한다.[41] 슐레겔은 이렇게 절대자를 자의적으로 가정하는 것을 다음처럼 일종의 '신비주의'로 규정한다.

절대자 자체는 증명될 수 없지만, 절대자를 철학적으로 가정하는 것은 분석적으로 정당화되어야 하고 증명되어야 한다. 그런데 이러한 철학적 가정은 결코 절대적인 것이 아니다. 신비주의는 이러한 오해와 결부되어 있다.[42]

슐레겔에 의하면 피히테의 절대적 자아는 절대자 그 자체가 아니라 그에 대한 가정일뿐이며, 증명되어야 함에도 불구하고 피히테는 그렇게 하지 못했다. 그래서 "학문론은 피히테식의 문자로 피히테식의 정신을 피히테식으로 표현한 것이라고 할 수 있다".[43] 이 점에서 슐레겔은 "혼돈의 감각 없이 우리는 학문론을 이해할 수 없다. 학문론은 피히테의 베르테르다"[44]라고 비유까지 한다. 여기서 더 나아가 슐레겔은 피히테가 역사적인 면에 전혀 관심이 없었다고 강하게 비판한다.[45] 슐레겔의 다음과 같은 언급은 피히테에 관한 그의 입장을 단적으로 보여준다.

학문론은 자연의 역사도 자유의 역사도 아니며, 순수 나다움의 도야론이다. 오히려 학문론은 여행하면서 떠돌아다니고 산책하는 신비주의자의 착상과 설명이다.[46]

---

40 F. C. Beiser, 앞의 글, p.252 참조.
41 KSA18, p.4.
42 KSA18, p.512.
43 KSA18, p.33.
44 KSA18, p.38.
45 KSA18, p.3.

학문에 대한 사랑은 철학의 원천으로서 역사에 의해 완성되고 분석적으로 발전되어야 한다. 따라서 학문론 자체는 역사적 소재와 역사적 정신을 결여할 수 없다.[47]

슐레겔은 본래 학문론은 '실재적인 것의 절대적 이념성'만을 다루었을 뿐이고, 피히테는 학문론을 통해 '이념적인 것의 절대적 실재성'을 결코 연역해 내지 못했다고 주장한다. 왜냐하면 슐레겔이 보기에 피히테는 전혀 '절대적 관념론자'가 아니기 때문이다.[48]

피히테는 비판받는 논쟁자이다. 그는 충분한 절대적 관념론자가 아니다. 왜냐하면 그는 충분한 비판자도 보편주의자도 아니기 때문이다. 나와 하르덴베르크가 분명히 [피히테] 이상이다. 피히테는 절반의 비판자이며, 모든 의미와 고려를 통해 보건대 충분한 실재론자가 아니다. 논쟁적인 서체에서 그는 완전한 대가다. 그의 스타일은 거의 결코 논리적이지 않고, 오히려 논쟁적인 특징을 지니고 있다.[49]

여기서 슐레겔은 자신이 피히테보다 더 뛰어난 관념론자임을 자인하고 있다. 슐레겔에 의하면 피히테 철학이 절대적 관념론이 되지 못하는 이유는, 피히테 철학이 여전히 '유아론적인 관점'에서 벗어나지 못했기 때문이다. "자신만의 직관의 범위에 제한된 경험은 이론적 방식의 딱딱한 경험적 유아론일 것이며, 피히테의 철학은 바로 이러한 유아론에 밀착되어 있다."[50] 이처럼 자의적 전제 설정에서 비롯된 신비주의와 유아론을 비판하면서 객관적 역사를 강조하는 슐레

---

46 KSA18, p.35.
47 KSA18, p.520.
48 KSA18, p.38.
49 KSA18, p.31.
50 KSA18, p.508.

겔의 입장은 피히테보다 오히려 헤겔에게 친근한 것처럼 보인다. 보통 헤겔이 역사주의적인 절대적 관념론을 정초했다고 알려져 있지만, 헤겔처럼 슐레겔도 절대자가 역사 속에서 인간의 활동과 행위를 통해 스스로를 실현한다는 점을 강조하고 있다.[51] 따라서 헤겔의 비판에도 불구하고, 내용적으로 볼 때 이러한 맥락에서 슐레겔의 낭만적 아이러니를 '변증법의 문학적 현상 형식'으로 보고, 이 입장이 피히테의 토대주의보다는 헤겔의 사변적 방법과 더 가깝다는 이해도 가능하다.[52]

3. 슐레겔인가 헤겔인가

이상에서 살펴본 바처럼 슐레겔이 피히테와 비판적으로 거리를 두는 시기는, 슐레겔 자신이 객관에 대한 관심을 구체화하는 시기와 일치한다. 그리고, 이러한 사실은 슐레겔와 피히테의 입장을 시종일관 밀착된 관계로 보려는 헤겔의 관점과는 거리가 있다. 헤겔의 관점이 보여주는 일차적 문제점은 초기 낭만주의 시기와 후기 낭만주의 시기의 슐레겔의 입장을 전혀 구분하지 않고 논의를 전개하는 데 있다. 그리고 우리가 슐레겔의 유고 단편들을 직접 확인해 보면, 이미 초기 낭만주의 시기부터 헤겔의 주장은 제한적으로 타당할 수밖에 없다는 점을 알 수 있다. 다시 말해, 슐레겔도 피히테의 주관적 관념론에 대해 비판적으로 거리를 두었다는 점을 간과해서는 안 된다는 것이다. 그런데, 피히테와 슐레겔의 친근성을 강조하려는 헤겔의 관점에서 특이한 점은, 슐레겔보다는 피히테

---

51 F. C. Beiser, 앞의 글, p.251 참조.
52 R. Bubner, "Zur dialektischen Bedeutung romantischer Ironie", in : *Die Aktualität der Frühromantik*, hrsg. von E. Behler · J. Hörisch, Paderborn : Ferdinand Schöningh, 1987, p.95.

를 더 우호적으로 해석하려는 의도가 드러난다는 사실이다. 이 점은 피히테의 주관적 관념론을 비판하면서 객관을 강조하는 헤겔의 입장과 겉으로는 어울리지 않는 것처럼 보일 수 있다. 왜냐하면 앞서 우리가 살펴 본 바처럼 피히테보다는 슐레겔이 어떤 면에서는 객관을 더 중시했다고 할 수 있으므로, 헤겔이 슐레겔을 더 긍정적으로 평가했어야 하지 않나 라는 의문이 들 수 있기 때문이다. 그러나, 이와 반대로 헤겔은 슐레겔식의 객관적 묘사를 아주 강하게 비판하고 있다.

익히 잘 알려져 있듯이, 실제로 슐레겔은 객관을 중시하는 입장에서 피히테에 대한 비판으로만 그치지 않고, 새로운 객관에 대한 연구에 관심을 기울이기도 했다. 대표적인 예로 인도와 같은 동방에 대한 슐레겔의 관심과 연구를 들 수 있다.[53] 이러한 사실은 헤겔도 자신의 여러 글들에서 이미 의식하고 있다. 헤겔은 『역사철학강의』의 '역사의 시작' 부분에서 인도와 중국의 종교를 논하면서 슐레겔을 언급하며, 『철학사 강의』의 '인도철학' 부분에서도 슐레겔을 '인도철학에 전념한 최초의 독일인 가운데 한 사람'이라고 언급한다.[54] 또한 '21년 미학 강의'에서 헤겔은 슐레겔이 인도의 고대 서사시인 '라마야나'에 관한 내용을 전해주었고, 다른 사람들은 그 속에서 심오한 의미를 찾기도 하였다고 언급한다. 그러나, 헤겔은 괴테의 시 「마호메트의 노래」와 인도시를 비교할 때, 특히 예술작품에서 드러나야 하는 '실체성'의 측면에서 괴테의 시가 훨씬 더 높게 평가되어야 한다고 주장한다.[55] 특히 여기서 헤겔은 예술작품이 객관적이며 완결된 형태로 존재할 때 그 예술작품의 객관성이 본질적인 것으로 간주되며, 이러한 관점에서 슐레겔은 사태가 그러해야 하는 바[본질적 상태]대로 존재해야 한다

---

53 R. Safranski, 임우영 외역, 『낭만주의』, 서울 : 한국외대 출판부, 2012, 161~163쪽 참조.
54 TW18, p.149.
55 Ascheberg, p.101(서정혁, 150쪽) 참조.

는 점을 강조했다고 언급한다.[56] 그러면서 헤겔은 슐레겔이 '표현의 객관성'을 중시하여 괴테의 『괴츠 폰 베를리힝겐』에 최고의 객관성이 있다고 찬사를 보낸 점을 강하게 비판하고 있다. 왜냐하면 헤겔에 의하면 예술작품은 그 '실체성' 속에 '참된 객관성'이 존재하는데, 괴테의 이 작품에는 '단순히 삶에서 나타나는 외적인 현상들만, 현실에서 존재하는 바와 같은 삶만'이 표현되고 있기 때문이다.[57]

'호토판 미학'에서도 헤겔은 슐레겔식의 객관적 묘사 자체만을 우선시 하는 입장을 비판한다. 헤겔은 '예술미의 이념 또는 이상'이라는 부분에서 독일인들이 이국적 문화에 대해 호의적인 당대의 상황을 먼저 언급한 후, 슐레겔의 활약 이후 '예술작품의 객관성'이 객관에 대한 충실한 묘사에 기초해야 한다는 생각이 나타났다고 하면서, '이국적 문화에 대한 충실한 묘사'에 못지 않게, '현재의 교양과 직관이 담긴 내용이나 현재의 심정'도 중요하다고 언급하고 있다.[58] 헤겔은 외국의 관습이나 민족 사상에 심취하여 시를 짓는 것을 마치 대단한 천재성이라도 되는 듯이 여기는 태도를 비판하면서,[59] 예술 창작에서는 '과거에서 취한 소재들을 참된 방식으로 객관화하고 우리 자신의 소유로 만드는 일'이 중요하다고 주장한다.[60] 여기서 예술작품에서 헤겔이 중시하는 것은 객관이나 주관 어느 한 쪽이 아니라 객관적 소재와 주관적 정신의 일치라는 점이 드러난다. '23년 미학 강의'에서도 헤겔은 슐레겔 식의 예술적 표현을 객관적인 묘사에만 치중하는 입장으로 이해하면서, 그렇게 되면 '내적으로 충만한 가치내용'이나 '주관적 심정의 내용'은 모두 도외시되어 '예술작품의 진정한 객관성'이 성립할

---

56 Ascheberg, p.104(서정혁, 156쪽) 참조.
57 Ascheberg, p.106(서정혁, 158~159쪽) 참조.
58 Ästhetik1, p.348 이하(두행숙1, 470쪽 이하).
59 Ästhetik1, p.349(두행숙1, 471쪽) 참조.
60 Ästhetik1, p.353(두행숙1, 478쪽) 참조.

수 없다고 주장한다. 헤겔에 의하면 예술작품은 단순한 객관적 묘사에 그쳐서는 안 되며, '정신과 의지의 좀 더 고차적 관심사들을 내용으로 삼아야' 한다.

이처럼 헤겔은 객관이나 주관 어느 한 쪽만을 중시하지 않고 '예술작품과 우리의 일치'를 강조한다.[61] 예술작품과 관련해 헤겔은 아이러니를 다룰 때와는 정반대로 슐레겔이 대상에 대한 객관적 묘사만을 중시하여 오히려 대상의 참된 객관성, 실체성을 표현하지 못했다고 비판하고 있다. 물론 헤겔은 슐레겔을 비롯한 낭만주의자들이 인도와 같은 외래의 문화, 종교, 예술 등에 깊은 관심을 보이면서 새로운 객관에 대해 깊은 관심을 지니고 있었다는 사실 자체를 부정하지는 않는다. 문제는 그러한 새로운 소재들을 어떻게 다루었는가에 있다. 헤겔은 슐레겔이 그러한 대상들을 제대로 다루지 못했으며, 더 나아가 제대로 다룰 자질도 없었다고 비판한다. 실제로 헤겔은 슐레겔을 '성품상 철학적이지도 사변적이지도 않은 사람'이라고 평가절하하면서,[62] 천재인 슐레겔은 그가 속한 특정한 현실이나 그의 특수한 행동, 절대적이고 보편적이라고 생각되는 모든 것에 대해 '공허한 관계'만을 맺었을 뿐 제대로 그것들을 다루지는 못했다고 다음과 같이 강하게 비판한다.[63]

> 프리드리히 슐레겔은 언표될 수 없는 것ein Nichtgesagte이야말로 최선의 것das Beste
> 이라고 해명하면서, 마치 자신이야말로 시인인 것처럼 착각했다. 그러나 이 포에지의
> 포에지Poesie der Poesie는 가장 무미건조한 프로자die platteste Prosa에 불과하다.[64]

여기서 우리는 앞서 문제로 제시했던 것들 중 마지막 물음을 검토해야 할 지

---

61 Hotho, p.115(권정임, 196쪽).
62 Ästhetik1, p.92(두행숙1, 137쪽).
63 Ästhetik1, p.95 이하(두행숙1, 143쪽 이하).
64 Ästhetik1, p.383(두행숙1, 518쪽).

점에 이른다. 그 물음은 슐레겔에 대한 헤겔의 비판이 슐레겔이 정초한 이론에 대한 비판에 머물지 않고 슐레겔이라는 인물 자체의 기질이나 성격, 그리고 거기서 결과된 철학적 방법에 대한 비판으로까지 거슬러 올라가야 하지 않는가 하는 것이다. 앞서 검토해 본 것처럼, 헤겔은 슐레겔이 정초한 이론에 대한 비판과 아울러 슐레겔이라는 사상가에 대한 비판도 동시에 제기하는데, 사실상 내용적으로 보자면 후자의 비판이 전자의 비판을 떠받치는 토대가 된다고 할 수 있다. 왜냐하면 슐레겔이 그러한 이론을 전개한 이유도 헤겔의 관점에서는 결국 그의 성격과 자질에 따른 것이고, 이에 따라 그러한 이론을 전개하는 입장이 결정되었다고 할 수 있기 때문이다.

　헤겔은 슐레겔이 '새로운 것을 대하는 솔직함과 대담성'으로 예술 분야에서 '새로운 판단과 관점의 기준'을 도입하였지만, 이 기준이 '근본적이고 철학적인 인식'에 의해 수반되지 못해 '불확실하고 흔들리는 것'을 내포하고 만다고 주장한다.[65] 그래서 헤겔은 슐레겔이 참된 사변적 방법을 체계적으로 제시하지 못했다고 강하게 비판하고, 슐레겔의 시문학을 '죽도 밥도 아닌 것, 시문학도 철학도 아닌 것'이라고 혹평한다.[66] 슐레겔을 이렇게 강하게 비판할 때 분명히 헤겔은 비체계적이며 단편들로만 남아 있는 슐레겔의 표현방식과 사상을 염두에 두고 있다. 실제로 헤겔은 「힌리히의 종교철학 강의Vorrede zu Hinrich's Religionsphilosophie」1822 에서 슐레겔이 새롭게 발견했다고 하는 '세상의 지혜Weltweisheit'를 '궤변Sophisterei'이라고 규정하면서, 궤변은 '우연하고 진실하지 않고 일시적이라고 칭하곤 하는 그러한 것에 대한 지혜'이자 '감정의 공허함과 우연성, 사념의 임의성을 법과 의무와 믿음과 진리의 절대적 원리로 고양시키는 공허성'이라고 강하게 비판한다. 그리고 이 궤변에 '철학'이라는 이름을 적용하는 것 자체가 매우 부적절하

65　Ästhetik1, p.92(두행숙1, 137쪽) 참조.
66　TW20, p.417 참조.

다고 지적한다.[67] 또한, 「졸거의 유고와 서신교환Solgers nachgelassene Schriften und Briefwechsel」1828에서도 헤겔은 슐레겔 자신은 '철학의 정점에 서서' 마치 자신이 신이나 되는 듯 거만한 태도Frechheit를 보이면서 철학에 대해 판정을 내리는 듯했지만, 실제로는 '철학적 내용이나 철학적 명제들 또는 그로부터 발전된 어떤 결과'도 언표하지도 못하였고 아무런 철학적 '증명'이나 '반박'도 하지 못했으며, 철학이라는 학문에 심층적으로 파고들어 그것에 정통하다는 사실을 한 번도 입증한 적이 없다고 비판한다.[68] 헤겔에 의하면 철학적 '반박'은 주장에 대한 어떤 근거를 진술해야 하고 사태에 대한 관여를 요구하지만, "슐레겔이 도처에서 암시한 문제해결의 방식은 그것을 꾸밈없이 언표하거나 철학적으로 정당화하지는 못하고 화려하게 과시적으로 이해하기만 하였으며", 슐레겔에게는 "사유하는 이성의 요구와 의식적이며 자신에게 성실한 철학이라는 학문의 근본 문제가 낯선 것으로 남아 있었다".[69] 이러한 언급들을 통해 궁극적으로 헤겔은 '성품상 철학적이지도 사변적이지도 않은' 슐레겔이 '사변에 대한 몰이해와 사변을 전혀 고려하지 않는 태도'[70]를 보일 수밖에 없는 한계를 지니고 있었다고 지적하고 싶어한다. 『철학사 강의』의 '슐레겔 부분'에서 헤겔은 슐레겔에 대한 자신의 입장을 다음과 같이 분명하게 정리하고 있다.

그의 당위적 진리들을 철학적으로 예언하는 언표는 믿음에 해당한다. 이 믿음은 절대 정신이 자기 자신 속에서 직관하는 자기의식이지만, 그러나 이 자기의식은 스스로를 자기의식으로 개념 파악하지는 못하고 인식과 자기의식적 이성을 초월하여 절대적 본질을 정립한다. (…중략…) 이렇게 몰개념적인 예언의 말은 절대적 본질에 대해 예언자

---

67 TW11, p.61.
68 TW11, pp.233~234.
69 TW11, pp.233~234.
70 TW11, pp.254~255.

의 입장에서 이런저런 것들을 보증해 주며, 모든 이가 각자 자신의 가슴 속에서 직접적으로 그렇게 느끼기를 요구한다. 절대적 본질에 대한 앎은 가슴의 일이며, 각자가 독백을 유지하며 타자를 본래 악수와 둔감한 감정으로만 이해한다고 말하는 것은 바로 영감을 받은 다수의 사람들이다. 그들이 말하는 것은 말하는 그대로 취해지면 종종 매우 일상적인 것들이다. 그들에게는 강조점을 두어야 하는 것이 바로 감정, 몸짓, 충만한 가슴이다. 그들은 대자적으로 그 이상 아무것도 말하지 못한다. 그들은 상상력의 착상들과 동경하는 시문학에서 전력으로 기량을 발휘한다. 진리 앞에서 공허함Eitelkeit은 창백해지고, 심술궂고 모욕적으로 웃으면서 자신 속으로 다시 기어 들어간다.[71]

비개념적이고 비체계적인 단편들을 통해 자신의 사상을 표현한 슐레겔에 대한 헤겔의 이와 같은 비판을 헤겔 자신의 입장에서 우리는 충분히 이해할 수 있다. 왜냐하면 헤겔에게 '절대자의 학문'인 철학은 '체계'이고, '체계 없는 철학하기'는 결코 '학문다운 철학하기'가 될 수 없다는 점은 너무도 분명하기 때문이다.[72] 하지만, 그렇다고 모든 문제가 다 깔끔하게 해소되는 것은 아니다. 왜냐하면 우리에게는 여전히 남겨져 있는 물음이 있고, 그것은 '슐레겔은 자신에 대한 헤겔의 비판을 어떻게 생각했을까?'라는 문제이기 때문이다. 슐레겔의 글들에서 헤겔에 대한 슐레겔 자신의 직접적 반박을 찾기는 힘들기 때문에, 우리는 우리의 입장에서 이에 대한 슐레겔의 생각을 간접적으로 추정해 볼 수밖에 없는데, 우선 다음과 같이 물음을 좀 더 구체화해 볼 수 있다. '헤겔의 입장으로 슐레겔의 사상을 이해하는 것이 슐레겔에게 정당한가?' 이 물음에 대한 슐레겔의 답변은 분명하리라 생각한다. 왜냐하면 슐레겔 자신의 사상을 헤겔의 관점에서만 이해 가능하다고 전제할 수 없는 한, 우리는 슐레겔이 헤겔의 비판에 대해 부정

---

71 TW20, pp.416~417.
72 GW20, p.56(§14)(철학백과, 71~72쪽).

적인 반응을 보였을 것이라는 점을 어렵지 않게 예상해 볼 수 있기 때문이다.

만일 우리가 철학을 사변이나 체계와 동일시하는 입장이 헤겔 자신의 독특한 관점일 뿐이라는 점을 전제로 한다면, 슐레겔에게 사변적으로 사유하고 체계적으로 철학하라고 강요하는 헤겔의 주장은, 헤겔 자신의 전제 안에 들어와서 철학을 해보자는 제안이 될 수 있을지는 모르나, 슐레겔에 대한 정당한 비판이라고 주장하기는 힘들다. 왜냐하면 슐레겔이 주로 단편의 형식으로 자신의 사상을 전개한 것을 두고, 그것을 체계적 완성도가 부족하고 불완전한 것으로 보는 시각 자체가 이미 헤겔적인 관점을 전제로 한 것이 아니냐는 반론이 가능하기 때문이다.[73] 특히 예를 들어, 독일 관념론이 헤겔의 체계에 이르러 그 정점에 이른다고 보는 크로너R. Kroner와 같은 시각은 슐레겔을 포함한 초기 낭만주의자들을 이렇게 일방적으로 이해하는 데 결정적 근거를 제공해 주었다.[74] 그러나 초기 낭만주의자들의 작업은 애초부터 헤겔이나 셸링의 경우처럼 어떤 체계적 완성을 목표로 시도된 것이 아니며, 이것은 슐레겔에 있어서도 마찬가지다.[75] 이들이 불완전하고 이해하기 불가능한 주제들을 엄밀한 철학적 개념에 의해서가 아니라 자유로운 문학적 형식으로 표현하고 그들의 생각들을 단편의 형식으로 표현한 것도, 헤겔이 주장한 것처럼 그들이 철학적 기질이 부족해서가 아니라, 오히려 완벽한 체계를 구축하는 것이 무의미하거나 중요치 않다는 점을 그

---

73 이러한 맥락에서 최문규는 헤겔의 낭만주의 이해가 낭만주의에 대한 '왜곡된 수용'이라고 주장한다. 최문규, 『독일 낭만주의』, 서울 : 연세대 출판부, 2005, 45~46쪽.

74 R. Kroner, *Von Kant bis Hegel*, Tübingen : J.C.B. Mohr, 1961(2.Auf.), p.IX 참조. 여기서 크로너(R. Kroner)는 헤겔 철학을 "칸트로부터 빛을 발하기 시작한 이성의 찬란한 정점", "절대자를 인식하고자 하는 서양의 모든 노력의 총결산"이라고 평가한다.

75 고전주의를 대변하던 괴테와 실러가 주도한 『호렌(Horen)』 잡지에 편입되지 못한 이들이 모여 초기 낭만주의를 대표하는 잡지 『아테네움(Athenäum)』을 창간하였고, 그래서 이 잡지는 새로운 사상과 이념뿐만 아니라 새로운 글쓰기 형식을 통해 기존 형식을 탈피하려는 아방가르드적 면모를 보였고, 이 새로운 형식이 바로 '아포리즘 형식'이다. '아포리즘 형식'은 "계몽주의자들의 체계적이고 폐쇄적인 글쓰기에 대항하고 새로운 정신적 활동을 표방하고자 했던 입장에 대한 알레고리였던 셈이다". 최문규, 앞의 책, 19쪽.

들 나름의 방식으로 보여주려고 한 것이라고 볼 수 있다.[76] 앞서 피히테와의 관계에서 언급했듯이, 특히 슐레겔은 비역사적인 제1원리로 철학을 정초하려는 시도에 대해 분명히 반대 입장을 표명했고, 이러한 그의 입장은 1798년부터 1800년까지 A. W. 슐레겔과 함께 간행한 『아테네움』의 여러 단편들에서도 잘 드러난다. 잘 알려져 있는 『아테네움』의 단편 116번의 '낭만적 포에지'에 대한 규정은 이를 잘 보여준다. 여기서 슐레겔은 '낭만적 포에지'를 '진보적 보편시 eine progressive Univeralpoesie'로 규정하면서 다음과 같이 말한다.

낭만적 시작詩作은 여전히 생성과정 중에 있다. 낭만적 시작은 영원히 생성될 뿐이지 결코 완결될 수 없다는 점이 낭만적 포에지의 본질이다. 낭만적 포에지는 어떤 이론으로도 소진될 수 없으며, 단지 예언적 비평eine divinatorische Kritik만이 낭만적 포에지의 이상을 특징적으로 규명해 내려는 시도를 할 수 있다. 낭만적 포에지만이 자유로운 것처럼 낭만적 포에지만이 무한하다.[77]

여기서 잘 드러나듯이 슐레겔은 절대자가 체계적이며 완결적으로 이해 가능하다고 주장하는 입장에 대해 매우 회의적이며, 절대자에 대한 탐구는 무한히 계속되어야 한다고 주장한다.[78] 이 점에서 슐레겔이 선호한 '단편'이라는 형식도 체계화할 수 없는 것에 대한 포기의 결과로 해석되어서는 안 된다.[79] 오히려 슐레겔은 다음과 같이 말한다.

---

76 E. Millán-Zaibert, *Friedrich Schlegel and the Emergence of Romantic Philosophy*, New York : State Univ. of New York Press, 2007, pp.44~46 참조.

77 KSF2, p.115.

78 벨러(E. Behler)에 의하면 슐레겔의 이 입장은 '체계적 전체성과 완결성'을 '결코 중단될 수 없지만 그렇다고 도달될 수도 없는 앎의 목표'로 보았다. E. Behler, "Zum Verhältnis von Hegel und F. Schlegel in der Theorie der Unendlichkeit", in : *Studien zur Romantik und zur idealistischen Philosophie* 2, Paderborn : Ferdinand Schöningh, 1993, p.140.

79 E. Millán-Zaibert, 앞의 책, p.47 참조.

하나의 체계를 가지든 아니면 아무 체계도 가지지 않든 그것은 둘다 똑같이 정신에게는 치명적이다. 정신은 그 둘을 결합하려고 할 것이다.[80]

이처럼 슐레겔은 특정한 체계는 항상 특정한 지평을 전제하므로, 체계와 비체계의 대립도 뛰어넘는 입장만이 진리를 표현할 수 있다고 본다.[81] 그리고 그것을 효과적으로 표현하는 형식으로 '아포리즘적인 단편'을 선호했던 것이다. 이 점에서 종래의 철학과 시문학[포에지] 사이의 구분도 슐레겔에게는 극복해야 할 문제였음에 틀림없다.[82]

이상의 논의에서 우리는 앞서 제기했던 물음을 낭만적 아이러니와 주관성에 관한 논의, 피히테와 슐레겔과 헤겔의 관계, 그리고 슐레겔 자신의 언급과 그에 대한 헤겔의 비판적 논의를 통해 검토해보았다. 만일 우리가 슐레겔의 사상에도 '철학'이라는 용어를 적용할 수 있다면, 위와 같은 논의를 통해 우리는 철학적 사유나 체계에 대해 슐레겔과 헤겔이 전제로 삼고 있는 것이 상이하고, 이에 따라 그들이 각각 자신의 철학을 전개하는 구체적인 방법론도 다르다는 사실을 확인할 수 있었다. 헤겔은 체계적이지 않은 미완의 부분들, 예술적인 감성과 창작의 영역까지도 완결적인 철학 체계와 개념적 사유로 모두 다 끌어안으려 하고, 이에 비해 슐레겔은 그와는 상이한 방식으로 체계적인 철학을 포섭하려고 한다. 결국 이렇게 본다면, 슐레겔과 헤겔 사이의 철학적 차이는 합리적 논증으

---

80 KSA2, p.173.
81 U. Stadler, "System und Systemlosigkeit. Bemerkungen zu einer Darstellungsform im Umkreis idealistischer Philosophie und frühromantischer Literatur", in : *Früher Idealismus und Frühromantik. Der Streit um die Grundlagen der Ästhetik (1795-1805)*, hrsg. von W. Jaeschke · H. Holzhey, Hamburg : Felix Meiner Verlag, 1990, p.63 이하 참조.
82 슐레겔이 단편 형식을 선호한 것뿐만 아니라, 『루친데』와 같은 작품을 통해 소설이론에 관한 새로운 글쓰기를 시도했다는 점도 주목할 만하다. 『루친데』의 이러한 의도와 달리, 헤겔은 단순히 인륜적이며 도덕적인 관점에서만 이 작품의 내용을 비판하고 있다. 최문규, 「소설이론의 소설 〈루친데〉 연구」, 『괴테연구』 제21집, 한국괴테학회, 2008, 141~167쪽 참조.

로 해소될 수 있는 것이 아니라고 판단될 수도 있다. 오히려 그 밑바탕에는 누구의 관점을 받아들일 것인가 라는 보다 근원적 문제가 놓여 있고, 이 선택적 수용 문제는 우리에게는 단순히 이론적 문제에 그치는 것이 아니라 실천적 삶과도 관련될 수밖에 없는 것처럼 보인다.

그런데, 슐레겔과 헤겔의 차이는 감성과 이성, 예술과 철학, 미완의 단편과 완결적 체계 중 어느 쪽을 선택할 것인가라는 양자택일의 문제로만 귀결되지 않을 수도 있다. 왜냐하면 두 사람 모두 자신의 입장에서 이 양자의 측면을 어떤 식으로건 종합하려고 했기 때문이다. 예를 들어, 1799년의 한 단편에서 슐레겔이 '포에지와 철학의 매개자das Mittlere'로 '신화학Mythologie'을 내세운 것처럼,[83] 초기 헤겔도 「독일 관념론의 가장 오래된 체계계획」1796 · 1797에서 포에지와 철학, 감성과 이성의 대립을 '새로운 신화학'으로 종합하려는 문제의식을 공유하고 있었다는 것은 잘 알려진 사실이다.[84] 초기 헤겔의 문제의식을 이 맥락에서 이해한다면, 이상의 논의를 통해 우리는 '슐레겔에 대한 헤겔의 비판의 강도强度'가 '헤겔 자신의 체계 정립의 강도'와 비례한다는 사실도 재확인할 수 있다. 다시 말해 철학에 대한 관점이나 사상, 이론뿐만이 아니라 성향이나 기질과 관련해 드러나는 두 사람 간의 해소될 수 없는 긴장 관계는, 헤겔 자신의 철학 내에서 초기와 후기 사이에 무시할 수 없는 긴장의 흔적을 보여주는 하나의 징후로도 해석 가능하다. 슐레겔과의 비판적 대결 과정은 헤겔에게는 자신의 철학 체계를 정립해 나가는 과정과 맞물려 이해될 수 있다. 이 점에서 헤겔의 슐레겔 비판에 대한 이상의 논의는 슐레겔의 아포리즘적인 단편들뿐만 아니라 헤겔의 철학 체계를 좀 더 다면적 관점에서 이해할 수 있는 계기를 제공한다.

---

83 KSA18, p.255.
84 TW1, pp.234~235(신학론집, 431~432쪽) 참조.

참고문헌

1. 1차 자료

G. W. F. Hegel., *Gesammelte Werke*, in Verbindung mit der Deutschen Forschungsgemeinschaft, hrsg. von der Reinische–Westfälischen Akademie der Wissenschaften, Hamburg : Felix Meiner, 1968ff.(= GW)

_____, *Vorlesungen Ausgewählte Nachschriften and Manuskripte*, Hamburg : Felix Meiner, 1983ff.(= VNM)

_____, *Theorie Werkausgabe in zwanzig Bänden*, Redaktion von Moldenhauer, E. · Michel, K. M., Frankfurt am Main : Suhrkamp Verlag, 1969ff.(= TW)

_____, *Briefe von und an Hegel* Bd. 1-3, hrsg. von Hoffmeister, J. / Bd. 4, hrsg. von Nicolin, F., Hamburg : Felix Meiner, 1952ff, 1977.(= BH)

_____, *Vorlesungen über die Ästhetik* I, in : TW13.(= Ästhetik1)

_____, *Vorlesungen über die Ästhetik* II, in : TW14.(= Ästhetik2)

_____, *Vorlesungen über die Ästhetik* III, in : TW15.(= Ästhetik3)

_____, *Vorlesungen über die Ästhetik, Berlin 1820/21*, hrsg. von Schneider, H., Frankfurt am Main : Peter Lang, 1995.(= Ascheberg)

_____, *Vorlesungen über die Philosophie der Kunst, Berlin 1823 Nachgeschrieben von Heinrich Gustav Hotho*, in : VNM2, hrsg. von Gethmann-Siefert, A., Hamburg : Felix Meiner Verlag, 1998. (= Hotho)

_____, *Philosophie der Kunst oder Ästhetik, Nach Hegel. Im Sommer 1826*, hrsg. von Gethmann-Siefert, A. · Collenberg-Plotnikov, B., München : Wilhelm Fink Verlag, 2004.(= Kehler)

_____, *Philosophie der Kunst. Vorlesung von 1826*, hrsg. von Gethmann-Siefert, A. Kwon Jeong-Im & Berr, K., Frankfurt am Main : Suhrkamp Verlag, 2004.(= Pfordten)

_____, *Vorlesungen zur Ästhetik*, Vorlesungsmitschrift Adolf Heimann 1828/29, hrsg. von Olivier, A. P. · Gethmann-Siefert, A., Paderborn : Wilhelm Fink Verlag, 2017.(= Heimann)

_____, *Ästhetik nach Prof. Hegel im Winter-Semester 1828/29*, Nachschriften von Libelt, Ms. Jagiellonische Bibliothek, Karakau.[미출간 필기록]

_____, *Frühe Schriften* I, hrsg. von Nicolin, F. · Schüler, G., 2014.(= GW1)

G. W. F. Hegel., *Frühe Schriften* II, hrsg. von Jaeschke, W., 2014.(= GW2)

_____, *Jenaer Kritische Schriften*, hrsg. von Buchner, H. & Pöggeler, O., 1968.(= GW4)

_____, *Schriften und Entwürfe(1799-1808)*, hrsg. von Baum, M. & Meist, K. R., 1998.(= GW5)

_____, *Jenaer Systementwürfe* III, hrsg. von Horstmann, R.-P., 1976.(= GW8)

_____, *Phänomenologie des Geistes*, hrsg. von Bonsiepen, W. & Heede, R., 1980.(= GW9)

_____, *Nürnberger Gymnasialkurse und Gymnasialreden(1808-1816)*, hrsg. von Grotsch, K., 2006.(= GW10.2)

_____, *Wissenschaft der Logik–Die objektive Logik(1812/13)*, hrsg. von Hogemann, F. & Jaeschke, W., 1978.(= GW11)

_____, *Wissenschaft der Logik–Die subjektive Logik(1816)*, hrsg. von Hogemann, F. & Jaeschke, W., 1981.(= GW12)

_____, *Enzyklopädie der philosophischen Wissenschaften im Grundrisse(1817)*, hrsg. von Bonsiepen, W. & Grotsch, K., 2000.(= GW13)

_____, *Vorlesungsmanuskripte II(1816-1831)*, hrsg. von Jaeschke, W., 1995.(= GW18)

_____, *Enzyklopädie der philosophischen Wissenschaften im Grundrisse(1827)*, hrsg. von Bonsiepen, W. & Lucas, H.-Ch., 1989.(= GW19)

_____, *Enzyklopädie der philosophischen Wissenschaften im Grundrisse(1830)*, hrsg. von Bonsiepen, W. Lucas, H.-Ch., 1992.(= GW20)

_____, *Frühe Schriften*, 1971.(= TW1)

_____, *Jenaer Schriften(1801-1807)*, 1970.(= TW2)

_____, *Nürnberger und Heidelberger Schriften(1808-1817)*, 1970.(= TW4)

_____, *Grundlinien der Philosophie des Rechts*, 1970.(= TW7)

_____, *Enzyklopädie der philosophischen Wissenschaften im Grundrisse(1830)* I · II · III 1970.(= TW8 · 9 · 10)

_____, *Berliner Schriften(1818-1831)*, 1970.(= TW11)

_____, *Vorlesungen über die Philosophie der Geschichte*, 1970.(= TW12)

G. W. F. Hegel., *Vorlesungen über die Philosophie der Religion* I · II, 1969.(= TW16 · 17)

_____, *Vorlesungen über die Geschichte der Philosophie* I · II · III, 1971.(= TW18 · 19 · 20)

[번역서]

권기철 역, 『역사철학강의』, 서울 : 동서문화사, 2008.(= 역사철학)

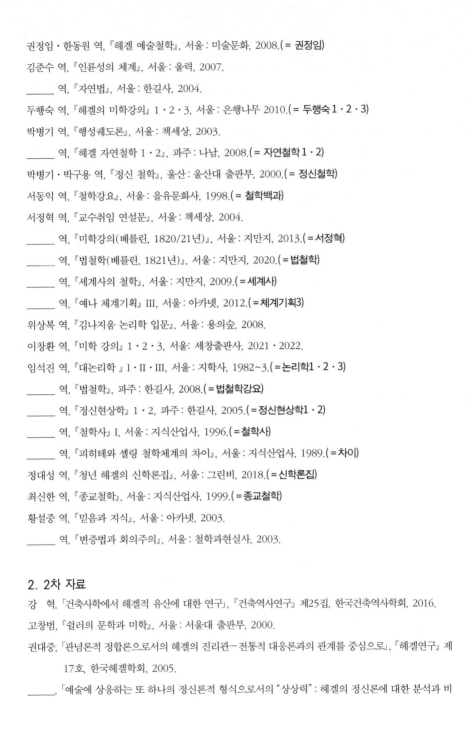

권정임·한동원 역,『헤겔 예술철학』, 서울 : 미술문화, 2008.(= 권정임)

김준수 역,『인륜성의 체계』, 서울 : 울력, 2007.

_____ 역,『자연법』, 서울 : 한길사, 2004.

두행숙 역,『헤겔의 미학강의』1·2·3, 서울 : 은행나무 2010.(= 두행숙1·2·3)

박병기 역,『행성궤도론』, 서울 : 책세상, 2003.

_____ 역,『헤겔 자연철학 1·2』, 파주 : 나남, 2008.(= 자연철학1·2)

박병기·박구용 역,『정신 철학』, 울산 : 울산대 출판부, 2000.(= 정신철학)

서동익 역,『철학강요』, 서울 : 을유문화사, 1998.(= 철학백과)

서정혁 역,『교수취임 연설문』, 서울 : 책세상, 2004.

_____ 역,『미학강의(베를린, 1820/21년)』, 서울 : 지만지, 2013.(= 서정혁)

_____ 역,『법철학(베를린, 1821년)』, 서울 : 지만지, 2020.(= 법철학)

_____ 역,『세계사의 철학』, 서울 : 지만지, 2009.(= 세계사)

_____ 역,『예나 체계기획』 III, 서울 : 아카넷, 2012.(= 체계기획3)

위상복 역,『김나지움 논리학 입문』, 서울 : 용의숲, 2008.

이창환 역,『미학 강의』1·2·3, 서울 : 세창출판사, 2021·2022.

임석진 역,『대논리학 』 I·II·III, 서울 : 지학사, 1982~3.(= 논리학1·2·3)

_____ 역,『법철학』, 파주 : 한길사, 2008.(= 법철학강요)

_____ 역,『정신현상학』1·2, 파주 : 한길사, 2005.(= 정신현상학1·2)

_____ 역,『철학사』 I, 서울 : 지식산업사, 1996.(= 철학사)

_____ 역,『피히테와 셸링 철학체계의 차이』, 서울 : 지식산업사, 1989.(= 차이)

정대성 역,『청년 헤겔의 신학론집』, 서울 : 그린비, 2018.(= 신학론집)

최신한 역,『종교철학』, 서울 : 지식산업사, 1999.(= 종교철학)

황설중 역,『믿음과 지식』, 서울 : 아카넷, 2003.

_____ 역,『변증법과 회의주의』, 서울 : 철학과현실사, 2003.

2. 2차 자료

강 혁,「건축사학에서 헤겔적 유산에 대한 연구」,『건축역사연구』 제25집, 한국건축역사학회, 2016.

고창범,『쉴러의 문학과 미학』, 서울 : 서울대 출판부, 2000.

권대중,「관념론적 정합론으로서의 헤겔의 진리관 - 전통적 대응론과의 관계를 중심으로」,『헤겔연구』 제
    17호, 한국헤겔학회, 2005.

_____,「예술에 상응하는 또 하나의 정신론적 형식으로서의 "상상력" : 헤겔의 정신론에 대한 분석과 비

판」,『미학』제46집, 한국미학회, 2006.

권대중,「헤겔의 "예술의 종언" 명제의 수정가능성 모색」,『미학』제39집, 한국미학회, 2004.

_____,「헤겔의 "예술의 종언" 명제가 지니는 다양한 논의 지평들」,『미학』제33집, 한국미학회, 2002.

_____,「헤겔의 미학」,『미학의 역사-미학대계』제1권, 미학대계간행회, 서울 : 서울대 출판부, 2007.

_____,「헤겔의 반낭만주의에 함축된 철학적 층위들」,『헤겔연구』제31호, 한국헤겔학회, 2012.

_____,「헤겔의 반낭만주의적 낭만주의-그의 체계에서 '낭만적인 것'의 변증법」,『헤겔연구』제33호, 한국헤겔학회, 2013.

_____,「헤겔의 정신론에서 '감각적 인식'으로서의 직관」,『미학』제36집, 한국미학회, 2003.

권정임,「'상징적 예술 형식'의 해석을 통해서 본 헤겔 미학의 현재적 의미」, 김진섭 · 하선규 편,『미학』, 서울 : 책세상, 2007.

_____,「G. W. F. Hegel의 네덜란드 장르화 해석」,『미술사학보』, 제13집, 미술사학연구회, 2000.

_____,「헤겔과 근동 미술-고대 건축물의 예술작품적 성격」,『미술사학보』, 제18집, 미술사학연구회, 2002.

_____,「헤겔 미학에 있어서 문학과 조형예술의 상관성에 대하여」,『미학예술학연구』, 제14집, 한국미학예술학회, 2001.

_____,「헤겔의 '산문'개념과 그 의미 연구」,『헤겔연구』제28호, 한국헤겔학회, 2010.

_____,「헤겔의 음악규정과 그 현대적 의미」,『미학예술학연구』제29집, 한국미학예술학회, 2009.

_____, Die Bedeutung der „symbolischen Kunstform" in Hegels Ästhetik. Neue Quellen und die Reformulierung der systematischen Bestimmung der Kunst, Dissertation zur Erlangung des akademischen Grades eines Doktors der Erziehungswissenschaften, Hagen, 1998.

금빛내림,「칸트의 천재론」,『미학예술학연구』제19권, 한국미학예술학회, 2004.

기정희,『빙켈만 미학과 그리스 미술』, 서울 : 서광사, 2000.

김 진,「낭만주의의 신화 해석-문학적 정치신학의 기원」,『사회와 철학』제18호, 사회와철학연구회, 2009.

김 현,「헤겔의 낭만주의 비판-낭만적 아이러니와 낭만적 자아를 중심으로」,『철학논총』제51집, 새한 철학회, 2008.

김경식,「역사적 · 철학적 소설미학의 역사성과 현재성-G. 루카치의『소설의 이론』을 중심으로」,『브레 히트와 현대연극』제15집, 한국브레히트학회, 2006.

_____,『게오르크 루카치. 과거와 미래를 잇는 다리』, 서울 : 한울, 2000.

김규창,「괴테의 "세계문학(Weltliteratur)" 개념과 그 한국적 수용-역사비교적 고찰」,『독일어문학』제 16권, 한국독일어문학회, 2001.

김기영,「오이디푸스 신화의 수용과 변형-소포클레스의 〈오이디푸스 왕〉을 중심으로」,『드라마연구』제 26호, 한국드라마학회, 2007.

김달영, 「햄릿의 행위와 헤겔의 불행한 의식」, 『셰익스피어 비평』 Vol. 41, No. 4, 한국셰익스피어학회, 2005.

김문환·권대중 편역, 『예술과 죽음과 부활-헤겔의 '예술의 종언' 명제와 관련하여』, 서울 : 지식산업사, 2004.

김병옥 외 편, 『도이치문학 용어사전』, 서울 : 서울대 출판부, 2001.

김상환, 『예술가를 위한 형이상학-해체론 시대의 철학과 문화』, 서울 : 민음사, 2000.

김서영, 「라깡의 『햄릿』 분석에 나타난 프로이트로의 복귀」, 『라깡과 현대정신분석』 Vol. 9, No. 2, 한국 라깡과현대정신분석학회, 2007.

김수용, 『괴테, 파우스트, 휴머니즘』, 서울 : 책세상, 2004.

_____, 『아름다움의 미학과 숭고함의 예술론-쉴러의 고전주의 문학 연구』, 서울 : 아카넷, 2009.

_____, 『예술의 자율성과 부정의 미학』, 서울 : 연세대 출판부, 1998.

김윤식, 「루카치 소설론의 수용양상」, 『한국근대문학사상사』, 서울 : 한길사, 1984.

김정락, 「프랑스 신고전주의건축이론에 대한 괴테의 논평으로서의 「독일 건축에 대한 소고(1771-72)」」, 『서양미술사학회논문집』 제40집, 서양미술사학회, 2014.

김지현, 「음악미학에 기초한 절대음악 감상 지도법-헤겔과 한슬릭의 음악미학 비교를 중심으로」, 『중등교육연구』 제53집, 서울대중등교육연구소, 2005.

노명우, 『계몽의 변증법을 넘어서-아도르노와 쇤베르크』, 서울 : 문학과지성사, 2002.

마순자, 「17세기 네덜란드 화가의 사회적 신분」, 『미술사학』 제14집, 한국미술사교육학회, 2000.

_____, 「예술사의 철학」, 『미학의 문제와 방법-미학대계』 제2권, 미학대계간행회, 서울 : 서울대 출판부, 2007.

박배형, 「직관에서 표상으로-헤겔의 정신철학에서 예술로부터 종교로의 이행 문제」, 『헤겔연구』 제34호, 한국헤겔학회, 2013.

박영미, 「장르화를 통해 본 17세기 스페인 전경」, 『비교문화연구』 제22집, 경희대비교문화연구소, 2011.

박정기, 「헤겔의 미학에 있어서 철학과 예술 : '예술의 과거성'의 명제를 중심으로」, 『범한철학』, 제28집, 범한철학회, 2003.

박정훈, 「후마누스와 장미십자가-괴테와 헤겔이 본 종교와 예술」, 『미학』 제84권, 한국미학회, 2018.

박현용, 「낭만적 아이러니 개념의 현재적 의미-프리드리히 슐레겔의 이론을 중심으로」, 『독일문학』 제92호, 한국독어독문학회, 2004.

백훈승, 「헤겔의 진리관 검토-그의 진리 기준론을 중심으로」, 『동서철학연구』 제92호, 동서철학연구회, 2019.

사카이 다케시, 이경덕 역, 『고딕 불멸의 아름다움』, 서울 : 다른세상, 2009.

서승원, 「플라톤의 시와 예술에 대한 비판-국가 제10권을 중심으로」, 『서양고전학연구』 제6집, 한국서양
　　　고전학회, 1992.

서인정, 「초기 낭만주의 음악미학에 대한 연구」, 『미학예술학연구』 제8집, 한국미학예술학회, 1998.

서정혁 역해, 「독일관념론의 가장 오래된 체계계획(1796・1797)」, 『헤겔연구』 제15호, 한국헤겔학회,
　　　2004.

＿＿＿, 「'절대 정신'으로서 예술」, 『철학』 제145집, 한국철학회, 2020.

＿＿＿, 「괴테의 시문학에 대한 헤겔의 철학적 반응」, 『철학』 제114집, 한국철학회, 2013.

＿＿＿, 「셰익스피어의 극시에 대한 헤겔의 해석」, 『철학연구』 제101집, 철학연구회, 2013.

＿＿＿, 「아리스토텔레스와 헤겔의 비극론」, 『헤겔연구』 제30호, 한국헤겔학회, 2011.

＿＿＿, 「취미의 이율배반의 헤겔적 변용」, 『철학』 제130집, 한국철학회, 2017.

＿＿＿, 「플라톤의 '예술가 추방론'에 대한 헤겔의 해석」, 『헤겔연구』 제28호, 한국헤겔학회, 2010.

＿＿＿, 「헤겔의 건축론과 고딕 건축」, 『철학』 제137집, 한국철학회, 2018.

＿＿＿, 「헤겔의 미학에서 '소설론'의 가능성」, 『철학』 제122집, 한국철학회, 2015.

＿＿＿, 「헤겔의 미학에서 '음악'과 '철학'의 관계」, 『헤겔연구』 제48호, 한국헤겔학회, 2020.

＿＿＿, 「헤겔의 미학에서 예술의 생명성」, 『헤겔연구』 제29호, 한국헤겔학회, 2011.

＿＿＿, 「헤겔의 미학에서 '포에지(Poesie)'의 체계적 의미」, 『철학연구』 제98집, 철학연구회, 2012.

＿＿＿, 「헤겔의 빙켈만 수용과 비판」, 『철학』 제127집, 한국철학회, 2016.

＿＿＿, 「헤겔의 슐레겔 비판」, 『철학』 제113집, 한국철학회, 2012.

＿＿＿, 「헤겔의 실러 수용과 비판」, 『헤겔연구』 제31호, 한국헤겔학회, 2012.

＿＿＿, 「헤겔의 천재론」, 『헤겔연구』 제37호, 한국헤겔학회, 2015.

＿＿＿, 「헤겔의 철학 체계에서 예술의 현재성」, 『헤겔연구』 제23호, 한국헤겔학회, 2008.

＿＿＿, 「헤겔의 회화론의 현대적 의미」, 『헤겔연구』 제35호, 한국헤겔학회, 2014.

＿＿＿, 「희극적인 것과 사변적인 것」, 『헤겔연구』 제26호, 한국헤겔학회, 2009.

＿＿＿, 『헤겔의 역사 철학과 세계 문학』, 서울 : 한국문화사, 2018.

양희진, 「음악에서 공감의 문제 : 칸트와 헤겔의 음악미학을 중심으로」, 『동서철학연구』 제93호, 동서철학
　　　연구회, 2019.

염재철, 「근대미학의 유산과 현대미학의 반전」, 『민족미학』 제12권, 민족미학회, 2013.

윤병태, 「Fr. 슐레겔의 '낭만적 아이러니' 개념과 그 역사성」, 『헤겔연구』 제10호, 한국헤겔학회, 2002.

＿＿＿, 「아리스토파네스와 니체의 반소크라테스주의의 본질」, 『헤겔연구』 제23호, 한국헤겔학회, 2008.

이경식, 『셰익스피어 연구』, 서울 : 서울대 출판부, 2005.

＿＿＿, 『아리스토텔레스의 '시학'과 신고전주의』, 서울 : 서울대 출판부, 1997.

이대석, 『셰익스피어 극의 이해-비극』, 서울 : 한양대 출판부, 2002.

이상섭, 『아리스토텔레스의 '시학' 연구』, 서울 : 문학과지성사, 2002.

이영기, 「괴테와 고딕건축」, 『독일문학』 제121집, 한국독어독문학회, 2012.

이용은, 「햄릿의 자기의 재형성」, 『셰익스피어 비평』 Vol. 46, No. 3, 한국셰익스피어학회, 2010.

이재희, 「17세기 네덜란드 미술시장」, 『사회경제평론』 제21집, 한국사회경제학회, 2003.

이정린, 『아리스토파네스와 고대그리스 희극공연』, 서울 : 한국학술정보, 2006.

이주동, "Hegels Kritik an Friedrich Schlegels Begriff der Ironie", 『서강인문논총』 제19호, 서강대인
　　　문과학연구소, 2005.

이주영, 『루카치 미학 연구』, 서울 : 서광사, 1998.

이진석, 「헤겔과 낭만주의-17세기 네덜란드 풍속화를 중심으로」, 『미학』 제52집, 한국미학회, 2007.

_____, 「헤겔의 예술개념」, 『미학의 역사-미학대계』 제1권, 미학대계간행회, 서울 : 서울대 출판부, 2007.

임우영, 「18세기 독일에서의 셰익스피어 수용-고트세트에서 헤르더까지」, 『외국문학연구』 제37호, 한
　　　국외대외국문학연구소, 2010.

임철규, 『그리스 비극-인간과 역사에 바치는 애도의 노래』, 파주 : 한길사, 2007.

임홍빈, 「비극적 인식과 인륜성」, 『범한철학』 제39집, 범한철학회, 2005.

장희창, 「괴테 '색채론'의 구조와 그 현대적 의미」, 『괴테연구』 제11집, 한국괴테학회, 1999.

_____, 「괴테의 『서동시집』과 세계시민주의의 전망」, 『괴테연구』 제22집, 한국괴테학회, 2009.

전영애·인성기, 「포스트모더니즘의 인식론적 기초로서의 슐레겔의 낭만주의 예술론-『아테네움 단
　　　장』과 『문학에 관한 대화』에서 발전된 '주관성' 원칙을 중심으로」, 『독어교육』 제25호, 한국독어
　　　독문학교육학회, 2002.

정대훈, 「정신을 현시하는 근대적 방식으로서의 시예술-『정신현상학』의 '예술종교' 절에 대한 하나의
　　　고찰」, 『철학연구』 제127집, 철학연구회, 2019.

조요한, 「아리스토텔레스 비극론의 카타르시스 해석」, 김진엽·하선규 편, 『미학』, 서울 : 책세상, 2007.

조우호, 「괴테의 '색채론'에 나타난 자연과학 방법론」, 『괴테연구』, 제24집, 한국괴테학회, 2011.

조정희 외, 「베를라헤 건축에 나타나는 헤겔 미학의 특성에 관한 연구」, 『대한건축학회연합논문집』 제70
　　　호, 대한건축학회지회연합회, 2015.

조주연, 「미학과 역사가 미술사를 만났을 때 : 독일 미술사론의 형성과 전개」, 『미학』 제52집, 한국미학회,
　　　2007.

조창오, 「예나 초기 헤겔의 '비극적 사유'」, 『헤겔연구』 제28호, 한국헤겔학회, 2010.

천병희, 『그리스 비극의 이해』, 서울 : 문예출판사, 2002.

최문규, 「소설이론의 소설〈루친데〉 연구」, 『괴테연구』 제21집, 한국괴테학회, 2008.

최문규, 『독일 낭만주의』, 서울 : 연세대 출판부, 2005.

_____, 『자율적 문학의 단말마? - 문화학적 경향과 문학의 새로운 지평 탐색』, 서울 : 글누림, 2006.

최준호, 「칸트와 쉴러에서 미의 경험과 도야」, 『철학연구』 제80집, 철학연구회, 2008.

한동원, 「칸트의 천재론」, 『인문과학연구』 제6권, 강원대인문과학연구소, 1998.

한정이, 「『햄릿』에 나타난 르네상스 개인주의」, 『셰익스피어 비평』 Vol. 46, No. 3, 한국셰익스피어학회, 2010.

황설중, 「헤겔의 『정신현상학』에서 죽음과 의식의 경험 - 노동과 에로티즘의 관계를 중심으로」, 『헤겔연구』 제23호, 한국헤겔학회, 2008.

Adorno, Th. W., "Über das gegenwärtige Verhältnis von Philosophie und Musik", in : *Gesammelte Schriften* Bd. 18, hrsg. von Tiedemann, R. · Schultz, K., Frankfurt am Main : Suhrkamp Verlag, 1984.

Alpers, S., *The Art of Describing, Dutch Art in the Seventeenth Century*, Chicago : The Univ. of Chicago Press, 1983.

Annas, J., *An Introduction to Plato's Republic*, Oxford, 1982.

Aristoteles, 천병희 역, 『시학』, 서울 : 문예출판사, 2002.(= 시학)

_____, *Aristotle in twenty-three Volumes*, Cambridge : Harvard Univ. Press, 1926ff.(= AV)

_____, *The Poetics*, in : AV23, trans. by W. Hamilton Fyfe, 1965.

Badiou, A., 장태순 역, 『비미학』, 서울 : 이학사, 2010.

Bates, J. A., *Hegel and Shakespeare on Moral Imagination*, New York : State Univ. of New York, 2010.

_____, *Hegel's Theory of Imagination*, Albany : State Univ. of New York Press, 2004.

Baudelaire, Ch., 박기현 역, 『현대 생활의 화가』, 서울 : 인문서재, 2013.

Behler, E., "Friedrich Schlegel und Hegel", in : *Hegel — Studien*, Bd. 2, hrsg. von Nicolin, F. & Pöggeler, O., Bonn : Bouvier Verlag, 1963.

_____, "Zum Verhältnis von Hegel und F. Schlegel in der Theorie der Unendlichkeit", in : *Studien zur Romantik und zur idealistischen Philosophie* 2, Paderborn : Ferdinand Schöningh, 1993.

_____, 이강훈 · 신주철 역, 『아이러니와 모더니티 담론』, 서울 : 동문선, 2005.

Beiser, F. C., "Friedrich Schlegel's Absolute Idealism", in : *German Idealism. Critical Concepts in Philosophy*, ed. by Brinkmaann, K., Vol. II, London : Routledge, 2007.

_____, *German Idealism : The Struggle against Subjectivism, 1781-1801*, Cambridge, MA : Harvard Univ. Press, 2002.

Beiser, F. C., *The Romantic Imperative : The Concept of Early German Romanticism*, Cambridge, MA :
    Harvard Univ. Press, 2003.

_____, *Schiller as Philosopher-A Re-Examination*, Oxford : Clarendon Press, 2005.

Benjamin, W., *Der Begriff der Kunstkritik in der deutschen Romantik*, hrsg. von Steiner, U., Frankfurt am
    Main : Suhrkamp Verlag, 2008.

Berenzen, J. C., "Institutional Design and Public Space : Hegel, Architecture, and Democracy",
    in : *Journal of Social Philosophy* Vol. 39 No. 2, 2008.

Berns, G., *Greek Antiquity in Schiller's Wallenstein*, Chapel Hill and London, 1985.

Bianco, L., "Hegel's Notion of Gothic Architecture", in : *Melita theologica* Vol. 47 /1. 1996.

Bloom, H., *Shakespeare : The Invention of the Human*, New York : Riverhead, 1998.

Böhler, M. J., "Die Bedeutung Schillers für Hegels Ästhetik", in : *Publications of the Modern Language
    Association of America* Vol. 87, No. 2, 1972.

Böhm, W., *Schillers Briefe über die ästhetische Erziehung*, Halle/Saale, 1927.

Bollacher, M., "》Dichten ist ein Übermut《. Die Idee des Dichters und der Dichtung in Goethes
    〉West-östlichem Divan〈", in : *Kunst und Geschichte im Zeitalter Hegels*, hrsg. von Jamme, Ch.,
    Hamburg : Felix Meiner Verlag, 1996.

Borchmeyer, D., *Tragödie und Öffentlichkeit. Schillers Dramturgie im Zusammenhang seiner
    ästhetisch-politischen Theorie und die rhetorische Tradition*, Munich, 1973.

Bradley, A. C., 이대석 역, 『셰익스피어 비극론』, 서울 : 한신문화사, 1986.

Bubner, R.(hrsg.), *Das älteste Systemprogramm*, Bonn : Bouvier Verlag, 1973.

_____, "Zur dialektischen Bedeutung romantischer Ironie", in : *Die Aktualität der Frühromantik*,
    hrsg. von Behler, E. · Hörisch, J., Paderborn : Ferdinand Schöningh, 1987.

Bungay, S., 김문환 · 권대중 편역, 「'예술의 종언' 명제에 대한 다양한 해석들」, 『예술과 죽음과 부활 ─ 헤
    겔의 '예술의 종언' 명제와 관련하여』, 서울 : 지식산업사, 2004.

Bürger, P., 이기식 역, 『관념론 미학 비판』, 서울 : 아카넷, 2005.

Champlin, J., "Hegel's Faust", in : *Goethe Yearbook. Pulblications of the Goethe Society of North America* Vol.
    XVIII, ed. by Purdy, D., New York : Camden House, 2011.

Collenberg, B., "Hegels Konzeption des Kolorits in den Berliner Vorlesungen über die
    Philosophie der Kunst", in : *Phänomen versus System. Zum Verhältnis von philosophischer
    Systematik und Kunsturteil in Hegels Berliner Vorlesungen über Ästhetik oder Philosophie der Kunst*,
    hrsg. von Gethmann-Siefert, A., Bonn : Bouvier, 1992.

Cornford, F. M., *The Republic of Plato*, London, 1975.

Corrigan, R. W., "Aristophanic Comedy : The Conscience of a Conservative", in : *Comedy. Meaning and Form*, ed. by Corrigan, R. W., San Francisco : Chandler Publishing Company, 1965.

Croce, B., 이해완 역, 『크로체의 미학－표현학과 일반 언어학으로서의 미학』, 서울 : 예전사, 1994.

Dalhaus, C., "Hegel und die Musik seiner Zeit", in : *Kunsterfahrung und Kulturpolitik im Berlin Hegels*, hrsg. von Pöggeler, O. · Gethmann-Siefert, A., Bonn : Bouvier Verlag, 1983.

Danto, A. C., 이성훈 · 김광우 역, 『예술의 종말 이후』, 서울 : 미술문화, 2006.

Duve, Th. de, *Kant after Duchamp*, Cambridge : The MIT Press, 1999.

Derrida, J., *Writing and Difference*, trans. by A. Bass, Chicago : The Univ. of Chicago Press, 1978.

_____, 남수인 역, 『글쓰기와 차이』, 서울 : 동문선, 2001.

Desmond, W., "Art and the Absolute Revisited : The Neglect of Hegel's Aesthetics", in : *Hegel and Aesthetics*, ed. by Maker, W., New York : State Univ. of N. Y. Press, 2000.

_____, *Beyond Hegel and Dialectic-Speculation, Cult, and Comedy*, Albany N. Y. : State Univ. of New York, 1992.

Diderot, D., 백찬욱 역, 『회화론』, 경산 : 영남대 출판부, 2004.

Die Fragmente der Vorsokratiker, Erster Bd. griech. u. dt. v. Diels H., hrsg. von Kranz W., Zürich, Berlin 1964.(＝DK)

김인곤 외역, *Die Fragmente der Vorsokratiker*, 『소크라테스 이전 철학자들의 단편 선집』, 서울 : 아카넷, 2005.(＝단편)

Disselbeck, K., *Geschmack und Kunst. Eine systemtheoretische Untersuchung zu Schillers Briefe über die ästhetische Erziehung*, Opladen, 1987.

Eagleton, T., 김창호 역, 『셰익스피어 다시 읽기』, 서울 : 민음사, 1996.

Eldridge, R., "Hegel on Music", in : *Hegel and The Arts*, ed. by Houlgate, S., Evanston : Northwestern Univ. Press, 2007.

Elias, J. A., *Plato's defence of Poetry*, Albany, 1984.

Février, N., "Die Naturphilosophie und 》das System der einzelnen Künste《", in : *Hegels Ästhetik. Die Kunst der Politik-Die Politik der Kunst*, 1. Teil, hrsg. von Arndt, A., Bal, K. & Ottmann, H., Berlin : Akademie Verlag, 2000.

Fiala, A. G., "Aesthetic Education and the Aesthetic State : Hegel's Response to Schiller", in : *Hegel and Aesthetics*, ed. by Maker, W., Albany : State Univ. of New York Press, 2000.

Fichte, J. G., "Grundlage der gesammten Wissenschaftslehre(1794)", in : *Fichtes Werke* Bd. 1, hrsg. von Fichte, I. H., Berlin : Walter de Gruyter, 1971.

Finlayson, J. G., "Conflict and Reconciliation in Hegel's Theory of The Tragic", in : *Journal of the History of Philosophy* Vol. 37, Num. 3, 1999.

Flashar, H., "Hegel, Oedipus und die Tragödie des Sophokles", in : *Kunst und Geschichte im Zeitalter Hegels*, hrsg. von Jamme Ch. unter Mitw. Völkel, F., Hamburg : Felix Meiner Verlag, 1996.

Flay, J. C., "Hegel, Derrida and Bataille's Laughter", in : *Hegel and His Critics-Philosophy in the Aftermath of Hegel*, ed. by Desmond, W., Albany, N. Y. : State Univ. of New York Press, 1989.

Frank, M., *The Philosophical Foundations of Early German Romanticism*, trans. by Millán-Zaibert, E., Albany : State Univ. of New York Press, 2004.

_____, *Unendliche Annäherung. Die Anfänge der philosophischen Frühromantik*, Frankfurt am Main : Suhrkamp Verlag, 1997.

Freud, S., 김인순 역, 『꿈의 해석』, 서울 : 열린책들, 2003.

Gadamer, H.-G., "Kunst und Nachahmung", in : *Ästhetik und Poetik, Gesammelte Werke* Bd. 8, Tübingen : J. C. B. Mohr, 1993.

_____, 김문환 · 권대중 편역, 「예술의 종언? - 헤겔의 '예술의 과거성' 이론으로부터 오늘날의 반예술에 이르기까지」, 『예술과 죽음과 부활 - 헤겔의 '예술의 종언' 명제와 관련하여』, 서울 : 지식산업사, 2004.

Gethmann-Siefert, A. · Stemmrich-Köhler, B., "Faust : Die "absolute philosophische Tragödie"-und "gesellschaftliche Artigkeit" des West-östlichen Divan. Zu Editionsproblemen der Ästhetikvorlesungen", in : *Hegel-Studien*, Bd. 18, hrsg. von Nicolin, F. · Pöggeler, O., Bonn : Bouvier Verlag, 1983.

Gethmann-Siefert, A., "Die Kunst(§§556-563). Hegels systematische Begründung der Geschichtlichkeit der Kunst", in : *Hegels "Enzyklopädie der philosophischen Wissenscaften"(1830). Ein Kommentar zum Systemgrundriß*, hrsg. von Schnädelbach, H., Frankfurt am Main : Suhrkamp Verlag, 2000.

_____, "H. G. Hotho : Kunst als Bildungserlebnis und Kunsthistorie in systematischer Absicht. Die entpolitisierte Version der ästhetischen Erziehung", in : *Kunsterfahrung und Kunstpolitik im Berlin Hegels*, Hegel-Studien Beiheft 22, hrsg. von Pöggeler, O. · Gethmann-Siefert, A., Bonn : Bouvier Verlag, 1983.

_____, "Schöne Kunst und Prosa des Lebens. Hegels Rehabilitierung des ästhetischen Genusses", in : *Kunst und Geschichte im Zeitalter Hegels*, hrsg. von Jamme, Ch., Hamburg : Felix Meiner Verlag, 1996.

Gethmann-Siefert, A., *Einführung in Hegels Ästhetik*, München : Wilhelm Fink Verlag, 2005.

_____, 조창오 역, 「헤겔 미학 : 예술철학 강의로부터 현재의 유산에 이르기까지 이루어
진 변형의 과정들」, 『헤겔연구』 제11호, 한국헤겔학회, 2002.

_____, *Die Funktion der Kunst in der Geschichte-Untersuchungen zu Hegels Ästhetik*, Bonn :
Bouvier Verlag, 1984.

Goethe, J. W. von, *Goethe Handbuch in 4 Bänden*, hrsg. von Witte, B., Bd. 1, Stuttgart-Weimar :
Verlag J. B. Metzler, 1996.

_____, *Goethes Werke, Hamburger Ausgabe in 14 Bänden*, hrsg. von Trunz, E., München
: Verlag C. H. Beck, 1982.(= HA)

_____, 안문영 외 역, 『서동시집』, 서울 : 문학과지성사, 2006.(= 서동시집)

_____, 안삼환 역, 『문학론』, 서울 : 민음사, 2010.(= 문학론)

_____, 장희창 역, 『괴테와의 대화』 1 · 2, 서울 : 민음사, 2008.(= 대화1 · 2)

_____, 정서웅 역, 『파우스트』 1 · 2, 서울 : 민음사, 1999.(= 파우스트1 · 2)

_____, "Von Deutscher Baukunst(1772)", in : *Goethes Werke*, Bd. 12, Hamburg : C. H.
Beck, 1982.

_____, "Von Deutscher Baukunst(1823)", in : *Goethes Werke*, Bd. 12, Hamburg : C. H.
Beck, 1982.

Gombrich, E. H., 차미례 역, 『예술과 환영』, 파주 : 열화당, 2003.

_____, 최민 역, 『서양미술사』, 서울 : 열화당, 1994.

Grazia, M. de, "Hamlet before Its Time", in : *Modern Language Quarterly* Vol. 62, No. 4, 2001.

Grimal, P., 최애리 외역, 『그리스 로마 신화 사전』, 서울 : 열린책들, 2003.

Halliwell, S., "The Importance of Plato and Aristotle for Aesthetics", in : *Aristotle Critical Assessments*
Vol. 4, ed. by Gerson, L. P., London/New York : Routledge, 1999.

_____, *Aristotle's Poetics*, London : Duckworth, 1986.

Hansen, F.-P., *"Das älteste Systemprogramm des deutschen Idealismus" Rezeptionsgeschichte und Interpretation*,
Berlin : Walter de Gruyter, 1989.

Hauser, A., 염무웅 · 반성완 역, 『문학과 예술의 사회사 3 - 로꼬꼬, 고전주의, 낭만주의』, 파주 : 창작과비
평사, 1999.

Havelock, E. A., *Preface to Plato*, Cambridge Mass., 1982.

Hebing, N., *Unversöhnbarkeit-Hegels Ästhetik und Lukács' Theorie des Romans*, Duisburg :
Universitätsverlag Rhein-Ruhr, 2009.

Heidegger, M., *Nietzsche : Der Wille zur Macht als Kunst, M. Heidegger Gesamtausgabe*, Bd. 40, Frankfurt am Main : Vittorio Klostermann, 1985.

_____, 김정현 역, 『니체철학 강의 I』, 서울 : 이성과현실, 1991.

Hilmer, B, *Scheinen des Begriffs. Hegels Logik der Kunst*, Hamburg : Felix Meiner Verlag, 1997.

Hogemann, F., "Musik und Hauskonzerte", in : *Hegel in Berlin*, hrsg. von Pöggeler, O., Berlin : Druckerei Hellmich KG, 1981.

Hösle, V., 권대중 역. 『헤겔의 체계 1 – 체계의 발전과 논리학』, 파주: 한길사, 2007.

Houlgate, S., "Hegel's Theory of Tragedy", in : *Hegel and The Arts*, ed. by Houlgate, S., Evanston : Northwestern Univ. Press, 2007.

Iannelli, F., "Ideale-Variationen-Dissonanzen-Brüch", in : *Hegels Ästhetik als Theorie der Moderne*, hrsg. von Gethmann-Siefert, A · Nagl-Docekal, H · Rózsa E. · Weisser-Lohmann, E., Berlin : Akademie Verlag, 2013.

Jaeger, W., *Paideia* I, Oxford, 1965.

Jameson, F., 여흥상 · 김영희 역, 『변증법적 문학이론의 전개』, 서울 : 창작과비평사, 1984.

Jay, M., 최연희 역, 「모더니티의 시각 체제들」, ed. by Foster, H., 『시각과 시각성』, 부산 : 경성대 출판부, 2004.

Kant, I., *Kritik der Urteilskraft*(1790), *Kant's Gesammelte Schriften*, Bd. V, hrsg. von der Königlich Preußischen Akademie der Wissenschaften, Berlin : Druck und Verlag von Georg Reimer, 1913.(= KU)

_____, 백종현 역, 『판단력 비판』, 서울 : 아카넷, 2009.(= 판단력비판)

Kerrigan, W., *Hamlet's Perfection*, Baltimore : Johns Hopkins Univ. Press, 1994.

Kimmerle, H., "Anfänge der Dialektik", in : *Der Weg zum System, Materialien zum jungen Hegel*, hrsg. von Jamme, Ch. & Schneider, H., Frankfurt am Main : Suhrkamp Verlag, 1990.

Kivy, P., 이화신 역, 『천재. 사로잡힌 자, 사로잡은 자』, 서울 : 쌤앤파커스, 2010.

Kockerbeck, Ch., "Das Naturschöne und die Biowissenschaften am Ausgang des 19. Jahrhunderts", in : *Ästhetik und Naturerfahrung*, hrsg. von Zimmermann, J., Stuttgart : frommann-holzboog, 1996.

Koepsel, W., *Die Rezeption der Hegelschen Ästhetik im 20. Jahrhundert*, Bonn : Bouvier Verlag, 1975.

Kolb, D., "Hegel's Architecture", in : *Hegel and the Arts*, ed. by Houlgate, S., Illinois : Northwestern Univ. Press, 2007, 29-55쪽.

König, D., *Das Subjekt der Kunst : Schrei, Klage und Darstellung*, Bielefeld : transcript Verlag, 2011.

Krieger, V., 조이한 · 김정근 역, 『예술가란 무엇인가』, 서울 : 휴머니스트, 2010.

Kroner, R., *Von Kant bis Hegel*, Tübingen : J.C.B. Mohr, 1961.

Kulenkampff, J., "Musik Bei Kant und Hegel", in : *Hegel-Studien*, Bd. 22, 1987.

Lacan, J., Miller, J.-A. and Hulbert, J., "Desire and the Interpretation of Desire in Hamlet", in : *Yale French Studies*, No. 55/56, *Literature and Psychoanalysis. The Question of Reading*, Yale Univ. Press, 1977.

Lacour, C. B., "From the Pyramids to Romantic Poetry : Housing the Spirit in Hegel", in : *Rereading Romanticism*, hrsg. von Helfer, M. B., Amsterdam : Rodopi B. V., 2000.

Ladha, H., "Hegel's Werkmeister. Architecture, Architectonics, and the Theory of History", in : *OCTOBER* 139, 2012.

Law, S. C., "Hegel and the Spirit of Comedy : Der Geist der stets Vernunft", in : *Hegel and Aesthetics*, ed. by Maker, W., New York : State University of New York Press, 2000.

Leppmann, W., *Winckelmann*, London : Gollancz, 1970.

Lesky, A., *Greek Tragic Poetry*, trans. Dillon M., New Haven : Yale Univ. Press, 1983.

Lessing, G. E., "Laokoon : oder über die Grenzen der Malerei und Poesie", in : *G. E. Lessing Sämtliche Schriften* Bd. 9, hrsg. von Lachmann, K., Stuttgart : G. T. Göschen'sche Verlagshandlung, 1893.

_____, 윤도중 역, 『라오콘 - 미술과 문학의 경계에 관하여』, 파주 : 나남, 2008.

Locke, P. M., "Hegel on Architecture : Construction and Metaphor in the Lectures on Fine Art", The Graduate School of Boston College, 1984.

Löwith, K., 강학철 역, 『헤겔에서 니체에로』, 서울 : 민음사, 1987.

Lucas, D. W., *Aristotle Poetics*, London : Oxford Univ. Press, 1968.

Lucas, H.-Ch., "Shakespeare", in : *Hegel in Berlin. Preußische Kulturpolitik und idealistische Ästhetik. Zum 150. Todestag des Philosophen*, hrsg. von Pöggeler, O., Berlin : Druckerei Hellmich KG, 1981.

Luhmann, N., *Die Kunst der Gesellschaft*, Frankfurt am Main, 1995.

Lukács, G., *Werke*, Neuwied : Luchterhand, 1964ff.(= LW)

_____, "Beiträge zur Geschichte der Ästhetik", in : LW10, Neuwied : Luchterhand, 1969.

_____, "Der Roman", in : *Disput über den Roman. Beiträge zur Romantheorie aus der Sowjetunion 1917-1941*, hrsg. von Wegner, M., Hiller, B., Keßler, P. und Schaumann, G., Berlin und Beimar : Aufbau Verlag, 1988.(= Roman)

Lukács, G., "Faust-Studien", in : LW6, Neuwied/Berlin : Hermann Luchterhand Verlag, 1965.

_____, "Referat über den Roman", in : *Disput über den Roman. Beiträge zur Romantheorie aus der Sowjetunion 1917-1941*, hrsg. von Wegner, M., Hiller, B., Keßler, P. und Schaumann, G., Berlin und Beimar : Aufbau Verlag, 1988.(= Referat)

_____, "Über die Besonderheit als Kategorie der Ästhetik", in : LW10, Neuwied : Luchterhand, 1969.

_____, *Der junge Hegel. Über die Beziehungen von Dialektik und Ökonomie*, in : LW8, Neuwied : Luchterhand, 1967.

_____, *Die Theorie des Romans. Ein geschichtsphilosophischer Versuch über die Form der großen Epik*, Frankfurt am Main : Luchterhand, 1989.(= ThR)

_____, *Heidelberger Philosophie der Kunst(1912-1914)*, in : LW16, Neuwied : Luchterhand, 1974.

_____, 김경식 역, 『소설의 이론』, 서울 : 문예출판사, 2007.(= 김경식)

_____, 김윤상 역, 『루카치 미학사 연구−쉴러에서 니체까지』, 서울 : 이론과실천, 1992.(= 미학사)

_____, 김재기 역, 『청년헤겔』 1, 서울 : 동녘, 1988.(= 청년헤겔)

_____, 김혜원 편역, 「소설의 이론」, 『루카치 문학이론』, 서울 : 세계, 1990.(= 소설)

_____, 신승엽 역, 「토론을 위한 보고연설」, 소련콤아카데미 문학부 편, 『소설의 본질과 역사』, 서울 : 예문, 1988.(= 보고연설)

_____, 여균동 역, 『미와 변증법』, 서울 : 이론과실천, 1987.(= 미와변증법)

Marotzki, W., "Der Bildungsprozeß des Menschen im Hegels *Phänomenologie des Geistes und Goethes Faust*", in : *Goethe−Jahrbuch* 104, 1984.

Martini, F., *Deutsche Literatur im bürgerlichen Realismus 1848-1898*, Stuttgart : J. B. Metzler, 1981.

Meier, Ph., *Autonomie und Souveränität oder das Scheitern der Sprache-Hegel im Denken von Georges Bataille*, Bern : Peter Lang, 1999.

Millán-Zaibert, E., *Friedrich Schlegel and the Emergence of Romantic Philosophy*, New York : State Univ. of New York Press, 2007.

Molière, J.-B. P. de, 백선희 · 이연매 역, 『타르튀프 · 서민귀족』, 서울 : 동문선, 2000.

Moss, J., "What is Imitative Poetry and Why is It Bad?", in : *The Cambridge Companion to Plato's Republic*, ed. by Ferrari, G. R. F., Cambridge Univ. Press, 2007.

Nettleship, R. L., *Lectures on the Republic of Plato*, London, 1968.

Neuzer, W., "Licht-Konzepte", in : *Hegels Lichte-Konzepte. Zur Verwendung eines metaphysischen Begriffs in Naturbetrachtungen*, hrsg. von Neuzer, W · Kohne, J., Würzburg : Königshausen ·

Neumann, 2008.

Nietzsche, F. W., *Jenseits von Gut und Böse, Nietzsche Werke. Kritische Gesamtausgabe*, hrsg. von Colli G. und Montinari, M., VI-2, Berlin : Walter de Gruyter, 1968.

_____, 김정현 역, 『선악의 저편 · 도덕의 계보』, 서울 : 책세상, 2002.

_____, *Zur Genealogie der Moral, Nietzsche Werke, Kritische Gesamtausgabe* Vol. VI-2, Walter de Gruyter Verlag, 1968.

Norman, J., "Squaring the Romantic Circle : Hegel's Critique of Schlegel's Theories of Art", in : *Hegel and Aesthetics*, ed. by Maker, W., Albany : State Univ. of New York Press, 2000.

Nussbaum, M. C., *The Fragility of Goodness-Luck and Ethics in Greek Tragedy and Philosophy*, New York : Cambridge Univ. Press, 2001.

Otabe, T., "Die Originalität und ihr Ursprung. Begriffsgeschichtliche Untersuchung zur modernen Ästhetik", in : *Ästhetische Subjektivität. Romantik & Moderne*, hrsg. von Knatz, L · Otabe, T., Würzburg : Königshausen & Neumann, 2005.

Partee, M. N., *Plato's Poetics : The Authority of Beauty, Salt Lake City*, 1981.

Peperzak, A., *Selbsterkenntnis des Absoluten. Grundlinien der Hegelschen Philosophie des Geistes*, Stuttgart : Frommann-Holzboog, 1987.

Pinkard, T., 전대호 · 태경섭 역, 『헤겔, 영원한 철학의 거장』, 서울 : 이제이북스, 2006.

Platon, *Platon Werke in Acht Bänden Griechisch und Deutsch*, hrsg. von Eigler, G., Darmstadt : Wissenscaftliche Buchgesellschaft.(=PW)

_____, Symposion(=Das Gastmahl), in : PW3, 1974.(=Symposion)

_____, 강철웅 역, 『향연』, 서울 : 이제이북스, 2011.(=향연)

_____, 박종현 역주, 『플라톤의 국가 · 정체』, 서울 : 서광사, 1997.(=국가)

_____, 박종현 역주, 『플라톤의 법률』, 파주 : 서광사, 2009.(=법률)

_____, 조대호 역해, 『파이드로스』, 서울 : 문예출판사, 2008.(=파이드로스)

Plumpe, G., 『현대의 미적 커뮤니케이션I』, 부산 : 경성대 출판부, 2007.

Pöggeler, O., "Die Entstehung von Hegels Ästhetik in Jena". in : *Hegel in Jena*, hrsg. von Henrich, D. · Düsing, K., Bonn : Bouvier Verlag, 1980.

_____, "Hegel und die griechische Tragödie", in : *Hegels Idee einer Phänomenologie des Geistes*, Freiburg/München : Verlag Karl Alber, 1973.

_____, *Hegels Kritik der Romantik*, München : Wilhelm Fink Verlag, 1999.

Roche, M. W., *Tragedy and Comedy. A Systematic Study and a Critique of Hegel*, New York : State Univ.

of New York Press, 1998.

Rosenkranz, K., *G. W. F. Hegels Leben*, Darmstadt : Wissenschaftliche Buchgesellschaft, 1977.

Safranski, R., 임우영 외역, 『낭만주의』, 서울 : 한국외대 출판부, 2012.

Sallis, J., "Carnation and the Eccentricity", in : *Hegel and The Arts*, ed. by Houlgate, S., Evanston : Northwestern Univ. Press, 2007.

Schiller, J. Ch. F. von, *Friedrich Schiller · Sämtliche Werke*, München : Carl Hanser Verlag, 1980.(= SW)

Schlegel, A. W., *Über dramatische Kunst und Literatur*, 3Bde.(1809-11), Heidelberg : Mohr und Winter, 1817.

Schlegel, F., *Kritische Friedrich Schlegel Ausgabe*, hrsg. von Behler, E. unter Mitwirkung von Anstett, J.-J. und Eichner, H., Paderborn : Ferdinand Schöningh, 1958ff.(= KSA)

_____, *Kritische Schriften und Fragmente. Studienausgabe in sechs Bänden*, hrsg. von Behler, E. und Eichner, H., Paderborn : Ferdinand Schöningh, 1988.(= KSF)

Schmidt, J., *Die Geschichte des Genie-Gedankens in der deutschen Literatur, Philosophie und Politik 1750– 1945* Bd. 1, Darmstadt : Wissenschaftliche Buchgesellschaft, 1985.

_____, "Das Licht als Selbst (Seele) der Materie?", in : *Hegels Lichte-Konzepte. Zur Verwendung eines metaphysischen Begriffs in Naturbetrachtungen*, hrsg. von Neuzer, W · Kohne, J., Würzburg : Königshausen · Neumann, 2008.

Schnädelbach, H.(hrsg.), *Hegels "Enzyklopädie der philosophischen Wissenscaften"(1830). Ein Kommentar zum Systemgrundriß*, Frankfurt am Main : Suhrkamp Verlag, 2000.

Schnädelbach, H.(hrsg.), 김동훈 · 홍준기 역, 「헤겔」, ed. by Sorgner, S. L · Fürbeth, O., 『독일음악미학』, 서울 : 아난케, 2008.

Schneider, H., 서정혁 역, 「미학적이며 예술적인 모더니즘과 포스트모더니즘 이론인 헤겔의 낭만적 예술형식－헤겔 이후의 예술의 미래」, 『헤겔연구』 제10호, 한국헤겔학회, 2002.

Scholz, G., "Musikalische Erfahrung in Oper und Singakademie", in : *Hegel in Berlin*, hrsg. von Pöggeler, O., Berlin : Druckerei Hellmich KG, 1981.

Sedlmayr, H., 박래경 역, 『중심의 상실』, 서울 : 문예출판사, 2002.

Shakespeare, W., *Hamlet*, ed. by Hibbard, G. R., Oxford Univ. Press, 2008.(= Hamlet)

_____, *The Tragedey of Macbeth*, ed. by Brookie, N., Oxford Univ. Press, 2008.(= Macbeth)

_____, 권오숙 역, 『맥베스』, 서울 : 열린책들, 2010.(= 맥베스)

Shakespeare, W., 최종철 역, 『햄릿』, 서울 : 민음사, 1998.(= 햄릿)

Sharpe, L., *Friedrich Schiller. Drama, Thought and Politics*, Cambridge University Press, 1991.

Siep, L., *Hegels praktische Philosophie und das "Projekt der Moderne"*, Baden-Baden : Nomos Verlagsgesellscaft, 2011.

Sophokles, 천병희 역, 『소포클레스 비극』, 서울 : 단국대 출판부, 2001.

Stadler, U., "System und Systemlosigkeit. Bemerkungen zu einer Darstellungsform im Umkreis idealistischer Philosophie und frühromantischer Literatur", in : *Früher Idealismus und Frühromantik. Der Streit um die Grundlagen der Ästhetik(1795-1805)*, hrsg. von Jaeschke, W. & Holzhey, H., Hamburg : Felix Meiner Verlag, 1990.

Steinecke, H., *Romantheorie und Romankritik in Deutschland* Bd. 1, Stuttgart : J. B. Metzler, 1975.

Stemmrich-Köhler, B., "Die Rezeption von Goethes West-Östlichem Divan im Umkreis Hegels", in : *Kunsterfahrung und Kulturpolitik im Berlin Hegels, Hegel-Studien* Beiheft 22, hrsg. von Gethmann-Siefert, A · Pöggeler, O., Bonn : Bouvier Verlag, 1983.

Strauss, L., *Socrates and Aritophanes*, Chicago : The Univ. of Chicago Press, 1966.

Summerell, O. F., "Kunstkritik und Totalitarismus. Hegel über Platons Verbannung der Dichtung", in : *Hegels Ästhetik. Die Kunst der Politik—Die Politik der Kunst* 1. Teil, hrsg. von Arndt, A. & Bal, K. & Ottmann, H., Berlin : Akademie Verlag, 2000.

Szondi, P., *Poetik und Geschichtsphilosophie* I, Frankfurt am Main : Suhrkamp Verlag, 1974.

Tauber, Z., "Aesthetic Education for Morality : Schiller and Kant", in : *The Journal of Aesthetic Education* Vol. 40, Num. 3, 2006.

Theisen, B., "The Drama in Rags: Shakespeare Reception in Eighteenth—Century Germany", in : *MLN* Vol. 121, The Johns Hopkins Univ. Press, 2006.

Theunissen, M., *Hegels Lehre vom absoluten Geist als theologisch—politischer Traktat*, Berlin : Walter de Gruyter, 1970.

Todorov, T., 이은진 역, 『일상 예찬』, 서울 : 뿌리와이파리, 2003.

Tsetsos, M., "Zum Lebensbegriff in der Ästhetik Hegels", in : *Das Leben denken*, 2. Teil, *Hegel—Jahrbuch* 2007, hrsg. von Arndt, A · Cruysberghs, P · Przylebski, A., Berlin : Akademie Verlag, 2007.

Van Oort, R., "Shakespeare and the Idea of the Modern", in : *New Literary History* Vol. 37, The Johns Hopkins Univ. Press, 2006.

Ware, R. B., "Freedom as Justice : Hegel's Interpretation of Plato's Republic", in : *Metaphilosophy*

Vol. 31, No. 3, 2000.

Welsch, W., 심혜련 역, 『미학의 경계를 넘어서』, 서울 : 향연, 2005.

Winfield, R. D., "The Challenge of Architecture to Hegel's Aesthetics", in : *Hegel and Aesthetics*, ed. by Maker, W., Albany : State Univ. of New York Press, 2000.

Winkelmann, J. J., *Gedanken über die Nachahmung der griechischen Werke in der Malerei und Bildhauerkunst*, hrsg. von Uhlig, L., Stuttgart : Philipp Reclam, 1969.

_____, 민주식 역, 『그리스 미술 모방론』, 서울 : 이론과실천, 1995.

Yorikawa, J., *Hegels Weg zum System, Die Entwicklung der Philosophie Hegels 1797—1803*, Frankfurt am Main : Peter Lang Verlag, 1996.

Zima, Peter V., 김태환 역, 『모던/포스트모던』, 파주 : 문학과지성사, 2010.

용어 찾아보기

인명 찾아보기

작품 및 등장인물 찾아보기

초출일람

제1부 헤겔의 예술 일반론

1장. 「헤겔의 철학 체계에서 예술의 현재성」, 『헤겔연구』 제23호, 한국헤겔학회, 2008, 339~363쪽.
2장. 「헤겔의 미학에서 예술의 생명성」, 『헤겔연구』 제29호, 한국헤겔학회, 2011, 165~405쪽.
3장. 「헤겔의 천재론」, 『헤겔연구』 제37호, 한국헤겔학회, 2015, 23~48쪽.
4장. 「'절대 정신'으로서 예술」, 『철학』 제145집, 한국철학회, 2020, 109~131쪽.

제2부 헤겔의 예술 장르론

1장. 「헤겔의 건축론과 고딕 건축」, 『철학』 제137집, 한국철학회, 2018, 79~103쪽.
2장. 「헤겔의 빙켈만 수용과 비판」, 『철학』 제127집, 한국철학회, 2016, 79~102쪽.
3장. 「헤겔의 회화론의 현대적 의미」, 『헤겔연구』 제35호, 한국헤겔학회, 2014, 27~111쪽.
4장. 「헤겔의 미학에서 '음악'과 '철학'의 관계」, 『헤겔연구』 제48호, 한국헤겔학회, 2020, 101~122쪽.

제3부 헤겔의 문학론

1장. 「플라톤의 '예술가 추방론'에 대한 헤겔의 해석」, 『헤겔연구』 제28호, 한국헤겔학회, 2010, 207~230쪽.
2장. 「아리스토텔레스와 헤겔의 비극론」, 『헤겔연구』 제30호, 한국헤겔학회, 2011, 223~247쪽.
3장. 「희극적인 것과 사변적인 것」, 『헤겔연구』 제26호, 한국헤겔학회, 2009, 95~120쪽.
4장. 「헤겔의 미학에서 '소설론'의 가능성」, 『철학』 제122집, 한국철학회, 2015, 51~74쪽.

제4부 헤겔의 작가론

1장. 「셰익스피어의 극시에 대한 헤겔의 해석」, 『철학연구』 제101집, 철학연구회, 2013, 81~108쪽.
2장. 「괴테의 시문학에 대한 헤겔의 철학적 반응」, 『철학』 제114집, 한국철학회, 2013, 27~53쪽.
3장. 「헤겔의 실러 수용과 비판」, 『헤겔연구』 제31호, 한국헤겔학회, 2012, 181~202쪽.
4장. 「헤겔의 슐레겔 비판」, 『철학』 제113집, 한국철학회, 2012, 67~99쪽.